Das Wesen des Christentums

LUDWIG FEUERBACH

Das Wesen des Christentums, L. Feuerbach
Jazzybee Verlag Jürgen Beck
86450 Altenmünster, Loschberg 9
Deutschland

ISBN: 9783849697877

www.jazzybee-verlag.de
www.facebook.com/jazzybeeverlag
admin@jazzybee-verlag.de

Druck: Createspace, North Charleston, SC, USA

INHALT:

VORWORT [ZUR ERSTEN AUFLAGE 1841]

Die in verschiedenen Arbeiten zerstreuten, meist nur gelegentlichen, aphoristischen und polemischen Gedanken des Verfassers über Religion und Christentum, Theologie und spekulative Religionsphilosophie findet der geneigte und ungeneigte Leser im vorliegenden Werke konzentriert, aber jetzt ausgebildet, durchgeführt, begründet - konserviert und reformiert, beschränkt und erweitert, gemäßigt und geschärft, je nachdem es eben sachgemäß und folglich notwendig war, aber keineswegs - wohlgemerkt! vollständig *erschöpft*, und zwar schon aus dem Grunde nicht, weil der Verfasser, abgeneigt allen nebulosen Allgemeinheiten, wie bei allen seinen Schriften so auch bei dieser nur ein ganz bestimmtes Thema verfolgte.

Vorliegendes Werk enthält die *Elemente* - wohlgemerkt! nur die und zwar kritischen Elemente zu einer Philosophie der positiven Religion oder Offenbarung, aber natürlich, wie sich im voraus erwarten läßt, einer Religionsphilosophie weder in dem kindisch-phantastischen Sinne unserer christlichen Mythologie, die sich jedes Ammenmärchen der Historie als Tatsache aufbinden läßt, noch in dem pedantischen Sinne unserer spekulativen Religionsphilosophie, welche, wie weiland die Scholastik, den *Articulus fidei* ohne weiteres als eine logisch-metaphysische Wahrheit demonstriert.

Die spekulative Religionsphilosophie opfert die Religion der Philosophie, die christliche Mythologie die Philosophie der Religion auf, jene macht die Religion zu einem Spielball der spekulativen Willkür, diese die Vernunft zum Spielball eines phantastischen religiösen Materialismus, jene läßt die Religion nur sagen, was sie selbst gedacht und weit besser sagt, diese läßt die Religion *anstatt* der Vernunft reden, jene unfähig, *aus* sich herauszukommen, macht die Bilder der Religion zu ihren eigenen *Gedanken*, diese, unfähig, zu sich zu kommen, die Bilder zu *Sachen*.

Es versteht sich allerdings von selbst, daß Philosophie oder Religion im allgemeinen, d.h. abgesehen von ihrer spezifischen Differenz, identisch sind, daß, weil es ein und dasselbe Wesen ist, welches denkt und glaubt, auch die Bilder der Religion zugleich Gedanken und Sachen ausdrücken, ja, daß jede bestimmte Religion, jede Glaubensweise auch zugleich eine Denkweise ist, indem es völlig unmöglich ist, daß irgendein Mensch etwas glaubt, was wirklich wenigstens *seinem* Denk- und Vorstellungsvermögen widerspricht. So ist das Wunder dem Wundergläubigen nichts der Vernunft Widersprechendes, vielmehr etwas ganz Natürliches, als eine sich von selbst ergebende Folge der göttlichen Allmacht, die gleichfalls für ihn eine sehr natürliche Vorstellung ist. So ist dem Glauben die Auferstehung des Fleisches aus dem Grabe so klar, so natürlich als die Wiederkehr der Sonne nach ihrem Untergang, das Erwachen des Frühlings nach dem Winter, die

Entstehung der Pflanze aus dem in die Erde gelegten Samen. Nur wann der Mensch nicht mehr in Harmonie mit seinem Glauben ist, fühlt und denkt, der Glaube also keine den Menschen mehr penetrierende Wahrheit ist, nur dann erst wird der Widerspruch des Glaubens, der Religion mit der Vernunft mit besonderm Nachdruck hervorgehoben. Allerdings erklärt auch der mit sich einige Glaube seine Gegenstände für unbegreiflich, für widersprechend der Vernunft; aber er unterscheidet zwischen christlicher und heidnischer Vernunft. Ein Unterschied, der übrigens nur soviel sagt: Dem Unglauben nur sind die Glaubensgegenstände vernunftwidrig; aber wer sie einmal glaubt, der ist von ihrer Wahrheit überzeugt, dem gelten sie selbst für die höchste Vernunft.

Aber auch inmitten dieser Harmonie zwischen dem christlichen oder religiösen Glauben und der christlichen oder religiösen Vernunft bleibt doch immer ein wesentlicher Unterschied zwischen dem Glauben und der Vernunft übrig, weil auch der Glaube sich nicht der natürlichen Vernunft entäußern kann. Die natürliche Vernunft ist aber nichts andres als die Vernunft *kat' exochên*, die *allgemeine* Vernunft, die Vernunft mit allgemeinen Wahrheiten und Gesetzen; der christliche Glaube oder, was eins ist, die christliche Vernunft dagegen ist ein Inbegriff besonderer Wahrheiten, besonderer Privilegien und Exemtionen, also eine *besondere* Vernunft. Kürzer und schärfer: die Vernunft ist die Regel, der Glaube die Ausnahme von der Regel. Selbst in der besten Harmonie ist daher eine Kollision zwischen beiden unvermeidlich, denn die Spezialität des Glaubens und die Universalität der Vernunft decken sich, sättigen sich nicht vollkommen, sondern es bleibt ein Überschuß von freier Vernunft, welcher *für sich selbst*, im Widerspruch mit der an die Basis des Glaubens gebundenen Vernunft, wenigstens in besondern Momenten, empfunden wird. So wird die *Differenz* zwischen Glauben und Vernunft selbst zu einer psychologischen Tatsache.

Und nicht das, worin der Glaube mit der allgemeinen Vernunft übereinstimmt, begründet das *Wesen* des Glaubens, sondern das, wodurch er sich von ihr unterscheidet. Die Besonderheit ist die Würze des Glaubens - daher sein Inhalt selbst äußerlich schon gebunden ist an eine *besondere*, historische Zeit, einen *besondern* Ort, einen *besondern* Namen. Den Glauben mit der Vernunft identifizieren heißt den Glauben diluieren, seine Differenz auslöschen. Wenn ich z.B. den Glauben an die Erbsünde nichts weiter aussagen lasse als dies, daß der Mensch von Natur nicht so sei, wie er sein soll, so lege ich ihm nur eine ganz allgemeine rationalistische Wahrheit in den Mund, eine Wahrheit, die jeder Mensch weiß, selbst der rohe Naturmensch noch bestätigt, wenn er auch nur mit einem Felle seine Scham bedeckt, denn was sagt er durch diese Bedeckung anders aus, als daß das menschliche Individuum von Natur nicht so ist, wie es sein soll. Freilich liegt auch der Erbsünde dieser allgemeine Gedanke zugrunde, aber das, was sie zu einem Glaubensobjekt, zu einer religiösen Wahrheit macht, dies ist gerade das Besondere, das Differente, das nicht mit der allgemeinen Vernunft Übereinstimmende.

Allerdings ist immer und notwendig das Verhältnis des Denkens zu den Gegenständen der Religion als ein sie be– und *erleuchtendes*, in den Augen der Religion oder wenigstens der Theologie ein sie diluierendes und destruierendes Verhältnis - so ist es auch die Aufgabe dieser Schrift, nachzuweisen, daß den übernatürlichen Mysterien der Religion ganz einfache, natürliche Wahrheiten zugrunde liegen -, aber es ist zugleich unerläßlich, die wesentliche Differenz der Philosophie und Religion stets festzuhalten, wenn man anders die Religion, nicht *sich selbst* expektorieren will. Die wesentliche Differenz der Religion von der Philosophie begründet aber das *Bild.* Die Religion ist wesentlich dramatisch. Gott selbst ist ein dramatisches, d.h. persönliches Wesen. Wer der Religion das Bild nimmt, der nimmt ihr die Sache, hat nur das *Caput mortuum* in Händen. Das Bild ist *als Bild* Sache.

Hier in dieser Schrift nun werden die Bilder der Religion weder zu Gedanken - wenigstens nicht in dem Sinne der spekulativen Religionsphilosophie -noch zu Sachen gemacht, sondern *als Bilder* betrachtet - d.h. die Theologie wird weder als eine mystische *Pragmatologie* wie von der christlichen Mythologie noch als *Ontologie* wie von der spekulativen Religionsphilosophie, sondern als psychische *Pathologie* behandelt.

Die Methode, die aber der Verfasser hiebei befolgt, ist eine durchaus *objektive* - die Methode der *analytischen* Chemie. Daher werden überall, wo es nur nötig und möglich war, Dokumente, teils gleich unter dem Text, teils in einem besondern Anhange, angeführt, um die durch die Analyse gewonnenen Konklusionen zu legitimieren, d.h. als objektiv begründete zu erweisen. Findet man daher die Resultate seiner Methode auffallend, illegitim, so sei man so billig, die Schuld nicht auf ihn, sondern auf den Gegenstand zu schieben.

Daß der Verf. diese seine Zeugnisse aus dem Archiv längst vergangner Jahrhunderte herholt, das hat seine guten Gründe. Auch das Christentum hat seine klassischen Zeiten gehabt - und nur das Wahre, das Große, das *Klassische* ist *würdig gedacht zu werden*; das Unklassische gehört vor das Forum der Komik oder Satire. Um daher das Christentum als ein *denkwürdiges* Objekt fixieren zu können, mußte der Verf. von dem feigen, charakterlosen, komfortabeln, belletristischen, koketten, epikureischen Christentum der modernen Welt abstrahieren, sich zurückversetzen in Zeiten, wo die Braut Christi noch eine keusche, unbefleckte Jungfrau war, wo sie noch nicht in die Dornenkrone ihres himmlischen Bräutigams die Rosen und Myrten der heidnischen Venus einflocht, um über den Anblick des leidenden Gottes nicht in Ohnmacht zu versinken; wo sie zwar arm war an irdischen Schätzen, aber überreich und überglücklich im Genusse der Geheimnisse einer übernatürlichen Liebe.

3

Das moderne Christentum hat keine andern Zeugnisse mehr aufzuweisen als – *Testimonia paupertatis*. Was es allenfalls noch hat - das hat es nicht *aus sich* -, es lebt vom Almosen vergangner Jahrhunderte. Wäre das moderne Christentum ein der philosophischen Kritik würdiger Gegenstand, so hätte sich der Verfasser die Mühe des Nachdenkens und Studiums, die ihm seine Schrift gekostet, ersparen können. Was nämlich in dieser Schrift sozusagen *a priori* bewiesen wird, daß das *Geheimnis der Theologie die Anthropologie* ist, das hat längst *a posteriori* die Geschichte der Theologie bewiesen und bestätigt. »Die Geschichte des Dogmas«, allgemeiner ausgedrückt: der Theologie überhaupt, ist die »Kritik des Dogmas«, der Theologie überhaupt. Die Theologie ist längst zur Anthropologie geworden. So hat die Geschichte realisiert, zu einem Gegenstande des Bewußtseins gemacht, was *an sich* - hierin ist die Methode Hegels vollkommen richtig, historisch begründet - das Wesen der Theologie war.

Obgleich aber »die unendliche Freiheit und Persönlichkeit« der modernen Welt sich also der christlichen Religion und Theologie bemeistert hat, daß der Unterschied zwischen dem produzierenden heiligen Geist der göttlichen Offenbarung und dem konsumierenden menschlichen Geist längst aufgehoben, der einst übernatürliche und übermenschliche Inhalt des Christentums längst völlig naturalisiert und anthropomorphosiert ist, so spukt doch immer noch unsrer Zeit und Theologie, infolge ihrer unentschiedenen Halbheit und Charakterlosigkeit, das übermenschliche und übernatürliche Wesen des alten Christentums wenigstens als ein *Gespenst* im Kopfe. Allein es wäre eine Aufgabe ohne alles philosophische Interesse gewesen, wenn der Verfasser den Beweis, daß dieses moderne Gespenst nur eine Illusion, eine Selbsttäuschung des Menschen ist, zum Ziele seiner Arbeit sich gesetzt hätte. Gespenster sind Schatten der Vergangenheit - notwendig führen sie uns auf die Frage zurück: Was war einst das Gespenst, als es noch ein Wesen von Fleisch und Blut war?

Der Verf. muß jedoch den geneigten, insbesondere aber den ungeneigten Leser ersuchen, nicht außer acht zu lassen, daß er, wenn er aus der alten Zeit herausschreibt, darum noch nicht in der alten, sondern *in* der neuen Zeit und *für* die neue Zeit schreibt, daß er also das moderne Gespenst nicht außer Augen läßt, während er sein ursprüngliches Wesen betrachtet, daß überhaupt zwar der Inhalt dieser Schrift ein pathologischer oder physiologischer, aber *doch* ihr Zweck zugleich ein *therapeutischer* oder *praktischer* ist.

Dieser Zweck ist - Beförderung der *pneumatischen Wasserheilkunde* - Belehrung über den Gebrauch und Nutzen des *kalten Wassers der natürlichen Vernunft* -, Wiederherstellung der alten einfachen jonischen Hydrologie auf dem Gebiete der spekulativen Philosophie, zunächst auf dem der spekulativen Religionsphilosophie. Die alte jonische, insbesondere Thalessche Lehre lautet aber bekanntlich in ihrer ursprünglichen Gestalt

4

also: Das Wasser ist der Ursprung aller Dinge und Wesen, folglich auch der Götter; denn der Geist oder Gott, welcher nach Cicero dem Wasser bei der Geburt der Dinge als ein *besonderes* Wesen assistiert, ist offenbar nur ein Zusatz des spätern heidnischen Theismus.

Nicht widerspricht das sokratische *Gnôthi sauton*, welches das wahre Epigramm und Thema dieser Schrift ist, dem einfachen Naturelement der jonischen Weltweisheit, wenn es wenigstens wahrhaft erfaßt wird. Das Wasser ist nämlich nicht nur ein physisches Zeugungs- und Nahrungsmittel, wofür es allein der alten beschränkten Hydrologie galt; es ist auch ein sehr probates psychisches und optisches Remedium. Kaltes Wasser macht klare Augen. Und welche Wonne ist es, auch nur zu blicken in klares Wasser! Wie seelquickend, wie geisterleuchtend so ein optisches Wasserbad! Wohl zieht uns das Wasser mit magischem Reize zu sich hinab in die Tiefe der Natur, aber es spiegelt auch dem Menschen sein eignes Bild zurück. Das Wasser ist das Ebenbild des Selbstbewußtseins, das Ebenbild des menschlichen Auges -das Wasser der natürliche Spiegel des Menschen. Im Wasser entledigt sich ungescheut der Mensch aller mystischen Umhüllungen; dem Wasser vertraut er sich in seiner wahren, seiner nackten Gestalt an; im Wasser verschwinden alle supranaturalistischen Illusionen. So erlosch auch einst in dem Wasser der jonischen Naturphilosophie die Fackel der heidnischen Astrotheologie.

Hierin eben liegt die wunderbare Heilkraft des Wassers - hierin die Wohltätigkeit und Notwendigkeit der pneumatischen Wasserheilkunst, namentlich für so ein wasserscheues, sich selbst betörendes, sich selbst verweichlichendes Geschlecht, wie großenteils das gegenwärtige ist.

Fern sei es jedoch von uns, über das Wasser, das helle, sonnenklare Wasser der natürlichen Vernunft uns Illusionen zu machen, mit dem Antidotum des Supranaturalismus selbst wieder supranaturalistische Vorstellungen zu verbinden. *Ariston hydôr*, allerdings; aber auch *ariston metron*. Auch die Kraft des Wassers ist eine in sich selbst begrenzte, in Maß und Ziel gesetzte Kraft. Auch für das Wasser gibt es unheilbare Krankheiten. So ist vor allem inkurabel die Venerie, die *Lustseuche* der modernen Frömmler, Dichtler und Schöngeistler, welche, den Wert der Dinge nur nach ihrem poetischen Reize bemessend, so ehr- und schamlos sind, daß sie selbst auch die als Illusion erkannte Illusion, weil sie schön und wohltätig sei, in Schutz nehmen, so wesen- und wahrheitslos, daß sie nicht einmal mehr fühlen, daß eine Illusion nur so lange *schön* ist, solange sie für keine Illusion, sondern für *Wahrheit* gilt. Doch an solche grundeitle, lustsüchtige Subjekte wendet sich auch nicht der pneumatische Wasserheilkünstler. Nur wer den schlichten Geist der Wahrheit höher schätzt als den gleisnerischen Schöngeist der Lüge, nur wer die Wahrheit schön, die Lüge aber häßlich findet, nur der ist würdig und fähig, die heilige Wassertaufe zu empfangen.

5

VORREDE ZUR ZWEITEN AUFLAGE [1843]

Die albernen und perfiden Urteile, welche über diese Schrift seit ihrer Erscheinung in der ersten Auflage gefällt wurden, haben mich keineswegs befremdet, denn ich erwartete keine anderen und konnte auch rechtlicher- und vernünftigerweise keine anderen erwarten. Ich habe es durch diese Schrift mit Gott und Welt verdorben. Ich habe die »*ruchlose Frechheit*« gehabt, schon in dem Vorwort auszusprechen, daß »auch das Christentum seine *klassischen Zeiten* gehabt habe und nur das Wahre, das Große, das *Klassische würdig sei gedacht zu werden*, das Unwahre, Kleine, Unklassische aber vor das Forum der Satire oder Komik gehöre, daß ich daher, um das Christentum als ein *denkwürdiges* Objekt fixieren zu können, von dem dissoluten, charakterlosen, komfortabeln, belletristischen, koketten, epikureischen Christentum der modernen Welt abstrahiert, mich zurückversetzt habe in Zeiten, wo die Braut Christi noch eine keusche, unbefleckte Jungfrau war, wo sie noch nicht in die Dornenkrone ihres himmlischen Bräutigams die Rosen und Myrten der heidnischen Venus einflocht, wo sie zwar arm war an irdischen Schätzen, aber überreich und überglücklich im Genusse der Geheimnisse einer übernatürlichen Liebe«. Ich habe also die ruchlose Frechheit gehabt, das von den modernen Scheinchristen vertuschte und verleugnete wahre Christentum aus dem Dunkel der Vergangenheit ans Licht wieder hervorzuziehen, aber nicht in der löblichen und vernünftigen Absicht, es als das *Non plus ultra* des menschlichen Geistes und Herzens hinzustellen, nein! in der entgegengesetzten, in der ebenso »*törichten*« als »*teuflischen*« Absicht, es auf ein höheres, allgemeineres Prinzip zu reduzieren - und bin infolge dieser ruchlosen Frechheit mit Fug und Recht der Fluch der modernen Christen, insbesondere der Theologen geworden. Ich habe die *spekulative* Philosophie an ihrer empfindlichsten Stelle, an ihrem eigentlichen *Point d'honneur* angegriffen, indem ich die scheinbare Eintracht, welche sie zwischen sich und der Religion gestiftet, unbarmherzig zerstörte - nachwies, daß sie, um die Religion mit sich in Einklang zu bringen, die Religion ihres wahren, wesenhaften Inhalts beraubt, zugleich aber auch die sogenannte *positive* Philosophie in ein höchst fatales Licht gesetzt, indem ich zeigte, daß das *Original* ihres Götzenbildes der *Mensch* ist, daß zur Persönlichkeit wesentlich Fleisch und Blut gehört -, durch meine extraordinäre Schrift also die ordinären Fachphilosophen gewaltig vor den Kopf gestoßen. Ich habe mir ferner durch die *äußerst unpolitische*, leider! aber intellektuell und sittlich notwendige Aufklärung, die ich über das dunkle Wesen der Religion gegeben, selbst die Ungnade der Politiker zugezogen - sowohl *der* Politiker, welche die Religion als das politischste Mittel zur Unterwerfung und Unterdrückung des Menschen betrachten, als auch derjenigen, welche die Religion als das politisch gleichgültigste Ding ansehen und daher wohl auf dem Gebiete der Industrie und Politik Freunde, aber auf dem Gebiete der Religion sogar Feinde des Lichts und der Freiheit sind. Ich habe endlich, und zwar schon durch die rücksichtslose Sprache, mit welcher ich jedes Ding bei seinem wahren Namen nenne, einen entsetzlichen, unverzeihlichen Verstoß gegen die *Etikette* der Zeit gemacht.

Der Ton der »*guten* Gesellschaften«, der neutrale, leidenschaftlose Ton konventioneller Illusionen und Unwahrheiten ist nämlich der herrschende, der normale Ton der Zeit - *der* Ton, in welchem nicht etwa nur die eigentlich politischen, was sich von selbst versteht, sondern auch die religiösen und wissenschaftlichen Angelegenheiten, *id est* Übel der Zeit behandelt und besprochen werden müssen. *Schein* ist das *Wesen* der Zeit - Schein unsre Politik, Schein unsre Sittlichkeit, Schein unsre Religion, Schein unsre Wissenschaft. Wer jetzt die Wahrheit sagt, der ist *impertinent*, »ungesittet«, wer »ungesittet«, *unsittlich. Wahrheit* ist unsrer Zeit *Unsittlichkeit.* Sittlich, ja autorisiert und honoriert ist die *heuchlerische* Verneinung des Christentums, welche sich den *Schein* der *Bejahung* desselben gibt; aber unsittlich und verrufen ist die wahrhaftige, die *sittliche* Verneinung des Christentums - *die* Verneinung, die sich *als Verneinung* ausspricht. Sittlich ist das *Spiel der Willkür mit dem Christentum*, welche den einen Grundartikel des christlichen Glaubens *wirklich* fallen, den andern aber *scheinbar* stehen läßt, denn wer *einen* Glaubensartikel umstößt, der stößt, wie schon *Luther* sagte[1], *alle* um, wenigstens dem Prinzipe nach, aber unsittlich ist der *Ernst der Freiheit* vom Christentum aus *innerer Notwendigkeit*, sittlich ist die *taktlose Halbheit*, aber unsittlich die *ihrer selbst gewisse* und *sichere Ganzheit*, sittlich der *liederliche Widerspruch*, aber unsittlich die *Strenge der Konsequenz*, sittlich die *Mittelmäßigkeit*, weil sie mit nichts *fertig* wird, nirgends auf den *Grund* kommt, aber unsittlich das *Genie*, weil es *aufräumt*, weil es seinen Gegenstand *erschöpft* -kurz, sittlich ist nur die Lüge, weil sie das Übel der Wahrheit oder - was jetzt eins ist - die Wahrheit des Übels umgeht, verheimlicht.

Wahrheit ist aber in unsrer Zeit nicht nur Unsittlichkeit, Wahrheit ist auch *Unwissenschaftlichkeit* -Wahrheit ist die Grenze der Wissenschaft. In demselben Sinne, als sich die Freiheit der deutschen Rheinschiffahrt *jusques à la mer*, erstreckt sich die Freiheit der deutschen Wissenschaft *jusques à la vérité*. Wo die Wissenschaft zur Wahrheit kommt, Wahrheit wird, da hört sie auf, Wissenschaft zu sein, da wird sie ein *Objekt der Polizei* - die Polizei ist die Grenze zwischen der Wahrheit und Wissenschaft. Wahrheit ist der Mensch, nicht die Vernunft *in abstracto*, das Leben, nicht der Gedanke, der auf dem Papier bleibt, auf dem Papier seine volle, entsprechende Existenz findet. Gedanken daher, die unmittelbar aus der Feder in das Blut, aus der Vernunft in den Menschen übergehen, sind keine wissenschaftlichen Wahrheiten mehr. Wissenschaft ist wesentlich nur ein unschädliches, aber auch unnützliches Spielwerkzeug der faulen Vernunft; Wissenschaft ist nur

Beschäftigung mit für das Leben, für den Menschen gleichgültigen Dingen oder, gibt sie sich ja mit nicht gleichgültigen Dingen ab, doch eine so indifferente, gleichgültige Beschäftigung, daß darum *kein Mensch* sich kümmert. Ratlosigkeit im Kopfe, Tatlosigkeit im Herzen -Wahrheits- und Gesinnungslosigkeit, kurz, Charakterlosigkeit, ist daher jetzt die notwendige Eigenschaft eines echten, rekommandabeln, koschern Gelehrten - wenigstens eines solchen Gelehrten, dessen Wissenschaft ihn notwendig in Berührung mit den delikaten Punkten der Zeit bringt. Aber ein Gelehrter von unbestechlichem Wahrheitssinne, von entschiedenem Charakter, der eben deswegen den Nagel mit einem Schlage auf den Kopf trifft, der das Übel bei der Wurzel packt, den Punkt der Krisis, der Entscheidung unaufhaltsam herbeiführet - ein solcher Gelehrter ist *kein* Gelehrter mehr - Gott bewahre! - er ist ein »*Herostrat*« -, also flugs mit ihm an den Galgen oder doch wenigstens an den Pranger! Ja, nur an den Pranger; denn der *Tod* am Galgen ist den ausdrücklichen Grundsätzen des heutigen »*christlichen* Staatsrechts« zufolge ein unpolitischer und »*unchristlicher*«, weil offen ausgesprochner, unleugbarer Tod, aber der Tod am Pranger, der bürgerliche Tod ist ein höchst politischer und christlicher, weil hinterlistiger, heuchlerischer Tod - Tod, aber ein Tod, der nicht *scheint*, Tod zu sein. Und Schein, purer Schein ist das Wesen der Zeit in allen nur einigermaßen kitzligen Punkten.

Kein Wunder also, daß die Zeit des scheinbaren, des illusorischen, des renommistischen Christentums an dem *Wesen* des Christentums einen solchen Skandal genommen hat. Ist doch das Christentum so sehr außer Art geschlagen und außer Praxis gekommen, daß selbst die offiziellen und gelehrten Repräsentanten des Christentums, die Theologen nicht einmal mehr *wissen* oder wenigstens wissen wollen, *was* Christentum ist. Man vergleiche nur, um sich hievon mit *eignen Augen* zu überzeugen, die Vorwürfe, welche mir die Theologen z.B. in betreff des Glaubens, des Wunders, der Vorsehung, der Nichtigkeit der Welt gemacht, mit den *historischen Zeugnissen*, die ich in meiner Schrift, namentlich in dieser zweiten, eben deswegen mit Belegstellen bedeutend vermehrten Auflage anführe, und man wird erkennen, daß diese ihre Vorwürfe nicht *mich*, sondern das Christentum selbst treffen, daß ihre »Indignation« über meine Schrift nur eine Indignation über den wahren, aber ihrem Sinne gänzlich entfremdeten Inhalt der christlichen Religion ist. Nein! es ist kein Wunder, daß in einer Zeit, welche - übrigens offenbar aus Langerweile - den abgelebten, den jetzt ach! so kleinlichen Gegensatz zwischen Protestantismus und Katholizismus - ein Gegensatz, über den jüngst noch der Schuster und Schneider hinaus war - mit affektierter Leidenschaftlichkeit wieder angefacht und sich nicht geschämt hat, den Hader über die gemischten Ehen als eine ernsthafte, hochwichtige Angelegenheit aufzunehmen, eine Schrift, welche auf den Grund historischer Dokumente beweist, daß nicht nur die gemischte Ehe, die Ehe zwischen Gläubigen und Ungläubigen, sondern die Ehe überhaupt dem *wahren* Christentum widerspricht, daß der *wahre* Christ - aber ist es nicht die Pflicht der »christlichen Regierungen«, der christlichen Seelsorger, der christlichen Lehrer, dafür zu sorgen, daß wir alle wahre Christen seien? - keine andere Zeugung kennt als die Zeugung im Heiligen Geiste, die Bekehrung, die Bevölkerung des Himmels, aber nicht der Erde - nein! es ist kein Wunder, daß in einer solchen Zeit eine solche Schrift ein empörender Anachronismus ist.

Aber eben deswegen, weil es kein Wunder, so hat mich auch das Geschrei über und gegen meine Schrift im geringsten nicht aus dem Konzept gebracht. Ich habe vielmehr in aller Ruhe meine Schrift noch einmal der strengsten, ebensowohl historischen als philosophischen Kritik unterworfen, sie von ihren formellen Mängeln soviel als möglich gereinigt und mit neuen Entwicklungen, Beleuchtungen und historischen Zeugnissen - höchst schlagenden, unwidersprechlichen Zeugnissen bereichert. Hoffentlich wird man jetzt, wo ich oft Schritt für Schritt den Gedankengang meiner Analyse mit historischen Belegen unterbreche und unterstütze, sich überzeugen, wenn man *nicht stockblind* ist, und eingestehen, wenn auch widerwillig, daß meine Schrift eine getreue, richtige Übersetzung der christlichen Religion aus der orientalischen Bildersprache der Phantasie in gutes, verständliches Deutsch ist. Und weiter will meine Schrift nichts sein als eine *sinngetreue Übersetzung* - bildlos ausgedrückt: eine *empirisch–* oder *historisch-philosophische* Analyse, Auflösung des Rätsels der christlichen Religion. Die allgemeinen Sätze, die ich in der Einleitung vorausschicke, sind keine apriorischen, selbstersonnenen, keine Produkte der Spekulation; sie sind entstanden erst aus der Analyse der Religion, sind nur, wie überhaupt die Grundgedanken der Schrift, in Gedanken umgesetzte, d.h. in allgemeine Ausdrücke gefaßte und dadurch zum Verständnis gebrachte tatsächliche Äußerungen des menschlichen Wesens - und zwar des religiösen Wesens und Bewußtseins des Menschen. Die Gedanken meiner Schrift sind nur Konklusionen, *Folgerungen* aus Prämissen, welche *nicht wieder Gedanken*, sondern *gegenständliche*, entweder *lebendige* oder *historische* Tatsachen sind - Tatsachen, die ob ihrer *plumpen Existenz in Großfolio* in meinem Kopfe gar nicht Platz hatten. Ich verwerfe überhaupt unbedingt die *absolute*, die *immaterielle*, die *mit sich selbst* zufriedne Spekulation - *die* Spekulation, die ihren Stoff *aus sich selbst* schöpft. Ich bin himmelweit unterschieden von *den* Philosophen, welche sich die *Augen* aus dem Kopfe reißen, um desto besser denken zu können; ich brauche zum Denken die Sinne, vor allem die Augen, gründe meine Gedanken auf *Materialien*, die wir uns stets nur vermittelst der Sinnentätigkeit aneignen können, erzeuge nicht den Gegenstand aus dem Gedanken, sondern umgekehrt den Gedanken *aus dem Gegenstande*, aber *Gegenstand* ist nur, was *außer dem Kopfe existiert*. Ich bin *Idealist* nur auf dem Gebiete der *praktischen* Philosophie, d.h. ich mache hier die Schranken der Gegenwart und Vergangenheit nicht zu Schranken der Menschheit, der Zukunft, glaube vielmehr unerschütterlich, daß gar manches, jawohl gar manches, was den kurzsichtigen, kleinmütigen Praktikern heute für Phantasie, für nie realisierbare Idee, ja für bloße Schimäre gilt, schon morgen, d.h. im nächsten Jahrhundert - Jahrhunderte im Sinne des einzelnen Menschen sind Tage im Sinne und Leben der Menschheit - in voller Realität dastehen wird. Kurz, die Idee ist mir nur der Glaube an die geschichtliche Zukunft, an den Sieg der Wahrheit und Tugend, hat mir nur *politische* und *moralische* Bedeutung; aber auf dem Gebiete der eigentlichen theoretischen Philosophie gilt mir im direkten Gegensatze zur Hegelschen Philosophie, wo gerade das Umgekehrte stattfindet, nur der Realismus, der Materialismus in dem angegebenen Sinne. Den Grundsatz der bisherigen spekulativen Philosophie: Alles, was mein ist, führe ich bei mir selbst - das alte *Omnia mea mecum porto* kann ich daher leider! nicht auf mich applizieren. Ich habe gar viele Dinge *außer mir*, die ich nicht in der Tasche oder im Kopfe mit mir transportieren kann, aber gleichwohl doch zu *mir selbst* rechne, nicht zu mir nur als Menschen, von dem hier keine Rede ist, sondern zu mir als Philosophen. Ich bin nichts als ein *geistiger Naturforscher*, aber der Naturforscher vermag nichts ohne *Instrumente*, ohne *materielle Mittel*. Als ein solcher - als ein geistiger Naturforscher also schrieb ich denn auch diese meine Schrift, die folglich nichts andres enthält als das Prinzip, und zwar bereits praktisch bewährte, d.h. *in concreto*, an einem besondern Gegenstande - einem Gegenstande übrigens von allgemeiner Bedeutung -, an der Religion dargestellte, entwickelte und durchgeführte Prinzip einer neuen, von der bisherigen Philosophie *wesentlich* unterschiednen, dem *wahren, wirklichen, ganzen* Wesen des Menschen entsprechenden, aber freilich gerade eben deswegen allen durch eine über-, d.h. widermenschliche, widernatürliche Religion und Spekulation verdorbenen und verkrüppelten Menschen widersprechenden Philosophie - einer Philosophie, welche nicht, wie ich mich schon anderwärts ausdrückte, den Gänsekiel für das einzige entsprechende Offenbarungsorgan der Wahrheit hält, sondern *Augen* und *Ohren, Hände* und *Füße* hat, nicht den Gedanken der Sache mit der Sache selbst identifiziert, um so die wirkliche Existenz durch den Kanal der Schreibfeder auf eine papierne Existenz zu reduzieren, sondern beide voneinander trennt, aber gerade durch diese Trennung zur *Sache selbst* kommt, nicht das Ding, wie es Gegenstand der abstrakten Vernunft, sondern wie es Gegenstand des *wirklichen, ganzen Menschen*, also selbst ein ganzes, *wirkliches* Ding ist, als das *wahre* Ding anerkennt - einer Philosophie, welche, weil sie sich nicht auf einen Verstand *für sich selbst*, auf einen absoluten, namenlosen Verstand, von dem man nicht weiß, wem er angehört, sondern auf den Verstand des - freilich nicht verspekulierten und verchristelten - Menschen stützt, auch die *menschliche*, nicht eine *wesen-* und *namenlose* Sprache spricht, ja, welche, wie der Sache, so der Sprache nach, gerade das Wesen der Philosophie in die *Negation der Philosophie* setzt, d.h. nur die *in succum et sanguinem* vertierte, die Fleisch und Blut, die Mensch gewordene Philosophie für die wahre Philosophie erklärt und daher ihren höchsten Triumph darin findet, daß sie allen plumpen und verschulten Köpfen, welche in den *Schein* der Philosophie das Wesen der Philosophie setzen, gar nicht Philosophie zu sein scheint.

Als ein Spezimen dieser Philosophie nun, welche nicht die Substanz Spinozas, nicht das Ich Kants und Fichtes, nicht die absolute Identität Schellings, nicht den absoluten Geist Hegels, kurz, kein abstraktes, nur gedachtes oder eingebildetes, sondern ein *wirkliches* oder vielmehr das allerwirklichste Wesen, das wahre *Ens realissimum: den Menschen*, also das positivste *Realprinzip* zu ihrem Prinzip hat, welche den Gedanken aus seinem *Gegenteil*, aus dem *Stoffe*, dem *Wesen*, den *Sinnen* erzeugt, sich zu ihrem Gegenstande erst sinnlich, d.i. leidend, rezeptiv verhält, ehe sie ihn denkend bestimmt, ist also meine Schrift - obwohl andrerseits das wahre, das Fleisch und Blut gewordne Resultat der bisherigen Philosophie - doch so wenig ein in die Kategorie der Spekulation zu stellendes Produkt, daß sie vielmehr das direkte Gegenteil, ja die Auflösung der Spekulation ist. Die Spekulation läßt die Religion nur sagen, was *sie selbst* gedacht und weit besser gesagt als die Religion; sie bestimmt die Religion, ohne sich von ihr bestimmen zu lassen; sie kommt nicht *aus sich* heraus. Ich aber lasse die Religion *sich selbst aussprechen*; ich mache nur ihren Zuhörer und Dolmetscher, nicht ihren Souffleur. Nicht zu erfinden - zu entdecken, »Dasein zu enthüllen« war mein einziger Zweck; richtig zu *sehen*, mein einziges Bestreben. Nicht ich, die Religion betet den Menschen an, obgleich sie oder vielmehr die Theologie es leugnet; nicht meine Wenigkeit nur, die Religion selbst sagt: Gott ist Mensch, der Mensch Gott; nicht ich, die Religion selbst verleugnet und verneint *den* Gott, der *nicht* Mensch, sondern nur ein *Ens rationis* ist, indem sie Gott Mensch werden läßt und nun erst diesen menschlich gestalteten, menschlich fühlenden und gesinnten Gott zum Gegenstande ihrer Anbetung und Verehrung macht. Ich habe nur das Geheimnis der christlichen Religion verraten, nur entrissen dem *widerspruchvollen Lug-* und *Truggewebe* der Theologie - dadurch aber freilich ein wahres Sakrilegium begangen. Wenn daher meine Schrift negativ, irreligiös, atheistisch ist, so bedenke man, daß der Atheismus - im Sinne dieser Schrift wenigstens - das Geheimnis der Religion selbst ist, daß die Religion selbst zwar nicht auf der Oberfläche, aber im Grunde, zwar nicht ihrer Meinung und Einbildung, aber in ihrem Herzen, ihrem wahren Wesen an nichts andres glaubt als an die Wahrheit und Gottheit des menschlichen Wesens. Oder man *beweise mir, daß sowohl die historischen als rationellen Argumente* meiner Schrift *falsch, unwahr* sind - widerlege sie - aber ich bitte mir aus - nicht mit juristischen Injurien oder theologischen Jeremiaden oder

11

abgedroschenen spekulativen Phrasen oder namenlosen Miserabilitäten, sondern mit Gründen, und zwar solchen Gründen, die ich nicht selbst bereits gründlichst widerlegt habe.

Allerdings ist meine Schrift negativ, verneinend, aber, wohlgemerkt! nur gegen das *unmenschliche*, nicht gegen das menschliche Wesen der Religion. Sie zerfällt daher in zwei Teile, wovon der Hauptsache nach der erste der *bejahende*, der zweite - mit Inbegriff des Anhangs - nicht ganz, doch größtenteils - der *verneinende* ist; aber in beiden wird dasselbe bewiesen, nur auf verschiedene oder vielmehr entgegengesetzte Weise. Der erste ist nämlich die Auflösung der Religion in ihr *Wesen*, ihre *Wahrheit*, der zweite die Auflösung derselben in ihre *Widersprüche*; der erste *Entwicklung*, der zweite *Polemik*, jener daher der *Natur der Sache* nach ruhiger, dieser lebendiger. Gemach schreitet die Entwicklung vorwärts, aber rasch der Kampf, denn die Entwicklung ist auf jeder Station in sich befriedigt, aber der Kampf nur im letzten Ziele. Bedenklich ist die Entwicklung, aber resolut der Kampf. *Licht* erheischt die Entwicklung, aber *Feuer* der Kampf. Daher die Verschiedenheit der beiden Teile schon in formeller Beziehung. Im ersten Teile also zeige ich, daß der *wahre Sinn* der Theologie die Anthropologie ist, daß zwischen den Prädikaten des göttlichen und menschlichen Wesens, folglich - denn überall, wo die Prädikate, wie dies vor allem bei den theologischen der Fall ist, nicht zufällige Eigenschaften, Akzidenzen, sondern das Wesen des Subjekts ausdrücken, ist zwischen Prädikat und Subjekt kein Unterschied, kann das Prädikat an die Stelle des Subjekts gesetzt werden, weshalb ich verweise auf die Analytik des Aristoteles oder auch nur die Einleitung des Porphyrius - folglich auch zwischen dem göttlichen und menschlichen Subjekt oder Wesen *kein* Unterschied ist, daß sie *identisch* sind; im zweiten zeige ich dagegen, daß der *Unterschied*, der zwischen den theologischen und anthropologischen Prädikaten gemacht wird oder vielmehr gemacht werden soll, sich in *Nichts*, in *Unsinn* auflöst. Ein sinnfälliges Beispiel. Im ersten Teile beweise ich, daß der Sohn Gottes in der Religion *wirklicher* Sohn ist, *Sohn* Gottes in demselben Sinne, in welchem der Mensch Sohn des Menschen ist, und finde darin die *Wahrheit*, das *Wesen* der Religion, daß sie ein tiefmenschliches Verhältnis als ein göttliches Verhältnis erfaßt und bejaht; im zweiten dagegen, daß der Sohn Gottes - allerdings nicht unmittelbar in der Religion selbst, sondern in der Reflexion derselben über sich -nicht Sohn im natürlichen, menschlichen Sinn, sondern auf eine *ganz andre*, der Natur und Vernunft widersprechende, folglich *sinn*– und *verstandlose* Weise Sohn sei, und finde in dieser Verneinung des menschlichen Sinnes und Verstandes die Unwahrheit, das Negative der Religion. Der erste Teil ist demnach der *direkte*, der zweite der *indirekte* Beweis, daß die Theologie Anthropologie ist; der zweite führt daher notwendig auf den ersten zurück; er hat keine selbständige Bedeutung; er hat nur den Zweck zu beweisen, daß der Sinn, in welchem die Religion dort genommen worden ist, der richtige sein *muß*, weil *der entgegengesetzte* Sinn *Unsinn* ist. Kurz, im ersten Teile habe ich es hauptsächlich - hauptsächlich, sage ich, denn es war unvermeidlich, nicht in den ersten auch schon die Theologie, wie in den zweiten die Religion hineinzuziehen - mit der *Religion* zu tun, im zweiten mit der *Theologie*, aber nicht nur, wie man hie und da irrtümlich gemeint hat, mit der *gemeinen* Theologie, deren mir übrigens wohlbekannte Quisquilien ich vielmehr mir soviel als möglich vom Leibe hielt, mich überall nur auf die wesentlichste, die strengste, notwendigste Bestimmung des Gegenstandes beschränkend, wie z.B. bei den Sakramenten nur auf zwei, denn im strengsten Sinne (s. *Luther, T. XVII, S. 558* nach der zitierten Ausgabe) gibt es nur zwei, also auf *die* Bestimmung, welche einem Gegenstand *allgemeines Interesse* gibt, ihn *über die beschränkte Sphäre der Theologie erhebt*, sondern auch, was ja schon der bloße Augenschein zeigt, mit der *spekulativen* Theologie oder Philosophie. Mit der Theologie, sage ich, nicht mit den Theologen; denn ich kann überall nur fixieren, was *prima causa* ist - das *Original*, nicht die Kopie, *Prinzipien*, nicht Personen, *Gattungen*, aber nicht Individuen, *Objekte der Geschichte*, aber nicht Objekte der *Chronique scandaleuse*.

Wenn meine Schrift nur den zweiten Teil enthielte, so hätte man allerdings vollkommen recht, derselben eine nur negative Tendenz vorzuwerfen - den Satz: die Religion ist Nichts, ist Unsinn, als den wesentlichen Inhalt derselben zu bezeichnen. Allein ich sage keineswegs - wie leicht hätte ich es mir dann machen können! -: Gott ist *Nichts*, die Trinität ist *Nichts*, das Wort Gottes ist Nichts usw., ich zeige nur, daß sie *nicht* das sind, was sie in der Illusion der Theologie sind - nicht ausländische, sondern einheimische Mysterien, die Mysterien der menschlichen Natur; ich zeige, daß die Religion das scheinbare, oberflächliche Wesen der Natur und Menschheit für ihr wahres, inneres Wesen nimmt und daher das wahre, esoterische Wesen derselben als ein andres, als ein besondres Wesen vorstellt, daß folglich die Religion in den Bestimmungen, die sie von Gott, z.B. vom Worte Gottes, gibt - wenigstens in *den* Bestimmungen, welche keine negativen sind in dem eben angegebenen Sinne -, nur das *wahre Wesen* des menschlichen Wortes definiert oder vergegenständlicht. Der Vorwurf, daß nach meiner Schrift die Religion Unsinn, Nichts, pure Illusion sei, hätte nur dann Grund, wenn ihr zufolge auch *das*, worauf ich die Religion zurückführe, was ich als ihren *wahren Gegenstand* und *Inhalt* nachweise, der Mensch, die Anthropologie *Unsinn, Nichts, pure Illusion* wäre. Aber weit gefehlt, daß ich der Anthropologie eine nichtige oder auch nur untergeordnete Bedeutung gebe - eine Bedeutung, die ihr gerade nur so lange zukommt, als über ihr und ihr entgegen eine Theologie steht -, indem ich die Theologie zur Anthropologie erniedrige, erhebe ich vielmehr die Anthropologie zur Theologie, gleichwie das Christentum, indem es Gott zum Menschen erniedrigte, den Menschen zu Gott machte, freilich wieder zu einem dem Menschen entfernten, transzendenten, phantastischen Gott - nehme daher auch das Wort: Anthropologie, wie sich von selbst versteht, nicht im Sinne der Hegelschen oder bisherigen Philosophie überhaupt, sondern in einem unendlich höhern und allgemeineren Sinne.

Die Religion ist der Traum des menschlichen Geistes. Aber auch im Traume befinden wir uns nicht im Nichts oder im Himmel, sondern auf der Erde - im Reiche der Wirklichkeit, nur daß wir die wirklichen Dinge nicht im Lichte der Wirklichkeit und Notwendigkeit, sondern im entzückenden Scheine der Imagination und Willkür erblicken. Ich tue daher der Religion - auch der spekulativen Philosophie oder Theologie - nichts weiter an, als daß ich ihr die *Augen öffne* oder vielmehr nur ihre *einwärts* gekehrten Augen *auswärts* richte, d.h. ich verwandle nur den Gegenstand in der Vorstellung oder Einbildung in den Gegenstand in der Wirklichkeit.

Aber freilich für diese Zeit, welche das Bild der Sache, die Kopie dem Original, die Vorstellung der Wirklichkeit, den Schein dem Wesen vorzieht, ist diese Verwandlung, weil *Enttäuschung*, absolute Vernichtung oder doch ruchlose Profanation; denn *heilig* ist ihr nur die *Illusion, profan* aber die *Wahrheit*. Ja, die Heiligkeit steigt in ihren Augen in demselben Maße, als die Wahrheit ab- und die Illusion zunimmt, so daß *der höchste Grad der Illusion* für sie auch *der höchste Grad der Heiligkeit* ist. Verschwunden ist die Religion und an ihre Stelle getreten selbst bei den Protestanten der *Schein* der Religion - die *Kirche*, um wenigstens der unwissenden und urteilslosen Menge *den* Glauben beizubringen, es bestehe noch der christliche Glaube, weil heute noch die christlichen Kirchen, wie vor tausend Jahren, dastehen und heute noch, wie sonst, die *äußerlichen Zeichen* des Glaubens im Schwang sind. Was keine Existenz mehr im *Glauben* hat - der Glaube der modernen Welt ist nur ein scheinbarer Glaube, ein Glaube, der *nicht* glaubt, was er zu glauben sich einbildet, nur ein *unentschiedner, schwachsinniger* Unglaube, wie dies von mir und andern hinlänglich bewiesen worden -, das soll doch noch in der *Meinung* gelten, was nicht mehr in sich selbst, in *Wahrheit* heilig *ist*, doch wenigstens noch *heilig scheinen*. Daher die *scheinbar* religiöse Entrüstung der gegenwärtigen Zeit, der Zeit des Scheines und der Illusion über meine Analyse namentlich von den Sakramenten. Aber man verlange nicht von einem Schriftsteller, der sich nicht die Gunst der Zeit, sondern nur die Wahrheit, die unverhüllte, nackte Wahrheit zum Ziele setzt, daß er vor einem leeren Scheine Respekt habe oder heuchle, um so weniger, als der Gegenstand dieses Scheines an und für sich der Kulminationspunkt der Religion, d.h. der Punkt ist, wo die Religiosität in Irreligiosität umschlägt. Dies zur Rechtfertigung, nicht zur Entschuldigung meiner Analyse von den Sakramenten.

Was übrigens den eigentlichen Sinn der insbesondre in der Schlußanwendung gegebenen Analyse von den Sakramenten betrifft, so bemerke ich nur, daß ich hier den wesentlichen Inhalt meiner Schrift, das eigentliche Thema derselben, besonders in Beziehung auf ihre praktische Bedeutung, an einem sinnlichen Beispiel veranschauliche, daß ich hier die Sinne selbst zu Zeugen von der Wahrhaftigkeit meiner Analyse und Gedanken aufrufe, *ad oculos*, ja *ad tactum, ad gustum* demonstriere, was ich durch die ganze Schrift *ad captum* dozierte. Wie nämlich das Wasser der Taufe, der Wein und das Brot des Abendmahls, in ihrer natürlichen Kraft und Bedeutung genommen, unendlich mehr sind und wirken als in einer supranaturalistischen, illusorischen Bedeutung, so ist überhaupt der Gegenstand der Religion, im Sinne der Schrift, also im anthropologischen Sinne aufgefaßt, ein unendlich ergiebigerer und reellerer Gegenstand der Theorie und Praxis als im Sinne der Theologie; denn wie das, was im Wasser, Wein und Brot als ein von diesen natürlichen Stoffen Unterschiednes mitgeteilt wird oder vielmehr werden soll, nur etwas in der Vorstellung, Einbildung, aber nichts in Wahrheit, in Wirklichkeit ist, so ist auch der Gegenstand der Religion überhaupt, das göttliche Wesen im Unterschiede vom Wesen der Natur und Menschheit, d.h. wenn die Bestimmungen desselben wie Verstand, Liebe usw. etwas andres sein und bedeuten sollen als eben diese Bestimmungen, wie sie das Wesen des Menschen und der Natur ausmachen, nur etwas in der Vorstellung, in der Einbildung, aber nichts in Wahrheit und Wirklichkeit. Wir sollen also - ist die Lehre der Fabel - die Bestimmungen und Kräfte der Wirklichkeit, überhaupt die wirklichen Wesen und Dinge nicht wie die Theologie und spekulative Philosophie zu willkürlichen Zeichen, zu Vehikeln, Symbolen oder Prädikaten eines von ihnen unterschiednen, transzendenten, absoluten, d.i. abstrakten Wesens machen, sondern *in* der Bedeutung nehmen und erfassen, welche sie *für sich selbst* haben, welche identisch ist mit ihrer Qualität, mit *der* Bestimmtheit, die sie zu dem macht, was sie sind - so erst haben wir die Schlüssel zu einer *reellen Theorie und Praxis*. Ich setze in der Tat und Wahrheit an die Stelle des unfruchtbaren Taufwassers die Wohltat des wirklichen Wassers. Wie »wässerig«, wie trivial! Jawohl, sehr trivial. Aber eine *sehr triviale Wahrheit* war seinerzeit auch der Ehestand, welchen Luther auf den Grund seines natürlichen Menschensinns der scheinheiligen Illusion des ehelosen Standes entgegensetzte. Das Wasser ist mir daher allerdings *Sache*, aber doch zugleich wieder nur Vehikel, Bild, Beispiel, Symbol des »unheiligen« Geistes meiner Schrift, gleichwie auch das Wasser der Taufe - der Gegenstand meiner Analyse - zugleich eigentliches und bildliches oder symbolisches Wasser ist. Ebenso ist es mit dem Wein und Brot. Die Bosheit hat hieraus den lächerlichen Schluß gezogen: Baden, Essen und Trinken sei die *Summa summarum*, das positive Resultat meiner Schrift. Ich erwidre hierauf nur dieses: Wenn der ganze Inhalt der Religion in den Sakramenten enthalten ist, es folglich auch keine anderen religiösen Akte oder Handlungen gibt, als die bei der Taufe und beim Abendmahl verrichtet werden, so ist allerdings auch der ganze Inhalt und das positive Resultat meiner Schrift: Baden, Essen und Trinken, sintemal und alldieweil meine Schrift nichts ist als eine sachgetreue, ihrem Gegenstand sich aufs strengste anschließende, historisch-philosophische Analyse - die *Selbst*enttäuschung, das Selbst*bewußtsein* der Religion.

Eine *historisch-philosophische* Analyse, im Unterschiede von den nur historischen Analysen des Christenstums. Der Historiker zeigt, z.B. wie *Daumer*, daß das Abendmahl ein aus dem alten Menschenopferkultus stammender Ritus ist, daß einst statt des Weines und Brotes wirkliches Menschenfleisch und Blut genossen wurde. Ich dagegen mache nur die christliche, im Christentum *sanktionierte* Bedeutung desselben zum Objekt meiner Analyse und Reduktion und befolge dabei den Grundsatz, daß nur *die Bedeutung*, welche ein Dogma oder Institut, mag dieses nun in andern Religionen vorkommen oder nicht, im Christentum, natürlich nicht im heutigen, sondern alten, wahren Christentum hat, auch der *wahre Ursprung* desselben ist, *inwiefern* es ein *christliches* ist. Oder er zeigt, wie z.B. *Lützelberger*, daß die Erzählungen von den Wundern Christi sich in lauter Widersprüche und Ungereimtheiten auflösen, daß sie spätere Erdichtungen sind, daß folglich Christus kein Wundertäter, überhaupt nicht der *gewesen* ist, den die Bibel aus ihm gemacht hat. Ich dagegen frage nicht darnach, was wohl der wirkliche, natürliche Christus im Unterschiede von dem gemachten oder gewordenen supranaturalistischen gewesen ist oder sein mag; ich nehme diesen religiösen Christus vielmehr an, aber zeige, daß dieses übermenschliche Wesen nichts andres ist als ein Produkt und Objekt des übernatürlichen menschlichen Gemüts. Ich frage nicht, ob dieses oder jenes, überhaupt ein Wunder geschehen *kann* oder nicht; ich zeige nur, *was* das Wunder ist, und zwar nicht *a priori*, sondern an den *Beispielen* von Wundern, die in der Bibel als wirkliche Begebenheiten erzählt werden, beantworte aber damit gerade die Frage von der Möglichkeit oder Wirklichkeit oder gar Notwendigkeit des Wunders auf eine Weise, die selbst die Möglichkeit aller dieser Fragen aufhebt. Soviel über meinen Unterschied von den antichristlichen Historikern. Was aber mein Verhältnis betrifft zu *Strauß* und *Bruno Bauer*, in Gemeinschaft mit welchen ich stets genannt werde, so mache ich hier nur darauf aufmerksam, daß schon in dem Unterschiede des Gegenstandes, wie ihn auch nur der Titel angibt, der Unterschied unsrer Werke angedeutet ist. B. hat zum Gegenstand seiner Kritik die evangelische Geschichte, d.i. das biblische Christentum oder vielmehr biblische Theologie, Str. die christliche Glaubenslehre und das Leben Jesu, das man aber auch unter den Titel der christlichen Glaubenslehre subsumieren kann, also das dogmatische Christentum oder vielmehr die dogmatische Theologie, ich das Christentum überhaupt, d.h. die christliche Religion und als Konsequenz nur die christliche Philosophie oder Theologie. Daher zitiere ich hauptsächlich auch nur solche Männer, in welchen das Christentum nicht nur ein theoretisches oder dogmatisches

Objekt, nicht nur Theologie, sondern Religion war. Mein hauptsächlicher Gegenstand ist das Christentum, ist die Religion, wie sie *unmittelbares Objekt, unmittelbares Wesen des Menschen* ist. Gelehrsamkeit und Philosophie sind mir nur die *Mittel*, den im Menschen verborgnen Schatz zu heben.

Erinnern muß ich auch noch, daß meine Schrift ganz wider meine Absicht und Erwartung in das allgemeine Publikum gekommen ist. Zwar habe ich von jeher nicht den Gelehrten, nicht den abstrakten und partikulären Fakultätsphilosophen, sondern den universellen Menschen mir zum Maßstab der wahren Lehr- und Schreibart genommen, überhaupt den Menschen - nicht diesen oder jenen Philosophen - als das Kriterium der Wahrheit betrachtet, von jeher die höchste Virtuosität des Philosophen in die Selbstverleugnung des Philosophen - dareingesetzt, daß er weder als Mensch noch als Schriftsteller den Philosophen zur Schau trägt, d.h. nur dem *Wesen*, aber nicht der *Form nach*, nur ein *stiller*, aber nicht lauter oder gar vorlauter Philosoph ist, und mir daher bei allen meinen Schriften, so auch bei dieser, die höchste Klarheit, Einfachheit und Bestimmtheit, die nur immer der Gegenstand erlaubt, zum Gesetz gemacht, so daß sie eigentlich jeder *gebildete* und *denkende* Mensch, wenigstens der Hauptsache nach, verstehen kann. Aber dessen ungeachtet kann meine Schrift nur von dem Gelehrten - versteht sich, nur von dem *wahrheitliebenden, urteilsfähigen*, dem *über die Gesinnungen und Vorurteile des gelehrten und ungelehrten Pöbels erhabnen* Gelehrten - gewürdigt und vollständig verstanden werden; denn, obwohl ein durchaus selbständiges Erzeugnis, ist sie doch zugleich nur eine notwendige Konsequenz der Geschichte. Sehr häufig beziehe ich mich auf diese oder jene geschichtliche Erscheinung, ohne sie auch nur dem Namen nach zu bezeichnen, weil ich es für überflüssig hielt -Beziehungen, die also nur dem Gelehrten verständlich sind. So beziehe ich mich z.B. gleich im ersten Kapitel, wo ich die notwendigen Konsequenzen des Gefühlsstandpunktes entwickle, auf den Philosophen Jacobi und Schleiermacher, im zweiten Kapitel von vornherein hauptsächlich auf den Kantianismus, Skeptizismus, Theismus, Materialismus, Pantheismus, im Kapitel vom »Standpunkt der Religion« da, wo ich den Widerspruch zwischen der religiösen oder theologischen und physikalischen oder naturphilosophischen Anschauung der Natur erörtre, auf die Philosophie im Zeitalter der Orthodoxie, und zwar vorzüglich die *Cartesische* und *Leibnizsche* Philosophie, in welcher dieser Widerspruch auf eine besonders charakteristische Weise hervortritt. Wer daher nicht die geschichtlichen Voraussetzungen und Vermittelungsstufen meiner Schrift kennt, dem fehlen die Anknüpfungspunkte meiner Argumente und Gedanken; kein Wunder, wenn meine Behauptungen ihm oft rein aus der Luft gegriffen zu sein scheinen, stehen sie auch gleich auf noch so festen Füßen. Zwar ist der Gegenstand meiner Schrift von allgemeinem menschlichen Interesse; auch werden einst die Grundgedanken derselben - allerdings *nicht in der Weise*, in welcher sie hier ausgesprochen sind und unter den gegenwärtigen Zeitverhältnissen ausgesprochen werden konnten - sicherlich Eigentum der Menschheit werden, denn nur hohle, machtlose, dem wahren Wesen des Menschen widersprechende Illusionen und Vorurteile sind es, die ihnen in der gegenwärtigen Zeit entgegenstehen. Aber ich behandelte meinen Gegenstand zunächst nur als eine wissenschaftliche Angelegenheit, als ein Objekt der Philosophie und konnte ihn zunächst auch nicht anders behandeln. Und indem ich die Aberrationen der Religion, Theologie und Spekulation rektifiziere, muß ich mich natürlich auch ihrer Ausdrücke bedienen, ja selber zu spekulieren oder -es ist eins - zu theologisieren scheinen, während ich doch gerade die Spekulation auflöse, d.h. die Theologie auf die Anthropologie reduziere. Meine Schrift enthält, sagte ich oben, das und zwar *in concreto* entwickelte Prinzip einer neuen, nicht schul- aber menschgerechten Philosophie. Ja, sie enthält es, aber nur indem sie es *erzeugt*, und zwar aus den Eingeweiden der Religion - daher, im Vorbeigehen gesagt, die neue Philosophie nicht mehr, wie die alte katholische und moderne protestantische Scholastik, in Versuchung geraten kann und wird, ihre Übereinstimmung mit der Religion durch ihre Übereinstimmung mit der christlichen Dogmatik zu beweisen; sie hat vielmehr, als erzeugt aus dem Wesen der Religion, das wahre Wesen der Religion in sich, ist an und für sich, als Philosophie, Religion. Aber eben eine genetische und folglich explizierende und demonstrierende Schrift ist schon um dieser ihrer formellen Beschaffenheit willen keine für das allgemeine Publikum geeignete Schrift.

Schließlich verweise ich zur Ergänzung dieser Schrift in betreff mancher scheinbar unmotivierter Behauptungen auf meine frühern Schriften, besonders auf: »P. *Bayle*. Ein Beitrag zur Geschichte der Philosophie und Menschheit« und »Philosophie und Christentum«, wo ich mit wenigen, aber scharfen Zügen die historische Auflösung des Christentums geschildert und gezeigt habe, daß das Christentum längst nicht nur aus der Vernunft, sondern auch aus dem Leben der Menschheit verschwunden, daß es nichts weiter mehr ist als eine *fixe Idee*, welche mit unsern Feuer- und Lebensversicherungsanstalten, unsern Eisenbahnen und Dampfwägen, unsern Pinakotheken und Glyptotheken, unsern Kriegs- und Gewerbsschulen, unsern Theatern und Naturalienkabinetten im schreiendsten Widerspruch steht.

Bruckberg, den 14. Februar 1843
L. F.

Postscr. Als ich diese Vorrede niederschrieb, war noch nicht die *neuschellingsche* Philosophie - diese Philosophie des *bösen Gewissens*, welche seit Jahren lichtscheu im Dunkeln schleicht, weil sie wohl weiß, daß der Tag ihrer Veröffentlichung der Tag ihrer Vernichtung ist -, diese Philosophie der *lächerlichsten Eitelkeit*, welche zu ihren *Argumenten* nur *Namen* und *Titel* hat, und was für Namen und Titel! -, diese *theosophische Posse des philosophischen Cagliostro* des neunzehnten Jahrhunderts[2] durch die Zeitungen förmlich als »Staatsmacht proklamiert« worden. Wahrlich, wäre diese Posse mir gegenwärtig gewesen - ich würde meine Vorrede anders geschrieben haben. (31. März)

Armes Deutschland! Du bist schon oft in den April geschickt worden, selbst auch auf dem Gebiete der Philosophie, namentlich von dem eben genannten Cagliostro, der dir stets nur blauen Dunst vorgemacht hat, nie gehalten, was er versprochen, nie bewiesen, was er behauptet. Aber sonst stützte er sich doch wenigstens auf den *Namen* der Vernunft, den *Namen* der Natur - also auf Namen von *Sachen*, jetzt will er dich zum Schlusse gar betören mit Namen von *Personen*, den Namen eines Savigny, eines Twesten und Neander! Armes Deutschland! Selbst deine wissenschaftliche Ehre will man dir nehmen. Unterschriften sollen für wissenschaftliche Beweise, für Vernunftgründe gelten! Doch du läßt dich nicht betören. Du kennst noch zu gut die Geschichte mit dem Augustinermönch. Du weißt, daß nie noch eine Wahrheit mit Dekorationen auf die Welt gekommen, nie im Glanze eines Thrones unter Pauken und Trompeten, sondern stets im Dunkel der Verborgenheit unter Tränen und Seufzern geboren worden ist; du weißt, daß nie die »*Hochgestellten*«, eben weil sie zu hoch gestellt sind, daß stets nur die Tiefgestellten von den Wogen der Weltgeschichte ergriffen werden. (Den 1. April)

VORWORT ZUR DRITTEN AUFLAGE 1848

Überzeugt, daß man nicht wenig genug reden und schreiben kann, namentlich aber gewohnt, da zu schweigen, wo die Taten reden, unterlasse ich es auch bei diesem Bande, dem Leser *a priori* zu sagen, wovon er *a posteriori* durch seine eigene Augen sich überzeugen kann. Nur darauf muß ich schon im voraus aufmerksam machen, daß ich bei dieser Ausgabe alle fremden Wörter, soviel als möglich, vermieden und alle, wenigstens größern, lateinischen und griechischen Belegstellen übersetzt habe, um sie auch den Ungelehrten verständlich zu machen, daß ich mich aber bei diesen Übersetzungen zwar strenge an den Sinn, nicht aber grade das Wort des Originals gebunden habe.

EINLEITUNG

ERSTES KAPITEL
DAS WESEN DES MENSCHEN IM ALLGEMEINEN

Die Religion beruht auf dem *wesentlichen Unterschiede* des Menschen vom Tiere - die Tiere haben *keine* Religion. Die altern kritiklosen Zoographen legten wohl dem Elefanten unter andern löblichen Eigenschaften auch die Tugend der Religiosität bei; allein die Religion der Elefanten gehört in das Reich der Fabeln. Cuvier, einer der größten Kenner der Tierwelt, stellt, gestützt auf eigne Beobachtungen, den Elefanten auf keine höhere Geistesstufe als den Hund.

Was ist aber dieser wesentliche Unterschied des Menschen vom Tiere? Die einfachste und allgemeinste, auch populärste Antwort auf diese Frage ist: *das Bewußtsein* - aber Bewußtsein im strengen Sinne; denn Bewußtsein im Sinne des Selbstgefühls, der sinnlichen Unterscheidungskraft, der Wahrnehmung und selbst Beurteilung der äußern Dinge nach bestimmten sinnfälligen Merkmalen, solches Bewußtsein kann den Tieren nicht abgesprochen werden. Bewußtsein im strengsten Sinne ist nur da, wo einem Wesen seine *Gattung*, seine *Wesenheit* Gegenstand ist. Das Tier ist wohl sich als Individuum - darum hat es Selbstgefühl -, aber nicht als Gattung Gegenstand -darum mangelt ihm *das* Bewußtsein, welches seinen Namen vom *Wissen* ableitet. Wo Bewußtsein, da ist Fähigkeit zur Wissenschaft. Die Wissenschaft ist das *Bewußtsein der Gattungen*. Im Leben verkehren wir mit Individuen, in der Wissenschaft mit Gattungen. Aber nur ein Wesen, dem seine eigene Gattung, seine Wesenheit Gegenstand ist, kann andere Dinge oder Wesen nach ihrer wesentlichen Natur zum Gegenstande machen.

Das Tier hat daher nur ein einfaches, der Mensch ein zweifaches Leben: bei dem Tiere ist das innere Leben eins mit dem äußern - der Mensch hat ein inneres *und* äußeres Leben. Das innere Leben des Menschen ist das Leben im Verhältnis zu seiner Gattung, seinem Wesen. Der Mensch denkt, d.h. er konversiert, er spricht *mit sich selbst*. Das Tier kann keine Gattungsfunktion verrichten ohne ein anderes Individuum außer ihm; der Mensch aber kann die Gattungsfunktion des Denkens, des Sprechens - denn Denken, Sprechen sind wahre *Gattungsfunktionen* - ohne einen andern verrichten. Der Mensch ist sich selbst zugleich Ich und Du; er kann sich selbst an die Stelle des andern setzen, eben deswegen, weil ihm seine Gattung, sein Wesen, nicht nur seine Individualität Gegenstand ist.

Das Wesen des Menschen im Unterschied vom Tiere ist nicht nur der Grund, sondern auch der Gegenstand der Religion. Aber die Religion ist das Bewußtsein des Unendlichen; sie ist also und kann nichts andres sein als das Bewußtsein des Menschen von *seinem*, und zwar nicht endlichen, beschränkten, sondern *unendlichen* Wesen. Ein *wirklich* endliches Wesen hat nicht die *entfernteste Ahnung*, geschweige ein *Bewußtsein* von einem *unendlichen Wesen*, denn die *Schranke des Wesens* ist auch die *Schranke des Bewußtseins*. Das Bewußtsein der Raupe, deren Leben und Wesen auf eine bestimmte Pflanzenspezies eingeschränkt ist, erstreckt sich auch nicht über dieses beschränkte Gebiet hinaus; sie unterscheidet wohl diese Pflanze von andern Pflanzen, aber mehr weiß sie nicht. Solch ein beschränktes, aber eben wegen seiner Beschränktheit infallibles, untrügliches *Bewußtsein* nennen wir darum auch nicht Bewußtsein, sondern Instinkt. Bewußtsein im strengen oder eigentlichen Sinne und *Bewußtsein des Unendlichen ist untrennbar*; *beschränktes* Bewußtsein ist *kein* Bewußtsein; das Bewußtsein ist wesentlich allumfassender, unendlicher Natur. Das Bewußtsein des Unendlichen ist nichts andres als das Bewußtsein von der *Unendlichkeit des Bewußtseins*. Oder: im Bewußtsein des Unendlichen ist dem Bewußten die *Unendlichkeit des eignen Wesens Gegenstand*.

Aber was ist denn das Wesen des Menschen, dessen er sich bewußt ist, oder was macht die Gattung, die eigentliche Menschheit im Menschen aus?[3] Die *Vernunft*, der *Wille*, das *Herz*. Zu einem vollkommenen Menschen gehört die Kraft des Denkens, die Kraft des Willens, die Kraft des Herzens. Die Kraft des Denkens ist das Licht der Erkenntnis, die Kraft des Willens die Energie des Charakters, die Kraft des Herzens die Liebe. Vernunft, Liebe, Willenskraft sind *Vollkommenheiten*, sind die *höchsten Kräfte*, sind das *absolute Wesen* des Menschen als Menschen und der Zweck seines Daseins. Der Mensch ist, um zu erkennen, um zu lieben, um zu wollen. Aber was ist der Zweck der Vernunft? die Vernunft. Der Liebe? die Liebe. Des Willens? die Willensfreiheit. Wir erkennen, um zu erkennen, lieben, um zu lieben, wollen, um zu wollen, d.h. frei zu sein. *Wahres* Wesen ist denkendes, liebendes, wollendes Wesen. Wahr, vollkommen, göttlich ist nur, was *um sein selbst willen* ist. Aber so ist die Liebe, so die Vernunft, so der Wille. Die göttliche Dreieinigkeit *im* Menschen *über* dem individuellen Menschen ist die Einheit von Vernunft, Liebe, Wille. Vernunft (Einbildungskraft, Phantasie, Vorstellung, Meinung), Wille, Liebe oder Herz sind keine Kräfte, welche der Mensch hat - denn er ist nichts ohne sie, er ist, was er ist, nur durch sie -, sie sind als die sein Wesen, welches er weder *hat* noch *macht*, begründenden Elemente, die ihn *beseelenden, bestimmenden, beherrschenden Mächte - göttliche, absolute Mächte*, denen er keinen Widerstand entgegensetzen kann[4].

Wie könnte der gefühlvolle Mensch dem Gefühl, der Liebende der Liebe, der Vernünftige der Vernunft widerstehen? Wer hat nicht die zermalmende Macht der Töne erfahren? Aber was ist die Macht der Töne als die Macht der Gefühle? Die Musik ist die Sprache des Gefühls - der Ton das laute Gefühl, das Gefühl, das sich mitteilt. Wer hätte nicht die Macht

22

der Liebe erfahren oder wenigstens von ihr gehört? Wer ist stärker, die Liebe oder der individuelle Mensch? Hat der Mensch die Liebe oder hat nicht vielmehr die Liebe den Menschen? Wenn die Liebe den Menschen bewegt, selbst mit Freuden für den Geliebten in den Tod zu gehen, ist diese den Tod überwindende Kraft seine eigne individuelle Kraft oder nicht vielmehr die Kraft der Liebe? Und wer, der je wahrhaft gedacht, hätte nicht die Macht des Denkens, die freilich stille, geräuschlose Macht des Denkens erfahren? Wenn du in tiefes Nachdenken versinkest, dich und was um dich vergessend, beherrschest du die Vernunft oder wirst du nicht von ihr beherrscht und verschlungen? Ist die wissenschaftliche Begeisterung nicht der schönste Triumph, den die Vernunft über dich feiert? Ist die Macht des Wissenstriebs nicht eine *schlechterdings unwiderstehliche, alles überwindende Macht?* Und wenn du eine Leidenschaft unterdrückst, eine Gewohnheit ablegst, kurz, einen Sieg über dich selbst erringst, ist diese siegreiche Kraft deine eigne persönliche Kraft, für sich selbst gedacht, oder nicht vielmehr die Willensenergie, die Macht der Sittlichkeit, welche sich gewaltsam deiner bemeistert und dich mit Indignation gegen dich selbst und deine individuellen Schwachheiten erfüllt?[5]

Der Mensch ist *nichts ohne Gegenstand.* Große, exemplarische Menschen - solche Menschen, die uns das Wesen des Menschen offenbaren, bestätigten diesen Satz durch ihr Leben. Sie hatten nur *eine* herrschende Grundleidenschaft: die Verwirklichung des Zwecks, welcher der wesentliche Gegenstand ihrer Tätigkeit war. Aber der Gegenstand, auf welchen sich ein Subjekt *wesentlich, notwendig* bezieht, ist nichts andres als das *eigne,* aber *gegenständliche* Wesen dieses Subjekts. Ist derselbe ein mehreren der Gattung nach gleichen, der Art nach aber unterschiedenen Individuen gemeinschaftlicher Gegenstand, so ist er, wenigstens *so, wie* er diesen Individuen je nach ihrer Verschiedenheit Objekt ist, ihr eignes, aber gegenständliches Wesen.

So ist die Sonne das gemeinschaftliche Objekt der Planeten, aber so, wie sie dem Merkur, der Venus, dem Saturn, dem Uranus, so ist sie nicht der Erde Gegenstand. *Jeder Planet hat seine eigne Sonne.* Die Sonne, die und wie sie den Uranus erleuchtet und erwärmt, hat kein physisches (nur ein astronomisches, wissenschaftliches) Dasein für die Erde; und die Sonne erscheint nicht nur anders, sie *ist* auch wirklich auf dem Uranus eine *andere* Sonne als auf der Erde. Das Verhalten der Erde zur Sonne ist daher zugleich ein Verhalten der Erde zu sich selbst oder zu ihrem eignen Wesen, denn das Maß der Größe und der Stärke des Lichts, in welchem die Sonne der Erde Gegenstand, ist das Maß der Entfernung, welches die eigentümliche Natur der Erde begründet. Jeder Planet hat daher in seiner Sonne den Spiegel seines eignen Wesens.

An dem Gegenstande wird daher der Mensch *seiner selbst* bewußt: das Bewußtsein des Gegenstands ist das *Selbstbewußtsein* des Menschen. Aus dem

Gegenstande erkennst du den Menschen; an ihm *erscheint* dir sein Wesen: der Gegenstand ist sein *offenbares* Wesen, sein *wahres, objektives* Ich. Und dies gilt keineswegs nur von den geistigen, sondern selbst auch den *sinnlichen* Gegenständen. Auch die dem Menschen fernsten Gegenstände sind, *weil* und *wiefern* sie ihm Gegenstände sind, Offenbarungen des menschlichen Wesens. Auch der Mond, auch die Sonne, auch die Sterne rufen dem Menschen das *Gnôthi sauton*, Erkenne dich selbst, zu. Daß er sie sieht und sie so sieht, wie er sie sieht, das ist ein Zeugnis seines eignen Wesens. Das Tier wird nur ergriffen von dem zum Leben notwendigen Lichtstrahl, der Mensch dagegen auch noch von dem gleichgültigen Strahl des entferntesten Sternes. Nur der Mensch hat reine, intellektuelle, interesselose Freuden und Affekte - nur der Mensch feiert theoretische Augenfeste. Das Auge, das in den Sternenhimmel schaut, jenes *nutz-* und *schadenlose* Licht erblickt, welches nichts mit der Erde und ihren Bedürfnissen gemein hat, erblickt in diesem Lichte sein eignes Wesen, seinen eignen Ursprung. Das Auge ist himmlischer Natur. Darum erhebt sich der Mensch über die Erde nur mit dem Auge; darum beginnt die *Theorie* mit dem Blicke nach dem Himmel. Die *ersten* Philosophen waren Astronomen. Der Himmel erinnert den Menschen an seine Bestimmung, daran, daß er nicht bloß zum Handeln, sondern auch zur Beschauung bestimmt ist.

Das *absolute Wesen*, der Gott des Menschen ist *sein eignes Wesen*. Die Macht des *Gegenstandes* über ihn ist daher die Macht *seines eignen Wesens*. So ist die Macht des *Gegenstands* des Gefühls die Macht des Gefühls, die Macht des *Gegenstands* der Vernunft die Macht der *Vernunft* selbst, die Macht des *Gegenstands* des Willens die Macht des *Willens*. Den Menschen, dessen Wesen der Ton bestimmt, beherrscht das Gefühl, wenigstens das Gefühl, welches im Tone sein entsprechendes Element findet. Nicht aber der Ton für sich selbst, nur der inhaltsvolle, der sinn- und gefühlvolle Ton hat Macht über das Gefühl. Das Gefühl wird nur durch das Gefühlvolle, d.h. durch *sich selbst, sein eignes Wesen bestimmt*. So auch der Wille, so auch die Vernunft. Was für eines Gegenstandes wir uns daher auch nur immer bewußt werden: wir werden stets zugleich unsres eignen Wesens uns bewußt; wir können nichts *anderes* betätigen, ohne *uns selbst* zu betätigen. Und weil Wollen, Fühlen, Denken Vollkommenheiten sind, Wesenheiten, Realitäten, so ist es unmöglich, daß wir *mit Vernunft* die Vernunft, *mit Gefühl* das Gefühl, *mit Willen* den Willen als eine *beschränkte, endliche*, d.i. *nichtige* Kraft empfinden oder wahrnehmen. Endlichkeit nämlich und Nichtigkeit sind eins; Endlichkeit ist nur ein Euphemismus für Nichtigkeit. Endlichkeit ist der *metaphysische*, der *theoretische*, Nichtigkeit der *pathologische, praktische* Ausdruck. Was dem *Verstande endlich*, ist *nichtig* dem *Herzen*. Es ist aber unmöglich, daß wir uns des Willens, des Gefühls, der Vernunft als endlicher Kräfte bewußt werden, weil jede Vollkommenheit, jede Kraft und Wesenheit die *unmittelbare Bewahrheitung* und *Bekräftigung ihrer selbst* ist. Man kann nicht lieben, nicht wollen, nicht denken, ohne diese Tätigkeiten als Vollkommenheiten zu empfinden, nicht wahrnehmen, daß man ein liebendes, wollendes, denkendes Wesen ist, ohne darüber eine *unendliche Freude* zu empfinden. Bewußtsein ist das Sich-selbst-Gegenstand-Sein eines Wesens; daher nichts Besonderes, nichts von dem Wesen, das sich seiner bewußt ist, Unterschiednes. Wie könnte es sonst sich seiner bewußt sein? Unmöglich ist es darum, einer Vollkommenheit als einer Unvollkommenheit sich bewußt zu werden, *unmöglich, das Gefühl als beschränkt zu empfinden, unmöglich, das Denken als beschränkt zu denken.*

Bewußtsein ist *Selbstbetätigung, Selbstbejahung, Selbstliebe, Freude an der eignen Vollkommenheit. Bewußtsein ist das charakteristische Kennzeichen eines vollkommnen Wesens;* Bewußtsein ist nur in einem gesättigten, vollendeten Wesen. Selbst die menschliche Eitelkeit bestätigt diese Wahrheit. Der Mensch sieht in den Spiegel; er hat einen Wohlgefallen an seiner Gestalt. Dieses Wohlgefallen ist eine notwendige, unwillkürliche Folge von der Vollendung, von der Schönheit seiner Gestalt. Die schöne Gestalt ist in sich gesättigt, sie hat notwendig eine Freude an sich, sie spiegelt sich notwendig in sich selbst. Eitelkeit ist es nur, wenn der Mensch seine eigne individuelle Gestalt beliebäugelt, aber nicht, wenn er die menschliche Gestalt bewundert. Er *soll* sie bewundern; er kann sich keine schönere, keine erhabenere Gestalt als die menschliche vorstellen.[6] Allerdings liebt jedes Wesen sich, sein Sein und *soll* es lieben. Sein ist ein Gut. »Alles«, sagt Bacon, »was des Seins würdig, ist auch würdig des Wissens.« Alles, was ist, hat Wert, ist ein Wesen von Distinktion; darum bejaht, behauptet es sich. Aber die höchste Form der Selbstbejahung, *die* Form, welche selbst eine Auszeichnung ist, eine Vollkommenheit, ein Glück, ein Gut, ist das Bewußtsein.

Jede Beschränkung der Vernunft oder überhaupt des Wesens des Menschen beruht auf einer Täuschung, einem Irrtum. Wohl kann und soll selbst das menschliche *Individuum* - hierin besteht sein Unterschied von dem tierischen - sich als beschränkt fühlen und erkennen; aber es kann sich seiner Schranken, seiner Endlichkeit nur bewußt werden, weil ihm die Vollkommenheit, die Unendlichkeit der Gattung Gegenstand ist, sei es nun als Gegenstand des Gefühls oder des Gewissens oder des denkenden Bewußtseins. Macht es gleichwohl *seine* Schranken zu *Schranken der Gattung,* so beruht dies auf der Täuschung, daß es sich für eins mit der Gattung hält - eine Täuschung, die mit der Bequemlichkeitsliebe, Trägheit, Eitelkeit und Selbstsucht des Individuums aufs innigste zusammenhängt. Eine Schranke nämlich, die ich bloß als *meine* Schranke weiß, *demütigt, beschämt* und *beunruhigt* mich. Um mich daher von diesem Schamgefühl, von dieser Unruhe zu befreien, mache ich die *Schranken meiner Individualität zu Schranken des menschlichen Wesens* selbst. Was mir unbegreiflich, ist auch den andern unbegreiflich; was soll ich mich weiter kümmern? Es ist ja nicht meine Schuld; es liegt nicht an *meinem* Verstande; es liegt am Verstande der

25

Gattung selbst. Aber es ist Wahn, lächerlicher und zugleich frevelhafter Wahn, das, was die *Natur* des Menschen ausmacht, das Wesen der Gattung, welches das *absolute Wesen* des Individuums ist, als endlich, als beschränkt zu bestimmen. *Jedes Wesen ist sich selbst genug.* Kein Wesen kann sich, d.h. seine Wesenheit verneinen; kein Wesen ist sich selbst ein beschränktes. Jedes Wesen ist vielmehr *in sich* und *für sich* unendlich, hat seinen Gott, sein höchstes Wesen *in sich selbst.* Jede Schranke eines Wesens existiert nur für ein *andres* Wesen *außer* und *über* ihm. Das Leben der Ephemeren ist außerordentlich kurz im Vergleich zu länger lebenden Tieren; aber gleichwohl ist für sie dieses kurze Leben so lang als für andere ein Leben von Jahren. Das Blatt, auf dem die Raupe lebt, ist für sie eine Welt, ein unendlicher Raum.

Was ein Wesen zu dem macht, *was es ist,* das ist eben sein Talent, sein Vermögen, sein Reichtum, sein Schmuck. Wie wäre es möglich, sein Sein als Nichtsein, seinen Reichtum als Mangel, sein Talent als Unvermögen wahrzunehmen? Hätten die Pflanzen Augen, Geschmack und Urteilskraft - jede Pflanze würde ihre Blume für die schönste erklären; denn ihr Verstand, ihr Geschmack würde nicht weiter reichen als ihre produzierende Wesenskraft. Was die produzierende Wesenskraft als das Höchste hervorbrächte, das müßte auch ihr Geschmack, ihre Urteilskraft als das Höchste bekräftigen, anerkennen. *Was das Wesen bejaht, kann der Verstand, der Geschmack, das Urteil nicht verneinen;* sonst wäre der Verstand, die Urteilskraft nicht mehr der Verstand, die Urteilskraft dieses bestimmten, sondern irgendeines andern Wesens. *Das Maß des Wesens ist auch das Maß des Verstandes.* Ist das Wesen beschränkt, so ist auch das Gefühl, auch der Verstand beschränkt. Aber einem beschränkten Wesen ist sein beschränkter Verstand keine Schranke; es ist vielmehr vollkommen glücklich und befriedigt mit demselben; es empfindet ihn, es lobt und preist ihn als eine herrliche, göttliche Kraft; und der beschränkte Verstand preist seinerseits wieder das beschränkte Wesen, dessen Verstand er ist. Beide passen aufs genauste zusammen; wie sollten sie miteinander zerfallen können? Der Verstand ist der Gesichtskreis eines Wesens. So weit du siehst, so weit erstreckt sich dein Wesen, und umgekehrt. Das Auge des Tieres reicht nicht weiter als sein Bedürfnis, und sein Wesen nicht weiter als sein Bedürfnis. Und so weit *dein Wesen,* so weit reicht dein *unbeschränktes Selbstgefühl,* so weit *bist du Gott.* Der Zwiespalt von Verstand und Wesen, von Denkkraft und Produktionskraft im menschlichen Bewußtsein ist einerseits ein nur individueller, ohne allgemeine Bedeutung, andrerseits nur ein scheinbarer. Wer seine schlechten Gedichte als schlecht erkennt, ist, *weil* in seiner *Erkenntnis,* auch in *seinem Wesen* nicht so beschränkt wie der, welcher seine schlechten Gedichte in seinem Verstande gutheißt.

Denkst du folglich das Unendliche, so denkst und bestätigst du die *Unendlichkeit* des *Denkvermögens;* fühlst du das Unendliche, so fühlst und bestätigst du die *Unendlichkeit* des *Gefühlsvermögens*. Der *Gegenstand* der Vernunft ist die *sich gegenständliche Vernunft*, der *Gegenstand* des Gefühls das *sich gegenständliche Gefühl*. Hast du keinen Sinn, kein Gefühl für Musik, so vernimmst du auch in der schönsten Musik nicht mehr als in dem Winde, der vor deinen Ohren vorbeisaust, als in dem Bache, der vor deinen Füßen vorbeirauscht. Was ergreift dich also, wenn dich der Ton ergreift? Was vernimmst du in ihm? Was anders, als die Stimme deines eignen Herzens? Darum spricht das Gefühl nur zum Gefühl, darum ist das Gefühl nur dem Gefühl, d.h. sich selbst verständlich - darum, weil der Gegenstand des Gefühls selbst nur Gefühl ist Die Musik ist ein Monolog des Gefühls. Aber auch der Dialog der Philosophie ist in Wahrheit nur ein Monolog der Vernunft: der Gedanke spricht nur zum Gedanken. Der Farbenglanz der Kristalle entzückt die Sinne; die Vernunft interessieren nur die Gesetze der Kristallonomie. Der Vernunft ist nur das Vernünftige Gegenstand.[7]

Alles daher, was im Sinne der übermenschlichen Spekulation und Religion nur die Bedeutung des *Abgeleiteten*, des *Subjektiven* oder *Menschlichen*, des *Mittels*, des *Organs* hat, das hat im Sinne der Wahrheit die Bedeutung des *Ursprünglichen*, des *Göttlichen*, des *Wesens*, des *Gegenstandes* selbst. Ist z.B. das Gefühl das wesentliche Organ der Religion, so drückt das *Wesen Gottes* nichts andres aus als das *Wesen des Gefühls*. Der wahre, aber verborgene Sinn der Rede: »Das Gefühl ist das Organ des Göttlichen«, lautet: Das Gefühl ist das *Nobelste, Trefflichste*, d.h. *Göttliche* im Menschen. Wie könntest du das Göttliche vernehmen durch das Gefühl, wenn das Gefühl nicht selbst göttlicher Natur wäre? Das Göttliche wird ja nur durch das Göttliche, »Gott nur durch sich selbst erkannt«. Das göttliche Wesen, welches das Gefühl vernimmt, ist in der Tat nichts als das *von sich selbst entzückte und bezauberte* Wesen des Gefühls - das *wonnetrunkene, in sich selige Gefühl*.

Es erhellt dies schon daraus, daß da, wo das Gefühl zum Organ des Unendlichen, zum subjektiven Wesen der Religion gemacht wird, der Gegen*stand* derselben seinen objektiven Wert verliert. So ist, seitdem man das Gefühl zur Hauptsache der Religion gemacht, der sonst so heilige Glaubensinhalt des Christentums gleichgültig geworden. Wird auch auf dem Standpunkt des Gefühls dem Gegenstand noch Wert eingeräumt, so hat er doch diesen nur um des Gefühls willen, welches sich vielleicht nur aus zufälligen Gründen mit ihm verknüpft; würde ein anderer Gegenstand dieselben Gefühle erregen, so wäre er ebenso willkommen. Der Gegenstand des Gefühls wird aber eben nur deswegen gleichgültig, weil, wo einmal das Gefühl als das subjektive Wesen der Religion ausgesprochen wird, es in der Tat auch das *objektive Wesen* derselben ist, wenn es gleich nicht als solches, wenigstens direkt, *ausgesprochen* wird. Direkt, sage ich; denn indirekt wird dies allerdings dadurch eingestanden, daß das Gefühl *als solches* für *religiös* erklärt, also der *Unterschied zwischen eigentümlich religiösen* und irreligiösen oder wenigstens *nicht religiösen* Gefühlen *aufgehoben* wird - eine notwendige

Konsequenz von dem Standpunkt, wo nur das Gefühl für das Organ des Göttlichen gilt. Denn warum anders als wegen seines Wesens, seiner Natur machst du das Gefühl zum Organ des unendlichen, des göttlichen Wesens? Ist aber nicht die Natur des Gefühls überhaupt auch die Natur jedes speziellen Gefühls, sein Gegenstand sei nun welcher er wolle? Was macht also dieses Gefühl zum religiösen? Der bestimmte *Gegenstand* ? Mitnichten, denn dieser Gegenstand ist *selbst nur ein religiöser*, wenn er nicht ein Gegenstand des kalten Verstandes oder Gedächtnisses, sondern *des Gefühls* ist. Was also? Die Natur des Gefühls, an der jedes Gefühl, ohne Unterschied des Gegenstandes, teilhat. Das Gefühl ist also heilig gesprochen, lediglich weil es Gefühl ist; der *Grund* seiner Religiosität ist die Natur des Gefühls, liegt *in ihm selbst*. Ist aber dadurch nicht das Gefühl als das Absolute, als das *Göttliche selbst* ausgesprochen? Wenn das Gefühl *durch sich selbst* gut, religiös, d.h. heilig, göttlich ist, hat das Gefühl seinen Gott nicht *in sich selbst?*

Wenn du aber dennoch ein Objekt des Gefühls festsetzen, zugleich aber dein Gefühl *wahrhaft* auslegen willst, ohne mit deiner Reflexion etwas Fremdartiges hineinzulegen, was bleibt dir übrig, als zu unterscheiden zwischen deinen individuellen Gefühlen und zwischen dem allgemeinen Wesen, der Natur des Gefühls, als abzusondern das Wesen des Gefühls von den störenden, verunreinigenden Einflüssen, an welche in dir, dem bedingten Individuum, das Gefühl gebunden ist? Was du daher allein vergegenständlichen, als das Unendliche aussprechen, als dessen Wesen bestimmen kannst, das ist nur die Natur des Gefühls. Du hast hier keine andere Bestimmung für Gott als diese: *Gott ist das reine, das unbeschränkte, das freie Gefühl.* Jeder andre Gott, den du hier setzest, ist ein von außen deinem Gefühl aufgedrungener Gott. Das Gefühl ist *atheistisch* im Sinne des orthodoxen Glaubens, als welcher die Religion an einen äußern Gegenstand anknüpft; es leugnet einen *gegenständlichen* Gott - es ist *sich selbst Gott. Die Verneinung des Gefühls nur* ist auf dem Standpunkt des Gefühls die *Verneinung Gottes.* Du bist nur zu feige oder zu beschränkt, um mit Worten einzugestehen, was dein Gefühl im stillen bejaht. Gebunden an äußere Rücksichten, unfähig, die Seelengröße des Gefühls zu begreifen, erschrickst du vor dem *religiösen Atheismus* deines Herzens und zerstörst in diesem Schrecken die *Einheit* deines Gefühls *mit sich selbst*, indem du dir ein vom Gefühl unterschiednes, gegenständliches Wesen vorspiegelst und dich so notwendig wieder zurückwirfst in die alten Fragen und Zweifel: ob ein Gott ist oder nicht ist? - Fragen und Zweifel, die doch da verschwunden, ja unmöglich sind, wo das Gefühl als das Wesen der Religion bestimmt wird. Das Gefühl ist deine innigste und doch zugleich eine von dir unterschiedene, unabhängige Macht, es ist *in* dir *über* dir: es ist dein eigenstes Wesen, das dich aber *als* und *wie ein anderes Wesen* ergreift, kurz, dein *Gott* - wie willst du also von diesem Wesen in dir noch ein anderes gegenständliches Wesen unterscheiden? wie über dein Gefühl hinaus?

Das Gefühl wurde aber hier nur als Beispiel hervorgehoben. Dieselbe Bewandtnis hat es mit jeder andern Kraft, Fähigkeit, Potenz, Realität, Tätigkeit - der Name ist gleichgültig -, welche man als das *wesentliche Organ* eines Gegenstandes bestimmt. Was *subjektiv* oder auf seiten des Menschen die Bedeutung des Wesens, das hat eben damit auch *objektiv* oder auf seiten des Gegenstands die Bedeutung des Wesens. Der Mensch kann nun einmal nicht über sein wahres Wesen hinaus. Wohl mag er sich vermittelst der Phantasie Individuen anderer, angeblich höherer Art vorstellen, aber von seiner Gattung, seinem Wesen kann er nimmermehr abstrahieren; die Wesensbestimmungen, die er diesen andern Individuen gibt, sind immer aus seinem eignen Wesen geschöpfte Bestimmungen - Bestimmungen, in denen er in Wahrheit nur sich selbst abbildet und vergegenständlicht. Wohl gibt es gewiß noch außer dem Menschen denkende Wesen auf den Himmelskörpern; aber durch die Annahme solcher Wesen verändern wir nicht unsern Standpunkt - wir bereichern ihn nur quantitativ, nicht qualitativ; denn so gut dort dieselben Gesetze der Bewegung, so gut gelten auch dort dieselben Gesetze des Empfindens und Denkens, wie hier. Wir beleben auch in der Tat die Sterne keineswegs dazu, daß dort *andere* Wesen als wir, sondern nur dazu, daß *mehr* solche oder ähnliche Wesen wie wir sind.[8]

ZWEITES KAPITEL
DAS WESEN DER RELIGION IM ALLGEMEINEN

Was im allgemeinen, selbst in Beziehung auf die sinnlichen Gegenstände, von dem Verhältnis des Menschen zum Gegenstand bisher behauptet wurde, das gilt *insbesondere* von dem Verhältnis desselben zum *religiösen Gegenstande*.

Im Verhältnis zu den sinnlichen Gegenständen ist das Bewußtsein des Gegenstandes wohl unterscheidbar vom Selbstbewußtsein; aber bei dem religiösen Gegenstand fällt das Bewußtsein mit dem Selbstbewußtsein unmittelbar zusammen. Der sinnliche Gegenstand ist *außer* dem Menschen da, der religiöse *in ihm*, ein selbst *innerlicher* - darum ein Gegenstand, der ihn ebensowenig verläßt, als ihn sein Selbstbewußtsein, sein Gewissen verläßt -, ein intimer, ja der allerintimste, der allernächste Gegenstand. »Gott«, sagt z.B. Augustin, »ist uns näher, verwandter und daher auch leichter erkennbar als die sinnlichen, körperlichen Dinge.«[9] Der sinnliche Gegenstand ist an sich ein *gleichgültiger*, unabhängig von der Gesinnung, von der Urteilskraft; der Gegenstand der Religion aber ist ein *auserlesener* Gegenstand: das vorzüglichste, das erste, das höchste Wesen; er setzt wesentlich ein *kritisches Urteil* voraus, den *Unterschied* zwischen dem Göttlichen und Nichtgöttlichen, dem Anbetungswürdigen und Nichtanbetungswürdigen.[10] Und hier gilt daher *ohne alle Einschränkung* der Satz: Der Gegenstand des Menschen ist nichts andres als sein *gegenständliches Wesen* selbst. Wie der Mensch denkt, wie er gesinnt ist, so ist sein Gott: soviel Wert der Mensch hat, soviel Wert und nicht mehr hat sein Gott. *Das Bewußtsein Gottes ist das Selbstbewußtsein des Menschen, die Erkenntnis Gottes die Selbsterkenntnis des Menschen.* Aus seinem Gotte erkennst du den Menschen und wiederum aus dem Menschen seinen Gott; beides ist eins. Was dem Menschen *Gott* ist, *das ist sein Geist, seine Seele*, und was des *Menschen Geist, seine Seele, sein Herz, das ist sein Gott:* Gott ist das *offenbare* Innere, das *ausgesprochne* Selbst des Menschen; die Religion die feierliche Enthüllung der verborgnen Schätze des Menschen, das Eingeständnis seiner innersten Gedanken, das *öffentliche Bekenntnis seiner Liebesgeheimnisse*.

Wenn aber die Religion, das Bewußtsein Gottes, als das Selbstbewußtsein des Menschen bezeichnet wird, so ist dies nicht so zu verstehen, als wäre der religiöse Mensch sich direkt bewußt, daß sein Bewußtsein von Gott das Selbstbewußtsein seines Wesens ist, denn der Mangel dieses Bewußtseins begründet eben das eigentümliche Wesen der Religion. Um diesen Mißverstand zu beseitigen, ist es besser zu sagen: die Religion ist das *erste* und *zwar indirekte Selbstbewußtsein* des Menschen. Die Religion geht daher überall der Philosophie voran, wie in der Geschichte der Menschheit, so auch in der Geschichte der Einzelnen. Der Mensch verlegt sein Wesen zuerst *außer sich*, ehe er es in sich findet. Das eigne Wesen ist ihm zuerst als ein andres Wesen Gegenstand. Die Religion ist das *kindliche Wesen* der Menschheit; aber das Kind sieht sein Wesen, den Menschen außer sich - als Kind ist der Mensch sich als ein andrer Mensch Gegenstand. Der geschichtliche Fortgang in den Religionen besteht deswegen darin, daß das, was der frühern Religion für etwas Objektives galt, jetzt als etwas Subjektives, d.h. was *als Gott* angeschaut und angebetet wurde, jetzt als etwas *Menschliches* erkannt wird. Die frühere Religion ist der spätern Götzendienst; der Mensch hat sein *eignes Wesen* angebetet. Der Mensch hat sich vergegenständlicht, aber den Gegenstand nicht als sein Wesen erkannt; die spätere Religion tut diesen Schritt; jeder Fortschritt in der Religion ist daher eine tiefere Selbsterkenntnis. Aber jede bestimmte Religion, die ihre altern Schwestern als Götzendienerinnen bezeichnet, nimmt *sich selbst* - und zwar notwendig, sonst wäre sie nicht mehr Religion - von dem Schicksal, dem allgemeinen Wesen der Religion aus; sie schiebt nur auf die *andern* Religionen, was doch - wenn anders Schuld - die Schuld der Religion überhaupt ist. Weil sie einen *andern* Gegenstand, einen *andern* Inhalt hat, weil sie über den Inhalt der frühern sich erhoben, wähnt sie sich erhaben über die notwendigen und ewigen Gesetze, die das Wesen der Religion begründen, wähnt sie, daß ihr Gegenstand, ihr Inhalt ein übermenschlicher sei. Aber dafür durchschaut das ihr selbst verborgne Wesen der Religion der Denker, dem die Religion *Gegenstand* ist, was sich selbst die Religion nicht sein kann. Und unsre Aufgabe ist es eben, nachzuweisen, daß der Gegensatz des Göttlichen und Menschlichen ein illusorischer, d.h. daß er nichts andres ist als der Gegensatz zwischen dem menschlichen Wesen und dem menschlichen Individuum, daß folglich auch der Gegenstand und Inhalt der christlichen Religion ein durchaus menschlicher ist.

Die Religion, wenigstens die christliche, ist das *Verhalten des Menschen zu sich selbst*, oder richtiger: *zu seinem Wesen*, aber das Verhalten zu seinem Wesen *als zu einem andern Wesen. Das göttliche Wesen ist nichts andres als das* menschliche Wesen oder besser: *das Wesen des Menschen*, abgesondert von den Schranken des individuellen, d.h. wirklichen, leiblichen Menschen, vergegenständlicht, d.h. *angeschaut* und *verehrt als ein andres, von ihm unterschiednes, eignes Wesen*– alle *Bestimmungen* des göttlichen Wesens sind darum Bestimmungen des menschlichen Wesens.[11]

In Beziehung auf die Prädikate, d.h. die Eigenschaften oder Bestimmungen Gottes, wird dies denn auch ohne Anstand zugegeben, aber keineswegs in Beziehung auf das *Subjekt*, d.h. das Grundwesen dieser Prädikate. Die Verneinung des Subjekts gilt für Irreligiosität, für Atheismus, nicht aber die Verneinung der Prädikate. Aber was keine Bestimmungen hat, das hat auch keine Wirkungen auf mich; was keine Wirkungen, auch kein Dasein für mich. Alle Bestimmungen aufheben, ist soviel als das Wesen selbst aufheben. Ein bestimmungsloses Wesen ist ein ungegenständliches Wesen, ein ungegenständliches ein nichtiges Wesen. Wo daher der Mensch alle Bestimmungen von Gott entfernt, da ist ihm Gott nur noch ein *negatives*, d.h. *nichtiges* Wesen. Dem wahrhaft religiösen Menschen ist Gott kein bestimmungsloses Wesen, weil er ihm ein *gewisses, wirkliches* Wesen ist. Die Bestimmungslosigkeit und die mit ihr identische Unerkennbarkeit Gottes ist daher nur eine Frucht der neuern Zeit, ein Produkt der modernen Ungläubigkeit.

Wie die Vernunft nur da als endlich bestimmt wird und bestimmt werden kann, wo dem Menschen der sinnliche Genuß oder das religiöse Gefühl oder die ästhetische Anschauung oder die moralische Gesinnung für das Absolute, das Wahre gilt: so kann nur da die Unerkennbarkeit oder Unbestimmbarkeit Gottes als ein Dogma ausgesprochen und festgesetzt werden, wo dieser Gegenstand *kein Interesse mehr für die Erkenntnis* hat, wo die Wirklichkeit allein den Menschen in Anspruch nimmt, das Wirkliche allein für ihn die Bedeutung des wesentlichen, des absoluten, göttlichen Gegenstandes hat, aber doch zugleich noch im *Widerspruch* mit dieser rein weltlichen Richtung ein alter Rest von Religiosität vorhanden ist. Der Mensch entschuldigt mit der Unerkennbarkeit Gottes vor seinem noch übriggebliebenen religiösen Gewissen seine Gottvergessenheit, sein Verlorensein in die Welt; er verneint Gott praktisch, durch die Tat - all sein Sinnen und Denken hat die Welt inne -, aber er verneint ihn nicht *theoretisch*; er greift seine Existenz nicht an; er läßt ihn bestehen. Allein diese Existenz tangiert und inkommodiert ihn nicht; sie ist eine nur *negative* Existenz, eine Existenz *ohne Existenz*, eine sich selbst widersprechende Existenz - ein Sein, das seinen Wirkungen nach nicht unterscheidbar vom Nichtsein ist. Die Verneinung bestimmter, positiver Prädikate des göttlichen Wesens ist nichts andres als eine Verneinung der Religion, welche aber noch einen *Schein von Religion* für sich hat, so daß sie nicht *als Verneinung* erkannt wird - nichts andres als ein *subtiler, verschlagener Atheismus*. Die angeblich religiöse Scheu, Gott durch bestimmte Prädikate zu verendlichen, ist nur der irreligiöse Wunsch, von Gott nichts mehr *wissen* zu wollen, Gott sich aus dem Sinne zu schlagen. *Wer sich scheut, endlich zu sein, scheut sich zu existieren.* Alle reale Existenz, d.h. alle Existenz, die *wirklich* Existenz ist, die ist *qualitative, bestimmte Existenz*. Wer ernstlich, wirklich, wahrhaft an die Existenz Gottes glaubt, der stößt sich nicht an den selbst derb sinnlichen Eigenschaften Gottes. Wer nicht durch seine Existenz beleidigen, wer nicht derb sein will, der verzichte auf die Existenz. Ein Gott, der sich durch die Bestimmtheit beleidigt fühlt, hat nicht den Mut und nicht die Kraft, zu existieren. Die *Qualität* ist das Feuer, der Sauerstoff, das *Salz* der Existenz, Eine Existenz *überhaupt*, eine Existenz ohne Qualität, ist eine *geschmacklose*, eine *abgeschmackte* Existenz. In Gott ist aber nicht mehr als in der Religion ist.

Nur da, wo der Mensch den *Geschmack an der Religion* verliert, die Religion selbst also geschmacklos wird, nur da wird daher auch die Existenz Gottes zu einer abgeschmackten Existenz.

Es gibt übrigens noch eine gelindere Weise der Verneinung der göttlichen Prädikate als die direkte, eben bezeichnete. Man gibt zu, daß die Prädikate des göttlichen Wesens endliche, insbesondre menschliche Bestimmungen sind; aber man verwirft ihre Verwerfung; man nimmt sie sogar in Schutz, weil es dem Menschen notwendig sei, sich bestimmte Vorstellungen von Gott zu machen, und weil er nun einmal Mensch sei, so könne er sich auch keine andern als eben menschliche Vorstellungen von ihm machen. In Beziehung auf Gott, sagt man, sind diese Bestimmungen freilich ohne Bedeutung, aber für mich kann er, weil und wenn er für mich sein soll, nicht anders erscheinen als so, wie er mir erscheint, nämlich als ein menschliches oder doch menschenähnliches Wesen. Allein diese Unterscheidung zwischen dem, was Gott an *sich*, und dem, was er *für mich* ist, zerstört den Frieden der Religion und ist überdem an sich selbst eine grund- und haltlose Distinktion. Ich kann gar nicht wissen, ob Gott etwas *andres* an sich oder für sich ist, als er *für mich* ist; *wie* er für mich ist, so ist er *alles* für mich. Für mich liegt eben in diesen Bestimmungen, unter welchen er für mich ist, sein An-sich-selbst-sein, sein *Wesen* selbst; er ist für mich so, wie er für mich nur immer sein kann. Der religiöse Mensch ist in dem, was Gott in bezug auf ihn ist -von einer andern Beziehung -weiß er nichts - *vollkommen* befriedigt, denn Gott ist ihm, was er dem Menschen *überhaupt sein kann*. In jener Unterscheidung setzt sich der Mensch über sich selbst, d.h. über sein Wesen, sein absolutes Maß hinweg, aber diese Hinwegsetzung ist nur eine Illusion. Den Unterschied nämlich zwischen dem Gegenstande, wie er an sich, und dem Gegenstand, wie er für mich ist, kann ich nur da machen, wo ein Gegenstand *mir wirklich anders* erscheinen *kann*, als er erscheint; aber nicht, wo er mir *so* erscheint, wie er mir nach meinem *absoluten Maße* erscheint, wie er mir erscheinen *muß*. Wohl kann meine Vorstellung eine subjektive sein, d.h. eine solche, an welche die *Gattung* nicht gebunden ist. Aber wenn meine Vorstellung dem Maße der Gattung entspricht, so fällt die Unterscheidung zwischen Ansichsein und Fürmichsein weg; denn diese Vorstellung ist selbst eine *absolute*. Das Maß der Gattung ist das *absolute* Maß, Gesetz und Kriterium des Menschen. Aber die Religion hat eben die Überzeugung, daß ihre Vorstellungen, ihre Bestimmungen von Gott solche sind, die jeder Mensch haben *soll* und haben *muß*, wenn er die *wahren* haben will, daß sie die notwendigen Vorstellungen der menschlichen Natur, ja, die objektiven, die gottgemäßen Vorstellungen sind. Jeder Religion sind die Götter der andern Religionen nur Vorstellungen von *Gott*, aber *die* Vorstellung, die *sie* von Gott hat, ist ihr Gott selbst, Gott, wie sie ihn vorstellt, der echte, wahre Gott, Gott, wie er *an sich* ist. Die Religion begnügt sich nur mit einem *ganzen, rückhaltlosen*

Gott; sie will nicht eine bloße Erscheinung von Gott; *sie will Gott selbst, Gott in Person.* Die Religion gibt *sich selbst* auf, wenn sie das *Wesen* Gottes aufgibt; sie ist keine Wahrheit mehr, wo sie auf den Besitz des wahren Gottes verzichtet. Der Skeptizismus ist der Erzfeind der Religion. Aber die Unterscheidung zwischen Gegenstand und Vorstellung, zwischen Gott an sich und Gott für mich ist eine skeptische, also irreligiöse Unterscheidung.

Was dem Menschen die Bedeutung des *Ansichseienden* hat, was ihm das *höchste* Wesen ist, das, worüber er *nichts Höheres* sich vorstellen kann, dieses ist ihm eben das *göttliche* Wesen. Wie könnte er also bei diesem Gegenstande noch fragen, was er *an sich* sei? Wenn Gott dem Vogel Gegenstand wäre, so wäre er ihm nur als ein geflügeltes Wesen Gegenstand: der Vogel kennt nichts Höheres, nichts Seligeres als das Geflügeltsein. Wie lächerlich wäre es, wenn dieser Vogel urteilte: mir erscheint Gott als ein Vogel, aber was er an sich ist, weiß ich nicht. Das höchste Wesen ist dem Vogel eben das Wesen des Vogels. Nimmst du ihm die Vorstellung vom *Wesen des Vogels*, so nimmst du ihm die *Vorstellung des höchsten Wesens.* Wie könnte er also fragen, ob Gott *an sich* geflügelt sei? Fragen, ob *Gott* an sich so ist, wie er für mich ist, heißt fragen, ob Gott *Gott* ist, heißt über seinen Gott sich erheben, gegen ihn sich empören.

Wo sich daher einmal *das* Bewußtsein des Menschen bemächtigt, daß die religiösen Prädikate nur Anthropomorphismen, d.h. menschliche Vorstellungen sind, da hat sich schon der *Zweifel,* der *Unglaube* des Glaubens bemächtigt. Und es ist nur die Inkonsequenz der Herzensfeigheit und der Verstandesschwäche, die von diesem Bewußtsein aus nicht bis zur förmlichen Verneinung der Prädikate und von dieser bis zur Verneinung des zugrunde liegenden Wesens fortgeht. Bezweifelst du die gegenständliche Wahrheit der Prädikate, so mußt du auch die *gegenständliche Wahrheit des Subjekts* dieser Prädikate in Zweifel ziehen. Sind deine Prädikate Anthropomorphismen, so ist auch das Subjekt derselben ein Anthropomorphismus. Sind Liebe, Güte, Persönlichkeit menschliche Bestimmungen, so ist auch das Grundwesen derselben, welches du ihnen voraussetzest, auch die *Existenz* Gottes, auch der Glaube, daß überhaupt ein Gott ist, ein Anthropomorphismus - eine durchaus menschliche Voraussetzung. Woher weißt du, daß der Glaube an Gott überhaupt nicht eine Schranke der menschlichen Vorstellungsweise ist? Höhere Wesen -und du nimmst ja deren an - sind vielleicht so selig in sich selbst, so einig mit sich, daß sie sich nicht mehr in der Spannung zwischen sich und einem höhern Wesen befinden. Gott zu wissen und nicht selbst Gott zu sein, Seligkeit zu kennen und nicht selbst zu genießen, das ist ein Zwiespalt, ein Unglück.[12] Höhere Wesen wissen nichts von diesem Unglück; sie haben keine Vorstellung von dem, was sie *nicht* sind.

Du glaubst an die Liebe als eine göttliche Eigenschaft, weil du selbst liebst, du glaubst, daß Gott ein weises, ein gütiges Wesen ist, weil du nichts

Besseres von dir kennst als Güte und Verstand, und du glaubst, daß Gott existiert, daß er also Subjekt oder Wesen ist - was existiert, ist Wesen, werde es nun als Substanz oder Person oder sonstwie bestimmt und bezeichnet -, weil du selbst existierst, selbst Wesen bist. Du kennst kein höheres menschliches Gut, als zu lieben, als gut und weise zu sein, und ebenso kennst du kein höheres Glück, als überhaupt zu existieren, Wesen zu sein; denn das Bewußtsein alles Guten, alles Glückes ist dir an das Bewußtsein des Wesenseins, der Existenz gebunden. Gott ist dir ein Existierendes, ein Wesen aus demselben Grunde, aus welchem er dir ein weises, ein seliges, ein gütiges Wesen ist. Der Unterschied zwischen den göttlichen Eigenschaften und dem göttlichen Wesen ist nur dieser, daß dir das Wesen, die Existenz *nicht* als ein Anthropomorphismus *erscheint*, weil in diesem deinem *Wesensein* die *Notwendigkeit* liegt, daß dir Gott ein Existierendes, ein Wesen ist, die Eigenschaften dagegen als Anthropomorphismen *erscheinen*, weil die Notwendigkeit derselben, die Notwendigkeit, daß Gott weise, gut, gerecht usw. ist, keine unmittelbare, mit dem Sein des Menschen identische, sondern durch sein Selbstbewußtsein, die Tätigkeit des Denkens vermittelte Notwendigkeit ist. Subjekt, Wesen bin ich, ich existiere, ich mag weise oder unweise, gut oder schlecht sein. Existieren ist dem Menschen das Erste, das Grundwesen in seiner Vorstellung, die Voraussetzung der Prädikate. Die Prädikate gibt er daher frei, aber die Existenz Gottes ist ihm eine ausgemachte, unantastbare, absolut gewisse, gegenständliche Wahrheit. Aber gleichwohl ist dieser Unterschied nur ein scheinbarer. Die Notwendigkeit des Subjekts liegt nur in der Notwendigkeit des Prädikats. Du bist *Wesen* nur als *menschliches* Wesen; die Gewißheit und Realität deiner Existenz liegt nur in der Gewißheit und Realität deiner menschlichen Eigenschaften. *Was* das Subjekt ist, das liegt nur im Prädikat; das Prädikat ist die *Wahrheit* des Subjekts; das Subjekt nur das personifizierte, das existierende Prädikat. Subjekt und Prädikat unterscheiden sich nur wie *Existenz* und *Wesen*. *Die Verneinung der Prädikate ist daher die Verneinung des Subjekts.* Was bleibt dir vom menschlichen Wesen übrig, wenn du ihm die menschlichen Eigenschaften nimmst? Selbst in der Sprache des gemeinen Lebens setzt man die göttlichen Eigenschaften: die Vorsehung, die Weisheit, die Allmacht statt des göttlichen Wesens.

Die Gewißheit der Existenz Gottes, von welcher man gesagt hat, daß sie dem Menschen so gewiß, ja gewisser als die eigne Existenz sei, hängt daher nur ab von der Gewißheit der *Qualität* Gottes - sie ist keine *unmittelbare* Gewißheit. Dem Christen ist nur die Existenz des *christlichen*, dem Heiden die Existenz des *heidnischen* Gottes eine Gewißheit. Der Heide bezweifelte nicht die Existenz Jupiters, weil er an dem Wesen Jupiters keinen Anstoß nahm, weil er sich Gott in keiner andern Qualität vorstellen konnte, weil ihm diese Qualität eine Gewißheit, eine göttliche Wahrheit war. Die Wahrheit des Prädikats ist allein die *Bürgschaft der Existenz*.

Was der Mensch als *Wahres*, stellt er unmittelbar *als Wirkliches* vor, weil ihm ursprünglich nur *wahr* ist, was *wirklich* ist - wahr im Gegensatz zum nur Vorgestellten, Erträumten, Eingebildeten. Der Begriff *des Seins, der Existenz* ist der *erste, ursprüngliche Begriff der Wahrheit*. Oder: ursprünglich macht der Mensch die Wahrheit von der Existenz, später erst die Existenz von der Wahrheit abhängig. Gott nun ist das Wesen des Menschen, angeschaut als höchste Wahrheit; Gott aber, oder, was eins ist, die Religion, so verschieden, als verschieden die *Bestimmtheit* ist, in welcher der Mensch dieses sein Wesen erfaßt, als höchstes Wesen anschaut. Diese *Bestimmtheit* daher, in welcher der Mensch Gott denkt, ist ihm die *Wahrheit* und eben deswegen zugleich die *höchste Existenz* oder vielmehr *schlechtweg die Existenz*; denn nur die höchste Existenz *ist* eigentlich erst Existenz und verdient diesen Namen. Gott ist darum aus demselben Grunde ein *existierendes*, *wirkliches* Wesen, aus welchem er *dieses bestimmte Wesen* ist; denn die Qualität oder Bestimmtheit Gottes ist nichts andres als die *wesentliche Qualität* des Menschen selbst, der bestimmte Mensch *ist* aber nur, *was er ist*, hat nur seine *Existenz*, seine *Wirklichkeit* in seiner Bestimmtheit. Dem Griechen kann man nicht die griechischen Eigenschaften nehmen, ohne ihm seine Existenz zu nehmen. Allerdings ist daher für eine bestimmte Religion, also *relativ*, die Gewißheit von der Existenz Gottes eine *unmittelbare*; denn so unwillkürlich, so notwendig der Grieche Grieche war, so notwendig waren seine Götter griechische Wesen, so notwendig wirklich existierende Wesen. Die Religion ist die mit dem Wesen des Menschen identische Anschauung vom Wesen der Welt und des Menschen. Der Mensch steht aber nicht über seiner wesentlichen Anschauung, sondern *sie steht über ihm*; sie beseelt, bestimmt, beherrscht ihn. Die Notwendigkeit eines Beweises, einer Vermittlung des Wesens oder der Qualität mit der Existenz, die Möglichkeit eines Zweifels fällt somit weg. Nur, was ich von meinem *Wesen absondere*, ist mir etwas *Bezweifelbares*. Wie könnte ich also den Gott bezweifeln, der mein Wesen ist? Meinen Gott bezweifeln, heißt mich selbst bezweifeln. Nur da, wo Gott abstrakt gedacht wird, seine Prädikate durch philosophische Abstraktion vermittelte sind, entsteht die Unterscheidung oder Trennung zwischen Subjekt und Prädikat, Existenz und Wesen - entsteht der Schein, daß die Existenz oder das Subjekt etwas *andres* ist als das Prädikat, etwas Unmittelbares, Unbezweifelbares im Unterschiede von dem bezweifelbaren Prädikat. Aber es ist nur ein Schein. Ein Gott, der *abstrakte Prädikate*, hat auch eine *abstrakte Existenz. Die Existenz, das Sein ist so verschieden, als die Qualität verschieden ist.*

Die Identität des Subjekts und Prädikats erhellt am deutlichsten aus dem Entwicklungsgange der Religion, welcher identisch mit dem Entwicklungsgange der menschlichen Kultur. Solange dem Menschen das Prädikat eines bloßen Naturmenschen zukommt, solange ist auch sein Gott ein bloßer Naturgott. Wo sich der Mensch in Häuser, da schließt er auch seine Götter in Tempel ein. Der Tempel ist nur eine Erscheinung von dem Werte, welchen der Mensch auf schöne Gebäude legt. Die Tempel zu Ehren der Religion sind in Wahrheit Tempel zu *Ehren der Baukunst*. Mit der Erhebung des Menschen aus dem Zustande der Roheit und Wildheit zur Kultur, mit der Unterscheidung zwischen dem, *was sich für den Menschen schickt* und *nicht schickt*, entsteht auch gleichzeitig der Unterschied zwischen dem, was sich für Gott schickt und nicht schickt. Gott ist der Begriff der Majestät, der höchsten Würde, das religiöse Gefühl das höchste Schicklichkeitsgefühl. Erst die spätern gebildeten Künstler Griechenlands verkörperten in den Götterstatuen die Begriffe der Würde, der Seelengröße, der unbewegten Ruhe und Heiterkeit. Aber warum waren ihnen diese Eigenschaften Attribute, Prädikate Gottes? Weil sie *für sich selbst* ihnen für *Gottheiten* galten. Warum schlossen sie alle widrigen und niedrigen Gemütsaffekte aus? Eben weil sie dieselben als etwas Unschickliches, Unwürdiges, Unmenschliches, folglich Ungöttliches erkannten. Die Homerischen Götter essen und trinken - das heißt: Essen und Trinken ist ein göttlicher Genuß. Körperstärke ist eine Eigenschaft der Homerischen Götter: Zeus ist der stärkste der Götter. Warum? Weil die Körperstärke *an und für sich selbst* für etwas Herrliches, Göttliches galt. Die Tugend des Kriegers war den alten Deutschen die höchste Tugend; dafür war aber auch ihr höchster Gott der Kriegsgott: Odin - der Krieg »das *Urgesetz* oder älteste Gesetz«. Nicht die Eigenschaft der Gottheit, sondern die *Göttlichkeit* oder *Gottheit der Eigenschaft* ist das *erste* wahre göttliche Wesen. Also das, was der Theologie und Philosophie bisher für Gott, für das Absolute, Wesenhafte galt, das ist *nicht* Gott; das aber, was ihr *nicht* für Gott galt, das gerade ist *Gott* - d.i. die *Eigenschaft*, die *Qualität*, die *Bestimmtheit*, die *Wirklichkeit überhaupt*. Ein wahrer Atheist, d.h. ein Atheist im gewöhnlichen Sinne, ist daher auch nur der, welchem die Prädikate des göttlichen Wesens, wie z.B. die Liebe, die Weisheit, die Gerechtigkeit nichts sind, aber nicht der, welchem nur das Subjekt dieser Prädikate nichts ist. Und keineswegs ist die Verneinung des Subjekts auch notwendig zugleich die Verneinung der Prädikate an sich selbst. Die Prädikate haben eine *eigne, selbständige Bedeutung*; sie dringen durch ihren Inhalt dem Menschen ihre Anerkennung auf; sie erweisen sich ihm unmittelbar durch sich selbst als wahr; sie betätigen, *bezeugen* sich selbst. Güte, Gerechtigkeit, Weisheit sind dadurch keine Schimären, daß die Existenz Gottes eine Schimäre, noch dadurch Wahrheiten, daß diese eine Wahrheit ist. Der Begriff Gottes ist abhängig vom Begriffe der Gerechtigkeit, der Güte, der Weisheit - ein Gott, der *nicht* gütig, *nicht* gerecht, *nicht* weise, ist *kein Gott* -, aber nicht umgekehrt. Eine Qualität ist *nicht dadurch göttlich, daß sie Gott hat*, sondern *Gott hat sie*, weil sie an und für sich selbst göttlich ist, weil Gott *ohne sie* ein *mangelhaftes* Wesen ist. Die Gerechtigkeit, die Weisheit, überhaupt jede Bestimmung, welche die Gottheit Gottes ausmacht, wird *durch sich selbst* bestimmt und erkannt, Gott aber *durch die Bestimmung,* die Qualität; nur in dem Falle, daß ich Gott und die Gerechtigkeit als dasselbe, Gott unmittelbar als *die Wirklichkeit der Idee der Gerechtigkeit* oder irgendeiner andern Qualität denke, bestimme ich Gott durch sich selbst. Wenn aber Gott als Subjekt das *Bestimmte,* die Qualität, das Prädikat aber das *Bestimmende* ist, so gebührt ja in Wahrheit dem Prädikat, nicht dem Subjekt der Rang des *ersten* Wesens, der Rang der Gottheit.

Erst wenn mehrere und zwar widersprechende Eigenschaften zu *einem* Wesen vereinigt werden und dieses Wesen als ein *persönliches* erfaßt, die Persönlichkeit also besonders hervorgehoben wird, erst da vergißt man den Ursprung der Religion, vergißt man, daß, was in der Vorstellung der Reflexion ein vom Subjekt unterscheidbares oder abtrennbares Prädikat ist, *ursprünglich* das *wahre Subjekt* war. So vergötterten die Römer und Griechen Akzidenzen als Substanzen, Tugenden, Gemütszustände, Affekte als selbständige Wesen. Der Mensch, insbesondre der religiöse, ist sich das Maß aller Dinge, aller Wirklichkeit. Was nur immer dem Menschen imponiert, was nur immer einen *besondern* Eindruck auf sein Gemüt macht - es sei auch nur ein sonderbarer, unerklärlicher Schall oder Ton -, verselbständigt er als ein besondres, als ein göttliches Wesen. Die Religion umfaßt *alle Gegenstände* der Welt; alles, was nur immer ist, war Gegenstand religiöser Verehrung; *im Wesen und Bewußtsein der Religion ist nichts anderes, als was überhaupt im Wesen und im Bewußtsein des Menschen von sich und von der Welt liegt.* Die Religion hat keinen *eignen, besondern Inhalt.* Selbst die Affekte der Furcht und des Schreckens hatten in Rom ihre Tempel. Auch die Christen machten Gemütserscheinungen zu Wesen, ihre Gefühle zu Qualitäten der Dinge, die sie beherrschenden Affekte zu weltbeherrschenden Mächten, kurz, Eigenschaften ihres eignen, sei es nun bekannten oder unbekannten Wesens zu *für sich selbst bestehenden Wesen.* Teufel, Kobolde, Hexen, Gespenster, Engel waren heilige Wahrheiten, solange das religiöse Gemüt ungebrochen, ungeteilt die Menschheit beherrschte.

Um sich die Einheit der göttlichen und menschlichen Prädikate, damit die Einheit des göttlichen und menschlichen Wesens aus dem Sinne zu schlagen, hilft man sich mit der Vorstellung, daß Gott als das unendliche Wesen eine *unendliche Fülle von verschiedenen Prädikaten* sei, von welchen wir hier nur *einige,* und zwar die *uns analogen* oder *ähnlichen,* die andern aber, welchen zufolge also Gott auch ein ganz andres Wesen sei als ein menschliches oder menschenähnliches, erst in der Zukunft, d.h. im Jenseits erkennen. Allein eine unendliche Fülle oder Menge von Prädikaten, die *wirklich verschieden* sind, so verschieden, daß nicht mit dem einen unmittelbar auch das andere erkannt und gesetzt wird, verwirklicht und bewährt sich nur in einer unendlichen Fülle oder Menge *verschiedener Wesen oder Individuen.* So ist das menschliche Wesen ein unendlicher Reichtum von verschiedenen Prädikaten, aber eben deswegen ein unendlicher Reichtum von verschiedenen Individuen. Jeder neue Mensch ist gleichsam ein neues Prädikat, ein neues Talent der Menschheit. So viele Menschen sind, so viel Kräfte, so viel Eigenschaften hat die Menschheit. Dieselbe Kraft, die in allen, ist wohl in jedem einzelnen, aber doch so bestimmt und geartet, daß sie als eine eigne, eine neue Kraft erscheint. Das Geheimnis der unerschöpflichen Fülle der göttlichen Bestimmungen ist daher nichts andres als das Geheimnis des menschlichen als eines *unendlich verschiedenartigen, unendlich bestimmbaren,* aber eben deswegen *sinnlichen Wesens.* Nur *in der Sinnlichkeit,* nur *in Raum und Zeit* hat ein *unendliches,* ein *wirklich* unendliches, bestimmungsreiches Wesen Platz. Wo wahrhaft *verschiedene Prädikate,* sind *verschiedene Zeiten.* Dieser Mensch ist ein ausgezeichneter Musiker, ein ausgezeichneter Schriftsteller, ein ausgezeichneter Arzt; aber er kann nicht zu gleicher Zeit musizieren, Schriftstellern und kurieren. Nicht die Hegelsche Dialektik - die Zeit ist das Mittel, Gegensätze, Widersprüche in einem und demselben Wesen zu vereinigen. Aber mit dem Begriffe Gottes verbunden, unterschieden und abgetrennt vom Wesen des Menschen, ist die unendliche Vielheit verschiedener Prädikate eine Vorstellung *ohne Realität* -eine *bloße Phantasie* -, die *Vorstellung der Sinnlichkeit, aber ohne die wesentlichen Bedingungen, ohne die Wahrheit der Sinnlichkeit* - eine Vorstellung, die mit dem göttlichen Wesen als einem geistigen, d.i. *abstrakten, einfachen, einzigen* Wesen in direktem Widerspruch steht; denn die Prädikate Gottes sind gerade von dieser Beschaffenheit, daß ich mit dem *einen* auch *alle andern* zugleich habe, weil *kein wirklicher Unterschied* zwischen ihnen stattfindet. Habe ich daher in den gegenwärtigen Prädikaten nicht die zukünftigen, in dem gegenwärtigen Gott nicht den zukünftigen, so habe ich auch in dem zukünftigen Gott nicht den gegenwärtigen, sondern *zwei verschiedene Wesen.*[13] Aber diese Verschiedenheit eben widerspricht der Einzigkeit, Einheit und Einfachheit Gottes. Warum ist *dieses* Prädikat ein Prädikat Gottes? Weil es göttlicher Natur ist, d.h. weil es keine Schranke, keinen Mangel ausdrückt. Warum sind es andere Prädikate? Weil sie, so verschieden sie an sich selber sein mögen, darin übereinstimmen, daß sie gleichfalls Vollkommenheit, Uneingeschränktheit ausdrücken. Daher kann ich mir *unzählige* Prädikate Gottes vorstellen, weil sie *alle* in dem abstrakten Gottheitsbegriffe übereinstimmen, das gemein haben müssen, was jedes *einzelne Prädikat* zu einem göttlichen Attribut oder Prädikat macht. So ist es bei Spinoza. Er spricht von unendlich vielen Attributen der göttlichen Substanz, aber außer Denken und Ausdehnung nennt er keine. Warum? Weil es ganz gleichgültig ist, sie zu wissen, ja weil sie *an sich selber gleichgültig, überflüssig* sind, weil ich mit allen diesen unzählig vielen Prädikaten doch immer *dasselbe* sagen würde, was ich mit diesen *zweien,* dem Denken und der Ausdehnung, sage. Warum ist das Denken Attribut der Substanz? Weil nach Spinoza es durch sich selbst begriffen wird, weil es etwas Unteilbares, Vollkommnes, Unendliches ausdrückt. Warum die Ausdehnung, die

Materie? Weil sie in Beziehung auf sich dasselbe ausdrückt. Also *kann* die Substanz unbestimmt viele Prädikate haben, weil nicht die Bestimmtheit, der Unterschied, sondern die Nichtverschiedenheit, die Gleichheit sie zu Attributen der Substanz macht. Oder vielmehr: die Substanz hat *nur deswegen unzählig viele* Prädikate, *weil* sie - ja weil sie - wie sonderbar! - eigentlich *kein* Prädikat, d.i. *kein bestimmtes, wirkliches* Prädikat hat. Das *unbestimmte Eine des Gedankens ergänzt* sich durch die *unbestimmte Vielheit der Phantasie*. Weil das Prädikat nicht *Multum*, so ist es *Multa*. In Wahrheit sind die *positiven* Prädikate: Denken und Ausdehnung. Mit diesen zweien ist unendlich *mehr* gesagt als mit den namenlosen unzähligen Prädikaten; denn es ist etwas *Bestimmtes* ausgesagt; ich weiß damit *etwas*. Aber die Substanz ist zu *gleichgültig*, zu *leidenschaftlos*, als daß sie sich *für etwas* begeistern und entscheiden könnte; um nicht *etwas* zu sein, ist sie *lieber gar nichts*.

Wenn es nun aber ausgemacht ist, daß, was das Subjekt oder Wesen ist, lediglich in den *Bestimmungen* desselben liegt, d.h. daß das Prädikat das wahre Subjekt ist, so ist auch erwiesen, daß, wenn die göttlichen Prädikate Bestimmungen des menschlichen Wesens sind, auch das *Subjekt* derselben *menschlichen Wesens* ist. Die göttlichen Prädikate sind aber einerseits allgemeine, andererseits persönliche. Die allgemeinen sind die metaphysischen, aber diese dienen nur der Religion zum äußersten Anknüpfungspunkte oder zur Grundlage; sie sind nicht die *charakteristischen Bestimmungen* der Religion. Die *persönlichen* Prädikate allein sind es, welche das Wesen der Religion begründen, in welchen das göttliche Wesen der Religion Gegenstand ist. Solche Prädikate sind z.B., daß Gott Person, daß er der moralische Gesetzgeber, der Vater der Menschen, der Heilige, der Gerechte, der Gütige, der Barmherzige ist. Es erhellt nun aber sogleich von diesen und andern Bestimmungen oder wird wenigstens im Verlaufe erhellen, daß sie, namentlich als *persönliche* Bestimmungen, rein menschliche Bestimmungen sind und daß sich folglich der Mensch in der Religion im Verhalten zu Gott zu *seinem eignen Wesen* verhält, denn der Religion sind diese Prädikate *nicht Vorstellungen, nicht Bilder*, die sich der Mensch von Gott macht, unterschieden von dem, was Gott an sich selbst ist, sondern Wahrheiten, Sachen, Realitäten. Die Religion weiß nichts von Anthropomorphismen: die Anthropomorphismen sind ihr *keine* Anthropomorphismen. Das Wesen der Religion ist gerade, daß ihr diese Bestimmungen das Wesen Gottes ausdrücken. Nur der über die Religion reflektierende, sie, indem er sie verteidigt, vor *sich selbst verleugnende* Verstand erklärt sie für Bilder. Aber der Religion ist Gott *wirklicher* Vater, *wirkliche* Liebe und Barmherzigkeit, denn er ist ihr ein wirkliches, ein lebendiges, persönliches Wesen, seine wahren Bestimmungen sind daher auch lebendige, persönliche Bestimmungen. Ja, die entsprechenden Bestimmungen sind gerade die, welche dem Verstande den meisten Anstoß geben, welche er in der Reflexion über die Religion verleugnet. Die Religion ist subjektiv Affekt; notwendig ist ihr daher auch objektiv der Affekt göttlichen Wesens. Selbst der Zorn ist ihr kein Gottes unwürdiger Affekt, wofern nur diesem Zorne nichts Böses zugrunde liegt.

Es ist aber hier sogleich wesentlich zu bemerken -und diese Erscheinung ist eine höchst merkwürdige, das innerste Wesen der Religion charakterisierende -, daß, je menschlicher dem *Wesen* nach Gott ist, um so größer *scheinbar* der Unterschied zwischen ihm und dem Menschen ist, d.h. um so mehr von der *Reflexion über die Religion, von der Theologie die Identität*, die Einheit des göttlichen und menschlichen Wesens *geleugnet* und das Menschliche, wie es *als solches* dem Menschen *Gegenstand seines Bewußtseins* ist, herabgesetzt wird.[14] Der Grund hievon ist: Weil das Positive, das Wesentliche in der Anschauung oder Bestimmung des göttlichen Wesens allein das Menschliche, so kann die Anschauung des Menschen, wie er Gegenstand des Bewußtseins ist, nur eine *negative, menschenfeindliche* sein. Um Gott zu bereichern, muß der Mensch arm werden; damit Gott alles sei, der Mensch nichts sein. Aber er braucht auch nichts *für sich selbst* zu sein, weil alles, was er sich nimmt, in Gott nicht verlorengeht, sondern erhalten wird. Der Mensch hat *sein Wesen* in Gott, wie sollte er es also in sich und für sich haben? Warum wäre es notwendig, dasselbe zweimal zu setzen, zweimal zu haben? Was der Mensch sich entzieht, was er an selbst entbehrt, genießt er ja nur in um so unvergleichlich höherem und reicherem Maße in Gott.

Die Mönche gelobten die Keuschheit dem göttlichen Wesen, sie unterdrückten die Geschlechterliebe an sich, aber dafür hatten sie im Himmel, in Gott, an der Jungfrau Maria das Bild des Weibes - ein Bild der Liebe. Sie konnten um so mehr des wirklichen Weibes entbehren, je mehr ihnen ein ideales, vorgestelltes Weib ein Gegenstand wirklicher Liebe war. Je größere Bedeutung sie auf die Vernichtung der Sinnlichkeit legten, je größere Bedeutung hatte für sie die himmlische Jungfrau: sie trat ihnen selbst an die Stelle Christi, an die Stelle Gottes. *Je mehr das Sinnliche verneint wird, desto sinnlicher ist der Gott, dem das Sinnliche geopfert wird.* Was man nämlich der Gottheit opfert - darauf legt man einen *besondern Wert*, daran hat Gott ein *besonderes Wohlgefallen*. Was im Sinne des Menschen, das ist natürlich auch im Sinne seines Gottes das Höchste; was überhaupt dem Menschen gefällt, das gefällt auch Gott. Die Hebräer opferten dem Jehova nicht unreine, ekelhafte Tiere, sondern die Tiere, die für sie den höchsten Wert hatten, die sie selbst aßen, waren auch die Speise Gottes.[15] Wo man daher aus der *Verneinung* der Sinnlichkeit ein *besonderes Wesen*, ein *gottwohlgefälliges Opfer* macht, da wird gerade auf die *Sinnlichkeit* der *höchste Wert* gelegt und die aufgegebne Sinnlichkeit unwillkürlich dadurch wiederhergestellt, daß Gott an die *Stelle des sinnlichen Wesens* tritt, welches man aufgegeben. Die Nonne *vermählt* sich mit Gott; sie hat einen himmlischen Bräutigam, der Mönch eine himmlische Braut. Aber die himmlische Jungfrau ist nur eine sinnfällige Erscheinung einer allgemeinen, das Wesen der Religion betreffenden

41

Wahrheit. *Der Mensch bejaht in Gott, was er an sich selbst verneint.*[16] Die Religion abstrahiert vom Menschen, von der Welt; aber sie kann nur abstrahieren von den, sei es nun wirklichen oder vermeintlichen Mängeln und Schranken, von dem Nichtigen, *nicht von dem Wesen, dem Positiven der Welt und Menschheit*, sie muß daher in die Abstraktion und Negation das, wovon sie abstrahiert oder zu abstrahieren glaubt, wieder aufnehmen. Und so setzt denn auch wirklich die Religion alles, was sie *mit Bewußtsein* verneint - vorausgesetzt natürlich, daß dieses von ihr Verneinte etwas an sich Wesenhaftes, Wahres, folglich *nicht* zu Verneinendes ist - *unbewußt* wieder in Gott. So verneint der Mensch in der Religion seine Vernunft: er weiß nichts aus sich von Gott, seine Gedanken sind nur weltlich, irdisch; er kann nur glauben, was Gott ihm geoffenbart. Aber dafür sind die Gedanken Gottes menschliche, irdische Gedanken; er hat Plane wie der Mensch im Kopf; er bequemt sich nach den Umständen und Verstandeskräften der Menschen, wie ein Lehrer nach der Fassungskraft seiner Schüler; er berechnet genau den Effekt seiner Gaben und Offenbarungen; er beobachtet den Menschen in all seinem Tun und Treiben; er weiß alles - auch das Irdischste, das Gemeinste, das Schlechteste. Kurz, der Mensch verneint Gott gegenüber sein Wissen, sein Denken, um in Gott sein Wissen, sein Denken zu setzen. Der Mensch gibt seine Person auf, aber dafür ist ihm Gott, das allmächtige, unbeschränkte Wesen ein persönliches Wesen; er verneint die menschliche Ehre, das menschliche Ich; aber dafür ist ihm Gott ein *selbstisches, egoistisches Wesen*, das in allem nur *sich*, nur *seine Ehre, seinen* Nutzen sucht, Gott eben die *Selbstbefriedigung* der eignen, gegen alles andere mißgünstigen Selbstischkeit, Gott der *Selbstgenuß des Egoismus*.[17] Die Religion verneint ferner das Gute als eine Beschaffenheit des menschlichen Wesens: der Mensch ist schlecht, verdorben, unfähig zum Guten; aber dafür ist Gott nur gut, Gott das gute Wesen. Es wird die wesentliche Forderung gemacht, daß das Gute als Gott dem Menschen Gegenstand sei; aber wird denn dadurch nicht das Gute als eine wesentliche Bestimmung des Menschen ausgesprochen? Wenn ich absolut, d.h. von Natur, von Wesen böse, unheilig bin, wie kann das Heilige, das Gute mir Gegenstand sein? gleichgültig, ob dieser Gegenstand von außen oder von innen mir gegeben ist. Wenn mein Herz böse, mein Verstand verdorben ist, wie kann ich was heilig als heilig, was gut als gut wahrnehmen und empfinden? Wie kann ich ein schönes Gemälde als schönes wahrnehmen, wenn meine Seele eine ästhetische Schlechtigkeit ist? Wenn ich auch selbst kein Maler bin, nicht die Kraft habe, aus mir selbst Schönes zu produzieren, so habe ich doch ästhetisches Gefühl, ästhetischen Verstand, indem ich Schönes außer mir wahrnehme. Entweder ist das Gute gar nicht für den Menschen oder, ist es für ihn, so offenbaret sich hierin dem Menschen die Heiligkeit und Güte des menschlichen Wesens. Was schlechterdings meiner Natur zuwider ist, womit mich kein Band der Gemeinschaft verknüpft, das ist mir auch nicht denkbar, nicht empfindbar. Das Heilige ist mir nur als Gegensatz gegen meine Persönlichkeit, aber als Einheit mit meinem Wesen Gegenstand. Das Heilige ist der Vorwurf meiner Sündhaftigkeit; ich erkenne mich in ihm als Sünder; aber darin tadle ich mich, erkenne ich, was ich nicht bin, aber sein soll, und eben deswegen an sich, meiner Bestimmung nach, sein kann; denn ein Sollen ohne Können ist eine lächerliche Schimäre, ergreift nicht das Gemüt. Aber eben indem ich das Gute als meine Bestimmung, als mein Gesetz erkenne, erkenne ich, sei es nun bewußt oder unbewußt, dasselbe als mein eignes Wesen. Ein *anderes*, seiner Natur nach von mir unterschiednes Wesen geht mich nichts an. Die Sünde kann ich als Sünde nur empfinden, wenn ich sie als einen *Widerspruch meiner mit mir selbst, d.h. meiner Persönlichkeit mit meiner Wesenheit* empfinde. Als Widerspruch mit dem göttlichen, als einem *andern* Wesen gedacht, ist das Gefühl der Sünde unerklärlich, sinnlos.

Der Unterschied des Augustinianismus vom Pelagianismus besteht nur darin, daß jener in der *Weise der Religion* ausspricht, was dieser in der *Weise des Rationalismus*. Beide sagen dasselbe, beide eignen dem Menschen das Gute zu - der Pelagianismus aber direkt, auf rationalistische, moralische Weise, der Augustinianismus indirekt, auf mystische, d.i. religiöse Weise.[18] Denn was dem *Gott des Menschen* gegeben wird, das wird *in Wahrheit* dem *Menschen selbst* gegeben; *was der Mensch von Gott aussagt, das sagt er in Wahrheit von sich selbst aus*. Der Augustinianismus wäre nur dann eine Wahrheit, und zwar eine dem Pelagianismus entgegengesetzte Wahrheit, wenn der Mensch den *Teufel* zu seinem Gotte hätte, den *Teufel*, und zwar *mit dem Bewußtsein*, daß er der Teufel ist, als *sein höchstes Wesen* verehrte und feierte. Aber solange der Mensch ein gutes Wesen als Gott verehrt, solange schaut er in Gott sein eignes gutes Wesen an.

Wie mit der Lehre von der Grundverdorbenheit des menschlichen Wesens ist es mit der damit identischen Lehre, daß der Mensch nichts Gutes, d.h. in Wahrheit nichts *aus sich selbst, aus eigner Kraft* vermöge. Die Verneinung der menschlichen Kraft und Tätigkeit wäre nur dann eine *wahre*, wenn der Mensch *auch in Gott die moralische Tätigkeit verneinte* und sagte, wie der orientalische Nihilist oder Pantheist: Das göttliche Wesen ist ein absolut willen- und tatloses, indifferentes, nichts vom Unterschied des Bösen und Guten wissendes Wesen. Aber wer Gott als ein tätiges Wesen bestimmt, und zwar als ein moralisch tätiges, moralisch kritisches Wesen, als ein Wesen, welches das Gute liebt, wirkt, belohnt, das Böse bestraft, verwirft, verdammt, wer Gott so bestimmt, der verneint nur scheinbar die menschliche Tätigkeit, in Wahrheit macht er sie zur höchsten, reellsten Tätigkeit. Wer Gott menschlich handeln läßt, der erklärt die menschliche Tätigkeit für eine göttliche; der sagt: Ein Gott, der nicht tätig ist, und zwar moralisch oder menschlich tätig, ist kein Gott, und macht daher vom Begriffe der Tätigkeit, respektive der menschlichen - denn eine höhere kennt er nicht - den Begriff der Gottheit abhängig.

Der Mensch - dies ist das Geheimnis der Religion -vergegenständlicht[19] sein Wesen und macht dann wieder sich zum *Gegenstand* dieses vergegenständlichten, in ein Subjekt, eine Person verwandelten Wesens; er denkt sich, ist sich Gegenstand, aber als *Gegenstand eines Gegenstands*, eines *andern* Wesens. So hier. Der Mensch ist ein Gegenstand Gottes. Daß der Mensch gut oder schlecht, das ist Gott nicht gleichgültig; nein! er hat ein lebhaftes, inniges Interesse daran, daß er gut ist; er will, daß er gut, daß er selig sei - denn ohne Güte keine Seligkeit. Die *Nichtigkeit* der menschlichen Tätigkeit widerruft also der religiöse Mensch wieder dadurch, daß er seine Gesinnungen und Handlungen zu einem Gegenstande Gottes, den Menschen zum *Zweck* Gottes - denn was Gegenstand im Geiste, ist Zweck im Handeln -, die göttliche Tätigkeit zu einem *Mittel* des *menschlichen Heils* macht. Gott ist tätig, damit der Mensch gut und selig werde. So wird der Mensch, indem er scheinbar aufs tiefste erniedrigt wird, in Wahrheit aufs höchste erhoben. *So bezweckt der Mensch nur sich selbst in und durch Gott.* Allerdings bezweckt der Mensch Gott, aber Gott bezweckt nichts als das moralische und ewige Heil des Menschen, also bezweckt der Mensch nur sich selbst. Die göttliche Tätigkeit unterscheidet sich nicht von der menschlichen.

Wie könnte auch die göttliche Tätigkeit auf mich als ihren Gegenstand, ja in mir selber wirken, wenn sie eine andere, eine wesentlich andere wäre, wie einen menschlichen Zweck haben, den Zweck, den Menschen zu bessern, zu beglücken, wenn sie nicht selbst eine menschliche wäre? Bestimmt der Zweck nicht die Handlung? Wenn der Mensch seine moralische Besserung sich zum Zwecke setzt, so hat er göttliche Entschlüsse, göttliche Vorsätze, wenn aber Gott des Menschen Heil bezweckt, so hat er menschliche Zwecke und diesen Zwecken entsprechende menschliche Tätigkeit. So ist dem Menschen in Gott *nur seine eigene Tätigkeit Gegenstand*. Aber eben weil er die eigne Tätigkeit nur als eine *gegenständliche*, von sich unterschiedne, das Gute nur als Gegenstand anschaut, so empfängt er notwendig auch den *Impuls*, den Antrieb nicht von sich selbst, sondern von diesem *Gegenstand* . Er schaut sein Wesen außer sich und dieses Wesen als das Gute an; es versteht sich also von selbst, es ist nur eine Tautologie, daß ihm der Impuls zum Guten auch nur daher kommt, wohin er das Gute verlegt.

Gott ist das *ab–* und *ausgesonderte* subjektivste, eigenste Wesen des Menschen, also kann er nicht *aus sich* handeln, also kommt alles Gute aus Gott. Je *subjektiver*, je *menschlicher* Gott ist, desto mehr *entäußert* der Mensch sich *seiner Subjektivität*, seiner *Menschheit*, weil Gott an und für sich sein entäußertes Selbst ist, welches er aber doch zugleich sich wieder aneignet. Wie die arterielle Tätigkeit das Blut bis in die äußersten Extremitäten treibt, die Venentätigkeit es wieder zurückführt, wie das Leben überhaupt in einer fortwährenden Systole und Diastole besteht, so auch die Religion. In der religiösen Systole stößt der Mensch sein eignes Wesen von sich aus, er verstößt, verwirft sich selbst; in der religiösen Diastole nimmt er das verstoßne Wesen wieder in sein Herz auf. Gott nur ist das *aus sich* handelnde, *aus sich* tätige Wesen - dies ist der Akt der religiösen Repulsionskraft; Gott ist das *in* mir, *mit* mir, *durch* mich, *auf* mich, *für* mich handelnde Wesen, das Prinzip *meines* Heils, meiner guten Gesinnungen und Handlungen, folglich mein eignes gutes Prinzip und Wesen - dies ist der Akt der religiösen Attraktionskraft.

Der oben im allgemeinen angegebene Entwicklungsgang der Religion besteht daher näher darin, daß der Mensch immer mehr Gott *ab* -, immer mehr *sich zu*spricht. Anfangs setzt der Mensch alles *ohne Unterschied* außer sich. Dies zeigt sich besonders in dem Offenbarungsglauben. Was einer spätern Zeit oder einem gebildeten Volk die Natur oder Vernunft, das gibt einer frühern Zeit oder einem noch ungebildeten Volke Gott ein. Alle auch noch so natürlichen Triebe des Menschen - sogar den Trieb zur Reinlichkeit, stellten die Israeliten als ein positives göttliches Gebot vor. Aus diesem Beispiele sehen wir zugleich wieder, daß Gott gerade um so niedriger, um so gemein menschlicher ist, je mehr sich der Mensch abspricht. Wie kann die Demut, die Selbstverleugnung des Menschen weiter gehen, als wenn er sich sogar die Kraft und Fähigkeit abspricht, von selbst, aus eignem Antriebe die Gebote des gemeinsten Anstandes zu erfüllen![20] Die christliche Religion dagegen unterschied die Triebe und Affekte des Menschen nach ihrer Beschaffenheit, nach ihrem Inhalte; sie machte nur die guten Affekte, die guten Gesinnungen, die guten Gedanken zu Offenbarungen, zu Wirkungen, d.i. zu Gesinnungen, Affekten, Gedanken Gottes; denn was Gott offenbart, ist eine Bestimmung Gottes selbst; wes das Herz voll ist, des geht der Mund über, *wie* die Wirkung, *so* die Ursache, *wie* die Offenbarung, *so* das Wesen, das sich offenbart. Ein Gott, der nur in guten Gesinnungen sich offenbart, ist selbst ein Gott, dessen wesentliche Eigenschaft nur die moralische Güte ist. Die christliche Religion schied die innerliche moralische Reinheit von der äußerlichen körperlichen, die israelitische identifizierte beide.[21] Die christliche Religion ist im Gegensatze zur israelitischen die Religion der Kritik und Freiheit. Der Israelit traute sich nichts zu tun, außer was von Gott befohlen war; er war willenlos selbst im äußerlichen; selbst bis über die Speisen erstreckte sich die Macht der Religion. Die christliche Religion dagegen stellte in allen diesen äußerlichen Dingen den Menschen *auf sich selbst*, d.h. sie setzte *in* den Menschen, was der Israelite *außer sich* in Gott setzte. Die vollendetste Darstellung des Positivismus ist Israel. Dem Israeliten gegenüber ist der Christ ein *Esprit fort*, ein *Freigeist*. So ändern sich die Dinge. Was gestern noch Religion war, ist es heute nicht mehr, und was heute für Atheismus, gilt morgen für Religion.

ERSTER TEIL DAS WAHRE, D.I. ANTHROPOLOGISCHE WESEN DER RELIGION

DRITTES KAPITEL
GOTT ALS WESEN DES VERSTANDES[22]

Die Religion ist die *Entzweiung* des Menschen *mit sich selbst*: er setzt sich Gott als ein ihm *entgegengesetztes* Wesen gegenüber. Gott ist *nicht*, was der *Mensch* ist - der Mensch *nicht*, - was *Gott* ist. Gott ist das unendliche, der Mensch das endliche Wesen; Gott vollkommen, der Mensch unvollkommen; Gott ewig, der Mensch zeitlich; Gott allmächtig, der Mensch ohnmächtig; Gott heilig, der Mensch sündhaft. Gott und Mensch sind Extreme: Gott das schlechthin Positive, der Inbegriff aller Realitäten, der Mensch das schlechtweg Negative, der Inbegriff aller Nichtigkeiten.

Aber der Mensch vergegenständlicht in der Religion sein eignes geheimes Wesen. Es muß also nachgewiesen werden, daß dieser Gegensatz, dieser Zwiespalt von Gott und Mensch, womit die Religion anhebt, *ein Zwiespalt des Menschen mit seinem eignen Wesen ist.*

Die innere Notwendigkeit dieses Beweises ergibt sich schon daraus, daß, wenn *wirklich* das göttliche Wesen, welches Gegenstand der Religion ist, ein *andres* wäre als das Wesen des Menschen, eine Entzweiung, ein Zwiespalt gar nicht stattfinden könnte. Ist Gott wirklich ein *andres* Wesen, was kümmert mich seine Vollkommenheit? Entzweiung findet nur statt zwischen Wesen, welche miteinander zerfallen sind, aber eins sein sollen, eins sein können, und folglich im Wesen, in Wahrheit eins sind. Es muß also schon aus diesem allgemeinen Grunde *das* Wesen, mit welchem sich der Mensch *entzweit* fühlt, ein ihm *eingebornes* Wesen sein, aber zugleich ein Wesen von *anderer Beschaffenheit* als *das* Wesen oder *die* Kraft, welche ihm das Gefühl, das Bewußtsein der *Versöhnung*, der *Einheit* mit Gott oder, was eins ist, mit sich selbst gibt.

Dieses Wesen ist nichts andres als die *Intelligenz* - die *Vernunft* oder der *Verstand*. Gott als *Extrem* des Menschen, als *nicht* menschliches, d.i. persönlich menschliches Wesen gedacht - ist das *vergegenständlichte Wesen des Verstandes.* Das reine, vollkommne, mangellose göttliche Wesen ist das *Selbstbewußtsein des Verstandes, das Bewußtsein des Verstandes* von seiner *eignen Vollkommenheit.* Der Verstand weiß nichts von den Leiden des Herzens; er hat keine Begierden, keine Leidenschaften, keine Bedürfnisse und eben darum keine Mängel und Schwächen wie das Herz. Reine Verstandesmenschen, uns Menschen, die uns das Wesen des Verstandes, wenn auch nur in einseitiger, aber eben deswegen charakteristischer Bestimmtheit versinnbilichen und personifizieren, sind enthoben den Gemütsqualen, den Passionen, den Exzessen der Gefühlsmenschen; sie sind für keinen endlichen, d.i. bestimmten Gegenstand leidenschaftlich eingenommen; sie »verpfänden« sich nicht; sie sind frei. »Nichts bedürfen und durch diese Bedürfnislosigkeit den unsterblichen Göttern gleichen«; »nicht sich den Dingen, sondern die Dinge sich unterwerfen«; »alles ist eitel« - diese und ähnliche Aussprüche sind Mottos abstrakter Verstandesmenschen. Der Verstand ist das neutrale, gleichgültige, unbestechliche, unverblendete Wesen in uns - das reine, affektlose Licht der Intelligenz. Er ist das kategorische, rücksichtslose Bewußtsein der *Sache als Sache*, weil er selbst objektiver Natur - das Bewußtsein des *Widerspruchslosen*, weil er selbst die widerspruchslose Einheit, die Quelle der logischen Identität -, das Bewußtsein des *Gesetzes*, der *Notwendigkeit*, der *Regel*, des *Maßes*, weil er selbst die Tätigkeit des Gesetzes, die *Notwendigkeit der Natur der Dinge* als *Selbsttätigkeit*, die Regel der Regeln, das absolute Maß, das Maß der Maße ist. Nur durch den Verstand kann der Mensch im Widerspruch mit seinen teuersten menschlichen, d.i. persönlichen Gefühlen urteilen und handeln, wenn es also der Verstandesgott, das Gesetz, die Notwendigkeit, das Recht gebietet. Der Vater, welcher seinen eignen Sohn, weil er ihn für schuldig erkennt, als Richter zum Tode verurteilt, vermag dies nur als Verstandes- nicht als Gefühlsmensch. Der Verstand zeigt uns die Fehler und Schwächen selbst unsrer Geliebten - selbst unsre eignen. Er versetzt deswegen so oft in peinliche Kollision mit uns selbst, mit unserm Herzen. Wir wollen nicht dem Verstande Recht lassen: wir wollen nicht aus Schonung, aus Nachsicht das wahre, aber harte, aber rücksichtslose Urteil des Verstandes vollstrecken. Der Verstand ist das *eigentliche Gattungsvermögen*; das Herz vertritt die *besonderen* Angelegenheiten, die *Individuen*, der Verstand die *allgemeinen* Angelegenheiten; er ist die *übermenschliche*, das heißt: die *über-* und *unpersönliche* Kraft oder Wesenheit *im* Menschen. Nur durch den Verstand und in dem Verstande hat der Mensch die Kraft, *von sich selbst*, d.h. von seinem subjektiven, persönlichen Wesen zu abstrahieren, sich zu erheben zu allgemeinen Begriffen und Verhältnissen, den Gegenstand zu unterscheiden von den Eindrücken, die er auf das Gemüt macht, ihn *an und für sich selbst*, ihn ohne Beziehung auf den Menschen zu betrachten. Die Philosophie, die Mathematik, die Astronomie, die Physik, kurz, die Wissenschaft überhaupt ist der tatsächliche Beweis, weil das Produkt dieser in Wahrheit unendlichen und göttlichen Tätigkeit. Dem Verstande *widersprechen* daher auch die *religiösen Anthropomorphismen*; er spricht sie Gott ab, verneint sie. Aber dieser *anthropomorphismenfreie, rücksichtslose, affektlose* Gott ist eben nichts andres als das *eigne, gegenständliche Wesen des Verstandes.*

Gott *als Gott*, d.h. als *nicht* endliches, *nicht* menschliches, *nicht* materiell bestimmtes, *nicht* sinnliches Wesen ist nur *Gegenstand des Denkens*. Er ist das unsinnliche, gestaltlose, unfaßbare, bildlose - das *abstrakte, negative* Wesen; er wird nur durch *Abstraktion* und *Negation (via negationis)* erkannt, d.i. Gegenstand. Warum? Weil er nichts ist als das *gegenständliche Wesen der*

Denkkraft, überhaupt der Kraft oder Tätigkeit, man nenne sie nun, wie man wolle, wodurch sich der Mensch der Vernunft, des Geistes, der Intelligenz bewußt wird. Der Mensch kann keinen andern Geist, d.h. - denn der *Begriff des Geistes* ist lediglich der *Begriff des Denkens*, der *Erkenntnis*, des *Verstandes*, jeder *andre* Geist ein *Gespenst der Phantasie* - keine andre Intelligenz glauben, ahnden, vorstellen, denken als *die* Intelligenz, die ihn erleuchtet, die sich in ihm betätigt. Er kann nichts weiter als die Intelligenz *absondern von den Schranken seiner Individualität.* Der »unendliche Geist«, im Unterschiede vom endlichen, ist daher nichts andres als die von *den Schranken der Individualität und Leiblichkeit* - denn Individualität und Leiblichkeit sind untrennbar - *abgesonderte Intelligenz* - die Intelligenz, *für sich selbst* gesetzt oder gedacht. Gott, sagten die Scholastiker, die Kirchenväter und lange vor ihnen schon die heidnischen Philosophen, Gott ist immaterielles Wesen, Intelligenz, Geist, reiner Verstand. Von Gott als Gott kann man sich kein Bild machen; aber kannst du dir von dem Verstande, von der Intelligenz ein Bild machen? Hat sie eine Gestalt? Ist ihre Tätigkeit nicht die unfaßbarste, die undarstellbarste? Gott ist unbegreiflich; aber kennst du das Wesen der Intelligenz? Hast du die geheimnisvolle Operation des Denkens, das geheime Wesen des Selbstbewußtseins erforscht? Ist nicht das Selbstbewußtsein das Rätsel der Rätsel? Haben nicht schon die alten Mystiker, Scholastiker und Kirchenväter die Unfaßlichkeit und Undarstellbarkeit des göttlichen Wesens mit der Unfaßlichkeit und Undarstellbarkeit des menschlichen Geistes erläutert, verglichen? nicht also in Wahrheit das Wesen Gottes mit dem Wesen des Menschen identifiziert?[23] Gott als Gott - *als* ein *nur denkbares*, nur der Vernunft gegenständliches Wesen - ist also nichts andres als die sich gegenständliche Vernunft. *Was* der Verstand oder die Vernunft ist? Das *sagt* dir nur Gott. Alles muß sich *aussprechen*, offenbaren, vergegenständlichen, bejahen. Gott ist die *als das höchste Wesen sich aussprechende, sich bejahende Vernunft.* Für die Einbildung ist die Vernunft die oder eine Offenbarung Gottes; *für die Vernunft* aber ist *Gott* die *Offenbarung der Vernunft,* indem, *was* die Vernunft *ist, was sie vermag,* erst in Gott Gegenstand ist. Gott, heißt es hier, ist ein *Bedürfnis* des Denkens, ein *notwendiger* Gedanke - der *höchste Grad* der Denkkraft. »Die Vernunft kann nicht bei den sinnlichen Dingen und Wesen stehenbleiben«; erst, wenn sie bis auf das höchste, erste, notwendige, nur der Vernunft gegenständliche Wesen zurückgeht, ist sie *befriedigt.* Warum? Weil sie erst bei diesem Wesen *bei sich selbst* ist, weil erst im Gedanken des höchsten Wesens das *höchste Wesen der Vernunft gesetzt,* die *höchste Stufe* des Denk- und Abstraktionsvermögens *erreicht* ist und wir überhaupt so lange eine Lücke, eine Leere, einen Mangel in uns fühlen, folglich unglücklich und unzufrieden sind, solange wir nicht an den letzten Grad eines Vermögens kommen, an das, *quo nihil majus cogitari potest,* nicht die uns angeborne Fähigkeit zu dieser oder jener Kunst, dieser oder jener Wissenschaft bis zur *höchsten Fertigkeit* bringen. Denn nur die *höchste Fertigkeit* der Kunst ist *erst Kunst*, nur der *höchste Grad* des Denkens *erst Denken*, Vernunft. Nur wo du *Gott* denkst, *denkst* du, rigoros gesprochen; denn erst Gott ist die *verwirklichte*, die *erfüllte*, die *erschöpfte Denkkraft*. Erst indem du Gott denkst, denkst du also die Vernunft, wie sie *in Wahrheit* ist, ob du dir gleich wieder dieses Wesen als ein von der Vernunft unterschiednes vermittelst der Einbildungskraft vorstellst, weil du als ein sinnliches Wesen gewohnt bist, stets den Gegenstand der Anschauung, den wirklichen Gegenstand von der Vorstellung desselben zu unterscheiden, und nun vermittelst der Einbildungskraft diese Gewohnheit auch auf das Vernunftwesen überträgst und dadurch der Vernunftexistenz, dem Gedachtsein die sinnliche Existenz, von der du doch abstrahiert hast, verkehrterweise wieder unterschiebst.

Gott als *metaphysisches Wesen* ist die *in sich selbst befriedigte Intelligenz*, oder vielmehr umgekehrt: *Die in sich selbst befriedigte*, die *sich als absolutes Wesen denkende Intelligenz ist Gott* als metaphysisches Wesen. Alle *metaphysischen* Bestimmungen Gottes sind daher nur *wirkliche* Bestimmungen, wenn sie als *Denkbestimmungen*, als *Bestimmungen der Intelligenz*, des *Verstandes* erkannt werden.

Der Verstand ist das »*originäre, primitive*« Wesen. Der Verstand leitet alle Dinge *von Gott* als der ersten Ursache ab, er findet ohne eine *verständige* Ursache die Welt dem sinn- und zwecklosen Zufall preisgegeben; d.h.: er findet nur *in sich*, nur in seinem Wesen, den *Grund* und *Zweck* der Welt, ihr Dasein nur klar und begreiflich, wenn er es aus der Quelle aller klaren und deutlichen Begriffe, d.h. aus sich selbst erklärt. Nur das mit *Absicht*, nach Zwecken, d.i. mit Verstand wirkende Wesen ist dem Verstande[24] das unmittelbar durch sich selbst klare und gewisse, durch sich selbst begründete, wahre Wesen. Was daher selbst für sich keine Absichten hat, das muß den Grund seines Daseins in der Absicht eines *andern* und zwar *verständigen* Wesens haben. Und so setzt denn der Verstand sein Wesen als das *ursächliche, erste, vorweltliche* Wesen - d.h. er macht *sich* als das dem *Range nach erste, der Zeit* nach aber *letzte* Wesen der Natur zu dem auch der *Zeit nach* ersten Wesen.

Der Verstand ist sich das *Kriterium aller Realität*, aller Wirklichkeit. Was verstandlos ist, was *sich widerspricht*, ist *Nichts*; was der Vernunft widerspricht, widerspricht Gott. So widerspricht es z.B. der Vernunft, mit dem Begriffe der höchsten Realität die Schranken der Zeitlichkeit und Örtlichkeit zu verknüpfen, also verneint sie diese von Gott als widersprechend seinem Wesen. Die Vernunft kann nur an einen *mit ihrem Wesen übereinstimmenden* Gott glauben, an einen Gott, der *nicht unter ihrer eignen Würde* ist, der *vielmehr nur ihr eignes Wesen darstellt* - d.h. die Vernunft glaubt nur *an sich, an die Realität, die Wahrheit ihres eignen Wesens*. Die Vernunft macht *nicht sich von Gott*, sondern *Gott von sich* abhängig. Selbst im Zeitalter des wundergläubigen Autoritätsglaubens machte sich wenigstens formell der Verstand zum

Kriterium der Gottheit. Gott ist Alles und kann Alles, so hieß es, vermöge seiner unendlichen Allmacht; aber gleichwohl ist er Nichts und kann er Nichts tun, was sich, d.h. der Vernunft, widerspricht. Unvernünftiges kann auch die Allmacht nicht tun. Über der *Macht der Allmacht* steht also die *höhere Macht der Vernunft; über dem Wesen Gottes das Wesen des Verstandes* als das Kriterium des von Gott zu Bejahenden und Verneinenden, des Positiven und Negativen. Kannst du einen Gott glauben, der ein unvernünftiges und leidenschaftliches Wesen ist? Nimmermehr; aber warum nicht? Weil es deinem Verstande widerspricht, leidenschaftliches und unvernünftiges Wesen als göttliches Wesen anzunehmen. Was bejahst du, was vergegenständlichst du also in Gott? *Deinen eignen Verstand.* Gott ist dein höchster Begriff und Verstand, dein höchstes *Denkvermögen.* Gott ist der »Inbegriff aller Realitäten«, d.h. der Inbegriff aller *Verstandeswahrheiten.* Was ich im Verstande als *wesenhaft* erkenne, setze ich in Gott als *seiend: Gott ist, was* der Verstand als das Höchste *denkt.* Was ich aber als wesenhaft erkenne, darin offenbart sich das *Wesen* meines Verstandes, darin zeigt sich die Kraft meines Denkvermögens.

Der Verstand ist also das *Ens realissimum,* das allerrealste Wesen der alten Ontotheologie. »Im Grunde können wir uns, sagt die Ontotheologie, Gott nicht anders denken, als wenn wir *alles Reale,* was *wir bei uns selbst* antreffen, *ohne alle Schranken* ihm beilegen.«[25] Unsre positiven, wesenhaften Eigenschaften, unsre Realitäten sind also die Realitäten Gottes, aber in uns sind sie *mit,* in Gott *ohne* Schranken. Aber wer zieht denn von den Realitäten die Schranken ab, wer tut sie weg? Der Verstand. Was ist demnach das ohne alle Schranken gedachte Wesen anders als das Wesen des alle Schranken weglassenden, wegdenkenden Verstandes? *Wie du Gott denkst, so denkst* du selbst - das Maß deines Gottes ist das Maß deines Verstandes. Denkst du Gott beschränkt, so ist dein Verstand beschränkt; denkst du Gott unbeschränkt, so ist auch dein Verstand nicht beschränkt. Denkst du dir z.B. Gott als ein körperliches Wesen, so ist die Körperlichkeit die Grenze, die Schranke deines Verstandes, du kannst dir nichts denken ohne Körper; sprichst du dagegen Gott die Körperlichkeit ab, so bekräftigst und betätigst du damit die Freiheit deines Verstandes von der Schranke der Körperlichkeit. In dem unbeschränkten Wesen versinnlichst du nur deinen unbeschränkten Verstand. Und indem du daher dieses uneingeschränkte Wesen für das allerwesenhafteste, höchste Wesen erklärst, sagst du in Wahrheit nichts weiter als: Der Verstand ist das *Être suprême,* das höchste Wesen.

Der Verstand ist ferner das *selbständige* und *unabhängige* Wesen. Abhängig und unselbständig ist, was keinen Verstand hat. Ein Mensch *ohne Verstand* ist auch ein Mensch *ohne Willen.* Wer keinen Verstand hat, läßt sich verführen, verblenden, von andern als Mittel gebrauchen. Wie sollte der im Willen eine Selbstzwecktätigkeit haben, der im Verstande ein Mittel anderer ist? Nur wer denkt, ist frei und selbständig. Nur durch seinen Verstand setzt der Mensch die Wesen außer und unter sich zu bloßen *Mitteln* seiner Existenz herab. Selbständig und unabhängig ist überhaupt nur, was *sich selbst Zweck, sich selbst Gegenstand* ist. Was Zweck und Gegenstand *seiner selbst* ist, das ist eben damit - in sofern als es *sich selbst* Gegenstand - nicht mehr ein *Mittel* und *Gegenstand für ein andres Wesen.* Verstandeslosigkeit ist mit *einem* Worte *Sein für Andres*, Objekt, Verstand *Sein für sich*, Subjekt. Was aber nicht mehr für Andres, sondern *für sich selbst* ist, das verwirft alle Abhängigkeit von einem andern Wesen. Wir hängen allerdings von den Wesen außer uns selbst im Momente des Denkens ab; aber *insofern als wir denken*, in der Verstandestätigkeit als solcher hängen wir von keinem andern Wesen ab.[26] Die Denktätigkeit ist *Selbsttätigkeit.* »Wenn ich denke«, sagt Kant in der eben angeführten Schrift, »so bin ich mir bewußt, daß *mein Ich* in mir denkt und *nicht etwa ein anderes Ding.* Ich schließe also, daß dieses Denken in mir nicht einem andern Dinge außer mir inhäriert, sondern mir selbst, folglich auch, daß ich Substanz bin, d.h. daß *ich für mich selbst existiere, ohne Prädikat eines andern Dings zu sein.*« Ob wir gleich immer der Luft bedürfen, so machen wir doch zugleich als Physiker die Luft aus einem Gegenstande des Bedürfnisses zu einem Gegenstande der *bedürfnislosen Tätigkeit des Denkens*, d.h. zu einem bloßen *Ding für uns.* Im Atmen bin ich das *Objekt* der Luft, die Luft das *Subjekt*; indem ich aber die Luft zum Gegenstande des Denkens, der Untersuchung, der Analyse mache, kehre ich dieses Verhältnis um, mache ich *mich* zum *Subjekt*, die Luft zum *Objekt* von mir. *Abhängig* ist aber nur, was *Gegenstand* eines *andern Wesens* ist. So ist die Pflanze abhängig von Luft und Licht, d.h. sie ist ein Gegenstand für Luft und Licht, nicht für sich. Freilich ist auch wieder Luft und Licht ein Gegenstand für die Pflanze. Das physische Leben ist überhaupt nichts andres als dieser ewige Wechsel von *Subjekt* und *Objekt*, Zweck-und-Mittel-Sein. Wir verzehren die Luft und werden von ihr verzehrt; wir genießen und werden genossen. Nur der Verstand ist das Wesen, welches alle Dinge genießt, ohne von ihnen genossen zu werden - das nur sich selbst genießende, sich selbst genügende Wesen - das *absolute* Subjekt -, *das* Wesen, welches nicht mehr zum Gegenstand eines *andern* Wesens herabgesetzt werden kann, weil es alle Gegenstände zu Objekten, zu Prädikaten von sich selbst macht, welches alle Dinge in sich faßt, weil es selbst kein Ding, weil es *frei von allen Dingen ist.*

Die Einheit des Verstandes ist die *Einheit Gottes.* Dem Verstande ist das Bewußtsein seiner Einheit und Universalität wesentlich, er ist selbst nichts andres als das Bewußtsein *seiner als der absoluten Einheit*, d.h.: was dem Verstande für verstandesgemäß gilt, das ist ihm ein absolutes, allgemein gültiges Gesetz; es ist ihm unmöglich zu denken, daß das, was sich widerspricht, was falsch, unsinnig ist, irgendwo wahr, und umgekehrt das, was wahr, was vernünftig, irgendwo falsch und unvernünftig sei. »Es kann intelligente Wesen geben, die mir nicht gleichen, und doch bin ich gewiß, daß es keine intelligenten Wesen gibt, die *andre Gesetze* und *Wahrheiten* erkennen als ich, denn jeder Geist sieht *notwendig* ein, daß zweimal zwei vier macht und daß man seinen Freund seinem Hunde vorziehen muß.«[27] Von einem wesentlich andern Verstand als dem im Menschen sich betätigenden Verstand habe ich auch nicht die entfernteste Vorstellung, die entfernteste Ahnung. Vielmehr ist jeder vermeintlich andere Verstand, den ich setze, nur eine Bejahung meines eignen Verstandes, d.h. eine Idee von mir, eine Vorstellung, die innerhalb mein Denkvermögen fällt, also meinen Verstand ausdrückt. Was ich *denke*, das *tue* ich selbst - natürlich nur bei rein intellektuellen Dingen -, was ich *als verbunden* denke, verbinde ich, was ich denke *als getrennt, unterscheide* ich, was ich denke *als aufgehoben*, als negiert, das *negiere ich selbst*. Denke ich mir also z.B. einen Verstand, in welchem die Anschauung oder Wirklichkeit des Gegenstandes unmittelbar mit dem Gedanken desselben verbunden ist, so verbinde ich sie wirklich; mein Verstand oder meine Einbildungskraft ist selbst das Verbindungsvermögen dieser Unterschiede oder Gegensätze. Wie wäre es denn möglich, daß du sie dir verbunden vorstelltest - sei diese Vorstellung nun deutlich oder konfus - , wenn du sie nicht in dir selbst verbändest? Wie aber auch nur immer der Verstand bestimmt werde, welchen ein bestimmtes menschliches Individuum im Unterschiede von dem seinigen annimmt - dieser andere Verstand ist nur der im Menschen überhaupt sich betätigende Verstand, der von den Schranken dieses bestimmten, zeitlichen Individuums abgesondert gedachte Verstand. Einheit liegt im Begriffe des Verstandes. Die Unmöglichkeit für den Verstand, sich zwei höchste Wesen, zwei unendliche Substanzen, zwei Götter zu denken, ist die Unmöglichkeit für den Verstand, sich selbst zu widersprechen, sein eignes Wesen zu verleugnen, sich selbst verteilt und vervielfältigt zu denken.

Der Verstand ist das *unendliche Wesen*. *Unendlichkeit* ist unmittelbar mit der *Einheit, Endlichkeit* mit der *Mehrheit* gesetzt. *Endlichkeit* - im metaphysischen Sinne - beruht auf dem *Unterschied* der Existenz vom Wesen, der Individualität von der Gattung; *Unendlichkeit* auf der *Einheit* von Existenz und Wesen. Endlich ist, was mit andern Individuen derselben Gattung verglichen werden kann; unendlich, was nur sich selbst gleich ist, nichts seinesgleichen hat, folglich nicht als Individuum unter einer Gattung steht, sondern ununterscheidbar in Einem Gattung und Individuum, Wesen und Existenz ist. Aber so ist der Verstand; er hat sein Wesen *in sich selbst*, folglich nichts *neben* und *außer sich*, was ihm an die Seite gestellt werden könnte; er ist *unvergleichbar*, weil er selbst die Quelle aller Vergleichungen; *unermeßlich*, weil et das Maß aller Maße ist, wir alles nur durch den Verstand messen; er kann unter kein höheres Wesen, keine Gattung geordnet werden, weil *er selbst das oberste Prinzip aller Unterordnungen ist*, alle Dinge und Wesen sich selbst unterordnet. Die Definitionen der spekulativen Philosophen und Theologen von Gott als dem Wesen, bei welchem sich nicht Existenz und

52

Wesen unterscheiden lassen, welches alle Eigenschaften, die es hat, selbst ist, so daß Prädikat und Subjekt in ihm identisch sind, alle diese Bestimmungen sind also auch nur *vom Wesen des Verstandes abgezogne Begriffe.*

Der Verstand oder die Vernunft ist endlich das *notwendige Wesen.* Die Vernunft *ist,* weil nur die *Existenz der Vernunft Vernunft* ist, weil, wenn keine Vernunft, kein Bewußtsein wäre, *Alles Nichts,* das *Sein gleich Nichtsein* wäre. Bewußtsein erst begründet den *Unterschied* von Sein und Nichtsein. Erst im Bewußtsein offenbart sich der *Wert* des Seins, der *Wert* der Natur. Warum ist überhaupt Etwas, warum die Welt? Aus dem einfachen Grunde, weil, wenn *nicht Etwas* existierte, das *Nichts existierte,* wenn *nicht die Vernunft,* nur *Unvernunft* wäre - also darum ist die Welt, weil es ein *Unsinn* ist, daß die Welt *nicht* ist. In dem *Unsinn ihres Nichtseins* findest du den wahren *Sinn ihres Seins,* in der Grundlosigkeit der Annahme, sie sie nicht, den Grund, warum sie ist. Nichts, Nichtsein ist zwecklos, sinnlos, verstandlos. Sein nur hat Zweck, hat Grund und Sinn; *Sein ist, weil nur Sein Vernunft und Wahrheit ist*; Sein ist das absolute Bedürfnis, die absolute Notwendigkeit. Was ist der Grund des sich fühlenden Seins, des Lebens? Das Bedürfnis des Lebens. Aber wem ist es Bedürfnis? Dem, was nicht lebt. Nicht ein sehendes Wesen hat das Auge gemacht; wenn es schon sieht, wozu macht es das Auge? Nein! nur das nicht sehende Wesen bedarf des Auges. Wir sind alle *ohne Wissen und Willen* in die Welt gekommen - aber nur dazu gekommen, *daß Wissen und Willen sei.* Woher ist also die Welt? Aus *Not* ist sie, aus *Bedürfnis,* aus *Notwendigkeit,* aber *nicht* aus einer Notwendigkeit, die in einem *andern, von ihr unterschiedenen Wesen* liegt -was ein *reiner Widerspruch* ist -, sondern aus *eigenster, innerster Notwendigkeit, aus Notwendigkeit der Notwendigkeit,* weil ohne Welt keine Notwendigkeit, ohne Notwendigkeit keine Vernunft, kein Verstand ist. Das Nichts, *aus* dem die Welt gekommen, ist das Nichts *ohne* die Welt. Allerdings ist also die Negativität, wie die spekulativen Philosophen sich ausdrücken, das Nichts der Grund der Welt - aber ein sich selbst aufhebendes Nichts -, d.h. das Nichts, welches *per impossibile* existierte, *wenn keine Welt wäre.* Allerdings entspringt die Welt aus einem Mangel, aus Penia, aber es ist falsche Spekulation, diese Penia zu einem ontologischen *Wesen* zu machen - dieser Mangel ist lediglich *der* Mangel, der im angenommenen *Nichtsein* der Welt liegt. Also ist die Welt nur *aus sich selbst* und *durch sich selbst* notwendig. Aber die *Notwendigkeit der Welt* ist die *Notwendigkeit der Vernunft.* Die Vernunft als der Inbegriff aller Realitäten - denn was sind alle Herrlichkeiten der Welt ohne das Licht, was ist aber das äußere Licht ohne das innere Licht? -, die Vernunft ist das *unentbehrlichste Wesen* - das tiefste und wesentlichste Bedürfnis. Erst die Vernunft ist das Selbstbewußtsein des Seins, das *selbstbewußte Sein;* erst in der Vernunft offenbart sich der Zweck, der Sinn des Seins. Die *Vernunft ist das sich als Selbstzweck gegenständliche Sein* - der Endzweck der Dinge. Was *sich selbst* Gegenstand, das ist das *höchste, das letzte Wesen,* was *seiner selbst* mächtig, das ist *allmächtig.*

VIERTES KAPITEL
GOTT ALS MORALISCHES WESEN ODER GESETZ

Gott als Gott - das unendliche, allgemeine, anthropomorphismenlose Wesen des Verstandes hat für die Religion nicht mehr Bedeutung als für eine besondere Wissenschaft ein allgemeiner Grundsatz, womit sie anfängt; es ist nur der oberste, letzte Anhalts- und Anknüpfungspunkt, gleichsam der mathematische Punkt der Religion. Das Bewußtsein der menschlichen Beschränktheit und Nichtigkeit, welches sich mit dem Bewußtsein dieses Wesens verbindet, ist keineswegs ein *religiöses* Bewußtsein; es bezeichnet vielmehr den Skeptiker, den Materialisten, den Naturalisten, den Pantheisten. Der Glaube an Gott - wenigstens den Gott der Religion - geht nur da verloren, wo, wie im Skeptizismus, Pantheismus, Materialismus, der *Glaube an den Menschen*, wenigstens den Menschen, wie er in der Religion gilt, verloren wird. So wenig es daher der Religion Ernst ist und sein kann mit der Nichtigkeit des Menschen[28], so wenig ist es ihr Ernst mit jenem abstrakten Wesen, womit sich das Bewußtsein dieser Nichtigkeit verbindet. Ernst ist es der Religion nur mit *den* Bestimmungen, welche dem Menschen den Menschen vergegenständlichen. Den *Menschen verneinen* heißt: die *Religion verneinen.*

Es liegt wohl im Interesse der Religion, daß das ihr gegenständliche Wesen ein *andres* sei als der Mensch; aber es liegt ebenso, ja noch mehr in ihrem Interesse, daß dieses andre Wesen zugleich ein *menschliches* sei. Daß es ein *andres* sei, dies betrifft nur die *Existenz*, daß es aber ein menschliches sei, die innere *Wesenheit* desselben. Wenn es ein andres dem Wesen nach wäre, was könnte auch dem Menschen an seinem Sein oder Nichtsein gelegen sein? Wie könnte er an der Existenz desselben so inniges Interesse nehmen, wenn nicht sein eignes Wesen dabei beteiligt wäre?

Ein Beispiel. »Wenn ich das glaube«, heißt es im Konkordienbuch, »daß *allein* die *menschliche Natur* für mich gelitten hat, so ist mir der Christus ein *schlechter Heiland*, so bedarf er wohl selbst eines Heilands.« Es wird also über den Menschen hinausgegangen, ein andres, vom Menschen unterschiednes Wesen aus Heilsbedürfnis verlangt. Aber sowie dieses andre Wesen gesetzt ist, so entsteht auch sogleich das Verlangen des Menschen *nach sich selbst,* nach *seinem Wesen,* so wird auch sogleich der Mensch wieder gesetzt. »Hie ist Gott, der *nicht Mensch* ist und noch nie Mensch worden. Mir aber des Gottes nicht... Es sollt mir ein *schlechter Christus* bleiben, der... allein ein *bloßer abgesonderter Gott* und göttliche Person... *ohne Menschheit.* Nein, Gesell, wo *du mir Gott hinsetzest, da mußt du mir die Menschheit mit hinsetzen.*«

Der Mensch will in der Religion sich befriedigen; die Religion ist sein höchstes Gut. Aber wie könnte er in Gott Trost und Frieden finden, wenn

Gott ein *wesentlich andres* Wesen wäre? Wie kann ich den Frieden eines Wesens teilen, wenn ich nicht seines Wesens bin? Wenn sein Wesen ein andres, so ist auch sein Friede ein *wesentlich andrer*, kein Friede für mich. Wie kann ich also seines Friedens teilhaftig werden, wenn ich nicht seines Wesens teilhaftig werden kann, wie aber seines Wesens teilhaftig werden, wenn ich wirklich andern Wesens bin? Friede empfindet alles, was lebt, nur in *seinem eignen Element, nur in seinem eignen Wesen.* Empfindet also der Mensch Frieden in Gott, so empfindet er ihn nur, weil Gott erst sein wahres Wesen, weil er hier erst *bei sich selbst* ist, weil alles, worin er bisher Frieden suchte und was er bisher für sein Wesen nahm, ein *andres, fremdes* Wesen war. Und soll und will daher der Mensch in Gott sich befriedigen, so muß er *Sich* in Gott finden. »Es wird niemand die Gottheit schmecken, denn wie sie will geschmecket sein, nämlich, daß sie in der *Menschheit* Christi betrachtet werde, und wenn Du nicht *also* die Gottheit findest, so wirst Du nimmermehr *Ruhe* haben.«[29] »Ein jeglich Ding ruhet in der Stäte, aus der es gebohren ist. Die Stäte, aus der ich gebohren bin, das ist die Gottheit. Die *Gottheit ist mein Vaterland.* Habe ich einen Vater in der Gottheit? Ja, ich habe nicht allein einen Vater da, sondern ich habe *mich selber* da; ehe daß ich an mir selber ward, da war ich in der Gottheit gebohren.«[30]

Ein Gott, welcher nur das *Wesen* des Verstandes ausdrückt, befriedigt darum nicht die Religion, ist nicht der Gott der Religion. Der Verstand interessiert sich nicht nur für den Menschen, sondern auch für die Wesen *außer dem Menschen, für die Natur.* Der Verstandesmensch vergißt sogar über der Natur sich selbst. Die Christen verspotteten die heidnischen Philosophen, weil sie statt an sich, an ihr Heil, nur an die Dinge außer ihnen gedacht hätten. Der Christ denkt *nur an sich.* Der Verstand betrachtet mit demselben Enthusiasmus den Floh, die Laus, als das Ebenbild Gottes, den Menschen. Der Verstand ist die »*absolute Indifferenz* und *Identität*« aller Dinge *und Wesen.* Nicht dem Christentum, nicht der Religionsbegeisterung - dem Verstandesenthusiasmus nur verdanken wir das Dasein einer Botanik, einer Mineralogie, einer Zoologie, einer Physik und Astronomie. Kurz, der Verstand ist ein *universales, pantheistisches* Wesen, die *Liebe zum Universum*; aber die *charakteristische* Bestimmung der Religion, *insbesondere der christlichen*, ist, daß sie ein durchaus *anthropotheistisches* Wesen, *die ausschließliche Liebe des Menschen zu sich selbst*, die *ausschließliche Selbstbejahung* des menschlichen und zwar subjektiv menschlichen Wesens ist; denn allerdings bejaht auch der Verstand das Wesen des Menschen, aber das objektive, das auf den Gegenstand um des Gegenstands willen sich beziehende Wesen, dessen Darstellung eben die Wissenschaft ist. Es muß daher noch etwas ganz andres als das Wesen des Verstandes dem Menschen in der Religion Gegenstand werden, wenn er *sich* in ihr befriedigen will und soll, und dieses Etwas wird und muß den eigentlichen Kern der Religion enthalten.

Die in der Religion, zumal der christlichen, vor allen andern hervortretende Verstandes- oder Vernunftbestimmung Gottes ist die der *moralischen Vollkommenheit*. Gott als *moralisch vollkommnes Wesen* ist aber nichts andres als die *realisierte Idee*, das *personifizierte Gesetz der Moralität*,[31] das *als absolutes Wesen gesetzte moralische Wesen des Menschen* - des Menschen *eignes Wesen*; denn der moralische Gott stellt die Forderung an den Menschen, zu sein, *wie er selbst* ist: »*Heilig ist Gott, ihr sollt heilig sein, wie Gott*« -, des Menschen *eignes Gewissen*, denn wie könnte er sonst vor dem göttlichen Wesen erzittern, vor ihm sich anklagen, wie es zum Richter seiner innersten Gedanken und Gesinnungen machen?

Aber das Bewußtsein des moralisch vollkommnen Wesens als das Bewußtsein eines abstrakten, von allen Anthropopatismen abgesonderten Wesens läßt uns *kalt* und *leer*, weil wir den *Abstand*, die *Lücke* zwischen uns und diesem Wesen fühlen - es ist ein *herzloses* Bewußtsein; denn es ist das Bewußtsein unsrer persönlichen Nichtigkeit, und zwar der allerempfindlichsten, der moralischen Nichtigkeit. Das Bewußtsein der göttlichen Allmacht und Ewigkeit im Gegensatze zu meiner Beschränktheit in Raum und Zeit tut mir nicht wehe; denn die Allmacht gebietet mir nicht, selbst allmächtig, die Ewigkeit nicht, selbst ewig zu sein. Aber der moralischen Vollkommenheit kann ich mir nicht bewußt werden, ohne derselben zugleich als eines *Gesetzes für mich* bewußt zu werden. Die moralische Vollkommenheit hängt, wenigstens für das moralische Bewußtsein, nicht von der Natur, sondern allein vom Willen ab, sie ist eine Willensvollkommenheit, der vollkommne Wille. Den vollkommnen Willen, den Willen, der eins mit dem Gesetze, der selbst Gesetz ist, kann ich nicht denken, ohne ihn zugleich als Willensobjekt, d.h. als Sollen für mich zu denken. Kurz, die Vorstellung des moralisch vollkommnen Wesens ist keine nur theoretische, friedliche, sondern zugleich praktische, zur Handlung, zur Nachahmung auffordernde, mich in Spannung, in Zwiespalt mit mir selbst versetzende Vorstellung; denn indem sie mir zuruft, was ich *sein soll*, sagt sie mir zugleich ohne alle Schmeichelei ins Gesicht, was ich *nicht bin*.[32] Und dieser Zwiespalt ist in der Religion um so qualvoller, um so schrecklicher, als sie des Menschen eignes Wesen ihm als ein *andres* Wesen entgegensetzt und noch dazu als ein *persönliches* Wesen, als ein Wesen, welches die Sünder von seiner Gnade, der Quelle alles Heils und Glücks, ausschließt, haßt, verflucht. Wodurch erlöst sich nun aber der Mensch von diesem Zwiespalt zwischen sich und dem vollkommnen Wesen, von der Pein des Sündenbewußtseins, von der Qual des Nichtigkeitsgefühls? Wodurch stumpft er der Sünde ihren tödlichen Stachel ab? Nur dadurch, daß er sich des *Herzens*, der *Liebe* als der *höchsten*, als der *absoluten Macht* und *Wahrheit* bewußt wird, daß er das göttliche Wesen nicht nur als Gesetz, als moralisches Wesen, als Verstandeswesen, sondern vielmehr als ein *liebendes, herzliches, selbst subjektiv menschliches Wesen anschaut.*

Der Verstand urteilt nur nach der Strenge des Gesetzes; das Herz akkommodiert sich, ist billig, nachsichtig, rücksichtsvoll, *kat' anthrôpon*. Dem Gesetze, das nur die moralische Vollkommenheit uns vorhält, genügt keiner; aber darum genügt auch das Gesetz nicht dem Menschen, dem Herzen. Das Gesetz verdammt; das Herz erbarmt sich auch des Sünders. Das Gesetz bejaht mich nur als *abstraktes*, das Herz als *wirkliches* Wesen. Das Herz gibt mir das Bewußtsein, daß ich Mensch; das Gesetz nur das Bewußtsein, daß ich Sünder, daß ich nichtig bin.[33] Das Gesetz *unterwirft* sich den Menschen, die Liebe macht ihn *frei*.

Die Liebe ist das Band, das Vermittlungsprinzip zwischen dem Vollkommnen und Unvollkommnen, dem sündlosen und sündhaften Wesen, dem Allgemeinen und Individuellen, dem Gesetz und dem Herzen, dem Göttlichen und Menschlichen. Die Liebe ist Gott selbst und außer ihr ist kein Gott. Die Liebe macht den Menschen zu Gott und Gott zum Menschen. Die Liebe stärkt das Schwache und schwächt das Starke, erniedrigt das Hohe und erhöhet das Niedrige, idealisiert die Materie und materialisiert den Geist. Die Liebe ist die wahre Einheit von Gott und Mensch, von Geist und Natur. In der Liebe ist die gemeine Natur Geist und der vornehme Geist Natur. Lieben heißt vom Geiste aus: den Geist, von der Materie aus: die Materie aufheben. Liebe ist *Materialismus*; *immaterielle* Liebe ist ein Unding. In der Sehnsucht der Liebe nach dem entfernten Gegenstand bekräftigt der abstrakte Idealist wider Willen die *Wahrheit der Sinnlichkeit*. Aber zugleich ist die Liebe der Idealismus der Natur; Liebe ist Geist, *Esprit*. Nur die Liebe macht die Nachtigall zur Sängerin; nur die Liebe schmückt die Befruchtungswerkzeuge der Pflanze mit einer Blumenkrone. Und welche Wunder tut nicht die Liebe selbst in unserm gemeinen bürgerlichen Leben! Was der Glaube, die Konfession, der Wahn trennt, das verbindet die Liebe. Selbst unsre hohe Noblesse identifiziert humoristisch genug die Liebe mit dem bürgerlichen Pöbel. Was die alten Mystiker von Gott sagten, daß er sei das *höchste* und doch das *gemeinste* Wesen, das gilt in Wahrheit von der Liebe, und zwar nicht einer erträumten, imaginären Liebe, nein! von der wirklichen Liebe, von der Liebe, die Fleisch und Blut hat.

Ja, nur von der Liebe, die *Fleisch* und *Blut* hat, denn nur diese kann die Sünden erlassen, welche Fleisch und Blut begangen. Ein *nur* moralisches Wesen kann nicht vergeben, was gegen das Gesetz der Moralität ist. Was das Gesetz negiert, wird selbst vom Gesetze negiert. Der moralische Richter, welcher nicht menschliches Blut in sein Urtel einfließen läßt, verurteilt unnachsichtlich, unerbittlich den Sünder. Indem daher Gott als ein sündenvergebendes Wesen angeschaut wird, so wird er gesetzt zwar nicht als ein unmoralisches, aber als ein *nicht*, ein *mehr als moralisches*, kurz, als ein *menschliches Wesen*. Die Aufhebung der Sünde ist die Aufhebung der abstrakten moralischen Gerechtigkeit - die Bejahung der Liebe, der

Barmherzigkeit, der Sinnlichkeit. Nicht abstrakte, nein! nur *sinnliche* Wesen sind *barmherzig*. Die Barmherzigkeit ist das *Rechtsgefühl der Sinnlichkeit*. Darum vergibt Gott *nicht in sich* als *abstraktem Verstandesgott*, sondern *in sich als Menschen, im Fleischgewordnen, im sinnlichen* Gott die Sünden der Menschen. Gott als Mensch sündigt zwar nicht, aber er kennt doch, er nimmt doch auf sich die Leiden, die Bedürfnisse, die *Not* der Sinnlichkeit. Das *Blut* Christi reinigt uns in den Augen Gottes von unsern Sünden, ja, nur sein *menschliches Blut* macht Gott barmherzig, stillt seinen Zorn; d.h.: unsre Sünden sind uns vergeben, weil wir keine abstrakten Wesen, sondern Wesen von Fleisch und Blut sind.[34] [Vgl. Anhang, Abschnitte Nr. I - III, IV]

FÜNFTES KAPITEL DAS GEHEIMNIS DER INKARNATION ODER GOTT ALS HERZENSWESEN

Das Bewußtsein der Liebe ist es, wodurch sich der Mensch mit Gott oder vielmehr mit sich, mit seinem Wesen, welches er im Gesetz als ein andres Wesen sich gegenüberstellt, versöhnt. Das Bewußtsein der göttlichen Liebe oder, was eins ist, die Anschauung Gottes als eines selbst *menschlichen Wesens* ist das *Geheimnis* der *Inkarnation*, der Fleisch- oder Menschwerdung Gottes. Die Inkarnation ist nichts andres als die tatsächliche, sinnliche Erscheinung von der *menschlichen Natur* Gottes. Seinetwegen ist Gott nicht Mensch geworden; die Not, das Bedürfnis des Menschen - ein Bedürfnis, das übrigens heute noch ein Bedürfnis des religiösen Gemüts - war der Grund der Inkarnation. Aus Barmherzigkeit wurde Gott Mensch - er war also schon in sich selbst ein menschlicher Gott, ehe er wirklicher Mensch ward; denn es ging ihm das menschliche Bedürfnis, das menschliche Elend zu Herzen. Die Inkarnation war eine Träne des göttlichen Mitleids, also nur eine Erscheinung eines *menschlich fühlenden*, darum *wesentlich menschlichen* Wesens.

Wenn man sich in der Inkarnation nur an den *menschgewordnen Gott* hält, so erscheint freilich die Menschwerdung als ein überraschendes, unerklärliches, wunderbares Ereignis. Allein der menschgewordne Gott ist nur die Erscheinung des *gottgewordnen* Menschen; denn der Herablassung Gottes zum Menschen geht notwendig die *Erhebung* des *Menschen zu Gott* vorher. Der Mensch war schon *in* Gott, war schon Gott selbst, ehe Gott Mensch wurde, d.h. *sich als Mensch zeigte.*[35] Wie hätte sonst Gott Mensch werden können? Der alte Grundsatz: »Aus Nichts wird Nichts« gilt auch hier. Ein König, der nicht auf dem Herzen das Wohl seiner Untertanen trägt, der nicht schon auf dem Throne mit seinem Geiste in den Wohnungen derselben weilt, nicht schon in seiner Gesinnung, wie das Volk spricht, ein »*gemeiner* Mann« ist, ein solcher König wird auch nicht körperlich von seinem Throne herabsteigen, um sein Volk zu beglücken mit seiner persönlichen Gegenwart. Ist also nicht schon der Untertan zum König emporgestiegen, ehe der König zum Untertan herabsteigt? Und wenn sich der Untertan durch die persönliche Gegenwart seines Königs geehrt und beglückt fühlt, bezieht sich dieses Gefühl nur auf diese sichtbare Erscheinung als solche oder nicht vielmehr auf die Erscheinung der Gesinnung, des menschenfreundlichen Wesens, welches der *Grund* dieser Erscheinung ist? Aber was in der *Wahrheit* der Religion der *Grund*, das bestimmt sich im *Bewußtsein* der Religion zur *Folge*; so hier die Erhebung des Menschen zu Gott zu einer *Folge* der Erniedrigung oder Herablassung

Gottes zum Menschen. Gott, sagt die Religion, vermenschlichte sich, um den Menschen zu vergöttern.[36]

Das Tiefe und Unbegreifliche, d.h. das *Widersprechende*, welches man in dem Satze: »Gott ist oder wird Mensch« findet, kommt nur daher, daß man den Begriff oder die Bestimmungen des allgemeinen, uneingeschränkten, metaphysischen Wesens mit dem Begriffe oder den Bestimmungen des *religiösen* Gottes, d.h. die Bestimmungen des Verstandes mit den Bestimmungen des Herzens vermischt oder verwechselt - eine Verwechselung, die das größte Hindernis der richtigen Erkenntnis der Religion ist. Aber es handelt sich ja in der Tat nur um die menschliche *Gestalt* eines Gottes, der schon *im Wesen* im tiefsten Grunde seiner Seele ein barmherziger, d.i. menschlicher Gott ist.

In der kirchlichen Lehre wird dies so ausgedrückt, daß sich nicht die erste Person der Gottheit inkarniert, sondern die *zweite*, welche den Menschen in und vor Gott vertritt - die zweite Person, die aber in Wahrheit, wie sich zeigen wird, die *wahre, ganze, erste* Person der Religion ist. Und nur *ohne* diesen Mittelbegriff, welcher der Ausgangspunkt der Inkarnation, erscheint dieselbe mysteriös, unbegreiflich, »spekulativ«, während sie, im Zusammenhang mit demselben betrachtet, eine notwendige, ja eine sich von selbst verstehende Folge ist. Die Behauptung daher, daß die Inkarnation eine rein empirische oder historische Tatsache sei, von der man nur aus einer theologischen Offenbarung Kunde erhalte, ist eine Äußerung des stupidesten religiösen Materialismus; denn die Inkarnation ist ein Schlußsatz, der auf einer sehr begreiflichen Prämisse beruht. Aber ebenso verkehrt ist es, wenn man aus puren spekulativen, d.i. metaphysischen, abstrakten Gründen die Inkarnation deduzieren will, denn die Metaphysik gehört nur der ersten Person an, die sich nicht inkarniert, keine dramatische Person ist. Eine solche Deduktion ließe sich höchstens nur dann rechtfertigen, wenn man *mit Bewußtsein* aus der Metaphysik die *Negation* der Metaphysik deduzieren würde.

Aus diesem Exempel erhellt, wie sich die Anthropologie von der spekulativen Philosophie unterscheidet. Die Anthropologie betrachtet nicht die Menschwerdung als ein *besonderes, stupendes* Mysterium, wie die vom mystischen Scheine verblendete Spekulation; sie zerstört vielmehr die Illusion, als stecke ein besonderes, übernatürliches Geheimnis dahinter; sie kritisiert das Dogma und reduziert es auf seine *natürlichen*, dem Menschen *eingebornen Elemente*, auf seinen innern Ursprung und Mittelpunkt - auf die *Liebe*.

Das Dogma stellt uns zweierlei dar: *Gott und die Liebe*. Gott ist die Liebe; was heißt aber das? Ist Gott noch Etwas *außer der Liebe*? ein von der Liebe unterschiednes Wesen? Ist es soviel, als wie ich auch von einer menschlichen Person im Affekt ausrufe: sie ist die Liebe selbst? Allerdings, sonst müßte ich den Namen: Gott, der ein besondres, persönliches Wesen, ein. Subjekt im Unterschiede vom Prädikat ausdrückt, aufgeben. Also wird die Liebe zu etwas *Besondrem* gemacht: Gott hat *aus Liebe* seinen eingebornen Sohn gesandt. Die Liebe wird so zurück- und herabgesetzt durch den dunkeln Hintergrund: Gott. Sie wird zu einer persönlichen, wenn auch wesenbestimmenden Eigenschaft; sie behält daher im Geiste und Gemüte, objektiv und subjektiv, den Rang nur eines Prädikats, nicht des Subjekts, nicht des Wesens; sie verschiebt sich mir als eine Nebensache, ein Akzidenz aus den Augen; bald tritt sie als etwas Wesentliches vor mich hin; bald verschwindet sie mir wieder. Gott erscheint mir auch noch in andrer Gestalt als in der Liebe; auch in der Gestalt der Allmacht, einer finstern, nicht durch die Liebe gebundnen Macht, einer Macht, an der auch, wenngleich in geringerem Maße, die Dämone, die Teufel teilhaben.

Solange die Liebe nicht zur Substanz, zum Wesen selbst erhoben wird, solange lauert im Hintergrunde der Liebe ein Subjekt, das *auch ohne Liebe noch Etwas für sich* ist, ein *liebloses Ungeheuer*, ein *dämonisches Wesen* dessen von *der Liebe unterscheidbare* und *wirklich unterschiedne Persönlichkeit* an dem *Blute* der Ketzer und Ungläubigen sich ergötzt -das *Phantom des religiösen Fanatismus!* Aber gleichwohl ist das Wesentliche in der Inkarnation, obwohl noch gebunden an die Nacht des religiösen Bewußtseins, die Liebe. Die Liebe bestimmte Gott zur Entäußerung seiner Gottheit.[37] Nicht aus seiner Gottheit als solcher, nach welcher er das Subjekt ist in dem Satze: Gott ist die Liebe, sondern aus der Liebe, dem Prädikat kam die Verleugnung seiner Gottheit; also ist die Liebe eine höhere Macht und Wahrheit als die Gottheit. *Die Liebe überwindet Gott.* Die Liebe war es, der Gott seine göttliche Majestät aufopferte. Und was war das für eine Liebe? eine andere als die unsrige? als die, der wir Gut und Blut opfern? War es die Liebe *zu sich*? zu sich als *Gott*? Nein! die Liebe zum Menschen. Aber ist die Liebe zum Menschen nicht menschliche Liebe? Kann ich den Menschen lieben, ohne ihn menschlich zu lieben, ohne ihn so zu lieben, wie er selbst liebt, wenn er in Wahrheit liebt? Wäre sonst nicht die Liebe vielleicht teuflische Liebe? Der Teufel liebt ja auch den Menschen, aber nicht um des Menschen, sondern um seinetwillen, also aus Egoismus, um sich zu vergrößern, seine Macht auszubreiten. Aber Gott liebt, indem er den Menschen liebt, den Menschen um des Menschen willen, d.h. um ihn gut, glücklich, selig zu machen. Liebt er also nicht so den Menschen, wie der wahre Mensch den Menschen liebt? Hat die Liebe überhaupt einen Plural? Ist sie nicht überall sich selbst gleich? Was ist also der wahre, unverfälschte Text der Inkarnation als der Text der Liebe schlechtweg, ohne Beisatz, ohne Unterschied göttlicher und menschlicher Liebe? Denn wenn es auch eine eigennützige Liebe unter den Menschen gibt, so ist doch die wahre menschliche Liebe, die allein dieses Namens würdige, diejenige, welche dem Andern zu Liebe das Eigne aufopfert. Wer ist also unser Erlöser und Versöhner? Gott oder die Liebe? Die Liebe; denn Gott als Gott hat uns nicht erlöst, sondern die Liebe, welche über den Unterschied von göttlicher und menschlicher Persönlichkeit erhaben ist. Wie Gott sich selbst aufgegeben aus Liebe, so sollen wir auch aus Liebe Gott aufgeben; denn *opfern wir nicht Gott der Liebe auf, so opfern wir die Liebe Gott auf*, und wir haben trotz des Prädikats der Liebe den Gott, das böse Wesen des religiösen Fanatismus.

Indem wir nun aber diesen Text aus der Inkarnation gewonnen, so haben wir zugleich das Dogma in seiner Unwahrheit dargestellt, das scheinbar übernatürliche und übervernünftige Mysterium auf eine *einfache*, dem Menschen *an sich* natürliche Wahrheit zurückgeführt - - eine Wahrheit, die nicht der christlichen Religion allein, sondern, unentwickelt wenigstens, jeder Religion als Religion mehr oder minder angehört. Jede Religion, die auf diesen Namen Anspruch hat, setzt nämlich voraus, daß Gott nicht gleichgültig ist gegen die Wesen, die ihn verehren, daß also Menschliches ihm nicht fremd, daß er als ein Gegenstand menschlicher Verehrung selbst ein menschlicher Gott ist. Jedes Gebet enthüllt das Geheimnis der Inkarnation, *jedes Gebet ist in der Tat eine Inkarnation Gottes*. Im Gebete ziehe ich Gott in das menschliche Elend herein, ich lasse ihn teilnehmen an meinen Leiden und Bedürfnissen. Gott ist nicht taub gegen meine Klagen; er erbarmt sich meiner; er verleugnet also seine göttliche Majestät, seine Erhabenheit über alles Endliche und Menschliche; er wird *Mensch mit dem Menschen*; denn erhört er mich, erbarmt er sich meiner, so wird er *affiziert* von meinen Leiden. Gott *liebt* den Menschen - d.h.: Gott *leidet* vom Menschen. Liebe ist nicht ohne Mitgefühl, Mitgefühl nicht ohne Mitleiden denkbar. Habe ich Teilnahme für ein empfindungsloses Wesen? Nein! nur für Empfindendes empfinde ich - nur für das, was ich meines Wesens fühle, worin ich mich selbst fühle, dessen Leiden ich selbst mitleide. Mitleiden setzt gleiches Wesen voraus. Ausdruck dieser Wesensununterschiedenheit Gottes vom Menschen ist die Inkarnation, ist die Vorsehung, ist das Gebet.[38]

Die Theologie freilich, welche die metaphysischen Verstandesbestimmungen der Ewigkeit, der Unbestimmbarkeit, Unveränderlichkeit und andere dergleichen abstrakte, das Wesen des Verstandes ausdrückende Bestimmungen im Kopfe hat und festhält, die Theologie freilich *leugnet* die Leidensfähigkeit Gottes, *leugnet* aber eben damit auch *die Wahrheit der Religion*.[39] Denn die Religion, der religiöse Mensch glaubt im Akte der Andacht des Gebetes an eine wirkliche Teilnahme des göttlichen Wesens an seinen Leiden und Bedürfnissen, glaubt an einen durch die *Innigkeit* des Gebetes, d.h. durch die *Kraft des Herzens bestimmbaren* Willen Gottes, glaubt an eine wirkliche, gegenwärtige, *durch das Gebet* bewirkte Erhörung. Der wahrhaft religiöse Mensch legt unbedenklich sein Herz in Gott; Gott ist ihm ein Herz, das für alles Menschliche empfänglich.

Das Herz kann nur zum Herzen sich wenden; es findet nur *in sich selbst*, in seinem eignen Wesen Trost.

Die Behauptung, daß die Erfüllung des Gebetes von Ewigkeit her schon bestimmt, schon in den Plan der Weltschöpfung ursprünglich mit aufgenommen sei, ist eine leere, abgeschmackte Fiktion einer mechanischen Denkart, die absolut dem Wesen der Religion widerspricht. »Wir bedürfen«, sagt ganz richtig im Sinne der Religion Lavater irgendwo, »einen *willkürlichen Gott.*« Überdem ist ja auch in jener Fiktion Gott ebenso ein vom Menschen bestimmtes Wesen als in der wirklichen, gegenwärtig auf die Kraft des Gebets erfolgten Erhörung, nur daß der Widerspruch mit der Unveränderlichkeit und Unbestimmbarkeit Gottes, d.h. die Schwierigkeit in die täuschende Ferne der Vergangenheit oder Ewigkeit hinausgeschoben wird. Ob Gott jetzt auf mein Gebet hin zur Erfüllung desselben sich entschließt oder sich einst dazu entschlossen hat, das ist im Grunde ganz eins.

Es ist die größte Inkonsequenz, die Vorstellung eines durch das Gebet, d.i. die Kraft des Gemüts bestimmbaren Gottes als eine unwürdige menschliche Vorstellung zu verwerfen. Glaubt man einmal ein Wesen, welches Gegenstand der Verehrung, Gegenstand des Gebetes, Gegenstand des Gemütes, ein Wesen, welches ein *vorsehendes, fürsorgendes* ist -eine Vorsehung, welche nicht ohne Liebe denkbar -, ein Wesen also, welches ein *liebendes*, die Liebe zum Bestimmungsgrunde seiner Handlungen hat, so glaubt man auch ein Wesen, welches, wenn auch nicht ein *anatomisches*, doch ein *psychisches menschliches Herz* hat. Das religiöse Gemüt legt, wie gesagt, alles in Gott - das ausgenommen, *was es selbst verschmäht*. Die Christen gaben zwar ihrem Gotte keine ihren moralischen Begriffen widersprechende Affekte, aber die Empfindungen und Gemütsaffekte der Liebe, der Barmherzigkeit gaben sie ihm ohne Anstand und mußten sie ihm geben. Und die Liebe, die das religiöse Gemüt in Gott setzt, ist eine eigentliche, nicht nur so vorgespiegelte, vorgestellte - eine wirkliche, wahrhafte Liebe. Gott wird geliebt und liebt wieder, in der göttlichen Liebe vergegenständlicht, bejaht sich nur die menschliche Liebe. In Gott vertieft sich nur die Liebe in sich als die Wahrheit ihrer selbst.

Gegen die hier entwickelte Bedeutung der Inkarnation kann man einwenden, daß es mit der christlichen Inkarnation doch eine ganz besondre, wenigstens andre Bewandtnis habe - was allerdings auch in anderer Beziehung wahr ist, wie sich später selbst zeigen wird - als mit den Menschwerdungen der heidnischen, etwa griechischen oder indischen Götter. Diese seien bloße Menschenprodukte oder vergötterte Menschen; aber im Christentum sei die Idee des wahren Gottes gegeben; hier werde die Vereinigung des göttlichen Wesens mit dem menschlichen erst bedeutungsvoll und »spekulativ«. Jupiter verwandle sich auch in einen Stier; die heidnischen Menschwerdungen der Götter seien bloße Phantasien. Im

Heidentum sei nicht mehr in dem *Wesen* Gottes als in der Erscheinung; im Christentum dagegen sei es Gott, ein anderes, übermenschliches Wesen, welches als Mensch erscheine. Aber dieser Einwurf widerlegt sich durch die bereits gemachte Bemerkung, daß auch die Prämisse der christlichen Inkarnation schon das menschliche Wesen enthält. Gott *liebt* den Menschen; Gott hat überdem einen *Sohn* in sich; Gott ist *Vater*; die Verhältnisse der Menschlichkeit sind von Gott nicht ausgeschlossen; Menschliches ist Gott nicht ferne, nicht unbekannt. Es ist daher auch hier *nicht mehr* im *Wesen* Gottes als in der *Erscheinung* Gottes. In der Inkarnation *gesteht* die Religion nur *ein*, was sie in der *Reflexion* über sich selbst, als Theologie nicht Wort haben will, daß Gott ein durchaus menschliches Wesen ist. Die Inkarnation, das Geheimnis des »*Gottmenschen*« ist daher keine *mysteriöse Komposition* von *Gegensätzen, kein synthetisches* Faktum, wofür es der spekulativen Religionsphilosophie gilt, weil sie eine besondere Freude am Widerspruch hat; es ist ein analytisches Faktum - ein menschliches Wort mit menschlichem Sinne. Wäre ein Widerspruch hier vorhanden, so läge dieser schon *vor* und *außer* der Inkarnation, schon in der Verbindung der *Vorsehung*, der *Liebe* mit der *Gottheit*; denn ist diese Liebe eine wirkliche, so ist sie keine von unsrer Liebe wesentlich unterschiedne - es sind nur die Schranken zu beseitigen -, und so ist die Inkarnation nur der kräftigste, innigste, sinnlichste, offenherzigste Ausdruck dieser Vorsehung, dieser Liebe. Die Liebe weiß ihren Gegenstand nicht mehr zu beglücken, als daß sie ihn mit ihrer persönlichen Gegenwart erfreut, daß sie sich *sehen* läßt. Den unsichtbaren Wohltäter von Angesicht zu Angesicht zu schauen, ist das heißeste Verlangen der Liebe. *Sehen* ist ein *göttlicher Akt*. Seligkeit liegt im bloßen Anblick des Geliebten. Der Blick ist die Gewißheit der Liebe. Und die Inkarnation soll nichts sein, nichts bedeuten, nichts wirken als die *zweifellose Gewißheit* der Liebe Gottes zum Menschen. Die Liebe bleibt, aber die Inkarnation auf der Erde geht vorüber; die Erscheinung war eine zeitlich und räumlich beschränkte, wenigen zugängliche; aber das Wesen der Erscheinung ist ewig und allgemein. Wir sollen noch glauben an die Erscheinung, aber nicht um der Erscheinung, sondern um des Wesens willen; denn uns ist nur geblieben die Anschauung der Liebe.

Der klarste, unwidersprechlichste Beweis, daß der Mensch in der Religion sich als *göttlichen Gegenstand*, als *göttlichen Zweck* anschaut, daß er also in der Religion nur zu seinem eignen Wesen, nur zu Sich selbst sich verhält - der klarste, unwidersprechlichste Beweis ist die Liebe Gottes zum Menschen, der *Grund* und *Mittelpunkt* der Religion. Gott entäußert sich um des Menschen willen seiner Gottheit. Hierin liegt der erhebende Eindruck der Inkarnation: das höchste, das bedürfnislose Wesen demütigt, erniedrigt sich um des Menschen willen. In Gott kommt daher *mein eignes* Wesen mir zur Anschauung; ich habe für Gott Wert; die *göttliche Bedeutung* meines Wesens wird mir offenbar. Wie kann denn der Wert des Menschen höher ausgedrückt werden, als wenn Gott um des Menschen willen Mensch wird, der Mensch der Endzweck, der Gegenstand der göttlichen Liebe ist? Die Liebe Gottes zum Menschen ist eine *wesentliche Bestimmung* des göttlichen Wesens: Gott ist ein *mich, den Menschen überhaupt liebender* Gott Darauf ruht der Akzent, darin liegt der Grundaffekt der Religion. Gottes Liebe macht mich liebend; die Liebe Gottes zum Menschen ist der *Grund* der Liebe des Menschen zu Gott: die göttliche Liebe verursacht, erweckt die menschliche Liebe. »*Lasset uns ihn lieben, denn er hat uns zuerst geliebt.*«[40] Was liebe ich also *in* und *an* Gott? Die *Liebe*, und zwar die *Liebe* zum *Menschen.* Wenn ich aber die Liebe liebe und anbete, mit welcher Gott den Menschen liebt, liebe ich nicht den Menschen, ist meine *Gottesliebe* nicht, wenn auch indirekte, *Menschenliebe?* Ist denn nicht der Mensch der *Inhalt Gottes,* wenn Gott den Menschen liebt? Ist nicht das mein Innigstes, was ich liebe? Habe ich ein Herz, wenn ich nicht liebe? Nein! Die *Liebe nur ist das Herz des Menschen.* Aber was ist die Liebe ohne das, was ich liebe? *Was ich also liebe, das ist mein Herz,* das ist mein Inhalt, das ist mein Wesen. Warum trauert der Mensch, warum verliert er die Lust zum Leben, wenn er den geliebten Gegenstand verloren? Warum? Weil er mit dem geliebten Gegenstande sein Herz, das Prinzip des Lebens, verloren. Liebt also Gott den Menschen, so ist der *Mensch* das *Herz Gottes* - des Menschen Wohl seine innigste Angelegenheit. Ist also nicht, - wenn der Mensch der *Gegenstand Gottes* ist, der Mensch *sich selbst in Gott Gegenstand?* nicht der *Inhalt* des göttlichen Wesens das *menschliche Wesen,* wenn Gott die Liebe, der *wesentliche Inhalt* dieser Liebe aber der *Mensch* ist? nicht *die Liebe Gottes zum Menschen,* der Grund und Mittelpunkt der Religion, die *Liebe des Menschen zu sich selbst,* vergegenständlicht, angeschaut als die höchste Wahrheit, als das höchste Wesen des Menschen? Ist denn nicht der Satz: »Gott liebt den Menschen« ein Orientalismus -die Religion ist wesentlich orientalisch -, welcher auf deutsch heißt: das Höchste ist die Liebe des Menschen? -

Die Wahrheit, auf welche hier vermittelst der Analyse das Mysterium der Inkarnation reduziert wurde, ist selbst auch in das religiöse Bewußtsein gefallen. So sagt z.B. *Luther:* »Wer solches (nämlich die Menschwerdung Gottes) recht könnte in sein Hertz bilden, der sollte je *um des Fleisches und Bluts willen,* das *droben zur Rechten Gottes ist, alles Fleisch und Blut* hier auf Erden *lieb haben* und mit *keinem Menschen mehr zürnen können.* Daß also die zarte Menschheit Christi, unsers Gottes, mit einem Anblick sollte alle Hertzen billig mit Freuden also erfüllen, daß nimmermehr kein zorniger noch unfreundlicher Gedanken darein kommen möchte. Ja es sollte schier ein jeglich Mensch den andern für großen Freuden auf den Händen tragen, um dieses unsers Fleisches und Blutes willen.« »Das ist nun ein Stück, das uns bewegen sollt zu großer Freude und *seeliger Hoffart,* daß wir also *geehret sind über alle Creatur,* auch über die Engel, daß wir können mit Wahrheit rühmen: *Mein eigen Fleisch und Blut sitzt zur Rechten Gottes* und *regieret über alles.* Solche

Ehre hat keine Creatur, kein Engel auch nicht. Das sollte doch je ein Backofen seyn, der *uns alle schmelzte in ein Herz* und *eine solche Brunst* unter uns Menschen anrichtete, daß wir von *Herzen einander liebeten.*«[41] Aber was in der *Wahrheit* der Religion das *Wesen* der Fabel, die *Hauptsache* ist, das ist im religiösen *Bewußtsein* nur die *Moral* der Fabel, nur *Nebensache*. [Vgl. Anhang, Abschnitte V, VII]

SECHSTES KAPITEL
DAS GEHEIMNIS DES LEIDENDEN GOTTES

Eine Wesensbestimmung des menschgewordnen oder, was eins ist, des menschlichen Gottes, also Christi, ist die *Passion*. Die Liebe *bewährt sich durch Leiden*. Alle Gedanken und Empfindungen, die sich zunächst an Christus anschließen, konzentrieren sich in dem Begriffe des Leidens. Gott als Gott ist der Inbegriff aller menschlichen Vollkommenheit, Gott als Christus der Inbegriff alles menschlichen Elends. Die heidnischen Philosophen feierten die Tätigkeit, insbesondre die Selbsttätigkeit der Intelligenz als die höchste, die göttliche Tätigkeit; die Christen heiligten das Leiden, setzten das Leiden selbst in Gott Wenn Gott als *Actus purus*, als reine Tätigkeit der Gott der abstrakten Philosophie, so ist dagegen Christus, der Gott der Christen, die *Passio pura*, das reine Leiden -der höchste metaphysische Gedanke, das *Être suprême* des Herzens. Denn was macht mehr Eindruck auf das Herz als Leiden? und zwar das Leiden des an sich Leidlosen, des über alles Leiden Erhabenen, das Leiden des Unschuldigen, des Sündenreinen, das Leiden lediglich zum Besten anderer, das Leiden der Liebe, der Selbstaufopferung? Aber eben deswegen, weil die Leidensgeschichte der Liebe die ergreifendste Geschichte für das menschliche Herz oder überhaupt für das Herz ist - denn es wäre ein lächerlicher Wahn des Menschen, sich ein andres Herz als das menschliche vorstellen zu wollen -, so folgt daraus aufs unwidersprechlichste, daß in ihr nichts ausgedrückt, nichts vergegenständlicht ist als das Wesen des Herzens, daß sie zwar nicht eine Erfindung des menschlichen Verstandes oder Dichtungsvermögens, aber doch des menschlichen Herzens ist. Aber das Herz erfindet nicht wie die freie Phantasie oder Intelligenz; es verhält sich leidend, empfangend; alles, was aus ihm kommt, erscheint ihm als gegeben, tritt gewaltsam auf, wirkt mit der Kraft der dringenden Notwendigkeit. Das Herz bewältigt, bemeistert den Menschen; wer einmal von ihm ergriffen, ist von ihm als seinem Dämon, seinem Gotte ergriffen. Das Herz kennt keinen andern Gott, kein trefflicheres Wesen als *sich*, als einen Gott, dessen Name zwar ein besondrer, ein andrer sein mag, dessen Wesen, dessen Substanz aber das eigne Wesen des Herzens ist. Und eben aus dem Herzen, aus dem innern Drange, Gutes zu tun, für die Menschen zu leben und sterben, aus dem göttlichen Triebe der *Wohltätigkeit*, die alle beglücken will, die keinen, auch nicht den Verworfensten, den Niedrigsten von sich ausschließt, aus der sittlichen Pflicht der Wohltätigkeit im höchsten Sinne, wie sie zu einer *innern Notwendigkeit*, d.i. zum Herzen geworden, aus dem menschlichen Wesen also, wie es sich als Herz und durch das Herz offenbart, ist das bessere, das *wahre*, d.h. das von seinen theologischen Elementen und Widersprüchen gereinigte Wesen des Christentums entsprungen.

Was nämlich in der Religion *Prädikat* ist, das dürfen wir nur immer dem früher schon Entwickelten zufolge zum Subjekt, was in ihr *Subjekt*, zum Prädikat machen, also die Orakelsprüche der Religion *umkehren*, gleichsam als *contre-vérités* auffassen - so haben wir das Wahre. Gott leidet - Leiden ist Prädikat -, aber für die Menschen, für andere, nicht für sich. Was heißt das auf deutsch? Nichts andres als: *Leiden für andere ist göttlich*; wer für andere leidet, seine Seele läßt, handelt göttlich, ist den Menschen Gott.[42]

Das Leiden Christi repräsentiert jedoch nicht nur das sittliche, selbsttätige Leiden, das Leiden der Liebe, der Kraft, sich selbst zum Wohle anderer aufzuopfern; es repräsentiert auch das *Leiden als solches*, das Leiden, inwiefern es ein Ausdruck der Leidensfähigkeit überhaupt ist. Die christliche Religion ist so wenig eine übermenschliche, daß sie selbst die menschliche Schwachheit heiligt. Wenn der heidnische Philosoph selbst bei der Nachricht von dem Tode des eignen Kindes die Worte ausruft: »Ich wußte, daß ich einen Sterblichen gezeugt«, so vergießet dagegen Christus - wenigstens der biblische, aber von dem vor- und unbiblischen Christus wissen wir nichts - Tränen über den Tod des Lazarus - einen Tod, der doch in Wahrheit nur ein Scheintod war. Wenn Sokrates mit unbewegter Seele den Giftbecher leert, so ruft dagegen Christus aus: »Wenn es möglich, so gehe dieser Kelch vorüber.«[43] Christus ist in dieser Beziehung das Selbstbekenntnis der menschlichen Empfindlichkeit. Der Christ hat, im Gegensatz gegen das heidnische, namentlich stoische Prinzip mit seiner rigorosen Willensenergie und Selbständigkeit, das Bewußtsein der eignen Reizbarkeit und Empfindlichkeit in das Bewußtsein Gottes aufgenommen; in Gott findet er sie, wenn sie nur keine sündliche Schwachheit, nicht verneint, nicht verdammt.

Leiden ist das höchste Gebot des Christentums -die Geschichte des Christentums selbst die *Leidensgeschichte der Menschheit*. Wenn bei den Heiden das Jauchzen der sinnlichen Lust sich in den Kultus der Götter mischte, so gehören bei den Christen, *natürlich den alten Christen*, die Tränen und Seufzer des Herzens, des Gemüts zum Gottesdienst. Wie aber ein sinnlicher Gott, ein Gott des Lebens da verehrt wird, wo sinnliches Freudengeschrei zu seinem Kultus gehört, ja, wie dieses Freudengeschrei nur eine sinnliche Definition ist von dem Wesen der Götter, denen dieser Jubel gilt, so sind auch die Herzensseufzer der Christen Töne, die aus der innersten Seele, dem innersten Wesen ihres Gottes kommen. Der Gott des Gottesdienstes, bei den Christen des innern Gottesdienstes, nicht der Gott der sophistischen Theologie ist der wahre Gott des Menschen. Aber mit Tränen, *den Tränen der Reue und Sehnsucht*, glaubten die Christen, *natürlich die alten Christen*, ihrem Gotte die höchste Ehre anzutun. Die Tränen sind also die sinnlichen Glanzpunkte des christlich religiösen Gemüts, in denen sich

68

das Wesen ihres Gottes abspiegelt. Aber ein Gott, der an Tränen Gefallen hat, drückt nichts andres aus als das Wesen des Herzens, insbesondre des Gemüts. Zwar heißt es in der christlichen Religion: Christus *hat* alles für uns getan, *hat* uns erlöst, versöhnt mit Gott; und es läßt sich daher hieraus der Schluß ziehen: Lasset uns fröhlichen Sinnes sein; was brauchen wir uns darüber zu kümmern, wie wir uns mit Gott versöhnen sollen; wir sind es ja schon. Aber das Imperfektum des Leidens macht einen starkem, anhaltenderen Eindruck als das Perfektum der Erlösung. Die Erlösung ist nur das *Resultat* des Leidens; das Leiden der *Grund* der Erlösung. Das Leiden befestigt sich daher tiefer im Gemüte; das Leiden macht sich zu einem Gegenstande der Nachahmung; die Erlösung nicht. Wenn Gott selber litt um meinetwillen, wie soll ich fröhlich sein, wie mir eine Freude gönnen, wenigstens auf dieser verdorbnen Erde, welche der Schauplatz seiner Leiden war?[44] Soll ich besser sein als Gott? soll ich also sein Leiden mir nicht aneignen? Ist, was Gott, mein Herr tut, nicht mein Vorbild? Oder soll ich nur den Gewinn, nicht auch die Kosten tragen? Aber weiß ich denn nur, daß er mich erlöst hat? Ist mir seine Leidensgeschichte nicht auch Gegenstand? Soll sie mir nur ein Gegenstand kalter Erinnerung sein oder gar ein Gegenstand der Freude, weil dieses Leiden mir die Seligkeit erkauft? Aber wer kann so denken, wer sich ausschließen wollen von den Leiden seines Gottes?

Die christliche Religion ist die Religion des Leidens.[45] Die Bilder des Gekreuzigten, die uns heute noch in allen Kirchen begegnen, stellen uns keinen Erlöser, sondern nur den Gekreuzigten, den Leidenden dar. Selber die Selbstkreuzigungen unter den Christen sind psychologisch tief begründete Folgen ihrer religiösen Anschauung. Wie sollte dem nicht die Lust kommen, sich selbst oder andere zu kreuzigen, der stets das Bild eines Gekreuzigten im Sinne hat? Wenigstens sind wir zu diesem Schlusse ebensogut berechtigt als Augustin und andere Kirchenväter zu dem Vorwurf gegen die heidnische Religion, daß die unzüchtigen religiösen Bilder der Heiden sie zur Unzucht aufforderten und bevollmächtigten.

Gott leidet, heißt aber in Wahrheit nichts andres als: *Gott ist ein Herz*. Das Herz ist die Quelle, der Inbegriff aller Leiden. Ein Wesen *ohne Leiden* ist ein Wesen *ohne Herz*. Das *Geheimnis des leidenden Gottes* ist daher das *Geheimnis der Empfindung*; ein leidender Gott ist ein *empfindender, empfindsamer Gott*.[46] Aber der Satz: Gott ist ein empfindendes Wesen, ist nur der religiöse Ausdruck des Satzes: Die *Empfindung ist göttlichen Wesens*.

Der Mensch hat nicht nur das Bewußtsein einer Tätigkeitsquelle, sondern auch Leidensquelle in sich. Ich empfinde, und empfinde die Empfindung, nicht bloß das Wollen, das Denken, welches nur zu oft im Gegensatze mit mir und meinen Empfindungen steht, als zu meinem Wesen gehörig und, obwohl als die Quelle aller Leiden, Schwächen und Schmerzen, doch zugleich als eine herrliche, göttliche Macht und

Vollkommenheit. Was wäre der Mensch ohne Empfindung? Sie ist die musikalische Macht im Menschen. Aber was wäre der Mensch ohne Ton? So gut daher der Mensch einen musikalischen Trieb, eine innere Nötigung in sich fühlt, im Tone, im Liede seine Empfindungen auszuhauchen, so notwendig strömt er in religiösen Seufzern und Tränen das Wesen der Empfindung als gegenständliches, göttliches Wesen aus.

Die Religion ist die *Reflexion*, die *Spiegelung des menschlichen Wesens in sich selbst*. Was *ist*, hat notwendig einen Gefallen, eine Freude an sich selbst, liebt sich und liebt sich mit Recht; tadelst du, daß es sich liebt, so machst du ihm einen Vorwurf darüber, daß es ist. Sein heißt sich behaupten, sich bejahen, sich lieben; wer des Lebens überdrüssig, nimmt sich das Leben. Wo daher die Empfindung nicht zurückgesetzt und unterdrückt wird, wie bei den Stoikern, wo ihr *Sein* gegönnt wird, da ist ihr auch schon religiöse Macht und Bedeutung eingeräumt, da ist sie auch schon auf *die* Stufe erhoben, auf welcher sie sich in sich spiegeln und reflektieren, in Gott in ihren eignen Spiegel blicken kann. *Gott ist der Spiegel des Menschen.*

Was für den Menschen wesentlichen Wert hat, was ihm für das Vollkommne, das Treffliche gilt, woran er wahres Wohlgefallen hat, das *allein ist ihm Gott*. Ist dir die Empfindung eine herrliche, so ist sie dir eben damit eine göttliche Eigenschaft. Darum glaubt der empfindende, gefühlvolle Mensch nur an einen empfindenden, gefühlvollen Gott, d.h. er glaubt nur an die *Wahrheit* seines eignen Seins und Wesens, *denn er kann nichts andres glauben, als was er selbst in seinem Wesen ist.* Sein Glaube ist das Bewußtsein dessen, was ihm heilig ist; aber *heilig* ist dem Menschen nur, was sein *Innerstes*, sein *Eigenstes*, der *letzte Grund*, das *Wesen* seiner *Individualität* ist. Dem empfindungsvollen Menschen ist ein empfindungsloser Gott ein leerer, abstrakter, negativer Gott, d.h. Nichts, weil ihm das *fehlt*, was dem Menschen wert und heilig ist. Gott ist für den Menschen das *Kollektaneenbuch* seiner höchsten Empfindungen und Gedanken, das *Stammbuch*, worein er die Namen der ihm teuersten, heiligsten Wesen einträgt.

Es ist ein Zeichen einer haushälterischen Gemütlichkeit, ein weiblicher Trieb, zu sammeln und das Gesammelte zusammenzuhalten, nicht den Wogen der Vergeßlichkeit, dem Zufall der Einnerung, überhaupt *nicht sich selbst* zu überlassen und anzuvertrauen, was man Wertes hat kennenlernen. Der Freigeist ist der Gefahr eines verschwenderischen, zerstreuten, dissoluten Lebens ausgesetzt; der Religiöse, der alles in eins zusammenbindet, verliert sich nicht im sinnlichen Leben; aber dafür ist er der Gefahr der Illiberalität, der geistlichen Selbst- und Gewinnsucht ausgesetzt. Der Ir- oder wenigstens Nichtreligiöse erscheint daher auch, wenigstens dem Religiösen, als ein subjektiver, eigenmächtiger, hochmütiger, frivoler Mensch, aber nicht deswegen, weil diesem nicht auch *an sich* heilig wäre, was jenem heilig ist, sondern nur deswegen, weil das, was der Nichtreligiöse nur *in seinem Kopfe* behält, der Religiöse außer sich als Gegenstand und zugleich über sich setzt, daher das Verhältnis einer förmlichen Subordination in sich aufnimmt. Kurz, der Religiöse hat, weil ein Kollektaneenbuch, einen Sammelpunkt, einen *Zweck*, und weil einen Zweck, einen festen Grund und Boden. Nicht der Wille als solcher, nicht das vage Wissen - nur die *Zwecktätigkeit*, welche die Einheit der theoretischen und praktischen Tätigkeit ist, gibt dem Menschen einen sittlichen Grund und Halt, d.h. Charakter. Jeder Mensch muß sich daher einen Gott, d.h. einen Endzweck setzen. Der Endzweck ist der bewußte und gewollte wesentliche Lebenstrieb, der Genieblick, der Lichtpunkt der Selbsterkenntnis - die *Einheit von Natur* und *Geist* im Menschen. Wer einen Endzweck, hat ein *Gesetz über sich*; er leitet sich nicht selbst nur; er wird geleitet. Wer keinen Endzweck, hat keine Heimat, kein Heiligtum. Größtes Unglück ist Zwecklosigkeit. Selbst wer sich gemeine Zwecke setzt, kommt besser durch, auch wenn er nicht besser ist, als wer keinen Zweck sich setzt. Der Zweck beschränkt; aber die Schranke ist der Tugend Meisterin. Wer einen Zweck hat, einen Zweck, der an sich wahr und wesenhaft ist, der hat eben damit *Religion*, wenn auch nicht in dem beschränkten Sinne des theologischen Pöbels, aber doch - und nur darauf kommt es an - im Sinne der Vernunft, im Sinne der Wahrheit. [Vgl. Anhang, Abschnitte IV, VIII]

SIEBENTES KAPITEL DAS MYSTERIUM DER DREIEINIGKEIT UND MUTTER GOTTES

So wenig ein Gott ohne Empfindung, ohne Leidensvermögen dem Menschen als einem empfindenden, leidenden Wesen genügt, so wenig genügt ihm auch wieder ein Wesen nur mit Empfindung, ein Wesen ohne Verstand und Willen. Nur ein Wesen, welches den *ganzen Menschen* in sich trägt, kann auch den *ganzen Menschen* befriedigen. Das Bewußtsein des Menschen von sich in seiner *Totalität* ist das Bewußtsein der Trinität. Die Trinität faßt die Bestimmungen oder Kräfte, die bisher getrennt betrachtet wurden, zur Einheit zusammen und setzt dadurch das allgemeine Wesen des Verstandes, d.h. Gott als Gott, zu einem *besondern Wesen*, einer *besondern Fakultät* herab.

Was als *Abdruck, Bild, Gleichnis* der Trinität von der Theologie bezeichnet wird, dürfen wir nur als die *Sache selbst*, das *Wesen*, das *Urbild*, das *Original* erfassen, so haben wir das Rätsel gelöst. Die angeblichen Bilder, durch die man die Trinität zu veranschaulichen, begreiflich zu machen suchte, waren vornehmlich: Geist, Verstand, Gedächtnis, Wille, Liebe, *mens, intellectus, memoria, voluntas, amor* oder *caritas*.

Gott denkt, Gott liebt, und zwar denkt er, liebt er sich; das Gedachte, Erkannte, Geliebte ist Gott selbst. Die Vergegenständlichung des Selbstbewußtseins ist das erste, was uns in der Trinität begegnet. Das Selbstbewußtsein drängt sich notwendig, unwillkürlich dem Menschen als etwas Absolutes auf. Sein ist für ihn eins mit Selbstbewußtsein; Sein mit Bewußtsein ist für ihn Sein schlechtweg. Ob ich gar nicht bin oder bin, ohne daß ich weiß, daß ich bin, ist gleich. Selbstbewußtsein hat für den Menschen, hat in der Tat an sich selbst absolute Bedeutung. Ein Gott, der sich nicht weiß, ein Gott ohne Bewußtsein, ist kein Gott. Wie der Mensch sich nicht denken kann ohne Bewußtsein, so auch nicht Gott. *Das göttliche Selbstbewußtsein ist nichts andres als das Bewußtsein des Bewußtseins als absoluter oder göttlicher Wesenheit.* Übrigens ist damit keineswegs die Trinität erschöpft. Wir würden vielmehr ganz willkürlich verfahren, wenn wir darauf allein das Geheimnis der Trinität zurückführen und einschränken wollten. Bewußtsein, Verstand, Wille, Liebe in der Bedeutung abstrakter Wesen oder Bestimmungen gehören nur der abstrakten Philosophie an. Die Religion aber ist das Bewußtsein des Menschen von sich in seiner lebendigen Totalität, in welcher die Einheit des Selbstbewußtseins nur als die beziehungsreiche, erfüllte *Einheit von Ich und Du* existiert.

Die Religion, wenigstens die christliche, abstrahiert von der Welt; Innerlichkeit gehört zu ihrem Wesen. Der religiöse Mensch führt ein von der Welt abgezognes, in Gott verborgnes, stilles, weltfreudenleeres Leben.

Er sondert sich aber nur von der Welt ab, weil Gott selbst ein *von der Welt abgesondertes*, ein *außer–* und *überweltliches Wesen* - streng, abstrakt philosophisch ausgedrückt -, das *Nichtsein* der Welt ist. Gott als außerweltliches Wesen ist aber nichts andres als das von der *Welt in sich zurückgezogne*, aus *allen Banden* und *Verwicklungen mit derselben befreite, über die Welt sich hinwegsetzende Wesen des Menschen, verwirklicht, angeschaut als gegenständliches Wesen*; oder nichts andres als das Bewußtsein der Kraft, von *allem andern außer sich abstrahieren* und *für sich allein mit sich sein zu können*, wie sie *innerhalb* der Religion, d.h. als ein vom Menschen *unterschiednes*, besondres Wesen dem Menschen Gegenstand wird.[47] Gott als Gott, als einfaches Wesen ist das schlechtweg *allein* seiende, *einsame* Wesen - die *absolute Einsamkeit* und *Selbständigkeit*; denn *einsam* kann nur sein, was *selbständig* ist. Einsam sein können, ist ein Zeichen von Charakter und Denkkraft; *Einsamkeit* ist das *Bedürfnis* des *Denkers, Gemeinschaft* das *Bedürfnis* des *Herzens. Denken* kann man *allein, lieben* nur *selbander. Abhängig* sind wir in der Liebe, denn sie ist das Bedürfnis eines *andern* Wesens; selbständig sind wir nur im einsamen Denkakt. Einsamkeit ist Autarkie, Selbstgenügsamkeit.

Aber von einem einsamen Gott ist das wesentliche Bedürfnis der *Zweiheit*, der Liebe, der Gemeinschaft, des wirklichen, erfüllten Selbstbewußtseins, des *andern Ichs* ausgeschlossen. Dieses Bedürfnis wird daher dadurch durch die Religion befriedigt, daß in die stille Einsamkeit des göttlichen Wesens ein *andres*, zweites, von Gott der *Persönlichkeit* nach *unterschiednes*, dem *Wesen* nach aber mit ihm *einiges* Wesen gesetzt wird - Gott *der Sohn*, im Unterschiede von Gott *dem Vater*. Gott der Vater ist *Ich*, Gott der Sohn *Du. Ich* ist *Verstand, Du Liebe; Liebe* aber mit *Verstand* und *Verstand mit Liebe* ist erst *Geist*, ist erst der *ganze* Mensch.

Gemeinschaftliches Leben nur ist wahres, in sich befriedigtes, göttliches Leben - dieser einfache Gedanke, diese dem Menschen natürliche, eingeborne Wahrheit ist das Geheimnis des übernatürlichen Mysteriums der Trinität. Aber die Religion spricht auch diese wie jede andere Wahrheit nur *indirekt*, d.h. *verkehrt* aus, indem sie auch hier eine allgemeine Wahrheit zu einer besondern und das wahre Subjekt nur zum Prädikat macht, indem sie sagt: *Gott ist ein gemeinschaftliches Leben*, ein Leben und Wesen der Liebe und Freundschaft. Die dritte Person in der Trinität drückt ja nichts weiter aus als die Liebe der beiden göttlichen Personen zueinander, ist die Einheit des Sohnes und Vaters, der Begriff der Gemeinschaft, widersinnig genug selbst wieder als ein besondres, persönliches Wesen gesetzt.

Der heilige Geist verdankt seine persönliche Existenz nur einem Namen, einem Worte. Selbst die ältesten Kirchenväter identifizierten bekanntlich noch den Geist mit dem Sohne. Auch seiner spätern dogmatischen Persönlichkeit fehlt Konsistenz. Er ist die Liebe, mit der Gott sich und die Menschen, und hinwiederum die Liebe, mit welcher der Mensch Gott und den Menschen liebt. Also die Einheit Gottes und des

Menschen, wie sie innerhalb der Religion dem Menschen, d.i. als ein selbst besonderes Wesen Gegenstand wird. Aber für uns liegt diese Einheit schon im Vater, noch mehr im Sohne. Wir brauchen daher den heil. Geist nicht zu einem besondern Gegenstand unsrer Analyse zu machen. Nur diese Bemerkung noch. Inwiefern der hl. Geist die subjektive Seite repräsentiert, so ist er eigentlich die Repräsentation des religiösen Gemüts *vor sich selbst*, die Repräsentation des *religiösen Affekts*, der *religiösen Begeisterung* oder die Personifikation, die Vergegenständlichung *der Religion in der Religion*. Der heilige Geist ist daher die *seufzende* Kreatur, die *Sehnsucht* der Kreatur nach Gott.

Daß es nun aber im Grunde nicht mehr als zwei Personen sind, denn die dritte repräsentiert, wie gesagt, nur die Liebe, liegt darin, daß dem strengen Begriffe der Liebe das Zwei genügt. Zwei ist das Prinzip und eben damit der Ersatz der Vielheit. Würden mehrere Personen gesetzt, so würde nur die Kraft der Liebe geschmälert; sie würde sich zerstreuen. Aber Liebe und Herz sind eins; das Herz ist kein besondres Vermögen - das Herz ist der Mensch, *der* und *sofern* er liebt. Die zweite Person ist daher die *Selbstbejahung des menschlichen Herzens als des Prinzips der Zweiheit*, des *gemeinschaftlichen Lebens* - die *Wärme*; der Vater das *Licht*, obwohl das Licht hauptsächlich ein Prädikat des Sohnes war, weil in ihm die Gottheit erst dem Menschen licht, klar, verständlich wird. Aber dessenungeachtet können wir dem Vater als dem Repräsentanten der Gottheit als solcher, des kalten Wesens der Intelligenz, das Licht als überirdisches Wesen, dem Sohne die Wärme als irdisches Wesen zuschreiben, Gott als Sohn erwärmt erst den Menschen; hier wird Gott aus dem Gegenstand des Auges, des indifferenten Lichtsinns ein Gegenstand des Gefühls, des Affekts, der Begeisterung, der Entzückung, aber nur weil der Sohn selbst nichts andres ist als *die Glut der Liebe*, der *Begeisterung*. Gott als Sohn ist die ursprüngliche Inkarnation, die ursprüngliche Selbstverleugnung Gottes, die *Verneinung Gottes in Gott*; denn als Sohn ist er *endliches* Wesen, weil er *ab alio*, von einem Grunde, der Vater dagegen grundlos, von sich selbst, *a se* ist. Es wird also in der zweiten Person die wesentliche Bestimmung der Gottheit, die Bestimmung des Von-sich-selbst-Seins aufgegeben. Aber Gott der Vater zeugt selbst den Sohn; er resigniert also auf seine rigorose, ausschließliche Göttlichkeit; er demütigt, erniedrigt sich, setzt das Wesen der Endlichkeit, des Von-einem-Grunde-Seins in sich; er wird *im Sohne Mensch*, zwar zuvörderst nicht der Gestalt, aber dem Wesen nach. Aber eben dadurch wird auch Gott erst als Sohn Gegenstand des Menschen, Gegenstand des Gefühls, des Herzens.

Das Herz ergreift nur, was aus dem Herzen stammt. Aus der Beschaffenheit des subjektiven Eindrucks ist untrüglich der Schluß auf die Beschaffenheit des Objekts. Der reine, freie Verstand verneint den Sohn, der durch das Gefühl bestimmte, vom Herzen überschattete Verstand nicht; er findet vielmehr die *Tiefe* der Gottheit im Sohne, weil er in ihm das *Gefühl* findet, das Gefühl, das an und für sich etwas Dunkles ist und darum dem Menschen als ein Mysterium erscheint. Der Sohn ergreift das Herz, weil der *wahre Vater* des göttlichen Sohnes das *menschliche Herz* ist,[48] der Sohn selbst nichts ist als das *göttliche Herz*, das *sich als göttliches Wesen gegenständliche menschliche Herz.*

Ein Gott, in dem nicht selbst das Wesen der Endlichkeit, das Prinzip der Sinnlichkeit, das Wesen des *Abhängigkeitsgefühles* ist, ein solcher Gott ist kein Gott für ein endliches, sinnliches Wesen. So wenig der religiöse Mensch einen Gott lieben kann, der nicht das Wesen der Liebe in sich hat, so wenig kann der Mensch, kann überhaupt ein endliches Wesen Gegenstand eines Gottes sein, der nicht den Grund der Endlichkeit in sich hat. Es fehlt einem solchen Gott der Sinn, der Verstand, die Teilnahme für Endliches. Wie kann Gott der Vater der Menschen sein, wie *andere* ihm untergeordnete Wesen lieben, wenn er nicht *in sich selbst* ein ihm untergeordnetes Wesen, einen *Sohn* hat, nicht sozusagen aus eigner Erfahrung, nicht in Beziehung auf sich selbst weiß, was lieben heißt? So nimmt auch der vereinzelte Mensch weit weniger Anteil an den Familienleiden eines andern, als wer selbst im Familienbande lebt. Gott der Vater liebt daher die Menschen nur *im Sohne* und *um des Sohnes willen.* Die Liebe zu den Menschen ist eine von der Liebe zum Sohne abgeleitete Liebe.

Der Vater und Sohn in der Trinität sind darum auch *nicht im bildlichen* Sinne, sondern im *allereigentlichsten* Sinne Vater und Sohn. Der Vater ist *wirklicher* Vater in *Beziehung auf den Sohn*, der Sohn *wirklicher* Sohn *in Beziehung auf den Vater* oder auf *Gott als Vater*. Ihr *wesentlicher persönlicher* Unterschied besteht nur darin, daß jener der Erzeuger, dieser der Erzeugte ist Nimmt man diese *natürliche, sinnliche Bestimmtheit* weg, so hebt man ihre *persönliche Existenz* und *Realität* auf. Die Christen, *natürlich die alten Christen*, welche die verweltlichten, eiteln, heidnischen Christen der modernen Welt wohl schwerlich als ihre Brüder in Christo anerkennen würden, setzten an die Stelle der dem Menschen eingebornen, natürlichen Liebe und Einheit eine nur religiöse Liebe und Einheit; sie verwarfen das wirkliche Familienleben, die innigen Bande der *natursittlichen* Liebe als ungöttliche, unhimmlische, d.h. in Wahrheit nichtige Dinge. Aber dafür hatten sie zum Ersatz in Gott einen Vater und Sohn, die sich mit innigster Liebe umfingen, mit jener Liebe, welche nur die Naturverwandtschaft einflößt. Das Mysterium der Trinität war eben deswegen für die alten Christen ein Gegenstand der überschwenglichsten Bewunderung, Begeisterung und Entzückung, weil ihnen hier in Gott die Befriedigung der innersten menschlichen Bedürfnisse, welche sie in der *Wirklichkeit*, im *Leben* verneinten, Gegenstand der Anschauung war.[49]

Ganz in der Ordnung war es daher auch, daß, um die göttliche Familie, den Liebesbund zwischen Vater und Sohn zu ergänzen, noch eine dritte und zwar *weibliche Person* in den Himmel aufgenommen wurde; denn die Persönlichkeit des heiligen Geistes ist eine zu vage und prekäre, eine zu sichtliche bloß poetische Personifikation der gegenseitigen Liebe des Vaters und Sohns, als daß sie dieses dritte ergänzende Wesen hätte sein können. Die Maria wurde zwar nicht so zwischen den Vater und Sohn hingestellt, als hätte der Vater den Sohn vermittelst derselben erzeugt, weil die Vermischung des Mannes und Weibes den Christen etwas Unheiliges, Sündhaftes war; aber es ist genug, daß das mütterliche Wesen neben Vater und Sohn hin gestellt wurde.

Es ist in der Tat nicht abzusehen, warum die Mutter etwas Unheiliges, d.i. Gottes Unwürdiges sein soll, wenn einmal Gott Vater und Sohn ist. Wenngleich der Vater nicht Vater im Sinne der natürlichen Zeugung, die Zeugung Gottes vielmehr eine *andere* sein soll als die natürliche, menschliche, so ist er doch immerhin Vater, wirklicher, nicht sogenannter oder bildlicher Vater in Beziehung auf den Sohn. Und die uns jetzt so befremdliche Komposition der Mutter Gottes ist daher nicht mehr befremdlich oder paradox als der Sohn Gottes, widerspricht nicht mehr den allgemeinen, abstrakten Bestimmungen der Gottheit als die Vater- und Sohnschaft. Die Maria paßt vielmehr ganz in die Kategorie der Dreieinigkeitsverhältnisse, da sie *ohne Mann* den Sohn empfängt, welchen der Vater *ohne Weib* erzeugt,[50] so daß also Maria einen notwendigen, von innen heraus geforderten Gegensatz zum Vater im Schöße der Dreieinigkeit bildet. Auch haben wir ja schon, wenn auch nicht in Person und entwickelt, doch in Gedanken und unentwickelt das weibliche Prinzip im Sohne. Der Sohn Gottes ist das milde. sanfte, verzeihende, versöhnliche Wesen, das weibliche Gemüt Gottes. Gott als Vater ist nur Zeuger, das Prinzip der männlichen Selbsttätigkeit; aber der Sohn ist gezeugt, ohne selbst zu zeugen, *Deus genitus*, das leidende, empfangende Wesen: der Sohn empfängt vom Vater sein Sein. Der Sohn ist als Sohn, natürlich nicht als Gott, abhängig vom Vater, der väterlichen Autorität unterworfen. Der Sohn ist also das weibliche Abhängigkeitsgefühl in Gott; der Sohn drängt uns unwillkürlich das Bedürfnis nach einem *wirklichen* weiblichen Wesen auf.[51]

Der Sohn - ich meine den natürlichen, menschlichen Sohn - ist an und für sich ein Mittelwesen zwischen dem männlichen Wesen des Vaters und dem weiblichen der Mutter; er ist gleichsam noch halb Mann, halb Weib, indem er noch nicht das volle, rigorose Selbständigkeitsbewußtsein hat, welches den Mann charakterisiert, und mehr zur Mutter als zum Vater sich hingezogen fühlt. Die Liebe des Sohnes zur Mutter ist die erste Liebe des männlichen Wesens zum weiblichen. Die Liebe des Mannes zum Weibe, des Jünglings zur Jungfrau empfängt ihre *religiöse* -ihre einzig wahre religiöse - Weihe in der Liebe des Sohnes zur Mutter. Die Mutterliebe des Sohnes ist die erste Sehnsucht, die erste Demut des Mannes vor dem Weibe.

Notwendig ist daher auch mit dem Gedanken an den *Sohn Gottes* der Gedanke an die *Mutter Gottes* verbunden - dasselbe Herz, das eines Sohnes Gottes, bedarf auch einer Mutter Gottes. Wo der Sohn ist, da kann auch die Mutter nicht fehlen, dem Vater ist der Sohn eingeboren, dem Sohne aber die Mutter. Dem Vater ersetzt der Sohn das Bedürfnis der Mutter, aber nicht der Vater dem Sohne. Dem Sohne ist die Mutter unentbehrlich; das Herz des Sohnes ist das Herz der Mutter. Warum wurde denn Gott der Sohn nur im Weibe Mensch? Hätte der Allmächtige nicht auf andere Weise, nicht unmittelbar als Mensch unter den Menschen erscheinen können? Warum begab sich also der Sohn in den Schoß des Weibes?[52] Warum anders, als weil der Sohn die Sehnsucht nach der Mutter ist, weil sein weibliches, liebevolles Herz nur in einem weiblichen Leibe den entsprechenden Ausdruck fand? Zwar weilt der Sohn als natürlicher Mensch nur neun Monden lang unter dem Obdach des weiblichen Herzens, aber unauslöschlich sind die Eindrücke, die er hier empfängt; die Mutter kommt dem Sohne nimmer aus dem Sinne und Herzen. Wenn daher die Anbetung des Sohnes Gottes kein Götzendienst, so ist auch die Anbetung der Mutter Gottes kein Götzendienst. Wenn wir daraus die Liebe Gottes zu uns erkennen sollen, daß er seinen eingebornen Sohn, d.h. das Liebste und Teuerste, was er in sich hatte, für uns zum Heile dahingab, so können wir diese Liebe noch weit besser erkennen, wenn uns in Gott ein Mutterherz entgegenschlägt. Die höchste und tiefste Liebe ist die Mutterliebe. Der Vater tröstet sich über den Verlust des Sohnes; er hat ein stoisches Prinzip in sich. Die Mutter dagegen ist untröstlich -die Mutter ist die Schmerzenreiche, aber die Trostlosigkeit die Wahrheit der Liebe.

Wo der Glaube an die Mutter Gottes sinkt, da sinkt auch der Glaube an den Sohn Gottes und den Gott Vater. Der Vater ist nur da eine Wahrheit, wo die Mutter eine Wahrheit ist. Die Liebe ist an und für sich weiblichen Geschlechts und Wesens. Der Glaube an die Liebe Gottes ist der Glaube an das *weibliche* als ein *göttliches Wesen.*[53] *Liebe ohne Natur* ist ein Unding, ein Phantom. An der Liebe erkennt die heilige Notwendigkeit und Tiefe der Natur!

Der Protestantismus hat die Mutter Gottes auf die Seite gesetzt;[54] aber das zurückgesetzte Weib hat sich dafür schwer an ihm gerochen. Die Waffen, die er gegen die Mutter Gottes gebraucht, haben sich gegen ihn selbst, gegen den Sohn Gottes, gegen die gesamte Dreieinigkeit gekehrt. Wer einmal die Mutter Gottes dem Verstande aufopfert, der hat nicht mehr weit hin, auch das Mysterium des Sohnes Gottes als einen Anthropomorphismus aufzuopfern. Der Anthropomorphismus wird allerdings versteckt, wenn das weibliche Wesen ausgeschlossen wird, aber nur versteckt, nicht aufgehoben. Freilich hatte der Protestantismus auch kein Bedürfnis nach einem *himmlischen* Weibe, weil er das *irdische* Weib mit offnen Armen in sein Herz aufnahm. Aber eben deswegen hätte er auch so konsequent und mutig sein sollen, mit der Mutter auch den Sohn und Vater dahinzugehen. Nur wer keine irdischen Eltern hat, braucht himmlische Eltern. Der dreieinige Gott ist der Gott des Katholizismus; er hat eine *innige, inbrünstige, notwendige, wahrhaft religiöse* Bedeutung nur im *Gegensatze* zur Verneinung aller wesenhaften Bande, im Gegensatze zum Anachoreten-, Mönchs- und Nonnenwesen.[55] Der dreieinige Gott ist ein *inhaltsvoller* Gott, deswegen da ein Bedürfnis, wo von dem *Inhalt* des *wirklichen Lebens abstrahiert* wird. Je *leerer* das Leben, desto *voller*, desto *konkreter* ist Gott. Die Entleerung der wirklichen Welt und die Erfüllung der Gottheit ist *ein* Akt. Nur der *arme* Mensch hat einen *reichen* Gott. Gott entspringt aus dem *Gefühl eines Mangels*; was der Mensch *vermißt* - sei dieses nun ein bestimmtes, darum bewußtes oder unbewußtes Vermissen -, das ist *Gott*. So bedarf das trostlose Gefühl der Leere und Einsamkeit einen Gott, in dem *Gesellschaft*, ein Verein sich innigst liebender Wesen ist.

Hierin haben wir den wahren Erklärungsgrund, warum die Trinität in der neuern Zeit zuerst ihre *praktische* und endlich auch ihre *theoretische* Bedeutung verlor. [Vgl. Anhang, Abschnitt IX]

ACHTES KAPITEL DAS GEHEIMNIS DES LOGOS UND GÖTTLICHEN EBENBILDES

Die wesentliche Bedeutung der Trinität für die Religion konzentriert sich jedoch immer in dem Wesen der zweiten Person. Das warme Interesse der christlichen Menschheit an der Trinität war hauptsächlich nur das Interesse an dem Sohne Gottes.[56] Der heftige Streit über das *Homousios* und *Homoiusios* war kein leerer, obwohl nur ein Buchstabe den Unterschied ausmacht. Es handelte sich hier um die Gottebenbürtigkeit, die göttliche Würde der zweiten Person, hiemit um die *Ehre* der christlichen Religion selbst; denn ihr *wesentlicher charakteristischer* Gegenstand ist eben die zweite Person; was aber der *wesentliche Gegenstand* einer Religion, das ist auch ihr *wahrer, wesentlicher Gott*. Der wahre, *wirkliche* Gott einer Religion ist überhaupt erst der *sogenannte Mittler*, weil dieser nur der *unmittelbare* Gegenstand der Religion ist. Wer sich statt an Gott an den Heiligen wendet, der wendet sich an den Heiligen nur in der Voraussetzung, daß dieser alles über Gott vermag, daß, was er bittet, d.h. wünscht und will, Gott gutwillig vollstreckt, daß also Gott ganz in den Händen des Heiligen ist. Die Bitte ist das Mittel, unter dem *Scheine* der Demut und Unterwürfigkeit seine *Herrschaft* und *Überlegenheit* über ein andres Wesen auszuüben. Woran ich mich *zuerst* in meinem Geiste wende, das ist mir auch in Wahrheit das *erste* Wesen. Ich wende mich an den Heiligen, nicht weil der Heilige von Gott, sondern weil *Gott von dem Heiligen abhängig ist*, Gott von den Bitten, d.h. von dem Willen oder Herzen des Heiligen bestimmt und beherrscht wird. Die Unterschiede, welche die katholischen Theologen zwischen *Latria, Dulia* und *Hyperdulia* machten, sind abgeschmackte, grundlose Sophismen. Kurz, der Gott hinter dem Mittler ist nur eine abstrakte, müßige Vorstellung, die Vorstellung oder Idee der Gottheit im allgemeinen; und nicht, um sich mit dieser Idee zu versöhnen, sondern um sie zu *entfernen, zu verneinen*, weil sie *kein Gegenstand für die Religion* ist, tritt der Mittler dazwischen.[57] Der Gott über dem Mittler ist nichts andres als der *kalte Verstand über dem Herzen* - ähnlich dem Fatum über den olympischen Göttern.

Den Menschen als ein gemütliches und sinnliches Wesen beherrscht und beseligt nur das *Bild*. Die *bildliche, die gemütliche, die sinnliche Vernunft* ist die *Phantasie*. Das zweite Wesen in Gott, in Wahrheit das erste Wesen der Religion, ist das *gegenständliche Wesen der Phantasie*. Die Bestimmungen der zweiten Person sind vorzüglich Bilder. Und diese *Bilder* kommen nicht her von dem Unvermögen des Menschen, den Gegenstand nicht anders denken zu können als bildlich - was eine ganz falsche Auslegung ist -, sondern die Sache kann deswegen gar nicht anders denn bildlich gedacht werden, weil die *Sache selbst Bild* ist. Der Sohn heißt daher auch ausdrücklich das *Ebenbild*

Gottes; sein *Wesen* ist, daß er Bild ist - die Phantasie Gottes, die *sichtbare* Herrlichkeit des *unsichtbaren* Gottes. Der Sohn ist das befriedigte Bedürfnis der Bilderanschauung; das vergegenständlichte Wesen der Bildertätigkeit als einer absoluten, göttlichen Tätigkeit. Der Mensch macht sich ein Bild von Gott, d.h. er verwandelt *das abstrakte Vernunftwesen*, das *Wesen der Denkkraft* in ein *Sinnenobjekt* oder *Phantasiewesen*.[58] Er setzt aber dieses Bild in Gott selbst, weil es natürlich nicht seinem Bedürfnis entsprechen würde, wenn er dieses Bild nicht als gegenständliche Wahrheit wüßte, wenn dieses Bild für ihn nur ein subjektives, von Gott unterschiednes, vom Menschen *gemachtes* wäre. In der Tat ist es auch kein gemachtes, kein willkürliches Bild; denn es drückt die Notwendigkeit der Phantasie aus, die Notwendigkeit, die Phantasie als eine göttliche Macht zu bejahen. Der Sohn ist der Abglanz der Phantasie, das Lieblingsbild des Herzens; aber eben deswegen, weil er, im Gegensatz zu Gott als dem personifizierten Wesen der Abstraktion, nur der Phantasie Gegenstand, ist er nur das gegenständliche Wesen der Phantasie.[59] Es erhellt hieraus, wie befangen die dogmatische Spekulation ist, wenn sie, völlig übersehend die innere Genesis des Sohnes Gottes als des Gottesbildes, den Sohn als ein metaphysisches *Ens*, als eine Gedankenwesenheit demonstriert, da eben der Sohn ein Absprung, ein Abfall von der metaphysischen Idee der Gottheit ist - ein Abfall, den aber natürlich die Religion in Gott selbst setzt, um den Abfall zu rechtfertigen, nicht als Abfall zu empfinden. Der Sohn ist das oberste und letzte Prinzip des Bilderdienstes; denn er ist das Bild Gottes; das Bild tritt aber *notwendig* an die *Stelle der Sache*. Die Verehrung des Heiligen im Bilde ist die *Verehrung des Bildes als des Heiligen*. Das Bild ist das *Wesen* der Religion, wo das Bild der *wesentliche Ausdruck*, das *Organ* der Religion ist.

Das Konzilium zu Nizäa führte unter andern Gründen für den religiösen Gebrauch der Bilder als Autorität auch den Gregor von Nyssa an, welcher sagt, daß er ein Bild, welches Isaaks Opferung darstellte, nie habe ansehen können, ohne darüber bis zu Tränen gerührt zu werden, weil es ihm so lebendig diese heilige Geschichte vergegenwärtigt habe. Aber die Wirkung des abgebildeten Gegenstandes ist nicht die Wirkung des *Gegenstandes als solchen*, sondern die *Wirkung des Bildes*. Der heilige *Gegenstand* ist nur der *Heiligenschein*, in welchen das Bild seine geheimnisvolle Macht verhüllt. Der religiöse Gegenstand ist nur ein Vorwand der Kunst oder der Phantasie, um ihre Herrschaft über den Menschen *ungehindert* ausüben zu können. Für das religiöse Bewußtsein knüpft sich freilich und zwar notwendig die Heiligkeit des Bildes nur an die Heiligkeit des Gegenstandes; aber das religiöse Bewußtsein ist nicht der Maßstab der Wahrheit. So sehr übrigens auch die Kirche zwischen dem Bilde und dem Gegenstand des Bildes unterschieden, geleugnet hat, daß dem Bilde die Verehrung gelte, so hat sie doch zugleich wieder unwillkürlich die Wahrheit wenigstens indirekt eingestanden und die Heiligkeit des Bildes selbst ausgesprochen.[60]

Aber der letzte, höchste Grund der Bilderverehrung ist die Verehrung des Gottesbildes in Gott. Der »Abglanz Gottes« ist der entzückende Glanz der Phantasie, der in den sichtbaren Bildern nur zur äußern Erscheinung gekommen. Wie innerlich, so war auch äußerlich das Bild des Gottesbildes das Bild der Bilder. Die Bilder der Heiligen sind nur optische Vervielfältigungen des einen und selben Bildes. Die spekulative Deduktion des Gottesbildes ist daher nichts als eine unbewußte Deduktion und Begründung des Bilderdienstes; denn die Sanktion des Prinzips ist notwendig auch die Sanktion seiner notwendigen Konsequenzen; aber die Sanktion des Urbildes ist die Sanktion des Abbildes. Wenn Gott ein Bild von sich hat, warum soll ich kein Bild von Gott haben? Wenn Gott sein Ebenbild *wie sich selbst* liebt, warum soll nicht auch ich das Bild Gottes wie Gott selbst lieben? Wenn das Bild Gottes Gott selbst ist, warum soll das Bild des Heiligen nicht der Heilige selbst sein? Wenn es kein Aberglaube, daß das Bild, welches sich Gott von sich macht, kein Bild, keine Vorstellung, sondern Wesen, Person ist, warum soll es denn Aberglaube sein, daß das Bild des Heiligen das empfindende Wesen des Heiligen selbst ist? Das Bild Gottes tränt und blutet; warum soll denn das Bild des Heiligen nicht auch tränen und bluten? Soll der Unterschied daher kommen, daß das Heiligenbild ein Produkt der Hände? Ei, die Hände haben dieses Bild nicht gemacht, sondern der Geist, der diese Hände beseelte, die Phantasie, und wenn Gott sich ein Bild von sich macht, so ist dieses Bild auch nur ein Produkt der Einbildungskraft. Oder soll der Unterschied daher kommen, daß das Gottesbild ein von Gott selbst produziertes, das Heiligenbild aber ein von einem andern Wesen gemachtes ist? Ei, das Heiligenbild ist auch eine Selbstbetätigung des Heiligen; denn der Heilige erscheint dem Künstler; der Künstler stellt ihn nur dar, wie er sich selbst ihm darstellt.

Eine andere mit dem Wesen des Bildes zusammenhängende Bestimmung der zweiten Person ist, daß sie das *Wort* Gottes ist.[61]

Das Wort ist ein abstraktes Bild, die imaginäre Sache, oder inwiefern jede Sache immer zuletzt auch ein Gegenstand der Denkkraft ist, der eingebildete Gedanke, daher die Menschen, wenn sie das Wort, den Namen einer Sache kennen, sich einbilden, auch die Sache selbst zu kennen. Das Wort ist eine Sache der Einbildungskraft; Schlafende, die lebhaft träumen. Kranke, die phantasieren, sprechen. Was die Phantasie erregt, macht redselig, was begeistert, beredt. Sprachfähigkeit ist ein poetisches Talent; die Tiere sprechen nicht, weil es ihnen an Poesie fehlt. Der Gedanke äußert sich nur bildlich; die Äußerungskraft des Gedankens ist die Einbildungskraft; die sich äußernde Einbildungskraft aber die Sprache. Wer spricht, bannt, bezaubert den, zu dem er spricht; aber die Macht des Worts ist die Macht der Einbildungskraft. Ein Wesen, ein geheimnisvolles, magisch wirkendes Wesen war darum den alten Völkern, als Kindern der Einbildungskraft, das Wort. Selbst die Christen noch, und nicht nur die gemeinen, sondern auch die gelehrten, die Kirchenväter, knüpften an den bloßen *Namen*: Christus geheimnisvolle Heilkräfte.[62] Und noch heute glaubt das gemeine Volk, daß man durch bloße Worte den Menschen bezaubern könne. Woher dieser Glaube an eingebildete Kräfte des Wortes? Nur daher, weil das Wort selbst nur ein Wesen der Einbildungskraft ist, aber eben deswegen narkotische Wirkungen auf den Menschen äußert, ihn unter die Herrschaft der Phantasie gefangennimmt. Worte besitzen Revolutionskräfte, Worte beherrschen die Menschheit. Heilig ist die *Sage*; aber verrufen die *Sache* der Vernunft und Wahrheit.

Die Bejahung oder Vergegenständlichung des Wesens der Phantasie ist daher zugleich verbunden mit der Bejahung oder Vergegenständlichung des Wesens der Sprache, des *Wortes*. Der Mensch hat nicht nur einen Trieb, eine Notwendigkeit, zu denken, zu sinnen, zu phantasieren; er hat auch den Trieb zu *sprechen*, seine Gedanken zu äußern, mitzuteilen. *Göttlich* ist dieser Trieb, *göttlich* die *Macht* des Wortes. Das Wort ist der bildliche, der offenbare, der ausstrahlende, der glänzende, der *erleuchtende* Gedanke. Das *Wort* ist *das Licht* der Welt. Das Wort leitet in alle Wahrheit, erschließt alle Geheimnisse, veranschaulicht das Unsichtbare, vergegenwärtigt das Vergangne und Entfernte, verendlicht das Unendliche, verewigt das Zeitliche. Die Menschen vergehen, das Wort besteht; das Wort ist Leben und Wahrheit. Dem Wort ist alle Macht übergeben: das Wort macht Blinde sehend, Lahme gehend, Kranke gesund, Tote lebendig - das Wort wirkt Wunder, und zwar die allein vernünftigen Wunder. Das Wort ist das Evangelium, der Paraklet, der Tröster der Menschheit. Denke dich, um dich von der göttlichen Wesenheit der Sprache zu überzeugen, einsam und verlassen, aber der Sprache kundig und du hörtest zum ersten Male das Wort eines Menschen: Würde dir nicht dieses Wort als ein Engel erscheinen, nicht als die Stimme Gottes selbst, als die himmlischste Musik erklingen? Das Wort ist in der Tat nicht ärmer, nicht seelenloser als der musikalische Ton, obwohl der Ton unendlich mehr zu sagen *scheint* als das Wort, und deswegen, weil ihn dieser Schein, diese Illusion umgibt, tiefer und reicher als das Wort erscheint.

Das Wort hat erlösende, versöhnende, beglückende, befreiende Kraft. Die Sünden, die wir bekennen, sind uns vergeben kraft der göttlichen Macht des Wortes. Versöhnt scheidet der Sterbende, der noch die längst verschwiegne Sünde bekannt. Die Vergebung der Sünde liegt im Eingeständnis der Sünde. Die Schmerzen, die wir dem Freunde offenbaren, sind schon halb geheilt. Worüber wir sprechen, darüber mildern sich unsre Leidenschaften; es wird helle in uns; der Gegenstand des Zornes, des Ärgers, des Kummers erscheint uns in einem Lichte, in welchem wir die Unwürdigkeit der Leidenschaft erkennen. Worüber wir im Dunkel und Zweifel sind, wir dürfen nur darüber sprechen - oft in dem Augenblick schon, wo wir den Mund auftun, um den Freund zu fragen, schwinden die

Zweifel und Dunkelheiten. Das Wort macht den Menschen *frei*. Wer sich nicht äußern kann, ist ein Sklav. Sprachlos ist darum die übermäßige Leidenschaft, die übermäßige Freude, der übermäßige Schmerz. *Sprechen ist ein Freiheitsakt*; das Wort ist selbst Freiheit. Mit Recht gilt deswegen die Sprachbildung für die Wurzel der Bildung; wo das Wort kultiviert wird, da wird die Menschheit kultiviert. Die Barbarei des Mittelalters schwand mit der Bildung der Sprache.

Wie wir nichts andres als göttliches Wesen ahnden, vorstellen, denken können denn das Vernünftige, welches wir denken, denn das Gute, welches wir lieben, das Schöne, welches wir empfinden, so kennen wir auch keine höhere geistige wirkende Macht und Kraftäußerung als die Macht des Wortes.[63] *Gott ist der Inbegriff aller Realität*, d.i. Wesenheit und Vollkommenheit. Alles, was der Mensch als Realität empfindet oder erkennt, muß er in oder als Gott setzen. Die Religion muß sich daher auch der Macht des Wortes als einer göttlichen Macht bewußt werden. Das *Wort Gottes* ist die *Göttlichkeit des Wortes*, wie sie innerhalb der Religion dem Menschen Gegenstand wird -das *wahre Wesen* des menschlichen Wortes. Das Wort Gottes soll sich dadurch vom menschlichen unterscheiden, daß es kein vorübergehender Hauch, sondern mitgeteiltes *Wesen* selber ist. Aber enthält denn nicht auch das Wort des Menschen das *Wesen* des Menschen, sein mitgeteiltes Selbst, wenn es wenigstens ein wahres Wort? Die Religion nimmt also den *Schein* des menschlichen Wortes für sein Wesen; notwendig stellt sie daher das *wahre Wesen* desselben als *ein besondres*, vom *menschlichen Wort unterschiednes Wesen* vor. [Vgl. Anhang, Abschnitt IX]

NEUNTES KAPITEL DAS GEHEIMNIS DES WELTERSCHAFFENDEN PRINZIPS IN GOTT

Die zweite Person ist als der sich offenbarende, äußernde, sich aussprechende Gott *(Deus se dicit)* das *welterschaffende Prinzip* in Gott.

Die Welt ist *nicht* Gott, sie ist das Andere, der Gegensatz Gottes oder wenigstens - wenn dieser Ausdruck zu stark sein sollte, weil er das Kind beim rechten Namen nennt - das von Gott Unterschiedne. Aber das von Gott Unterschiedne kann nicht *unmittelbar* aus Gott kommen, sondern nur aus einem Unterschied *von* Gott *in* Gott. Die andere Person ist der sich in sich von sich unterscheidende, sich selbst sich gegenüber- und entgegensetzende, darum sich *Gegenstand* seiende, bewußte Gott. Die *Selbstunterscheidung* Gottes von sich ist der *Grund* des von ihm Unterschiednen - das Selbstbewußtsein also der Ursprung der Welt. Gott denkt die Welt erst dadurch, daß er *sich* gedacht - Sichdenken ist Sichzeugen, die Welt denken die Welt schaffen. Die Zeugung geht der Schöpfung vor. Die produktive Idee der Welt, eines anderen Wesens, das *nicht* Gott ist, wird vermittelt durch die produktive Idee eines anderen Wesens, das Gott *gleich* ist.

Dieser welterzeugende Prozeß ist nun aber nichts andres als die mystische Periphrase eines *psycho-logischen* Prozesses, nichts andres als die Vergegenständlichung der *Einheit des Bewußtseins* und *Selbstbewußtseins*. Gott denkt *sich* - so ist er selbstbewußt -, Gott ist das Selbstbewußtsein als Gegenstand, als Wesen gesetzt; aber indem er *sich* weiß, *sich* denkt, so denkt er auch damit zugleich ein *Andres*, als er selbst ist; denn *Sichwissen* ist *Sichunterscheiden* von Anderem, sei dieses nun ein mögliches, nur vorgestelltes oder ein wirkliches. So ist also zugleich die Welt - wenigstens die Möglichkeit, die Idee der Welt - gesetzt mit dem Bewußtsein oder vielmehr vermittelt durch dasselbe. Der Sohn, der von sich gedachte, der gegenständliche, der urabbildliche, der andere Gott ist das Prinzip der Weltschöpfung. Die Wahrheit, die zugrunde liegt, ist das *Wesen* des Menschen: die Einheit seines Selbstbewußtseins mit dem Bewußtsein von einem Andern, welches mit *ihm eins*, und von einem Andern, welches *nicht* mit ihm eins ist. Und das zweite, das wesensgleiche Andre ist notwendig das Mittelglied zwischen dem ersten und dritten. Der Gedanke eines *Andern überhaupt*, eines *wesentlich Andern* entsteht mir erst durch den Gedanken eines *im Wesen mir gleichen Andern*.

Das Bewußtsein der Welt ist das Bewußtsein meiner Beschränktheit - wüßte ich nichts von einer Welt, so wüßte ich nichts von Schranken -, aber das Bewußtsein meiner Beschränktheit steht im Widerspruch mit dem Triebe meiner Selbstheit nach Unbeschränktheit. Ich kann also von der

Selbstheit, sie absolut gedacht - *Gott* ist das *absolute Selbst* - nicht *unmittelbar* zu ihrem Gegenteil übergehen; ich muß diesen Widerspruch einleiten, vorbereiten, mäßigen durch das Bewußtsein eines Wesens, welches zwar auch ein anderes ist und insofern mir die Anschauung meiner Beschränktheit gibt, aber so, daß es zugleich mein Wesen bejaht, mein Wesen mir vergegenständlicht. Das Bewußtsein der Welt ist ein demütigendes Bewußtsein - die Schöpfung war ein »Akt der Demut« -, aber der erste Stein des Anstoßes, an dem sich der Stolz der Ichheit bricht, ist das Du, das *andere* Ich. Erst stählt das Ich seinen Blick in dem Auge eines Du, ehe es die Anschauung eines Wesens erträgt, welches ihm nicht sein eignes Bild zurückstrahlt. Der *andere* Mensch ist das Band zwischen mir und der Welt. Ich bin und fühle mich abhängig von der Welt, weil ich zuerst von andern Menschen mich abhängig fühle. Bedürfte ich nicht des Menschen, so bedürfte ich auch nicht der Welt. Ich versöhne, ich befreunde mich mit der Welt nur durch den andern Menschen. Ohne den Andern wäre die Welt für mich nicht nur tot und leer, sondern auch sinn- und verstandlos. Nur an dem Andern wird der Mensch sich klar und selbstbewußt; aber erst, wenn ich mir selbst klar, wird mir die Welt klar. Ein ganz für sich allein existierender Mensch würde sich selbstlos und unterschiedslos in dem Ozean der Natur verlieren; er würde weder sich als Menschen noch die Natur als Natur erfassen. Der *erste* Gegenstand des Menschen ist der Mensch. Der Sinn für die Natur, der uns erst das Bewußtsein der Welt als Welt erschließt, ist ein späteres Erzeugnis; denn er entsteht erst durch den Akt der Absonderung des Menschen von sich. Den Naturphilosophen Griechenlands gehen die sogenannten sieben Weisen voran, deren Weisheit sich unmittelbar nur auf das menschliche Leben bezog.

Das Bewußtsein der Welt ist also für das Ich vermittelt durch das Bewußtsein des Du. So ist der *Mensch der Gott des Menschen.* Daß er *ist*, verdankt er der *Natur*, daß er *Mensch* ist, dem *Menschen*. Wie er nicht physisch vermag ohne den andern Menschen, so auch nichts geistig. Vier Hände vermögen mehr als zwei; aber auch vier Augen sehen mehr als zwei. Und diese *vereinte* Kraft unterscheidet sich nicht nur quantitativ, sondern auch *qualitativ* von der *vereinzelten.* Einzeln ist die menschliche Kraft eine beschränkte, *vereinigt* eine *unendliche* Kraft. Beschränkt ist das Wissen des Einzelnen, aber unbeschränkt die Vernunft, unbeschränkt die Wissenschaft, denn sie ist ein gemeinschaftlicher Akt der Menschheit, und zwar nicht nur deswegen, weil unzählig viele an dem Bau der Wissenschaft mitarbeiten, sondern auch in dem innerlichen Sinne, daß das wissenschaftliche Genie einer bestimmten Zeit die Gedankenkräfte der vorangegangenen Genies in sich vereinigt, wenn auch selbst wieder auf eine bestimmte, individuelle Weise, seine Kraft also keine vereinzelte Kraft ist. Witz, Scharfsinn, Phantasie, Gefühl, als unterschieden von der Empfindung, Vernunft - alle diese sogenannten Seelenkräfte sind *Kräfte der Menschheit*, nicht des Menschen als eines Einzelwesens, sind Kulturprodukte, Produkte der menschlichen Gesellschaft. Nur wo sich der Mensch am Menschen *stößt* und *reibt*, entzündet sich Witz und Scharfsinn - mehr Witz ist daher in der Stadt als auf dem Lande, mehr in großen als kleinen Städten -, nur wo sich der Mensch am Menschen *sonnt* und *wärmt*, entsteht Gefühl und Phantasie -, die Liebe, ein gemeinschaftlicher Akt, ohne Erwiderung darum der größte Schmerz, ist der Urquell der Poesie -, und nur wo der Mensch mit dem Menschen *spricht*, nur in der Rede, einem gemeinsamen Akte, entsteht die Vernunft. Fragen und Antworten sind die ersten Denkakte. Zum Denken gehören ursprünglich zwei. Erst auf dem Standpunkt einer höhern Kultur verdoppelt sich der Mensch, so daß er jetzt in und für sich selbst die Rolle des Andern spielen kann. Denken und Sprechen ist darum bei allen alten und sinnlichen Völkern ein und dasselbe; sie denken nur im Sprechen, ihr Denken ist nur Konversation. Gemeine Leute, d.h. nicht abstrakt gebildete Leute, verstehen noch heute Geschriebenes nicht, wenn sie nicht *laut* lesen, nicht aussprechen, was sie lesen. Wie richtig ist es in dieser Beziehung, wenn Hobbes den Verstand des Menschen aus den Ohren ableitet!

Auf abstrakte logische Kategorien reduziert, drückt das welterzeugende Prinzip in Gott nichts weiter aus als den tautologischen Satz: Das Verschiedne kann nur aus einem Prinzip der Verschiedenheit, nicht aus einem einfachen Wesen kommen. So sehr die christlichen Philosophen und Theologen der Schöpfung aus Nichts das Wort geredet, so haben sie doch wieder den alten Grundsatz: Aus Nichts wird Nichts, weil er ein Gesetz des Denkens ausspricht, nicht umgehen können. Sie haben zwar keine wirkliche Materie als Grund der unterschiednen materiellen Dinge gesetzt, aber sie haben doch den göttlichen Verstand - der Sohn aber ist die Weisheit, die Wissenschaft, der Verstand des Vaters - als den *Inbegriff aller Dinge*, als die *geistige Materie* zum Grund der wirklichen Materie gemacht. Der Unterschied zwischen der heidnischen Ewigkeit der Materie und der christlichen Schöpfung in dieser Beziehung ist nur, daß die Heiden der Welt eine wirkliche, gegenständliche, die Christen eine nicht gegenständliche Ewigkeit zuschrieben. Die Dinge waren, ehe sie existierten, aber nicht als Gegenstand des Sinnes, sondern des Geistes. Die Christen, deren Prinzip das Prinzip der absoluten Subjektivität,[64] denken alles nur durch dieses Prinzip vermittelt. Die durch ihr *subjektives* Denken gesetzte, die vorgestellte, subjektive Materie ist ihnen daher auch die *erste* Materie - weit vorzüglicher als die wirkliche, sinnliche Materie. Aber dessenungeachtet ist dieser Unterschied nur ein Unterschied in der Weise der Existenz. Die Welt ist *ewig* in Gott. Oder ist sie etwa in ihm entstanden wie ein plötzlicher Einfall, eine Laune? Allerdings kann sich auch dies der Mensch vorstellen, aber dann vergöttert der Mensch nur seinen eignen Unsinn. Bin ich dagegen bei Vernunft, so kann ich die Welt nur ableiten *aus ihrem Wesen*, ihrer Idee, d.h. eine Art ihrer Existenz aus einer andern Art - mit andern Worten: Ich kann die Welt immer nur *aus sich selbst* ableiten. Die Welt hat ihren *Grund in sich selbst*, wie alles in der Welt, was auf den Namen einer wahren Wesenheit Anspruch hat. Die *differentia specifica*, das eigentümliche Wesen, das, wodurch ein bestimmtes Wesen ist, *was es ist*, dies ist immer ein im gemeinen Sinne Unerklärliches, Unableitbares, ist durch sich, hat seinen Grund in sich.

Der Unterschied zwischen der Welt und Gott als Schöpfer der Welt ist daher nur ein *förmlicher*, kein wesentlicher. Das Wesen Gottes - denn der göttliche Verstand, der Inbegriff aller Dinge, ist das göttliche Wesen selbst, daher Gott, indem er sich denkt, sich weiß, zugleich die Welt, alles denkt und weiß -, das *Wesen Gottes* ist nichts andres als das *abstrakte*, abgezogne, gedachte *Wesen der Welt*; das *Wesen der Welt* nichts andres als das *wirkliche*, konkrete, sinnlich angeschaute *Wesen Gottes* - die Schöpfung daher auch nichts weiter als ein förmlicher Akt, denn was vor der Schöpfung Gegenstand des Gedankens, des Verstandes, das wird durch die Schöpfung nur als ein Gegenstand des Sinnes gesetzt, seinem Inhalt nach aber ist es dasselbe, ob es gleich schlechterdings unerklärlich bleibt, wie aus einem Gedankending ein wirkliches, materielles Ding entspringen soll.[65]

So ist es nun auch mit der Vielfachheit und Verschiedenheit, wenn wir die Welt auf diese abgezogne Denkform im Gegensatz zur Einfachheit und Einheit des göttlichen Wesens reduzieren. Die wirkliche Verschiedenheit kann nur abgeleitet werden aus einem *in sich selbst verschiedenen* Wesen. Aber ich setze die Verschiedenheit nur in das ursprüngliche Wesen, weil mir schon *ursprünglich* die Verschiedenheit eine *Wahrheit* und *Wesenheit* ist. Wo und wenn die Verschiedenheit an sich selbst nichts ist, da wird auch im Prinzip keine Verschiedenheit gedacht. Ich setze die Verschiedenheit als eine Wesenheit, als eine Wahrheit, wo ich sie aus dem ursprünglichen Wesen ableite, und umgekehrt: beides ist dasselbe, er vernünftige Ausdruck ist: Die Verschiedenheit liegt ebenso notwendig in der Vernunft als die Einheit.

Da nun aber eben die Verschiedenheit eine wesenhafte Vernunftbestimmung ist, so kann ich die Verschiedenheit nicht ableiten, ohne schon die Verschiedenheit vorauszusetzen; ich kann sie nicht erklären außer *durch sich selbst*, weil sie eine ursprüngliche, durch sich selbst einleuchtende, durch sich selbst sich bewährende Sache ist. Wodurch entsteht die Welt, das von Gott Unterschiedene? Durch den Unterschied Gottes von sich in Gott selbst. Gott denkt sich, er ist sich Gegenstand, *er unterscheidet sich von sich* -also entsteht *dieser* Unterschied, die Welt nur von einem Unterschied anderer Art, der äußere von einem innerlichen, der seiende von einem tätigen, einem Unterscheidungsakte, also begründe ich den Unterschied nur durch sich selbst, d.h., er ist ein ursprünglicher Begriff, eine Grenze meines Denkens, ein Gesetz, eine Notwendigkeit, eine

Wahrheit. Der letzte Unterschied, den ich denken kann, ist der Unterschied eines Wesens *von* und *in sich selbst*. Der Unterschied eines Wesens von einem andern versteht sich von selbst, ist schon durch ihr Dasein gesetzt, eine sinnfällige Wahrheit: es sind *zwei*. Für das Denken begründe ich aber erst den Unterschied, wenn ich ihn in *ein und dasselbe* Wesen aufnehme, wenn ich ihn mit dem *Gesetze der Identität* verbinde. Hierin liegt die letzte Wahrheit des Unterschieds. *Das welterzeugende Prinzip in Gott*, auf seine letzten Gründe reduziert, ist nichts andres als der nach seinen einfachsten Elementen *vergegenständlichte Denkakt*. Wenn ich den Unterschied aus Gott entferne, so gibt er mir keinen Stoff zum Denken; er hört auf, ein Denkobjekt zu sein; denn der Unterschied ist ein *wesentliches Denkprinzip*. Und wenn ich daher *Unterschied* in Gott setze, was begründe, was vergegenständliche ich anders als die Wahrheit und Notwendigkeit dieses Denkprinzipes? [Vgl. Anhang, Abschnitte X, XI]

ZEHNTES KAPITEL DAS GEHEIMNIS DES MYSTIZISMUS ODER DER NATUR IN GOTT

Einen interessanten Stoff zur Kritik der kosmo- und theogonischen Phantasien liefert die von Schelling aufgefrischte, aus Jakob Böhme geschöpfte Lehre von der ewigen Natur in Gott.

Gott ist reiner Geist, lichtvolles Selbstbewußtsein, sittliche Persönlichkeit; die Natur dagegen ist, wenigstens stellenweise, verworren, finster, wüste, unsittlich oder doch nicht sittlich. Es widerspricht sich aber, daß das Unreine aus dem Reinen, die Finsternis aus dem Lichte komme. Wie können wir also aus Gott diese offenbaren Instanzen gegen eine göttliche Abkunft ableiten? Nur dadurch, daß wir dieses Unreine, dieses Dunkle in Gott setzen, in Gott selbst ein Prinzip des Lichtes und der Finsternis unterscheiden. Mit andern Worten: nur dadurch können wir den Ursprung des Finstern erklären, daß wir überhaupt die Vorstellung eines Ursprungs aufgeben, die Finsternis als seiend von Anbeginn an voraussetzen.[66]

Das Finstere in der Natur ist aber das Irrationelle, Materielle, die eigentliche Natur im Unterschiede von der Intelligenz. Der einfache Sinn dieser Lehre ist daher: Die Natur, die Materie kann nicht aus der Intelligenz erklärt und abgeleitet werden; sie ist vielmehr der *Grund* der Intelligenz, der Grund der Persönlichkeit, ohne selbst einen Grund zu haben; der Geist ohne Natur ist ein bloßes Gedankenwesen; das Bewußtsein entwickelt sich nur aus der Natur. Aber diese materialistische Lehre wird dadurch in ein mystisches, aber gemütliches Dunkel gehüllt, daß sie nicht allgemein, nicht mit den klaren, schlichten Worten der Vernunft ausgesprochen, sondern vielmehr mit dem heiligen Empfindungsworte: Gott betont wird. Wenn das Licht in Gott aus der Finsternis in Gott entspringt, so entspringt es nur, weil es in dem Begriffe des Lichts überhaupt liegt, daß es Dunkles erhellt, also das Dunkle voraussetzt, aber nicht macht. Wenn du also einmal Gott einem allgemeinen Gesetze unterwirfst - was denn nicht anders als notwendig ist, wofern du nicht Gott zum Tummelplatz der sinnlosesten Einfälle machen willst -, wenn also ebensogut in Gott als an und für sich, als überhaupt das Selbstbewußtsein durch ein natürliches Prinzip bedingt ist, warum abstrahierst du nicht von Gott? Was einmal Gesetz des Bewußtseins an sich, ist Gesetz für das Bewußtsein jedes persönlichen Wesens, es sei Mensch, Engel, Dämon, Gott oder was du nur immer dir sonst noch als Wesen einbilden magst. Worauf reduzieren sich denn, bei Lichte besehen, die beiden Prinzipien in Gott? Das eine auf die Natur, wenigstens die Natur, wie sie in deiner Vorstellung existiert, abgezogen von ihrer Wirklichkeit, das andere auf Geist, Bewußtsein, Persönlichkeit. Nach seiner einen Hälfte, nach seiner Rück- und Kehrseite, nennst du Gott nicht Gott, sondern nur von seiner Vorderseite, sein Gesicht, wonach er dir Geist, Bewußtsein zeigt: also ist sein charakteristisches Wesen, das, wodurch er *Gott* ist, *Geist, Intelligenz, Bewußtsein*. Warum machst du denn aber, was das *eigentliche Subjekt* in Gott *als* Gott, d.i. als Geist ist, zu einem bloßen Prädikat, als wäre Gott als Gott auch ohne Geist, ohne Bewußtsein Gott? Warum anders, als weil du denkst als Sklave der mystisch religiösen Einbildungskraft, weil es dir nur wohl und heimlich ist im trügerischen Zwielicht des Mystizismus?

Mystizismus ist Deuteroskopie. Der Mystiker spekuliert über das Wesen der Natur oder des Menschen, aber *in* und *mit der Einbildung,* daß er über ein anderes, von beiden unterschiedenes, persönliches Wesen spekuliert. Der Mystiker hat dieselben Gegenstände wie der einfache, selbstbewußte Denker; aber der wirkliche Gegenstand ist dem Mystiker *nicht* Gegenstand *als er selbst,* sondern als ein eingebildeter, und daher der *eingebildete* Gegenstand ihm der *wirkliche* Gegenstand. So ist hier, in der mystischen Lehre von den zwei Prinzipien in Gott, der *wirkliche* Gegenstand die *Pathologie,* der *eingebildete* die *Theologie;* d.h., die Pathologie wird zur Theologie gemacht. Dagegen ließe sich nun eigentlich nichts sagen, wenn mit Bewußtsein die *wirkliche* Pathologie als Theologie erkannt und ausgesprochen würde; unsre Aufgabe ist es ja eben, zu zeigen, daß die Theologie nichts ist als eine sich selbst verborgene, als die esoterische Patho-, Anthropo- und Psychologie und daß daher die wirkliche Anthropologie, die wirkliche Pathologie, die wirkliche Psychologie weit mehr Anspruch auf den Namen: Theologie haben als die Theologie selbst, weil diese doch nichts weiter ist als eine eingebildete Psychologie und Anthropologie. Aber es *soll* der Inhalt dieser Lehre oder Anschauung - und darum ist sie eben Mystik und Phantastik - nicht Pathologie, sondern Theologie, Theologie im alten oder gewöhnlichen Sinne des Wortes sein; es soll hier das Leben eines andern von uns unterschiednen Wesens aufgeschlossen werden, und es wird doch nur unser eignes Wesen aufgeschlossen, aber zugleich wieder verschlossen, weil es das Wesen eines andern Wesens sein soll. Bei Gott, nicht bei uns menschlichen Individuen - das wäre eine viel zu triviale Wahrheit -, soll sich die Vernunft erst nach der Leidenschaft der Natur einstellen, nicht wir, sondern Gott soll sich aus dem Dunkel verworrner Gefühle und Triebe zur Klarheit der Erkenntnis emporringen, nicht in unsrer Vorstellungsweise, sondern in Gott selbst soll der Nervenschrecken der Nacht eher sein als das freudige Bewußtsein des Lichtes; kurz, es soll hier nicht eine menschliche Krankheitsgeschichte, sondern die Entwicklungs-, d.i. *Krankheitsgeschichte Gottes - Entwicklungen sind Krankheiten* – dargestellt werden.

Wenn daher der weltschaffende Unterscheidungsprozeß in Gott uns das *Licht* der *Unterscheidungskraft* als eine *göttliche Wesenheit* zur Anschauung bringt, so repräsentiert uns dagegen die Nacht oder Natur in Gott die Leibnizschen **Pensées confuses** *als göttliche Kräfte oder Potenzen*. Aber die *Pensées confuses*, die verworrnen, dunkeln Vorstellungen und Gedanken, richtiger Bilder, repräsentieren das *Fleisch*, die *Materie*; eine reine, von der Materie abgesonderte Intelligenz hat nur lichte, freie Gedanken, keine dunkeln, d.i. fleischlichen Vorstellungen, keine materielle, die Phantasie erregende, das Blut in Aufruhr bringende Bilder. Die Nacht in Gott sagt daher nichts andres aus als: Gott ist nicht nur ein geistiges, sondern *auch materielles, leibliches, fleischliches Wesen*; aber wie der Mensch Mensch ist und heißt nicht nach seinem Fleisch, sondern seinem Geist, so auch Gott.

Aber die Nacht spricht dies nur in *dunkeln, mystischen, unbestimmten, hinterhaltigen* Bildern aus. Statt des kräftigen, aber eben deswegen präzisen und pikanten Ausdrucks: *Fleisch* setzt sie die vieldeutigen, abstrakten Worte: *Natur und Grund*. »Da nichts vor oder außer Gott ist, so muß er den *Grund* seiner Existenz in sich selbst haben. Das sagen alle Philosophien, aber sie reden von diesem Grund als einem *bloßen Begriff*, ohne ihn zu etwas *Reellem* und *Wirklichem* zu machen. Dieser Grund seiner Existenz, den Gott in sich hat, ist nicht Gott absolut betrachtet, d.h., sofern er existiert; denn er ist ja nur der Grund seiner Existenz. Er ist die *Natur* - in Gott; ein von ihm zwar unabtrennliches, aber doch *unterschiednes Wesen*. Analogisch (?) kann dieses Verhältnis durch das der *Schwerkraft* und des Lichts in der Natur erläutert werden.« Aber dieser Grund ist das *Nichtintelligente* in Gott. »Was der Anfang einer Intelligenz (in ihr selber) ist, kann *nicht* wieder *intelligent* sein.« »Aus diesem *Verstandlosen* ist im eigentlichen Sinne der Verstand geboren. Ohne dies vorausgehende *Dunkel* gibt es keine *Realität* der Kreatur.« »Mit solchen *abgezognen* Begriffen von Gott als *Actus purissimus*, dergleichen die ältere Philosophie aufstellte, oder solchen, wie sie die neuere, aus Fürsorge, Gott ja recht weit von aller Natur zu entfernen, immer wieder hervorbringt, läßt sich überall nichts *ausrichten*. Gott ist etwas *Realeres* als eine *bloße moralische Weltordnung* und hat ganz *andre* und *lebendigere* Bewegungskräfte in sich, als ihm die *dürftige Subtilität abstrakter Idealisten* zuschreibt. - Der Idealismus, wenn er nicht einen *lebendigen Realismus* zur Basis erhält, wird ein ebenso leeres und abgezognes System als das Leibnizische, Spinozische oder irgendein anderes dogmatisches.« »Solange der Gott des modernen Theismus das einfache, rein wesenhaft sein sollende, in der Tat aber wesenlose - Wesen bleibt, das er in allen neuern Systemen ist, solange nicht in Gott eine wirkliche Zweiheit erkannt und der bejahenden, ausbreitenden Kraft eine *einschränkende, verneinende* entgegengesetzt wird, solange wird die Leugnung eines persönlichen Gottes wissenschaftliche Aufrichtigkeit sein.« »Alles Bewußtsein ist Konzentration, ist Sammlung, ist Zusammennehmen, Zusammenfassen seiner selbst. Diese verneinende, auf es selbst zurückgehende Kraft eines Wesens ist die wahre Kraft der Persönlichkeit in ihm, die Kraft der Selbstheit, der Egoität.« »Wie sollte eine *Furcht* Gottes sein, wenn keine Stärke in ihm wäre? Daß aber etwas in Gott sei, das *bloß Kraft* und *Stärke* sei, kann nicht befremden, wenn man nur nicht behauptet, daß er allein dieses und sonst nichts andres sei.«[67]

Aber was ist denn nun Kraft und Stärke, die *nur* Kraft und Stärke ist, anders als die *leibliche* Kraft und Stärke? Kennst du im Unterschiede von der Macht der Güte und Vernunft eine andere dir zu Gebote stehende Kraft als die *Muskelkraft?* Wenn du durch Güte und Vernunftgründe nichts ausrichten kannst, so mußt du zur Stärke deine Zuflucht nehmen. Kannst du aber etwas »*ausrichten*« ohne kräftige Arme und Fäuste? Kennst du im *Unterschiede* von der Macht der moralischen *Weltordnung* »andere und lebendigere Bewegungskräfte« als die *Hebel der peinlichen Halsgerichtsordnung?* Ist nicht die Natur ohne Leib auch ein »leerer, abgezogner« Begriff, eine »dürftige Subtilität«? nicht das Geheimnis der Natur das *Geheimnis des Leibes?* nicht das System eines »lebendigen Realismus« das System des *organischen Leibes?* Gibt es überhaupt eine andere, der Intelligenz entgegengesetzte Kraft als die Kraft von *Fleisch* und *Blut*, eine andere Stärke der Natur als die Stärke der *sinnlichen Triebe?* Ist aber nicht der stärkste Naturtrieb der Geschlechtstrieb? Wer erinnert sich nicht an den alten Spruch: *Amare et Sapere vix Deo competit?* Wenn wir also eine Natur, ein dem Lichte der Intelligenz entgegengesetztes Wesen in Gott setzen wollen, können wir uns einen lebendigeren, einen realeren Gegensatz denken als den Gegensatz von *Denken* und *Lieben*, von *Geist* und *Fleisch*, von *Freiheit* und *Geschlechtstrieb?* Du entsetzest dich über diese Deszendenzen und Konsequenzen? Oh! sie sind die legitimen Sprossen von dem heiligen Ehebündnis zwischen Gott und Natur. Du selbst hast sie gezeugt unter den günstigen Auspizien der Nacht. Ich zeige sie dir jetzt nur im Lichte.

Persönlichkeit, »Egoität«, Bewußtsein ohne Natur ist nichts oder, was eins, ein hohles, wesenloses Abstraktum. Aber die Natur ist, wie bewiesen und von selbst klar ist, *nichts ohne Leib*. Der *Leib* ist allein jene *verneinende, einschränkende, zusammenziehende, beengende Kraft, ohne welche keine Persönlichkeit denkbar* ist. Nimm deiner Persönlichkeit ihren Leib - und du nimmst ihr ihren Zusammenhalt. *Der Leib ist der Grund, das Subjekt der Persönlichkeit.* Nur durch den *Leib* unterscheidet sich die *wirkliche* Persönlichkeit von der *eingebildeten* eines Gespenstes. Was wären wir für abstrakte, vage, leere Persönlichkeiten, wenn uns nicht das Prädikat der Undurchdringlichkeit zukäme, wenn an demselben Orte, in derselben Gestalt, worin wir sind, zugleich andere sich befinden könnten? Nur durch die räumliche Ausschließung bewährt sich die Persönlichkeit als eine wirkliche. Aber der Leib ist nichts *ohne Fleisch und Blut. Fleisch und Blut ist Leben,* und *Leben allein* die *Wirklichkeit* des Leibes. Aber Fleisch und Blut ist nichts ohne den *Sauerstoff* des *Geschlechtsunterschieds.* Der Geschlechtsunterschied ist kein oberflächlicher oder nur auf gewisse Körperteile beschränkter; er ist ein *wesentlicher*; er durchdringt *Mark* und *Bein.* Das Wesen des Mannes ist die

Männlichkeit, das des Weibes die Weiblichkeit. Sei der Mann auch noch so geistig und hyperphysisch - er bleibt doch immer Mann; ebenso das Weib. Die *Persönlichkeit* ist daher *nichts ohne Geschlechtsunterschied*; die Persönlichkeit unterscheidet sich *wesentlich* in männliche und weibliche Persönlichkeit. Wo kein Du, ist kein Ich; aber der Unterschied von Ich und Du, die Grundbedingung aller Persönlichkeit, alles Bewußtseins, ist nur *ein wirklicher, lebendiger, feuriger als der Unterschied von Mann und Weib.* Das Du zwischen Mann und Weib hat einen ganz andern Klang als das monotone Du zwischen Freunden.

Natur im Unterschiede von Persönlichkeit kann gar nichts anderes bedeuten als Geschlechtsunterschied. Ein persönliches Wesen ohne Natur ist eben nichts andres als ein Wesen ohne Geschlecht, und umgekehrt. Natur soll Gott zugesprochen werden »in dem Sinne wie von einem Menschen gesagt wird, er sei eine starke, eine tüchtige, eine gesunde Natur«. Aber was ist krankhafter, was unausstehlicher, was naturwidriger als eine Person ohne Geschlecht oder eine Person, die in ihrem Charakter, ihren Sitten, ihren Gefühlen ihr Geschlecht verleugnet? Was ist die Tugend, die Tüchtigkeit des Menschen als Mannes? Die Männlichkeit. Des Menschen als Weibes? Die Weiblichkeit. Aber der Mensch existiert nur als Mann und Weib. Die Tüchtigkeit, die Gesundheit des Menschen besteht demnach nur darin, daß er als Weib so ist, wie er als Weib sein soll, als Mann so, wie er als Mann sein soll. Du verwirfst »den Abscheu gegen alles Reale, der das Geistige durch jede Berührung mit demselben zu verunreinigen meint«. Also verwirf vor allem deinen eignen Abscheu vor dem Geschlechtsunterschied. Wird Gott nicht durch die Natur verunreinigt, so wird er auch nicht durch das Geschlecht verunreinigt. Deine Scheu vor einem *geschlechtlichen Gott* ist eine falsche Scham - falsch aus doppeltem Grunde. Einmal, weil die Nacht, die du in Gott gesetzt, dich der Scham überhebt; die Scham schickt sich nur für das Licht; dann, weil du mit ihr dein ganzes Prinzip aufgibst. Ein sittlicher Gott ohne Natur ist ohne Basis; aber die Basis der Sittlichkeit ist der Geschlechtsunterschied. Selbst das Tier wird durch den Geschlechtsunterschied aufopfernder Liebe fähig. Alle Herrlichkeit der Natur, all ihre Macht, all ihre Weisheit und Tiefe konzentriert und individualisiert sich in dem Geschlechtsunterschied. Warum scheust du dich also, die *Natur Gottes* bei ihrem *wahren Namen* zu nennen? Offenbar nur deswegen, weil du überhaupt eine Scheu vor den Dingen *in ihrer Wahrheit und Wirklichkeit* hast, weil du alles nur durch den trügerischen Nebel des Mystizismus erblickst. Aber eben deswegen, weil die Natur in Gott nur ein *trügerischer, wesenloser Schein*, ein *phantastisches Gespenst der Natur* ist - denn sie stützt sich, wie gesagt, nicht auf Fleisch und Blut, nicht auf einen realen Grund -, also auch diese Begründung eines *persönlichen* Gottes eine fehlgeschossene ist, so schließe auch ich mit den Worten: »Die Leugnung eines *persönlichen* Gottes wird so lange wissenschaftliche

Aufrichtigkeit«, ich setze hinzu: wissenschaftliche Wahrheit sein, als man nicht mit *klaren, unzweideutigen* Worten ausspricht und beweist, erstens *a priori*, aus spekulativen Gründen, daß Gestalt, Örtlichkeit, Fleischlichkeit, Geschlechtlichkeit nicht dem Begriffe der Gottheit widersprechen, zweitens *a posteriori* – denn die Wirklichkeit eines persönlichen Wesens stützt sich nur auf empirische Gründe -, *was für eine* Gestalt Gott hat, wo er existiert - etwa im Himmel -, und endlich welchen Geschlechtes er ist, ob ein *Männlein oder Weiblein* oder gar ein *Hermaphrodit.* Übrigens hat schon anno 1682 ein Pfarrer die kühne Frage aufgeworfen: »*Ob Gott auch ehelich sei und ein Weib habe? Und wieviel er Weisen (modos) habe, Menschen zuwege zu bringen?*« Mögen sich daher die *tiefsinnigen spekulativen Religionsphilosophen* Deutschlands diesen ehrlichen, schlichten Pfarrherrn zum Muster nehmen! Mögen sie den genannten Rest von Rationalismus, der ihnen noch im schreiendsten Widerspruch mit ihrem wahren Wesen anklebt, mutig von sich abschütteln und endlich die mystische Potenz der Natur Gottes in einem wirklich potenten, zeugungskräftigen Gott realisieren. Amen.

Die Lehre von der Natur in Gott ist Jakob Böhmen entnommen. Aber im Original hat sie eine weit tiefere und interessantere Bedeutung als in ihrer zweiten kastrierten und modernisierten Auflage. J. Böhme ist ein tiefinniges, tiefsinniges religiöses Gemüt; die Religion ist das Zentrum seines Lebens und Denkens. Aber zugleich hat sich die Bedeutung, welche die Natur in neuerer Zeit erhielt - im Studium der Naturwissenschaften, im Spinozismus, Materialismus, Empirismus -, seines religiösen Gemütes bemächtigt. Er hat seine Sinne der Natur geöffnet, einen Blick in ihr geheimnisvolles Wesen geworfen; aber sie erschreckt ihn, und er kann diesen Schrecken vor der Natur nicht zusammenreimen mit seinen religiösen Vorstellungen. »Als ich anschauete die große Tiefe dieser Welt, darzu die Sonne und Sternen, sowohl die Wolken, darzu Regen und Schnee, und betrachtete in meinem Geiste die ganze Schöpfung dieser Welt; darinnen ich dann in allen Dingen Böses und Gutes fand, Liebe und Zorn, in den unvernünftigen Creaturen, als in Holz, Steinen, Erden und Elementen, sowohl als in Menschen und Thieren... Weil ich aber befand, daß in allen Dingen Böses und Gutes war, in den Elementen sowohl als in den Creaturen und daß es in der Welt dem Gottlosen so wohl ginge als dem Frommen, auch die Barbarischen Völker die besten Länder inne hätten und daß ihnen das Glück noch wohl mehr beystünde als den Frommen: ward ich derowegen ganz melancholisch und hoch betrübet und konnte mich keine Schrift trösten, welche mir doch fast wohl bekannt war: darbey dann gewißlich der Teufel nicht wird gefeyret haben, welcher mir dann oft Heidnische Gedanken einbleuete, deren ich allhie verschweigen will.«[68] Aber so sehr sein Gemüt das finstre, nicht mit den religiösen Vorstellungen eines himmlischen Schöpfers zusammenstimmende Wesen der Natur erschreckt, so sehr entzückt ihn andrerseits die Glanzseite der Natur. J. Böhme hat Sinn für die Natur. Er ahndet, ja empfindet die Freuden des Mineralogen, die Freuden des Botanikers, des Chymikers, kurz, die Freuden der »gottlosen Naturwissenschaft«. Ihn entzückt der Glanz der Edelsteine, der Klang der Metalle, der Geruch und Farbenschmuck der Pflanzen, die Lieblichkeit und Sanftmut vieler Tiere. »Ich kann es (nämlich die Offenbarung Gottes in der Lichtwelt, den Prozeß, wo aufgehet in der Gottheit die wunderliche und schöne Bildung des Himmels in mancherley Farben und Art und erzeiget sich jeder Geist in seiner Gestalt sonderlich)«, »ich kann es«, schreibt er an einer andern Stelle, »mit nichts vergleichen als mit den alleredelsten Steinen als Jerubin, Schmaragden, Delfin, Onix, Saffir, Diamant, Jaspis, Hyacinth, Amethyst, Berill, Sardis, Carfunkel und dergleichen.« Wo anders: »Anlangend aber die köstlichen Steine, als Carfunkel, Jerubin, Schmaragden, Delfin, Onyx und dergleichen, die die allerbesten seynd, die haben ihren Ursprung wo der Blitz des Lichtes in der Liebe auffgangen ist. Dann derselbe Blitz wird in der Sanfftmuth geboren und ist das Hertze im Centro der Quellgeister, darum seynd dieselben Steine auch sanffte, kräftig und lieblich.« Wir sehen: J. Böhm hatte keinen übeln mineralogischen Geschmack. Daß er aber auch an den Blumen Wohlgefallen, folglich botanischen Sinn hatte, beweisen unter anderm folgende Stellen: »Die himmlischen Kräfte gebären himmlische freudenreiche Früchte und Farben, allerley Bäume und Stauden, darauf wächst die schöne und liebliche Frucht des Lebens: Auch so gehen in diesen Kräfften auf allerley Blumen mit schönen himmlischen Farben und Geruch. Ihr Schmack ist mancherley, ein jedes nach seiner Qualität und Art, ganz heilig, Göttlich und Freudenreich.« »So du nun die himmlische Göttliche Pomp und Herrlichkeit willst betrachten, wie die sey, was für Gewächse, Lust oder Freude da sey, *so schaue mit Fleiß an diese Welt*, was für Früchte und Gewächse aus dem Salniter der Erden wächst von Bäumen, Stauden, Kraut, Wurzeln, Blumen, Oehle, Weine, Getreide und alles was da ist und dein Herz nur forschen kann: Das ist alles ein Vorbild der himmlischen Pomp.«

J. Böhmen konnte ein *despotischer Machtspruch* als *Erklärungsgrund* der Natur nicht genügen; die Natur lag ihm zu sehr im Sinne und auf dem Herzen; er versuchte daher eine *natürliche Erklärung der Natur*; aber er fand natürlicher- und notwendigerweise keine andern Erklärungsgründe als eben *die Qualitäten* der Natur, die den tiefsten Eindruck auf sein Gemüt machten. J. Böhm - dies ist seine wesentliche Bedeutung - ist ein mystischer Naturphilosoph, ein *theosophischer Vulkanist und Neptunist*, denn im »*Feuer* und *Wasser* urständen nach ihm alle Dinge«. Die Natur hatte Jakobs religiöses Gemüt bezaubert -nicht umsonst empfing er von dem Glanze eines zinnernen Geschirres sein mystisches Licht -, aber das religiöse Gemüt webt nur in *sich selbst*; es hat nicht die Kraft, nicht den Mut, zur

Anschauung der Dinge in ihrer Wirklichkeit zu dringen; es erblickt alles durch das Mittel der Religion, alles in Gott, d.h. alles im entzückenden, das Gemüt ergreifenden Glanze der Einbildungskraft, alles im Bilde und als Bild. Aber die Natur affizierte sein Gemüt entgegengesetzt; er mußte diesen Gegensatz daher in Gott selbst setzen -denn die Annahme von zwei selbständig existierenden entgegengesetzten Urprinzipien hätte sein religiöses Gemüt zerrissen -, er mußte *in Gott selbst* unterscheiden ein sanftes, wohltätiges und ein grimmiges, verzehrendes Wesen. Alles Feurige, Bittere, Herbe, Zusammenziehende, Finstere, Kalte kommt aus einer göttlichen Herbigkeit, Bitterkeit, Kälte und Finsternis, alles Milde, Glänzende, Erwärmende, Weiche, Sanfte, Nachgiebige aus einer milden, sanften, erleuchtenden Qualität in Gott. Kurz, der *Himmel* ist so *reich* als die Erde. Alles, was auf der Erde, ist im Himmel,[69] *was in der Natur, in Gott.* Aber hier ist es göttlich, himmlisch, dort irdisch, sichtbarlich, äußerlich, *materiell,* aber doch dasselbe.»Wann ich nun schreibe von Bäumen, Stauden und Früchten, so mußt Du es nicht irdisch, gleich dieser Welt verstehen, dann das ist nicht meine Meinung, daß im Himmel wachse ein todter *harter hölzerner* Baum oder *Stein* der in *irdischer Qualität* stehet. Nein, sondern meine *Meinung ist himmlisch* und *geistlich,* aber *doch wahrhaftig* und *eigentlich,* also ich meine *kein ander Ding,* als wie *ich's in Buchstaben setze*«, d.h. im Himmel sind dieselben Bäume und Blumen, aber die Bäume im Himmel sind die Bäume, wie sie in *meiner* Einbildungskraft duften und blühen, ohne grobe *materielle* Eindrücke auf mich zu machen; die Bäume auf Erden die Bäume in meiner *sinnlichen, wirklichen Anschauung.* Der Unterschied ist der Unterschied *zwischen Einbildung* und *Anschauung.* »Nicht ist das mein Fürnehmen«, sagt er selbst, »daß ich wollte aller Sternen Lauff, Ort oder Namen beschreiben oder wie sie jährlich ihre Conjunction oder Gegenschein oder Quadrat und dergleichen haben, was sie jährlich und stündlich wirken. Ich habe dasselbe auch nicht gelernet und studiret und lasse dasselbe die Gelehrten handeln: sondern mein Fürnehmen ist *nach dem Geist und Sinne zu schreiben, und nicht nach dem Anschauen.*«[70]

Die Lehre von der Natur in Gott will durch den *Naturalismus den Theismus,* namentlich den Theismus, welcher das höchste Wesen als ein persönliches Wesen betrachtet, begründen. Der persönliche Theismus denkt sich aber Gott als ein von allem Materiellen abgesondertes persönliches Wesen; er schließt von ihm alle Entwickelung aus, weil diese nichts andres ist als die Selbstabsonderung eines Wesens von Zuständen und Beschaffenheiten, die seinem wahren Begriffe nicht entsprechen. Aber in Gott findet dies nicht statt, weil in ihm Anfang, Ende, Mitte sich nicht unterscheiden lassen, weil er mit einem Mal ist, was er ist, von Anbeginn an so ist, wie er sein soll, sein kann; er ist die reine Einheit von Sein und Wesen, Realität und Idee, Tat und Wille. *Deus suum Esse est.* Der Theismus stimmt hierin mit dem *Wesen* der *Religion* überein. Alle auch noch so positiven Religionen beruhen auf *Abstraktion*; sie unterscheiden sich nur durch den *Gegenstand* der Abstraktion. Auch die Homerischen Götter sind bei aller Lebenskräftigkeit und Menschenähnlichkeit *abstrakte Gestalten*; sie haben Leiber wie die Menschen, aber Leiber, von denen die Schranken und Beschwerlichkeiten des menschlichen Leibes weggelassen sind. *Die erste Bestimmung des göttlichen Wesens ist: es ist ein abgesondertes, destilliertes Wesen.* Es versteht sich von selbst, daß diese Abstraktion *keine willkürliche,* sondern durch den wesentlichen Standpunkt des Menschen bestimmte ist. So wie er ist, so wie er überhaupt denkt, so abstrahiert er.

Die Abstraktion drückt ein *Urteil* aus - ein bejahendes und verneinendes zugleich, *Lob* und *Tadel.* Was der Mensch *lobt* und *preist, das* ist ihm Gott;[71] was er tadelt, verwirft, das Ungöttliche. Die Religion ist ein *Urteil.* Die wesentlichste Bestimmung in der Religion, in der Idee des göttlichen Wesens ist demnach die *Abscheidung* des Preiswürdigen vom Tadelhaften, des Vollkommnen vom Unvollkommnen, kurz, des Wesenhaften vom Nichtigen. Der Kultus selbst besteht in nichts anderm als in der fortwährenden Erneuerung des Ursprungs der Religion - in der kritischen, aber feierlichen Sonderung des Göttlichen vom Ungöttlichen.

Das göttliche Wesen ist das durch *den Tod der Abstraktion verklärte menschliche Wesen* – der *abgeschiedene Geist* des Menschen. In der Religion befreit sich der Mensch von den Schranken des Lebens; hier läßt er fallen, was ihn drückt, hemmt, widerlich affiziert; *Gott ist das von aller Widerlichkeit befreite Selbstgefühl des Menschen;* frei, glücklich, selig fühlt sich der Mensch nur in *seiner* Religion, weil er nur hier seinem Genius lebt, seinen Sonntag feiert. Die Vermittlung, die Begründung der göttlichen Idee liegt für ihn *außer* dieser Idee - die Wahrheit derselben schon im *Urteil,* schon darin, daß alles, was er von Gott ausschließt, die Bedeutung des Ungöttlichen, das Ungöttliche aber die Bedeutung des Nichtigen hat. Würde er die Vermittlung dieser Idee in *die Idee* selbst aufnehmen, so würde sie ihre wesentlichste Bedeutung, ihren wahren Wert, ihren beseligenden Zauber verlieren. Der Prozeß der Absonderung, der Scheidung des Intelligenten vom Nichtintelligenten, der Persönlichkeit von der Natur, des Vollkommnen vom Unvollkommnen fällt daher notwendig in den Menschen, nicht in Gott, und die Idee der Gottheit nicht an den Anfang, sondern an das *Ende* der Sinnlichkeit, der Welt, der Natur - »*wo die Natur aufhört, fängt Gott an*« -, weil Gott die *letzte Grenze der Abstraktion* ist. Das, wovon ich nicht mehr abstrahieren kann, ist Gott - der *letzte* Gedanke, den ich zu fassen fähig bin -, der letzte, d.i. der höchste. *Id quo majus nihil cogitari potest, Deus est.* Daß nun dieses Omega der Sinnlichkeit auch das Alpha wird, ist leicht begreiflich, aber das Wesentliche ist, daß es das Omega ist. Das Alpha ist erst die Folge; weil es das Letzte, so ist es auch das Erste. Und das Prädikat: das *erste* Wesen hat keineswegs sogleich schöpferische Bedeutung, sondern nur die Bedeutung des höchsten Ranges. Die Schöpfung in der mosaischen Religion hat den Zweck, Jehova das Prädikat des höchsten und ersten, des wahren, ausschließlichen Gottes im Gegensatz zu den Götzen zu sichern.[72]

Dem Bestreben, die Persönlichkeit Gottes durch die Natur begründen zu wollen, liegt daher eine unlautere, *heillose Vermischung der Philosophie* und *Religion*, eine völlige *Kritik–* und *Bewußtlosigkeit über die Entstehung des persönlichen Gottes* zugrunde. Wo die Persönlichkeit für die wesentliche Bestimmung Gottes gilt, wo es heißt: Ein unpersönlicher Gott ist kein Gott, da gilt die Persönlichkeit schon an und für sich für das Höchste und Wirklichste, da liegt das Urteil zugrunde: Was nicht Person, ist tot, ist Nichts; nur persönliches Sein ist Leben und Wahrheit; die Natur ist aber unpersönlich, also ein nichtiges Ding. Die Wahrheit der Persönlichkeit stützt sich nur auf die Unwahrheit der Natur. Die Persönlichkeit von Gott aussagen heißt nichts andres als die Persönlichkeit für das absolute Wesen erklären; aber die Persönlichkeit wird nur im *Unterschiede, in der Abstraktion* von der Natur erfaßt. Freilich ist ein *nur* persönlicher Gott ein *abstrakter Gott;* aber das *soll* er sein, das liegt in seinem Begriffe; denn er ist nichts andres als das sich *außer allen Zusammenhang mit der Welt setzende,* sich von aller Abhängigkeit von der Natur freimachende *persönliche Wesen* des Menschen. *In der Persönlichkeit Gottes feiert der Mensch die Übernatürlichkeit, Unsterblichkeit, Unabhängigkeit und Unbeschränktheit seiner eignen Persönlichkeit.*

Das Bedürfnis eines persönlichen Gottes hat überhaupt darin seinen Grund, daß der persönliche Mensch erst in der Persönlichkeit *bei sich* ankommt, erst in ihr Sich findet. Substanz, reiner Geist, bloße Vernunft genügt ihm nicht, ist ihm zu abstrakt, d.h. drückt nicht *ihn selbst* aus, führt ihn nicht *auf sich* zurück. Befriedigt, glücklich ist aber der Mensch nur, wo er bei sich, bei seinem Wesen ist. Je persönlicher daher ein Mensch, desto stärker ist für ihn das Bedürfnis eines persönlichen Gottes. Der abstrakt freie Geist kennt nichts Höheres als die Freiheit; er braucht sie nicht an ein persönliches Wesen anzuknüpfen; die Freiheit ist ihm *durch sich selbst,* als solche, ein wirkliches, wahres Wesen. Ein mathematischer, astronomischer Kopf, ein reiner Verstandesmensch, ein objektiver Mensch, der nicht in sich befangen ist, der frei und glücklich sich nur fühlt in der Anschauung objektiv vernünftiger Verhältnisse, in der Vernunft, die in *den Dingen selbst* liegt, ein solcher wird die Spinozische Substanz oder eine ähnliche Idee als sein höchstes Wesen feiern, voller Antipathie gegen einen persönlichen, d.i. subjektiven Gott. Jacobi war darum ein klassischer, weil (in dieser Beziehung wenigstens) konsequenter, mit sich einiger Philosoph. Wie sein Gott, so war seine Philosophie - persönlich, subjektiv. Der persönliche Gott kann nicht anders wissenschaftlich begründet werden, als wie ihn Jacobi und seine Schüler begründeten. Die Persönlichkeit bewährt sich nur auf selbst persönliche Weise.

Sicherlich läßt sich, ja soll sich die Persönlichkeit auf natürlichem Wege begründen; aber nur dann, wenn ich aufhöre, im Dunkeln des Mystizismus zu munkeln, wenn ich heraustrete an den hellen lichten Tag der wirklichen Natur, und den Begriff des persönlichen Gottes mit dem Begriff der *Persönlichkeit überhaupt* vertausche. Aber in den Begriff des persönlichen Gottes, dessen Wesen eben die *befreite, abgeschiedene, von der einschränkenden Kraft der Natur erlöste Persönlichkeit* ist, eben diese Natur wieder einzuschwärzen, das ist ebenso verkehrt, als wenn ich in den Nektar der Götter Braunschweiger Mumme mischen wollte, um dem ätherischen Trank eine solide Grundlage zu geben. Allerdings lassen sich nicht aus dem himmlischen Safte, der die Götter nährt, die Bestandteile des animalischen Blutes ableiten. Allein die Blume der Sublimation entsteht nur durch Verflüchtigung der Materie; wie kannst du also in der sublimierten Substanz eben *die* Stoffe vermissen, von welchen du sie geschieden? Allerdings läßt sich das unpersönliche Wesen der Natur nicht aus dem Begriffe der Persönlichkeit erklären. Erklären heißt begründen; aber wo die Persönlichkeit eine Wahrheit oder vielmehr die höchste, einzige Wahrheit ist, da hat die Natur keine *wesenhafte Bedeutung* und folglich auch *keinen wesenhaften Grund*. Die eigentliche *Schöpfung aus Nichts* ist hier allein der zureichende Erklärungsgrund; denn sie sagt nichts weiter als: *Die Natur ist Nichts*, spricht also präzis *die* Bedeutung aus, welche die Natur für die absolute Persönlichkeit hat. [Vgl. Anhang, Abschnitte IX, X]

ELFTES KAPITEL DAS GEHEIMNIS DER VORSEHUNG UND SCHÖPFUNG AUS NICHTS

Die Schöpfung ist *das ausgesprochene* Wort Gottes, das schöpferische Wort das innerliche, mit dem Gedanken identische Wort. Aussprechen ist ein Willensakt, die Schöpfung also ein *Produkt des Willens.* Wie der Mensch in dem Worte Gottes die Göttlichkeit des Wortes, so bejaht er in der Schöpfung die *Göttlichkeit des Willens*, und zwar nicht des Willens der Vernunft, sondern des *Willens der Einbildungskraft*, des *absolut subjektiven, unbeschränkten Willens.* Der höchste Gipfel des Subjektivitätsprinzips ist die Schöpfung aus Nichts. Wie die Ewigkeit der Welt oder Materie nichts weiter bedeutet als die *Wesenhaftigkeit* der Materie, so bedeutet die Schöpfung der Welt aus Nichts weiter nichts als die *Nichtigkeit* der Welt. Mit dem Anfang eines Dings ist unmittelbar dem Begriffe, wenn auch nicht der Zeit nach, das Ende desselben gesetzt. Der Anfang der Welt ist der Anfang ihres Endes. Wie gewonnen, so zerronnen. Der Wille hat sie ins Dasein gerufen, der Wille ruft sie wieder zurück ins Nichts. Wann? Die Zeit ist gleichgültig. Ihr *Sein oder Nichtsein* hängt nur *vom Willen* ab. Der Wille, daß sie ist, ist in einem der Wille, wenigstens der mögliche Wille, daß *sie nicht ist.* Die Existenz der Welt ist daher eine momentane, *willkürliche, unzuverlässige,* d.h. eben *nichtige* Existenz.

Die Schöpfung aus Nichts ist der höchste Ausdruck der *Allmacht.* Aber die Allmacht ist nichts als die *aller* objektiven Bestimmungen und Begrenzungen sich entbindende, diese ihre Ungebundenheit als die höchste Macht und Wesenheit feiernde Subjektivität -die Macht des Vermögens, subjektiv alles Wirkliche als ein Unwirkliches, alles Vorstellbare als ein Mögliches zu setzen -, die *Macht der Einbildungskraft* oder des mit der Einbildungskraft identischen Willens, *die Macht der Willkür.*[73] Der bezeichnendste, stärkste Ausdruck subjektiver Willkür ist das Belieben, das Wohlgefallen - »Es hat Gott beliebt, eine Körper- und Geisterwelt ins Dasein zu rufen« -, der unwidersprechlichste Beweis, daß die eigne Subjektivität, die eigne Willkür als *das höchste Wesen, als allmächtiges Weltprinzip* gesetzt wird. Die Schöpfung aus Nichts als ein Werk des allmächtigen Willens fällt aus diesem Grunde in *eine* Kategorie *mit dem Wunder,* oder vielmehr, sie ist das *erste* Wunder nicht nur der Zeit, sondern auch *dem Range* nach - *das Prinzip,* aus dem sich alle weitern Wunder von selbst ergeben. Der Beweis ist die Geschichte selbst. Alle Wunder hat man aus der Allmacht, die die Welt aus Nichts geschaffen, gerechtfertigt, erklärt und veranschaulicht. Wer die Welt aus Nichts gemacht, wie sollte der nicht aus Wasser Wein machen, aus einem Esel menschliche Worte hervorbringen, aus einem Felsen Wasser hervorzaubern können? Aber das Wunder ist, wie wir weiter sehen werden, nur ein *Werk* und *Gegenstand der Einbildungskraft* – also auch die Schöpfung aus Nichts als das ursprüngliche Wunder. Man hat deswegen die Lehre von der Schöpfung aus Nichts für eine übernatürliche erklärt, auf welche die Vernunft nicht von selbst hätte kommen können, und sich auf die heidnischen Philosophen berufen, als welche aus einer schon vorhandenen Materie die Welt durch die göttliche Vernunft bilden ließen. Allein dieses übernatürliche Prinzip ist kein andres als das Prinzip der Subjektivität, welches sich im Christentume zur unbeschränkten Universalmonarchie erhob, während die alten Philosophen nicht so subjektiv waren, das absolut subjektive Wesen als das schlechtweg, das ausschließlich absolute Wesen zu erfassen, weil sie durch die Anschauung der Welt oder Wirklichkeit die Subjektivität beschränkten - weil ihnen die Welt eine *Wahrheit* war.

Die Schöpfung aus Nichts ist, als eins mit dem Wunder, eins mit der *Vorsehung*; denn die *Idee der Vorsehung* ist - ursprünglich, in ihrer wahren religiösen Bedeutung, wo sie noch nicht bedrängt und beschränkt worden durch den ungläubigen Verstand – *eins mit der Idee des Wunders.* Der *Beweis* der Vorsehung ist das Wunder.[74] Der Glaube an die Vorsehung ist der Glaube an eine Macht, der alle Dinge zu beliebigem Gebrauche zu Gebote stehen, deren Kraft gegenüber *alle Macht der Wirklichkeit Nichts* ist. Die Vorsehung hebt die Gesetze der Natur auf; sie unterbricht den Gang der Notwendigkeit, das eiserne Band, das unvermeidlich die Folge an die Ursache knüpft; kurz, sie ist *derselbe unbeschränkte, allgewaltige Wille,* der die Welt aus Nichts ins Sein gerufen. Das *Wunder* ist eine *Creatio ex nihilo,* eine *Schöpfung aus Nichts.* Wer Wein aus Wasser macht, der macht Wein aus Nichts, denn der Stoff zum Wein liegt nicht im Wasser; widrigenfalls wäre die Hervorbringung des Weins keine wunderbare, sondern natürliche Handlung. Aber nur im *Wunder bewährt, beweist sich* die Vorsehung. Dasselbe, was die Schöpfung aus Nichts, sagt daher die Vorsehung aus. *Die Schöpfung aus Nichts kann nur im Zusammenhang mit der Vorsehung, mit dem Wunder begriffen und erklärt werden;* denn das Wunder will eigentlich nichts weiter aussagen, als daß der Wundertäter *derselbe* ist, welcher die Dinge durch seinen bloßen Willen aus Nichts hervorgebracht -Gott, der Schöpfer.

Die Vorsehung bezieht sich aber *wesentlich auf den Menschen.* Um *des Menschen willen* macht die Vorsehung mit den Dingen, was sie nur immer will, um seinetwillen hebt sie die Gültigkeit des sonst allmächtigen Gesetzes auf. Die Bewunderung der Vorsehung in der Natur, namentlich der Tierwelt, ist nichts andres als eine Bewunderung der Natur und gehört daher nur dem, wenn auch religiösen, *Naturalismus* an;[75] denn in der Natur offenbart sich auch nur die *natürliche, nicht die göttliche Vorsehung, die Vorsehung, wie sie Gegenstand der Religion.* Die religiöse *Vorsehung offenbart sich nur im Wunder* – vor allem im Wunder der Menschwerdung, dem Mittelpunkt der Religion. Aber wir lesen nirgends, daß Gott um der Tiere willen Tier geworden sei -

ein solcher Gedanke schon ist in den Augen der Religion ein ruchloser, gottloser - oder daß Gott überhaupt Wunder um der Tiere oder Pflanzen willen getan habe. Im Gegenteil: wir lesen, daß ein armer Feigenbaum, weil er keine Früchte trug zu einer Zeit, wo er keine tragen konnte, verflucht wurde, nur um den Menschen ein Beispiel zu geben, was der Glaube über die Natur vermöge, daß die dämonischen Plagegeister zwar den Menschen *aus-*, aber dafür den Tieren *ein*getrieben wurden. Wohl heißt es: »Kein Sperling fällt ohne des Vaters Willen vom Dach«; aber diese Sperlinge haben nicht mehr Wert und Bedeutung als die Haare auf des Menschen Haupt, die alle gezählt sind.

Das Tier hat - abgesehen vom Instinkt - keinen andern Schutzgeist, keine andere Vorsehung als seine Sinne oder überhaupt Organe. Ein Vogel, der seine Augen verliert, hat in seine Schutzengel verloren; er geht notwendig zugrunde, wenn nicht ein Wunder geschieht. Aber wir lesen wohl, daß ein Rabe dem Propheten Elias Speisen gebracht habe, nicht jedoch (wenigstens meines Wissens), daß je um seinetwillen ein Tier auf andere Weise als natürliche erhalten worden sei. Wenn nun aber ein Mensch glaubt, daß auch er keine andere Vorsehung habe als die Kräfte seiner Gattung, seine Sinne, seinen Verstand, so ist er in den Augen der Religion und aller derer, welche der Religion das Wort reden, ein irreligiöser Mensch, weil er nur eine *natürliche* Vorsehung glaubt, die natürliche Vorsehung aber eben in den Augen der Religion so viel als keine ist. Die Vorsehung bezieht sich darum wesentlich nur auf den Menschen - selbst unter den Menschen eigentlich nur auf die *religiösen*. »Gott ist der Heiland aller Menschen, *sonderlich aber der Gläubigen*.« Sie gehört, wie die Religion, nur dem Menschen an - sie soll den *wesentlichen Unterschied des Menschen* vom Tiere ausdrücken, den Menschen der Gewalt der Naturmächte entreißen. Jonas im Leibe des Fisches, Daniel in der Löwengrube sind Beispiele, wie die Vorsehung den (religiösen) Menschen vom Tiere unterscheidet. Wenn daher die Vorsehung, welche in den Fang- und Freßwerkzeugen der Tiere sich äußert und von den frommen christlichen Naturforschern so sehr bewundert wird, eine Wahrheit ist, so ist die Vorsehung der Bibel, die Vorsehung der Religion eine Lüge, und umgekehrt. Welch erbärmliche und zugleich lächerliche Heuchelei, *beiden*, Natur und Bibel, zugleich huldigen zu wollen! Die Natur, wie widerspricht sie der Bibel! Die Bibel, wie widerspricht sie der Natur! Der Gott der Natur offenbart sich darin, daß er dem Löwen die Stärke und schicklichen Organe gibt, um zur Erhaltung seines Lebens im Notfall selbst ein menschliches Individuum erwürgen und fressen zu können; der Gott der Bibel aber offenbart sich darin, daß er das menschliche Individuum den Freßwerkzeugen des Löwen wieder entreißt![76]

Die Vorsehung ist ein *Vorzug* des Menschen; sie drückt den *Wert* des Menschen im Unterschied von den andern natürlichen Wesen und Dingen aus; sie *entnimmt ihn dem Zusammenhange des Weltganzen*. Die Vorsehung ist die

Überzeugung des Menschen von dem unendlichen Wert seiner Existenz - eine Überzeugung, in der er den Glauben an die Wahrheit der Außendinge aufgibt -, der Idealismus der Religion -, der Glaube an die Vorsehung daher eins mit dem Glauben an die persönliche Unsterblichkeit, nur mit dem Unterschiede, daß hier in Beziehung auf die Zeit der unendliche Wert als unendliche Dauer des Daseins sich bestimmt. Wer keine besondern Ansprüche macht, wer gleichgültig gegen sich ist, wer sich nicht von der Natur absondert, wer sich als einen Teil im Ganzen verschwinden sieht, der glaubt keine Vorsehung, d.h. keine *besondere* Vorsehung; aber nur die *besondere* Vorsehung ist *Vorsehung* im Sinne der Religion. Der Glaube an die Vorsehung ist der *Glaube an den eignen Wert* - daher die wohltätigen Folgen dieses Glaubens, aber auch die falsche Demut, der religiöse Hochmut, der sich zwar nicht auf sich verläßt, aber dafür dem lieben Gott die Sorge für sich überläßt -, der Glaube des Menschen *an sich selbst.* Gott bekümmert sich um mich; er beabsichtigt mein Glück, mein Heil; *er will, daß ich selig werde;* aber *dasselbe will ich auch; mein eignes Interesse ist also das Interesse Gottes, mein eigner Wille Gottes Wille, mein eigner Endzweck Gottes Zweck - die Liebe Gottes zu mir* nichts als *meine vergötterte Selbstliebe.*

Wo aber die Vorsehung geglaubt wird, da wird der Glaube an *Gott* von dem Glauben an die *Vorsehung* abhängig gemacht. Wer leugnet, daß eine Vorsehung ist, leugnet, daß Gott *ist* oder - was dasselbe - Gott *Gott* ist; denn ein Gott, der nicht die Vorsehung des Menschen, ist ein lächerlicher Gott, ein Gott, dem die göttlichste, anbetungswürdigste Wesenseigenschaft fehlt. Folglich ist der *Glaube an Gott* nichts als der Glaube an die *menschliche Würde,*[77] der *Glaube an die göttliche Bedeutung des menschlichen Wesens.* Aber der Glaube an die (religiöse) Vorsehung ist eins mit dem Glauben an die Schöpfung aus Nichts, und umgekehrt: diese kann also auch keine andere Bedeutung haben als die eben entwickelte Bedeutung der Vorsehung, und sie hat auch wirklich keine andere. Die Religion spricht dies hinlänglich dadurch aus, daß sie den Menschen als den *Zweck* der Schöpfung setzt. Alle Dinge sind um des Menschen willen, nicht um ihretwillen. Wer diese Lehre, wie die frommen *christlichen* Naturforscher, als *Hochmut* bezeichnet, erklärt das Christentum selbst für Hochmut; denn daß die »*materielle Welt*« um des Menschen willen ist, das will unendlich weniger sagen, als daß Gott oder wenigstens, wenn wir Paulus folgen, ein Wesen, das *fast* Gott, kaum zu unterscheiden von Gott ist, *um des Menschen willen Mensch wird.*

Wenn aber der Mensch der Zweck der Schöpfung, so ist er auch der wahre Grund derselben, denn der Zweck ist das Prinzip der Tätigkeit. Der Unterschied zwischen dem Menschen als Zweck der Schöpfung und dem Menschen als Grund derselben ist nur, daß der Grund das abstrakte, abgezogne Wesen des Menschen, der Zweck aber der wirkliche, individuelle Mensch ist, daß der Mensch sich wohl als den Zweck der Schöpfung *weiß,* aber nicht als den Grund, weil er den Grund, das Wesen als ein andres persönliches Wesen von sich unterscheidet.[78] Allein dieses andre persönliche, schöpferische Wesen ist in der Tat nichts andres als die außer allen Zusammenhang mit der Welt gesetzte menschliche Persönlichkeit, welche sich durch die Schöpfung, d.h. *das Setzen* der Welt, des Gegenständlichen, des Andern als *eines unselbständigen, endlichen, nichtigen Daseins* die *Gewißheit ihrer Alleinwirklichkeit* gibt. Bei der Kreation handelt es sich *nicht* um die Wahrheit und Realität der Natur oder Welt, sondern um *die Wahrheit und Realität der Persönlichkeit, der Subjektivität im Unterschiede von der Welt*. Es handelt sich um die Persönlichkeit Gottes; aber die Persönlichkeit Gottes ist die *von allen Bestimmungen und Begrenzungen der Natur befreite Persönlichkeit* des Menschen. Daher die *innige Teilnahme* an der Kreation, der *Abscheu vor pantheistischen Kosmogonien*; die Kreation ist, wie der persönliche Gott überhaupt, keine wissenschaftliche, sondern *persönliche Angelegenheit*, kein Objekt der *freien Intelligenz*, sondern des Gemütsinteresses; denn es handelt sich in der Kreation nur um die Garantie, die letzte denkbare Bewährung der Persönlichkeit oder Subjektivität als einer ganz aparten, gar nichts mit dem Wesen der Natur gemein habenden, *über–* und *außerweltlichen* Wesenheit.[79]

Der Mensch *unterscheidet sich von der Natur. Dieser sein Unterschied ist sein Gott - die Unterscheidung Gottes von der Natur nichts andres als die Unterscheidung des Menschen von der Natur.* Der Gegensatz von Pantheismus und Personalismus löst sich in die Frage auf: Ist das *Wesen* des Menschen ein *außerweltliches* oder *innerweltliches*, ein *übernatürliches* oder *natürliches* Wesen? Unfruchtbar, eitel, kritiklos, ekelhaft sind darum die Spekulationen und Streitigkeiten über die Persönlichkeit oder Unpersönlichkeit Gottes; denn die Spekulanten, insbesondre die Persönlichkeitsspekulanten, nennen das Kind nicht beim rechten Namen; sie stellen das Licht unter den Scheffel; sie spekulieren in Wahrheit nur *über sich selbst*, spekulieren selbst nur im *Interesse ihres eignen Glückseligkeitstriebes*, und doch wollen sie es *nicht Wort* haben, daß sie *sich nur über sich selbst* die Köpfe zerbrechen, spekulieren in dem Wahne, die Geheimnisse eines andern Wesens auszuspähen. Der Pantheismus *identifiziert den Menschen mit der Natur* - sei es nun mit ihrer augenfälligen Erscheinung oder ihrem abgezogenen Wesen -, der Personalismus *isoliert, separiert* ihn von der Natur, macht ihn aus einem Teile zum *Ganzen*, zu einem absoluten Wesen *für sich selbst*. Dies ist der Unterschied. Wollt ihr daher über diese Dinge ins reine kommen, so vertauscht eure *mystische, verkehrte* Anthropologie, die ihr Theologie nennt, mit der *wirklichen Anthropologie* und spekuliert im Lichte des Bewußtseins und der Natur über die Verschiedenheit oder Einheit des menschlichen Wesens mit dem Wesen der Natur. Ihr gebt selbst zu, daß das Wesen des pantheistischen Gottes nichts ist als das Wesen der Natur. Warum wollt ihr denn nun nur die Splitter in den Augen eurer Gegner, nicht aber die doch so leicht wahrnehmbaren Balken in euren eignen Augen bemerken, warum bei euch eine Ausnahme von einem allgemein gültigen Gesetz machen? Also gebt auch zu, daß euer persönlicher Gott nichts andres ist als euer eignes persönliches Wesen, daß ihr, indem ihr die Über- und Außernatürlichkeit eures Gottes glaubt und beweiset, *nichts andres glaubt und beweiset als die Über- und Außernatürlichkeit eures eignen Selbstes.*

Wie überall, so verdecken auch in der Kreation die beigemischten allgemeinen, metaphysischen oder selbst *pantheistischen* Bestimmungen das eigentliche Wesen der Kreation. Aber man braucht nur aufmerksam zu sein auf die nähern Bestimmungen, um sich zu überzeugen, daß der Kern der Kreation nichts andres als die Selbstbewährung des menschlichen Wesens im Unterschiede von der Natur ist. Gott produziert die Welt *außer sich* - zuerst ist sie nur Gedanke, Plan, Entschluß, jetzt wird sie Tat, und damit tritt sie außer Gott hinaus als ein von ihm unterschiednes, relativ wenigstens, selbständiges Wesen. Aber ebenso setzt der Mensch, wie er sich von der Welt unterscheidet, sich als ein von ihr unterschiednes Wesen erfaßt, die Welt außer sich als ein andres Wesen - ja dieses *Außersichsetzen* und das *Sichunterscheiden* ist ein Akt. Indem daher die Welt *außer* Gott gesetzt wird, so wird Gott *für sich selbst* gesetzt, *unterschieden* von der Welt. Was ist also Gott anders als euer eignes, subjektives Wesen, wenn die Welt außer ihn tritt?[80] Indem die listige Reflexion hinzutritt, so wird freilich der Unterschied zwischen Außen und Innen als ein endlicher, menschlicher (?) Unterschied geleugnet. Aber auf das Leugnen des Verstandes, der ein purer Miß- und Unverstand der Religion, ist nichts zu geben. Ist es ernstlich gemeint, so zerstört es das Fundament des religiösen Bewußtseins; es hebt die Möglichkeit, ja das Wesen der Schöpfung auf, denn sie beruht nur auf der *Wahrheit* dieses Unterschieds. Überdies geht der Effekt der Schöpfung, die Majestät dieses Aktes für Gemüt und Phantasie ganz verloren, wenn das Außersichsetzen nicht im wirklichen Sinne genommen wird. Was heißt denn machen, schaffen, hervorbringen anders als etwas, was zunächst nur ein Subjektives, insofern Unsichtbares, Nichtseiendes ist, gegenständlich machen, versinnlichen, so daß nun auch andre, von mir unterschiedne Wesen es kennen und genießen, also etwas außer mich setzen, zu etwas von mir Unterschiednem machen? Wo nicht die Wirklichkeit oder Möglichkeit eines Außer-mir-Seins ist, da ist von Machen, Schaffen keine Rede. Gott ist ewig, aber die Welt entstanden; Gott war, als die Welt noch nicht war; Gott ist unsichtbar, unsinnlich; aber die Welt ist sinnlich, materiell, also außer Gott; denn wie wäre das Materielle als solches, die Masse, der Stoff in Gott? Die Welt ist in demselben Sinne außer Gott, in welchem der Baum, das Tier, die Welt überhaupt außer meiner Vorstellung, außer mir selbst ist - ein von der Subjektivität unterschiednes Wesen. Nur da, wo ein solches Außersichsetzen zugegeben wird, wie bei den ältern Philosophen und Theologen, haben wir daher die unverfälschte, unvermischte Lehre des religiösen Bewußtseins. Die spekulativen Theologen und Philosophen der neuern Zeit dagegen schwärzen allerlei pantheistische Bestimmungen mit ein, obwohl sie das Prinzip des Pantheismus verwerfen, aber sie bringen deswegen auch nur ein absolut sich widersprechendes, unausstehliches Geschöpf zur Welt.

Der Schöpfer der Welt ist also nichts als der Mensch, welcher sich durch den Beweis oder das Bewußtsein, daß die Welt *erschaffen*, ein *Werk des Willens*, d.h. eine *selbstlose, machtlose, nichtige* Existenz ist, die Gewißheit der eignen Wichtigkeit, Wahrheit und Unendlichkeit gibt. Das Nichts, aus dem die Welt hervorgebracht wurde, ist *ihr eignes* Nichts. Indem du sagst: Die Welt ist aus Nichts gemacht, denkst du dir die Welt selbst als Nichts, räumst du alle Schranken deiner Phantasie deines Gemüts, deines Willens aus dem Kopfe, denn *die Welt ist die Schranke deines Willens, deines Gemüts*; die Welt allein bedrängt deine Seele; sie allein ist die *Scheidewand zwischen dir und Gott deinem seligen vollkommnen Wesen*. Du vernichtest also subjektiv die Welt; du denkst dir *Gott allein für sich, d. h. die schlechthin unbeschränkte Subjektivität, die Seele, die sich selbst allein genießt, die nicht der Welt bedarf, die nichts weiß von den schmerzlichen Banden der Materie.* Im innersten Grunde deiner Seele willst du, daß keine Welt sei; denn wo Welt ist, da ist Materie, und wo Materie, da ist Druck und Stoß, Raum und Zeit, Schranke und Notwendigkeit. Gleichwohl *ist* aber *doch* eine Welt, *doch* eine Materie. Wie kommst du aus der Klemme dieses Widerspruchs hinaus? Wie schlägst du dir die Welt aus dem Sinne, daß sie dich nicht stört in dem Wonnegefühl der unbeschränkten Seele? Nur dadurch, daß du die Welt selbst zu einem Willensprodukt machst, daß du ihr eine *willkürliche*, stets zwischen Sein und Nichtsein schwebende, stets ihrer Vernichtung gewärtige Existenz gibst. Allerdings läßt sich die Welt oder die Materie - denn beide lassen sich nicht trennen - nicht aus dem Kreationsakte erklären; aber es ist gänzlicher Mißverstand, solche Forderung an die Kreation zu stellen; denn es liegt dieser der Gedanke zugrunde: es *soll* keine Welt, keine Materie sein; und es wird daher auch täglich ihrem Ende sehnlichst entgegengeharrt. Die Welt in ihrer Wahrheit existiert hier gar nicht; sie ist nur als der Druck, die Schranke der menschlichen Seele und Persönlichkeit Gegenstand; wie sollte die Welt in ihrer Wahrheit und Wirklichkeit aus einem Prinzip, das die Welt verneint, sich deduzieren, begründen lassen?

Um die entwickelte Bedeutung der Kreation als die richtige zu erkennen, bedenke man nur dies eine ernstlich, daß in der Kreation keineswegs die Schöpfung von Kraut und Vieh, von Wasser und Erde, für die ja kein Gott ist, sondern die Schöpfung von persönlichen Wesen, von *Geistern*, wie man zu sagen pflegt, die Hauptsache ist. Gott ist der Begriff oder die *Idee der Persönlichkeit als selbst Person*, die in sich selbst seiende, von der Welt abgeschlossene Subjektivität, das als absolutes Sein und Wesen gesetzte bedürfnislose Für-sich-selbst-Sein, das Ich ohne Du. Da aber das absolute Nur-für-sich-selbst-Sein dem Begriffe des wahren Lebens, dem Begriffe der

Liebe widerspricht, da das Selbstbewußtsein wesentlich gebunden ist an das Bewußtsein eines Du, da in die Dauer wenigstens die Einsamkeit sich nicht von dem Gefühle der Langweiligkeit und Einförmigkeit bewahren kann, so wird sogleich von dem göttlichen Wesen fortgeschritten zu andern bewußten Wesen, der Begriff der Persönlichkeit, der zuvörderst nur in ein Wesen zusammengedrängt ist, zu einer Vielheit von Personen erweitert.[81] Wird die Person physisch gefaßt als wirklicher Mensch, als welcher sie ein *bedürftiges* Wesen ist, so tritt sie erst am Ende der physischen Welt, wenn die Bedingungen ihrer Existenz vorhanden, als der Endzweck der Kreation auf. Wird dagegen der Mensch abstrakt als Person gedacht, wie es von der religiösen Spekulation geschieht, so ist dieser Umweg abgeschnitten: es handelt sich in gerader Linie um die *Selbstbegründung*, die *letzte Selbstbewährung* der menschlichen Persönlichkeit. Zwar wird die göttliche Persönlichkeit auf alle mögliche Weise von der menschlichen distinguiert, um ihre Nichtverschiedenheit von dieser zu verschleiern; aber diese Unterschiede sind entweder rein phantastische oder sophistische. Alle *wesentlichen* Gründe der Kreation reduzieren sich nur auf die Bestimmungen, die Gründe, welche dem Ich das Bewußtsein der Notwendigkeit eines andern persönlichen Wesens aufdrängen. Spekuliert soviel als ihr wollt: ihr werdet nie eure Persönlichkeit aus Gott herausbringen, wenn ihr sie nicht schon vorher hineingebracht habt, wenn nicht Gott selbst schon euer subjektives oder persönliches Wesen ist. [Vgl. Anhang, Abschnitte X-XII]

ZWÖLFTES KAPITEL DIE BEDEUTUNG DER KREATION IM JUDENTUM

Die Kreationslehre stammt aus dem Judentum; sie ist selbst die charakteristische Lehre, die Fundamentallehre der jüdischen Religion. Das Prinzip, das ihr hier zugrunde liegt, ist aber nicht sowohl das Prinzip der Subjektivität als vielmehr des *Egoismus*. Die Kreationslehre in ihrer charakteristischen Bedeutung entspringt nur auf dem Standpunkt, wo der Mensch praktisch die Natur nur seinem Willen und Bedürfnis unterwirft und daher auch in seiner Vorstellungskraft zu einem bloßen Machwerk, einem Produkt des Willens herabsetzt. Jetzt ist ihm ihr Dasein *erklärt*, indem er sie *aus sich*, in *seinem* Sinne erklärt und auslegt. Die Frage: Woher ist die Natur oder Welt? setzt eigentlich eine Verwunderung darüber voraus, daß sie ist, oder die Frage: Warum sie ist? Aber diese Verwunderung, diese Frage entsteht nur da, wo sich der Mensch bereits von der Natur abgesondert und sie zu einem bloßen Willensobjekt gemacht hat. Der Verfasser des *Buchs der Weisheit* sagt mit Recht, daß »die *Heiden vor Bewunderung der Schönheit der Welt sich nicht zum Begriffe des Schöpfers erhoben hätten*«. Wem die Natur ein *schönes* Wesen ist, dem erscheint sie als *Zweck ihrer selbst*, für den hat sie den Grund ihres Daseins in sich selbst, in dem entsteht nicht die Frage: Warum ist sie? Der Begriff der *Natur* und *Gottheit unterscheidet* sich *nicht* in seinem Bewußtsein, seiner Anschauung von der Welt. Die Natur, wie sie in seine Sinne fällt, ist ihm wohl entstanden, erzeugt, aber nicht erschaffen im eigentlichen Sinne, im Sinne der Religion, nicht ein willkürliches Produkt, nicht gemacht. Und mit diesem Entstandensein drückt er nichts Arges aus; die Entstehung hat für ihn nichts Unreines, Ungöttliches an sich; er denkt sich seine Götter selbst als entstanden. Die zeugende Kraft ist ihm die erste Kraft: er setzt als Grund der Natur daher eine Kraft der Natur - eine gegenwärtige, in seiner sinnlichen Anschauung sich betätigende Kraft als Grund der Dinge. So denkt der Mensch, wo er sich ästhetisch oder theoretisch - denn die theoretische Anschauung ist ursprünglich die ästhetische, die Ästhetik die *prima philosophia* – zur Welt verhält, wo ihm der Begriff der Welt der Begriff des Kosmos, der Herrlichkeit, der Göttlichkeit selbst ist. Nur da, wo solche Anschauung den Menschen beseelte, konnten Gedanken gefaßt und ausgesprochen werden wie der des Anaxagoras: Der Mensch sei geboren *zur Anschauung der Welt*.[82] Der Standpunkt der Theorie ist der Standpunkt der *Harmonie* mit der Welt. Die *subjektive* Tätigkeit, diejenige, in welcher der Mensch *sich* befriedigt, *sich* freien Spielraum läßt, ist hier allein die sinnliche Einbildungskraft. Er läßt hier, indem er sich befriedigt, zugleich die Natur in Frieden gewähren und bestehen, indem er seine Luftschlösser, seine poetischen Kosmogonien nur aus *natürlichen Materialien* zusammensetzt. Wo dagegen der Mensch nur auf den praktischen Standpunkt sich stellt und von diesem aus die Welt betrachtet, den praktischen Standpunkt selbst zum theoretischen macht, da ist er entzweit mit der Natur, da macht er die Natur zur *untertänigsten Dienerin* seines selbstischen Interesses, seines praktischen Egoismus. Der theoretische *Ausdruck dieser egoistischen, praktischen Anschauung*, welcher die Natur *an und für sich selbst Nichts* ist, lautet: Die Natur oder Welt ist gemacht, geschaffen, ein *Produkt des Befehls*. Gott sprach: Es werde die Welt, und es ward die Welt, d.i. Gott *befahl*: Es werde die Welt, und ohne Verzug stand sie auf diesen Befehl hin da.[83]

Der *Utilismus*, der Nutzen ist das oberste Prinzip des Judentums. Der Glaube an eine besondere göttliche Vorsehung ist der charakteristische Glaube des Judentums, der Glaube an die Vorsehung, der Glaube an Wunder; der Glaube an Wunder aber ist es, wo die Natur nur als ein Objekt der Willkür, des Egoismus, der eben die Natur nur zu willkürlichen Zwecken gebraucht, angeschaut wird. Das Wasser teilt sich entzwei oder ballt sich zusammen wie eine feste Masse, der Staub verwandelt sich in Läuse, der Stab in eine Schlange, der Fluß in Blut, der Felsen in eine Quelle, an demselben Orte ist es zugleich Licht und Finsternis, die Sonne steht bald stille in ihrem Laufe, bald geht sie zurück. Und alle diese Widernatürlichkeiten geschehen zum *Nutzen* Israels, lediglich auf *Befehl Jehovas*, der sich um nichts als Israel kümmert, nichts ist als die personifizierte Selbstsucht des israelitischen Volks, mit Ausschluß aller andern Völker, die absolute Intoleranz - das Geheimnis des Monotheismus.

Die Griechen betrachteten die Natur mit den theoretischen Sinnen; sie vernahmen himmlische Musik in dem harmonischen Laufe der Gestirne; sie sahen aus dem Schaume des allgebärenden Ozeans die Natur in der Gestalt der Venus Anadyomene emporsteigen. Die Israeliten dagegen öffneten der Natur nur die gastrischen Sinne; nur im Gaumen fanden sie Geschmack an der Natur; nur im Genusse des Manna wurden sie ihres Gottes inne. Der Grieche trieb Humaniora, die freien Künste, die Philosophie; der Israelite erhob sich nicht über das *Brotstudium der Theologie*. »Zwischen Abend sollt ihr Fleisch zu essen haben und am Morgen *Brots satt* werden und *inne* werden, daß *ich der Herr euer Gott bin*.«[84] »Und Jakob tat ein Gelübde und sprach: So Gott wird mit mir sein und mich behüten auf dem Wege, den ich reise, und *Brot zu essen* geben und Kleider anzuziehen und mich mit Frieden wieder heim zu meinem Vater bringen, so soll der *Herr mein Gott sein*.«[85] Essen ist der feierlichste Akt oder doch die Initiation der jüdischen Religion. Im Essen feiert und erneuert der Israelite den Kreationsakt; im Essen erklärt der Mensch die Natur für ein *an sich nichtiges Ding*. Als die siebenzig Ältesten mit Mose in den Berg hinanstiegen, da »*sahen sie Gott*, und *da sie Gott geschauet hatten, tranken und aßen sie*«.[86] Der Anblick des höchsten Wesens beförderte also bei ihnen nur den Appetit zum Essen.

Die Juden haben sich in ihrer Eigentümlichkeit bis auf den heutigen Tag erhalten. Ihr Prinzip, ihr Gott ist das *praktischste* Prinzip von der Welt - der Egoismus, und zwar der *Egoismus in der Form der Religion*. Der Egoismus ist der Gott, der seine Diener nicht Zuschanden werden läßt. Der Egoismus ist wesentlich *monotheistisch*, denn er hat nur Eines, nur Sich zum Zweck. Der Egoismus sammelt, konzentriert den Menschen auf sich; er gibt ihm ein festes, dichtes Lebensprinzip; aber er macht ihn theoretisch borniert, weil gleichgültig gegen alles, was nicht unmittelbar auf das Wohl des Selbst sich bezieht. Die *Wissenschaft* entsteht daher, wie die Kunst, nur aus dem *Polytheismus*, denn der Polytheismus ist der offne, neidlose Sinn für alles Schöne und Gute ohne Unterschied, der Sinn für die Welt, für das Universum. Die Griechen sahen sich in der weiten Welt um, um ihren Gesichtskreis zu erweitern; die Juden beten noch heute mit gen Jerusalem gekehrtem Gesichte. Kurz, der monotheistische Egoismus raubte den Israeliten den freien theoretischen Trieb und Sinn. Salomo allerdings übertraf »alle Kinder gegen Morgen« an Verstand und Weisheit und redete (handelte, *agebat*) sogar »von Bäumen, von der Zeder zu Libanon bis zu dem Ysop, der an der Wand wächst«, auch von »Vieh, Vögeln, von Gewürme und von Fischen«.[87] Aber Salomo diente auch dem Jehova nicht mit ganzem Herzen; Salomo huldigte fremden Göttern und Weibern; Salomo hatte also *polytheistischen* Sinn und Geschmack. Der *polytheistische Sinn*, wiederhole ich, *ist die Grundlage der Wissenschaft und Kunst*.

Eins nun mit dieser Bedeutung, welche die Natur überhaupt für den Hebräer hatte, ist auch die Bedeutung ihres Ursprungs. In der Art, wie ich mir die Entstehung eines Dings erkläre, spreche ich nur unverhohlen meine Meinung, meine Gesinnung von demselben aus. Denke ich verächtlich davon, so denke ich mir auch einen verächtlichen Ursprung. Das Ungeziefer, die Insekten leiteten sonst die Menschen vom Aas und sonstigem Unrat ab. Nicht weil sie das Ungeziefer von einem so unappetitlichen Ursprung ableiteten, dachten sie so verächtlich davon, sondern weil sie so dachten, weil ihnen ihr Wesen so verächtlich erschien, dachten sie sich einen diesem Wesen entsprechenden, einen verächtlichen Ursprung. Den Juden war die Natur ein bloßes Mittel zum Zwecke des Egoismus, ein bloßes Willensobjekt. Das Ideal, der Abgott des egoistischen Willens ist aber der Wille, welcher unbeschränkt gebietet, welcher, um seinen Zweck zu erreichen, seinen Gegenstand zu verwirklichen, keiner Mittel bedarf, welcher, was er nur immer will, unmittelbar durch sich selbst, d.h. den bloßen Willen ins Dasein ruft. Den Egoisten schmerzt es, daß die Befriedigung seiner Wünsche und Bedürfnisse eine vermittelte ist, daß für ihn eine Kluft vorhanden ist zwischen dem Gegenstand und dem Wunsche, zwischen dem Zwecke in der Wirklichkeit und dem Zwecke in der Vorstellung. Er setzt daher, um diesen Schmerz zu heilen, um sich frei zu machen von den Schranken der Wirklichkeit, als das wahre, als sein

110

höchstes Wesen *das* Wesen, welches durch das bloße: *Ich will*, den Gegenstand hervorbringt. Deswegen war dem Hebräer die Natur, die Welt das Produkt eines *diktatorischen Wortes, eines kategorischen Imperativs, eines zauberischen Machtspruchs.*

Was für mich keine theoretische Bedeutung hat, was mir *kein Wesen* in der Theorie oder Vernunft ist, dafür habe ich auch keinen *theoretischen*, keinen *wesentlichen* Grund. Durch den *Willen bekräftige, verwirkliche* ich nur seine *theoretische Nichtigkeit.* Was wir verachten, das würdigen wir keines Blickes. Was man ansieht, achtet man; *Anschauung* ist *Anerkennung.* Was man anschaut, das fesselt durch geheime Anziehungskräfte, das überwältigt durch den Zauber, den es auf das Auge ausübt, den frevelnden Übermut des Willens, der alles nur sich unterwerfen will. Was einen Eindruck auf den theoretischen Sinn, auf die Vernunft macht, das entzieht sich der Herrschaft des egoistischen Willens; es reagiert, leistet Widerstand. Was der vertilgungssüchtige Egoismus dem Tode weiht, das gibt die liebevolle Theorie dem Leben wieder.

Die so sehr verkannte Ewigkeit der Materie oder Welt bei den heidnischen Philosophen hat also keinen andern Sinn, als daß ihnen die Natur eine *theoretische Wahrheit* war.[88] Die Heiden waren Götzendiener, d.h. sie *schauten* die Natur *an*; sie taten nichts andres, als was die tiefchristlichen Völker heute tun, wenn sie die Natur zum Gegenstande ihrer Bewunderung, ihrer unermüdlichen Forschung machen. »Aber die Heiden beteten ja die Naturgegenstände an.« Allerdings; allein die Anbetung ist nur die kindliche, die *religiöse Form der Anschauung.* Anschauung und Anbetung unterscheiden sich nicht wesentlich. Was ich anschaue, vor dem demütige ich mich, dem weihe ich das Herrlichste, was ich habe, mein Herz, meine Intelligenz zum Opfer. Auch der Naturforscher fällt vor der Natur auf die Knie nieder, wenn er eine Flechte, ein Insekt, einen Stein selbst mit Lebensgefahr aus der Tiefe der Erde hervorgräbt, um ihn im Lichte der Anschauung zu verherrlichen und im Andenken der wissenschaftlichen Menschheit zu verewigen. *Naturstudium* ist *Naturdienst*, Götzendienst im Sinne des israelitischen und christlichen Gottes, und *Götzendienst* nichts als *die erste Naturanschauung* des Menschen; denn die Religion ist nichts andres als die erste, darum kindliche, volkstümliche, aber befangene, unfreie Natur- und Selbstanschauung des Menschen. Die Hebräer dagegen erhoben sich über den Götzendienst zum Gottesdienste, über die Kreatur zur Anschauung des Kreators, d.h. sie erhoben sich über die *theoretische Anschauung* der Natur, welche den Götzendiener bezauberte, zur rein praktischen Anschauung, welche die Natur nur den Zwecken des Egoismus unterwirft. »Daß du auch nicht deine Augen aufhebest gen Himmel und sehest die Sonne und den Mond und die Sterne, das ganze Heer des Himmels und fallest ab und betest sie an und dienest ihnen, welche der Herr, dein Gott verordnet hat (d.i. geschenkt, *largitus est*) allen Völkern unter dem ganzen Himmel.«[89] Nur in der *unergründlichen Tiefe* und Gewalt des hebräischen Egoismus hat also die Schöpfung aus Nichts, d.h. die Schöpfung als ein bloßer befehlshaberischer Akt, ihren Ursprung.

Aus diesem Grunde ist auch die Schöpfung aus Nichts kein Gegenstand der Philosophie - wenigstens in keiner andern Weise, als sie es hier ist-, denn sie schneidet mit der Wurzel alle wahre Spekulation ab, bietet dem Denken, der Theorie keinen Anhaltspunkt dar; sie ist eine für die Theorie bodenlose, aus der Luft gegriffene Lehre, die nur den Utilismus, den Egoismus bewahrheiten soll, nichts enthält, nichts andres ausdrückt als den *Befehl,* die Natur nicht zu einem Gegenstande des Denkens, der Anschauung, sondern der Benützung und Genießung zu machen. Aber freilich, je leerer sie für die natürliche Philosophie, um so tiefer ist ihre »spekulative« Bedeutung; denn eben weil sie keinen theoretischen Anhaltspunkt hat, läßt sie der Spekulation einen unendlichen Spielraum zu willkürlicher Deutelei und Grübelei.

Es ist in der Geschichte der Dogmen und Spekulationen wie in der Geschichte der Staaten. Uralte Gebräuche, Rechte und Institute schleppen sich mit fort, nachdem sie längst ihren Sinn verloren. Was einmal gewesen, das will sich nicht das Recht nehmen lassen, für immer zu sein; was einmal gut war, das will nun auch für alle Zeiten gut sein. Hinterdrein kommen dann die Deutler, die Spekulanten und sprechen von dem *tiefen* Sinne, weil sie den *wahren* Sinn nicht mehr kennen.[90] So betrachtet auch die religiöse Spekulation die Dogmen, losgerissen aus dem Zusammenhang, in welchem sie allein Sinn haben; sie reduziert sie nicht kritisch auf ihren wahren innern Ursprung; sie macht vielmehr das Abgeleitete zum Ursprünglichen und umgekehrt das Ursprüngliche zum Abgeleiteten. Gott ist ihr das Erste; der Mensch das Zweite. So kehrt sie die natürliche Ordnung der Dinge um! Das Erste ist gerade der Mensch, das Zweite das sich *gegenständliche* Wesen des Menschen: Gott. Nur in der spätern Zeit, wo die Religion bereits Fleisch und Blut geworden, kann man sagen: wie der Gott, so der Mensch, obwohl auch dieser Satz immer nur eine Tautologie ausdrückt. Aber im Ursprung ist es anders, und nur im Ursprung kann man etwas in seinem wahren Wesen erkennen. *Erst schafft der Mensch ohne Wissen und Willen Gott nach seinem Bilde,* und dann erst schafft wieder dieser Gott *mit Wissen und Willen* den Menschen nach seinem Bilde. Dies bestätigt vor allem der Entwicklungsgang der israelitischen Religion. Daher der Satz der theologischen Halbheit, daß die Offenbarung Gottes gleichen Schritt mit der Entwicklung des Menschengeschlechts hält. Natürlich; denn die Offenbarung Gottes ist nichts andres als die Offenbarung, die Selbstentfaltung des menschlichen Wesens. Nicht aus dem Kreator ging der *supranaturalistische* Egoismus der Juden hervor, sondern umgekehrt jener aus diesem: in der Kreation rechtfertigte nur gleichsam vor dem Forum seiner Vernunft der Israelite seinen Egoismus.

Allerdings konnte sich auch der Israelite als Mensch, wie leicht begreiflich, selbst schon aus praktischen Gründen, nicht der theoretischen Anschauung und Bewunderung der Natur entziehen. Aber er feiert nur die Macht und Größe Jehovas, indem er die Macht und Größe der Natur feiert. Und diese Macht Jehovas hat sich am herrlichsten gezeigt in den Wunderwerken, die sie zum Besten Israels getan. Es bezieht sich also der Israelite in der Feier dieser Macht immer zuletzt auf sich selbst; er feiert die Größe der Natur nur aus demselben Interesse, aus welchem der Sieger die Stärke seines Gegners vergrößert, um dadurch sein Selbstgefühl zu steigern, seinen Ruhm zu verherrlichen. Groß und gewaltig ist die Natur, die Jehova gemacht, aber noch gewaltiger, noch größer ist Israels Selbstgefühl. Um seinetwillen steht die Sonne stille; um seinetwillen erbebt nach Philo bei der Verkündigung des Gesetzes die Erde; kurz, um seinetwillen verändert die ganze Natur ihr Wesen. *»Die ganze Kreatur, so ihre eigene Art hatte, veränderte sich wieder nach Deinem Gebote, dem sie dient, auf daß Deine Kinder unversehrt bewahrt würden.«*[91] Gott gab Mose nach Philo Macht über die ganze Natur; jedes der Elemente gehorchte ihm als dem *Herrn der Natur.* Israels Bedürfnis ist das allmächtige Weltgesetz, *Israels Notdurft das Schicksal der Welt.* Jehova ist das Bewußtsein Israels von der Heiligkeit und Notwendigkeit seiner Existenz - eine Notwendigkeit, vor welcher das Sein der Natur, das Sein anderer Völker in Nichts verschwindet -, Jehova die *Salus populi,* das Heil Israels, dem alles, was im Wege steht, aufgeopfert werden muß, Jehova das ausschließliche, monarchische Selbstgefühl, das vernichtende Zornfeuer in dem racheglühenden Auge des vertilgungssüchtigen Israels, kurz, Jehova, das Ich Israels, das sich als der Endzweck und Herr der Natur Gegenstand ist. So feiert also der Israelite in der Macht der Natur die Macht Jehovas und in der Macht Jehovas die Macht des eignen Selbstbewußtseins. »Gelobt sei Gott! Ist *Hilfsgott* uns, ein Gott *zu unserm Heil.*« »Jehova Gott ist *meine Kraft.*« »Gott selbst des *Helden* (Josua) *Wort gehorchte,* denn er, Jehova selbst, stritt mit vor Israel.« »Jehova ist *Kriegsgott.*«[92]

Wenn sich gleich im Verlaufe der Zeit der Begriff Jehovas in einzelnen Köpfen erweiterte und seine Liebe, wie von dem Verfasser des Buchs Jona, auf die Menschen überhaupt ausgedehnt wurde, so gehört dies doch nicht zum wesentlichen Charakter der israelitischen Religion. Der Gott der Väter, an den sich die teuersten Erinnerungen knüpfen, der *alte historische* Gott bleibt doch immer die Grundlage einer Religion.[93] [Vgl. Anhang, Abschnitte X, XI]

DREIZEHNTES KAPITEL DIE ALLMACHT DES GEMÜTS ODER DAS GEHEIMNIS DES GEBETS

Israel ist die historische Definition der eigentümlichen Natur des religiösen Bewußtseins, nur daß dieses hier noch mit der Schranke eines besondern, des Nationalinteresses behaftet war. Wir dürfen daher diese Schranke nur fallen lassen, so haben wir die christliche Religion. Das Judentum ist das *weltliche Christentum*, das Christentum das *geistliche Judentum*. Die christliche Religion ist die vom Nationalegoismus gereinigte jüdische Religion, allerdings zugleich eine neue, andere Religion; denn jede Reformation, jede Reinigung bringt, namentlich in religiösen Dingen, wo selbst das Unbedeutende Bedeutung hat, eine wesentliche Veränderung hervor. Dem Juden war der Israelite der Mittler, das Band zwischen Gott und Mensch; er bezog sich in seiner Beziehung auf Jehova auf sich als Israeliten; Jehova war selbst nichts andres als die Einheit, das sich als absolutes Wesen gegenständliche Selbstbewußtsein Israels, das Nationalgewissen, das allgemeine Gesetz, der Zentralpunkt der Politik.[94] Lassen wir die Schranke des Nationalbewußtseins fallen, so bekommen wir statt des Israeliten - den *Menschen*. Wie der Israelite in Jehova sein Nationalwesen vergegenständlichte, so vergegenständlichte sich der Christ in Gott sein von der Schranke der Nationalität befreites menschliches und zwar subjektiv menschliches Wesen.[95] Wie Israel das Bedürfnis, die Not seiner Existenz zum Gesetz der Welt machte, wie es in diesem Bedürfnis selbst seine politische Rachsucht vergötterte, so machte der Christ die Bedürfnisse des menschlichen Gemüts zu den allgebietenden Mächten und Gesetzen der Welt. Die Wunder des Christentums, die ebenso wesentlich zur Charakteristik desselben gehören als die Wunder des A. T. zur Charakteristik des Judentums, haben nicht das Wohl einer Nation zu ihrem Gegenstande, sondern das *Wohl des Menschen* - allerdings nur des christgläubigen, denn das Christentum anerkannte den Menschen nur unter der Bedingung, der *Beschränkung* der Christlichkeit, im Widerspruch mit dem wahrhaft, dem universell menschlichen Herzen, aber diese verhängnisvolle Beschränkung kommt erst später zur Sprache. Das Christentum hat den *Egoismus* des Judentums zur *Subjektivität* vergeistigt - obwohl sich auch innerhalb des Christentums diese Subjektivität wieder als purer Egoismus ausgesprochen -, das Verlangen nach *irdischer Glückseligkeit*, das Ziel der israelitischen Religion, in die Sehnsucht *himmlischer Seligkeit*, das Ziel des Christentums, verwandelt.

Der höchste Begriff, der Gott eines politischen Gemeinwesens, eines Volks, dessen Politik aber in der *Form der Religion* sich ausspricht, ist das *Gesetz*, das Bewußtsein des Gesetzes als einer absoluten, göttlichen Macht;

der höchste Begriff, der Gott des unweltlichen, unpolitischen menschlichen Gemüts ist die *Liebe* - die Liebe, die dem Geliebten alle Schätze und Herrlichkeiten im Himmel und auf Erden zum Opfer bringt, die Liebe, deren *Gesetz* der *Wunsch* des Geliebten und deren Macht die unbeschränkte Macht der Phantasie, der intellektuellen Wundertätigkeit ist.

Gott ist die Liebe, die unsre Wünsche, unsre Gemütsbedürfnisse befriedigt - er ist selbst der *verwirklichte Wunsch* des Herzens, der zur Gewißheit seiner Erfüllung, seiner Gültigkeit, zur zweifellosen Gewißheit, vor der kein Widerspruch des Verstandes, kein Einwand der Erfahrung, der Außenwelt besteht, gesteigerte Wunsch. Gewißheit ist für den Menschen die höchste Macht; was ihm *gewiß*, das ist ihm das Seiende, das Göttliche. *Gott ist die Liebe* - dieser Ausspruch, der höchste des Christentums -, ist nur der Ausdruck von der *Selbstgewißheit des menschlichen Gemütes*, von der Gewißheit seiner als der allein *berechtigten, d.i. göttlichen Macht* -, der Ausdruck von der Gewißheit, daß des Menschen innere Herzenswünsche unbedingte Gültigkeit und Wahrheit haben, daß es *keine Schranke, keinen Gegensatz des menschlichen Gemüts* gibt, daß die ganze Welt mit aller ihrer Herrlichkeit und Pracht *nichts ist gegen das menschliche* Gemüt.[96] Gott ist die Liebe - d.h. das Gemüt ist *der Gott* des Menschen, ja Gott schlechtweg, das absolute Wesen. Gott ist das sich gegenständliche Wesen des Gemüts, das *schrankenfreie, reine Gemüt* – Gott ist der in das *Tempus finitum*, in das gewisse selige ist verwandelte Optativ des menschlichen Herzens, die rücksichtslose Allmacht des Gefühls, das sich selbst erhörende Gebet, das sich *selbst vernehmende Gemüt*, das Echo unsrer Schmerzenslaute. Äußern muß sich der Schmerz; unwillkürlich greift der Künstler nach der Laute, um in ihren Tönen seinen eignen Schmerz auszuhauchen. Er befriedigt seinen Schmerz, indem er ihn vernimmt, indem er ihn vergegenständlicht; er erleichtert die Last, die auf seinem Herzen ruht, indem er sie der Luft mitteilt, seinen Schmerz zu einem *allgemeinen* Wesen macht. Aber die Natur erhört nicht die Klagen des Menschen - sie ist gefühllos gegen seine Leiden. Der Mensch wendet sich daher weg von der Natur, weg von den sichtbaren Gegenständen überhaupt - er kehrt sich nach innen, um hier, verborgen und geborgen vor den gefühllosen Mächten, Gehör für seine Leiden zu finden. Hier spricht er seine drückenden Geheimnisse aus, hier macht er seinem gepreßten Herzen Luft. *Diese freie Luft des Herzens*, dieses *ausgesprochne* Geheimnis, dieser entäußerte Seelenschmerz ist *Gott*. Gott ist eine Träne der Liebe, in tiefster Verborgenheit vergossen über das menschliche Elend. »*Gott ist ein unaussprechlicher Seufzer*, im Grund der Seelen gelegen« - dieser Ausspruch[97] ist der merkwürdigste, tiefste, wahrste Ausspruch der christlichen Mystik.

Das tiefste Wesen der Religion offenbart der einfachste Akt der Religion -*das Gebet* -, ein Akt, der unendlich mehr oder wenigstens ebensoviel sagt als das Dogma der Inkarnation, obgleich die religiöse Spekulation dasselbe als das größte Mysterium anstiert. Aber freilich nicht das Gebet vor und nach der Mahlzeit, das Mastgebet des Egoismus, sondern das schmerzensreiche Gebet, das Gebet der trostlosen Liebe, das Gebet, welches die den Menschen zu Boden schmetternde Macht seines Herzens ausdrückt.

Im Gebet redet der Mensch Gott mit Du an; er erklärt also laut und vernehmlich Gott für sein *anderes Ich*; er beichtet Gott als dem ihm nächsten, innigsten Wesen seine *geheimsten Gedanken*, seine innigsten Wünsche, die er außerdem sich scheut, laut werden zu lassen. Aber er äußert diese Wünsche in der Zuversicht, *in der Gewißheit*, daß sie erfüllt werden. Wie könnte er sich an ein Wesen wenden, das kein Ohr für seine Klagen hätte? Was ist also das Gebet, als der mit der *Zuversicht in seine Erfüllung* geäußerte *Wunsch des Herzens?*[98] Was anders *das* Wesen, das diese Wünsche erfüllt, als das sich selbst Gehör gebende, *sich selbst genehmigende, sich* ohne Ein- und Widerrede *bejahende menschliche Gemüt?* Der Mensch, der sich nicht die Vorstellung der Welt aus dem Kopf schlägt, die Vorstellung, daß alles hier nur vermittelt ist, jede Wirkung ihre natürliche Ursache hat, jeder Wunsch nur erreicht wird, wenn er zum Zweck gemacht und die entsprechenden Mittel ergriffen werden, ein solcher Mensch betet nicht, er arbeitet nur; er verwandelt die erreichbaren Wünsche in Zwecke weltlicher Tätigkeit, die übrigen Wünsche, die er als subjektive erkennt, unterdrückt er oder betrachtet sie eben nur als subjektive, fromme Wünsche. Kurz, er beschränkt, bedingt sein Wesen durch die Welt, als deren Mitglied er sich denkt, seine Wünsche durch die Vorstellung der Notwendigkeit. Im Gebete dagegen schließt der Mensch die Welt und mit ihr alle Gedanken der Vermittlung, der Abhängigkeit, der traurigen Notwendigkeit von sich aus; er macht seine Wünsche, seine Herzensangelegenheiten zu Gegenständen des unabhängigen, allvermögenden, des absoluten Wesens, d.h. *er bejaht sie unbeschränkt.* Gott ist das *Jawort* des menschlichen Gemüts - das Gebet die unbedingte Zuversicht des menschlichen Gemütes zur *absoluten Identität des Subjektiven und Objektiven*, die Gewißheit, daß die Macht des Herzens größer als die Macht der Natur, daß das *Herzensbedürfnis die allgebietende Notwendigkeit*, das *Schicksal* der Welt ist. *Das Gebet verändert den Naturlauf* - es bestimmt Gott zur Hervorbringung einer Wirkung, die *mit den Gesetzen der Natur im Widerspruch* steht. Das Gebet ist *das Verhalten des menschlichen Herzens zu sich selbst, zu seinem eigenen Wesen* – im Gebete vergißt der Mensch, daß eine Schranke seiner Wünsche existiert, und ist selig in diesem Vergessen.

Das Gebet ist die *Selbstteilung* des Menschen in *zwei* Wesen - ein Gespräch des Menschen mit sich selbst, mit seinem Herzen. Es gehört mit zur Wirkung des Gebets, daß es laut, deutlich, nachdrucksvoll ausgesprochen wird. Unwillkürlich quillt das Gebet über die Lippen heraus -der Druck des Herzens zersprengt das Schloß des Mundes. Aber das laute Gebet ist nur das sein Wesen offenbarende Gebet: das Gebet ist wesentlich, wenn auch nicht äußerlich ausgesprochene *Rede* - das lateinische Wort *oratio*

116

bedeutet beides -, im Gebete spricht sich der Mensch unverhohlen aus über das, was ihn drückt, was ihm überhaupt nahe geht; er vergegenständlicht sein Herz - daher die moralische Kraft des Gebets. Sammlung, sagt man, ist die Bedingung des Gebets. Aber sie ist mehr als Bedingung: das Gebet ist selbst Sammlung - Beseitigung aller zerstreuenden Vorstellungen, aller störenden Einflüsse von außen, Einkehr in sich selbst, um sich nur zu seinem eignen Wesen zu verhalten. Nur ein zuversichtliches, aufrichtiges, herzliches, inniges Gebet, sagt man, hilft, aber diese Hilfe liegt im Gebete selbst. Wie überall in der Religion das *Subjektive, Menschliche, Untergeordnete* in Wahrheit das *Erste*, die *prima causa*, die *Sache* selbst ist so sind auch hier diese subjektiven Eigenschaften das objektive Wesen des Gebets selbst.[99]

Die oberflächlichste Ansicht vom Gebet ist, wenn man in ihm nur einen Ausdruck des Abhängigkeitsgefühles sieht. Allerdings drückt es ein solches aus, aber die *Abhängigkeit des Menschen von seinem Herzen, von seinen Gefühlen*. Wer sich *nur* abhängig fühlt, der öffnet seinen Mund nicht zum Gebete; das Abhängigkeitsgefühl nimmt ihm die Lust, den Mut dazu; denn Abhängigkeitsgefühl ist Notwendigkeitsgefühl. Das Gebet wurzelt vielmehr in dem unbedingten, um alle Notwendigkeit unbekümmerten Vertrauen des Herzens, daß seine Angelegenheiten Gegenstand des absoluten Wesens sind, daß das allmächtige, unbeschränkte Wesen der Vater der Menschen, ein *teilnehmendes, gefühlvolles, liebendes Wesen* ist, daß also die dem Menschen teuersten, heiligsten Empfindungen und Wünsche göttliche Wahrheiten sind. Das Kind fühlt sich aber nicht abhängig von dem Vater *als Vater*; es hat vielmehr im Vater das Gefühl seiner Stärke, das Bewußtsein seines Werts, die Bürgschaft seines Daseins, die Gewißheit der Erfüllung seiner Wünsche; auf dem Vater ruht die Last der Sorge; das Kind dagegen lebt sorglos und glücklich im Vertrauen auf den Vater, seinen lebendigen Schutzgeist, der nichts will als des Kindes Wohl und Glück. Der Vater macht das Kind zum Zweck, sich selbst zum Mittel seiner Existenz. Das Kind, welches seinen Vater um etwas bittet, wendet sich nicht an ihn als ein von ihm unterschiedenes, selbständiges Wesen, als Herrn, als Person überhaupt, sondern an ihn, *wie* und *wiefern er abhängig, bestimmt ist* von seinen *Vatergefühlen*, von der *Liebe* zu seinem Kinde. Die Bitte ist nur ein Ausdruck von der *Gewalt*, die das Kind über den Vater ausübt - wenn man anders den Ausdruck Gewalt hier anwenden darf, da die Gewalt des Kindes nichts ist als die *Gewalt des Vaterherzens* selbst. Die Sprache hat für Bitten und Befehlen dieselbe Form -den Imperativ. Die *Bitte* ist der *Imperativ der Liebe*. Und dieser Imperativ hat unendlich mehr Macht als der despotische. Die Liebe befiehlt nicht; die Liebe braucht ihre Wünsche nur leise anzudeuten, um schon der Erfüllung derselben gewiß zu sein; der Despot muß schon in den Ton eine Gewalt hineinlegen, um andere, gegen ihn an sich gleichgültige Wesen zu Vollstreckern seiner Wünsche zu machen. Der Imperativ der Liebe wirkt mit elektromagnetischer Kraft, der despotische mit der mechanischen Kraft eines hölzernen Telegraphen. Der innigste Ausdruck Gottes im Gebet ist das Wort: *Vater* - der innigste, weil sich hier der Mensch zu dem absoluten Wesen als dem seinigen verhält, das Wort Vater eben selbst der Ausdruck der innigsten Einheit ist, *der* Ausdruck, in dem unmittelbar die *Gewähr* meiner Wünsche, die *Bürgschaft* meines Heils liegt. Die Allmacht, an die sich der Mensch im Gebete wendet, ist nichts als die *Allmacht der Güte*, die zum Heile des Menschen auch das Unmögliche möglich macht - in Wahrheit nichts andres als die *Allmacht des Herzens*, des *Gefühls*, welches alle Verstandesschranken durchbricht, alle Grenzen der Natur überflügelt, welches will, daß *nichts andres sei als Gefühl, nichts sei, was dem Herzen widerspricht*. Der Glaube an die Allmacht ist der Glaube an die Nichtigkeit der Außenwelt, der Objektivität der Glaube an die absolute Wahrheit und Gültigkeit des Gemüts. Das *Wesen der Allmacht* drückt nichts aus als das *Wesen des Gemüts*. Die Allmacht ist die Macht, vor der kein Gesetz, keine Naturbestimmung, keine Grenze gilt und besteht, aber diese Macht ist eben das Gemüt, welches jede Notwendigkeit, jedes *Gesetz* als Schranke empfindet und deswegen aufhebt. Die Allmacht tut nichts weiter, als daß sie den *innersten Willen des Gemüts vollstreckt, verwirklicht*. Im Gebete wendet sich der Mensch an die Allmacht der Güte - das heißt also nichts andres als: *Im Gebete betet der Mensch sein eignes Herz an*, schaut er das Wesen seines Gemüts als das höchste, das göttliche Wesen an. [Vgl. Anhang, Abschnitt XIII]

VIERZEHNTES KAPITEL DAS GEHEIMNIS DES GLAUBENS - DAS GEHEIMNIS DES WUNDERS

Der Glaube an die Macht des Gebets - und nur da, wo dem Gebete eine Macht, und zwar eine Macht über die Gegenstände außer dem Menschen zugeschrieben wird, ist noch das Gebet eine *religiöse Wahrheit* – ist eins mit dem Glauben an die Wundermacht und der Glaube an Wunder eins mit dem Wesen des Glaubens überhaupt. Nur der Glaube betet; nur das Gebet des Glaubens hat Kraft. Der Glaube ist aber nichts andres als die *zuversichtliche Gewißheit von der Realität*, d.i. *unbedingten Gültigkeit und Wahrheit des Subjektiven im Gegensatz* zu den Schranken, d.i. Gesetzen der Natur und Vernunft. Das charakteristische Objekt des Glaubens ist daher das *Wunder-Glaube* ist *Wunderglaube, Glaube und Wunder absolut unzertrennlich.* Was *objektiv* das Wunder oder die Wundermacht, das ist *subjektiv* der Glaube - das Wunder ist das äußere Gesicht des Glaubens -, der Glaube die innere Seele des Wunders -, der *Glaube* das *Wunder des Geistes*, das Wunder des Gemüts, das sich im äußern Wunder nur vergegenständlicht. *Dem Glauben ist nichts unmöglich* - und diese *Allmacht des Glaubens* verwirklicht nur das Wunder. Das Wunder ist nur ein sinnliches Beispiel von dem, was der Glaube vermag. Unbegrenztheit des Gemüts, Überschwenglichkeit des Gefühls, mit einem Worte: Supranaturalismus, Übernatürlichkeit ist daher das Wesen des Glaubens. Der Glaube bezieht sich nur auf Dinge, welche, im Widerspruch mit den Schranken, d.i. *Gesetzen* der Natur und Vernunft, die Allmacht des menschlichen Gemüts, der menschlichen Wünsche vergegenständlichen. Der Glaube entfesselt die Wünsche des Menschen von den Banden der natürlichen Vernunft; er genehmigt, was Natur und Vernunft versagen; er macht den Menschen darum selig, denn er befriedigt seine subjektivsten Wünsche. Und kein Zweifel beunruhigt den wahren Glauben. Der Zweifel entsteht nur da, wo ich aus mir selbst herausgehe, die Grenzen meiner Subjektivität überschreite, wo ich auch dem Andern außer mir, dem von mir Unterschiedenen Wahrheit und Stimmrecht einräume, wo ich mich als ein subjektives, d.i. *beschränktes* Wesen weiß und nun durch das Andere außer mir meine Grenzen zu erweitern suche. Aber im Glauben ist das *Prinzip des Zweifels* selbst verschwunden, denn dem Glauben gilt eben an und für sich *das Subjektive für das Objektive, das Absolute selbst.* Der Glaube ist nichts andres als der *Glaube an die Gottheit des Menschen.*

»Der Glaube ist ein solcher Muth im Hertzen, da man sich zu *Gott alles Guts versieht.* Einen solchen Glauben, da das Hertz alle Zuversicht auf Gott allein setzet, fordert Gott im ersten Gebot, da er spricht: Ich bin der Herr Dein Gott... Das ist ich will allein Dein Gott seyn, Du solt keinen andern Gott suchen; *ich will Dir helfen aus aller Noth...* Du solt auch nicht denken, daß ich Dir *feind sey* und Dir *nicht helffen wolle.* Wo Du also denkest, so machest Du mich in Deinem Hertzen zu einem andern Gott, denn ich bin. Darum halts gewiß dafür, daß ich Dir *wolle gnädig* seyn.« »*Wie Du Dich kehrest und wendest, also kehret und wendet sich Gott. Denkest Du, er zürne mit Dir, so zürnet er. Denkest Du*, er sey Dir unbarmhertzig und wolle Dich in die Hölle stoßen, so ist er also. *Wie Du von Gott gläubest, also hast Du ihn.*« »*Gläubst Du es, so hast Du es; gläubst Du es aber nicht, so hast Du nichts* davon.« »Darum *wie wir glauben, so geschieht uns.* Halten wir ihn für *unsern* Gott, so wird er freylich nicht unser Teuffel seyn. *Halten wir ihn* aber *nicht für unsern Gott*, so wird er freylich auch *nicht unser Gott*, sondern muß ein verzehrend Feuer seyn.« »*Durch den Unglauben* machen wir Gott zu einem *Teuffel.*«[100] Wenn ich also einen Gott *glaube,* so *habe* ich einen Gott, d.h. der *Glaube an Gott* ist der *Gott* des *Menschen.* Wenn Gott *das* und *so ist,* was ich und wie ich glaube, was ist das *Wesen Gottes anders* als das *Wesen des Glaubens?* Kannst du aber an einen *dir guten Gott* glauben, wenn *du dir selbst nicht gut bist,* wenn du am *Menschen verzweifelst,* wenn er *dir nichts ist?* Glaubst du, daß *Gott für dich* ist, so glaubst du, daß nichts *gegen dich ist und sein kann, nichts dir widerspricht.* Glaubst du aber, daß nichts gegen dich ist und sein kann, so glaubst du - was? - nichts Geringeres, als daß *du Gott* bist.[101] Daß Gott ein andres Wesen ist, das ist nur Schein, nur Einbildung. Daß er dein eignes Wesen, das sprichst du damit aus, daß Gott ein Wesen *für dich* ist. Was ist also der Glaube anders als die *Selbstgewißheit des Menschen, die zweifellose Gewißheit,* daß *sein eignes subjektives Wesen* das *objektive*, ja *absolute* Wesen, das *Wesen der Wesen* ist?

Der Glaube *beschränkt sich nicht durch die Vorstellung einer Welt,* eines *Weltganzen,* einer *Notwendigkeit.* Für den Glauben *ist nur Gott,* d.h. die *schrankenfreie Subjektivität.* Wo der Glaube im Menschen *aufgeht, da geht die Welt unter,* ja sie ist schon untergegangen. Der Glaube an den *wirklichen Untergang,* und zwar an einen *demnächst bevorstehenden,* dem *Gemüt gegenwärtigen* Untergang dieser den *christlichen Wünschen widersprechenden* Welt ist daher ein Phänomen von dem *innersten Wesen* des christlichen Glaubens, ein Glaube, der sich *gar nicht abtrennen läßt* von dem übrigen Inhalt des christlichen Glaubens, mit dessen Aufgebung das wahre positive Christentum aufgegeben, *verleugnet* wird.[102] Das Wesen des Glaubens, welches sich durch alle seine Gegenstände bis ins Speziellste hinein bestätigen läßt, ist, daß das *ist,* was der Mensch *wünscht* - er *wünscht* unsterblich zu sein, also *ist* er unsterblich; er *wünscht,* daß ein Wesen sei, welches *alles vermag, was der Natur und Vernunft unmöglich ist,* also existiert ein solches Wesen; er wünscht, daß eine Welt sei, welche den Wünschen des Gemüts entspricht, eine Welt der *unbeschränkten Subjektivität,* d.i. der ungestörten Gemütlichkeit, der ununterbrochnen Seligkeit; nun existiert aber *dennoch* eine dieser gemütlichen Welt entgegengesetzte Welt, also *muß* diese Welt *vergehen* - so notwendig vergehen, als notwendig ein Gott, das absolute Wesen des menschlichen Gemüts, besteht. Glaube, Liebe, Hoffnung sind die christliche Dreieinigkeit. Die Hoffnung bezieht sich auf die Erfüllung der Verheißungen - *der* Wünsche, die *noch nicht erfüllt* sind, aber *erfüllt werden*; die Liebe auf das Wesen, welches diese Verheißungen gibt und *erfüllt*, der Glaube auf die Verheißungen, die Wünsche, welche *bereits erfüllt, historische Tatsachen* sind.

Das Wunder ist ein wesentlicher Gegenstand des Christentums, wesentlicher Glaubensinhalt. Aber was ist das Wunder? *Ein verwirklichter supranaturalistischer Wunsch* - sonst nichts. Der Apostel Paulus erläutert das Wesen des christlichen Glaubens an dem Beispiel Abrahams. Abraham konnte auf natürlichem Wege nimmer auf Nachkommenschaft hoffen. Jehova verhieß sie ihm gleichwohl aus besonderer Gnade. Und Abraham glaubte, der Natur zum Trotz. Darum wurde ihm auch dieser Glaube zur Gerechtigkeit, zum Verdienst angerechnet; denn es gehört viele Einbildungskraft dazu, etwas im Widerspruch mit Erfahrung, wenigstens vernünftiger, gesetzmäßiger Erfahrung dennoch als gewiß anzunehmen. Aber was war der Gegenstand dieser göttlichen Verheißung? Nachkommenschaft: der Gegenstand eines menschlichen Wunsches. Und woran glaubte Abraham, wenn er Jehova glaubte? An ein Wesen, welches alles vermag, alle menschlichen Wünsche erfüllen kann. *»Sollte dem Herrn etwas unmöglich sein?«*[103]

Doch wozu versteigen wir uns bis zu Abraham hinauf? Die schlagendsten Beweise haben wir ja viel näher. Das Wunder speist Hungrige, heilt von Natur Blinde, Taube, Lahme, errettet aus Lebensgefahren, belebt selbst Tote auf die Bitten ihrer Verwandten. Es befriedigt also menschliche Wünsche - Wünsche, die aber zugleich, zwar nicht immer *an sich selbst*, wie der Wunsch, den Toten zu beleben, doch *insofern*, als sie die Wundermacht, wunderbare Hilfe ansprechen, *überschwengliche, supranaturalistische Wünsche* sind. Aber das Wunder unterscheidet sich dadurch von der natur- und vernunftgemäßen Befriedigungsweise menschlicher Wünsche und Bedürfnisse, daß es die Wünsche des Menschen auf eine dem *Wesen des Wunsches entsprechende*, auf die *wünschenswerteste Weise* befriedigt. Der Wunsch bindet sich an keine Schranke, kein Gesetz, keine Zeit; er will unverzüglich, augenblicklich erfüllt sein. Und siehe da! so schnell als der Wunsch, so schnell ist das Wunder. Die Wunderkraft verwirklicht *augenblicklich*, mit *einem Schlag, ohne alles Hindernis* die menschlichen Wünsche. Daß Kranke gesund werden, das ist kein Wunder, aber daß sie unmittelbar auf einen *bloßen Machtspruch* hin gesund werden, das ist das Geheimnis des Wunders. Nicht also durch das *Produkt* oder *Objekt*, welches sie hervorbringt - würde die Wundermacht etwas absolut Neues, nie Gesehenes, nie Vorgestelltes, auch nicht einmal Erdenkbares verwirklichen, so wäre sie als eine *wesentlich andere* und zugleich *objektive* Tätigkeit faktisch erwiesen -, sondern allein durch den *Modus*, die *Art und Weise* unterscheidet sich die Wundertätigkeit von der Tätigkeit der

Natur und Vernunft. Allein die Tätigkeit, welche dem Wesen, dem Inhalt nach eine natürliche, sinnliche, nur der Art oder Form nach eine *übernatürliche, übersinnliche* ist, diese Tätigkeit ist nur die Phantasie oder Einbildungskraft. Die *Macht des Wunders* ist daher nichts andres als die *Macht der Einbildungskraft*.

Die Wundertätigkeit ist eine Zwecktätigkeit. Die Sehnsucht nach dem verlornen Lazarus, der Wunsch seiner Verwandten, ihn wieder zu besitzen, war der Beweggrund der wunderbaren Erweckung - die Tat selbst, die Befriedigung dieses Wunsches, der Zweck. Allerdings geschah das Wunder *»zur Ehre Gottes*, daß der Sohn Gottes dadurch geehret werde«, aber die Schwestern des Lazarus, die nach dem Herrn schicken mit den Worten: »Siehe, den Du lieb hast, der liegt krank« und die *Tränen*, die Jesus vergoß, vindizieren dem Wunder einen menschlichen Ursprung und Zweck. Der Sinn ist: *Der* Macht, die selbst Tote erwecken kann, ist kein menschlicher Wunsch unerfüllbar.[104] Und die Ehre des Sohnes besteht eben darin, daß er erkannt und verehrt wird als das Wesen, welches kann, was der Mensch nicht kann, aber wünscht zu können. Die Zwecktätigkeit beschreibt bekanntlich einen Kreis: sie läuft im Ende auf ihren Anfang zurück. Aber die Wundertätigkeit unterscheidet sich dadurch von der gemeinen Verwirklichung des Zwecks, daß sie einen Zweck *ohne Mittel* verwirklicht, daß sie eine *unmittelbare Einheit des Wunsches und der Erfüllung* bewirkt, daß sie folglich einen *Kreis* beschreibt, aber *nicht in krummer*, sondern in gerader, folglich der kürzesten Linie. Ein Kreis in gerader Linie ist das mathematische Sinn- und Ebenbild des Wunders. So lächerlich es daher wäre, einen Kreis in gerader Linie konstruieren zu wollen, so lächerlich ist es, das Wunder philosophisch begründen zu wollen. Das Wunder ist für die Vernunft sinnlos, undenkbar, so undenkbar als ein hölzernes Eisen, ein Kreis ohne Peripherie. Ehe man die Möglichkeit bespricht, ob ein Wunder geschehen kann, zeige man die Möglichkeit, ob das Wunder, d.h. *das Undenkbare denkbar* ist.

Was dem Menschen die Einbildung der Denkbarkeit des Wunders beibringt, ist, daß das Wunder als eine *sinnliche* Begebenheit vorgestellt wird und der Mensch daher seine Vernunft durch, zwischen den Widerspruch sich einschiebende, sinnliche Vorstellungen täuscht. Das Wunder der Verwandlung des Wassers in Wein z.B. sagt in Wahrheit nichts andres als: Wasser *ist* Wein, nichts andres als die Einheit zweier sich absolut widersprechender Prädikate oder Subjekte; denn in der Hand des Wundertäters ist *kein Unterschied* zwischen beiden Substanzen; die Verwandlung ist nur die sinnliche Erscheinung von dieser Einheit des sich Widersprechenden. Aber die Verwandlung verhüllt den Widerspruch, weil die natürliche Vorstellung der *Veränderung* sich dazwischen einschiebt. Allein es ist ja keine allmähliche, keine natürliche, sozusagen *organische*, sondern eine absolute, stofflose Verwandlung - eine reine Schöpfung aus Nichts. In dem geheimnis- und verhängnisvollen Wunderakt, in dem Akt, der das Wunder zum *Wunder* macht, ist urplötzlich, ununterscheidbar Wasser Wein - was ebensoviel sagen will als: Eisen ist Holz, oder ein hölzernes Eisen.

Der Wunderakt - und das Wunder ist nur ein flüchtiger Akt - ist daher kein denkbarer, denn er hebt das Prinzip der Denkbarkeit auf - aber ebensowenig ein Gegenstand des Sinnes, ein Gegenstand wirklicher oder nur möglicher Erfahrung. Wasser ist wohl Gegenstand des Sinnes, auch Wein; ich sehe jetzt wohl Wasser, hernach Wein; aber *das Wunder* selbst, das, was dieses Wasser urplötzlich zum Wein macht, dies ist, weil kein Naturprozeß, kein Gegenstand wirklicher oder nur möglicher Erfahrung. Das Wunder ist ein *Ding der Einbildung* - eben deswegen auch so *gemütlich*, denn die Phantasie ist die dem Gemüte entsprechende Tätigkeit, weil sie alle Schranken, alle Gesetze, welche dem Gemüte wehe tun, beseitigt und so dem Menschen die unmittelbare, schlechthin unbeschränkte Befriedigung seiner subjektivsten Wünsche vergegenständlicht.[105] Gemütlichkeit ist die wesentliche Eigenschaft des Wunders. Wohl macht auch das Wunder einen erhabnen, erschütternden Eindruck, insofern als es eine Macht ausdrückt, vor der nichts besteht - die Macht der Phantasie. Aber dieser Eindruck liegt nur in dem vorübergehenden Akt des Tuns - der bleibende, wesenhafte Eindruck ist der gemütliche. In dem Augenblick, wo der geliebte Tote aufgeweckt wird, erschrecken wohl die umstehenden Verwandten und Freunde über die außerordentliche, allmächtige Kraft, die Tote in Lebende verwandelt; aber in demselben ungeteilten Augenblicke - denn die Wirkungen der Wundermacht sind höchst schnell -, wo er aufersteht, wo das Wunder vollbracht ist, da fallen auch schon die Verwandten dem Wiedererstandnen in die Arme und führen ihn unter Freudentränen nach Hause, um hier ein gemütliches Fest zu feiern. *Aus dem Gemüte entspringt das Wunder, auf das Gemüt geht es wieder zurück.* Selbst in der Darstellung verleugnet es nicht seinen Ursprung. Die angemessene Darstellung ist allein die gemütliche. Wer sollte in der Erzählung von der Erweckung des Lazarus, dem größten Wunder, den gemütlichen, behaglichen Legendenton verkennen?[106] Gemütlich ist aber eben das Wunder, weil es, wie gesagt, ohne Arbeit, ohne Anstrengung die Wünsche des Menschen befriedigt. Arbeit ist gemütlos, ungläubig, rationalistisch; denn der Mensch macht hier sein Dasein abhängig von der Zwecktätigkeit, die selbst wieder lediglich durch die Anschauung der *gegenständlichen Welt* vermittelt ist. Aber das Gemüt kümmert sich nichts um die gegenständliche Welt; es geht nicht außer und über sich hinaus; es ist selig in sich. Das Element der Bildung, das nordische Prinzip der Selbstentäußerung geht dem Gemüte ab. Der klassische Geist, der Geist der Bildung ist der sich selbst durch Gesetze beschränkende, durch die *Anschauung der Welt*, durch die *Notwendigkeit, die Wahrheit der Natur der Dinge* Gefühl und Phantasie bestimmende, der *gegenständliche* Geist. An die Stelle dieses Geistes trat mit dem Christentum die unbeschränkte, maßlose, überschwengliche, supranaturalistische Subjektivität - ein in seinem innersten Wesen dem Prinzip der Wissenschaft, der Bildung entgegengesetztes Prinzip.[107] Mit dem Christentum verlor der Mensch den Sinn, die Fähigkeit, sich in die Natur, das Universum hineinzudenken. Solange das *wahre, ungeheuchelte, unverfälschte, rücksichtslose* Christentum existierte, solange das Christentum eine *lebendige, praktische Wahrheit* war, solange geschahen *wirkliche* Wunder, und sie geschahen notwendig, denn der Glaube an tote, historische, vergangne Wunder ist selbst ein toter Glaube, der *erste Ansatz zum Unglauben* oder vielmehr die erste und eben deswegen schüchterne, unwahre, unfreie Weise, wie der Unglaube an das Wunder sich Luft macht. Aber wo Wunder geschehen, da verfließen alle bestimmten Gestalten in den Nebel der Phantasie und des Gemüts; da ist die Welt, die Wirklichkeit keine Wahrheit, da gilt für das *wahre,* wirkliche Wesen allein das wundertätige, gemütliche, d.i. *subjektive* Wesen.

Für den bloßen Gemütsmenschen ist unmittelbar, ohne daß er es will und weiß, die Einbildungskraft die höchste Tätigkeit, die ihn beherrschende; als die höchste, die Tätigkeit Gottes, die schöpferische Tätigkeit. Sein Gemüt ist ihm eine unmittelbare Wahrheit und Autorität; so wahr ihm das Gemüt ist - und es ist ihm das Wahrste, Wesenhafteste, er kann nicht von seinem Gemüte abstrahieren, nicht darüber hinaus -, so wahr ist ihm die Einbildung. Die Phantasie oder Einbildungskraft (die hier nicht unterschieden werden, obwohl an sich verschieden) ist ihm nicht so, wie uns Verstandesmenschen, die wir sie als die subjektive von der objektiven Anschauung unterscheiden, Gegenstand; sie ist *unmittelbar* mit ihm selbst, mit seinem Gemüte *eins,* und als eins mit *seinem Wesen,* seine *wesentliche,* gegenständliche, notwendige Anschauung selbst. Für uns ist wohl die Phantasie eine *willkürliche Tätigkeit,* aber wo der Mensch das Prinzip der Bildung, der Weltanschauung nicht in sich aufgenommen, wo er nur in seinem Gemüte lebt und webt, da ist die Phantasie eine unmittelbare, unwillkürliche Tätigkeit.

Die Erklärung der Wunder aus Gemüt und Phantasie gilt vielen heutigentags freilich für oberflächlich. Aber man denke sich hinein in die Zeiten, wo noch lebendige, gegenwärtige Wunder geglaubt wurden, wo die Wahrheit und Existenz der Dinge außer uns noch kein geheiligter Glaubensartikel war, wo die Menschen so abgezogen von der Weltanschauung lebten, daß sie tagtäglich dem Untergang der Welt entgegensahen, wo sie nur lebten in der wonnetrunkenen Aussicht und Hoffnung des Himmels, also in der Einbildung - denn mag der Himmel sein, was er will, für sie wenigstens existierte er, solange sie auf Erden waren, nur in der Einbildungskraft -, wo diese Einbildung *keine Einbildung,* sondern Wahrheit, ja die ewige, allein bestehende Wahrheit, nicht ein tatloses, müßiges *Trostmittel* nur, sondern ein *praktisches*, die *Handlungen bestimmendes Moralprinzip* war, welchem die Menschen mit Freuden das wirkliche Leben, die wirkliche Welt mit allen ihren Herrlichkeiten zum Opfer brachten - man denke sich da hinein, und man muß in der Tat selbst sehr oberflächlich sein, wenn man die psychologische Erklärung für oberflächlich erklärt. Kein stichhaltiger Einwand ist es, daß diese Wunder im Angesichte ganzer Versammlungen geschehen sind oder geschehen sein sollen: keiner war bei sich, alle erfüllt von überschwenglichen, supranaturalistischen Vorstellungen, Empfindungen; alle beseelte derselbe Glaube, dieselbe Hoffnung, dieselbe Phantasie. Wem sollte es aber unbekannt sein, daß es auch gemeinschaftliche oder gleichartige Träume, gemeinschaftliche oder gleichartige Visionen gibt, zumal bei gemütlichen, in und auf sich beschränkten, enge zusammenhaltenden Individuen? Doch dem sei, wie es wolle. Ist die Erklärung der Wunder aus Gemüt und Phantasie oberflächlich, so fällt die Schuld der Oberflächlichkeit nicht auf den Erklärer, sondern auf den Gegenstand selbst - auf das Wunder; denn das Wunder drückt, bei Lichte besehen, eben gar nichts weiter aus als die Zaubermacht der Phantasie, die ohne Widerspruch alle Wünsche des Herzens erfüllt.[108] [Vgl. Anhang, Abschnitte XII-XIV]

FÜNFZEHNTES KAPITEL DAS GEHEIMNIS DER AUFERSTEHUNG UND ÜBERNATÜRLICHEN GEBURT

Die Qualität der Gemütlichkeit gilt nicht nur von den praktischen Wundern, wo sie von selbst in die Augen springt, da sie unmittelbar das Wohl, den Wunsch des menschlichen Individuums betreffen; sie gilt auch von den theoretischen oder eigentlich dogmatischen Wundern. So von dem Wunder der Auferstehung und übernatürlichen Geburt.

Der Mensch hat, wenigstens im Zustande des Wohlseins, den Wunsch, nicht zu sterben. Dieser Wunsch ist ursprünglich eins mit dem Selbsterhaltungstriebe. Was lebt, will sich behaupten, will leben, folglich nicht sterben. Dieser erst negative Wunsch wird in der spätern Reflexion und im Gemüte, unter dem Drucke des Lebens, besonders des bürgerlichen und politischen Lebens, zu einem positiven Wunsche, zum Wunsche eines Lebens und zwar bessern Lebens nach dem Tode. Aber in diesem Wunsche liegt zugleich der Wunsch der Gewißheit dieser Hoffnung. Die Vernunft kann diese Hoffnung nicht erfüllen. Man hat daher gesagt: Alle Beweise für die Unsterblichkeit sind ungenügend, oder selbst, daß sie die Vernunft gar nicht aus sich erkennen, viel weniger beweisen könne. Und mit Recht: die Vernunft gibt nur *allgemeine*, abstrakte Beweise; die *Gewißheit* meiner *persönlichen* Fortdauer kann sie mir nicht geben, und diese Gewißheit verlangt man eben. Aber zu solcher Gewißheit gehört eine unmittelbare, sinnliche Versicherung, eine tatsächliche Bestätigung. Diese kann mir nur dadurch gegeben werden, daß ein Toter, von dessen Tode wir vorher versichert waren, wieder aus dem Grabe aufersteht, und zwar ein Toter, der kein gleichgültiger, sondern vielmehr das Vorbild der andern ist, so daß auch seine Auferstehung das Vorbild, die Garantie der Auferstehung der andern ist. Die Auferstehung Christi ist daher das *befriedigte Verlangen* des Menschen nach *unmittelbarer Gewißheit* von seiner *persönlichen Fortdauer* nach dem Tode -die persönliche Unsterblichkeit als eine sinnliche, unbezweifelbare Tatsache.

Die Frage von der Unsterblichkeit war bei den heidnischen Philosophen eine Frage, bei welcher das Interesse der Persönlichkeit nur Nebensache war. Es handelte sich hier hauptsächlich nur um die *Natur* der Seele, des Geistes, des Lebensgrundes. Im Gedanken von der Unsterblichkeit des Lebensgrundes liegt keineswegs unmittelbar der Gedanke, geschweige die Gewißheit der persönlichen Unsterblichkeit. Darum drücken sich die Alten so unbestimmt, so widersprechend, so zweifelhaft über diesen Gegenstand aus. Die Christen dagegen in der zweifellosen Gewißheit, daß ihre persönlichen, gemütlichen Wünsche erfüllt werden, d.h. in der Gewißheit von dem göttlichen Wesen ihres Gemüts, von der Wahrheit und Heiligkeit ihrer Gefühle, machten, was bei den Alten die Bedeutung eines *theoretischen Problems* hatte, zu einer *unmittelbaren Tatsache*, eine *theoretische*, eine *an sich freie* Frage zu einer *bindenden Gewissenssache*, deren Leugnung dem Majestätsverbrechen des Atheismus gleichkam. Wer die Auferstehung leugnet, leugnet die Auferstehung Christi, wer Christi Auferstehung leugnet, leugnet Christus, wer aber Christus leugnet, leugnet Gott. So machte das »geistige« Christentum eine geistige Sache zu einer geistlosen Sache! Den Christen war die Unsterblichkeit der Vernunft, des Geistes viel zu »abstrakt« und »negativ«; ihnen lag nur die persönliche, gemütliche Unsterblichkeit am Herzen; aber die Bürgschaft dieser liegt nur in der fleischlichen Auferstehung. Die Auferstehung des Fleisches ist der höchste Triumph des Christentums über die erhabene, aber allerdings abstrakte Geistigkeit und Objektivität der Alten. Darum wollte auch die Auferstehung den Heiden durchaus nicht in den Kopf.

Aber wie die Auferstehung, das Ende der heiligen Geschichte - eine Geschichte, die aber nicht die Bedeutung einer Historie, sondern der Wahrheit selber hat - ein erfüllter Wunsch, so ist es auch der Anfang derselben, die übernatürliche Geburt, obgleich diese sich nicht auf ein unmittelbar persönliches Interesse, sondern mehr nur auf ein absonderliches, subjektives Gefühl bezieht.

Je mehr sich der Mensch der Natur entfremdet, je subjektiver, d.i. über- oder widernatürlicher seine Anschauung wird, desto größere Scheu bekommt er vor der Natur oder wenigstens vor *den* natürlichen Dingen und Prozessen, die seiner Phantasie mißfallen, ihn widerlich affizieren.[109] Der freie, objektive Mensch findet allerdings auch Ekelhaftes und Widerliches in der Natur, aber er begreift es als eine natürliche, unvermeidliche Folge und überwindet in dieser Einsicht seine Gefühle als nur subjektive, unwahre Gefühle. Der subjektive, nur im Gemüte und in der Phantasie lebende Mensch dagegen fixiert, beanstandet diese Dinge mit einem ganz besondern Widerwillen. Er hat das Auge jenes unglücklichen Findlings, welcher auch an der schönsten Blume nur die kleinen »schwarzen Käferchen«, die auf ihr herumliefen, bemerkte und durch diese Wahrnehmung den Genuß an der Anschauung der Blume sich verbitterte. Der subjektive Mensch macht aber seine Gefühle zum Maßstab dessen, was *sein soll*. Was ihm nicht gefällt, was sein über oder widernatürliches Gemüt beleidigt, das soll nicht *sein*. Kann auch das, was ihm wohlgefällt, nicht sein ohne das, was ihm mißfällt - der subjektive Mensch richtet sich nicht nach den langweiligen Gesetzen der Logik und Physik, sondern nach der Willkür der Phantasie -, er läßt daher das Mißfällige an einer Sache weg, das Wohlgefällige aber hält er fest. So gefällt ihm wohl die reine, unbefleckte Jungfrau; aber wohl gefällt ihm auch die Mutter, jedoch nur die Mutter, die keine Beschwerden leidet, die Mutter, die schon das Kindlein auf den Armen trägt.

An und für sich ist die Jungfrauschaft im innersten Wesen seines Geistes, seines Glaubens sein höchster Moralbegriff, das Füllhorn seiner supranaturalistischen Gefühle und Vorstellungen, sein personifiziertes Ehr- und Schamgefühl vor der gemeinen Natur.[110] Aber zugleich regt sich doch ein *natürliches* Gefühl in seiner Brust, das barmherzige Gefühl der Mutterliebe. Was ist nun in dieser Herzensnot, in diesem Zwiespalt zwischen einem natürlichen und über- oder widernatürlichen Gefühl zu tun? Der Supranaturalist muß beides verbinden, in einem und demselben Wesen zwei sich gegenseitig ausschließende Eigenschaften zusammenfassen. O welche Fülle gemütlicher, holdseliger, übersinnlichsinnlicher Gefühle liegt in dieser Verknüpfung!

Hier haben wir den Schlüssel zu dem Widerspruch im Katholizismus, daß zugleich die Ehe, zugleich die Ehelosigkeit heilig ist. Der *dogmatische Widerspruch der jungfräulichen Mutter* oder mütterlichen Jungfrau ist hier nur als ein *praktischer Widerspruch* verwirklicht. Aber gleichwohl ist diese wunderbare, der Natur und Vernunft widersprechende, dem Gemüte und der Phantasie aber im höchsten Grade entsprechende Verknüpfung der Jungferschaft und Mutterschaft kein Produkt des Katholizismus; sie liegt selbst schon in der zweideutigen Rolle, welche die Ehe in der Bibel, namentlich im Sinne des Apostels Paulus spielt. Die Lehre von der übernatürlichen Zeugung und Empfängnis Christi ist eine *wesentliche* Lehre des Christentums, eine Lehre, die sein inneres dogmatisches Wesen ausspricht, die auf demselben Fundament wie alle übrigen Wunder und Glaubensartikel beruht. So gut die Christen an dem Tode, den der Philosoph, der Naturforscher, der freie, unbefangne Mensch überhaupt für eine natürliche Notwendigkeit erkennt, überhaupt an den Grenzen der Natur, welche dem Gemüte Schranken, der Vernunft aber vernünftige Gesetze sind, Anstoß nahmen und sie daher durch die Macht der Wundertätigkeit beseitigten, so gut mußten sie auch an dem Naturprozeß der Zeugung Anstoß nehmen und ihn durch die Wundermacht aufheben. Und wie die Auferstehung, so kommt auch die übernatürliche Geburt allen, nämlich Gläubigen, zugute; dem die Empfängnis der Maria, als unbefleckt durch das männliche Sperma, welches das eigentliche Kontagium der Erbsünde ist, war ja der erste Reinigungsakt der sünden-, d.i. naturbeschmutzten Menschheit. Nur weil der Gottmensch nicht angesteckt war von der Erbsünde, konnte er, der Reine, die Menschheit reinigen in den Augen Gottes, welchen der natürliche Zeugungsprozeß ein Greuel, weil er selbst nichts andres als das *übernatürliche Gemüt* ist.

Selbst die trocknen, so willkürlich kritischen protestantischen Orthodoxen betrachteten noch die Empfängnis der gottgebärenden Jungfrau als ein großes, verehrungs- und anstaunungswürdiges, heiliges, übervernünftiges Glaubensmysterium.[111] Aber bei den Protestanten, welche den Christen nur auf den Glauben reduzierten und beschränkten, im Leben aber Mensch sein ließen, hatte auch dieses Mysterium nur *dogmatische, nicht mehr praktische* Bedeutung. Sie ließen sich durch dieses Mysterium in ihrer Heiratslust nicht irre machen. Dagegen bei den Katholiken, überhaupt den alten unbedingten, unkritischen Christen war, was ein *Mysterium des Glaubens*, auch ein *Mysterium des Lebens, der Moral.* Die katholische Moral ist christlich, mystisch, die protestantische Moral war schon von Anfang an *rationalistisch*. Die protestantische Moral ist und war eine fleischliche Vermischung des Christen mit dem Menschen - dem natürlichen, politischen, bürgerlichen, sozialen Menschen, oder wie ihr ihn sonst im Unterschiede vom christlichen nennen wollt -, die katholische Moral bewahrte auf ihrem Herzen das Geheimnis der unbefleckten Jungfräulichkeit. Die katholische Moral war die *Mater dolorosa*, die protestantische eine wohlbeleibte, kindergesegnete Hausfrau. Der Protestantismus ist von Grund aus der Widerspruch zwischen *Glauben* und *Leben* - darum aber die Quelle oder doch Bedingung der *Freiheit* geworden. Eben deswegen, weil das Mysterium der gottgebärenden Jungfrau bei den Protestanten nur noch in der Theorie oder Dogmatik, aber nicht mehr im Leben galt, sagten sie, daß man sich nicht vorsichtig, nicht zurückhaltend genug darüber ausdrücken könne, daß man es durchaus nicht zu einem Gegenstand der *Spekulation* machen dürfe. Was man praktisch verneint, hat keinen wahren Grund und Bestand mehr im Menschen, ist nur noch ein Gespenst der Vorstellung. Deshalb verbirgt, entzieht man es dem Verstande. Gespenster vertragen nicht das Tageslicht.

Selbst auch die spätere, übrigens schon in einem Briefe an den heiligen Bernhard, der sie aber verwirft, ausgesprochene Glaubensvorstellung, daß auch die Maria unbefleckt ohne Erbsünde empfangen worden sei, ist keineswegs eine »*sonderbare Schulmeinung*«, wie sie ein moderner Historiker nennt. Sie ergab sich vielmehr aus einer natürlichen Folgerung und einer frommen, dankbaren Gesinnung gegen die Mutter Gottes. Was ein Wunder, was Gott gebiert, muß selbst wunderbaren, göttlichen Ursprungs und Wesens sein. Wie hätte Maria die Ehre haben können, vom heiligen Geiste beschattet zu werden, wenn sie nicht vorher schon vom Hause aus wäre purifiziert worden? Konnte der heil. Geist in einem von der Erbsünde besudelten Leibe Wohnung nehmen? Wenn ihr das Prinzip des Christentums, die heil- und wundervolle Geburt des Heilands nicht sonderbar findet - oh! so findet doch auch die naiven, einfältigen, gutmütigen Folgerungen des Katholizismus nicht sonderbar! [Vgl. Anhang, Abschnitte VI, XV, XVI, XVIII]

SECHZEHNTES KAPITEL DAS GEHEIMNIS DES CHRISTLICHEN CHRISTUS ODER DES PERSÖNLICHEN GOTTES

Die Grunddogmen des Christentums sind erfüllte Herzenswünsche - das Wesen des Christentums ist das Wesen des Gemüts. Es ist gemütlicher, zu leiden als zu handeln, gemütlicher, durch einen andern erlöst und befreit zu werden als sich selbst zu befreien, gemütlicher, von einer Person als von der Kraft der Selbsttätigkeit sein Heil abhängig zu machen, gemütlicher, zu lieben als zu streben, gemütlicher, sich von Gott geliebt zu wissen als sich selbst zu lieben mit der einfachen, natürlichen Selbstliebe, die allen Wesen eingeboren, gemütlicher, sich in den liebestrahlenden Augen eines andern persönlichen Wesens zu bespiegeln als in den Hohlspiegel des eignen Selbsts oder in die kalte Tiefe des stillen Ozeans der Natur zu schauen, gemütlicher überhaupt, sich von *seinem eignen Gemüte als von einem andern*, aber doch *im Grunde demselbigen Wesen bestimmen* zu lassen als sich selbst durch die Vernunft zu bestimmen. Das Gemüt ist überhaupt der *Casus obliquus* des Ich, das Ich im *Akkusativ*. Das Fichtesche Ich ist gemütlos, weil der Akkusativ dem Nominativ gleich ist, weil es ein Indeclinabile. Aber das Gemüt ist das *von sich selbst bestimmte*, und zwar das *von sich als wie von einem andern Wesen bestimmte* Ich - das *leidende* Ich. Das Gemüt verwandelt das Aktiv im Menschen in ein Passiv und das Passiv in ein Aktiv: das Denkende ist dem Gemüte das Gedachte, das Gedachte das Denkende. Das Gemüt ist träumerischer Natur; darum weiß es auch nichts Seligeres, nichts Tieferes als den Traum. Aber was ist der Traum? Die Umkehrung des wachen Bewußtseins. Im Traume ist das Handelnde das Leidende, das Leidende das Handelnde; im Traume nehme ich meine Selbstbestimmungen als Bestimmungen von außen, die Gemütsbewegungen als Ereignisse, meine Vorstellungen und Empfindungen als Wesen außer mir wahr, leide ich, was ich außerdem tue. Der Traum bricht die Strahlen des Lichts doppelt - daher sein unbeschreiblicher Reiz. Es ist dasselbe Ich, dasselbe Wesen im Traume, wie im Wachen; der Unterschied ist nur, daß im Wachen das *Ich sich selbst bestimmt*, im Traume von sich selbst als wie von einem andern Wesen *bestimmt wird. Ich denke mich - ist* gemütlos, rationalistisch; *ich bin gedacht von Gott* und denke mich nur als gedacht von Gott - ist gemütvoll, ist religiös. Das Gemüt ist der Traum mit offnen Augen; die Religion der Traum des wachen Bewußtseins; der Traum der Schlüssel zu den Geheimnissen der Religion.

Das höchste Gesetz des Gemüts ist die unmittelbare Einheit des Willens und der Tat, des Wunsches und der Wirklichkeit. Dieses Gesetz erfüllt der Erlöser. Wie das äußerliche Wunder im Gegensatz zur natürlichen Tätigkeit die physischen Bedürfnisse und Wünsche des Menschen unmittelbar verwirklicht, so befriedigt der Erlöser, der Versöhner, der Gottmensch im Gegensatz zur moralischen Selbsttätigkeit des natürlichen oder rationalistischen Menschen unmittelbar die innern moralischen Bedürfnisse und Wünsche, indem er den Menschen der Vermittlungstätigkeit seinerseits überhebt. Was du wünschest, ist bereits ein Vollbrachtes. Du willst dir die Seligkeit erwerben, verdienen.

Die Moral ist die Bedingung, das Mittel der Seligkeit. Aber du kannst es nicht - d.h. in Wahrheit: *du brauchst es nicht*. Es ist schon geschehen, was du erst machen willst. Du hast dich nur *leidend* zu verhalten, du brauchst nur zu glauben, nur zu genießen. Du willst dir Gott geneigt machen, seinen Zorn beschwichtigen, Frieden haben vor deinem Gewissen. Aber dieser Friede existiert schon; dieser Friede ist der Mittler, der Gottmensch - er ist dein beschwichtigtes Gewissen, er die Erfüllung des Gesetzes und damit die Erfüllung deines eignen Wunsches und Strebens.

Darum ist aber auch jetzt nicht mehr das Gesetz, sondern der *Erfüller* des Gesetzes das Muster, die Richtschnur, das Gesetz deines Lebens. Wer das Gesetz erfüllt, hebt das Gesetz als solches auf. Das Gesetz hat nur Autorität, nur Gültigkeit der Gesetzwidrigkeit gegenüber. Wer aber das Gesetz vollkommen erfüllt, der sagt zum Gesetz: Was du willst, das will ich von selbst, und was du nur befiehlst, bekräftige ich durch die Tat; mein Leben ist das wahre, das lebendige Gesetz. Der Erfüller des Gesetzes tritt daher notwendig an die Stelle des Gesetzes, und zwar als ein neues Gesetz, ein Gesetz, dessen Joch sanft und milde ist. Denn statt des nur kommandierenden Gesetzes stellt er *sich selbst als Beispiel*, als einen *Gegenstand der Liebe*, der Bewunderung und Nacheiferung hin und wird dadurch zum *Erlöser* von der Sünde. Das Gesetz gibt mir nicht die Kraft, das Gesetz zu erfüllen; nein! es ist barbarisch; es befiehlt nur, ohne sich darum zu bekümmern, *ob* ich es auch erfüllen *kann* und *wie* ich es erfüllen *soll*; es überläßt mich rat- und hilflos nur *mir selbst*. Aber wer mir mit seinem Beispiel voranleuchtet, der greift mir unter die Arme, der teilt mir seine eigne Kraft mit. Das Gesetz leistet keinen Widerstand der Sünde, aber *Wunder* wirkt das Beispiel. Das Gesetz ist tot; aber das Beispiel belebt, begeistert, reißt den Menschen unwillkürlich mit sich fort. Das Gesetz spricht nur zum Verstande und setzt sich direkt den Trieben entgegen; das Beispiel dagegen schmiegt sich an einen mächtigen, sinnlichen Trieb - an den unwillkürlichen Nachahmungstrieb an. Das Beispiel wirkt auf Gemüt und Phantasie. Kurz, das Beispiel hat magische, d.h. sinnliche Kräfte; denn die magische, d.i. unwillkürliche Anziehungskraft ist eine wesentliche Eigenschaft, wie der Materie überhaupt, so der Sinnlichkeit insbesondre.

Die Alten sagten, wenn die Tugend sich sehen lassen könnte oder würde, so würde sie durch ihre Schönheit alle für sich gewinnen und begeistern. Die Christen waren so glücklich, auch diesen Wunsch erfüllt zu sehen. Die Heiden hatten ein ungeschriebenes, die Juden ein geschriebenes Gesetz, die Christen ein Exempel, ein Vorbild, ein sichtbares, persönlich lebendiges Gesetz, ein Fleisch gewordnes, ein menschliches Gesetz. Daher die Freudigkeit namentlich der ersten Christen - daher der Ruhm des Christentums, daß nur es allein die Kraft habe und gebe, der Sünde zu widerstehen. Und dieser Ruhm soll ihm, hier wenigstens, nicht abgestritten werden. Nur ist zu bemerken, daß die Kraft des Tugendexempels nicht sowohl die Macht der Tugend als vielmehr die *Macht des Beispiels* überhaupt ist, gleichwie die Macht der religiösen Musik nicht die Macht der Religion, sondern die Macht der Musik ist,[112] daß daher das Tugendbild wohl tugendhafte Handlungen, aber deswegen noch nicht tugendhafte Gesinnungen und Beweggründe zur Folge hat. Aber dieser einfache und wahre Sinn von der erlösenden und versöhnenden Macht des Beispiels im Unterschiede von der Macht des Gesetzes, auf welchen wir den Gegensatz von Gesetz und Christus zurückführten, drückt keineswegs die volle religiöse Bedeutung der christlichen Erlösung und Versöhnung aus. In dieser dreht sich vielmehr alles um die persönliche Kraft jenes wunderbaren Mittelwesens, welches weder Gott noch Mensch allein, sondern ein Mensch ist, der zugleich Gott, und ein Gott, der zugleich Mensch ist, und welches daher nur im Zusammenhang mit der Bedeutung des Wunders begriffen werden kann. In dieser ist der wunderbare Erlöser nichts andres als der erfüllte Wunsch des Gemüts, frei zu sein von den *Gesetzen* der Moral, d.h. von den Bedingungen, an welche die Tugend auf dem natürlichen Weg gebunden ist, der erfüllte Wunsch, von den moralischen Übeln augenblicklich, unmittelbar, mit einem Zauberschlage, d.h. auf absolut subjektive, gemütliche Weise erlöst zu werden. »Gottes Wort«, sagt z.B. *Luther*, »richtet alle Dinge *schleunig* aus, bringet die Vergebung der Sünde und giebt Dir das ewige Leben, und *kostet nicht mehr*, denn daß Du das Wort *hörest* und wenn Du es gehört hast, *gläubest*. Gläubest Du es, so hast Du es ohne *alle Mühe, Kost, Verzug und Beschwerung*.«[113] Aber das Anhören des Wortes Gottes, dessen Folge der Glaube ist, das ist selbst eine »*Gabe Gottes*«. Also ist der Glaube nichts andres als ein *psychologisches Wunder*, ein Wunderwerk Gottes im Menschen, wie Luther gleichfalls selber sagt. Aber frei von der Sünde oder vielmehr dem Schuldbewußtsein wird der Mensch nur durch den Glauben - die Moral ist abhängig vom Glauben, die Tugenden der Heiden sind nur glänzende Laster -, also moralisch frei und gut nur durch das Wunder.

Daß die Wunderkraft eins ist mit dem Begriffe des Mittelwesens ist historisch selbst schon dadurch erwiesen, daß die Wunder des alten Testaments, die Gesetzgebung, die Vorsehung, kurz, alle die Bestimmungen, welche das Wesen der Religion ausmachen, schon im spätern Judentum in die göttliche Weisheit, in den Logos, verlegt wurden. Dieser *Logos* schwebt aber bei Philo noch in der Luft zwischen Himmel und

Erde, bald als ein nur Gedachtes, bald als ein Wirkliches, d.h. Philo schwankt zwischen der Philosophie und Religion, zwischen dem metaphysischen, abstrakten und dem eigentlich religiösen, wirklichen Gott. Erst im Christentum befestigte und beleibte sich dieser Logos, wurde er aus einem Gedankenwesen ein wirkliches Wesen, d.h. die Religion konzentrierte sich jetzt ausschließlich auf das Wesen, *das* Objekt, welches ihre wesentliche Natur begründet. Der Logos ist das personifizierte Wesen der Religion. Wenn daher Gott als das Wesen des Gemüts bestimmt wurde, so hat dies erst im Logos seine volle Wahrheit.

Gott als Gott ist noch das verschlossene, verborgne Gemüt; das *aufgeschlossene, offne, sich gegenständliche Gemüt oder Herz* ist erst Christus. Erst in Christus ist das Gemüt *vollkommen seiner selbst gewiß und versichert, außer allem Zweifel über die Wahrhaftigkeit und Göttlichkeit seines eignen Wesens*; denn Christus schlägt nichts dem Gemüte ab; er erfüllt alle seine Bitten. In Gott verschweigt noch das Gemüt, was ihm auf dem Herzen liegt; es seufzt nur; aber in Christus spricht es sich vollkommen aus; hier behält es nichts mehr für sich zurück. Der Seufzer ist der noch ängstliche Wunsch; er drückt sich mehr durch die Klage aus, daß das *nicht* ist, was er wünscht, als daß er offen, bestimmt heraussagt, was er will; im Seufzer zweifelt noch das Gemüt an der Rechtskräftigkeit seiner Wünsche. Aber in Christus ist alle Seelenangst verschwunden; er ist der in Siegesgesang über seine Erfüllung übergegangne Seufzer, die frohlockende Gewißheit des Gemüts von der Wahrheit und Wirklichkeit seiner in Gott verborgnen Wünsche, der tatsächliche Sieg über den Tod, über alle Gewalt der Welt und Natur, die nicht mehr nur gehoffte, die bereits vollbrachte Auferstehung; er ist das Herz, das aller drückenden Schranken, aller Leiden frei und ledig ist, das *selige* Gemüt - die *sichtbare* Gottheit.[114]

Gott zu sehen, dies ist der höchste Wunsch, der höchste Triumph des Herzens. Christus ist dieser erfüllte Wunsch, dieser Triumph. Gott, nur gedacht, nur als Denkwesen, d.i. Gott als Gott ist immer nur ein *entferntes* Wesen, das Verhältnis zu ihm ein *abstraktes*, gleich dem Freundschaftsverhältnis, in welchem wir zu einem räumlich entfernten, persönlich uns unbekannten Menschen stehen. So sehr auch seine Werke, die Beweise von Liebe, die er uns gibt, uns sein Wesen vergegenwärtigen, es bleibt doch stets eine unausgefüllte Lücke, das Herz unbefriedigt; wir sehnen uns darnach, ihn zu sehen. Solange uns ein Wesen nicht von Angesicht zu Angesicht bekannt ist, sind wir doch immer noch im Zweifel, ob es wohl ist und so ist, wie wir es vorstellen; erst im Sehen liegt die letzte Zuversicht, die vollständige Beruhigung. Christus ist der *persönlich bekannte* Gott, Christus daher die selige Gewißheit, daß Gott *ist* und *so* ist, *wie* es das Gemüt will und bedarf, daß er ist. Gott als Gegenstand des Gebets ist wohl schon ein menschliches Wesen, indem er an menschlichem Elend teilnimmt, menschliche Wünsche erhört, aber er ist doch noch nicht als *wirklicher* Mensch dem religiösen Bewußtsein Gegenstand. Erst in Christus ist daher der letzte Wunsch der Religion verwirklicht, das Geheimnis des religiösen Gemütes aufgelöst - aufgelöst aber in der der Religion eigentümlichen Bildersprache -, denn, was Gott im *Wesen* ist, das ist in Christus zur *Erscheinung* gekommen. Insofern kann man die christliche Religion mit vollem Rechte die absolute, die vollkommne nennen. Daß Gott, der *an sich* nichts andres als das Wesen des Menschen ist, auch *als solches* verwirklicht werde, *als Mensch* dem *Bewußtsein* Gegenstand sei, das ist das Ziel der Religion. Und dieses erreichte die christliche Religion in der Menschwerdung Gottes, die keineswegs ein vorübergehender Akt ist, denn Christus bleibt auch noch nach seiner Himmelfahrt Mensch, Mensch von Herzen und Mensch von Gestalt, nur daß jetzt sein Leib nicht mehr ein irdischer, dem Leiden unterworfner Körper ist.

Die Menschwerdungen Gottes bei den Orientalen, wie namentlich den Indern, haben keine so intensive Bedeutung als die christliche. Eben weil sie *oft* geschehen, werden sie gleichgültig, verlieren sie ihren Wert. *Die Menschheit Gottes ist seine Persönlichkeit; Gott ist ein persönliches Wesen, heißt: Gott ist ein menschliches Wesen, Gott ist Mensch.* Die Persönlichkeit ist ein Gedanke, der nur als *wirklicher Mensch* Wahrheit hat.[115] Der Sinn, der den Menschwerdungen Gottes zugrunde liegt, ist daher unendlich besser erreicht durch *eine* Menschwerdung, *eine* Persönlichkeit. Wo Gott in mehreren Personen nacheinander erscheint, da sind diese Persönlichkeiten verschwindende. Aber es handelt sich eben um eine *bleibende* Persönlichkeit, eine *ausschließende* Persönlichkeit. Wo viele Inkarnationen vorkommen, da ist Raum gegeben für noch unzählig viele andere; die Phantasie ist nicht beschränkt; da treten auch die bereits wirklichen in die Kategorie der nur möglichen oder vorstellbaren, in die Kategorie von Phantasien oder von bloßen Erscheinungen. Wo aber ausschließlich *eine* Persönlichkeit als die Inkarnation der Gottheit geglaubt und angeschaut wird, da imponiert diese sogleich mit der Macht einer *historischen Persönlichkeit*; die Phantasie ist abgetan, die Freiheit, noch andere sich vorzustellen, aufgegeben. Diese eine Persönlichkeit *nötigt* mir den Glauben an ihre Wirklichkeit auf. Der Charakter der wirklichen Persönlichkeit ist eben die Ausschließlichkeit - das Leibnizsche Prinzipium des Unterschieds, daß nichts Existierendes dem andern vollkommen gleich ist. Der Ton, der Nachdruck, mit dem die *eine* Persönlichkeit ausgesprochen wird, macht einen solchen Eindruck auf das Gemüt, daß sie unmittelbar als eine so wirkliche sich darstellt, aus einem Gegenstand der Phantasie zu einem Gegenstand der gemeinen historischen Anschauung wird.

Die *Sehnsucht* ist die *Notwendigkeit* des *Gemüts*; und das Gemüt sehnt sich nach einem persönlichen Gott. Aber diese Sehnsucht nach der Persönlichkeit Gottes ist nur eine wahre, ernste, tiefe, wenn sie die Sehnsucht nach einer Persönlichkeit ist, wenn sie sich mit einer begnügt.

Mit der *Mehrheit* der Personen schwindet die *Wahrheit des Bedürfnisses*, wird die Persönlichkeit zu einem *Luxusartikel der Phantasie*. Was aber mit der *Gewalt der Notwendigkeit*, das wirkt mit der *Gewalt der Wirklichkeit* auf den Menschen. Was namentlich dem Gemüt ein *notwendiges*, das ist ihm unmittelbar auch ein *wirkliches* Wesen. Die Sehnsucht sagt: *Es muß ein persönlicher Gott* sein, d.h. *er kann nicht nicht* sein. Das befriedigte Gemüt: Er ist. Die Bürgschaft seiner Existenz liegt für das Gemüt in der *Notwendigkeit* seiner Existenz -die Notwendigkeit der Befriedigung in der *Gewalt* des Bedürfnisses. Die Not kennt kein Gesetz außer sich; die Not bricht Eisen. Das Gemüt kennt aber keine andere Notwendigkeit als die Gemütsnotwendigkeit, die Sehnsucht: es verabscheut die Notwendigkeit der Natur, die Notwendigkeit der Vernunft. Notwendig ist also dem Gemüte ein subjektiver, gemütlicher, persönlicher Gott; aber notwendig nur eine Persönlichkeit, und diese eine notwendig eine historische, wirkliche Persönlichkeit. Nur in der Einheit der Persönlichkeit befriedigt, sammelt sich das Gemüt; die Mehrheit zerstreut.

Wie aber die Wahrheit der Persönlichkeit die Einheit, die Wahrheit der Einheit die Wirklichkeit, so ist die Wahrheit der wirklichen Persönlichkeit - das *Blut*. Der letzte, von dem Verfasser des vierten Evangeliums mit besonderm Nachdruck hervorgehobne Beweis, daß die sichtbare Person Gottes kein Phantasma, keine Illusion, sondern wirklicher Mensch gewesen, ist, daß Blut aus seiner Seite am Kreuze geflossen. Wo der persönliche Gott eine *wahre Herzensnot* ist, da muß er selbst Not leiden. Nur in seinem Leiden liegt die Gewißheit seiner Wirklichkeit; nur darauf der wesentliche Ein- und Nachdruck der Inkarnation. Gott sehen genügt dem Gemüte nicht; die Augen geben noch keine hinlängliche Bürgschaft. Die Wahrheit der Gesichtsvorstellung bekräftigt nur das Gefühl. Aber wie subjektiv das Gefühl, so ist auch objektiv die Fühlbarkeit, Antastbarkeit, Leidensfähigkeit das letzte Wahrzeichen der Wirklichkeit - das Leiden Christi daher *die höchste Zuversicht, der höchste Selbstgenuß, der höchste Trost des Gemütes*; denn nur im *Blute* Christi ist der Durst nach einem persönlichen, d.i. *menschlichen, teilnehmenden, empfindenden* Gotte gestillt.

»Darum wir es für einen schädlichen Irrtum halten, da Christo *nach seiner Menschheit* solche (nämlich göttliche) Majestät entzogen, dadurch den Christen ihr höchster Trost genommen, den sie in... Verheißung von der Gegenwärtigkeit und Beiwohnung ihres Haupts, Königs und Hohenpriesters haben, der ihnen versprochen hat, daß nicht allein seine bloße Gottheit, welche gegen uns arme Sünder wie ein verzehrendes Feuer gegen dürre Stoppeln ist, sondern *er, er, der Mensch*, der mit ihnen geredet hat, der *alle Trübsal* in seiner angenommenen menschlichen Gestalt versucht hat, der dahero auch mit *uns*, als *mit Menschen und seinen Brüdern, ein Mitleiden* haben kann, der wolle bei uns sein in allen unsern Nöten, auch nach *der* Natur, *nach welcher er unser Bruder ist und wir Fleisch von seinem Fleische sind*.«[116]

Oberflächlich ist es, wenn man gesagt, das Christentum sei nicht die Religion von *einem* persönlichen Gott, sondern von drei Persönlichkeiten. Diese drei Persönlichkeiten haben allerdings in der Dogmatik Existenz; aber auch hier ist die Persönlichkeit des heiligen Geistes nur ein willkürlicher Machtspruch, welcher durch die unpersönlichen Bestimmungen, wie z.B. die, daß der heil. Geist die Gabe, das *donum* des Vaters und Sohnes sei, widerlegt wird.[117] Schon der *Ausgang* des heil. Geistes stellt seiner Persönlichkeit ein ungünstiges Prognostikon, denn nur durch die Zeugung, nicht aber durch das unbestimmte Aus- und Hervorgehen oder durch das Hauchen, die *Spiratio* wird ein persönliches Wesen hervorgebracht. Und selbst der Vater, als Repräsentant des rigorosen Begriffes der Gottheit, ist nur der Einbildung und Behauptung nach, aber nicht seinen Bestimmungen nach ein persönliches Wesen: er ist ein abstrakter Begriff, ein nur gedachtes Wesen. Die *plastische Persönlichkeit* ist nur Christus. Zur *Persönlichkeit* gehört *Gestalt*; die Gestalt ist die Wirklichkeit der Persönlichkeit. Christus allein ist der *persönliche Gott* - er der wahre, *wirkliche* Gott der Christen, was nicht oft genug wiederholt werden kann.[118] In ihm allein konzentriert sich die christliche Religion, das Wesen der Religion überhaupt. Nur er entspricht der Sehnsucht nach einem persönlichen Gott; nur er ist *eine dem Wesen des Gemüts entsprechende Existenz*; nur auf ihn häufen *sich alle Freuden der Phantasie* und *alle Leiden des Gemüts*; nur in ihm erschöpft sich das Gemüt und erschöpft sich die Phantasie. Christus ist die *Einheit von Gemüt und Phantasie.*

Dadurch unterscheidet sich das Christentum von andern Religionen, daß in diesen Herz und Phantasie auseinandergehen, im Christentum aber zusammenfallen. Die Phantasie schweift hier nicht sich selbst überlassen herum; sie folgt dem Zuge des Herzens; sie schreibt einen Kreis, dessen Mittelpunkt das Gemüt ist. Die Phantasie ist hier beschränkt durch Herzensbedürfnisse, erfüllt nur die Wünsche des Gemüts, bezieht sich nur auf das eine, was not ist; kurz, sie hat, wenigstens im ganzen, eine praktische, gesammelte, keine ausschweifende, nur poetische Tendenz. Die Wunder des Christentums, empfangen im Schoße des notleidenden, bedürftigen Gemüts, keine Produkte nur der freien, willkürlichen Selbsttätigkeit, versetzen uns unmittelbar auf den Boden des gemeinen, wirklichen Lebens; sie wirken auf den Gemütsmenschen mit unwiderstehlicher Gewalt, weil sie die Notwendigkeit des Gemüts für sich haben. Kurz, die Macht der Phantasie ist hier zugleich die Macht des Herzens, die Phantasie *nur das siegreiche, triumphierende Herz*. Bei den Orientalen, bei den Griechen schwelgte die Phantasie, unbekümmert um die Not des Herzens, im Genusse irdischer Pracht und Herrlichkeit; im Christentume stieg sie aus dem Palaste der Götter herab in die Wohnung der Armut, wo nur die Notwendigkeit des Bedürfnisses waltet, demütigte sie sich unter die Herrschaft des Herzens. Aber je mehr sie sich äußerlich beschränkte, um so mehr gewann sie an Kraft. An der Not des Herzens scheiterte der Mutwille der olympischen Götter; aber allmächtig wirkt die Phantasie im Bunde mit dem Herzen. Und dieser Bund der Freiheit der Phantasie mit der Notwendigkeit des Herzens ist Christus. *Alle Dinge sind Christo untertan*; er ist der Herr der Welt, der mit ihr macht was er nur will; aber diese über die Natur unbeschränkt gebietende Macht ist selbst wieder untertan *der Macht des Herzens*: Christus gebietet der tobenden Natur Stillschweigen, aber nur um zu erhören die Seufzer der Notleidenden. [Vgl. Anhang, Abschnitte IX, XVI]

SIEBZEHNTES KAPITEL DER UNTERSCHIED DES CHRISTENTUMS VOM HEIDENTUM

Christus ist die Allmacht der Subjektivität, das von allen Banden und Gesetzen der Natur erlöste Herz, das mit Ausschluß der Welt nur auf sich allein konzentrierte Gemüt, die Erfüllung aller Herzenswünsche, die Himmelfahrt der Phantasie, das Auferstehungsfest des Herzens - *Christus daher der Unterschied des Christentums vom Heidentum.*

Im Christentum konzentrierte sich der Mensch nur auf sich selbst, löste er sich vom *Zusammenhang des Weltganzen* los, machte er sich zu einem selbstgenügsamen Ganzen, zu einem *absoluten, außer- und überweltlichen Wesen.* Eben dadurch, daß er sich nicht mehr als ein der Welt angehörendes Wesen ansah, den Zusammenhang mit ihr unterbrach, fühlte er sich als *unbeschränktes Wesen* - denn die Schranke der Subjektivität ist eben die Welt, die Objektivität -, hatte er keinen Grund mehr, die Wahrheit und Gültigkeit seiner subjektiven Wünsche und Gefühle zu bezweifeln. Die Heiden dagegen, nicht auf sich zurückgezogen, nicht in sich selbst vor der Natur sich verbergend, beschränkten ihre Subjektivität durch die Anschauung der Welt. So sehr die Alten die Herrlichkeit der Intelligenz, der Vernunft feierten, so waren sie doch so *liberal,* so *objektiv,* auch das Andere des Geistes, die Materie leben und zwar ewig leben zu lassen, im Theoretischen wie im Praktischen; die Christen bewährten ihre wie praktische so theoretische *Intoleranz* auch darin, daß sie ihr ewiges subjektives Leben nur dadurch zu sichern glaubten, daß sie, wie in dem Glauben an den Untergang der Welt, den Gegensatz der Subjektivität, die Natur vernichteten.[119] Die Alten waren frei von sich, aber ihre Freiheit war die Freiheit der Gleichgültigkeit gegen sich; die Christen frei von der Natur, aber ihre Freiheit war nicht die Freiheit der Vernunft, die wahre Freiheit - die wahre Freiheit ist nur die *durch die Weltanschauung,* durch die Natur *sich beschränkende* -, sondern die Freiheit des Gemüts und der Phantasie, *die Freiheit des Wunders.* Die Alten entzückte der Kosmos so sehr, daß sie sich selbst darüber aus dem Auge verloren, sich im Ganzen verschwinden sahen; die Christen verachteten die Welt; was ist das Geschöpf gegen den Schöpfer? was Sonne, Mond und Erde gegen die menschliche Seele? Die Welt vergeht, aber der Mensch ist ewig. Wenn die Christen den Menschen aus aller Gemeinschaft mit der Natur losrissen und dadurch in das Extrem einer vornehmen Delikatesse verfielen, die schon die entfernte Vergleichung des Menschen mit dem Tiere als gottlose Verletzung der Menschenwürde bezeichnete, so verfielen dagegen die Heiden in das andere Extrem, in die Gemeinheit, welche den Unterschied zwischen Tier und Mensch aufhebt oder gar, wie z.B. Celsus, der Gegner des Christentums, den Menschen unter die Tiere herabsetzt. Die Heiden betrachteten aber den Menschen nicht nur im Zusammenhang mit dem Universum; sie betrachteten den Menschen, d.h. hier das Individuum, den Einzelnen nur im Zusammenhang mit andern Menschen, in Verbindung mit einem Gemeinwesen. Sie unterschieden, wenigstens als Philosophen, strenge das Individuum von der Gattung, das Individuum als Teil vom Ganzen des Menschengeschlechts und unterordneten dem Ganzen das einzelne Wesen. Die Menschen vergehen, aber die Menschheit besteht, sagt ein heidnischer Philosoph. »Wie willst Du klagen über den Verlust Deiner Tochter?«, schreibt Sulpicius an Cicero. »Große, weltberühmte Städte und Reiche sind untergegangen, und Du gebärdest Dich so über den Tod eines *homunculi*, eines Menschleins? Wo ist Deine Philosophie?« Der Begriff des Menschen als Individuums war den Alten ein durch den Begriff der Gattung oder des Gemeinwesens vermittelter, abgeleiteter Begriff. Dachten sie auch hoch von der Gattung, hoch von den Vorzügen der Menschheit, hoch und erhaben von der Intelligenz, so dachten sie doch gering vom Individuum. Das Christentum dagegen ließ die Gattung fahren, hatte nur das Individuum im Auge und Sinne. *Das Christentum*, freilich nicht das heutige Christentum, welches die *Bildung* des Heidentums in sich aufgenommen und nur noch den Namen und einige allgemeine Sätze vom Christentum behalten hat, ist *der direkte Gegensatz des Heidentums* – es wird nur wahrhaft erfaßt, nicht verunstaltet durch willkürliche, spekulative Deutelei, wenn es *als Gegensatz* erfaßt wird; es ist *wahr, soweit als sein Gegensatz falsch ist*, aber *falsch, soweit sein Gegensatz wahr ist*. Die Alten opferten das Individuum der Gattung auf; die Christen die Gattung dem Individuum. Oder: das Heidentum dachte und erfaßte das Individuum *nur* als Teil im Unterschiede von dem Ganzen der Gattung, das Christentum dagegen *nur* in unmittelbarer, unterschiedloser Einheit mit der Gattung.[120]

Dem Christentum war das Individuum Gegenstand einer *unmittelbaren* Vorsehung, d.h. ein *unmittelbarer Gegenstand des göttlichen Wesens*. Die Heiden glaubten eine Vorsehung des Einzelnen nur vermittelst der Gattung, des Gesetzes, der Weltordnung, also nur eine mittelbare, natürliche, nicht wunderbare Vorsehung; die Christen aber ließen die Vermittlung fallen, setzten sich in unmittelbaren Verband mit dem vorsehenden, allumfassenden, allgemeinen Wesen; d.h. sie identifizierten *unmittelbar* mit dem allgemeinen Wesen das einzelne Wesen.

Aber der Begriff der Gottheit fällt mit dem Begriff der Menschheit in eins zusammen. Alle göttlichen Bestimmungen, alle Bestimmungen, die Gott zu Gott machen, sind *Gattungsbestimmungen* - Bestimmungen, die in dem Einzelnen, dem Individuum beschränkt sind, aber deren Schranken in dem Wesen der Gattung und selbst in ihrer Existenz - inwiefern sie nur in allen Menschen zusammengenommen ihre entsprechende Existenz hat - aufgehoben sind. Mein Wissen, mein Wille ist beschränkt; aber meine

Schranke ist nicht die Schranke des Andern, geschweige der Menschheit; was mir schwer, ist dem Andern leicht; was einer Zeit unmöglich, unbegreiflich, ist der kommenden begreiflich und möglich. Mein Leben ist an eine beschränkte Zeit gebunden, das Leben der Menschheit nicht. Die *Geschichte der Menschheit* besteht in nichts anderm als einer fortgehenden *Überwindung von Schranken*, die zu einer bestimmten Zeit für *Schranken der Menschheit*, und darum *für absolute, unübersteigliche Schranken* gelten. Die Zukunft enthüllt aber immer, daß die angeblichen Schranken der Gattung nur Schranken der Individuen waren. Die Geschichte der Wissenschaften, namentlich der Philosophie und Naturwissenschaft, liefern hierfür die interessantesten Belege. Es wäre höchst interessant und lehrreich, eine Geschichte der Wissenschaften lediglich aus diesem Gesichtspunkte zu schreiben, um den Wahn des Individuums, seine Gattung beschränken zu können, in seiner ganzen Nichtigkeit zu zeigen. Unbeschränkt ist also die Gattung, beschränkt nur das Individuum.[121]

Aber das Gefühl der Schranke ist ein peinliches; von dieser Pein befreit sich das Individuum in der Anschauung des vollkommnen Wesens; in dieser Anschauung besitzt es, was ihm außerdem fehlt. Gott ist nichts andres bei den Christen als die *Anschauung von der unmittelbaren Einheit der Gattung und Individualität*, des allgemeinen und einzelnen Wesens. *Gott ist der Begriff der Gattung als eines Individuums*, der Begriff oder das Wesen der Gattung, welches als Gattung, als allgemeines Wesen, *als der Inbegriff aller Vollkommenheiten*, aller von den, sei es nun wirklichen oder vermeintlichen, Schranken des Individuums gereinigten Eigenschaften zugleich wieder ein individuelles, *einzelnes* Wesen ist. »Wesen und Existenz ist bei Gott identisch«, d.h. eben nichts andres als er ist der Gattungsbegriff, das Gattungswesen unmittelbar zugleich als Existenz, als Einzelwesen. Der höchste Gedanke von dem Standpunkt der Religion oder Theologie aus ist: Gott liebt nicht, er ist selbst die Liebe; er lebt nicht, er ist das Leben; er ist nicht gerecht, sondern die Gerechtigkeit selbst, nicht eine Person, sondern die Persönlichkeit selbst - die Gattung, die Idee unmittelbar als Wirkliches.

Eben wegen dieser unmittelbaren Einheit der Gattung und Individualität, dieser Konzentration aller Allgemeinheiten und Wesenheiten in *ein* persönliches Wesen ist Gott ein tief gemütlicher, die Phantasie entzückender Gegenstand, während die Idee der Menschheit eine gemütlose ist, weil die Menschheit nur als ein Gedanke, als das Wirkliche aber, im Unterschied von diesem Gedanken, die unzählig vielen einzelnen beschränkten Individuen uns in unserer Vorstellung vorschweben. In Gott dagegen befriedigt sich unmittelbar das Gemüt, weil hier *alles* in *eins* zusammengefaßt, alles mit *einem* Mal, d.h. weil hier die Gattung unmittelbar Existenz, Einzelwesen ist. Gott ist *die* Liebe, *die* Tugend, *die* Schönheit, *die* Weisheit, das vollkommne, allgemeine Wesen als *ein* Wesen, der unendliche Umfang der Gattung als ein kompendiarischer Inbegriff. Aber Gott ist des

Menschen *eignes Wesen* - die Christen unterscheiden sich also dadurch von den Heiden, daß sie das Individuum unmittelbar mit der Gattung identifizieren, daß bei ihnen das Individuum die Bedeutung der Gattung hat, das Individuum *für sich selbst* für das vollkommne Dasein der Gattung gilt - dadurch, daß sie das *menschliche Individuum vergöttern*, zum absoluten Wesen machen.

Charakteristisch besonders ist der Unterschied des Christentums und Heidentums in betreff des Verhältnisses des Individuums zur Intelligenz, zum Verstande, zum *Nous*. Die Christen *individualisierten* den Verstand, die Heiden machten ihn zu einem *universalen* Wesen. Den Heiden war der Verstand, die Intelligenz das Wesen des Menschen, den Christen nur ein *Teil ihrer selbst*, den Heiden war darum nur die *Intelligenz*, die *Gattung*, den Christen das *Individuum unsterblich, d. i. göttlich*. Hieraus ergibt sich von selbst der weitere Unterschied zwischen heidnischer und christlicher Philosophie.

Der unzweideutigste Ausdruck, das charakteristische Symbolum dieser unmittelbaren Einheit der Gattung und Individualität im Christentum ist Christus, der wirkliche Gott der Christen. Christus ist das Urbild, der existierende Begriff der Menschheit, der Inbegriff aller moralischen und göttlichen Vollkommenheiten, mit Ausschluß alles Negativen, Mangelhaften, reiner, himmlischer, sündloser Mensch, Gattungsmensch, der Adam Kadmon, aber nicht angeschaut als die Totalität der Gattung, der Menschheit, sondern unmittelbar als *ein* Individuum, als *eine* Person. Christus, d.h. der christliche, religiöse Christus ist daher nicht der Mittelpunkt, sondern das Ende der Geschichte. Dies geht ebenso aus dem Begriffe als der Historie hervor. Die Christen erwarteten das Ende der Welt, der Geschichte. Christus selbst prophezeit in der Bibel, allen Lügen und Sophismen unserer Exegeten zum Trotz, klar und deutlich das *nahe Weltende*. Die Geschichte beruht nur auf dem Unterschiede des Individuums von der Gattung. Wo dieser Unterschied aufhört, hört die Geschichte auf, geht der Verstand, der Sinn der Geschichte aus. Es bleibt dem Menschen nichts weiter übrig als die Anschauung und Aneignung dieses verwirklichten Ideals und der leere Ausbreitungstrieb - die Predigt, daß Gott erschienen und das Ende der Welt gekommen ist.

Deswegen, weil die unmittelbare[122] Einheit der Gattung und des Individuums über die Grenzen der Vernunft und Natur hinausgeht, war es auch ganz natürlich und notwendig, dieses universale, ideale Individuum für ein überschwengliches, übernatürliches, himmlisches Wesen zu erklären. Verkehrt ist es daher, aus der Vernunft die unmittelbare Einheit der Gattung und des Individuums deduzieren zu wollen; denn es ist nur die Phantasie, die diese Einheit bewerkstelligt, die Phantasie, der nichts unmöglich -dieselbe Phantasie, die auch die Schöpferin der Wunder ist; denn das größte Wunder ist das Individuum, welches als Individuum zugleich die Idee, die Gattung, die Menschheit in der Fülle ihrer

Vollkommenheit und Unendlichkeit ist. Verkehrt ist es daher auch, den biblischen oder dogmatischen Christus beizubehalten, aber die Wunder auf die Seite zu schieben. Wenn du das Prinzip festhältst, wie willst du seine notwendigen Konsequenzen verleugnen?

Die gänzliche Abwesenheit des Begriffes der Gattung im Christentum bekundet besonders die charakteristische Lehre desselben von der allgemeinen Sündhaftigkeit der Menschen. Es liegt nämlich dieser Lehre die Forderung zugrunde, daß das Individuum nicht ein Individuum sein soll, eine Forderung, die aber selbst wieder zu ihrem Fundament die Voraussetzung hat, daß das Individuum *für sich selbst* ein vollkommnes Wesen, für sich selbst die erschöpfende Darstellung oder Existenz der Gattung ist. Es fehlt hier gänzlich die objektive Anschauung, das Bewußtsein, daß das Du zur Vollkommenheit des Ich gehört, daß die Menschen erst zusammen den Menschen ausmachen, die Menschen nur zusammen das sind und so sind, was und wie der Mensch sein soll und sein kann. Alle Menschen sind Sünder. Ich gebe es zu; aber sie sind nicht Sünder alle auf gleiche Weise; es findet vielmehr ein sehr großer, ja wesentlicher Unterschied statt. Der eine Mensch hat Neigung zur Lüge,[123] der andre aber nicht: er würde eher sein Leben lassen als sein Wort brechen oder lügen; der dritte hat Neigung zur Trinklust, der vierte zur Geschlechtslust, der fünfte aber hat alle diese Neigungen nicht - sei es nun durch die Gnade der Natur oder die Energie seines Charakters. Es *ergänzen* sich also auch im *Moralischen*, wie im Physischen und Intellektuellen, gegenseitig die Menschen, so daß sie im Ganzen zusammengenommen so sind, wie sie sein sollen, den vollkommnen Menschen darstellen.

Darum bessert und hebt der Umgang, unwillkürlich, ohne Verstellung ist der Mensch ein anderer im Umgang als allein für sich. Wunder wirkt namentlich die Liebe, und zwar die Geschlechterliebe. Mann und Weib berichten und ergänzen sich gegenseitig, um so vereint erst die Gattung, den vollkommnen Menschen darzustellen.[124] Ohne Gattung ist die Liebe undenkbar. Die Liebe ist nichts andres als das *Selbstgefühl der Gattung* innerhalb des Geschlechtsunterschieds. In der Liebe ist die *Wahrheit der Gattung*, die sonst nur eine Vernunftsache, ein Gegenstand des Denkens ist, *eine Gefühlssache*, eine *Gefühlswahrheit*, denn in der Liebe spricht der Mensch seine Ungenügsamkeit an seiner Individualität für sich aus, postuliert er das Dasein des Andern als ein Herzensbedürfnis, rechnet er den Andern zu seinem eignen Wesen, erklärt er nur sein durch die Liebe mit ihm verbundnes Leben für wahres menschliches, dem Begriffe des Menschen, d.i. der Gattung entsprechendes Leben. Mangelhaft, unvollkommen, schwach, bedürftig ist das Individuum; aber stark, vollkommen, befriedigt, bedürfnislos, selbstgenugsam, *unendlich die Liebe*, weil in ihr das Selbstgefühl der Individualität das Selbstgefühl der Vollkommenheit der Gattung ist. Aber wie die Liebe wirkt auch die Freundschaft, wo sie wenigstens wahr und innig, wo sie Religion ist, wie sie es bei den Alten war. Freunde ergänzen sich; Freundschaft ist ein Tugendmittel und mehr: sie ist selbst Tugend, aber eine *gemeinschaftliche* Tugend. Nur zwischen Tugendhaften kann Freundschaft stattfinden, wie die Alten sagten. Aber doch kann nicht vollkommne Gleichheit, es muß vielmehr Unterschied stattfinden, denn die Freundschaft beruht auf einem Ergänzungstriebe. Der Freund gibt sich durch den Andern, was er selbst nicht besitzt. Die Freundschaft sühnt durch die Tugenden des Einen die Fehler des Andern. Der Freund *rechtfertigt* den Freund vor Gott. So fehlerhaft auch ein Mensch für sich selbst sein mag: er beweist doch darin schon einen guten Kern, daß er tüchtige Menschen zu Freunden hat. Wenn ich auch selbst nicht vollkommen sein kann, so liebe ich doch wenigstens an Andern die Tugend, die Vollkommenheit. Wenn daher einst der liebe Gott wegen meiner Sünden, Schwächen und Fehler mit mir rechten will, so schiebe ich als Fürsprecher, als Mittelspersonen die Tugenden meiner Freunde ein. Wie barbarisch, wie unvernünftig wäre der Gott, der mich verdammte wegen Sünden, welche ich wohl begangen, aber selbst in der Liebe zu meinen Freunden, die frei von diesen Sünden waren, verdammte!

Wenn nun aber schon die Freundschaft, die Liebe aus für sich unvollkommnen Wesen ein, wenigstens relativ, vollkommnes Ganzes machen, wieviel mehr verschwinden in der Gattung selbst, welche nur in der Gesamtheit der Menschheit ihr angemeßnes Dasein hat[125] und eben darum nur ein Gegegenstand der Vernunft ist, die Sünden und Fehler der einzelnen Menschen! Das Lamento über die Sünde kommt daher nur da an die Tagesordnung, wo das menschliche Individuum in seiner Individualität sich als *ein für sich selbst vollkommes, absolutes, des Andern nicht* zur Realisierung der Gattung, des vollkommenen Menschen, bedürftiges Wesen Gegenstand, wo *an die Stelle des Bewußtseins der Gattung das ausschließliche Selbstbewußtsein des Individuums* getreten ist, wo das Individuum sich nicht als einen *Teil* der Menschheit weiß, sich nicht von der Gattung unterscheidet und deswegen seine Sünden, seine Schranken, seine Schwächen zu allgemeinen Sünden, zu Sünden, Schranken und Schwächen der Menschheit selbst macht. Aber gleichwohl kann der Mensch das Bewußtsein der Gattung nicht verlieren, denn sein Selbstbewußtsein ist wesentlich an das Bewußtsein des Andern gebunden. Wo darum dem Menschen nicht die Gattung *als Gattung* Gegenstand ist, da wird ihm die Gattung *als Gott* Gegenstand. Den Mangel des Begriffs der Gattung ergänzt er durch den Begriff Gottes als *des* Wesens, welches frei ist von den Schranken und Mängeln, die das Individuum, und, nach seiner Meinung, weil er das Individuum mit der Gattung identifiziert, die Gattung selbst drücken. Aber dieses von den Schranken der Individuen freie, unbeschränkte Wesen ist eben nichts andres als die Gattung, welche die Unendlichkeit ihres Wesens darin offenbart, daß sie sich in unbeschränkt vielen und verschiedenartigen

Individuen verwirklicht. Wären alle Menschen *absolut gleich*, so wäre allerdings kein Unterschied zwischen der Gattung und dem Individuum. Aber dann wäre auch das Dasein vieler Menschen ein reiner Luxus; ein Einziger genügte hinlänglich dem Zweck der Gattung. Alle miteinander hätten an dem Einen, der das Glück der Existenz genösse, ihren hinreichenden Ersatzmann.

Allerdings ist das Wesen der Menschen *Eines*, aber dieses Wesen ist *unendlich*; sein wirkliches Dasein daher unendliche, sich gegenseitig ergänzende Verschiedenartigkeit, um den Reichtum des Wesens zu offenbaren. Die *Einheit* im *Wesen* ist *Mannigfaltigkeit* im *Dasein*. Zwischen mir und dem Andern - aber der Andere ist der Repräsentant der Gattung, auch wenn er nur Einer ist, er ersetzt mir das Bedürfnis nach *vielen* Andern, hat für mich *universelle* Bedeutung, ist der Deputierte der Menschheit, der in ihrem Namen zu mir Einsamen spricht, ich habe daher, auch nur mit Einem verbunden, ein gemeinsames, menschliches Leben -, zwischen Mir und dem Andern findet daher ein wesentlicher, *qualitativer* Unterschied statt. Der Andere ist mein *Du* - ob dies gleich wechselseitig ist -, mein *anderes Ich*, der mir *gegenständliche* Mensch, mein *aufgeschlossenes Innere* - das sich selbst sehende Auge. An dem Andern habe ich erst das Bewußtsein der Menschheit; durch ihn erst erfahre, fühle ich, daß ich *Mensch* bin; in der Liebe zu ihm wird mir erst klar, daß er zu mir und ich zu ihm gehöre, daß wir beide nicht ohne einander sein können, daß nur die Gemeinsamkeit die Menschheit ausmacht. Aber ebenso findet auch *moralisch* ein *qualitativer*, ein *kritischer* Unterschied zwischen dem Ich und Du statt. Der Andere ist mein *gegenständliches* Gewissen: er macht mir meine Fehler zum Vorwurf, auch wenn er sie mir nicht ausdrücklich sagt: er ist mein personifiziertes Schamgefühl. Das Bewußtsein des Moralgesetzes, des Rechtes, der Schicklichkeit, der Wahrheit selbst ist nur an das Bewußtsein des Andern gebunden. Wahr ist, worin der Andere mit mir übereinstimmt - Übereinstimmung das erste Kennzeichen der Wahrheit, aber nur deswegen, weil die *Gattung* das *letzte Maß der Wahrheit* ist. Was ich nur denke nach dem Maße meiner Individualität, daran ist der Andere nicht gebunden, das kann anders gedacht werden, das ist eine zufällige, nur subjektive Ansicht. Was ich aber denke im Maße der Gattung, das denke ich, wie es der Mensch *überhaupt* nur immer denken *kann* und folglich der Einzelne denken *muß*, wenn er normal, gesetzmäßig und folglich wahr denken will. *Wahr ist, was mit dem Wesen der Gattung übereinstimmt*, falsch, was ihr widerspricht. Ein anderes Gesetz der Wahrheit gibt es nicht. Aber der Andere ist mir gegenüber der Repräsentant der Gattung, der Stellvertreter der Andern im Plural, ja *sein* Urteil kann mir mehr gelten als das Urteil der zahllosen Menge. »Mache der Schwärmer sich Schüler wie Sand am Meere; der Sand ist Sand; die Perle sei mein, Du, o vernünftiger Freund!« Die Beistimmung des Andern gilt mir daher für das Kennzeichen der Gesetzmäßigkeit, der

Allgemeinheit, der Wahrheit meiner Gedanken. Ich kann mich nicht so von mir absondern, um vollkommen frei und interesselos mich beurteilen zu können; aber der Andere hat ein unparteiisches Urteil; durch ihn berichtige, ergänze, erweitre ich mein eignes Urteil, meinen eignen Geschmack, meine eigne Erkenntnis. Kurz, es findet ein *qualitativer, kritischer Unterschied* zwischen den Menschen statt. Aber das Christentum löscht diese qualitativen Unterschiede aus, es schlägt alle Menschen über einen Leisten, betrachtet sie wie ein und dasselbe Individuum, weil es keinen Unterschied zwischen der Gattung und dem Individuum kennt: *ein* und *dasselbe Heilmittel* für alle Menschen ohne Unterschied, *ein* und *dasselbe* Grund- und Erbübel in allen.

Eben deswegen, weil das Christentum aus überschwenglicher Subjektivität nichts weiß von der Gattung, in welcher allein die Lösung, die Rechtfertigung, die Versöhnung und Heilung der Sünden und Mängel der Individuen liegt, bedurfte es auch einer übernatürlichen, besondern, selbst wieder nur persönlichen, subjektiven Hilfe, um die Sünde zu überwinden. Wenn ich allein die Gattung bin, wenn außer mir keine anderen, qualitativ anderen Menschen existieren oder, was völlig eins ist, wenn kein Unterschied zwischen mir und den Andern ist, wenn wir alle vollkommen gleich sind, wenn meine Sünden nicht neutralisiert und abgestumpft werden durch die entgegengesetzten Eigenschaften anderer Menschen, so ist freilich meine Sünde ein himmelschreiender Schandfleck, ein empörender Greuel, der nur durch außerordentliche, außermenschliche, wunderbare Mittel getilgt werden kann. Glücklicherweise gibt es aber eine *natürliche* Versöhnung. Der *Andere* ist an und für sich der *Mittler* zwischen mir und der heiligen Idee der Gattung. »Der Mensch ist dem Menschen Gott.« Meine Sünde ist dadurch schon in ihre Schranke zurückgewiesen, in ihr Nichts verstoßen, daß sie eben nur meine, aber deswegen noch nicht auch die Sünde des Andern ist.

[Vgl. Anhang, Abschnitte IV, XVI]

ACHTZEHNTES KAPITEL DIE CHRISTLICHE BEDEUTUNG DES FREIEN ZÖLIBATS UND MÖNCHTUMS

Der Begriff der Gattung und mit ihm die Bedeutung des Gattungslebens war mit dem Christentum verschwunden. Der früher ausgesprochne Satz, daß das Christentum das Prinzip der Bildung nicht in sich enthält, erhält dadurch eine neue Bestätigung. Wo der Mensch den Unterschied zwischen der Gattung und dem Individuum aufhebt und diese Einheit als sein höchstes Wesen, als Gott setzt, wo ihm also die Idee der Menschheit nur als die Idee der Gottheit Gegenstand ist, da ist das Bedürfnis der *Bildung* verschwunden; der Mensch hat Alles *in sich*, Alles in seinem Gotte, folglich kein Bedürfnis, sich zu ergänzen durch den Andern, den Repräsentanten der Gattung, durch die Anschauung der Welt überhaupt - ein Bedürfnis, auf welchem allein der Bildungstrieb beruht. Allein für sich erreicht der Mensch seinen Zweck - er erreicht ihn in Gott, *Gott ist selbst dieses erreichte Ziel, dieser verwirklichte höchste Zweck der Menschheit;* aber Gott ist jedem Individuum allein für sich gegenwärtig. Gott nur ist das Bedürfnis des Christen - den Andern, die Menschengattung, die Welt bedarf er *nicht notwendig* dazu; das *innere* Bedürfnis des Andern fehlt. Gott vertritt mir eben die Gattung, den Andern; ja, in der Abkehr von der Welt, in der Absonderung werde ich erst recht *gottesbedürftig*, empfinde ich erst recht lebendig die Gegenwart Gottes, empfinde ich erst, was Gott ist und was er mir sein soll. Wohl ist dem Religiösen auch Gemeinschaft, gemeinschaftliche Erbauung Bedürfnis, aber das Bedürfnis des Andern ist an sich selbst doch immer etwas höchst Untergeordnetes. Das Seelenheil ist die Grundidee, die Hauptsache des Christentums, aber dieses Heil liegt nur in Gott, nur in der Konzentration auf ihn. Die Tätigkeit für Andere ist eine geforderte, ist Bedingung des Heils, aber der Grund des Heils ist Gott, die unmittelbare Beziehung auf Gott. Und selbst die Tätigkeit für Andere hat nur eine religiöse Bedeutung, hat nur die *Beziehung auf Gott zum Grund und Zweck* – ist im Wesen nur eine Tätigkeit für Gott - Verherrlichung seines Namens, Ausbreitung seines Ruhmes. Aber Gott ist die absolute Subjektivität, die *von der Welt abgeschiedene, überweltliche*, von der *Materie befreite*, von dem *Gattungsleben* und damit von dem *Geschlechtsunterschied abgesonderte Subjektivität.* - Die Scheidung von der Welt, von der Materie, von dem Gattungsleben ist daher das wesentliche Ziel des Christen.[126] Und dieses Ziel verwirklichte sich auf *sinnliche Weise* im Mönchsleben.

Es ist Selbstbetrug, das Mönchtum nur aus dem Orient ableiten zu wollen. Wenigstens muß man, wenn diese Ableitung gelten soll, dann auch so gerecht sein und die dem Mönchtum entgegengesetzte Tendenz der

Christenheit nicht aus dem Christentum, sondern aus dem Geiste, aus der Natur des Okzidents überhaupt ableiten. Aber wie erklärt sich dann die Begeisterung des Abendlandes für das Mönchsleben? Das Mönchtum muß vielmehr geradezu aus dem Christentum selbst abgeleitet werden: es war eine *notwendige Folge* von dem *Glauben an den Himmel*, welchen das Christentum der Menschheit verhieß. Wo das himmlische Leben eine Wahrheit, da ist das irdische Leben eine Lüge - wo alles die Phantasie, die Wirklichkeit nichts. Wer ein ewiges himmlisches Leben glaubt, für den verliert dieses Leben seinen Wert. Oder vielmehr, es hat schon seinen Wert verloren: Der Glaube an das himmlische Leben ist eben der Glaube an die *Nichtigkeit* und *Wertlosigkeit dieses Lebens*. Das Jenseits kann ich mir nicht *vorstellen*, ohne mich nach ihm zu *sehnen*, ohne mit einem Blicke des Mitleids oder der Verachtung auf dieses erbärmliche Leben herabzuschauen. Das himmlische Leben kann kein Gegenstand, kein *Gesetz des Glaubens* sein, ohne zugleich ein *Gesetz der Moral* zu sein: es muß meine Handlungen bestimmen,[127] wenn *anders mein Leben mit meinem Glauben übereinstimmen* soll: ich *darf* mich nicht hängen an die vergänglichen Dinge dieser Erde. Ich darf nicht, aber ich *mag* auch nicht, denn was sind alle Dinge hienieden gegen die Herrlichkeit des himmlischen Lebens?[128]

Allerdings hängt die Qualität jenes Lebens von der Qualität, der moralischen Beschaffenheit dieses Lebens ab, aber die Moralität ist selbst bestimmt durch den Glauben an das ewige Leben. Und diese dem überirdischen Leben entsprechende Moralität ist nur die Abkehr von dieser Welt, die Verneinung dieses Lebens. Die sinnliche Bewährung dieser geistigen Abkehr aber ist das klösterliche Leben. Alles muß sich zuletzt äußerlich, sinnlich darstellen.[129] Das klösterliche, überhaupt asketische Leben ist das himmlische Leben, wie es sich hienieden bewährt und bewähren kann. Wenn meine Seele dem Himmel angehört, warum soll ich, ja wie kann ich mit dem Leibe der Erde angehören? Die Seele belebt den Leib. Wenn aber die Seele im Himmel ist, so ist der Leib verlassen, tot - abgestorben also das Verbindungsorgan zwischen der Welt und der Seele. Der Tod, die Scheidung der Seele vom Leibe, wenigstens von diesem groben materiellen, sündhaften Leibe ist der Eingang zum Himmel. Wenn aber der *Tod die Bedingung der Seligkeit und moralischen Vollkommenheit* ist, so ist notwendig die Abtötung, die *Mortifikation das einzige Gesetz der Moral*. Der *moralische Tod* ist *die notwendige Vorausnahme* des natürlichen Todes -die notwendige; denn es wäre die höchste Immoralität, dem sinnlichen Tod, der kein moralischer, sondern natürlicher, dem Menschen mit dem Tiere gemeiner Akt ist, den Erwerb des Himmels zu überlassen. Der Tod muß daher zu einem *moralischen Akt*, einem *Akt der Selbsttätigkeit* erhoben werden. »*Ich sterbe täglich*«, sagt der Apostel, und diesen Spruch machte der heilige Antonius, der Gründer des Mönchtums,[130] zum Thema seines Lebens.

147

Aber das Christentum, entgegnet man, hat nur eine *geistige* Freiheit gewollt. Jawohl; aber was ist die geistige Freiheit, die nicht in die Tat übergeht, die sich nicht sinnlich bewährt? Oder glaubst du, es kommt nur auf dich, auf deinen Willen, deine Gesinnung an, ob du frei von etwas bist? O dann bist du gewaltig in der Irre und hast nie einen wahren Befreiungsakt erlebt. Solange du in einem Stande, einem Fache, einem Verhältnis *bist*, so lange wirst du von ihm *unwillkürlich bestimmt*. Dein Wille, deine Gesinnung befreit dich nur von den *bewußten*, aber *nicht* von den *heimlichen*, den *unbewußten Schranken* und *Eindrücken*, die in der *Natur der Sache* liegen. Darum ist es uns unheimlich, unsre Brust beklemmt, solange wir uns nicht *räumlich*, *sinnlich* scheiden von dem, womit wir innerlich gebrochen haben. Die sinnliche Freiheit ist allein die Wahrheit der geistigen Freiheit. Ein Mensch, der an den irdischen Schätzen das geistige Interesse wirklich verloren, der wirft sie auch bald zum Fenster hinaus, um vollkommen sein Herz zu entledigen. Was ich nicht mehr mit der *Gesinnung* habe, das ist mir zur *Last*, wenn ich es dennoch habe, denn ich habe es *im Widerspruch* mit meiner Gesinnung. Also weg damit! Was die Gesinnung entlassen, das halte auch die Hand nicht mehr fest. Nur die Gesinnung ist die Schwerkraft des Händedrucks; nur die Gesinnung heiligt den Besitz. Wer sein Weib so haben soll, als habe er es nicht, der tut besser, wenn er sich gar kein Weib nimmt. Haben, als habe man nicht, heißt haben *ohne die Gesinnung* des Habens, heißt in Wahrheit *nicht* haben. Und wer daher sagt: man solle ein Ding haben so, als habe man es nicht, der sagt nur auf eine *feine*, schonende Weise: man soll es gar nicht haben. Was ich aus dem Herzen fahren lasse, das ist nicht mehr *mein*, das ist vogelfrei. Der heilige Antonius faßte den Entschluß, der Welt zu entsagen, als er einst den Spruch hörte: »Willst du vollkommen sein, so gehe hin, verkaufe, was du hast, und gib es den Armen, so wirst du einen *Schatz im Himmel* haben, und komm und folge mir nach.« Der heilige Antonius gab die allein wahre Auslegung dieses Ausspruchs. Er ging hin und verkaufte seine Reichtümer und gab sie den Armen. Nur so *bewährte* er seine geistige Freiheit von den Schätzen dieser Welt.[131]

Solche Freiheit, solche Wahrheit widerspricht nun freilich dem heutigen Christentum, welchem zufolge der Herr nur eine geistige Freiheit gewollt, d.h. eine Freiheit, die durchaus keine *Opfer*, keine *Energie* erheischt, eine *illusorische* Freiheit, eine Freiheit der *Selbsttäuschung* - *die* Freiheit von den irdischen Gütern, welche im *Besitze* und *Genusse* dieser Güter liegt. Deswegen sagte ja auch der Herr: »Mein Joch ist sanft und leicht.« Wie barbarisch, wie unsinnig wäre das Christentum, wenn es den Menschen zumutete, die Schätze dieser Welt aufzuopfern! Dann paßte ja das Christentum gar nicht *für diese Welt*. Aber das sei ferne! Das Christentum ist höchst praktisch und weltklug; es überläßt die Freiheit von den Schätzen und Lüsten dieser Welt dem *natürlichen Tode* - die Selbsttötung der Mönche ist unchristlicher Selbstmord -, aber der Selbsttätigkeit den Erwerb und Genuß der irdischen Schätze. Die echten Christen zweifeln zwar nicht an der Wahrheit des himmlischen Lebens, Gott bewahre! darin stimmen sie noch heute mit den alten Mönchen überein; aber sie erwarten dasselbe geduldig, ergeben in den Willen Gottes, *d. h. in den Willen der Selbstsucht,* der wohlbehaglichen *Genußsucht* dieser Welt.[132] Doch ich wende mich mit Ekel und Verachtung weg von dem modernen Christentum, wo die Braut Christi bereitwillig selbst der Polygamie huldigt, wenigstens der sukzessiven Polygamie, die sich aber nicht wesentlich in den Augen des wahren Christen von der gleichzeitigen unterscheidet, aber doch zugleich - o schändliche Heuchelei! - auf die ewige, allverbindende, unwidersprechliche, heilige Wahrheit des Wortes Gottes schwört, und kehre zurück mit heiliger Scheu zur verkannten Wahrheit der keuschen Klosterzelle, wo noch nicht die dem *Himmel* angetraute *Seele* mit einem *fremden, irdischen Leibe buhlte!*

Das unweltliche, übernatürliche Leben ist wesentlich auch eheloses Leben. Das Zölibat - freilich nicht als Gesetz - liegt gleichfalls also im innersten Wesen des Christentums. Hinlänglich ist dies schon in der übernatürlichen Herkunft des Heilands ausgesprochen. In diesem Glauben *heiligten die Christen die unbefleckte Jungfräulichkeit als das heilbringende Prinzip, als das Prinzip der neuen, der christlichen Welt.* Komme man nicht mit solchen Stellen der Bibel wie etwa: »Mehret euch«, oder: »Was Gott zusammengefügt, soll der Mensch nicht scheiden«, um damit die Ehe zu sanktionieren! Die erste Stelle bezieht sich, wie schon Tertullian und Hieronymus bemerkten, nur auf die menschenleere, nicht aber bereits erfüllte Erde, nur auf den Anfang, nicht aber auf das mit der unmittelbaren Erscheinung Gottes auf Erden eingetretne Ende der Welt. Und auch die zweite bezieht sich nur auf die Ehe als ein Institut des Alten Testaments. Juden stellten die Frage, ob es auch recht sei, daß sich ein Mensch scheide von seinem Weibe; die zweckmäßigste Abfertigung dieser Frage war obige Antwort. Wer *einmal* eine Ehe schließt, der soll sie auch heilig halten. Schon der Blick nach einer andern ist Ehebruch. Die Ehe ist an und für sich schon eine Indulgenz gegen die Schwachheit oder vielmehr die Energie der Sinnlichkeit, ein Übel, das daher soviel als möglich beschränkt werden muß. Die Unauflöslichkeit der Ehe ist ein Nimbus, ein Heiligenschein, welcher gerade das Gegenteil von dem ausspricht, was die vom Scheine geblendeten und verwirrten Köpfe dahinter suchen. Die Ehe ist an sich, d.h. im Sinne des vollendeten Christentums, eine Sünde[133] oder doch eine Schwachheit, die dir nur unter der Bedingung erlaubt und verziehen wird, daß du dich auf ein einziges - bedenke es wohl! - ein einziges Weib für immer beschränkst. Kurz, die Ehe ist nur im *Alten,* aber nicht mehr im *Neuen* Testament geheiligt: das N. T. kennt ein höheres, ein *übernatürliches* Prinzip, das Geheimnis der unbefleckten Jungfräulichkeit.[134] »Wer es fassen mag, der fasse es.« »*Die Kinder dieser Welt freien und lassen sich freien,* welche aber *würdig*

149

sein werden, jene Welt zu erlangen in der Auferstehung von den Toten, die werden weder freien, noch sich freien lassen.

Denn sie können hinfort nicht sterben, denn sie *sind den Engeln gleich und Gottes Kinder,* die weil sie Kinder sind der Auferstehung.« Im Himmel freien sie also nicht; vom Himmel ist das *Prinzip der Geschlechtsliebe* als ein *irdisches, weltliches ausgeschlossen.* Aber das himmlische Leben ist das wahre, das vollendete, ewige Leben des Christen. Warum soll also ich, der ich für den Himmel bestimmt bin, ein Band knüpfen, das in meiner wahren Bestimmung aufgelöst ist? Warum soll ich, der ich an sich der Möglichkeit nach ein himmlisches Wesen bin, nicht hier schon diese Möglichkeit verwirklichen?[135] Ja, die Ehe ist schon aus *meinem Sinne, meinem Herzen verbannt,* indem sie aus dem *Himmel,* dem wesentlichen Gegenstand meines Glaubens, Hoffens und Lebens verstoßen ist. Wie kann in meinem vom Himmel erfüllten Herzen noch ein irdisches Weib Platz haben? Wie kann ich mein Herz zwischen Gott und dem Menschen teilen?[136] Die Liebe des Christen zu Gott ist nicht eine abstrakte oder allgemeine Liebe wie die Liebe zur Wahrheit, zur Gerechtigkeit, zur Wissenschaft; sie ist die Liebe zu einem *subjektiven, persönlichen Gott, also selbst eine subjektive, persönliche Liebe.* Eine wesentliche Eigenschaft dieser Liebe ist es, daß sie eine *ausschließliche, eifersüchtige* Liebe ist, denn ihr Gegenstand ist ein *persönliches* und *zugleich* das *höchste* Wesen, dem *kein andres gleichkommt.* »Halte dich zu Jesus (aber Jesus Christus ist der Gott des Christen) im Leben und im Tode; verlaß dich auf seine Treue: er allein kann dir helfen, wenn dich alles verläßt. Dein Geliebter hat die Eigenschaft, daß er keinen andern neben sich dulden will: *er allein* will dein Herz haben, allein in deiner Seele wie ein König auf seinem Throne herrschen.« »Was kann dir die Welt ohne Jesus nützen? Ohne Christus sein ist Höllenpein; mit Christus sein, himmlische Süßigkeit.« »Ohne Freund kannst du nicht leben; aber wenn dir nicht Christi Freundschaft über alles geht, so wirst du über Maßen traurig und trostlos sein.« »Liebe alle um *Jesu willen,* aber Jesus *um seinetwillen.* Jesus Christus *allein* ist der *Liebenswerte.*« »Mein Gott, meine Liebe (mein Herz): *ganz bist Du mein und ganz bin ich Dein.*« »Die Liebe... hofft und vertraut immer auf Gott, auch wenn ihr Gott nicht gnädig ist (oder bitter schmeckt, *non sapit);* denn *ohne Schmerz* lebt man nicht in der Liebe...« »Um des Geliebten willen muß der Liebende alles, auch das Harte und Bittere, gern sich gefallen lassen.« »Mein Gott und mein Alles... In Deiner *Gegenwart* ist mir alles süß, in Deiner *Abwesenheit* alles widerlich... Ohne Dich kann mir nichts gefallen.« »O wann wird endlich jene selige, jene ersehnte Stunde kommen, daß Du mich ganz mit Deiner Gegenwart erfüllst und mir alles in allem bist! Solange mir dies nicht vergönnt ist, ist meine Freude nur Stückwerk.« »Wo war es mir je wohl ohne Dich? oder wann in Deiner Gegenwart schlimm? Ich will lieber arm sein um Deinetwillen als reich *ohne Dich.* Ich will lieber mit Dir auf der Erde ein Pilger als ohne Dich Besitzer des Himmels sein. Wo Du bist, ist der *Himmel*; Tod und Hölle, wo Du nicht bist. Nur nach Dir sehne ich mich.« »Du kannst nicht Gott dienen und zugleich am Vergänglichen deine Freude haben: du mußt dich entfernen von allen Bekannten und Freunden und von allem zeitlichen Troste deinen Geist absondern. Die Gläubigen Christi sollen sich nach der Ermahnung des *heiligen Apostels Petrus nur als Pilger und Fremdlinge dieser Welt* ansehen.«[137] Die Liebe zu Gott als einem persönlichen Wesen ist also eine *eigentliche, förmliche, persönliche, ausschließliche Liebe*. Wie kann ich also Gott, sage Gott, und zugleich ein sterbliches Weib lieben? Setze ich dadurch nicht Gott auf gleichen Fuß mit dem Weib? Nein! einer Seele, die Gott *wahrhaft* liebt, ist die Liebe zum Weibe eine Unmöglichkeit - ein Ehebruch. »Wer ein Weib hat«, sagt der Apostel Paulus, »denket, was des Weibes ist, wer keines hat, denkt nur, was des Herrn ist. Der Verheiratete denkt daran, daß er dem Weibe gefalle, der Unverheiratete daran, daß er Gott gefalle.«

Der wahre Christ hat, wie kein Bedürfnis der Bildung, weil diese ein dem Gemüte widerliches, weltliches Prinzip ist, so auch kein Bedürfnis der (natürlichen) *Liebe*. Gott ersetzt ihm den Mangel, das Bedürfnis der Bildung, Gott desgleichen den Mangel, das Bedürfnis der Liebe, des Weibes, der Familie. Der Christ identifiziert unmittelbar mit dem Individuum die Gattung: er streift daher den *Geschlechtsunterschied* als einen lästigen, zufälligen Anhang von sich ab.[138] Mann und Weib zusammen machen erst den wirklichen Menschen aus, Mann und Weib zusammen ist die Existenz der Gattung - denn ihre Verbindung ist die Quelle der Vielheit, die Quelle anderer Menschen. Der Mensch daher, der seine Mannheit nicht verneint, der sich fühlt als Mann und dieses Gefühl als ein natur- und gesetzmäßiges Gefühl anerkennt, der weiß und fühlt sich als ein *Teilwesen*, welches eines andern Teilwesens zur Hervorbringung des Ganzen, der wahren Menschheit bedarf. Der Christ dagegen erfaßt sich in seiner überschwenglichen, übernatürlichen Subjektivität als ein *für sich selbst* vollkommnes Wesen. Aber dieser Anschauung war der Geschlechtstrieb entgegen; er stand mit seinem Ideal, seinem höchsten Wesen in Widerspruch; der Christ mußte daher diesen Trieb unterdrücken.

Wohl empfand auch der Christ das Bedürfnis der Geschlechterliebe, aber nur als ein seiner himmlischen Bestimmung widersprechendes, nur natürliches - - natürlich in dem gemeinen, verächtlichen Sinne, den dieses Wort im Christentum hat -, nicht als ein moralisches, inniges Bedürfnis, nicht als ein, um mich so auszudrücken, metaphysisches, d.i. wesentliches Bedürfnis, welches der Mensch eben nur da empfinden kann, wo er den Geschlechtsunterschied nicht von sich absondert, sondern vielmehr zu seinem innern Wesen rechnet. Heilig ist darum nicht die Ehe im Christentume - wenigstens nur *scheinbar, illusorisch* -, denn das natürliche Prinzip der Ehe, die *Geschlechterliebe* - mag auch die bürgerliche Ehe unzähligemal diesem Prinzipe widersprechen - ist im Christentum ein *unheiliges, vom Himmel ausgeschlossenes.*[139] Was aber der Mensch von *seinem Himmel ausschließt, das schließt* er von seinem *wahren Wesen aus.* Der Himmel ist sein Schatzkästchen. Glaube nicht dem, was er auf der Erde etabliert, was er hier erlaubt und sanktioniert: hier muß er sich akkommodieren; hier kommt ihm manches in die Quere, was nicht in sein System paßt; hier weicht er deinem Blick aus, denn er befindet sich unter fremden Wesen, die ihn schüchtern machen. Aber belausche ihn, wo er sein Inkognito abwirft und sich in seiner wahren Würde, seinem himmlischen Staate zeigt. Im Himmel *spricht* er, wie er *denkt*; dort vernimmst du seine *wahre* Meinung. Wo sein Himmel, ist sein Herz - der Himmel ist sein *offnes* Herz. Der Himmel ist nichts als der Begriff des Wahren, Guten, Gültigen, dessen, was *sein soll*; die Erde nichts als der Begriff des Unwahren, Ungültigen, dessen, was *nicht* sein soll. Der Christ schließt vom Himmel das Gattungsleben aus: dort hört die Gattung auf, dort gibt es nur *reine, geschlechtlose* Individuen, »Geister«, dort herrscht die *absolute* Subjektivität - also schließt der Christ von seinem wahren Leben das Gattungsleben aus; er verneint das Prinzip der Ehe als ein sündiges, ein verwerfliches; denn das sündlose, das wahre Leben ist das himmlische.[140] [Vgl. Anhang, Abschnitte VI, XVII-XIX]

NEUNZEHNTES KAPITEL DER CHRISTLICHE HIMMEL ODER DIE PERSÖNLICHE UNSTERBLICHKEIT

Das ehelose, überhaupt asketische Leben ist der direkte Weg zum himmlischen unsterblichen Leben, denn der Himmel ist nichts andres als das übernatürliche, gattungsfreie, geschlechtlose, absolut subjektive Leben. Dem Glauben an die persönliche Unsterblichkeit liegt der Glaube zugrunde, daß der Geschlechtsunterschied nur ein äußerlicher Anflug der Individualität, daß *an sich* das Individuum ein geschlechtloses, für sich selbst vollständiges, *absolutes* Wesen ist. Wer aber keinem Geschlecht angehört, gehört keiner Gattung an - die Geschlechtsverschiedenheit ist die Nabelschnur, durch welche die Individualität mit der Gattung zusammenhängt -, und wer keiner Gattung angehört, der gehört nur sich selbst an, ist ein schlechthin bedürfnisloses, göttliches, absolutes Wesen. Nur da daher, wo die Gattung aus dem Bewußtsein verschwindet, wird das himmlische Leben zur Gewißheit. Wer im *Bewußtsein der Gattung* und folglich *ihrer Wahrheit lebt*, der lebt auch im Bewußtsein der *Wahrheit* der *Geschlechtsbestimmtheit*. Er betrachtet dieselbe nicht als einen mechanisch eingesprengten zufälligen Stein des Anstoßes; er betrachtet sie als einen innigen, einen chemischen Bestandteil seines Wesens. Er weiß sich wohl als *Mensch*, aber zugleich in der Bestimmtheit des Geschlechts, die nicht nur Mark und Bein durchdringt, sondern auch sein innerstes Selbst, die wesentliche Art seines Denkens, Wollens, Empfindens bestimmt. Wer daher im Bewußtsein der Gattung lebt, wer sein Gemüt und seine Phantasie beschränkt, bestimmt durch die Anschauung des wirklichen Lebens, des wirklichen Menschen, der kann sich kein Leben denken, wo das Gattungsleben und damit der Geschlechtsunterschied aufgehoben ist: er hält das geschlechtlose Individuum, den himmlischen Geist für eine gemütliche Vorstellung der Phantasie.

Aber ebensowenig wie von dem Geschlechtsunterschiede kann der wahre Mensch von seiner sittlichen oder geistigen Bestimmtheit, die ja aufs innigste mit seiner natürlichen Bestimmtheit zusammenhängt, abstrahieren. Eben, weil er in der Anschauung des Ganzen lebt, so lebt er in der Anschauung seiner nur als eines Teilwesens, das nur ist, was es ist, durch die Bestimmtheit, die es eben zum Teil des Ganzen oder zu einem relativen Ganzen macht. Jeder hält daher mit Recht sein Geschäft, seinen Stand, seine Kunst oder Wissenschaft für die höchste: denn der Geist des Menschen ist nichts als die wesentliche Art seiner Tätigkeit. Wer etwas Tüchtiges in seinem Stande, seiner Kunst ist, wer, wie man im Leben sagt, seinen Posten ausfüllt, mit Leib und Leben seinem Berufe ergeben ist, der denkt sich auch seinen Beruf als den höchsten und schönsten. Wie sollte er in seinem Geiste verleugnen, in seinem Denken erniedrigen, was er durch die Tat zelebriert, indem er mit Freuden demselben seine Kräfte weiht? Was ich gering schätze, wie kann ich dem meine Zeit, meine Kräfte weihen? Muß ich dennoch, so ist meine Tätigkeit eine unglückliche, denn ich bin zerfallen mit mir selbst. Arbeiten ist Dienen. Wie kann ich aber einem Gegenstand dienen, mich ihm unterwerfen, wenn er mir nicht im Geiste hoch steht? Kurz, die Beschäftigungen bestimmen das Urteil, die Denkart, die Gesinnung des Menschen. Und je höher die Art der Beschäftigung, desto mehr identifiziert sich der Mensch damit. Was überhaupt der Mensch zum wesentlichen Zweck seines Lebens macht, das erklärt er für seine Seele; denn es ist das Prinzip der Bewegung in ihm. Durch seine Zwecke, durch die Tätigkeit, in welcher er diese Zwecke verwirklicht, ist aber der Mensch zugleich, wie etwas für sich, so *Etwas für Andere*, für das Allgemeine, die Gattung. Wer daher in dem Bewußtsein der Gattung als einer Wahrheit lebt, der hält sein Sein für Andere, sein öffentliches, gemeinnütziges Sein für *das* Sein, welches eins ist mit dem Sein *seines* Wesens, für sein unsterbliches Sein. Er lebt mit ganzer Seele, mit ganzem Herzen für die Menschheit. Wie könnte er eine besondere Existenz für sich noch im Rückhalt haben, wie sich von der Menschheit scheiden? wie im Tode verleugnen, was er im Leben bekräftigte?

Das himmlische Leben oder - was wir hier nicht unterscheiden - die persönliche Unsterblichkeit ist eine charakteristische Lehre des Christentums. Allerdings findet sie sich zum Teil auch schon bei den heidnischen Philosophen, aber hier hat sie nur die Bedeutung einer *Phantasie*, weil sie nicht mit ihrer Grundanschauung zusammenhing. Wie widersprechend äußern sich nicht z.B. die Stoiker über diesen Gegenstand! Erst bei den Christen fand die persönliche Unsterblichkeit *das* Prinzip, woraus sie sich mit Notwendigkeit als eine sich von selbst verstehende Wahrheit ergibt. Den Alten kam die Anschauung der Welt, der Natur, der Gattung stets in die Quere, sie unterschieden zwischen dem Lebensprinzip und dem lebenden Subjekt, zwischen der Seele, dem Geiste und *sich selbst*; während der Christ den Unterschied zwischen Seele und Person, Gattung und Individuum aufhob, unmittelbar *in sich* selbst daher setzte, was nur der Totalität der Gattung angehört. Aber die unmittelbare Einheit der Gattung und Individualität ist eben das höchste Prinzip, der Gott des Christentums - das *Individuum* hat in ihm die Bedeutung des *absoluten Wesens* -, und die notwendige Folge dieses Prinzips eben die persönliche Unsterblichkeit.

Oder vielmehr: Der Glaube an die *persönliche Unsterblichkeit* ist ganz *identisch* mit dem *Glauben an den persönlichen Gott* - d.h. *dasselbe*, was der Glaube an das himmlische, unsterbliche Leben der Person ausdrückt, dasselbe drückt Gott aus, wie er den Christen Gegenstand ist -, das Wesen der *absoluten, uneingeschränkten Persönlichkeit*. Die uneingeschränkte

Persönlichkeit ist Gott, aber die himmlische, unsterbliche Persönlichkeit ist selbst nichts andres als die uneingeschränkte, die von allen irdischen Beschwerden und Schranken erledigte Persönlichkeit -der Unterschied *nur der*, daß Gott der *geistige* Himmel, der Himmel der *sinnliche* Gott ist, daß *in* Gott *gedacht* wird, was im Himmel als ein *Objekt der Phantasie* gesetzt wird. Gott ist nur der *unentwickelte Himmel*, der *wirkliche Himmel der entwickelte Gott*. Gegenwärtig ist Gott das Himmelreich, in Zukunft der Himmel Gott. Gott ist die *Bürgschaft, die*, aber *noch abstrakte, Gegenwart* und *Existenz* der *Zukunft* - der *antizipierte, kompendiöse Himmel*. Unser eignes zukünftiges, aber von uns, wie wir gegenwärtig in dieser Welt, in diesem Leibe existieren, unterschiednes, nur ideal gegenständliches Wesen ist Gott - Gott ist der Gattungsbegriff, der sich dort erst verwirklichen, individualisieren wird. Gott *ist* die himmlische, reine, freie *Wesenheit*, die dort als himmlische, reine *Wesen* existieren wird, *die* Seligkeit, die dort in einer Fülle seliger Individuen sich entfaltet. Gott ist also nichts andres als der Begriff oder das Wesen des absoluten, des seligen, himmlischen Lebens, das aber hier selbst noch zusammengefaßt wird in eine ideale Persönlichkeit. Deutlich genug ist dies ausgesprochen in dem Glauben, daß das selige Leben die Einheit mit Gott ist. Hier sind wir unterschieden und getrennt von Gott, dort fällt die Scheidewand; hier sind wir Menschen, dort Götter; hier ist die Gottheit ein Monopol, dort ein Gemeingut; hier eine abstrakte Einheit, dort eine konkrete Vielheit.[141]

Was die Erkenntnis dieses Gegenstandes erschwert, ist nur die Phantasie, welche einerseits durch die Vorstellung der Persönlichkeit und Selbständigkeit Gottes, anderseits durch die Vorstellung der vielen Persönlichkeiten, welche sie zugleich gewöhnlich in ein mit sinnlichen Farben ausgemaltes Reich verlegt, die Einheit des Begriffs auseinandertrennt. Aber in Wahrheit ist kein Unterschied zwischen dem *absoluten Leben*, welches *als Gott*, und dem *absoluten Leben*, welches *als der Himmel* gedacht wird, nur daß im Himmel in die Länge und Breite ausgedehnt wird, was in Gott in einen Punkt zusammengedrängt ist. Der Glaube an die *Unsterblichkeit* des Menschen ist der Glaube an die *Göttlichkeit* des Menschen, und umgekehrt der Glaube an Gott der Glaube an die reine, von allen Schranken erlöste und folglich eben damit *unsterbliche* Persönlichkeit. Die Unterschiede, die man setzt zwischen der unsterblichen Seele und Gott, sind entweder nur sophistische oder phantastische, wie wenn man z.B. die Seligkeit der Himmelsbewohner wieder in Schranken einschließt, in Grade einteilt, um einen Unterschied zwischen Gott und den himmlischen Wesen zu etablieren.

Die Einheit der göttlichen und himmlischen Persönlichkeit erscheint selbst in den populären Beweisen der Unsterblichkeit. Wenn kein andres besseres Leben ist, so ist Gott nicht gerecht und gut. Die Gerechtigkeit und Güte Gottes wird so abhängig gemacht von der Fortdauer der Individuen;

aber ohne Gerechtigkeit und Güte ist Gott *nicht Gott* - die Gottheit, die *Existenz* Gottes wird daher abhängig gemacht von *der Existenz der Individuen*. Wenn ich nicht unsterblich bin, so glaube ich keinen Gott; wer die Unsterblichkeit leugnet, leugnet Gott. Aber das kann ich unmöglich glauben: *so gewiß* Gott ist, so *gewiß* ist meine Seligkeit. Gott ist mir eben die *Gewißheit* meiner Seligkeit. Das Interesse, daß *Gott* ist, ist eins mit dem Interesse, daß *ich bin*, ewig bin. Gott ist meine *geborgne*, meine *gewisse* Existenz: er ist die Subjektivität der Subjekte, die Persönlichkeit der Personen. Wie sollte daher den Personen nicht zukommen, was der Persönlichkeit zukommt? In Gott mache ich eben *mein Futurum* zu *einem Präsens* oder vielmehr ein *Zeitwort* zu einem *Substantiv*; wie sollte sich eins vom andern trennen lassen? Gott ist die meinen Wünschen und Gefühlen entsprechende Existenz: er ist der Gerechte, der Gütige, der meine Wünsche erfüllt. Die Natur, diese Welt ist eine meinen Wünschen, meinen Gefühlen widersprechende Existenz. Hier ist es nicht so, wie es *sein* soll - diese Welt vergeht -, Gott aber ist *das* Sein, welches *so* ist, wie es sein soll. Gott erfüllt meine Wünsche - dies ist nur populäre Personifikation des Satzes: Gott ist der Erfüller, d.i. die *Wirklichkeit*, das *Erfülltsein meiner Wünsche*.[142] Aber der Himmel ist eben das meinen Wünschen, meiner Sehnsucht entsprechende Sein[143] - also *kein Unterschied zwischen Gott und Himmel*. Gott ist die *Kraft*, durch die der Mensch seine ewige Glückseligkeit *verwirklicht* - Gott die absolute Persönlichkeit, in der alle einzelnen Personen die Gewißheit ihrer Seligkeit und Unsterblichkeit haben -, Gott die höchste letzte Gewißheit des Menschen von der absoluten Wahrheit seines Wesens.

Die Unsterblichkeitslehre ist die Schlußlehre der Religion - ihr Testament, worin sie ihren letzten Willen äußert. Hier spricht sie darum unverhohlen aus, was sie sonst verschweigt. Wenn es sich sonst um die Existenz eines *andern* Wesens handelt, so handelt es sich hier offenbar nur um die *eigne Existenz*; wenn außerdem der Mensch in der Religion sein Sein vom Sein Gottes abhängig macht, so macht er hier die Existenz Gottes von seiner eignen abhängig; was ihm sonst die primitive, unmittelbare Wahrheit, das ist ihm daher hier eine abgeleitete, sekundäre Wahrheit: *wenn ich nicht ewig bin, so ist Gott nicht Gott*, wenn *keine Unsterblichkeit*, so ist *kein Gott*. Und diesen Schluß hat schon der Apostel gemacht. Wenn wir nicht auferstehen, so ist Christus nicht auferstanden, und alles ist nichts. *Edite, bibite.* Allerdings kann man das scheinbar oder wirklich Anstößige, was in den populären Beweisen liegt, beseitigen, indem man die Schlußform vermeidet, aber nur dadurch, daß man die Unsterblichkeit zu einer *analytischen Wahrheit* macht, so daß eben der *Begriff Gottes* als der absoluten Persönlichkeit oder Subjektivität *von selbst schon der Begriff der Unsterblichkeit* ist. Gott ist die Bürgschaft meiner zukünftigen Existenz, weil er schon die Gewißheit und Wahrheit meiner gegenwärtigen Existenz, mein Heil, mein Trost, mein Schirm vor den Gewalten der Außenwelt ist; ich brauche also die

Unsterblichkeit gar nicht *ausdrücklich* zu folgern, nicht als eine *aparte Wahrheit* herauszustellen; *habe ich Gott, so habe ich Unsterblichkeit*. So war es bei den tiefern christlichen Mystikern, ihnen ging der Begriff der Unsterblichkeit in dem Begriffe Gottes auf: Gott war ihnen ihr unsterbliches Leben - Gott selbst die subjektive Seligkeit, also das *für sie*, für ihr *Bewußtsein*, was er *an sich selbst*, d.i. im *Wesen* der Religion ist.

Somit ist bewiesen, daß Gott der Himmel ist, daß beide dasselbe sind. Leichter wäre der umgekehrte Beweis gewesen, nämlich, daß der Himmel der eigentliche Gott der Menschen ist. Wie der Mensch seinen Himmel denkt, so denkt er seinen Gott; die Inhaltsbestimmtheit seines Himmels ist die Inhaltsbestimmtheit seines Gottes, nur daß im Himmel sinnlich ausgemalt, ausgeführt wird, was in Gott nur Entwurf Konzept ist. Der Himmel ist daher der Schlüssel zu den innersten Geheimnissen der Religion. Wie der Himmel objektiv das aufgeschlossene Wesen der Gottheit, so ist er auch subjektiv die offenherzigste Aussprache der innersten Gedanken und Gesinnungen der Religion. Daher sind die Religionen so verschieden als Himmelreiche, und soviel unterschiedne Himmelreiche, als wesentliche Menschenunterschiede sind. Auch die Christen selbst denken sich sehr verschiedenartig den Himmel.[144]

Nur die Pfiffigen unter ihnen denken und sagen gar nichts Bestimmtes über den Himmel oder das Jenseits überhaupt, weil es unbegreiflich sei und daher immer nur nach einem diesseitigen, nur für das Diesseits gültigen Maßstab gedacht werde. Alle Vorstellungen hienieden seien nur Bilder, mit denen sich der Mensch das seinem Wesen nach unbekannte, aber seiner *Existenz* nach gewisse Jenseits vergegenwärtige. Es ist hier ebenso wie mit Gott: das *Dasein* Gottes sei gewiß - aber *was* er sei oder *wie* er sei, das sei unerforschlich. Aber wer so spricht, der hat sich das Jenseits schon aus dem Kopfe geschlagen; er hält es nur noch fest, entweder weil er über solche Dinge gar nicht denkt oder weil es ihm nur noch ein Herzensbedürfnis ist, aber er schiebt es, zu sehr erfüllt mit wirklichen Dingen, so weit als möglich sich aus dem Gesichte; er *verneint* mit seinem *Kopfe*, was er mit seinem *Herzen bejaht*; denn er verneint das Jenseits, indem er demselben seine *Beschaffenheiten* nimmt, durch die es allein ein für den Menschen wirklicher und wirksamer Gegenstand ist. Die Qualität ist nicht vom Sein unterschieden - die Qualität ist nichts als das *wirkliche* Sein. Sein ohne Beschaffenheit ist eine Schimäre - ein Gespenst. Durch die Qualität wird mit erst das Sein gegeben; nicht erst das Sein und hintendrein die Qualität. Die Lehre von der Unerkennbarkeit und Unbestimmbarkeit Gottes, wie die von der Unerforschlichkeit des Jenseits, sind daher keine ursprünglich religiösen Lehren: sie sind vielmehr Produkte der *Irreligiosität*, die aber selbst *noch in der Religion befangen* ist oder vielmehr hinter die Religion sich versteckt, und zwar eben deswegen, weil ursprünglich das *Sein Gottes* nur mit einer *bestimmten Vorstellung Gottes*, das *Sein des Jenseits* nur mit einer *bestimmten Vorstellung* desselben gegeben ist. So ist dem Christen nur die Existenz *seines* Paradieses, *des* Paradieses, welches die *Qualität der Christlichkeit* hat, nicht aber das Paradies der Muhamedaner oder das Elysium der Griechen eine *Gewißheit.* Die erste Gewißheit ist überall die Qualität; das Sein versteht sich von selbst, wenn einmal die Qualität gewiß ist. Im Neuen Testament kommen keine Beweise oder solche allgemeine Sätze vor, worin es heißt: *Es ist* ein Gott oder *es ist* ein himmlisches Leben; sondern es werden nur Beschaffenheiten aus dem Leben des Himmels angeführt: »Dort werden sie nicht freien.« Das ist natürlich, kann man entgegnen, weil schon das Sein vorausgesetzt ist. Allein man trägt hier schon eine Distinktion der Reflexion in den ursprünglich nichts von dieser Distinktion wissenden religiösen Sinn hinein. Freilich ist das Sein vorausgesetzt, aber nur weil die *Qualität schon das Sein ist*, weil das ungebrochne religiöse Gemüt nur in der Qualität lebt, gleichwie dem natürlichen Menschen nur in der Qualität, die er empfindet, das wirkliche Sein, das Ding *an sich* liegt. So ist in jener neutestamentlichen Stelle das jungfräuliche oder vielmehr geschlechtslose Leben als das wahre Leben vorausgesetzt, das jedoch notwendig zu einem zukünftigen wird, weil dieses wirkliche Leben dem Ideal des wahren Lebens widerspricht. Aber die Gewißheit dieses zukünftigen Lebens liegt nur in der *Gewißheit von der Beschaffenheit* dieser Zukunft als des wahren, höchsten, dem Ideal entsprechenden Lebens.

Wo das jenseitige Leben *wirklich* geglaubt wird, wo es ein *gewisses* Leben, da ist es, *eben weil ein gewisses*, auch *bestimmtes.* Wenn ich nicht weiß, *was* und *wie ich* einst bin, wenn ein wesentlicher, absoluter Unterschied zwischen meiner Zukunft und Gegenwart ist, so weiß ich auch einst nicht, was und wie ich ehedem war, so ist die Einheit des Bewußtseins aufgehoben, ein andres Wesen dort an meine Stelle getreten, mein künftiges Sein in der Tat nicht vom Nichtsein unterschieden. Ist dagegen kein wesentlicher Unterschied, so ist auch das Jenseits ein von mir bestimmbarer und erkennbarer Gegenstand. Und so ist es auch wirklich: ich bin das bleibende Wesen in dem Wechsel der Beschaffenheiten, ich bin die Substanz, die Diesseits und Jenseits zur Einheit verbindet. Wie sollte mir also das Jenseits unklar sein? Im Gegenteil: das Leben dieser Welt ist das dunkle, unbegreifliche Leben, das erst durch das Jenseits klar und licht wird; hier bin ich ein vermummtes, verwickeltes Wesen; dort fällt die Maske: dort bin ich, wie ich in Wahrheit bin. Die Behauptung daher, es sei wohl ein anderes, ein himmlisches Leben, aber *was* und *wie* es sei, das bleibe hier unerforschlich, ist nur eine Erfindung des *religiösen Skeptizismus*, der auf absolutem Mißverstand der Religion beruht, weil er sich gänzlich ihrem Wesen entfremdet hat. Das, was die irreligiös religiöse Reflexion nur zum bekannten Bilde einer unbekannten, aber dennoch gewissen Sache macht, das ist im Ursprung, im ursprünglichen wahren Sinn der Religion nicht Bild, sondern die Sache, das Wesen selbst. Der Unglaube, der zugleich noch

158

Glaube ist, setzt die Sache in Zweifel, aber er ist zu gedankenlos und feige, sie direkt zu bezweifeln: er setzt sie nur so in Zweifel, daß er das Bild oder die Vorstellung bezweifelt, d.h. das Bild nur für ein Bild erklärt. Aber die Unwahrheit und Nichtigkeit dieses Skeptizismus ist schon historisch bewiesen. Wo man einmal zweifelt an der Wahrheit der Bilder der Unsterblichkeit, zweifelt, daß man so existieren könne, wie es der Glaube vorstellt, z.B. ohne materiellen, wirklichen Leib oder ohne Geschlecht, da zweifelt man auch bald an der jenseitigen Existenz überhaupt. Mit dem Bilde fällt die Sache - eben weil das Bild die Sache selbst ist.

Der Glaube an den Himmel oder überhaupt ein jenseitiges Leben beruht auf einem *Urteil*. Er spricht *Lob* und *Tadel* aus; er ist *kritischer* Natur; er macht eine Blumenlese aus der Flora dieser Welt. Und diese kritische Blumenlese ist eben der Himmel. Was der Mensch schön, gut, angenehm findet, das ist für ihn *das* Sein, welches allein sein *soll*; was er schlecht, garstig, unangenehm findet, das ist für ihn *das* Sein, welches *nicht* sein soll und daher, wenn und weil es dennoch ist, ein zum Untergang verdammtes, ein nichtiges ist. Wo das Leben nicht im Widerspruch gefunden wird mit einem Gefühl, einer Vorstellung, einer Idee, und dieses Gefühl, diese Idee nicht für absolut wahr und berechtigt gilt, da entsteht nicht der Glaube an ein andres, himmlisches Leben. Das andre Leben ist nichts andres als das *Leben im Einklang mit dem Gefühl, mit der Idee*, welcher *dieses Leben widerspricht*. Das Jenseits hat keine andere Bedeutung, als diesen Zwiespalt aufzuheben, einen Zustand zu verwirklichen, der dem Gefühl entspricht, in dem der Mensch *mit sich im Einklang* ist. Ein unbekanntes Jenseits ist eine lächerliche Schimäre: das Jenseits ist nichts weiter als die *Wirklichkeit einer bekannten Idee*, die Befriedigung eines bewußten Verlangens, die Erfüllung eines Wunsches[145]: es ist nur die *Beseitigung der Schranken*, die hier der Wirklichkeit der Idee im Wege stehen. Wo wäre der Trost, wo die Bedeutung des Jenseits, wenn ich in ihm in stockfinstere Nacht blickte? Nein! dort strahlt mir mit dem Glanze des gediegenen Metalls entgegen, was hier nur mit den trüben Farben des oxydierten Erzes glänzt. Das Jenseits hat keine andere Bedeutung, keinen andern Grund seines Daseins als den, zu sein die Scheidung des Metalls von seinen beigemengten fremden Bestandteilen, die Scheidung des Guten vom Schlechten, des Angenehmen vom Unangenehmen, des Lobenswürdigen vom Tadelnswerten. Das Jenseits ist die *Hochzeit*, wo der Mensch den Bund mit seiner Geliebten schließt. Längst kannte er seine Braut, längst sehnte er sich nach ihr; aber äußere Verhältnisse, die gefühllose Wirklichkeit stand seiner Verbindung mit ihr entgegen. Auf der Hochzeit wird seine Geliebte nicht ein anderes Wesen; wie könnte er sonst so heiß nach ihr sich sehnen? Sie wird nur die Seinige, sie wird jetzt nur aus einem Gegenstand der Sehnsucht ein Gegenstand des wirklichen Besitzes. Das Jenseits ist hienieden allerdings nur ein Bild, aber nicht ein Bild eines fernen, unbekannten Dings, sondern ein Porträt von dem Wesen, welches der Mensch vor allen andern bevorzugt liebt. Was der Mensch liebt, das ist seine Seele. Die Asche geliebter Toten schloß der Heide in Urnen ein; bei den Christen ist das himmlische Jenseits das Mausoleum, in das er seine Seele verschließt.

Zur Erkenntnis eines Glaubens, überhaupt der Religion, ist es notwendig, selbst die untersten, rohsten Stufen der Religion zu beachten. Man muß die Religion nicht nur in einer *aufsteigenden Linie* betrachten, sondern in der *ganzen Breite ihrer Existenz* überschauen. Man muß die verschiedenen Religionen auch bei der absoluten Religion *gegenwärtig* haben, nicht hinter ihr, in der Vergangenheit zurücklassen, um ebensowohl die absolute als die andern Religionen richtig würdigen und begreifen zu können. Die schrecklichsten »Verirrungen«, die wildesten Ausschweifungen des religiösen Bewußtseins lassen oft die tiefsten Blicke auch in die Geheimnisse der absoluten Religion werfen. Die scheinbar rohsten Vorstellungen sind oft nur die kindlichsten, unschuldigsten, wahrsten Vorstellungen. Dies gilt auch von den Vorstellungen des Jenseits. Der »Wilde«, dessen Bewußtsein nicht über die Grenzen seines Landes hinausgeht, der ganz mit ihm zusammengewachsen ist, nimmt auch sein Land in das Jenseits auf, und zwar so, daß er entweder die Natur läßt, wie sie ist, oder sie ausbessert und so die Beschwerden seines Lebens in der Vorstellung des Jenseits überwindet.[146] Es liegt in dieser Beschränktheit der unkultivierten Völker ein ergreifender Zug. Das Jenseits drückt hier nichts andres aus als das Heimweh. Der Tod trennt den Menschen von den Seinigen, von seinem Volke, seinem Lande. Aber der Mensch, der sein Bewußtsein nicht erweitert hat, kann es in dieser Trennung nicht aushalten; er muß wieder zurück in sein Heimatland. Die Neger in Westindien entleibten sich, um in ihrem Vaterlande wieder aufzuleben. Es ist diese Beschränktheit das direkte Gegenteil von dem phantastischen Spiritualismus, welcher den Menschen zu einem Vagabunden macht, der, gleichgültig selbst gegen die Erde, von einem Stern zum andern läuft. Und es liegt ihr allerdings Wahrheit zugrunde. Der Mensch ist, was er ist, durch die Natur, soviel auch seiner Selbsttätigkeit angehört; aber auch seine Selbsttätigkeit hat in der Natur, respektive seiner Natur, ihren Grund. Seid dankbar gegen die Natur! Der Mensch läßt sich nicht von ihr abtrennen. Der Germane, dessen Gottheit die Selbsttätigkeit ist, verdankt seinen Charakter ebensogut seiner Natur als der Orientale. Der Tadel der indischen Kunst, der indischen Religion und Philosophie ist ein Tadel der indischen Natur. Ihr beklagt euch über den Rezensenten, der eine Stelle in euren Werken aus dem Zusammenhang reißt, um sie dadurch dem Spotte preiszugeben. Warum tut ihr selbst, was ihr an andern tadelt? Warum reißt ihr die indische Religion aus dem Zusammenhang, in welchem sie ebenso vernünftig ist als eure absolute Religion?

Der Glaube an ein Jenseits, an ein Leben nach dem Tode ist daher bei den »wilden« Völkern im wesentlichen nichts weiter als der direkte Glaube *an das Diesseits*, der unmittelbare, *ungebrochne* Glaube an *dieses* Leben. Dieses Leben hat für sie, selbst mit seinen Lokalbeschränktheiten, allen, absoluten Wert; sie *können nicht davon abstrahieren*, sich *keine Abbrechung* denken; d.h. sie glauben geradezu an die *Unendlichkeit*, die *Unaufhörlichkeit dieses Lebens*. Erst dadurch, daß der Glaube der Unsterblichkeit ein kritischer Glaube wird, daß man nämlich unterscheidet zwischen dem, was hier zurück- und dort übrigbleibt, hier vergehen, dort bestehen soll, erst dadurch gestaltet sich der Glaube an das Leben nach dem Tode zum Glauben an ein *anderes* Leben. Aber gleichwohl fällt auch diese Kritik, diese Unterscheidung schon in dieses Leben. So unterschieden die Christen zwischen dem *natürlichen* und *christlichen*, dem sinnlichen, weltlichen und geistlichen, heiligen Leben. Das himmlische, das andere Leben ist kein andres Leben als das hier schon von dem nur natürlichen Leben unterschiedne, aber hier zugleich noch mit demselben behaftete geistliche Leben. Was der Christ schon hier von sich ausschließt, wie das Geschlechtsleben, das ist auch vom andern Leben ausgeschlossen. Der Unterschied ist nur, daß er dort davon *frei* ist, wovon er hier frei zu sein *wünscht* und sich durch den Willen, die Andacht, die Kasteiung frei zu machen sucht. Darum ist dieses Leben für den Christen ein Leben der Qual und Pein, weil er hier noch mit seinem *Gegensatz* behaftet ist, mit den Lüsten des Fleisches, den Anfechtungen des Teufels zu kämpfen hat.

Der Glaube der kultivierten Völker unterscheidet sich also nur dadurch von dem Glauben der unkultivierten, wodurch sich überhaupt die Kultur von der Unkultur unterscheidet - dadurch, daß der Glaube der Kultur ein *unterscheidender, aussondernder, abstrakter* Glaube ist. Wo unterschieden wird, da wird geurteilt; wo aber geurteilt wird, da entsteht die Scheidung zwischen Positivem und Negativem, Gutem und Schlechtem. Der Glaube der wilden Völker ist ein Glaube ohne Urteil. Die Bildung dagegen urteilt: Dem gebildeten Menschen ist nur das gebildete Leben das wahre, dem Christen das christliche. Der rohe Naturmensch tritt ohne Anstand, so wie er steht und geht, ins Jenseits ein: das Jenseits ist seine natürliche Blöße. Der Gebildete dagegen nimmt an einem solchen ungezügelten Leben nach dem Tode Anstand, weil er schon hier das ungezügelte Naturleben beanstandet. Der Glaube an das jenseitige Leben ist daher nur der Glaube an das diesseitige *wahre* Leben: die wesentliche Inhaltsbestimmtheit des Diesseits ist auch die wesentliche Inhaltsbestimmtheit des Jenseits; der Glaube an das Jenseits demnach kein Glaube an ein *anderes unbekanntes* Leben, sondern an die Wahrheit und Unendlichkeit, folglich Unaufhörlichkeit des Lebens, das *schon hier* für das *echte Leben* gilt. [Vgl. Anhang, Abschnitte XIX, XX]

Wie Gott nichts andres ist als das Wesen des Menschen, gereinigt von dem, was dem menschlichen Individuum, sei es nun im Gefühl oder Denken, als Schranke, als Übel erscheint: so ist das Jenseits nichts andres als das Diesseits, befreit von dem, was als Schranke, als Übel erscheint. So bestimmt und deutlich die Schranke als Schranke, das Übel als Übel von dem Individuum gewußt wird, ebenso bestimmt und deutlich wird von ihm das Jenseits, wo diese Schranken wegfallen, gewußt. Das Jenseits ist das Gefühl, die Vorstellung der Freiheit von *den* Schranken, die hier das Selbstgefühl, die Existenz des Individuums beeinträchtigen. Der Gang der Religion unterscheidet sich nur dadurch von dem Gang des natürlichen oder vernünftigen Menschen, daß sie den Weg, welchen dieser in der geraden als der kürzesten Linie macht, in einer krummen, und zwar der Kreislinie beschreibt. Der natürliche Mensch bleibt in seiner Heimat, weil es ihm hier wohlgefällt, weil er vollkommen befriedigt ist; die Religion, die in einer Unzufriedenheit, einer Zwietracht anhebt, verläßt die Heimat, geht in die Ferne, aber nur, um in der Entfernung das Glück der Heimat um so lebhafter zu empfinden. Der Mensch trennt sich in der Religion von sich selbst, aber nur, um *immer wieder auf denselben Punkt zurückzukommen, von dem er ausgelaufen.* Der Mensch verneint sich, aber nur, um sich wieder zu setzen, und zwar jetzt in verherrlichter Gestalt. So verwirft er auch das Diesseits, aber nur, um am Ende es *als Jenseits wieder zusetzen.*[147] Das verlorne aber wiedergefundne und in der Freude des Wiedersehens um so heller strahlende Diesseits ist das Jenseits. Der religiöse Mensch gibt die Freuden dieser Welt auf; aber nur, um dafür die himmlischen Freuden zu gewinnen, oder vielmehr, er gibt sie deswegen auf, weil er schon in dem wenigstens geistigen Besitze der himmlischen Freuden ist. Und die himmlischen Freuden sind dieselben, wie hier, nur befreit von den Schranken und Widerwärtigkeiten dieses Lebens. Die Religion kommt so, aber auf einem *Umweg,* zu dem Ziele, dem Ziele der Freude, worauf der natürliche Mensch in gerader Linie zueilt. Das *Wesen im Bilde* ist das *Wesen der Religion.* Die Religion opfert die Sache dem Bilde auf. Das Jenseits ist das Diesseits im Spiegel der Phantasie - das bezaubernde Bild, im Sinne der Religion das Urbild des Diesseits: dieses wirkliche Leben nur ein Schein, ein Schimmer jenes geistigen, bildlichen Lebens. Das Jenseits ist das im Bilde angeschaute, von aller groben Materie gereinigte - verschönerte Diesseits. Die Verschönerung, die Verbesserung setzt einen Tadel, ein Mißfallen voraus. Aber das Mißfallen ist nur ein oberflächliches. Ich spreche der Sache nicht Wert ab; nur so, wie sie ist, gefällt sie mir nicht; ich verwerfe nur die Beschaffenheiten, nicht das Wesen, sonst würde ich auf Vertilgung dringen. Ein Haus, das mir durchaus mißfällt, lasse ich abtragen, aber nicht verschönern. Der Glaube an das Jenseits gibt die Welt auf, aber nicht *ihr Wesen*; nur so, wie sie ist, gefällt sie nicht. Die Freude gefällt dem Jenseitsgläubigen - wer sollte die Freude nicht als etwas Wahres,

162

Wesentliches empfinden? -, aber es mißfällt ihm, daß hier auf die Freude entgegengesetzte Empfindungen folgen, daß sie *vergänglich* ist. Er setzt daher die Freude auch ins Jenseits, aber als ewige, ununterbrochne, göttliche Freude - das Jenseits heißt darum das *Freudenreich* -, wie er hier schon die Freude in *Gott* setzt; denn Gott ist nichts als die ewige, *ununterbrochne Freude als Wesen*. Die Individualität gefällt ihm, aber nur nicht die mit objektiven Trieben belastete; er nimmt daher die Individualität auch mit, aber die reine, die absolut subjektive. Das Licht gefällt, aber nicht die Schwere, weil sie als eine Schranke dem Individuum erscheint, nicht die Nacht, weil in ihr der Mensch der Natur gehorcht; dort ist Licht, aber keine Schwere, keine Nacht - reines, ungestörtes Licht.[148]

Wie der Mensch, in der Entfernung von sich, in Gott immer wieder nur auf *sich selbst* zurückkommt, immer nur *sich um sich selbst dreht*, so kommt der Mensch auch in der Entfernung vom Diesseits immer wieder zuletzt nur auf dasselbe zurück. Je außer- und übermenschlicher Gott im Anfang erscheint, desto menschlicher zeigt er sich im Verlaufe oder Schlusse. Ebenso: je übernatürlicher im Anfang oder in der Ferne beschaut das himmlische Leben aussieht, desto mehr stellt sich am Ende oder in der Nähe betrachtet die Einheit des himmlischen Lebens mit dem natürlichen heraus - eine Einheit, die sich zuletzt bis auf das Fleisch, bis auf den Leib erstreckt. Zunächst handelt es sich um die Scheidung der *Seele* vom Leibe, wie in der Anschauung Gottes um die Scheidung des *Wesens* von dem Individuum - das Individuum stirbt einen *geistigen Tod*, der tote Leib, der zurückbleibt, ist das menschliche Individuum, die Seele, die sich davon geschieden, Gott. Aber die Scheidung der Seele vom Leibe, des Wesens vom Individuum, Gottes vom Menschen muß wieder aufgehoben werden. Jede Trennung zusammengehörender Wesen ist schmerzlich. Die Seele sehnt sich wieder nach ihrem verlornen Teile, nach ihrem Leibe, wie Gott, die abgeschiedene Seele, sich wieder nach dem wirklichen Menschen sehnt. Wie Gott daher wieder Mensch wird, so kehrt die Seele wieder in ihren Leib zurück - und die *vollkommene Einheit* des Dies- und Jenseits ist jetzt wiederhergestellt. Zwar ist dieser neue Leib ein lichtvoller, verklärter, wunderbarer Leib, aber - und das ist die Hauptsache - es ist ein *anderer* und doch *derselbe* Leib,[149] wie Gott ein *anderes* und doch *dasselbe* Wesen als das menschliche ist. Wir kommen hier wieder auf den Begriff des Wunders, welches Widersprechendes vereinigt. Der übernatürliche Körper ist ein Körper der Phantasie, aber eben deswegen ein dem Gemüte des Menschen entsprechender, weil ihn nicht belästigender - ein rein subjektiver Körper. Der Glaube an das Jenseits ist nichts anderes als der Glaube an die Wahrheit der Phantasie, wie der Glaube an Gott der Glaube an die Wahrheit und Unendlichkeit des menschlichen Gemütes. Oder: wie der Glaube an Gott nur der Glaube an das *abstrakte* Wesen des Menschen ist, so der Glaube an das Jenseits nur der Glaube an das *abstrakte* Diesseits.

Aber der Inhalt des Jenseits ist die Seligkeit, die ewige Seligkeit der Persönlichkeit, die hier *durch die Natur* beschränkt und beeinträchtigt existiert. Der Glaube an das Jenseits ist daher der Glaube an die *Freiheit der Subjektivität von den Schranken der Natur* - also der Glaube an die Ewigkeit und Unendlichkeit der Persönlichkeit, und zwar nicht in ihrem Gattungsbegriffe, der sich in immer neuen Individuen entfaltet, sondern dieser bereits existierenden Individuen -, folglich der *Glaube des Menschen an sich selbst.* Aber der Glaube an das Himmelreich ist eins mit dem Glauben an Gott - es ist derselbe Inhalt in beiden -, Gott ist die reine, absolute, von allen Naturschranken erledigte Persönlichkeit: er *ist* schlechtweg, was die menschlichen Individuen nur sein *sollen*, sein *werden - der Glaube an Gott* daher der *Glaube des Menschen an die Unendlichkeit und Wahrheit seines eignen Wesens-,* das göttliche Wesen das menschliche, und zwar subjektiv menschliche Wesen in seiner absoluten Freiheit und Unbeschränktheit.

Unsere wesentlichste Aufgabe ist hiermit erfüllt. Wir haben das außerweltliche, übernatürliche und übermenschliche Wesen Gottes reduziert auf die Bestandteile des menschlichen Wesens als seine Grundbestandteile. Wir sind im Schlusse wieder auf den Anfang zurückgekommen. Der Mensch ist der Anfang der Religion, der Mensch der Mittelpunkt der Religion, der Mensch das Ende der Religion.

ZWEITER TEIL DAS UNWAHRE, D.I. THEOLOGISCHE WESEN DER RELIGION

ZWANZIGSTES KAPITEL DER WESENTLICHE STANDPUNKT DER RELIGION

Der wesentliche Standpunkt der Religion ist der *praktische*, d.h. hier der *subjektive*. Der Zweck der Religion ist das Wohl, das Heil, die Seligkeit des Menschen, die Beziehung des Menschen auf Gott nichts anderes als die Beziehung desselben auf sein Heil: Gott ist das verwirklichte Seelenheil oder die unbeschränkte Macht, das Heil, die Seligkeit des Menschen zu verwirklichen.[150] Die christliche Religion namentlich unterscheidet sich darin von andern Religionen, daß keine so nachdrücklich wie sie das Heil des Menschen hervorgehoben. Darum nennt sie sich auch nicht Gotteslehre, sondern Heilslehre. Aber dieses Heil ist nicht weltliches, irdisches Glück und Wohl. Im Gegenteil, die tiefsten, wahrsten Christen haben gesagt, daß irdisches Glück den Menschen von Gott abzieht, dagegen weltliches Unglück, Leiden, Krankheiten den Menschen zu Gott zurückführen und daher sich allein für den Christen schicken.[151] Warum? Weil im Unglück der Mensch nur praktisch oder subjektiv gesinnt ist, im Unglück er sich nur auf das eine, was not, bezieht, im Unglück Gott als *Bedürfnis* des Menschen empfunden wird. Die Lust, die Freude dehnt den Menschen aus, das Unglück, der Schmerz zieht und drängt ihn zusammen - im Schmerze verneint der Mensch die Wahrheit der Welt; alle Dinge, welche die Phantasie des Künstlers und die Vernunft des Denkers bezaubern, verlieren ihren Reiz, ihre Macht für ihn; er versinkt in sich selbst, in sein Gemüt. Dieses in sich versunkne, auf sich nur konzentrierte, in sich nur sich beruhigende, die Welt verneinende, gegen die Welt, die Natur überhaupt idealistische, in Beziehung auf den Menschen realistische, nur auf sein notwendiges inneres Heilsbedürfnis bezogene Wesen oder Gemüt ist - *Gott*. Gott als Gott, Gott, wie er Gegenstand der Religion und nur so, wie er dieser Gegenstand, ist er Gott, nämlich Gott im Sinne eines Eigennamens, nicht eines allgemeinen, metaphysischen Wesens, Gott ist *wesentlich* nur ein *Gegenstand* der Religion, nicht der Philosophie, des Gemütes, nicht der Vernunft, der Herzensnot, nicht der Gedankenfreiheit, kurz, ein Gegenstand, ein Wesen, welches nicht das Wesen des theoretischen, sondern des praktischen Standpunkts ausdrückt.

Die Religion knüpft an ihre Lehren Fluch und Segen, Verdammung und Seligkeit. Selig ist, wer glaubt, unselig, verloren, verdammt, wer nicht ihr glaubt. Sie appelliert also nicht an die Vernunft, sondern an das Gemüt, an den Glückseligkeitstrieb, an die Affekte der Furcht und Hoffnung. Sie steht nicht auf dem theoretischen Standpunkt; sonst müßte sie die Freiheit haben, ihre Lehren auszusprechen, ohne an sie praktische Folgen anzuknüpfen, ohne gewissermaßen zu ihrem Glauben zu nötigen; denn wenn es heißt: ich bin verdammt, wenn ich nicht glaube, so ist das ein feiner Gewissenszwang zum Glauben; die Furcht vor der Hölle zwingt mich zu glauben. Selbst wenn mein Glaube auch seinem Ursprung nach ein freier sein sollte - die Furcht mischt sich doch immer mit ein; mein Gemüt ist immerhin befangen; der Zweifel, das Prinzip der theoretischen Freiheit erscheint mir als Verbrechen. Der höchste Begriff, das höchste Wesen der Religion ist aber Gott: das höchste Verbrechen also der Zweifel an Gott oder gar der Zweifel, daß Gott ist. Was ich mir aber gar nicht zu bezweifeln getraue, nicht bezweifeln kann, ohne mich in meinem Gemüte beunruhigt zu fühlen, ohne mich einer Schuld zu zeihen, das ist auch keine Sache der Theorie, sondern eine Gewissenssache, kein Wesen der Vernunft, sondern des Gemüts.

Da nun aber der praktische oder subjektive Standpunkt allein der Standpunkt der Religion ist, da ihr folglich auch nur der praktische, vorsätzliche, nur nach seinen bewußten, sei es nun physischen oder moralischen, Zwecken handelnde und die Welt nur in Beziehung auf diese Zwecke und Bedürfnisse, nicht an sich selbst betrachtende Mensch für den ganzen, wesentlichen Menschen gilt, so fällt ihr alles, was *hinter* dem praktischen Bewußtsein liegt, aber der wesentliche Gegenstand der Theorie ist - Theorie im ursprünglichsten und allgemeinsten Sinne, im Sinne der objektiven Anschauung und Erfahrung, der Vernunft, der Wissenschaft überhaupt[152] -, *außer den Menschen und die Natur* hinaus in ein besonderes persönliches Wesen. Alles Gute, doch hauptsächlich nur solches, welches unwillkürlich den Menschen ergreift, welches sich nicht zusammenreimt mit Vorsatz und Absicht, welches über die Grenzen des praktischen Bewußtseins hinausgeht, kommt von *Gott*; alles Schlimme, Böse, Üble, doch hauptsächlich nur solches, welches ihn unwillkürlich mitten in seinen moralischen oder religiösen Vorsätzen überfällt oder mit furchtbarer Gewalt fortreißt, kommt vom *Teufel*. Zur Erkenntnis des Wesens der Religion gehört die Erkenntnis des Teufels, des Satans, der Dämone.[153] Man kann diese Dinge nicht weglassen, ohne die Religion gewaltsam zu verstümmeln. Die Gnade und ihre Wirkungen sind der Gegensatz der Teufelswirkungen. Wie die unwillkürlichen, aus der Tiefe der Natur auflodernden sinnlichen Triebe, überhaupt alle ihr unerklärlichen Erscheinungen des - sei es nun wirklichen oder eingebildeten - moralischen und physischen Übels der Religion als Wirkungen des bösen Wesens erscheinen, so erscheinen ihr auch notwendig die unwillkürlichen Bewegungen der Begeisterung und Entzückung als Wirkungen des guten Wesens, Gottes, des heiligen Geistes oder der Gnade. Daher die Willkür der Gnade - die Klage der Frommen, daß die Gnade sie bald beseligt, heimsucht, bald wieder verläßt, verstößt. Das Leben, das Wesen der Gnade ist das Leben, das Wesen des unwillkürlichen Gemüts. Das Gemüt ist der Paraklet der Christen. Die gemüt- und begeisterungslosen Momente sind die von der göttlichen Gnade verlassenen Lebensmomente.

In Beziehung auf das innere Leben kann man übrigens auch die Gnade definieren als das *religiöse Genie*; in Beziehung auf das äußere Leben aber als den *religiösen Zufall*. Der Mensch ist gut oder böse keineswegs nur durch sich selbst, durch eigene Kraft, durch seinen Willen, sondern zugleich durch eine Menge geheimer und offenbarer Bestimmungen, die wir, weil sie auf keiner absoluten oder metaphysischen Notwendigkeit beruhen, der Macht »*Seiner Majestät des Zufalls*«, wie Friedrich der Große zu sagen pflegte, zuschreiben.[154] Die göttliche Gnade ist die mystifizierte Macht des Zufalls. Hier haben wir wieder die Bestätigung von dem, was wir als das wesentliche *Gesetz* der Religion erkannten. Die Religion verneint, verwirft den Zufall, alles von Gott abhängig machend, alles aus ihm erklärend; aber sie verneint ihn nur *scheinbar*, sie versetzt ihn nur in die *göttliche Willkür*. Denn der göttliche Wille, welcher aus *unbegreiflichen Gründen*, d.h. offen und ehrlich herausgesagt, aus *grundloser, absoluter Willkür*, gleichsam aus göttlicher Laune, die einen zum Bösen, zum Verderben, zum Unglück, die andern zum Guten, zum Heil, zur Seligkeit bestimmt, prädestiniert, hat kein einziges stichhaltiges Merkmal für sich, welches ihn von der Macht »Seiner Majestät des Zufalls« unterschiede. Das Geheimnis der Gnadenwahl ist also das Geheimnis oder die *Mystik des Zufalls*. Ich sage die Mystik des Zufalls; denn in der Tat ist der Zufall ein Mysterium, obwohl überhudelt und ignoriert von unserer spekulativen Religionsphilosophie, welche über den *illusorischen Mysterien* des absoluten Wesens, d.h. der Theologie die *wahren Mysterien* des Denkens und Lebens, so auch über dem Mysterium der göttlichen Gnade oder Wahlfreiheit das profane Mysterium des Zufalls vergessen hat.[155]

Doch wieder zurück zu unserem Gegenstande. Der Teufel ist das Negative, das Böse, das aus dem Wesen, nicht dem Willen kommt, Gott das Positive, das Gute, welches aus dem Wesen, nicht dem bewußten Willen kommt - der Teufel das unwillkürliche, unerklärliche Böse, Schlimme, Üble, Gott das unwillkürliche, unerklärliche Gute. Beide haben dieselbe Quelle - nur die Qualität ist verschieden oder entgegengesetzt. Deshalb hing auch fast bis auf die neueste Zeit der Glaube an den Teufel aufs innigste zusammen mit dem Glauben an Gott, so daß die Leugnung des Teufels ebensogut für Atheismus galt als die Leugnung Gottes. Nicht ohne Grund; wenn man einmal anfängt, die Erscheinungen des Bösen, Üblen aus natürlichen Ursachen abzuleiten, so fängt man auch gleichzeitig an, die Erscheinungen des Guten, des Göttlichen aus der Natur der Dinge, nicht aus einem übernatürlichen Wesen abzuleiten, und kommt endlich dahin, entweder Gott ganz aufzuheben oder wenigstens einen andern als den Gott der Religion zu glauben oder, was das Gewöhnlichste ist, die Gottheit zu einem müßigen, tatlosen Wesen zu machen, dessen Sein gleich Nichtsein ist, indem es nicht mehr wirkend in das Leben eingreift, nur an die Spitze der Welt, an den Anfang als die erste Ursache, die *prima causa* hingestellt wird. Gott *hat* die Welt erschaffen -dies ist das einzige, was hier von Gott noch übrigbleibt. Das Perfektum ist hier notwendig; denn seitdem läuft die Welt wie eine Maschine ihren Gang fort. Der Zusatz: er schafft immer, er schafft noch heute, ist nur der Zusatz einer äußerlichen Reflexion; das Perfektum drückt hier vollkommen den religiösen Sinn aus; denn der Geist der Religion ist ein vergangener, wo die Wirkung Gottes zu einem Perfektum gemacht wird. Anders, wenn das wirklich religiöse Bewußtsein sagt: Das Perfektum ist heute noch ein Präsens; hier hat dies, obwohl auch ein Produkt der Reflexion, doch einen gesetzmäßigen Sinn, weil hier Gott überhaupt handelnd gedacht wird.

Die Religion wird überhaupt aufgehoben, wo sich zwischen Gott und den Menschen die Vorstellung der Welt, der sogenannten Mittelursachen einschleicht. Hier hat sich schon ein fremdes Wesen, das Prinzip der Verstandesbildung eingeschlichen - gebrochen ist der Friede, die Harmonie der Religion, welche nur im *unmittelbaren* Zusammenhang des Menschen mit Gott liegt. Die Mittelursache ist eine Kapitulation des ungläubigen Verstandes mit dem noch gläubigen Herzen. Der Religion zufolge wirkt allerdings auch Gott vermittelst anderer Dinge und Wesen auf den Menschen. Aber Gott ist doch *allein* die *Ursache*, allein das handelnde und wirksame Wesen. Was dir der andere tut, das tut dir im Sinne der Religion nicht der andere, sondern Gott. Der andere ist nur Schein, Mittel, Vehikel, nicht Ursache. Aber die Mittel*ursache* ist ein unseliges Mittelding zwischen einem selbständigen und unselbständigen Wesen: Gott gibt wohl den ersten Anstoß; aber dann tritt ihre Selbsttätigkeit ein.[156]

Die Religion weiß überhaupt *aus sich selbst* nichts von dem Dasein der Mittelursachen; dieses ist ihr vielmehr der Stein des Anstoßes, denn das Reich der Mittelursachen, die Sinnenwelt, die Natur ist es gerade, welche den Menschen von Gott trennt, obgleich Gott als wirklicher Gott selbst wieder ein sinnliches Wesen ist.[157] Darum glaubt die Religion, daß einst diese Scheidewand fällt. Einst ist keine Natur, keine Materie, kein Leib, wenigstens kein solcher, der den Menschen von Gott trennt: einst ist *nur Gott* und die *fromme Seele allein*. Die Religion hat nur aus der sinnlichen, natürlichen, also *un*– oder wenigstens *nicht*religiösen Anschauung Kunde vom Dasein der *Mittelursachen*, d.h. der Dinge, die *zwischen Gott* und *dem Menschen* sind - eine Anschauung, die sie jedoch dadurch sogleich niederschlägt, daß sie die Wirkungen der Natur zu Wirkungen Gottes macht. Dieser religiösen Idee widerspricht aber der natürliche Verstand und Sinn, welcher den natürlichen Dingen *wirkliche Selbsttätigkeit* einräumt. Und diesen *Widerspruch* der sinnlichen mit ihrer, der religiösen Anschauung löst die Religion eben dadurch, daß sie die unleugbare Wirksamkeit der Dinge zu einer Wirksamkeit Gottes vermittelst dieser Dinge macht. Das Wesen, die Hauptsache ist hier Gott, das Unwesen, die Nebensache die Welt.

Dagegen da, wo die *Mittelursachen* in Aktivität gesetzt, sozusagen emanzipiert werden, da ist der umgekehrte Fall - die Natur das Wesen, Gott das Unwesen. Die Welt ist selbständig in ihrem Sein, ihrem Bestehen; nur ihrem Anfang nach noch abhängig. Gott ist hier nur ein hypothetisches, abgeleitetes, aus der Not eines beschränkten Verstandes, dem das Dasein der von ihm zu einer Maschine gemachten Welt ohne ein selbstbewegendes Prinzip unerklärlich ist, entsprungenes, kein ursprüngliches, *absolut* notwendiges Wesen mehr. Gott ist nicht um seinetwillen, sondern um der Welt willen da, nur darum da, um als die erste Ursache die Weltmaschine zu *erklären*. Der beschränkte Verstandesmensch nimmt einen Anstoß an dem ursprünglich selbständigen Dasein der Welt, weil er sie nur vom subjektiv praktischen Standpunkt aus, nur in ihrer Gemeinheit, nur als Werkmaschine, nicht in ihrer Majestät und Herrlichkeit, nicht als Kosmos ansieht. Er stößt also seinen Kopf an der Welt an. Der Stoß erschüttert sein Gehirn - und in dieser Erschütterung vergegenständlicht er denn *außer sich* den eignen Anstoß als den Urstoß, der die Welt ins Dasein geschleudert, daß sie nun, wie die durch den mathematischen Stoß in Bewegung gesetzte Materie, ewig fortgeht, d.h., er denkt sich einen *mechanischen* Ursprung. Eine Maschine muß einen Anfang haben; es liegt dies in ihrem Begriffe; denn sie hat den Grund der Bewegung *nicht in sich*.

Alle religiös-spekulative Kosmogonie ist Tautologie - dies sehen wir auch an diesem Beispiel. In der Kosmogonie erklärt sich oder verwirklicht nur der Mensch den Begriff, den er von der Welt hat, sagt er *dasselbe*, was er außerdem von ihr aussagt. So hier: Ist die Welt eine Maschine, so versteht es sich von selbst, daß sie »*sich nicht selbst gemacht*« hat, daß sie vielmehr *gemacht* ist, d.h. einen *mechanischen Ursprung* hat. Hierin stimmt allerdings das religiöse Bewußtsein mit dem mechanischen überein, daß ihm auch die Welt ein bloßes Machwerk, ein Produkt des Willens ist. Aber sie stimmen nur einen Augenblick, nur im Moment des Machens oder Schaffens miteinander überein - ist dieses schöpferische Nu verschwunden, so ist auch die Harmonie vorüber. Der Mechanikus braucht Gott nur zum Machen der Welt; ist sie gemacht, so kehrt sie sogleich dem lieben Gott den Rücken und freut sich von Herzen ihrer gottlosen Selbständigkeit. Aber die Religion macht die Welt, nur um sie immer im *Bewußtsein ihrer Nichtigkeit, ihrer Abhängigkeit von Gott* zu erhalten. Die Schöpfung ist bei dem Mechaniker der letzte dünne Faden, an dem die Religion mit ihm noch zusammenhängt; die Religion, welcher die Nichtigkeit der Welt eine *gegenwärtige Wahrheit* ist (denn alle Kraft und Tätigkeit ist ihr Gottes Kraft und Tätigkeit), ist bei ihm nur noch eine Reminiszenz aus der Jugend; er verlegt daher die Schöpfung der Welt, den *Akt der Religion, das Nichtsein der Welt* - denn im Anfange, vor der Erschaffung war keine Welt, war nur Gott allein - in die Ferne, in die Vergangenheit, während die Selbständigkeit der Welt, die all sein Sinnen und Trachten verschlingt, mit der Macht der Gegenwart auf ihn wirkt. Der Mechaniker unterbricht und verkürzt die Tätigkeit Gottes durch die Tätigkeit der Welt. Gott hat bei ihm wohl noch ein *historisches* Recht, das aber seinem *Naturrecht* widerspricht, er beschränkt daher soviel als möglich dieses Gott noch zustehende Recht, um für seine natürlichen Ursachen und damit für seinen Verstand um so großem und freiem Spielraum zu gewinnen.

Es hat mit der Schöpfung im Sinne des Mechanikers dieselbe Bewandtnis wie mit den *Wundern*, die er sich auch gefallen lassen kann und wirklich gefallen läßt, weil sie einmal existieren, wenigstens in der religiösen Meinung. Aber - abgesehen davon, daß er sich die Wunder *natürlich, d.h. mechanisch* erklärt -er kann die Wunder nur verdauen, wenn und indem er sie in die *Vergangenheit* verlegt; für die Gegenwart aber bittet er sich alles hübsch natürlich aus. Wenn man etwas aus der Vernunft, aus dem Sinne verloren, etwas nicht mehr glaubt aus freien Stücken, sondern nur glaubt, weil es geglaubt wird oder aus irgendeinem Grunde geglaubt werden muß, kurz, wenn ein Glaube ein innerlich vergangner ist, so verlegt man auch äußerlich den Gegenstand des Glaubens in die Vergangenheit. Dadurch macht sich der Unglaube Luft, aber läßt zugleich noch dem Glauben ein, wenigstens *historisches*, Recht. Die Vergangenheit ist hier das glückliche Auskunftsmittel zwischen *Glaube und Unglaube*: ich glaube allerdings Wunder, aber *nota bene keine Wunder*, die *geschehen*, sondern *einst* geschehen sind, die gottlob! bereits lauter *Plusquamperfecta* sind. So auch hier. Die Schöpfung ist eine *unmittelbare* Handlung oder Wirkung Gottes, ein Wunder, denn es war ja noch nichts außer Gott. In der Vorstellung der Schöpfung geht der Mensch über die Welt hinaus, abstrahiert von ihr; er stellt sie sich im Momente der Erschaffung vor als *nichtseiend*; er wischt sich also aus den Augen, was zwischen ihm und Gott in der Mitte steht, die Sinnenwelt; er setzt sich in unmittelbare Berührung mit Gott. Aber der Mechaniker scheut diesen unmittelbaren Kontakt mit der Gottheit; er macht daher das Präsens, wenn er sich anders so hoch versteigt, sogleich zu einem Perfektum; er schiebt Jahrtausende zwischen seine natürliche oder materialistische Anschauung und zwischen den Gedanken einer unmittelbaren Wirkung Gottes ein.

Im Sinne der Religion dagegen ist Gott allein die Ursache aller positiven, guten Wirkungen,[158] Gott allein der letzte, aber auch einzige Grund, womit sie alle Fragen, welche die Theorie oder Vernunft aufwirft, beantwortet oder vielmehr abweist; denn die Religion *bejaht* alle Fragen mit *Nein*: sie gibt eine Antwort, die ebensoviel sagt wie keine, indem sie die verschiedensten Fragen immer mit der nämlichen Antwort erledigt, alle Wirkungen der Natur zu unmittelbaren Wirkungen Gottes, zu Wirkungen eines absichtlichen, persönlichen, außer- oder übernatürlichen Wesens macht. Gott ist der den *Mangel der Theorie ersetzende Begriff*. Er ist die Erklärung des

Unerklärlichen, die nichts erklärt, weil sie alles ohne Unterschied erklären soll - er ist die Nacht der Theorie, die aber dadurch alles dem Gemüte klar macht, daß in ihr das Maß der Finsternis, das unterscheidende Verstandeslicht ausgeht -, das Nichtwissen, das alle Zweifel *löst*, weil es alle *niederschlägt*, alles weiß, weil es nichts Bestimmtes weiß, weil alle Dinge, die der Vernunft imponieren, vor der Religion verschwinden, ihre Individualität verlieren, im Auge der göttlichen Macht nichts sind. Die Nacht ist die Mutter der Religion.

Der wesentliche Akt der Religion, in dem sie betätigt, was wir als ihr Wesen bezeichneten, ist das Gebet. Das *Gebet ist allmächtig*. Was der Fromme im Gebete ersehnt, erfüllt Gott. Er bittet aber nicht etwa um geistige Dinge nur,[159] er bittet auch um Dinge, die außer ihm liegen, in der Macht der Natur stehen, eine Macht, die er eben im Gebete überwinden will; er greift im Gebet zu einem *übernatürlichen* Mittel, um *an sich* natürliche Zwecke zu erreichen. Gott ist ihm nicht die entfernte, erste, sondern die unmittelbare, allernächste wirkende Ursache aller natürlichen Wirkungen. Alle sogenannten Mittelkräfte und Mittelursachen sind ihm im Gebete nichts; wären sie ihm etwas, so würde daran die Macht, die Inbrunst des Gebetes scheitern. Sie sind ihm vielmehr gar nicht Gegenstand; sonst würde er ja nur auf vermitteltem Wege seinen Zweck zu erreichen suchen. Aber er will *unmittelbare* Hilfe. Er nimmt seine Zuflucht zum Gebete in der Gewißheit, daß er durchs Gebet mehr, unendlich mehr vermag als durch alle Anstrengung und Tätigkeit der Vernunft und Natur, daß das Gebet übermenschliche und übernatürliche Kräfte besitzt.[160] Aber im Gebet wendet er sich unmittelbar an Gott. Gott ist ihm also die *unmittelbare* Ursache, das erfüllte Gebet, die Macht, die das Gebet verwirklicht. Aber eine unmittelbare Wirkung Gottes ist ein Wunder - das Wunder liegt daher wesentlich in der Anschauung der Religion. Die Religion erklärt alles auf *wunderbare* Weise. Daß Wunder nicht immer geschehen, das versteht sich von selbst, wie, daß der Mensch nicht immer betet. Aber daß nicht immer Wunder geschehen, das liegt *außer* dem Wesen der Religion, nur in der natürlichen oder sinnlichen Anschauung. *Wo aber die Religion beginnt, beginnt das Wunder. Je des wahre Gebet ist ein Wunder*, ein *Akt der wundertätigen Kraft*. Das äußerliche Wunder selbst macht nur *sichtbar* die innerlichen Wunder, d.h., in ihm tritt nur in Zeit und Raum, darum als ein besonderes Faktum ein, was an und für sich in der Grundanschauung der Religion liegt, nämlich daß Gott überhaupt die übernatürliche, unmittelbare Ursache aller Dinge ist. Das faktische Wunder ist nur ein *affektvoller* Ausdruck der Religion - ein Moment der Aufregung. Die Wunder ereignen sich nur in außerordentlichen Fällen, in solchen, wo das Gemüt *exaltiert* ist - daher gibt es auch *Wunder des Zorns*. Mit kaltem Blute wird kein Wunder verrichtet. Aber eben im Affekt offenbart sich das Innerste. Der Mensch betet auch nicht immer mit gleicher Wärme und Kraft. Solche Gebete sind deswegen erfolglos. Aber nur das gefühlvolle Gebet offenbart das Wesen des Gebetes. Gebetet wird, wo das Gebet an und für sich für eine heilige Macht, eine göttliche Kraft gilt. So ist es auch mit dem Wunder. Wunder geschehen - gleichviel, ob wenige oder viele -, wo eine *wunderbare Anschauung* die Grundlage ist. Das Wunder ist aber keine theoretische oder objektive Anschauung von der Welt und Natur; das Wunder befriedigt praktische Bedürfnisse, und zwar im *Widerspruch mit den Gesetzen, die der Vernunft imponieren*; im Wunder unterwirft der Mensch die Natur als eine *für sich selbst nichtige* Existenz *seinen Zwecken*; das Wunder ist der höchste Grad des geistlichen oder religiösen Egoismus; alle Dinge stehen im Wunder dem notleidenden Menschen zu Diensten. Also erhellt hieraus, daß die wesentliche Weltanschauung der Religion die Anschauung vom praktischen oder subjektiven Standpunkt aus ist, daß Gott - denn das Wesen der Wundermacht ist eins mit dem Wesen Gottes - ein rein praktisches oder subjektives Wesen ist, aber ein solches, welches den Mangel und das Bedürfnis der theoretischen Anschauung ersetzt, kein Gegenstand also des Denkens, des Erkennens, so wenig als das Wunder, welches nur dem Nicht-Denken seinen Ursprung verdankt. Stelle ich mich auf den Standpunkt des Denkens, des Forschens, der Theorie, wo ich die Dinge an *sich* selbst, in ihrer Beziehung auf sich betrachte, so verschwindet mir in nichts das wundertätige Wesen, in nichts das Wunder - versteht sich, das *religiöse* Wunder, welches *absolut verschieden* ist vom *natürlichen* Wunder, ob man gleich beide immer miteinander verwechselt, um die Vernunft zu betören, unter dem Scheine der Natürlichkeit das religiöse Wunder in das Reich der Vernünftigkeit und Wirklichkeit einzuführen.

Aber eben deswegen, weil die Religion nichts weiß von dem Standpunkt, von dem Wesen der Theorie, so bestimmt sich für sie das ihr verborgene, nur dem theoretischen Auge gegenständliche, wahre, allgemeine Wesen der Natur und Menschheit zu einem *andern, wunderbaren, übernatürlichen Wesen - der Begriff der Gattung zum Begriffe Gottes*, der selbst wieder ein individuelles Wesen ist, aber sich dadurch von den menschlichen Individuen unterscheidet, daß er die Eigenschaften derselben im Maße der Gattung besitzt. Notwendig setzt daher in der Religion der Mensch sein Wesen *außer sich*, sein Wesen als ein *andres Wesen* - notwendig, weil das Wesen der Theorie außer ihm liegt, weil all sein *bewußtes* Wesen aufgeht in die praktische Subjektivität. Gott ist sein anderes Ich, seine andere verlerne Hälfte; in *Gott ergänzt er sich*; in Gott ist er erst *vollkommner* Mensch. Gott ist ihm ein *Bedürfnis*; es fehlt ihm Etwas, ohne zu wissen, was ihm fehlt - Gott ist dieses *fehlende Etwas*, Gott ihm unentbehrlich; Gott *gehört* zu seinem *Wesen*. Die Welt ist der Religion Nichts[161] - die Welt, die nichts andres ist als der Inbegriff der Wirklichkeit, in ihrer Herrlichkeit *offenbart* nur die *Theorie*; die *theoretischen* Freuden sind die schönsten geistigen Lebensfreuden; aber die Religion weiß nichts von den Freuden des Denkers, nichts von den

Freuden des Naturforschers, nichts von den Freuden des Künstlers. Ihr fehlt die Anschauung des *Universums*, das Bewußtsein des *wirklichen* Unendlichen, das Bewußtsein der Gattung. Nur in Gott ergänzt sie den Mangel des Lebens, den Mangel eines wesenhaften Inhalts, den in unendlicher Fülle das wirkliche Leben der vernünftigen Anschauung darbietet. Gott ist ihr der Ersatz der *verlornen Welt* - Gott ist ihr die *reine* Anschauung, *das Leben der Theorie*.

Die praktische Anschauung ist eine *schmutzige*, vom Egoismus befleckte Anschauung, denn ich verhalte mich in ihr zu einem Dinge nur um meinetwillen - eine *nicht in sich befriedigte* Anschauung, denn ich verhalte mich hier zu einem mir nicht ebenbürtigen Gegenstand. Die theoretische Anschauung dagegen ist eine *freudenvolle, in sich befriedigte, selige* Anschauung, denn ihr ist der Gegenstand ein Gegenstand der *Liebe* und *Bewunderung*, er strahlt im Lichte der freien Intelligenz wunderherrlich, wie ein Diamant, durchsichtig, wie ein Bergkristall; die Anschauung der Theorie ist eine *ästhetische* Anschauung, die praktische dagegen eine *unästhetische*. Die Religion ergänzt daher in *Gott den Mangel der ästhetischen Anschauung*. Nichtig ist ihr die Welt *für sich selbst*, die Bewunderung, die Anschauung derselben *Götzendienst*; denn die Welt ist ihr ein bloßes Machwerk.[162] Gott ist daher die reine, unbeschmutzte, d.i. theoretische oder ästhetische Anschauung. Gott ist das Objekt, zu dem sich der religiöse Mensch *objektiv* verhält; in Gott ist ihm der *Gegenstand um sein selbst willen* Gegenstand. Gott ist Selbstzweck; Gott hat also für die Religion *die* Bedeutung, welche für die Theorie der Gegenstand überhaupt hat. Das *allgemeine Wesen der Theorie* ist der Religion ein *besonderes* Wesen.

EINUNDZWANZIGSTES KAPITEL DER
WIDERSPRUCH IN DER EXISTENZ GOTTES

Die Religion ist das Verhalten des Menschen zu seinem eignen Wesen - darin liegt ihre Wahrheit und sittliche Heilkraft -, aber zu seinem Wesen nicht als dem seinigen, sondern *als einem andern, von ihm unterschiednen, ja entgegengesetzten Wesen* -, darin liegt ihre Unwahrheit, ihre Schranke, ihr Widerspruch mit Vernunft und Sittlichkeit, darin die unheilschwangere Quelle des religiösen Fanatismus, darin das oberste, metaphysische Prinzip der blutigen Menschenopfer, kurz, darin der Urgrund aller Greuel, aller schaudererregenden Szenen in dem Trauerspiel der Religionsgeschichte.

Die Anschauung des menschlichen Wesens als eines andern, für sich existierenden Wesens ist jedoch im ursprünglichen Begriffe der Religion eine unwillkürliche, kindliche, unbefangene, d.h. eine solche, welche ebenso unmittelbar Gott vom Menschen unterscheidet, als sie ihn wieder mit dem Menschen identifiziert. Aber wenn die Religion an Jahren und mit den Jahren an Verstande zunimmt, wenn innerhalb der Religion die Reflexion über die Religion erwacht, das Bewußtsein von der Einheit des göttlichen Wesens mit dem menschlichen zu dämmern beginnt, kurz, wenn die Religion *Theologie* wird, so wird die ursprünglich unwillkürliche und harmlose Scheidung Gottes vom Menschen zu einer absichtlichen, ausstudierten Unterscheidung, welche keinen andern Zweck hat, als diese bereits in das Bewußtsein eingetretene Einheit wieder aus dem Bewußtsein wegzuräumen.

Je näher daher die Religion ihrem Ursprunge noch steht, je wahrhafter, je aufrichtiger sie ist, desto weniger verheimlicht sie dieses ihr Wesen. Das heißt: im Ursprunge der Religion ist gar kein *qualitativer* oder *wesentlicher* Unterschied zwischen Gott und dem Menschen. Und an dieser Identität nimmt der religiöse Mensch keinen Anstoß; denn sein Verstand ist noch in Harmonie mit seiner Religion. So war Jehova im alten Judentum nur ein der Existenz nach vom menschlichen Individuum unterschiednes Wesen; aber qualitativ, seinem innern Wesen nach war er völlig gleich dem Menschen, hatte er dieselben Leidenschaften, dieselben menschlichen, selbst körperlichen Eigenschaften. Erst im spätern Judentum trennte man aufs schärfste Jehova vom Menschen und nahm seine Zuflucht zur *Allegorie*, um den Anthropopathismen einen *andern* Sinn unterzustellen, als sie ursprünglich hatten. So war es auch im Christentum. In den ältesten Urkunden desselben ist die Gottheit Christi noch nicht so entschieden ausgeprägt, wie später. Bei Paulus namentlich ist Christus noch ein zwischen Himmel und Erde, zwischen Gott und dem Menschen oder überhaupt den dem Höchsten untergeordneten Wesen schwebendes, unbestimmtes Wesen - der Erste der Engel, der Erstgeschaffne, aber doch geschaffen; meinetwegen auch gezeugt, aber dann sind auch die Engel, auch die Menschen nicht geschaffen, sondern gezeugt; denn Gott ist auch ihr Vater. Erst die Kirche identifizierte ihn ausdrücklich mit Gott, machte ihn zu dem ausschließlichen Sohn Gottes, bestimmte seinen Unterschied von den Menschen und Engeln und gab ihm so das *Monopol* eines ewigen, unkreatürlichen Wesens.

Die dem Begriffe nach erste Weise, wie die Reflexion über die Religion, die Theologie das göttliche Wesen zu einem andern Wesen macht, außer den Menschen hinaussetzt, ist die *Existenz* Gottes, welche zum Gegenstande eines förmlichen Beweises gemacht wird.

Die Beweise vom Dasein Gottes hat man für dem Wesen der Religion widersprechend erklärt. Sie sind es; aber nur der Beweisform nach. Die Religion stellt unmittelbar das innere Wesen des Menschen als ein gegenständliches, andres Wesen dar. Und der Beweis will nichts weiter als beweisen, daß die Religion recht hat. Das vollkommenste Wesen ist *das* Wesen, über welchem kein höheres gedacht werden kann - Gott ist das Höchste, was der Mensch denkt und denken kann. Diese Prämisse des ontologischen Beweises - des interessantesten Beweises, weil er von innen ausgeht -spricht das innerste geheimste Wesen der Religion aus. Das, was das Höchste für den Menschen ist, wovon er nicht mehr abstrahieren kann, was die wesentliche Grenze seiner Vernunft, seines Gemüts, seiner Gesinnung ist, das ist ihm Gott - *id quo nihil majus cogitari potest.* Aber dieses höchste Wesen wäre nicht das höchste, wenn es nicht existierte; wir könnten uns dann ein höheres Wesen vorstellen, welches die Existenz vor ihm voraus hätte; aber zu dieser Fiktion gestattet uns schon von vornherein der Begriff des vollkommensten Wesens keinen Raum. Nichtsein ist Mangel; Sein Vollkommenheit, Glück, Seligkeit. Einem Wesen, dem der Mensch alles gibt, alles opfert, was ihm hoch und teuer, kann er auch nicht das Gut, das Glück der Existenz vorenthalten. Das dem religiösen Sinn Widersprechende liegt nur darin, daß die Existenz *abgesondert* gedacht wird und dadurch der *Schein* entsteht, als wäre Gott nur ein gedachtes, in der Vorstellung existierendes Wesen, ein Schein, der übrigens sogleich aufgehoben wird; denn der Beweis beweist eben, daß Gott ein vom Gedachtsein unterschiednes Sein, ein Sein außer dem Menschen, außer dem Denken, ein wirkliches Sein, ein Sein für sich zukommt.

Der Beweis unterscheidet sich nur dadurch von der Religion, daß er das *geheime Enthymema* der Religion in einen *förmlichen* Schluß faßt, entfaltet und deswegen unterscheidet, was die Religion unmittelbar verbindet; denn was der Religion das Höchste, Gott, das ist ihr kein Gedanke, das ist ihr unmittelbar Wahrheit und Wirklichkeit. Daß aber jede Religion selbst auch einen geheimen, unentfalteten Schluß macht, das gesteht sie in ihrer Polemik gegen andere Religionen ein. Ihr Heiden habt euch eben nichts

Höheres als eure Götter vorstellen können, weil ihr in sündliche Neigungen versunken waret. Eure Götter beruhen auf einem Schlusse, dessen Vordersätze eure sinnlichen Triebe, eure Leidenschaften sind. Ihr dachtet so: Das trefflichste Leben ist, unbeschränkt seinen Trieben zu leben, und weil euch dieses Leben das trefflichste, wahrste Leben war, so machtet ihr es zu euerm Gott. Euer Gott war euer sinnlicher Trieb, euer Himmel nur der freie Spielraum der im bürgerlichen, überhaupt wirklichen Leben beschränkten Leidenschaften. Aber in Beziehung auf sich natürlich ist sie sich keines Schlusses bewußt, denn der höchste Gedanke, dessen sie fähig, ist ihre Schranke, hat für sie die Kraft der Notwendigkeit, ist ihr also kein Gedanke, keine Vorstellung, sondern unmittelbare Wirklichkeit.

Die Beweise vom Dasein Gottes haben zum Zweck, das Innere zu veräußern, vom Menschen auszuscheiden. [163] Durch die Existenz wird Gott ein *Ding an sich*: Gott ist nicht nur ein Wesen für uns, ein Wesen in unserm Glauben, unserm Gemüte, unserm Wesen, er ist auch ein Wesen *für sich*, ein Wesen *außer uns* - kurz, nicht bloß Glaube, Gefühl, Gedanke, sondern auch ein vom *Glauben, Fühlen, Denken unterschiednes, wirkliches Sein*. Aber solches Sein ist kein andres als *sinnliches Sein*.

Der Begriff der Sinnlichkeit liegt übrigens schon in dem charakteristischen Ausdruck des *Außer-uns-Seins*. Die sophistische Theologie nimmt freilich das Wort: *außer uns* nicht in *eigentlichem* Sinne und setzt dafür den unbestimmten Ausdruck des von uns Unabhängig- und Unterschieden-Seins. Allein wenn dieses Außer-uns-Sein nur uneigentlich ist, so ist auch die Existenz Gottes eine uneigentliche. Und doch handelt es sich ja eben nur um eine Existenz im eigentlichsten Verstande und ist der bestimmte, nicht ausweichende Ausdruck für Unterschieden-Sein allein Außer-uns-Sein.

Wirkliches, sinnliches Sein ist solches, welches nicht abhängt von meinem Mich-selbst-Bestimmen, von meiner Tätigkeit, sondern von welchem ich unwillkürlich bestimmt werde, welches ist, wenn ich auch gar nicht bin, es gar nicht denke, fühle. Das Sein Gottes müßte also *sinnlich* bestimmtes Sein sein. Aber Gott wird nicht gesehen, nicht gehört, nicht sinnlich empfunden. Er ist für *mich gar nicht*, wenn ich *nicht für ihn* bin; wenn ich keinen Gott glaube und denke, so ist kein Gott für mich. Er ist also nur, indem er gedacht, geglaubt wird - der Zusatz: *für mich* ist unnötig. Also ist sein Sein ein wirkliches, das doch zugleich kein wirkliches - ein geistiges Sein, hilft man sich. Aber geistiges Sein ist eben nur Gedachtsein, Geglaubtsein. Also ist sein Sein ein Mittelding zwischen sinnlichem Sein und Gedachtsein, ein Mittelding voll Widerspruch. Oder: es ist ein sinnliches Sein, dem aber alle *Bestimmungen* der Sinnlichkeit abgehen - also ein *unsinnliches sinnliches* Sein, ein Sein, welches dem Begriffe der Sinnlichkeit widerspricht, oder nur eine vage *Existenz überhaupt*, die im *Grunde* eine sinnliche ist, aber, um diesen Grund nicht zur Erscheinung kommen zu lassen, aller Prädikate einer wirklichen sinnlichen Existenz beraubt wird. Aber eine solche Existenz überhaupt *widerspricht sich*. Zur Existenz gehört volle, bestimmte Wirklichkeit.

Eine notwendige Folge dieses Widerspruchs ist der *Atheismus*. Die Existenz Gottes hat das *Wesen* einer empirischen oder sinnlichen Existenz, ohne doch die *Wahrzeichen* derselben zu haben; sie ist *an sich* eine Erfahrungssache und doch in der Wirklichkeit kein Gegenstand der Erfahrung. Sie fordert den Menschen selbst auf, sie in der Wirklichkeit aufzusuchen; sie schwängert ihn mit sinnlichen Vorstellungen und Prätensionen; werden diese daher nicht befriedigt, findet er vielmehr die Erfahrung im Widerspruch mit diesen Vorstellungen, so ist er vollkommen berechtigt, diese Existenz zu leugnen.

Kant hat bekanntlich in seiner Kritik der Beweise vom Dasein Gottes behauptet, daß sich das Dasein Gottes nicht aus der Vernunft beweisen lasse. Kant verdiente deswegen nicht den Tadel, welchen er von Hegel erfuhr. Kant hat vielmehr vollkommen recht: aus einem Begriffe kann ich nicht die Existenz ableiten. Nur insofern verdient er Tadel, als er damit etwas Besonderes aussagen und der Vernunft gleichsam einen Vorwurf machen wollte. Es versteht sich dies von selbst. Die Vernunft kann nicht ein Objekt von sich zum Objekt der Sinne machen. Ich kann nicht im Denken das, was ich denke, zugleich außer mir als ein sinnliches Ding darstellen. Der Beweis vom Dasein Gottes geht über die Grenzen der Vernunft; richtig; aber in demselben Sinne, in welchem Sehen, Hören, Riechen über die Grenzen der Vernunft geht. Töricht ist es, der Vernunft darüber einen Vorwurf zu machen, daß sie nicht eine Forderung befriedigt, die nur an die Sinne gestellt werden kann. Dasein, empirisches, wirkliches Dasein geben mir nur die Sinne. Und das Dasein hat bei der Frage von der Existenz Gottes nicht die Bedeutung der *innern Realität*, der Wahrheit, sondern die Bedeutung einer förmlichen, äußerlichen Existenz, einer Existenz, wie sie jedem sinnlichen, außer dem Menschen und unabhängig von seiner Gesinnung, seinem Geiste existierenden Wesen zukommt.

Die Religion wird daher, inwiefern sie sich auf die Existenz Gottes als eine empirische, äußerliche Wahrheit gründet, zu einer für die innere Gesinnung gleichgültigen Angelegenheit. Ja wie notwendig in dem Kultus der Religion die Zeremonie, der Gebrauch, das Sakrament *für sich selbst*, ohne den Geist, die Gesinnung zur *Sache* selbst wird: so wird endlich auch der Glaube nur an die Existenz Gottes, abgesehen von der innern Qualität, von dem geistigen Inhalt, zur Hauptsache der Religion. Wenn du nur glaubst an Gott, glaubst überhaupt, daß Gott ist, so bist du schon geborgen. Ob du dir unter diesem Gott ein gutes Wesen oder ein Ungeheuer, einen Nero oder Caligula denkst, ein Bild deiner Leidenschaft, deiner Rach- und Ruhmsucht, das ist eins - die Hauptsache ist, daß *du kein Atheist* bist. Die Geschichte der Religion hat dies hinlänglich bewiesen. Hätte sich nicht die

Existenz Gottes *für sich selbst* als religiöse Wahrheit in den Gemütern befestigt, so würde man nie zu jenen schändlichen, unsinnigen, greuelvollen Vorstellungen von Gott gekommen sein, welche die Geschichte der Religion und Theologie brandmarken. Die Existenz Gottes war eine gemeine, äußerliche und doch zugleich heilige Sache - was Wunder, wenn auf diesem Grunde auch nur die gemeinsten, rohsten, unheiligsten Vorstellungen und Gesinnungen aufkeimten.

Der Atheismus galt und gilt noch jetzt für die Verneinung aller Moralprinzipien, aller sittlichen Gründe und Bande: *wenn Gott nicht ist, so hebt sich aller Unterschied zwischen Gut und Böse, Tugend und Laster auf.* Der Unterschied liegt also nur an der Existenz Gottes, die Wahrheit der Tugend *nicht in ihr selbst*, sondern außer ihr. Allerdings wird also an die Existenz Gottes die Existenz der Tugend angeknüpft, aber nicht aus tugendhafter Gesinnung, nicht aus Überzeugung von dem innern Wert und Gehalt der Tugend. Im Gegenteil, der Glaube an Gott als die notwendige Bedingung der Tugend ist der Glaube an die *Nichtigkeit* der Tugend *für sich selbst.*

Es ist übrigens bemerkenswert, daß der Begriff der empirischen Existenz Gottes sich erst in neuerer Zeit, wo überhaupt der Empirismus und Materialismus in Flor kam, vollkommen ausgebildet hat. Allerdings ist auch schon im ursprünglichen, einfältigen Sinne der Religion Gott eine *empirische*, selbst an einem, aber überirdischen Orte *befindliche Existenz.* Aber sie hat doch hier keine so nackte prosaische Bedeutung; die *Einbildungskraft identifiziert* wieder den äußerlichen Gott mit dem Gemüte des Menschen. Die Einbildungskraft ist überhaupt der wahre Ort einer abwesenden, den *Sinnen nicht gegenwärtigen*, aber gleichwohl dem *Wesen nach sinnlichen* Existenz.[164] Nur die Phantasie löst den Widerspruch zwischen einer zugleich sinnlichen, zugleich unsinnlichen Existenz; nur die Phantasie bewahrt vor dem Atheismus. In der Einbildungskraft hat die Existenz *sinnliche Wirkungen* - die Existenz betätigt sich als eine Macht; die Einbildungskraft gesellt zu dem *Wesen* der sinnlichen Existenz auch die *Erscheinungen* derselben. Wo die Existenz Gottes eine lebendige Wahrheit, eine Sache der Einbildungskraft ist, da werden auch *Gotteserscheinungen* geglaubt.[165] Wo dagegen das Feuer der religiösen Einbildungskraft erlischt, wo die mit einer an sich sinnlichen Existenz notwendig verbundnen sinnlichen Wirkungen oder Erscheinungen wegfallen, da wird die Existenz zu einer *toten*, sich selbst widersprechenden Existenz, die rettungslos der Negation des Atheismus anheimfällt.

Der Glaube an die Existenz Gottes ist der Glaube an eine besondere, von der Existenz des Menschen und der Natur unterschiedne Existenz. Eine besondere Existenz kann sich nur auf *besondere Weise* beurkunden. Dieser Glaube ist daher nur dann ein wahrer, lebendiger, wenn *besondere* Wirkungen, unmittelbare Gotteserscheinungen, *Wunder* geglaubt werden. Nur da, wo der *Glaube an Gott sich identifiziert* mit dem *Glauben an die Welt*, der Glaube an Gott kein *besonderer* Glaube mehr ist, wo das allgemeine Wesen der Welt den ganzen Menschen einnimmt, verschwindet natürlich auch der Glaube an besondere Wirkungen und Erscheinungen Gottes. Der Glaube an Gott hat sich gebrochen, ist gestrandet an dem Glauben an die Welt, an die natürlichen als die allein wirklichen Wirkungen. Wie hier der Glaube an Wunder nur noch der Glaube an historische, vergangne Wunder, so ist auch die Existenz Gottes hier nur noch eine historische, an sich selber *atheistische* Vorstellung.

ZWEIUNDZWANZIGSTES KAPITEL DER WIDERSPRUCH IN DER OFFENBARUNG GOTTES

Mit dem Begriff der Existenz hängt der Begriff der Offenbarung zusammen. Die Selbstbezeugung der Existenz, das urkundliche Zeugnis, daß Gott existiert, ist die Offenbarung. Die nur *subjektiven* Beweise vom Dasein Gottes sind die Vernunftbeweise; der *objektive*, der allein wahre Beweis von seinem Dasein ist seine Offenbarung. Gott spricht zu dem Menschen - die Offenbarung ist das *Wort* Gottes -, er gibt einen Laut von sich, einen Ton, der das Gemüt ergreift und ihm die frohe Gewißheit gibt, daß Gott wirklich ist. Das Wort ist das Evangelium des Lebens - das Unterscheidungszeichen von Sein und Nichtsein. Der Offenbarungsglaube ist der Kulminationspunkt des religiösen Objektivismus. Die subjektive Gewißheit von der Existenz Gottes wird hier zu einer unbezweifelbaren, äußern, historischen Tatsache. Die Existenz Gottes ist an sich selbst schon als Existenz ein äußerliches, empirisches Sein, aber doch nur noch ein gedachtes, vorgestelltes, darum bezweifelbares Sein - daher die Behauptung, daß alle Beweise keine befriedigende Gewißheit geben -, dieses gedachte, vorgestellte Sein als wirkliches Sein, *als Tatsache ist die Offenbarung*. Gott hat sich geoffenbart, *sich selbst demonstriert*. Wer kann also noch zweifeln? Die Gewißheit der Existenz liegt mir in der Gewißheit der Offenbarung. Ein Gott, der nur ist, ohne sich zu offenbaren, der nur *durch mich selbst* für mich ist, ein solcher Gott ist nur ein abstrakter, vorgestellter, subjektiver Gott: nur ein Gott, der *mich durch sich selbst* in Kenntnis von sich setzt, ist ein wirklich existierender, sich *als seiend betätigender*, objektiver Gott. Der Glaube an die Offenbarung ist die unmittelbare Gewißheit des religiösen Gemüts, daß *das ist, was es glaubt, was es wünscht, was es vorstellt*. Das religiöse Gemüt *unterscheidet nicht* zwischen Subjektiv und Objektiv - es zweifelt nicht; die Sinne hat es *nicht, um Anderes* zu sehen, sondern nur, um *seine Vorstellungen außer sich als Wesen* zu erblicken. Dem religiösen Gemüt ist eine an sich theoretische Sache eine praktische, eine Gewissenssache - eine Tatsache. Tatsache ist, was aus einem *Vernunftgegenstand* zu einer *Gewissenssache* gemacht wird, Tatsache ist, was man nicht bekritteln, nicht antasten darf, ohne sich eines Frevels[166] schuldig zu machen, Tatsache ist, was man *nolens volens* glauben muß, Tatsache ist sinnliche Gewalt, kein Grund, Tatsache paßt auf die Vernunft, wie die Faust aufs Auge. O ihr kurzsichtigen deutschen Religionsphilosophen, die ihr uns die Tatsachen des religiösen Bewußtseins an den Kopf werft, um unsere Vernunft zu betäuben und uns zu Knechten eures kindischen Aberglaubens zu machen, seht ihr denn nicht, daß die Tatsachen ebenso relativ, so verschieden, so subjektiv sind als die Vorstellungen der Religionen? Waren die Götter des Olymps nicht auch einst Tatsachen, sich selbst bezeugende Existenzen?[167] Galten nicht auch die lächerlichsten Mirakelgeschichten der Heiden für Fakta? Waren nicht auch die Engel, auch die Dämone historische Personen? Sind sie nicht wirklich erschienen? Hat nicht einst auch der Esel Bileams wirklich geredet? Wurde nicht selbst von aufgeklärten Gelehrten noch des vorigen Jahrhunderts der sprechende Esel ebensogut als ein wirkliches Wunder geglaubt als das Wunder der Inkarnation oder sonst ein anderes Wunder? O ihr großen tiefsinnigen Philosophen, studiert doch vor allem die Sprache des Esels Bileams! Sie klingt nur dem Unwissenden so fremdartig, aber ich bürge euch dafür, daß ihr bei näherm Studium in dieser Sprache selbst eure *Muttersprache* erkennen und finden werdet, daß *dieser Esel* schon vor Jahrtausenden die *tiefsten Geheimnisse eurer spekulativen Weisheit ausgeplaudert* hat. Tatsache, meine Herren! ist, um es euch nochmals zu wiederholen, eine Vorstellung, an deren Wahrheit man nicht zweifelt, weil ihr Gegenstand keine Sache der Theorie, sondern des Gemüts ist, welches wünscht, daß das *ist*, was es wünscht, was es glaubt, Tatsache ist, was zu leugnen verboten ist, wenn auch nicht äußerlich, doch innerlich; Tatsache ist jede Möglichkeit, die für Wirklichkeit gilt, jede Vorstellung, die für ihre Zeit, da, wo sie eben Tatsache ist, ein Bedürfnis ausdrückt und eben damit eine nicht überschreitbare Schranke des Geistes ist, Tatsache ist jeder als erfüllt vorgestellte Wunsch, kurz, Tatsache ist alles, was nicht bezweifelt wird, aus dem einfachen Grunde, weil es nicht bezweifelt wird, nicht bezweifelt werden soll.

Das religiöse Gemüt ist, seiner bisher entwickelten Natur zufolge, in der unmittelbaren Gewißheit, daß alle seine unwillkürlichen Bewegungen und Bestimmungen Eindrücke von außen, Erscheinungen eines andern Wesens sind. Das religiöse Gemüt macht sich zu dem *leidenden*, Gott zu dem *handelnden* Wesen. Gott ist die Tätigkeit; aber was ihn zur *Tätigkeit bestimmt*, was seine Tätigkeit, die zuvörderst nur Allvermögen ist, zur *wirklichen* Tätigkeit macht, das eigentliche Motiv, der Grund, ist nicht er - er braucht nichts für sich, er ist bedürfnislos -, sondern der *Mensch*, das religiöse Subjekt oder Gemüt. Aber zugleich wird wieder der Mensch bestimmt von Gott, er macht sich zum Passivum; er empfängt von Gott bestimmte Offenbarungen, bestimmte Beweise seiner Existenz. Es wird also in der Offenbarung der Mensch *von sich, als dem Bestimmungsgrund Gottes, als dem Gott Bestimmenden bestimmt, d.h. die Offenbarung ist so nur die Selbstbestimmung des Menschen*, nur daß er zwischen sich den Bestimmten und sich den Bestimmenden ein Objekt - Gott, ein anderes Wesen - einschiebt. Der Mensch *vermittelt durch Gott sein eignes Wesen mit sich - Gott ist das personifizierte Band* zwischen *dem Wesen*, der *Gattung* und dem *Individuum*, zwischen der menschlichen Natur und dem menschlichen Bewußtsein.

Der Offenbarungsglaube enthüllt am deutlichsten die charakteristische Illusion des religiösen Bewußtseins. Die Prämisse dieses Glaubens ist: Der

Mensch kann nichts aus sich selbst von Gott wissen, all sein Wissen ist nur eitel, irdisch, menschlich. Gott aber ist ein übermenschliches Wesen: Gott erkennt nur sich selbst. Wir wissen also nichts von Gott, außer was er uns geoffenbart. Nur der von Gott mitgeteilte Inhalt ist *göttlicher, übermenschlicher, übernatürlicher* Inhalt. Mittelst der Offenbarung erkennen wir also Gott durch sich selbst; denn die Offenbarung ist ja das Wort Gottes, der von sich selbst ausgesprochne Gott. In dem Offenbarungsglauben *verneint sich* daher der Mensch, er geht *außer* und *über sich hinaus; er setzt die Offenbarung* dem menschlichen Wissen und Meinen *entgegen*, in ihr erschließt sich ein verborgenes Wissen, die Fülle aller übersinnlichen Geheimnisse; hier muß die Vernunft schweigen. Aber gleichwohl ist die göttliche Offenbarung eine von der *menschlichen Natur bestimmte* Offenbarung. Gott spricht nicht zu Tieren oder Engeln, sondern zu Menschen - also eine *menschliche Sprache mit menschlichen Vorstellungen*. Der Mensch ist der Gegenstand Gottes, ehe er sich dem Menschen äußerlich mitteilt; *er denkt* an den Menschen; *er bestimmt sich nach seiner Natur, nach seinen Bedürfnissen*. Gott ist wohl frei im Willen; er kann offenbaren oder nicht; aber nicht frei im Verstande; er kann dem Menschen nicht offenbaren, was er nur immer will, sondern was für den Menschen paßt, was seiner Natur, wie sie nun einmal ist, gemäß ist, wenn er sich anders einmal offenbaren will; er offenbart, was er offenbaren muß, wenn seine Offenbarung eine Offenbarung für den Menschen, nicht für irgendein anderes Wesen sein soll. Was also Gott denkt für den Menschen, das denkt er als *von der Idee des Menschen bestimmt*, das ist *entsprungen aus der Reflexion über die menschliche Natur*. Gott *versetzt sich* in den Menschen und denkt so *von sich*, wie dieses andere Wesen von ihm *denken kann und soll*; er denkt sich nicht mit seinem, sondern mit *menschlichem Denkvermögen*. Gott ist in dem Entwurf seiner Offenbarung nicht *von sich*, sondern von der *Fassungskraft des Menschen* abhängig. Was aus *Gott in den* Menschen kommt, das kommt nur *aus dem Menschen in Gott* an den Menschen, d.h. nur aus dem Wesen des Menschen an den bewußten Menschen, aus der Gattung an das Individuum. Also ist zwischen der göttlichen Offenbarung und der sogenannten menschlichen Vernunft oder Natur *kein anderer als ein illusorischer Unterschied auch der Inhalt der göttlichen Offenbarung ist menschlichen Ursprungs*, denn nicht aus Gott als Gott, sondern aus dem *von der menschlichen Vernunft, dem menschlichen Bedürfnis bestimmten* Gott, d.h. geradezu aus der menschlichen Vernunft, aus menschlichem Bedürfnis ist derselbe entsprungen. So geht auch in der Offenbarung der Mensch *nur von sich fort, um auf einem Umweg wieder auf sich zurückzukommen*! So bestätigt sich auch an diesem Gegenstand aufs schlagendste, daß das *Geheimnis der Theologie* nichts andres als die *Anthropologie* ist![168]

Übrigens gesteht das religiöse Bewußtsein selbst in Beziehung auf vergangne Zeiten die Menschlichkeit des geoffenbarten Inhalts ein. Dem religiösen Bewußtsein einer spätern Zeit genügt nicht mehr ein Jehova, der von Kopf bis zu Fuß Mensch ist, ungescheut seine Menschheit zur Schau trägt. Das waren nur Vorstellungen, in welchen sich Gott der damaligen Fassungsgabe der Menschen akkommodierte, d.h. nur menschliche Vorstellungen. Aber in Beziehung auf seinen gegenwärtigen Inhalt, weil es in ihn versenkt ist, läßt es dies nicht gelten. Gleichwohl ist jede Offenbarung Gottes nur eine *Offenbarung der Natur* des Menschen. In der Offenbarung wird dem Menschen seine verborgene Natur aufgeschlossen, Gegenstand. Er wird von seinem Wesen bestimmt, affiziert als von einem andern Wesen; er empfängt aus den Händen Gottes, was ihm sein eignes unbekanntes Wesen als eine Notwendigkeit unter gewissen Zeitbedingungen aufdringt.

Der Offenbarungsglaube ist ein *kindlicher* Glaube und nur so lange *respektabel*, solange er *kindlich* ist. Das Kind wird aber von außen bestimmt. Und die Offenbarung hat eben den Zweck, durch Gottes Hilfe zu bewirken, was der Mensch nicht durch sich selbst erreichen kann. Deshalb hat man die Offenbarung die Erziehung des Menschengeschlechts genannt. Dies ist richtig; nur muß man die Offenbarung nicht außer die Natur des Menschen hinauslegen. So sehr der Mensch von innen dazu getrieben wird, in Form von Erzählungen und Fabeln moralische und philosophische Lehren darzustellen, so notwendig stellt er als Offenbarung dar, was ihm von innen gegeben wird. Der Fabeldichter hat einen Zweck - den Zweck, die Menschen gut und gescheit zu machen; er wählt absichtlich die Form der Fabel als die zweckmäßigste, anschaulichste Methode; aber zugleich ist er selbst durch seine Liebe zur Fabel, durch seine eigne innere Natur zu dieser Lehrweise gedrungen. So ist es auch mit der Offenbarung, an deren Spitze ein Individuum steht. Dieses hat einen Zweck, aber zugleich lebt es selbst in den Vorstellungen, vermittelst welcher es diesen Zweck verwirklicht. Der Mensch *veranschaulicht unwillkürlich* durch die *Einbildungskraft sein innres Wesen*; er stellt es *außer sich* dar. Dieses *veranschaulichte*, *personifizierte*, durch die *unwiderstehliche Macht* der Einbildungskraft auf ihn wirkende Wesen der menschlichen Natur, als *Gesetz* seines Denkens und Handelns - ist *Gott*.

Hierin liegen die wohltätigen moralischen Wirkungen des Offenbarungsglaubens auf den Menschen; denn das eigne Wesen wirkt nur auf den ungebildeten, subjektiven Menschen, wenn er es vorstellt als ein anderes, persönliches Wesen, als ein Wesen, welches die Macht hat, zu *strafen*, und den Blick, welchem nichts entgeht.

Aber wie die Natur »ohne Bewußtsein Werke hervorbringt, die aussehen, als wären sie *mit* Bewußtsein hervorgebracht«, so erzeugt die Offenbarung moralische Handlungen, aber ohne daß sie *aus Moralität* hervorgehen - moralische Handlungen, aber keine moralischen Gesinnungen. Die moralischen Gebote werden wohl gehalten, aber dadurch schon der innern Gesinnung, dem Herzen entfremdet, daß sie als Gebote eines äußerlichen

Gesetzgebers vorgestellt werden, daß sie in die Kategorie willkürlicher, polizeilicher Gebote treten. Was getan wird, geschieht, nicht, weil es gut und recht ist, so zu handeln, sondern weil es von Gott *befohlen* ist. Der Inhalt *an sich selbst* ist gleichgültig; was nur immer Gott befiehlt, ist recht.[169] Stimmen diese Gebote mit der Vernunft, mit der Ethik überein, so ist es ein Glück, aber zufällig für den Begriff der Offenbarung. Die Zeremonialgesetze der Juden waren auch *geoffenbarte, göttliche* und doch *an sich selbst* zufällige, willkürliche Gesetze. Die Juden erhielten sogar von Jehova das Gnadengebot, zu *stehlen*; freilich in einem besondern Fall.

Der Offenbarungsglaube verdirbt aber nicht nur den moralischen Sinn und Geschmack, die Ästhetik der Tugend; er vergiftet, ja tötet auch den göttlichsten Sinn im Menschen - *den Wahrheitssinn, das Wahrheitsgefühl*. Die Offenbarung Gottes ist eine bestimmte, zeitliche Offenbarung: Gott hat sich geoffenbart ein für allemal *anno* soundso viel, und zwar nicht dem Menschen aller Zeiten und Orte, der Vernunft, der Gattung, sondern bestimmten, *beschränkten* Individuen. Als eine örtlich und zeitlich bestimmte muß die Offenbarung schriftlich aufbewahrt werden, damit auch andern unverdorben der Genuß derselben zugute komme. Der Glaube an die Offenbarung ist daher zugleich, wenigstens für Spätere, der Glaube an eine schriftliche Offenbarung; die *notwendige* Folge und Wirkung aber eines Glaubens, in welchem ein *historisches*, ein notwendig unter allen *Bedingungen* der *Zeitlichkeit und Endlichkeit* verfaßtes Buch die Bedeutung eines ewigen, absolut, allgemein gültigen Wortes hat - *Aberglaube* und *Sophistik*.

Der Glaube an eine schriftliche Offenbarung ist nämlich nur da noch ein *wirklicher, wahrer, ungeheuchelter* und insofern auch *respektabler* Glaube, wo geglaubt wird, daß *alles*, was in der heiligen Schrift steht, bedeutungsvoll, wahr, heilig, göttlich ist. Wo dagegen unterschieden wird zwischen Menschlichem und Göttlichem, relativ und absolut Gültigem, Historischem und Ewigem, wo nicht *alles* ohne Unterschied schlechterdings, unbedingt wahr ist, was in der heiligen Schrift steht, da wird das *Urteil des Unglaubens*, daß die Bibel kein *göttliches Buch* ist, schon in die Bibel hineingetragen, da wird ihr, indirekt wenigstens, der Charakter einer göttlichen Offenbarung abgesprochen. Einheit, Unbedingtheit, Ausnahmslosigkeit, *unmittelbare* Zuverlässigkeit ist allein der Charakter der Göttlichkeit. Ein Buch, das mir die *Notwendigkeit der Unterscheidung, die Notwendigkeit der Kritik* auferlegt, um das Göttliche vom Menschlichen, das Ewige vom Zeitlichen zu scheiden, ist kein göttliches, kein zuverlässiges, kein untrügliches Buch mehr, ist verstoßen in die Klasse der profanen Bücher; denn jedes profane Buch hat dieselbe Eigenschaft, daß es neben oder im Menschlichen Göttliches, d.h. neben oder im Individuellen Allgemeines und Ewiges enthält. Ein wahrhaft gutes oder vielmehr göttliches Buch ist aber nur ein solches, wo nicht einiges gut, anderes schlecht, einiges ewig, anderes zeitlich, sondern wo alles wie aus einem Gusse, alles ewig, alles wahr und gut ist. Was ist aber das für eine Offenbarung, wo ich erst den Apostel Paulus, dann den Petrus, dann den Jakobus, dann den Johannes, dann den Matthäus, dann den Markus, dann den Lukas anhören muß, bis ich endlich einmal an eine Stelle komme, wo meine gottesbedürftige Seele ausrufen kann: *heurkê* hier spricht der heilige Geist selbst; hier ist etwas für mich, etwas für alle Zeiten und Menschen. Wie wahr dachte dagegen der alte Glaube, wenn er die Inspiration selbst bis auf das Wort, selbst bis auf den Buchstaben ausdehnte! Das Wort ist dem Gedanken nicht gleichgültig; der bestimmte Gedanke kann nur durch ein bestimmtes Wort gegeben werden. Ein anderes Wort, ein anderer Buchstabe - ein anderer Sinn. Aberglaube ist allerdings solcher Glaube; aber dieser *Aberglaube* ist nur der *wahre, unverstellte, offne, seiner Konsequenzen sich nicht schämende Glaube*. Wenn Gott die Haare auf dem Haupte des Menschen zählt, wenn kein Sperling ohne seinen Willen vom Dache fällt, wie sollte er sein Wort, das Wort, an dem die ewige Seligkeit des Menschen hängt, dem Unverstand und der Willkür der Skribenten überlassen, warum sollte er ihnen nicht seine Gedanken, um sie vor jeder Entstellung zu bewahren, in die Feder diktieren? »Aber wenn der Mensch ein bloßes Organ des heiligen Geistes wäre, so würde ja damit die menschliche Freiheit aufgehoben!«[170] O welch ein erbärmlicher Grund! Ist denn die menschliche Freiheit mehr wert als die göttliche Wahrheit? Oder besteht die menschliche Freiheit nur in der Entstellung der göttlichen Wahrheit?

So notwendig aber mit dem Glauben an eine bestimmte historische Offenbarung als die absolute Wahrheit Aberglaube, so notwendig ist mit ihm die *Sophistik* verbunden. Die Bibel widerspricht der Moral, widerspricht der Vernunft, widerspricht sich selbst unzählige Male; aber sie ist das Wort Gottes, die ewige Wahrheit, und »die Wahrheit kann und darf sich nicht widersprechen«.[171] Wie kommt der Offenbarungsgläubige aus diesem Widerspruch zwischen der Idee der Offenbarung als göttlicher, harmonischer Wahrheit und der vermeintlichen wirklichen Offenbarung heraus? Nur durch Selbsttäuschungen, nur durch die albernsten Scheingründe, nur durch die schlechtesten, wahrheitlosesten Sophismen. Die *christliche Sophistik* ist ein *Produkt* des *christlichen Glaubens*, insbesondre des Glaubens an die Bibel als die göttliche Offenbarung.

Die Wahrheit, die absolute Wahrheit ist objektiv in der Bibel, subjektiv im Glauben gegeben, denn zu dem, was Gott selbst spricht, kann ich mich nur gläubig, hingebend, annehmend verhalten. Dem Verstande, der Vernunft bleibt hier nur ein formelles, untergeordnetes Geschäft; sie hat eine *falsche*, ihrem Wesen *widersprechende* Stellung. Der Verstand *für sich selbst* ist hier gleichgültig gegen das Wahre, gleichgültig gegen den Unterschied von Wahr und Falsch; er hat kein Kriterium *in sich selbst*; was in der Offenbarung steht, ist *wahr*, wenn es auch direkt dem *Verstande widerspricht*; er ist dem *Zufall* der allerschlechtesten Empirie *wehrlos* preisgegeben: was ich nur immer finde in der göttlichen Offenbarung, muß ich *glauben* und mein Verstand, wenn's not tut, *verteidigen*; der Verstand ist der *Canis Domini*; er muß sich alles *mögliche ohne Unterschied* - die Unterscheidung wäre *Zweifel*, wäre *Frevel* - aufbürden lassen als Wahrheit; es bleibt ihm folglich nichts übrig als ein *zufälliges*, indifferentes, d.i. *wahrheitloses, sophistisches, intrigantes* Denken - ein Denken, das nur auf die grundlosesten Distinktionen und Ausflüchte, die schmählichsten Pfiffe und Kniffe sinnt. Je mehr aber schon der Zeit so nach der Mensch sich der Offenbarung entfremdet, je mehr der Verstand zur Selbständigkeit heranreift, desto greller tritt auch notwendig der Widerspruch zwischen dem Verstande und Offenbarungsglauben hervor. Der Gläubige kann dann nur noch im *bewußten* Widerspruch *mit sich selbst, mit der Wahrheit, mit dem Verstande*, nur durch *freche Willkür*, nur durch *schamlose Lügen* -nur durch die *Sünde* gegen den heiligen Geist die Heiligkeit und Göttlichkeit der Offenbarung bewahrheiten. [Vgl. Anhang, Abschnitt IX]

DREIUNDZWANZIGSTES KAPITEL DER WIDERSPRUCH IN DEM WESEN GOTTES ÜBERHAUPT

Das oberste Prinzip, der *Zentralpunkt* der *christlichen Sophistik* ist der *Begriff Gottes.* Gott ist das menschliche Wesen, und doch soll *er ein anderes, übermenschliches* Wesen sein. Gott ist das allgemeine, reine Wesen, die Idee des Wesens schlechtweg, und doch soll er persönliches, individuelles Wesen sein; oder: Gott ist Person, und doch soll er Gott, allgemeines, d.h. kein *persönliches* Wesen sein. Gott *ist;* seine Existenz ist gewiß, gewisser als die unsrige; er hat ein abgesondertes, von uns und von den Dingen unterschiednes, d.i. individuelles Sein, und doch soll sein Sein ein geistiges, d.h. ein nicht *als ein besondres* wahrnehmbares Sein sein. Im Soll wird immer geleugnet, was im ist behauptet wird. Der Grundbegriff ist ein Widerspruch, der nur durch Sophismen verdeckt wird. Ein Gott, der sich nicht um uns kümmert, unsere Gebete nicht erhört, uns nicht sieht und liebt, ist kein Gott; es wird also die *Menschlichkeit* zum wesentlichen Prädikat Gottes gemacht; aber zugleich heißt es wieder: Ein Gott, der nicht für sich existiert, außer dem Menschen, über dem Menschen, als ein *andres* Wesen, ist ein Phantom, es wird also die *Un* - und *Außermenschlichkeit* zum wesentlichen Prädikat der Gottheit gemacht. Ein Gott, der nicht ist, *wie wir,* nicht Bewußtsein, nicht Einsicht, d.h. nicht *persönlichen Verstand, persönliches Bewußtsein* hat, wie etwa die Substanz des Spinoza, ist kein Gott. Die *wesentliche Einheit* mit uns ist die Hauptbedingung der Gottheit; der Begriff der Gottheit wird *abhängig* gemacht von dem Begriffe der Persönlichkeit, des Bewußtseins, als dem Höchsten, was gedacht werden kann. Aber ein Gott, so heißt es zugleich wieder, der nicht *wesentlich von uns unterschieden,* ist kein Gott.

Der Charakter der Religion ist die unmittelbare, unwillkürliche, unbewußte Anschauung des menschlichen Wesens als eines andern Wesens. Dieses gegenständlich angeschaute Wesen aber zum Objekt der Reflexion, der *Theologie* gemacht, so wird es zu einer *unerschöpflichen Fundgrube von Lügen, Täuschungen, Blendwerken, Widersprüchen und Sophismen.*

Ein besonders charakteristischer Kunstgriff und Vorteil der christlichen Sophistik ist die *Unerforschlichkeit,* die *Unbegreiflichkeit* des göttlichen Wesens. Das Geheimnis dieser Unbegreiflichkeit ist nun aber, wie sich zeigen wird, nichts weiter, als daß eine bekannte Eigenschaft zu einer unbekannten, eine natürliche Qualität zu einer über-, d.h. unnatürlichen Qualität gemacht und eben dadurch der *Schein,* die *Illusion* erzeugt wird, daß das göttliche Wesen ein andres als das menschliche und eben deswegen ein unbegreifliches sei.

Im ursprünglichen Sinne der Religion hat die Unbegreiflichkeit Gottes nur die Bedeutung eines affektvollen Ausdrucks. So rufen auch wir im Affekt bei einer überraschenden Erscheinung aus: es ist unglaublich, es geht über alle Begriffe, ob wir gleich später, wenn wir zur Besinnung gekommen, den Gegenstand unsrer Verwunderung nichts weniger als unbegreiflich finden. Die religiöse Unbegreiflichkeit ist nicht das geistlose Punktum, welches die Reflexion so oft setzt, als ihr der Verstand ausgeht, sondern ein pathetisches Ausrufungszeichen von dem Eindruck, welchen die Phantasie auf das Gemüt macht. Die Phantasie ist das ursprüngliche Organ und Wesen der Religion. Im ursprünglichen Sinne der Religion ist zwischen Gott und Mensch einerseits nur ein Unterschied der *Existenz* nach, inwiefern Gott als selbständiges Wesen dem Menschen gegenübersteht, andrerseits nur ein *quantitativer*, d.h. ein Unterschied der *Phantasie nach*, denn die Unterschiede der Phantasie sind nur quantitative. Die Unendlichkeit Gottes in der Religion ist *quantitative* Unendlichkeit; Gott ist und hat alles, was der Mensch, aber in unendlich vergrößertem Maßstabe. *Gottes Wesen* ist das vergegenständlichte *Wesen der Phantasie*.[172] Gott ist ein *sinnliches Wesen*, aber abgesondert von den *Schranken der Sinnlichkeit* - das *unbeschränkte sinnliche* Wesen. Aber was ist die Phantasie? - Die schrankenlose, die *unbeschränkte Sinnlichkeit*. Gott ist die ewige Existenz, d.h. die immerwährende, die Existenz *zu allen Zeiten*; Gott ist die allgegenwärtige Existenz, d.h. die Existenz *an allen Orten*; Gott ist das *allwissende Wesen*, d.h. das Wesen, dem *alles Einzelne, alles Sinnliche* ohne Unterschied, ohne Zeit und Ortsbeschränkung Gegenstand ist.

Ewigkeit und Allgegenwart sind sinnliche Eigenschaften, denn es wird in ihnen nicht die Existenz in der Zeit und im Raume, es wird nur die ausschließliche Beschränkung auf eine *bestimmte Zeit*, auf einen *bestimmten Ort* verneint. Ebenso ist die Allwissenheit eine sinnliche Eigenschaft, sinnliches Wissen. Die Religion nimmt keinen Anstand, Gott selbst die edleren Sinne beizulegen; Gott *sieht* und *hört* alles. Aber die göttliche Allwissenheit ist ein *sinnliches Wissen*, von dem die Eigenschaft, die wesentliche Bestimmtheit des wirklichen sinnlichen Wissens *weggelassen* ist. Meine Sinne stellen mir die sinnlichen Gegenstände nur *außer* und *nach einander* vor; aber Gott stellt alles Sinnliche auf einmal vor, alles Räumliche auf unräumliche, alles Zeitliche auf unzeitliche, alles Sinnliche auf unsinnliche Weise.[173] Das heißt: Ich erweitere meinen sinnlichen Horizont durch die Phantasie; ich vergegenwärtige mir in der konfusen Vorstellung der Allheit alle, auch die örtlich abwesenden, Dinge und setze nun diese über den beschränkt sinnlichen Standpunkt mich erhebende, wohltätig affizierende Vorstellung als eine göttliche Wesenheit. Ich fühle als eine Schranke mein nur an den örtlichen Standpunkt, an die sinnliche Erfahrung gebundnes Wissen; was ich als Schranke fühle, hebe ich in der Phantasie auf, die meinen Gefühlen freien Spielraum gewährt. Diese Negation durch die Phantasie ist die

Position der Allwissenheit als einer göttlichen Macht und Wesenheit. Aber gleichwohl ist zwischen der Allwissenheit und meinem Wissen nur ein quantitativer Unterschied; die *Qualität* des Wissens ist dieselbe. Ich könnte ja auch in der Tat gar nicht die Allwissenheit einem Gegenstande oder Wesen außer mir beilegen, wenn sie *wesentlich* von meinem Wissen unterschieden, wenn sie nicht eine *Vorstellungsart* von mit selbst wäre, nicht in *meinem Vorstellungsvermögen* existierte. Das Sinnliche ist so gut Gegenstand und Inhalt der göttlichen Allwissenheit als meines Wissens. Die Phantasie beseitigt nur die Schranke der Quantität, nicht der Qualität. Unser Wissen ist beschränkt, heißt: Wir wissen nur einiges, weniges, nicht alles.

Die wohltätige Wirkung der Religion beruht auf dieser *Erweiterung* des sinnlichen Bewußtseins. In der Religion ist der Mensch *im Freien, sub divo*; im sinnlichen Bewußtsein in seiner engen, beschränkten Wohnung. Die Religion bezieht sich wesentlich, ursprünglich - und nur in seinem Ursprung ist etwas heilig, wahr, rein und gut - nur auf das *unmittelbar sinnliche, ungebildete* Bewußtsein; sie ist die Beseitigung der sinnlichen Schranken. Abgeschlossene, beschränkte Menschen und Völker bewahren die Religion in ihrem ursprünglichen Sinne, weil sie selbst im Ursprung, an der Quelle der Religion stehenbleiben. Je beschränkter der Gesichtskreis des Menschen, je weniger er weiß von Geschichte, Natur, Philosophie, desto inniger hängt er an seiner Religion.

Darum hat auch der Religiöse kein Bedürfnis der Bildung in sich. Warum hatten die Hebräer keine Kunst, keine Wissenschaft wie die Griechen? Weil sie kein Bedürfnis darnach hatten. Und warum hatten sie kein Bedürfnis? Jehova ersetzte ihnen dieses Bedürfnis. In der göttlichen Allwissenheit erhebt sich der Mensch über die Schranken seines Wissens;[174] in der göttlichen Allgegenwart über die Schranken seines Lokalstandpunkts, in der göttlichen Ewigkeit über die Schranken seiner Zeit. Der religiöse Mensch ist glücklich in seiner Phantasie; er hat Alles *in nuce* immer beisammen; sein Bündel ist immer geschnürt. Jehova begleitet mich überall; ich brauche nicht aus mir herauszugehen; ich habe in meinem Gotte den *Inbegriff aller Schätze* und *Kostbarkeiten, aller Wissens*– und *Denkwürdigkeiten.* Die Bildung aber ist abhängig von außen, hat mancherlei Bedürfnisse, denn sie *überwindet die Schranken des sinnlichen Bewußtseins und Lebens* selbst wieder *durch sinnliche, wirkliche Tätigkeit*, nicht durch die Zaubermacht der religiösen Phantasie. Daher hat auch die *christliche Religion*, wie schon öfter erwähnt wurde, *in ihrem Wesen kein Prinzip der Kultur, der Bildung in sich*, denn sie überwindet die Schranken und Beschwerden des irdischen Lebens nur *durch die Phantasie*, nur *in Gott, im Himmel.* Gott ist *Alles*, was das Herz begehrt und verlangt - *alle Dinge, alle Güter.* »Wiltu Liebe oder Treue oder Wahrheit, oder Trost oder stäte Gegenwärtigkeit, diß ist an ihm überall ohne Maß und Weise. Begehrestu Schönheit, er ist allerschönste. Begehrestu Reichthum, er ist der allerreichste. Begehrestu Gewalt, er ist der gewaltigste, oder was Dein

189

Hertz je möchte begehren, das findt man tausendfalt an ihm, an dem einfältigen allerbesten Gut, das Gott ist.«[175] Wer aber Alles in Gott hat, himmlische Seligkeit schon in der Phantasie genießt, wie sollte der jene Not, jene Armut empfinden, die der Trieb zu aller Kultur ist? Die Kultur hat keinen andern Zweck, als einen *irdischen Himmel* zu verwirklichen; aber der religiöse Himmel wird auch nur durch *religiöse* Tätigkeit *verwirklicht* oder erworben.

Der ursprünglich nur quantitative Unterschied zwischen dem göttlichen und menschlichen Wesen wird nun aber von der Reflexion zu einem *qualitativen* Unterschiede ausgebildet und dadurch, was ursprünglich nur ein Gemütsaffekt, ein unmittelbarer Ausdruck der Bewunderung, der Entzückung, ein Eindruck der Phantasie auf das Gemüt ist, als eine *objektive Beschaffenheit*, als wirkliche Unbegreiflichkeit fixiert. Die beliebteste Ausdrucksweise der Reflexion in dieser Beziehung ist, daß wir von Gott wohl das *Daß*, aber nimmermehr das *Wie* begreifen. Daß z.B. Gott das Prädikat des Schöpfers wesentlich zukommt, daß er die Welt, und zwar nicht aus einer vorhandenen Materie, sondern durch seine Allmacht aus Nichts geschaffen, das ist klar, gewiß, ja unbezweifelbar gewiß; aber *wie* dies möglich, das natürlich geht über unsern beschränkten Verstand. Das heißt: der *Gattungsbegriff* ist klar, gewiß, aber der *Artbegriff* ist unklar, ungewiß.

Der *Begriff der Tätigkeit*, des Machens, Schaffens ist an und für sich ein *göttlicher Begriff*; er wird daher unbedenklich auf Gott angewendet. Im Tun fühlt sich der Mensch frei, unbeschränkt, glücklich, im Leiden beschränkt, gedrückt, unglücklich. *Tätigkeit* ist *positives Selbstgefühl*. Positiv überhaupt ist, was im Menschen mit einer *Freude* begleitet ist - Gott daher, wie wir schon oben sagten, der Begriff der *reinen, unbeschränkten Freude*. Es gelingt uns nur, was wir gern tun; alles überwindet die Freudigkeit. Eine freudige Tätigkeit ist aber eine solche, die mit unserem Wesen übereinstimmt, die wir nicht als Schranke, folglich nicht als Zwang empfinden. Die glücklichste, seligste Tätigkeit ist jedoch die produzierende. Lesen z.B. ist köstlich; Lesen ist passive Tätigkeit, aber Lesenswürdiges schaffen ist noch köstlicher. Geben ist seliger als Nehmen, heißt es auch hier. Der Gattungsbegriff der hervorbringenden Tätigkeit wird also auf Gott angewendet, d.h. in Wahrheit als göttliche Tätigkeit und Wesenheit angeschaut, vergegenständlicht. Es wird aber abgesondert jede *besondere Bestimmung*, jede *Art* der Tätigkeit - nur die Grundbestimmung, die aber wesentlich menschliche Grundbestimmung: die Hervorbringung *außer sich* bleibt. Gott hat nicht Etwas hervorgebracht, Dieses oder Jenes, Besonderes, wie der Mensch, sondern *Alles*, seine Tätigkeit ist *schlechthin universale, unbeschränkte*. Es *versteht sich* daher *von selbst*, es ist eine notwendige Folge, daß die *Art*, *wie* Gott dies Alles hervorgebracht, unbegreiflich ist, weil diese Tätigkeit keine Art der Tätigkeit ist, weil *die Frage nach dem Wie hier eine ungereimte* ist, eine Frage, die durch den *Grundbegriff der unbeschränkten Tätigkeit* an und für sich *abgewiesen* ist. Jede *besondere Tätigkeit* bringt auf *besondere Weise* ihre Wirkungen hervor, weil hier die Tätigkeit selbst eine bestimmte Weise der Tätigkeit ist; es entsteht hier *notwendig* die Frage: Wie brachte sie dies hervor? Die Antwort auf die Frage aber: *Wie* hat Gott die Welt gemacht? fällt notwendig *verneinend* aus, weil die die Welt schaffende Tätigkeit selbst *jede bestimmte* Tätigkeit, die allein diese Frage berechtigte, jede an einen *bestimmten Inhalt*, d.h. eine *Materie* gebundene Tätigkeitsweise *von sich verneint*. Es wird in dieser Frage zwischen das Subjekt, die hervorbringende Tätigkeit, und das Objekt, das Hervorgebrachte, ein nicht hieher gehöriges, ein ausgeschlossenes Mittelding: der Begriff der *Besonderheit* unrechtmäßigerweise eingeschaltet. Die Tätigkeit bezieht sich nur auf das *Kollektivum*: *Alles*, Welt: Gott hat so *Alles* hervorgebracht, aber *nicht Etwas* - das unbestimmte Ganze, das All, wie es die Phantasie zusammenfaßt, aber nicht das Bestimmte, Besondere, wie es in seiner Besonderheit den Sinnen, in seiner Totalität als Universum der Vernunft Gegenstand ist. Alles Etwas entsteht auf natürlichem Wege -es ist ein Bestimmtes und hat als solches, was nur eine Tautologie ist, einen bestimmten Grund, eine bestimmte Ursache. Nicht Gott hat den Diamant hervorgebracht, sondern der Kohlenstoff; dieses Salz verdankt seinen Ursprung nur der Verbindung dieser bestimmten Säure mit einer bestimmten Basis, nicht Gott. Gott hat nur *Alles zusammen ohne Unterschied* hervorgebracht.

Gott hat freilich in der religiösen Vorstellung alles *Einzelne* geschaffen, weil es schon in *Allem* mitbegriffen ist, aber nur indirekt; denn er hat das Einzelne nicht auf einzelne, das Bestimmte nicht auf bestimmte Weise hervorgebracht; sonst wäre er ja ein bestimmtes Wesen. Unbegreiflich ist es nun freilich, wie aus dieser allgemeinen, unbestimmten Tätigkeit das Besondere, Bestimmte hervorgegangen; aber nur, weil ich hier den Gegenstand der sinnlichen, natürlichen Anschauung, das Besondere einschwärze, weil ich der göttlichen Tätigkeit einen *andren* Gegenstand als den ihr gebührenden unterstelle. Die Religion hat keine physikalische Anschauung von der Welt; sie interessiert sich nicht für eine natürliche Erklärung, die immer nur mit der Entstehung gegeben werden kann. Aber die Entstehung ist ein theoretischer, naturphilosophischer Begriff. Die heidnischen Philosophen beschäftigten sich mit der Entstehung der Dinge. Aber das christlich religiöse Bewußtsein verabscheute diesen Begriff als einen heidnischen, irreligiösen und setzte an dessen Stelle den *praktischen* oder *subjektiv* menschlichen *Begriff der Erschaffung*, der nichts ist als ein Verbot, die Dinge sich auf natürlichem Wege entstanden zu denken, ein Interdikt aller Physik und Naturphilosophie. Das religiöse Bewußtsein knüpft unmittelbar an Gott die Welt an; es leitet alles aus Gott ab, weil ihm nichts in seiner Besonderheit und Wirklichkeit, nichts als ein Objekt der Vernunft Gegenstand ist. *Alles* kommt aus Gott - das ist genug, das befriedigt vollkommen das religiöse Bewußtsein. Die Frage: *wie* Gott erschaffen? ist ein *indirekter Zweifel, daß* Gott die Welt geschaffen. Mit dieser Frage kam der Mensch auf den Atheismus, Materialismus, Naturalismus. Wer so fragt, dem ist schon die Welt Gegenstand der Theorie, der Physik, d.h. Gegenstand in ihrer Wirklichkeit, in der Bestimmtheit ihres Inhalts. Dieser Inhalt widerspricht aber der Vorstellung der unbestimmten, immateriellen, stofflosen Tätigkeit. Und dieser Widerspruch führt zur Verneinung der Grundvorstellung.

Die Schöpfung der Allmacht ist nur da an ihrem Platze, nur da eine Wahrheit, wo alle Ereignisse und Phänomene der Welt aus Gott abgeleitet werden. Sie wird, wie schon erwähnt, zu einer Mythe aus vergangner Zeit, wo sich die Physik ins Mittel schlägt, wo die bestimmten Gründe, das Wie der Erscheinungen der Mensch zum Gegenstand seiner Forschung macht. Dem religiösen Bewußtsein ist daher auch die Schöpfung nichts Unbegreifliches, d.h. Unbefriedigendes, höchstens nur in den Momenten der Irreligiosität, des Zweifels, wo es sich von Gott ab- und den Dingen zuwendet, wohl aber der Reflexion, der Theologie, die mit dem einen Auge in den Himmel, mit dem andern in die Welt schielt. Soviel in der Ursache ist, soviel ist in der Wirkung. Eine Flöte bringt nur Flötentöne, aber keine Fagott- und Trompetentöne hervor. Wenn du einen Fagotten hörst, aber außer der Flöte von keinem andern Blasinstrument je etwas gehört und gesehen hast, so wird es dir freilich unbegreiflich sein, wie aus der Flöte ein solcher Ton hervorkommen kann. So ist es auch hier - nur ist das Gleichnis insofern unpassend, als die Flöte selbst ein bestimmtes Instrument ist. Aber stelle dir vor, wenn es möglich, ein schlechthin universales Instrument, welches alle Instrumente in sich vereinigte, ohne selbst ein *bestimmtes* zu sein, so wirst du einsehen, daß es ein törichter Widerspruch ist, einen bestimmten Ton, der nur einem bestimmten Instrument angehört, von einem Instrument zu verlangen, wovon du eben das Charakteristische aller bestimmten Instrumente weglassen.

Es liegt aber zugleich dieser Unbegreiflichkeit der Zweck zugrunde, die göttliche Tätigkeit der menschlichen zu entfremden, die Ähnlichkeit, Gleichförmigkeit oder vielmehr wesentliche Einheit derselben mit der menschlichen zu beseitigen, um sie zu einer *wesentlich andern* Tätigkeit zu machen. Dieser Unterschied zwischen der göttlichen und menschlichen Tätigkeit ist das *Nichts*. Gott macht - er macht außer sich Etwas, *wie* der Mensch. Machen ist ein echt, ein grundmenschlicher Begriff. Die Natur zeugt, bringt hervor, der Mensch *macht*. Machen ist ein Tun, das ich unterlassen kann, ein absichtliches, vorsätzliches, äußerliches Tun - ein Tun, bei dem nicht unmittelbar mein eigenes innerstes Wesen beteiligt ist, ich nicht zugleich leidend, angegriffen bin. Eine nicht gleichgültige Tätigkeit dagegen ist eine mit meinem Wesen identische, mir notwendige, wie die geistige Produktion, die mir ein inneres Bedürfnis und eben deswegen mich aufs tiefste ergreift, pathologisch affiziert. Geistige Werke werden nicht gemacht - das Machen ist nur die äußerlichste Tätigkeit daran -, sie *entstehen in uns*.[176] Machen aber ist eine indifferente, darum freie, d.i. willkürliche Tätigkeit. Bis soweit ist also Gott ganz mit dem Menschen einverstanden, gar nicht von ihm unterschieden, daß er macht; im Gegenteil, es wird ein besonderer Nachdruck darauf gelegt, daß sein Machen frei, willkürlich, ja *beliebig* ist. Gott hat es beliebt, gefallen, eine Welt zu erschaffen. So vergöttlicht hier der Mensch das Wohlgefallen an seinem eignen Gefallen, seiner eignen Beliebigkeit und grundlosen Willkürlichkeit. Die grundmenschliche Bestimmung der göttlichen Tätigkeit wird durch die Vorstellung der Beliebigkeit selbst zu einer *gemein* menschlichen - Gott aus einem Spiegel des menschlichen Wesens zu einem Spiegel der menschlichen Eitelkeit und Selbstgefälligkeit.

Aber nun löst sich auf einmal die Harmonie in Disharmonie auf; der *bisher mit sich einige* Mensch *entzweit* sich -: Gott macht *aus Nichts*: er *schafft*; Machen aus Nichts ist Schaffen - dies ist der Unterschied. Die *wesentliche* Bestimmung ist eine menschliche; aber, indem die *Bestimmtheit* dieser Grundbestimmung sogleich wieder vernichtet wird, macht sie die Reflexion zu einer *nicht* menschlichen. Mit dieser Vernichtung geht aber der Begriff, der Verstand aus; es bleibt nur eine nichtige, inhaltslose Vorstellung übrig, weil schon die Denkbarkeit, die Vorstellbarkeit erschöpft ist, d.h. der Unterschied zwischen der göttlichen und menschlichen Bestimmung ist in Wahrheit ein Nichts, ein *Nihil negativum* des Verstandes. Das naive Selbstbekenntnis dieses Verstandesnichts ist das *Nichts als Gegenstand*.

Gott ist Liebe, aber nicht menschliche Liebe, Verstand, aber nicht menschlicher, nein! ein *wesentlich andrer* Verstand. Aber worin besteht dieser Unterschied? Ich kann mir keinen Verstand denken oder vorstellen außer in der Bestimmtheit, in welcher er sich in uns betätigt; ich kann den Verstand nicht entzweiteilen oder gar vierteilen, so daß ich mehrere Verstände bekäme; ich kann nur *einen und denselben* Verstand denken. Ich kann allerdings den Verstand an sich denken, d.h. frei von zufälligen Schranken; aber hier lasse ich nicht *die wesentliche Bestimmtheit* weg. Die religiöse Reflexion dagegen vernichtet gerade *die* Bestimmtheit, welche Etwas zu dem macht, *was es ist*. Nur das, worin der göttliche Verstand identisch ist mit dem menschlichen, nur das ist *Etwas*, ist *Verstand*, ein wirklicher Begriff; das aber, was ihn zu einem andern, ja wesentlich andern machen soll, ist *objektiv* nichts, *subjektiv* bloße *Einbildung*.

Ein andres charakteristisches Beispiel ist das *unerforschliche Geheimnis der Zeugung* des Sohnes Gottes. Die Zeugung Gottes ist natürlich eine *andere* als die gemeine natürliche, jawohl! eine *übernatürliche* Zeugung, d.h. in Wahrheit eine nur illusorische, *scheinbare* - eine Zeugung, welcher *die* Bestimmtheit, durch welche die Zeugung *Zeugung* ist, abgeht, denn es fehlt die Geschlechtsverschiedenheit -, eine Zeugung also, welche der *Natur und Vernunft widerspricht*, aber eben deswegen, weil sie ein *Widerspruch* ist, weil sie nichts *Bestimmtes* ausspricht, *nichts zu denken* gibt, der Phantasie einen um so großem Spielraum läßt und dadurch auf das Gemüt den Eindruck der *Tiefe* macht. Gott ist *Vater* und *Sohn* -Gott, denke nur! *Gott.* Der Affekt *bemeistert* sich des Gedankens; das Gefühl der Einheit mit Gott setzt den Menschen vor Entzückung außer sich - das *Fernste* wird mit dem *Nächsten*, das *Andre* mit dem *Eigensten*, das *Höchste* mit dem *Tiefsten*, das *Übernatürliche* mit dem *Natürlichen* bezeichnet, d.h. das Übernatürliche *als das Natürliche*, das Göttliche *als das Menschliche* gesetzt, geleugnet, daß das Göttliche *etwas andres* ist als das Menschliche. Aber *diese Einheit* des Göttlichen und Menschlichen wird sogleich wieder *geleugnet*: was Gott mit dem Menschen gemein hat, das soll in Gott etwas ganz andres *bedeuten* als im Menschen - so wird das Eigene wieder zum Fremden, das Bekannte zum Unbekannten, das Nächste zum Fernsten. Gott zeugt *nicht*, wie die Natur, ist *nicht* Vater, *nicht* Sohn, wie wir - nun *wie denn*? ja das ist eben das Unbegreifliche, das unaussprechlich Tiefe der göttlichen Zeugung. So setzt die Religion oder vielmehr Theologie das Natürliche, das Menschliche, welches sie vernichtet, immer zuletzt wieder in Gott, aber jetzt im *Widerspruch* mit dem Wesen des Menschen, mit dem Wesen der Natur, weil es in Gott etwas andres *sein soll*, aber in Wahrheit doch *nichts* andres ist.

Bei allen andern Bestimmungen des göttlichen Wesens ist nun aber dieses Nichts des Unterschieds ein verborgnes; in der Schöpfung hingegen *ein offenbares, ausgesprochnes, gegenständliches* Nichts -darum das *offizielle, notorische Nichts der Theologie in ihrem Unterschiede von der Anthropologie.*

Die Grundbestimmung aber, wodurch der Mensch sein eignes ausgeschiednes Wesen zu einem fremden, unbegreiflichen Wesen macht, ist der Begriff, die Vorstellung der *Selbständigkeit, der Individualität* oder - was nur ein abstrakterer Ausdruck ist - der *Persönlichkeit.* Der Begriff der Existenz verwirklicht sich erst in dem Begriffe der Offenbarung, der Begriff der Offenbarung aber als der Selbstbezeugung Gottes erst in dem Begriff der Persönlichkeit. Gott ist *persönliches Wesen* - dies ist der Machtspruch, der mit einem Schlage das Vorgestellte in Wirkliches, das Subjektive in Objektives verzaubert. Alle Prädikate, alle Bestimmungen des göttlichen Wesens sind grundmenschliche; aber als Bestimmungen eines persönlichen, also *andern*, vom Menschen unterschieden und unabhängig existierenden Wesens *scheinen* sie unmittelbar auch *wirklich andere* Bestimmungen zu sein, aber so, daß doch zugleich noch immer die *wesentliche Einheit* zugrunde liegenbleibt. Damit entsteht für die Reflexion der Begriff der sogenannten *Anthropomorphismen.* Die Anthropomorphismen sind Ähnlichkeiten zwischen Gott und dem Menschen. Die Bestimmungen des göttlichen und menschlichen Wesens sind *nicht dieselben*, aber sie *ähneln sich gegenseitig.*

Daher ist auch die Persönlichkeit das *Antidotum* gegen den *Pantheismus*; d.h. durch die *Vorstellung der Persönlichkeit* schlägt sich die religiöse Reflexion die Nichtverschiedenheit des göttlichen und menschlichen Wesens *aus dem*

Kopfe. Der rohe, aber immerhin bezeichnende Ausdruck des Pantheismus ist: Der Mensch ist ein Ausfluß oder *Teil* des göttlichen Wesens; der religiöse dagegen: Der Mensch ist ein *Bild* Gottes, oder auch: ein Gott *verwandtes* Wesen; denn der Mensch stammt der Religion zufolge nicht aus der Natur, sondern ist göttlichen Geschlechts, göttlicher Abkunft. Verwandtschaft ist aber ein unbestimmter, ausweichender Ausdruck. Es gibt Grade der Verwandtschaft - nahe und ferne Verwandtschaft. Was für eine Verwandtschaft ist gemeint? Für das Verhältnis des Menschen zu Gott im Sinne der Religion paßt jedoch nur ein einziges Verwandtschaftsverhältnis - das nächste, innigste, heiligste, das sich nur immer vorstellen läßt -, das Verhältnis des Kindes zum Vater. Gott und Mensch unterscheiden sich demnach also: Gott ist der Vater des Menschen, der Mensch der Sohn, das Kind Gottes. Hier ist zugleich die Selbständigkeit Gottes und die Abhängigkeit des Menschen, und zwar unmittelbar als ein Gegenstand des Gefühls gesetzt, während im Pantheismus der Teil ebenso selbständig erscheint als das Ganze, da dieses als ein aus seinen Teilen Zusammengesetztes vorgestellt wird. Aber gleichwohl ist dieser Unterschied nur ein *Schein.* Der Vater ist nicht Vater ohne Kind, beide zusammen bilden ein gemeinschaftliches Wesen. In der Liebe gibt eben der Mensch seine Selbständigkeit auf, sich zu einem *Teile* herabsetzend - eine Selbsterniedrigung, Selbstdemütigung, die nur dadurch sich ausgleicht, daß der andere sich gleichfalls zu einem Teile herabsetzt, daß sich beide einer höhern Macht - der Macht des Familiengeistes, der Liebe unterwerfen. Es findet daher hier dasselbe Verhältnis zwischen Gott und Mensch statt wie im Pantheismus, nur daß es sich hier als ein persönliches, patriarchalisches, dort als ein unpersönliches, allgemeines darstellt, nur daß im Pantheismus *logisch,* darum *bestimmt, direkt* ausgesprochen ist, was in der Religion durch die *Phantasie* umgangen wird. Die Zusammengehörigkeit oder vielmehr Nichtverschiedenheit Gottes und des Menschen wird nämlich hier dadurch verschleiert, daß man beide als Personen oder Individuen und Gott zugleich, *abgesehen von seiner Vaterschaft,* als ein selbständiges Wesen vorstellt - eine Selbständigkeit, die aber auch nur Schein ist, denn wer, wie der religiöse Gott, von Herzensgrund aus Vater ist, hat in seinem Kinde selbst sein Leben und Wesen.

Das gegenseitige innige Abhängigkeitsverhältnis von Gott als Vater und Mensch als Kind kann man nicht durch diese Distinktion auflockern, daß nur Christus der natürliche Sohn, die Menschen aber die Adoptivsöhne Gottes seien, daß also nur Gott zu Christo als dem eingebornen Sohne, keineswegs aber zu den Menschen in einem wesentlichen Abhängigkeitsverhältnis stehe. Denn diese Unterscheidung ist auch nur eine theologische, d.h. illusorische. Gott adoptiert nur *Menschen,* keine Tiere. Der Grund der Adoption liegt in der menschlichen Natur. Der von der göttlichen Gnade adoptierte Mensch ist nur der seiner göttlichen Natur und

Würde sich bewußte Mensch. Über dem ist ja der eingeborne Sohn selbst nichts andres als der Begriff der Menschheit, als der von sich selbst *präokkupierte* Mensch, der sich vor sich selbst und vor der Welt in Gott verbergende Mensch - der *himmlische* Mensch. Der Logos ist der geheime, verschwiegene Mensch; der Mensch der offenbare, der ausgesprochne Logos. Der Logos ist nur der *Avant-propos* des Menschen. Was vom Logos, gilt also vom Wesen des Menschen.[177] Aber zwischen Gott und dem eingebornen Sohne ist kein wesentlicher Unterschied - wer den Sohn kennt, kennt den Vater -, also auch nicht zwischen Gott und Mensch.

Dieselbe Bewandtnis hat es nun auch mit der *Ebenbildlichkeit* Gottes. Das Bild ist hier kein totes, sondern lebendiges Wesen. Der Mensch ist ein Bild Gottes, heißt nichts weiter als: der Mensch ist ein Gott *ähnliches* Wesen. Die Ähnlichkeit zwischen lebendigen Wesen beruht auf Naturverwandtschaft. Die Ebenbildlichkeit reduziert sich also auf die Verwandtschaft: der Mensch ist Gott ähnlich, weil das Kind Gottes. Die Ähnlichkeit ist nur die in die Sinne fallende Verwandtschaft; aus jener schließen wir überall auf diese.

Die Ähnlichkeit ist nun aber ebenso eine täuschende, illusorische, ausweichende Vorstellung als die Verwandtschaft. Nur die Vorstellung der Persönlichkeit ist es, welche die Natureinheit beseitigt. Die Ähnlichkeit ist *die* Einheit, welche es *nicht Wort haben will, daß sie Einheit ist*, welche sich hinter ein trübendes Medium, hinter den Nebel der Phantasie versteckt. Beseitige ich diesen Nebel, diesen Dunst, so komme ich auf die *nackte Einheit.* Je ähnlicher sich Wesen sind, desto weniger unterscheiden sie sich; kenne ich den einen, so kenne ich den andern. Die Ähnlichkeit hat allerdings ihre Grade. Aber auch die Ähnlichkeit zwischen Gott und Mensch hat ihre Grade. Der Gute, Fromme ist Gott ähnlicher als der Mensch, welcher nur die Natur des Menschen überhaupt zum Grunde seiner Ähnlichkeit hat. Es läßt sich also auch hier der höchste Grad der Ähnlichkeit annehmen, sollte dieser auch nicht hienieden, sondern erst im Jenseits erreicht werden. Aber was einst der Mensch wird, das gehört auch jetzt schon zu ihm, wenigstens der Möglichkeit nach. Der höchste Grad der Ähnlichkeit ist nun aber, wo zwei Individuen oder Wesen *dasselbe* sagen und ausdrücken, so daß weiter kein Unterschied stattfindet, als daß es eben *zwei* Individuen sind. Die wesentlichen Qualitäten, *die*, durch welche wir Dinge unterscheiden, sind in beiden dieselben. Ich kann sie daher nicht durch den Gedanken, durch die Vernunft - für diese sind alle Anhaltspunkte verschwunden -, ich kann sie nur durch die sinnliche Vorstellung oder Anschauung unterscheiden. Würden mir meine Augen nicht sagen: es sind wirklich zwei der Existenz nach verschiedne Wesen -meine Vernunft würde beide für ein und dasselbe Wesen nehmen. Darum verwechseln sie selbst auch meine Augen miteinander. Verwechselbar ist, was nur für den Sinn, nicht für die Vernunft, oder vielmehr nur dem Dasein, nicht dem Wesen nach verschieden ist. Sich völlig ähnliche Personen haben daher einen außerordentlichen Reiz wie für sich selbst, so für die Phantasie. Die Ähnlichkeit gibt zu allerlei Mystifikationen und Illusionen Anlaß; denn mein Auge spottet meiner Vernunft, für die sich der Begriff einer selbständigen Existenz stets an den Begriff eines bestimmten Unterschieds anknüpft.

Die Religion ist das Licht des Geistes, welches sich in dem Medium der Phantasie und des Gemüts entzweibricht, *dasselbe* Wesen als ein *gedoppeltes* veranschaulicht. Die Ähnlichkeit ist die *Einheit der Vernunft*, welche auf dem Gebiete der Wirklichkeit durch die unmittelbar sinnliche Vorstellung, auf dem Gebiete der Religion aber durch die Vorstellung der Einbildungskraft geteilt, *unterbrochen* wird, kurz, die durch die *Vorstellung der Individualität oder Persönlichkeit entzweite Vernunftidentität*. Ich kann keinen wirklichen Unterschied zwischen Vater und Kind, Urbild und Ebenbild, Gott und Mensch entdecken, wenn ich nicht die Vorstellung der Persönlichkeit zwischen einschiebe. Die Ähnlichkeit ist *die* Einheit, die durch die Vernunft, den Wahrheitssinn *bejaht*, durch die Einbildung *verneint* wird, *die* Einheit, welche einen *Schein des Unterschieds* bestehen läßt - eine *Scheinvorstellung*, die nicht geradezu Ja, nicht geradezu Nein sagt. [Vgl. Anhang, Abschnitt VI]

VIERUNDZWANZIGSTES KAPITEL DER WIDERSPRUCH IN DER SPEKULATIVEN GOTTESLEHRE

Die Persönlichkeit Gottes ist also das Mittel, wodurch der Mensch die Bestimmungen und Vorstellungen seines eignen Wesens zu Bestimmungen und Vorstellungen eines *andern Wesens*, eines Wesens außer ihm macht. Die Persönlichkeit Gottes ist selbst nichts andres als die *entäußerte, vergegenständlichte Persönlichkeit des Menschen.*

Auf diesem Prozesse der Selbstentäußerung beruht auch die *Hegel*sche spekulative Lehre, welche das *Bewußtsein des Menschen von Gott zum Selbstbewußtsein Gottes* macht. Gott wird von uns gedacht, gewußt. Dieses sein Gedachtwerden ist der Spekulation zufolge das Sich-Denken Gottes; sie einigt die beiden Seiten, welche die Religion auseinandertrennt. Die Spekulation ist hierin bei weitem tiefer als die Religion, denn das Gedachtsein Gottes ist nicht wie das eines äußerlichen Gegenstandes. Gott ist ein innres, geistiges Wesen, das Denken, das Bewußtsein ein innerer, geistiger Akt, das Gedachtwerden Gottes daher die *Bejahung dessen, was* Gott ist, das Wesen Gottes *als Akt betätigt.* Daß Gott gedacht, gewußt wird, ist ihm wesentlich, notwendig, daß dieser Baum gedacht wird, ist dem Baume zufällig, unwesentlich. Wie ist es nun aber möglich, daß diese Notwendigkeit nur eine subjektive, nicht zugleich objektive ausdrücken soll? wie möglich, daß Gott, wenn er für uns *sein* , uns *Gegenstand* sein soll, notwendig gedacht werden muß, wenn Gott an sich selbst, wie ein Klotz, gleichgültig dagegen ist, ob er gedacht, gewußt wird oder nicht? Nein! es ist nicht möglich. Wir sind genötigt, das Gedachtwerden Gottes zum Sich-selbst-Denken Gottes zu machen.

Der religiöse Objektivismus hat zwei Passiva, zweierlei Gedachtwerden. Einmal wird Gott von uns gedacht, das andre Mal von sich selbst. Gott denkt sich, unabhängig davon, daß er von uns gedacht wird - er hat ein von unserm Bewußtsein unterschiednes, unabhängiges Selbstbewußtsein. Es ist dies allerdings auch notwendig, wenn Gott einmal als wirkliche Persönlichkeit vorgestellt wird; denn die wirkliche, menschliche Person denkt sich und wird gedacht von einer andern; mein Denken von ihr ist ihr ein gleichgültiges, äußerliches. Es ist dies der höchste Punkt des religiösen Anthropopathismus. Um Gott von allem Menschlichen frei und selbständig zu machen, macht man aus ihm lieber geradezu eine förmliche, wirkliche Person, indem man sein Denken in ihm *einschließt*, das Gedachtwerden von ihm *ausschließt*, als in ein andres Wesen fallend. Diese Gleichgültigkeit gegen uns, gegen unser Denken ist das Zeugnis seiner *selbständigen, d.i. äußerlichen, persönlichen* Existenz. Die Religion macht allerdings auch das Gedachtwerden

Gottes zum Selbst-Denken Gottes; aber weil dieser Prozeß *hinter* ihrem Bewußtsein vorgeht, indem Gott *unmittelbar* vorausgesetzt ist als ein für sich existierendes, persönliches Wesen, so fällt in ihr *Bewußtsein* nur die Gleichgültigkeit der beiden Seiten.

Übrigens bleibt auch die Religion keineswegs bei dieser Gleichgültigkeit der beiden Seiten stehen. Gott schafft, um sich zu offenbaren - die Schöpfung ist die Offenbarung Gottes. Aber für die Steine, die Pflanzen, die Tiere ist kein Gott, sondern nur für den Menschen, weshalb auch die Natur lediglich um des Menschen willen, der Mensch aber um Gottes willen ist. Im Menschen verherrlicht sich Gott - der Mensch ist der *Stolz* Gottes. Gott erkennt sich wohl selbst ohne den Menschen; aber solange kein andres Ich ist, so lange ist er nur *mögliche*, nur *vorgestellte* Person. Erst indem ein *Unterschied* von Gott, Ungöttliches gesetzt wird, so wird Gott *seiner sich* bewußt, nur indem er weiß, was *nicht Gott* ist, weiß er, was Gott sein heißt, kennt er die Seligkeit seiner Gottheit. Erst mit dem Setzen des Andern, der Welt setzt sich also Gott *als Gott*. Ist Gott allmächtig ohne die Schöpfung? Nein! erst in der Schöpfung verwirklicht, bewährt sich die Allmacht. Was ist eine Kraft, eine Eigenschaft, die sich nicht zeigt, nicht betätigt? was eine Macht, die nichts macht? ein Licht, das nicht leuchtet? eine Weisheit, die nichts, d.i. nichts Wirkliches weiß? Aber was ist die Allmacht, was alle übrigen göttlichen Bestimmungen, wenn der Mensch nicht ist? Der Mensch ist nichts ohne Gott; aber auch *Gott nichts ohne den Menschen*;[178] denn erst im Menschen wird Gott *als Gott* Gegenstand, wird er erst *Gott*. Erst die *verschiedenen Eigenschaften des Menschen* setzen *Verschiedenheit, den Grund der Wirklichkeit in Gott*. Die physischen Eigenschaften des Menschen machen Gott zu einem physischen Wesen -zum Gott Vater, welcher der Schöpfer der Natur, d.h. das *personifizierte, vermenschlichte Wesen der Natur* ist[179] -, die intellektuellen Eigenschaften zu einem intellektuellen, die moralischen zu einem moralischen Wesen. Des Menschen Elend ist der Triumph der göttlichen Barmherzigkeit; der Sünde Schmerzgefühl der göttlichen Heiligkeit Wonnegefühl. Leben, Feuer, Affekt kommt nur durch den Menschen in Gott. Über den verstockten Sünder erzürnt er sich; über den reuigen Sünder erfreut er sich. Der Mensch ist der *offenbare* Gott - im Menschen erst *verwirklicht, betätigt* sich das göttliche Wesen als solches. In der Schöpfung der Natur geht Gott *aus sich heraus*, verhält er sich zu einem Andern, aber im Menschen kehrt er wieder *in sich zurück* -: der Mensch erkennt Gott, weil *sich* Gott in ihm findet und erkennt, sich *als Gott fühlt*. Wo keine *Presse*, keine Not, ist kein *Gefühl* - und das Gefühl nur die *wirkliche* Erkenntnis. Wer kann die Barmherzigkeit erkennen, ohne das Bedürfnis derselben, die Gerechtigkeit, ohne das Unrecht, die Seligkeit, ohne Not zu empfinden? Fühlen mußt du, was ein Ding ist; sonst lernst du es nimmer kennen. Erst im Menschen aber werden die göttlichen Eigenschaften zu *Gefühlen*, zu *Empfindungen*, d.h. der Mensch ist das *Selbstgefühl Gottes* - der *gefühlte* Gott der *wirkliche* Gott; denn die Eigenschaften Gottes sind ja nur *als vom Menschen* empfundene, als *Empfindungen*, als *patho–* und *psychologische* Bestimmungen erst Wirklichkeiten. Wäre die Empfindung des menschlichen Elends *außer Gott*, in einem von ihm persönlich abgetrennten Wesen, so wäre auch die Barmherzigkeit nicht in Gott, und wir hätten daher wieder das beschaffenheitslose Wesen, richtiger Nichts, welches Gott vor dem Menschen oder ohne den Menschen war. Ein Beispiel. Ob ich ein gutes oder mitteilendes Wesen bin - denn gut ist nur, was sich selbst hingibt, mitteilt, *bonum est communicativum sui* -, weiß ich nicht, ehe sich mir die Gelegenheit darbietet, einem Andern Gutes zu erweisen. Erst im Akte der Mitteilung erfahre ich das Glück der Wohltätigkeit, die Freude der Freigebigkeit, der Liberalität. Aber ist diese Freude unterschieden von der Freude des Empfängers? Nein; ich freue mich, weil er sich freut. Ich fühle das Elend des Andern, ich leide mit ihm; indem ich sein Elend erleichtere, erleichtere ich mein eignes - das Gefühl des Elends ist auch Elend. Das freudige Gefühl des Gebers ist nur der Reflex, das Selbstgefühl der Freude im Empfänger. Ihre Freude ist eine gemeinschaftliche Empfindung, die sich daher auch äußerlich durch Vereinigung der Hände, der Lippen versinnlicht. So ist es also auch hier. So gut die Empfindung des menschlichen Elends eine menschliche, so gut ist die Empfindung der göttlichen Barmherzigkeit eine menschliche. Nur das Gefühl der Not der Endlichkeit ist das Gefühl der Seligkeit der Unendlichkeit. Wo das eine nicht ist, da ist auch das andere nicht. Beides ist unabsonderlich - *untrennbar* die Empfindung Gottes als *Gottes* und die Empfindung des *Menschen als Menschen* -, untrennbar die *Selbst*erkenntnis Gottes von der Erkenntnis des Menschen. *Selbst* ist Gott nur im menschlichen Selbst - nur in der menschlichen Unterscheidungskraft, in der innern Zwiefachheit des menschlichen Wesens. So wird als Ich, als Selbst, als Kraft, d.i. als *etwas Besonderes* die Barmherzigkeit nur empfunden von ihrem *Gegenteil*. Gott ist *Gott* nur durch das, was *nicht* Gott ist, nur *im Unterschied* von seinem *Gegenteil*. Hierin haben wir auch das Geheimnis der Lehre J. Böhms. Nur ist zu bemerken, daß J. Böhm als Mystiker und Theolog die Empfindungen, in denen sich erst das göttliche Wesen verwirklicht, aus Nichts zu Etwas, zu einem qualitativen Wesen wird, *abgetrennt von den Empfindungen des Menschen -* wenigstens seiner Einbildung nach -, *außer* den Menschen setzt und in der Gestalt von natürlichen Qualitäten vergegenständlicht, so jedoch, daß selbst diese Qualitäten wieder nur die Eindrücke, die sie auf sein Gemüt machen, darstellen. Dann ist nicht zu übersehen, daß das, was das empirisch religiöse Bewußtsein erst mit *der wirklichen Schöpfung der Natur und des Menschen* setzt, das mystische Bewußtsein schon *vor* der Schöpfung in den *vorweltlichen* Gott verlegt, aber eben damit auch die *Bedeutung* der Schöpfung aufhebt. Wenn nämlich Gott sein Andres schon *hinter sich* hat, so braucht er es nicht *vor sich* zu haben; wenn Gott, was *nicht* Gott ist, schon *in sich* hat, so braucht er nicht dieses Nicht-Göttliche erst zu setzen, um Gott zu sein. Die Schöpfung der wirklichen Welt ist hier ein reiner Luxus oder vielmehr eine Unmöglichkeit; dieser Gott kommt *vor lauter Wirklichkeit nicht zur Wirklichkeit*; er ist schon in sich dieser Welt so toll und voll, so überladen mit irdischen Speisen, daß höchstens nur durch einen umgekehrten *motus peristalticus* im weltverzehrenden Magen Gottes, gleichsam durch ein göttliches Erbrechen das Dasein, die Schöpfung der wirklichen Welt erklärt werden kann. Dies gilt insbesondere auch von dem Schellingschen Gotte, der, obgleich aus unzähligen Potenzen zusammengesetzt, doch ein durchaus *impotenter* Gott ist. Weit vernünftiger ist daher das empirisch religiöse Bewußtsein, welches erst mit dem wirklichen Menschen, mit der wirklichen Natur Gott sich als Gott offenbaren, d.i. verwirklichen läßt, welchem zufolge der Mensch gemacht ist lediglich zu Gottes Lob und Preis. D.h., der Mensch ist der Mund Gottes, welcher die göttlichen Qualitäten als menschliche Empfindungen artikuliert und akzentuiert. Gott will verehrt, gelobt sein. Warum? Weil erst das Gefühl des Menschen für Gott das Selbstgefühl Gottes ist. Aber gleichwohl trennt wieder das religiöse Bewußtsein diese beiden unzertrennlichen Seiten, indem es vermittelst der Vorstellung der Persönlichkeit Gott und Mensch zu selbständigen Existenzen macht. Die Hegelsche Spekulation identifiziert nun diese beiden Seiten, *so* jedoch, daß selbst noch der alte Widerspruch zugrunde liegt - sie ist daher nur die konsequente Ausführung, die Vollendung einer religiösen Wahrheit. So verblendet war der gelehrte Haufe in seinem Hasse gegen Hegel, daß er nicht erkannte, daß seine Lehre, wenigstens in dieser Beziehung, nicht der Religion widerspricht - nur so widerspricht, wie überhaupt der ausgebildete, konsequente Gedanke der unausgebildeten, inkonsequenten, aber dennoch das nämliche aussagenden Vorstellung widerspricht.

Wenn nun aber, wie es in der Hegelschen Lehre heißt, das Bewußtsein des Menschen von Gott das Selbstbewußtsein Gottes ist, so ist ja *per se* das *menschliche Bewußtsein göttliches Bewußtsein*. Warum *entfremdest* du also dem Menschen sein Bewußtsein und machst es zum Selbstbewußtsein eines von ihm unterschiednen Wesens, eines Objekts? Warum eignest du *Gott das Wesen*, dem *Menschen* nur das *Bewußtsein* zu? Gott hat sein *Bewußtsein* im Menschen und der Mensch sein *Wesen* in Gott? Das Wissen des Menschen von Gott ist das Wissen Gottes von sich? Welch ein Zwiespalt und Widerspruch! *Kehre es um, so hast du die Wahrheit: Das Wissen des Menschen von Gott ist das Wissen des Menschen von sich, von seinem eignen Wesen.* Nur die *Einheit* des *Wesens* und *Bewußtseins* ist *Wahrheit*. Wo das *Bewußtsein* Gottes, da ist auch das *Wesen* Gottes -also *im* Menschen; im Wesen Gottes wird dir nur dein eignes Wesen Gegenstand, tritt nur *vor* dein Bewußtsein, was *hinter* deinem Bewußtsein liegt. Sind die Bestimmungen des göttlichen Wesens menschliche, so sind ja die menschlichen Bestimmungen göttlicher Natur.

So nur bekommen wir eine *wahre, in sich befriedigte* Einheit des göttlichen und menschlichen Wesens - - die *Einheit des menschlichen Wesens mit sich selbst -* , so nur, wenn wir *nicht mehr* eine *besondre,* von der *Psychologie oder Anthropologie unterschiedne Religionsphilosophie oder Theologie* haben, sondern die *Anthropologie selbst als Theologie erkennen.* Aller Identität, die nicht *wahrhafte* Identität, *Einheit mit sich selbst* ist, liegt noch der Zwiespalt, die Trennung in Zwei zugrunde, indem sie zugleich aufgehoben wird oder vielmehr aufgehoben werden *soll.* Jede Einheit solcher Art ist ein *Widerspruch* mit sich selbst und mit dem Verstande - eine *Halbheit* - eine *Phantasie* - eine *Verkehrtheit,* eine *Verschrobenheit,* die aber gerade um so tiefer erscheint, je verkehrter und unwahrer sie ist. [Vgl. Anhang, Abschnitt XXV]

FÜNFUNDZWANZIGSTES KAPITEL DER WIDERSPRUCH IN DER TRINITÄT

Die Religion oder vielmehr die Theologie vergegenständlicht aber nicht nur das menschliche oder göttliche Wesen überhaupt als persönliches Wesen; sie stellt auch die Grundbestimmungen oder Grundunterschiede desselben wieder als Personen vor. Die Trinität ist daher ursprünglich nichts andres als der Inbegriff der wesentlichen Grundunterschiede, welche der Mensch im Wesen des Menschen wahrnimmt. Je nachdem dieses erfaßt wird, je nachdem sind auch die Grundbestimmungen, worauf die Trinität gegründet wird, verschieden. Diese Unterschiede des einen und selben menschlichen Wesens werden aber, wie gesagt, als *Substanzen*, als *göttliche Personen* vorgestellt. Und darin, daß sie in Gott Hypostasen, Subjekte, Wesen sind, soll eben der *Unterschied* liegen zwischen diesen Bestimmungen, *wie sie in Gott*, und eben diesen Bestimmungen, *wie sie im Menschen* existieren, infolge des ausgesprochenen Gesetzes, daß nur in der Vorstellung der Persönlichkeit die menschliche Persönlichkeit ihre eignen Bestimmungen sich entfremdet. Die Persönlichkeit Gottes existiert aber nur in der Einbildungskraft; die Grundbestimmungen sind daher auch hier nur für die Einbildung Hypostasen, Personen; für die Vernunft, für das Denken nur Bestimmungen. Die Trinität ist der Widerspruch von Polytheismus und Monotheismus, von Phantasie und Vernunft, Einbildung und Wirklichkeit. Die Phantasie ist die Dreiheit, die Vernunft die Einheit der Personen. Der Vernunft nach sind die *Unterschiednen* nur *Unterschiede*, der Phantasie nach die *Unterschiede Unterschiedne*, welche daher die Einheit des göttlichen Wesens aufheben. Für die Vernunft sind die göttlichen Personen Phantome, für die Einbildung Wesen. Die Trinität macht dem Menschen die Zumutung, das Gegenteil von dem zu denken, was man sich einbildet, und das Gegenteil vom dem sich einzubilden, was man denkt - Phantome als Wesen zu denken.[180]

Es sind drei Personen, aber sie sind nicht *wesentlich* unterschieden. *Tres personae*, aber *una essentia*. Soweit geht es natürlich zu. Wir denken uns drei und selbst mehrere Personen, die im Wesen identisch sind. So wir Menschen unterscheiden uns voneinander durch persönliche Unterschiede, aber in der Hauptsache, im Wesen, in der Menschheit sind wir eins. Und diese Identifikation macht nicht nur der philosophierende Verstand, sondern selbst das *Gefühl*. Dieses Individuum da ist Mensch wie wir; *punctum satis*; in diesem Gefühle verschwinden alle andern Unterschiede - ob reich oder arm, gescheit oder dumm, schuldig oder unschuldig. Das Gefühl des Mitleids, der Teilnahme ist daher ein substantielles, wesenhaftes, ein philosophisches Gefühl. Aber die drei oder mehrere menschlichen

Personen *existieren* außer einander, haben eine getrennte Existenz, auch wenn sie die Einheit des Wesens noch außerdem durch innige Liebe verwirklichen, bestätigen sollten. Sie begründen durch die Liebe eine moralische Person, aber haben, jede für sich, eine physikalische Existenz. Wenn sie auch gegenseitig noch so sehr voneinander erfüllt sind, sich nicht entbehren können, so haben sie doch immer ein *formelles Für-sich-Sein*. Für-sich-Sein und Außerandernsein ist eins, wesentliches Merkmal einer Person, einer Substanz. Anders bei Gott, und notwendig anders, denn es ist *dasselbe* in ihm, was im Menschen, aber *als ein Andres*, mit dem Postulat: *es soll ein Andres sein*. Die drei Personen in Gott haben keine Existenz *außer einander*; sonst würden uns im Himmel der christlichen Dogmatik mit aller Herzlichkeit und Offenheit, zwar nicht wie im Olymp viele, aber doch wenigstens drei göttliche Personen in individueller Gestalt, *drei Götter* entgegenkommen. Die Götter des Olymps hatten das Wahrzeichen der *wirklichen* Persönlichkeit in ihrer Individualität; sie stimmten im Wesen, in der Gottheit überein, aber waren jeder einzeln für sich *ein* Gott; sie waren *wahrhafte* göttliche Personen. Die drei christlichen Personen dagegen sind nur *vorgestellte, eingebildete, vorgeheuchelte* Personen - allerdings *andere* Personen als die wirklichen Personen, eben weil sie nur eingebildete, nur scheinbare Persönlichkeiten sind, zugleich aber dennoch wirkliche Personen sein *wollen* und *sollen*. Das wesentliche Merkmal persönlicher Wirklichkeit, das *polytheistische* Element ist ausgeschlossen, negiert als ungöttlich. Aber eben durch diese Negation wird ihre Persönlichkeit nur zu einem Scheine der Einbildung. Nur in der *Wahrheit* des *Plurals* liegt die *Wahrheit* der *Personen*. Die drei christlichen Personen sind nicht *tres Dii*, drei Götter - sie *sollen* es wenigstens nicht sein -, sondern *unus Deus*. Die drei Personen endigen nicht, wie zu erwarten, in einem Plural, sondern Singular; sie sind nicht nur *Unum*, Eins - solches sind auch die Götter des Polytheismus -, sondern nur Einer, *Unus*. Die Unität, Einheit hat hier nicht die Bedeutung des Wesens nur, sondern zugleich der *Existenz*; die Einheit ist die Existenzform Gottes. Drei ist Eins: der Plural ein Singular. Gott ist ein aus drei Personen bestehendes persönliches Wesen.[181]

Die drei Personen sind also nur Phantome in den Augen der Vernunft, denn die Bedingungen oder Bestimmungen, durch welche sich ihre Persönlichkeit bewähren müßte, sind durch das Gebot des *Monotheismus* aufgehoben. Die Einheit leugnet die Persönlichkeit; die Selbständigkeit der Personen geht unter in der Selbständigkeit der Einheit; sie sind *bloße Relationen*. Der Sohn ist nicht ohne den Vater, der Vater nicht ohne den Sohn, der heilige Geist, der überhaupt die Symmetrie stört, drückt nichts aus als die Beziehung beider aufeinander. Die göttlichen Personen unterscheiden sich aber nur dadurch voneinander, wodurch sie sich gegenseitig aufeinander beziehen. Das Wesentliche des Vaters als Person ist, daß er Vater, des Sohnes, daß er Sohn ist. Was der Vater noch außer seiner Vaterschaft ist, das betrifft nicht seine Persönlichkeit; darin ist er Gott, und als Gott identisch mit dem Sohne als Gott. Darum heißt es: Gottvater, Gottsohn, Gott heiliger Geist, Gott ist in allen dreien gleich, dasselbe, »Ein *anderer* ist der Vater, ein *anderer* der Sohn, ein *anderer* der heilige Geist, aber nichts *anderes*, sondern das, was der Vater, ist auch der Sohn und der heilige Geist«, d.h., es sind verschiedne Personen, aber ohne Verschiedenheit des Wesens. Die Persönlichkeit geht also lediglich in das Verhältnis der Vaterschaft auf, d.h., der Begriff: Person ist hier nur ein relativer Begriff, der Begriff einer Relation. Der Mensch als Vater ist gerade darin, daß er Vater ist, unselbständig, wesentlich in bezug auf den Sohn; *er ist nicht ohne* den Sohn Vater; durch die Vaterschaft setzt sich der Mensch zu einem relativen, unselbständigen, unpersönlichen Wesen herab. Es ist vor allem nötig, sich nicht täuschen zu lassen durch diese Verhältnisse, wie sie in der Wirklichkeit, im Menschen existieren. Der menschliche Vater ist außer seiner Vaterschaft noch selbständiges, persönliches Wesen; er hat wenigstens ein formelles Für-sich-Sein, eine Existenz außer seinem Sohne; er ist nicht *nur* Vater mit Ausschluß aller andern Prädikate eines wirklichen persönlichen Wesens. Die Vaterschaft ist ein Verhältnis, das der schlechte Mensch sogar zu einer ganz äußerlichen, sein persönliches Wesen nicht berührenden Relation machen kann. Aber im Gottvater ist kein Unterschied zwischen dem Gottvater und dem Gottsohn als Gott; nur die abstrakte Vaterschaft begründet seine Persönlichkeit, seinen Unterschied von dem Sohne, dessen Persönlichkeit gleichfalls nur die abstrakte Sohnschaft begründet.

Aber zugleich sollen diese Relationen, wie gesagt, nicht bloße Relationen, Unselbständigkeiten, sondern wirkliche Personen, Wesen, Substanzen sein. Es wird also wieder die Wahrheit des Plurals, die Wahrheit des Polytheismus bejaht[182] und die Wahrheit des Monotheismus verneint. So löst auch in dem heiligen Mysterium der Trinität - inwiefern es nämlich eine vom menschlichen Wesen unterschiedne Wahrheit vorstellen soll - alles sich auf in Täuschungen, Phantasmen, Widersprüche und Sophismen.[183] [Vgl. Anhang, Abschnitt IX]

SECHSUNDZWANZIGSTES KAPITEL DER WIDERSPRUCH IN DEN SAKRAMENTEN

Wie das objektive Wesen der Religion, das Wesen Gottes - so löst sich auch, aus leicht begreiflichen Gründen, das subjektive Wesen derselben in lauter Widersprüche auf.

Die subjektiven Wesensmomente der Religion sind einerseits *Glaube* und *Liebe*, andrerseits, inwiefern sie sich in einem Kultus äußerlich darstellt, die Sakramente der *Taufe* und des *Abendmahls*. Das Sakrament des Glaubens ist die Taufe, das Sakrament der Liebe das Abendmahl. Strenggenommen gibt es nur zwei Sakramente, wie zwei subjektive Wesensmomente der Religion: Glaube und Liebe; denn die Hoffnung ist nur der Glaube in bezug auf die Zukunft; sie wird daher mit demselben logischen Unrecht, als der heilige Geist, zu einem besondern Wesen gemacht.

Die Einheit der Sakramente mit dem entwickelten eigentümlichen Wesen der Religion stellt sich nun, abgesehen von andern Beziehungen, sogleich dadurch heraus, daß die Basis derselben *natürliche* Dinge oder Stoffe sind, welchen aber eine ihrer Natur widersprechende Bedeutung und Wirkung eingeräumt wird. So ist das Subjekt oder die Materie der Taufe das Wasser, gemeines, natürliches Wasser, gleichwie überhaupt die Materie der Religion unser eignes natürliches Wesen ist. Aber wie unser eignes Wesen die Religion uns entfremdet und entwendet, so ist auch das Wasser der Taufe zugleich wieder ein ganz *anderes* Wasser als das gemeine; denn es hat keine physische, sondern hyperphysische Kraft und Bedeutung: es ist das *Lavacrum regenerationis*, reinigt den Menschen vom Schmutze der Erbsünde, treibt den angebornen Teufel aus, versöhnt mit Gott. Es ist also ein natürliches Wasser eigentlich nur zum Schein, in Wahrheit übernatürliches. Mit andern Worten: das Taufwasser hat übernatürliche Wirkungen - was aber übernatürlich wirkt, ist selbst übernatürlichen Wesens - nur in der Vorstellung, in der Einbildung.

Aber dennoch soll zugleich wieder der Taufstoff natürliches Wasser sein. Die Taufe hat keine Gültigkeit und Wirksamkeit, wenn sie nicht mit Wasser vollbracht wird. *Die natürliche Qualität* hat also doch auch *für sich selbst* Wert und Bedeutung, weil nur mit dem Wasser, nicht mit einem andern Stoffe sich die übernatürliche Wirkung der Taufe auf übernatürliche Weise verbindet. Gott könnte an sich vermöge seiner Allmacht die nämliche Wirkung an jedes beliebige Ding knüpfen. Aber er tut es nicht; er akkommodiert sich der natürlichen Qualität; er wählt einen seiner Wirkung entsprechenden, *ähnlichen* Stoff. Ganz wird also das Natürliche nicht zurückgesetzt; es bleibt vielmehr immer noch eine gewisse Analogie, ein *Schein* von Natürlichkeit übrig. Der *Wein* repräsentiert das *Blut*, das *Brot* das *Fleisch*.[184] Auch das Wunder richtet sich nach Ähnlichkeiten; es verwandelt

Wasser in Wein oder Blut, eine Art in eine andre, unter Beibehaltung des unbestimmten Gattungsbegriffs der Flüssigkeit. So also auch hier. Das Wasser ist die reinste, klarste sichtbare Flüssigkeit: vermöge dieser seiner Naturbeschaffenheit das Bild von dem fleckenlosen Wesen des göttlichen Geistes. Kurz, das Wasser hat zugleich *für sich selbst*, als Wasser, Bedeutung; es wird ob seiner *natürlichen Qualität* geheiligt, zum Organ oder Mittel des heiligen Geistes erkoren. Insofern liegt der Taufe ein schöner, tiefer Natursinn zugrunde. Indes, dieser schöne Sinn geht sogleich wieder verloren, indem das Wasser eine über sein Wesen hinausgehende Wirkung hat -eine Wirkung, die es nur durch die übernatürliche Kraft des heiligen Geistes, nicht durch sich selbst hat. Die natürliche Qualität wird insofern wieder gleichgültig: wer aus Wein Wasser macht, kann willkürlich mit jedem Stoffe die Wirkungen des Taufwassers verbinden.

Die Taufe kann daher nicht ohne den Begriff des Wunders gefaßt werden. Die Taufe ist selbst ein Wunder. Dieselbe Kraft, welche die Wunder gewirkt und durch sie als tatsächliche Beweise der Gottheit Christi die Juden und Heiden in Christen umgewandelt, dieselbe Kraft hat die Taufe eingesetzt und wirkt in ihr. Mit Wundern hat das Christentum angefangen, mit Wundern setzt es sich fort. Will man die Wunderkraft der Taufe leugnen, so muß man auch die Wunder überhaupt leugnen. Das wunderwirkende Taufwasser hat seine natürliche Quelle in dem Wasser, welches an der Hochzeit zu Kana in Wein verwandelt wurde.

Der Glaube, der durch Wunder bewirkt wird, hängt nicht ab von mir, von meiner Selbsttätigkeit, von der Freiheit der Überzeugungs- und Urteilskraft. Ein Wunder, das vor meinen Augen geschieht, *muß* ich glauben, wenn ich nicht absolut verstockt bin. Das Wunder *nötigt* mir auf den Glauben an die Gottheit des Wundertäters.[185] Allerdings setzt es in gewissen Fällen Glauben voraus, nämlich da, wo es als Belohnung erscheint, außerdem aber nicht sowohl wirklichen Glauben als vielmehr nur gläubigen Sinn, Disposition, Bereitwilligkeit, Hingebung, im Gegensatz zu dem unglaublich verstockten und böswilligen Sinn der Pharisäer. Das Wunder soll ja beweisen, daß der Wundertäter wirklich der ist, für den er sich ausgibt. Erst der auf das Wunder gestützte Glaube ist bewiesener, begründeter, objektiver Glaube. Der Glaube, den das Wunder voraussetzt, ist nur der Glaube an einen Messias, einen Christus *überhaupt*, aber den Glauben, daß *dieser* Mensch hier der Christus ist - diesen Glauben - und dieser ist die Hauptsache -, bewirkt erst das Wunder. Übrigens ist auch die Voraussetzung selbst dieses unbestimmten Glaubens keineswegs notwendig. Unzählige wurden erst durch die Wunder gläubig; das Wunder war also die Ursache ihres Glaubens. Wenn daher die Wunder dem Christentum nicht widersprechen - und wie sollten sie ihm widersprechen? -, so widerspricht demselben auch nicht die wunderbare Wirkung der Taufe. Im Gegenteil, es ist notwendig, der Taufe eine *supranaturalistische* Bedeutung zu geben, wenn man ihr eine *christliche* Bedeutung geben will. Paulus wurde durch eine plötzliche wunderbare Erscheinung, wie er noch voll des Christenhasses war, bekehrt. Das Christentum kam gewaltsam über ihn. Man kann sich nicht mit der Ausflucht helfen, daß bei einem andern diese Erscheinung nicht denselben Erfolg würde gehabt haben, daß also die Wirkung derselben doch dem Paulus selbst zugerechnet werden müsse. Denn wären andre derselben Erscheinung gewürdigt worden, so würden sie sicherlich ebenso christlich geworden sein als Paulus. Allmächtig ist ja die göttliche Gnade. Die Ungläubigkeit und Unbekehrlichkeit der Pharisäer ist kein Gegengrund; denn eben ihnen entzog sich die Gnade. Der Messias mußte notwendig, einem göttlichen Dekret zufolge, verraten, mißhandelt, gekreuzigt werden. Also mußten Individuen sein, die ihn mißhandelten, die ihn kreuzigten; also mußte schon im voraus die göttliche Gnade diesen Individuen sich entzogen haben. Freilich wird sie sich ihnen nicht ganz und gar entzogen haben, aber nur, um ihre Schuld zu vergrößern, keineswegs mit dem ernstlichen Willen, sie zu bekehren. Wie wäre es möglich gewesen, dem Willen Gottes, vorausgesetzt natürlich, daß es wirklich sein Wille, nicht bloße Velleität war, zu widerstehn? Paulus selbst stellt seine Bekehrung und Umwandlung als ein von seiner Seite völlig verdienstloses Werk der göttlichen Gnade hin.[186] Ganz richtig. Der göttlichen Gnade *nicht* widerstehen, d.h. die göttliche Gnade aufnehmen, auf sich wirken lassen - das ist ja selbst schon etwas Gutes, folglich eine Wirkung der Gnade des heiligen Geistes. Nichts ist verkehrter, als das Wunder mit der Lehr- und Denkfreiheit, die Gnade mit der Willensfreiheit vermitteln zu wollen. Die Religion scheidet das Wesen des Menschen vom Menschen. Die Tätigkeit, die Gnade Gottes ist die entäußerte Selbsttätigkeit des Menschen, der vergegenständlichte freie Wille.[187]

Es ist die größte Inkonsequenz, wenn man die Erfahrung, daß die Menschen durch die heilige Taufe nicht geheiligt, nicht umgewandelt werden, als ein Argument gegen den Glauben an eine wunderbare Wirkung der Taufe anführt, wie dies von rationalistisch- Theologen geschehen ist;[188] denn auch die Wunder, auch die objektive Kraft des Gebetes, überhaupt alle übernatürlichen Wahrheiten der Religion widersprechen der Erfahrung. Wer sich auf die Erfahrung beruft, der verzichte auf den Glauben. Wo die Erfahrung eine Instanz ist, da ist der religiöse Glaube und Sinn bereits verschwunden. Die objektive Kraft des Gebets leugnet der Ungläubige nur deswegen, weil sie der Erfahrung widerspricht; der Atheist geht noch weiter, er leugnet selbst die Existenz Gottes, weil er sie in der Erfahrung nicht findet. Die innere Erfahrung ist ihm kein Anstoß; denn was du in dir selbst erfährst von einem andern Wesen, das beweist nur, daß Etwas in dir ist, was nicht du selbst bist, was unabhängig von deinem persönlichen Willen und Bewußtsein auf dich wirkt, ohne daß du weißt, was dieses geheimnisvolle Etwas ist. Aber der Glaube ist stärker als die Erfahrung. Die wider ihn sprechenden Fälle stören den Glauben nicht in seinem Glauben; er ist selig in sich; er hat nur Augen *für sich*, allem Andern außer ihm verschlossen.

Allerdings fordert die Religion auch auf dem Standpunkt ihres mystischen Materialismus immer zugleich das Moment der Subjektivität, der Geistigkeit, so auch bei den Sakramenten, aber hierin eben offenbart sich ihr *Widerspruch mit sich selbst*. Und dieser Widerspruch tritt besonders grell in dem Sakrament des Abendmahls hervor; denn die Taufe kommt ja auch schon den Kindern zugute, ob man gleich auch selbst bei ihr, als Bedingung ihrer Wirksamkeit, das Moment der Geistigkeit geltend gemacht, aber sonderbarerweise in den Glauben anderer, in den Glauben der Eltern oder deren Stellvertreter oder der Kirche überhaupt verlegt hat.[189]

Der Gegenstand des Sakraments des Abendmahls ist nämlich der Leib Christi - ein *wirklicher* Leib; aber es fehlen ihm die notwendigen *Prädikate der Wirklichkeit*. Wir haben hier wieder nur in einem *sinnfälligen Beispiel*, was wir überhaupt im Wesen der Religion fanden. Das Objekt oder Subjekt in der religiösen Syntaxe ist immer ein wirkliches menschliches oder natürliches Subjekt oder Prädikat; aber die nähere Bestimmung, das *wesentliche Prädikat* dieses Prädikats wird verneint. Das Subjekt ist ein sinnliches, das Prädikat aber ein nicht sinnliches, d.h. *diesem Subjekt widersprechendes*. Einen wirklichen Leib unterscheide ich von einem eingebildeten Leibe nur dadurch, daß jener leibliche Wirkungen, unwillkürliche Wirkungen auf mich macht. Wenn also das Brot der wirkliche Leib Gottes wäre, so müßte der Genuß desselben unmittelbar, unwillkürlich heilige Wirkungen in mir hervorbringen; ich brauchte keine besondren Vorbereitungen zu treffen, keine heilige Gesinnung mitzubringen. Wenn ich einen Apfel esse, so bringt mir der Apfel von selbst den Geschmack des Apfels bei. Ich brauche nichts weiter als höchstens einen unverdorbnen Magen, um den Apfel als Apfel zu empfinden. Die Katholiken fordern von seiten des Körpers Nüchternheit als Bedingung des Genusses des Abendmahls. Dies ist genug. Mit meinen Lippen ergreife ich den Leib, mit meinen Zähnen zermalme ich ihn, mit meiner Speiseröhre bringe ich ihn in den Magen; ich assimiliere mir ihn nicht geistig, sondern leiblich.[190] Warum sollen also seine Wirkungen nicht körperlich sein? Warum soll dieser Leib, der leiblichen, aber zugleich himmlischen, übernatürlichen Wesens ist, nicht auch körperliche und doch zugleich heilige, übernatürliche Wirkungen in mir hervorbringen? Wenn meine Gesinnung, mein Glaube erst den Leib zu einem mich heiligenden Leib macht, das trockne Brot in pneumatisch-animalische Substanz verwandelt, wozu brauche ich noch ein äußerliches Ding? Ich selbst bringe ja die Wirkung des Leibes auf mich, also die Wirklichkeit desselben hervor, ich werde *von mir selbst affiziert*. Wo ist die objektive Kraft und Wahrheit? Wer unwürdig das Abendmahl genießt, der hat nichts weiter als den physischen Genuß von Brot und Wein. Wer nichts mitbringt, nimmt nichts mit fort. Der wesentliche Unterschied dieses Brotes von gemeinem natürlichen beruht daher nur auf dem Unterschiede der Gesinnung beim Tische des Herrn von der Gesinnung bei irgendeinem andern Tische. »Welcher unwürdig isset und trinket, der isset und trinket ihm selber das Gericht, daß er nicht *unterscheidet* den Leib des Herrn.«[191] Diese Gesinnung hängt aber selbst wieder nur ab von der Bedeutung, die ich diesem Brote gebe. Hat es für mich die Bedeutung, daß es *nicht* Brot, sondern der Leib Christi selbst ist, so hat es auch nicht die Wirkung von gemeinem Brote. In der *Bedeutung* liegt die *Wirkung*. Ich esse nicht, um mich zu sättigen; ich verzehre deswegen nur ein geringes Quantum. So wird also schon hinsichtlich der Quantität, die bei jedem andern materiellen Genüsse eine wesentliche Rolle spielt, die Bedeutung gemeinen Brotes äußerlich beseitigt.

Aber diese Bedeutung existiert nur in der *Phantasie*; den Sinnen nach bleibt der Wein Wein, das Brot Brot. Die Scholastiker halfen sich darum mit der köstlichen Distinktion von Substanz und Akzidenzen. Alle Akzidenzen, welche die Natur von Wein und Brot ausmachen, sind noch da; nur das, was diese Akzidenzen ausmachen, die Substanz, das Wesen fehlt, ist verwandelt in Fleisch und Blut. Aber alle Eigenschaften *zusammen*, diese Einheit ist die Substanz selbst. Was ist Wein und Brot, wenn ich ihnen die Eigenschaften nehme, die sie zu dem machen, was sie sind? Nichts. Fleisch und Blut haben daher keine *objektive* Existenz; sonst müßten sie ja auch den *ungläubigen Sinnen* Gegenstand sein. Im Gegenteil: die allein gültigen Zeugen einer objektiven Existenz - der Geschmack, der Geruch, das Gefühl, das Auge reden einstimmig nur der Wirklichkeit von Wein und Brot das Wort. Wein und Brot sind in der Wirklichkeit natürliche, in der Einbildung aber göttliche Substanzen.

Der Glaube ist die *Macht der Einbildungskraft*, welche das Wirkliche zum Unwirklichen, das Unwirkliche zum Wirklichen macht - der direkte Widerspruch mit der *Wahrheit der Sinne, der Wahrheit der Vernunft*. Der Glaube verneint, was die Vernunft bejaht, und bejaht, was sie verneint.[192] Das Geheimnis des Abendmahls ist das Geheimnis des Glaubens[193] - daher der Genuß desselben der höchste, entzückendste, wonnetrunkenste Moment des gläubigen Gemüts. Die Vernichtung der ungemütlichen Wahrheit, der Wahrheit der Wirklichkeit, der gegenständlichen Welt und Vernunft - eine Vernichtung, welche das Wesen des Glaubens ausmacht - erreicht im Abendmahl ihren höchsten Gipfel, weil hier der Glaube ein *unmittelbar gegenwärtiges, evidentes, unbezweifelbares Objekt vernichtet*, behauptend: *Es ist nicht, was es* laut des Zeugnisses der Vernunft und Sinne *ist*, behauptend: Es ist nur Schein, daß es Brot, in Wahrheit ist es Fleisch. Der Satz der Scholastiker: Es ist den Akzidenzen nach Brot, der Substanz nach Fleisch, ist nämlich nur der abstrakte, erklärende Gedankenausdruck von dem, was der Glaube annimmt und aussagt, und hat daher keinen andern Sinn als: Dem Sinnenschein oder der gemeinen Anschauung nach ist es

Brot, der Wahrheit nach aber Fleisch. Wo daher einmal die Einbildungskraft des Glaubens eine solche Gewalt über die Sinne und Vernunft sich angemaßt hat, daß sie die an evidenteste Sinnenwahrheit leugnet, da ist es auch kein Wunder, wenn sich die Gläubigen selbst bis zu dem Grade exaltieren konnten, daß sie wirklich statt Wein Blut fließen sahen. Solche Beispiele hat der Katholizismus aufzuweisen. Es gehört wenig dazu, außer sich, sinnlich wahrzunehmen, was man im Glauben, in der Einbildung als wirklich annimmt.

Solange der Glaube an das Mysterium des Abendmahls als eine heilige, ja die heiligste, höchste Wahrheit die Menschheit beherrschte, so lange war auch das herrschende Prinzip der Menschheit die Einbildungskraft. Alle Unterscheidungsmerkmale zwischen Wirklichkeit und Unwirklichkeit, Unvernunft und Vernunft waren verschwunden alles, was man sich nur immer einbilden konnte, galt für reale Möglichkeit. Die Religion heiligte jeden Widerspruch mit der Vernunft, mit der Natur der Dinge. Spottet nicht über die albernen Fragen der Scholastiker! Sie waren notwendige Konsequenzen des Glaubens. Was nur Gemütssache ist, sollte Vernunftsache sein, was dem Verstande widerspricht, sollte ihm nicht widersprechen. Das war der Grundwiderspruch der Scholastik, woraus sich alle andern Widersprüche von selbst ergaben.

Und es ist von keiner besondern Erheblichkeit, ob ich die protestantische oder katholische Abendmahlslehre glaube. Der Unterschied ist nur der, daß sich im Protestantismus erst auf der Zunge im Actus des Genusses[194] Fleisch und Blut auf eine völlig wunderbare Weise mit Brot und Wein verbinden, im Katholizismus aber schon vor dem Genuß durch die Macht des Priesters, der jedoch hier nur im *Namen des Allmächtigen* handelt, Brot und Wein wirklich in Fleisch und Blut verwandelt werden. Der Protestant weicht nur klugerweise einer bestimmten Erklärung aus; er gibt sich nur keine *sinnfällige Blöße*, wie die fromme unkritische Einfalt des Katholizismus, dessen Gott, als ein äußerliches Ding, selbst von einer Maus aufgezehrt werden kann; er beherbergt seinen Gott bei sich, da, wo er ihm nicht mehr entrissen werden kann, und sichert ihn dadurch ebenso vor der Macht des Zufalls als des Spottes, verzehrt aber dessen ungeachtet ebensogut, wie der Katholik, im Brote und Weine wirkliches Fleisch und Blut. Wie wenig unterschieden sich namentlich anfänglich die Protestanten von den Katholiken in der Abendmahlslehre! So entstund zu Anspach ein Streit über die Frage: »Ob der Leib Christi auch in den Magen komme, wie andre Speisen verdaut werde und also auch durch den natürlichen Gang wieder ausgeworfen werde?«[195]

Aber obgleich die Einbildungskraft des Glaubens die gegenständliche Existenz zu einem bloßen Scheine, die gemütliche, eingebildete Existenz zur Wahrheit und Wirklichkeit macht, so ist doch an sich oder der Wahrheit nach das wirklich Gegenständliche nur der natürliche Stoff. Selbst die

Hostie in der Büchse des katholischen Priesters ist an sich nur *im Glauben* göttlicher Leib, dies äußerliche Ding, in das er das göttliche Wesen verwandelt, nur ein *Glaubensding;* denn der Leib ist ja auch hier nicht als Leib sichtbar, fühlbar, schmeckbar. Das heißt: das Brot ist nur der Bedeutung nach Fleisch. Zwar hat für den Glauben diese Bedeutung den Sinn des wirklichen Seins - wie denn überhaupt in der Ekstase der Inbrunst das Bedeutende zum Bedeuteten selbst wird -, es soll nicht Fleisch bedeuten, sondern sein. Aber dieses Sein ist ja eben kein fleischliches; es ist selbst nur geglaubtes, vorgestelltes, eingebildetes Sein, d.h. es hat selbst nur den Wert, die Qualität einer Bedeutung.[196] Ein Ding, das für mich eine besondere Bedeutung hat, ist ein andres in meiner Vorstellung, als in der Wirklichkeit. Das Bedeutende ist nicht selbst das, was damit bedeutet wird. Was es ist, fällt in den Sinn; was es bedeutet, nur in meine Gesinnung, Vorstellung, Phantasie, ist nur für mich, nicht für den andern, nicht objektiv da. So auch hier. Wenn darum Zwingli gesagt, das Abendmahl habe nur subjektive Bedeutung, so hat er an sich dasselbe gesagt, was die andern; nur zerstörte er die *Illusion der religiösen Einbildungskraft;* denn das ist im Abendmahl ist selbst nur eine Einbildung, aber mit der Einbildung, daß es keine Einbildung ist. Zwingli hat nur einfach, nackt, prosaisch, rationalistisch, darum beleidigend ausgesprochen, was die andern *mystisch, indirekt* aussagten, indem sie eingestanden,[197] daß nur von der würdigen Gesinnung oder vom Glauben die Wirkung des Abendmahls abhängt, d.h. daß nur für den Brot und Wein das Fleisch und Blut des Herrn, der Herr selbst *sind,* für welchen sie die übernatürliche Bedeutung des göttlichen Leibes haben, denn nur davon hängt die würdige Gesinnung, der religiöse Affekt ab.[198]

Wenn nun aber das Abendmahl nichts *wirkt,* folglich nichts *ist* - denn nur was wirkt, ist - ohne die Gesinnung, ohne den Glauben, so liegt in diesem allein die Bedeutung desselben; die ganze Begebenheit geht im Gemüte vor sich. Wirkt auch die Vorstellung, daß ich hier den wirklichen Leib des Heilands empfange, auf das religiöse Gemüt, so stammt doch selbst wieder diese Vorstellung aus dem Gemüte; sie bewirkt nur fromme Gesinnungen, wenn und weil sie selbst schon eine *fromme* Vorstellung ist. So wird also auch hier das religiöse Subjekt *von sich selbst als wie von einem andern Wesen vermittelst der Vorstellung eines eingebildeten Objekts affiziert, bestimmt.* Ich könnte daher recht gut auch ohne Vermittlung von Wein und Brot, ohne alle kirchliche Zeremonie in mir selbst, in der Einbildung die Handlung des Abendmahls vollbringen. Es gibt unzählige fromme Gedichte, deren einziger Stoff das Blut Christi ist. Hier haben wir daher eine echt poetische Abendmahlsfeier. In der lebhaften Vorstellung des leidenden, blutenden Heilands vereinigt sich das Gemüt mit ihm; hier trinkt die fromme Seele in poetischer Begeisterung das reine, mit keinem *widersprechenden sinnlichen* Stoff vermischte Blut; hier ist zwischen der Vorstellung des Blutes und dem Blute selbst kein störender Gegenstand vorhanden.

Aber obgleich das Abendmahl, überhaupt das Sakrament gar nichts ist ohne die Gesinnung, ohne den Glauben, so stellt doch die Religion das Sakrament zugleich als etwas *für sich selbst Wirkliches*, Äußerliches, vom menschlichen Wesen Unterschiedenes dar, so daß im religiösen *Bewußtsein* die *wahre* Sache: der Glaube, die Gesinnung nur zu einer *Nebensache*, zu einer *Bedingung*, die vermeintliche, die *eingebildete* Sache aber zur *Hauptsache* wird. Und die notwendigen, unvermeidlichen Folgen und Wirkungen dieses religiösen Materialismus, dieser Unterordnung des Menschlichen unter das vermeintliche Göttliche, des Subjektiven unter das vermeintliche Objektive, der Wahrheit unter die Einbildung, der Moralität unter die Religion - die notwendigen Folgen sind *Aberglaube* und *Immoralität* - Aberglaube, weil mit einem Dinge eine Wirkung verknüpft wird, die nicht in der Natur desselben liegt, weil ein Ding nicht sein soll, was es der Wahrheit nach ist, weil eine bloße Einbildung für Wirklichkeit gilt; Immoralität, weil sich notwendig im Gemüte die Heiligkeit der Handlung als solcher von der Moralität absondert, der Genuß des Sakraments, auch unabhängig von der Gesinnung, zu einem heiligen und heilbringenden Akt wird. So gestaltet sich wenigstens *die* Sache in der Praxis, die nichts von der Sophistik der Theologie weiß. Wodurch sich überhaupt die Religion in Widerspruch mit der Vernunft setzt, dadurch setzt sie sich auch immer in Widerspruch mit dem sittlichen Sinne. Nur mit dem Wahrheitssinn ist auch der Sinn für das Gute gegeben. Verstandesschlechtigkeit ist immer auch Herzensschlechtigkeit. Wer seinen Verstand betrügt und belügt, der hat auch kein wahrhaftiges, kein ehrliches Herz; Sophistik verdirbt den ganzen Menschen. Aber Sophistik ist die Abendmahlslehre. Mit der Wahrheit der Gesinnung wird die Unwahrheit der leibhaften Gegenwart Gottes und hinwiederum mit der Wahrheit der gegenständlichen Existenz die Unwahrheit und Unnotwendigkeit der Gesinnung ausgesprochen. [Vgl. Anhang, Abschnitt XXI]

SIEBENUNDZWANZIGSTES KAPITEL DER WIDERSPRUCH VON GLAUBE UND LIEBE

Die Sakramente versinnlichen den *Widerspruch von Idealismus* und *Materialismus*, von *Subjektivismus* und *Objektivismus*, welcher das innerste Wesen der Religion konstituiert. Aber die Sakramente sind nichts ohne Glaube und Liebe. Der Widerspruch in den Sakramenten führt uns daher zurück auf den *Widerspruch von Glaube und Liebe*.

Das geheime Wesen der Religion ist die Einheit des göttlichen Wesens mit dem menschlichen - die Form der Religion aber oder das offenbare, *bewußte* Wesen derselben der *Unterschied*. Gott ist das menschliche Wesen; er wird aber *gewußt als ein andres* Wesen. Die Liebe ist es nun, welche das verborgne Wesen der Religion offenbart, der Glaube aber, der die bewußte Form ausmacht. Die Liebe identifiziert den Menschen mit Gott, Gott mit dem Menschen, darum den Menschen mit dem Menschen; der Glaube trennt Gott vom Menschen, darum den Menschen von dem Menschen; denn Gott ist nichts andres als der mystische Gattungsbegriff der Menschheit, die Trennung Gottes vom Menschen daher die Trennung des Menschen vom Menschen, die Auflösung des gemeinschaftlichen Bandes. Durch den Glauben setzt sich die Religion mit der Sittlichkeit, der Vernunft, dem einfachen Wahrheitssinn des Menschen in Widerspruch; durch die Liebe aber setzt sie sich wieder diesem Widerspruch entgegen. Der Glaube vereinzelt Gott, er macht ihn zu einem *besondern, andern* Wesen; die Liebe verallgemeint; sie macht Gott zu einem *gemeinen* Wesen, dessen Liebe eins ist mit der Liebe zum Menschen. Der Glaube entzweit den Menschen im *Innern, mit sich selbst,* folglich auch im Äußern; die Liebe aber ist es, welche die Wunden heilt, die der Glaube in das Herz des Menschen schlägt. Der Glaube macht den Glauben an seinen Gott zu einem *Gesetz;* die Liebe ist *Freiheit,* sie verdammt selbst den Atheisten nicht, weil sie selbst atheistisch ist, selbst, wenn auch nicht immer theoretisch, doch praktisch die Existenz eines besondern, dem Menschen entgegengesetzten Gottes leugnet.

Der Glaube scheidet: das ist wahr, das falsch. Und *sich* nur eignet er die Wahrheit zu. Der Glaube hat eine *bestimmte, besondere* Wahrheit, die daher notwendig mit Verneinung verbunden ist, zu seinem Inhalte. Der Glaube ist seiner Natur nach *ausschließend. Eines* nur ist Wahrheit, *Einer* nur ist Gott, *Einer* nur, dem das Monopol des Gottessohnes angehört; alles andere ist nichts, Irrtum, Wahn. Jehova *allein* ist der wahre Gott; alle andern Götter sind *nichtige Götzen.*

Der Glaube hat etwas *Besonderes für sich* im Sinne; er stützt sich auf eine *besondere* Offenbarung Gottes; er ist zu seinem Besitztum nicht auf *gemeinem*

Weg gekommen, auf dem Wege, der allen Menschen ohne Unterschied offensteht. Was allen offensteht, ist etwas Gemeines, was eben deswegen kein besondres *Glaubensobjekt* bildet. Daß Gott der Schöpfer ist, konnten alle Menschen schon aus der Natur erkennen, aber was dieser Gott in Person für sich selbst ist, das ist eine besondere Gnadensache, Inhalt eines besondern Glaubens. Aber eben deswegen, weil nur auf besondere Weise geoffenbart, ist auch der Gegenstand dieses Glaubens selbst ein *besonderes* Wesen. Der Gott der Christen ist wohl auch der Gott der Heiden, aber es ist doch ein gewaltiger Unterschied, gerade ein solcher Unterschied, wie zwischen mir, wie ich dem Freunde und mir, wie ich einem Fremden, der mich aus der Ferne nur kennt, Gegenstand bin. Gott, wie er den Christen Gegenstand, ist ein ganz anderer, als wie er den Heiden Gegenstand ist. Die Christen kennen Gott von Person, von Angesicht zu Angesicht. Die Heiden wissen nur -und das ist fast schon zuviel eingeräumt - »*was*«, aber nicht: »*wer*« Gott ist, weswegen die Heiden auch in Götzendienst verfielen. Die Gleichheit der Heiden und Christen vor Gott ist daher eine ganz vage; was die Heiden mit den Christen und umgekehrt gemein haben - wenn wir anders so liberal sein wollen, etwas Gemeinsames zu statuieren -, dies ist nicht das *eigentümlich christliche*, nicht das, was den Glauben ausmacht. Worin die Christen *Christen* sind, darin sind sie eben von den Heiden unterschieden;[199] sie sind es aber durch ihre besondre Gotteserkenntnis; ihr *Unterscheidungsmerkmal* ist also *Gott*. Die Besonderheit ist das Salz, welches dem gemeinen Wesen erst Geschmack beibringt. Was ein Wesen *insbesondre* ist, das erst ist es: nur wer mich speziell, persönlich kennt, kennt mich. Der *spezielle* Gott also, der Gott, wie er insbesondre den Christen Gegenstand, der *persönliche* Gott, der erst ist Gott. Und dieser ist den zu Heiden, den Ungläubigen überhaupt unbekannt, nicht für sie. Er soll allerdings auch für die Heiden werden, aber *mittelbar*, erst dadurch, daß sie aufhören, Heiden zu sein, daß sie selbst Christen werden. Der Glaube *beschränkt, borniert* den Menschen; er nimmt ihm die *Freiheit* und *Fähigkeit*, das *Andre*, das von ihm *Unterschiedne*, nach Gebühren zu schätzen. Der Glaube ist *in sich selbst befangen*. Der philosophische, überhaupt wissenschaftliche Dogmatiker beschränkt sich allerdings auch mit der Bestimmtheit seines Systems. Aber die theoretische Beschränktheit hat, so unfrei, so kurzsichtig und engherzig sie auch ist, doch noch einen freieren Charakter, weil an und für sich das Gebiet der Theorie ein freies ist, weil hier die Sache nur, der Grund, die Vernunft entscheidet. Aber der Glaube macht wesentlich seine Sache zu einer Sache des *Gewissens* und *Interesses*, des *Glückseligkeitstriebes*, denn sein Gegenstand ist selbst ein *besonderes, persönliches*, auf *Anerkennung dringendes* und von dieser *Anerkennung* die *Seligkeit* abhängig machendes Wesen.

Der Glaube gibt dem Menschen ein *besonderes Ehr-* und *Selbstgefühl*. Der Gläubige findet sich ausgezeichnet vor andern Menschen, erhoben über den *natürlichen* Menschen; er weiß sich als *eine Person von Distinktion*, im Besitze besonderer Rechte; die Gläubigen sind Aristokraten, die Ungläubigen Plebejer. Gott ist *dieser personifizierte Unterschied und Vorzug* des Gläubigen vor dem Ungläubigen.[200] Aber weil der Glaube das eigne Wesen als ein *andres* Wesen vorstellt, so schiebt der Gläubige seine Ehre nicht *unmittelbar in sich*, sondern in diese andere Person. Das Bewußtsein *seines Vorzugs* ist das *Bewußtsein dieser Person*, das Gefühl *seiner selbst* hat er in dieser andern Persönlichkeit.[201] Wie der Bediente in der Würde seines Herrn sich selbst fühlt, ja, sich mehr zu sein dünkt, als ein freier, selbständiger Mann von niedrigerem Stande als sein Herr, so auch der Gläubige.[202] Er spricht sich alle Verdienste ab, um bloß seinem Herrn die Ehre des Verdienstes zu lassen, aber nur weil dieses Verdienst ihm selbst zugute kommt, weil er in der *Ehre* des Herrn *sein eignes Ehrgefühl* befriedigt. Der Glaube ist hochmütig, aber er unterscheidet sich von dem natürlichen Hochmut dadurch, daß er das Gefühl seines Vorzugs, seinen Stolz in eine *andere Person* überträgt, die ihn bevorzugt, eine andere Person, die aber sein eignes *geborgnes* Selbst, sein personifizierter und befriedigter Glückseligkeitstrieb ist, denn diese Persönlichkeit hat keine andern Bestimmungen als die, daß sie der Wohltäter, der Erlöser, der Heiland ist, also Bestimmungen, in denen der Gläubige sich nur *auf sich*, auf *sein eignes ewiges Heil* bezieht. Kurz, wir haben hier das charakteristische Prinzip der Religion, daß sie das natürliche Aktiv in ein Passiv verwandelt. Der Heide erhebt sich, der Christ fühlt sich erhoben. Der Christ verwandelt in eine Sache des Gefühls, der Empfänglichkeit, was dem Heiden eine Sache der Selbsttätigkeit ist. Die Demut des Gläubigen ist ein umgekehrter Hochmut - ein Hochmut, der aber nicht den *Schein*, die äußern Kennzeichen des Hochmuts hat. Er fühlt sich ausgezeichnet; aber diese Auszeichnung ist nicht Resultat seiner Tätigkeit, sondern Sache der Gnade; er ist ausgezeichnet worden: er kann nichts dafür. Er macht sich überhaupt nicht zum Zweck seiner eignen Tätigkeit, sondern zum Zweck, zum Gegenstand Gottes.

Der Glaube ist wesentlich *bestimmter* Glaube. Gott *in dieser Bestimmtheit* nur ist der *wahre Gott. Dieser* Jesus ist Christus, der wahre, einzige Prophet, der eingeborne Sohn Gottes. Und dieses Bestimmte mußt du glauben, wenn du deine Seligkeit nicht verscherzen willst. Der Glaube ist *gebieterisch*.[203] Es ist daher notwendig, es liegt im *Wesen des Glaubens*, daß er als *Dogma* fixiert wird. Das Dogma *spricht nur aus*, was der Glaube ursprünglich schon auf der Zunge oder doch im *Sinne* hatte. Daß, wenn einmal auch nur ein Grunddogma festgestellt ist, sich daran speziellere Fragen anknüpfen, die dann wieder dogmatisch entschieden werden müssen, daß sich hieraus eine lästige Vielheit von Dogmen ergibt, dies ist freilich eine Fatalität, hebt aber nicht die Notwendigkeit auf, daß sich der Glaube in Dogmen fixiere, damit jeder *bestimmt weiß*, was er glauben *soll* und *wie* er seine Seligkeit sich erwerben *kann*.

Was man heutigentages selbst vom Standpunkt des gläubigen Christentums aus verwirft, als Verirrung, als Mißverstand, als Übertreibung bemitleidet oder gar belacht, das ist lautere Folge des innern Wesens des Glaubens. Der Glaube ist *seiner Natur nach unfrei, befangen*, denn es handelt sich im Glauben wie um die *eigne Seligkeit*, so um die Ehre Gottes selbst. Aber wie wir ängstlich sind, ob wir einem Höherstehenden die gebührende Ehre erweisen, so auch der Glaube. Den Apostel Paulus erfüllt nichts als der Ruhm, die *Ehre*, das *Verdienst* Christi. *Dogmatische, ausschließliche, skrupulöse Bestimmtheit* liegt im Wesen des Glaubens. In Speisen und andern dem Glauben gleichgültigen Dingen ist der Glaube allerdings liberal, aber keineswegs in bezug auf *Glaubensgegenstände*. Wer nicht *für* Christus, ist *wider* Christus; was *nicht* christlich, ist *antichristlich*. Aber was ist christlich? Dieses muß genau bestimmt, dies kann nicht freigestellt werden. Ist der Glaubensinhalt gar niedergelegt in Büchern, die von *verschiedenen* Verfassern stammen, niedergelegt in der Form zufälliger, sich widersprechender, gelegentlicher Äußerungen, so ist die dogmatische Begrenzung und Bestimmung selbst eine *äußerliche Notwendigkeit*. Nur der kirchlichen Dogmatik verdankt das Christentum seinen Fortbestand.

Es ist nur die *Charakterlosigkeit*, der *gläubige Unglaube* der neuern Zeit, der sich hinter die Bibel versteckt und die biblischen Aussprüche den dogmatischen Bestimmungen entgegensetzt, um durch die *Willkür der Exegese* von den Schranken der Dogmatik sich frei zu machen. Aber der Glaube ist schon verschwunden, gleichgültig geworden, wenn die *Glaubensbestimmungen als Schranken* empfunden werden. Es ist nur die *religiöse Indifferenz* unter dem *Scheine der Religiosität*, welche die ihrer Natur und ihrem Ursprung nach unbestimmte Bibel zum ausschließlichen Maß des Glaubens macht und unter dem Vorwande, nur das *Wesentliche* zu glauben, *nichts* glaubt, was den Namen des Glaubens verdient, z.B. an die Stelle des bestimmten, charaktervollen Gottessohnes der Kirche die vage, nichtssagende Bestimmung eines sündlosen Menschen setzt, der *wie* kein andrer sich den Namen des Gottessohnes beilegen dürfe, kurz, eines Menschen, den man *weder einen Menschen noch einen Gott* sich zu nennen getraut. Daß es aber wirklich nur der religiöse Indifferentismus ist, der sich hinter die Bibel versteckt dies erhellt daraus, daß man selbst das, was in der Bibel steht, aber dem jetzigen Standpunkt der Bildung *widerspricht*, als *nicht obligierend* betrachtet oder gar leugnet, ja sogar Handlungen, die *christlich* sind, *notwendig* aus dem Glauben folgen, wie die Absonderung der Gläubigen von den Ungläubigen, jetzt als *unchristliche* bezeichnet.

Die Kirche hat mit *vollem Rechte Anders-* oder überhaupt *Ungläubige*[204] verdammt, denn dieses *Verdammen* liegt im *Wesen* des Glaubens. Der Glaube erscheint zunächst nur als unbefangene Absonderung der Gläubigen von den Ungläubigen; aber diese Sonderung ist eine höchst *kritische Scheidung*. Der Gläubige hat Gott *für sich*, der Ungläubige *gegen sich* - nur als *möglicher*

217

Gläubige hat er Gott nicht gegen sich, aber als wirklicher Ungläubiger -, darin liegt eben der Grund der Forderung, den Stand des Unglaubens zu verlassen. Was aber *Gott gegen sich hat, ist nichtig, verstoßen, verdammt*; denn was Gott gegen sich hat, ist selbst wider Gott. *Glauben* ist gleichbedeutend mit *Gutsein, nicht glauben* mit *Bösesein*. Der Glaube, beschränkt und befangen, schiebt alles in die Gesinnung. Der Ungläubige ist ihm aus *Verstocktheit*, aus Bosheit ungläubig,[205] ein Feind Christi. Der Glaube assimiliert sich daher nur die Gläubigen, aber die Ungläubigen verstößt er. Er ist *gut* gegen die Gläubigen, aber böse gegen die Ungläubigen. *Im Glauben liegt ein böses Prinzip.*

Es ist nur der Egoismus, die Eitelkeit, die Selbstgefälligkeit der Christen, daß sie wohl selbst die Splitter in dem Glauben der nichtchristlichen Völker, aber nicht die Balken in ihrem eignen Glauben erblicken. Nur die Art der religiösen Glaubensdifferenz ist anders bei den Christen als bei andern Völkern. Es sind nur klimatische Unterschiede oder die Unterschiede der Volkstemperamente, die den Unterschied begründen. Ein an sich kriegerisches oder überhaupt feurig-sinnliches Volk wird natürlich seinen religiösen Unterschied auch durch sinnliche Taten, durch Waffengewalt betätigen. Aber die Natur des Glaubens als solchen ist überall dieselbe. *Wesentlich verurteilt, verdammt der Glaube.* Allen Segen, alles Gute häuft er auf sich, auf seinen Gott, wie der Liebhaber auf seine Geliebte, allen Fluch, alles Ungemach und Übel wirft er auf den Unglauben. Gesegnet, Gott wohlgefällig, ewiger Seligkeit teilhaftig ist der Gläubige; verflucht, von Gott verstoßen und vom Menschen verworfen der Ungläubige; *denn was Gott verwirft, darf der Mensch nicht annehmen*, nicht schonen; dies wäre eine Kritik des göttlichen Urteils. Die Muhamedaner vertilgen die Ungläubigen mit Feuer und Schwert, die Christen mit den *Flammen der Hölle*. Aber die Flammen des Jenseits schlagen auch schon in das Diesseits herein, um die Nacht der ungläubigen Welt zu erleuchten. Wie der Gläubige schon hienieden die Freuden des Himmels vorausgenießt, so müssen auch hier schon zum Vorgeschmack der Hölle die Feuer des Höllenpfuhls lodern, wenigstens in den *Momenten der höchsten Glaubensbegeisterung.*[206] Das Christentum gebietet allerdings keine Ketzerverfolgungen, noch weniger Bekehrung mit Waffengewalt. Aber insofern der Glaube verdammt, erzeugt er notwendig *feindselige* Gesinnungen, *die* Gesinnungen, aus welchen die Ketzerverfolgung *entspringt*. *Den Menschen zu lieben, der nicht glaubt an Christus, ist eine Sünde gegen Christus*, heißt den *Feind Christi lieben.*[207] Was Gott, was Christus nicht liebt, das darf der Mensch nicht lieben; seine Liebe wäre ein Widerspruch gegen den göttlichen Willen, also Sünde. Gott liebt zwar alle Menschen, aber nur *wenn* und *weil* sie Christen sind oder wenigstens sein können und sein wollen. Christ sein, heißt von Gott geliebt sein, nicht Christ sein, von Gott gehaßt wenden, ein Gegenstand des göttlichen *Zorns* sein.[208] Der *Christ darf also nur den Christen lieben*, den andern nur als *möglichen* Christen; *er darf nur lieben*, was

218

der Glaube heiligt, segnet. Der Glaube ist *die Taufe der Liebe.* Die Liebe zum Menschen als Menschen ist nur die *natürliche.* Die *christliche* Liebe ist die *übernatürliche,* verklärte, geheiligte Liebe; aber die *christliche* liebt auch nur Christliches. Der Satz: »*Liebet eure Feinde*«, bezieht sich nur auf *persönliche* Feinde, aber nicht auf die *öffentlichen* Feinde, die *Feinde Gottes,* die *Feinde des Glaubens,* die *Ungläubigen.* Wer den Menschen liebt, der Christus leugnet, Christus nicht glaubt, *verleugnet* seinen Herrn und Gott; *der Glaube hebt die naturgemäßen Bande der Menschheit auf;* er setzt an die Stelle der *allgemeinen,* natürlichen Einheit eine partikuläre.

Wende man nicht dagegen ein, daß es in der Bibel heißt: »Richtet nicht, auf daß ihr nicht gerichtet werdet«, daß der Glaube also Gott wie das Gericht, so das Verdammungsurteil überlasse. Auch dieser und andere ähnliche Sprüche gelten nur im *christlichen Privatrecht,* aber *nicht im christlichen Staatsrecht,* gehören nur der *Moral,* nicht der *Dogmatik* an. Es ist schon Glaubensindifferenz, solche moralische Aussprüche auf das Gebiet der Dogmatik zu ziehen. Die *Unterscheidung* zwischen dem *Ungläubigen* und *Menschen* ist eine *Frucht moderner Humanität.* Dem Glauben geht *der Mensch im Glauben* auf; der wesentliche Unterschied des Menschen vom Tiere beruht für ihn nur auf dem religiösen Glauben. Nur der Glaube begreift in sich alle Tugenden, die den Menschen Gott wohlgefällig machen; Gott aber ist das Maß, sein Wohlgefallen die höchste Norm; der Gläubige also allein der legitime, normale Mensch, der Mensch, wie er sein soll, der Mensch, den Gott *anerkennt.* Wo die *Unterscheidung zwischen* dem *Menschen* und dem *Gläubigen* gemacht wird, da hat sich *der Mensch schon vom Glauben abgetrennt;* da gilt der Mensch schon *für sich selbst,* unabhängig vom Glauben. Der Glaube ist daher nur dort ein *wahrer, ungeheuchelter,* wo der *Glaubensunterschied* in aller Schärfe wirkt. Wird der Unterschied des Glaubens abgestumpft, so wird natürlich auch der Glaube selbst indifferent, charakterlos. Nur in *an sich* indifferenten Dingen ist der Glaube liberal. Der Liberalismus des Apostels Paulus hat zur Voraussetzung die Annahme der Grundartikel des Glaubens. Wo alles auf die Grundartikel des Glaubens ankommt, entsteht der Unterschied zwischen Wesentlichem und Unwesentlichem. Im Gebiet des Unwesentlichen gibt es kein Gesetz, da seid ihr frei. Aber natürlich nur unter *der* Bedingung, daß ihr dem Glauben sein Recht ungeschmälert laßt, gewährt euch der Glaube Rechte, Freiheiten.

Es wäre daher ganz falsch, sich so zu helfen, daß man sagte, der Glaube überlasse das Gericht Gott. Er überläßt ihm nur das moralische Gericht in betreff des Glaubens, nur das Gericht über die moralische Beschaffenheit desselben, über den erheuchelten oder aufrichtigen Glauben der Christen. Welche zur Linken, welche zur Rechten Gottes stehen werden, das weiß der Glaube. Nur in Rücksicht der *Personen* weiß er es nicht; aber daß nur die Gläubigen überhaupt Erben des ewigen Reichs sind, das ist außer Zweifel.[209] Aber auch davon abgesehen: Der zwischen den *Gläubigen* und

Ungläubigen unterscheidende, der verdammende und belohnende *Gott* ist nichts *andres als der Glaube selbst*. *Was Gott verdammt, verdammt der Glaube* und umgekehrt. Der Glaube ist ein sein *Gegenteil* schonungslos verzehrendes Feuer. Dieses *Feuer des Glaubens als gegenständliches Wesen* angeschaut ist der *Zorn* Gottes oder, was eins ist, die *Hölle*, denn die Hölle hat offenbar ihren Grund im Zorn Gottes. Aber diese Hölle hat der Glaube *in sich selbst*, in seinem Verdammungsurteil. Die Flammen der Hölle sind nur die Funken von dem vertilgenden, zornglühenden Blick, den der Glaube auf die Ungläubigen wirft.

Der Glaube ist also *wesentlich parteiisch*. Wer nicht *für* Christus ist, der ist *wider* Christus. *Für mich* oder *wider mich*. Der Glaube kennt nur *Feinde* oder *Freunde*, keine Unparteilichkeit; er ist nur für sich eingenommen. Der Glaube ist wesentlich *intolerant* - *wesentlich*, weil mit dem Glauben immer notwendig der *Wahn* verbunden ist, daß *seine Sache* die *Sache Gottes* sei, *seine Ehre* die *Ehre Gottes*. Der Gott des Glaubens ist an sich nichts andres als das *gegenständliche Wesen des Glaubens*, der Glaube, der sich *Gegenstand* ist. Es identifiziert sich daher auch im *religiösen Gemüte* und *Bewußtsein* die Sache des Glaubens mit der Sache Gottes. Gott selbst ist beteiligt; *das Interesse der Gläubigen ist das innerste Interesse Gottes selbst*. »*Wer euch antastet*«, heißt es beim Propheten Sacharja, »der tastet *seinen* (des Herrn) *Augapfel* an.«[210] Was den Glauben verletzt, verletzt Gott, was den Glauben verneint, verneint Gott selbst.

Der Glaube kennt keinen andern Unterschied als den zwischen *Gottes–* und *Götzendienst*. Der Glaube allein gibt Gott die Ehre; der Unglaube entzieht Gott, was ihm gebührt. Der Unglaube ist eine Injurie gegen Gott, ein Majestätsverbrechen. Die Heiden beten Dämone an; ihre Götter sind *Teufel*. »Ich sage, daß die Heiden, was sie opfern, das opfern sie den *Teufeln* und *nicht Gott*. Nun will ich nicht, daß ihr in der Teufel Gemeinschaft sein sollt.« Der Teufel ist aber die Verneinung Gottes; er haßt Gott, will, daß kein Gott sei. So ist der Glaube blind gegen das Gute und Wahre, welches auch dem Götzendienst zugrunde liegt; so erblickt er in allem, was nicht seinem Gotte, d.i. *ihm selbst* huldigt, Götzendienst, und im Götzendienst nur *Teufelswerk*. Der Glaube muß daher auch der *Gesinnung* nach nur *verneinend sein* gegen diese *Verneinung Gottes*: er ist also wesentlich *intolerant* gegen sein Gegenteil, überhaupt gegen das, was nicht mit ihm stimmt. Seine Toleranz wäre Intoleranz gegen Gott, der das Recht zu unbedingter Alleinherrschaft hat. Es soll nichts bestehen, nichts existieren, was nicht Gott, nicht den Glauben anerkennt. »Daß in dem Namen Jesu sich beugen sollen alle derer Knie, die im Himmel und auf Erden und unter der Sonne sind, und alle Zungen bekennen sollen, daß Jesus Christus der Herr sei zur Ehre Gottes des Vaters.«[211] Darum fordert der Glaube ein Jenseits, eine Welt, wo der *Glaube keinen Gegensatz mehr* hat oder dieser Gegensatz wenigstens nur noch dazu existiert, um das Selbstgefühl des triumphierenden Glaubens zu verherrlichen. *Die Hölle versüßt die Freuden der seligen Gläubigen.* »Hervortreten werden sie, die Auserwählten, um zu schauen die Qualen der Gottlosen, und bei diesem Anblick werden sie nicht von Schmerz ergriffen; im Gegenteil, indem sie die unaussprechlichen Leiden der Gottlosen sehen, danken sie freudetrunken Gott für ihre Errettung.«[212]

Der Glaube ist das Gegenteil der Liebe. Die Liebe erkennt auch in der Sünde noch die Tugend, im Irrtum die Wahrheit. Nur seit der Zeit, wo an die Stelle der Macht des Glaubens die Macht der naturwahren Einheit der Menschheit, die Macht der Vernunft, der Humanität getreten, erblickt man auch im Polytheismus, im Götzendienst überhaupt Wahrheit oder sucht man wenigstens durch menschliche, natürliche Gründe zu erklären, was der in sich selbst befangene Glaube nur aus dem Teufel ableitet. Darum ist die *Liebe nur identisch mit der Vernunft*, aber nicht mit dem Glauben; denn wie die Vernunft, so ist die Liebe freier, universeller, der Glaube aber engherziger, beschränkter Natur. Nur wo Vernunft, da herrscht allgemeine Liebe; die Vernunft ist selbst nichts andres als die *universale* Liebe. Der Glaube hat die Hölle erfunden, nicht die Liebe, nicht die Vernunft. Der Liebe ist die Hölle ein Greuel, der Vernunft ein Unsinn. Es wäre erbärmlich, in der Hölle nur eine Verirrung des Glaubens, einen falschen Glauben erblicken zu wollen. Die Hölle steht auch schon in der Bibel. Der Glaube ist überhaupt überall sich selbst gleich, wenigstens der positiv religiöse Glaube, der Glaube in *dem* Sinne, in welchem er hier genommen wird und genommen werden muß, wenn man nicht die Elemente der Vernunft, der Bildung mit dem Glauben vermischen will - eine Vermischung, in welcher freilich der Charakter des Glaubens unkenntlich wird.

Wenn also der Glaube nicht dem Christentum widerspricht, so widersprechen ihm auch *nicht die* Gesinnungen, die aus dem Glauben, nicht *die* Handlungen, die aus diesen Gesinnungen sich ergeben. Der Glaube verdammt: alle Handlungen, alle Gesinnungen, welche der Liebe, der Humanität, der Vernunft widersprechen, entsprechen dem Glauben. Alle Greuel der *christlichen Religionsgeschichte*, von denen unsere Gläubigen sagen, daß *sie nicht aus* dem Christentum gekommen, sind, *weil aus dem Glauben*, aus dem Christentum entsprungen. Es ist dieses ihr Leugnen sogar eine notwendige Folge des Glaubens; denn der Glaube *eignet sich* nur das Gute zu, alles Böse aber schiebt er auf den Unglauben oder nicht rechten Glauben oder auf den Menschen überhaupt. Aber gerade darin, daß der Glaube leugnet, daß das Böse im Christentum *seine* Schuld sei, haben wir den schlagenden Beweis, daß er wirklich der Urheber davon ist, weil den Beweis von seiner Beschränktheit, Parteilichkeit und Intoleranz, vermöge welcher er nur gut ist gegen sich, gegen seine Anhänger, aber böse, ungerecht gegen alles andere. Das Gute, was von Christen geschehen, hat dem Glauben zufolge nicht der Mensch, sondern der Christ, der Glaube: aber das *Böse* der Christen hat nicht der Christ, sondern der *Mensch* getan.

221

Die bösen Glaubenshandlungen der Christenheit entsprechen also dem Wesen des Glaubens - des Glaubens, wie er sich selbst schon in der ältesten und heiligsten Urkunde des Christentums, der Bibel ausgesprochen. »So jemand euch Evangelium anders predigt, denn das ihr empfangen habt, der sei verflucht, *anathema estô*.«[213] Galater 1, 9. »Ziehet nicht am fremden Joche mit den Ungläubigen, denn was hat die Gerechtigkeit für Genieß mit der Ungerechtigkeit? Was hat das Licht für Gemeinschaft mit der Finsternis? Wie stimmet Christus mit Belial? Oder was für ein *Teil hat der Gläubige mit dem Ungläubigen*? Was hat der Tempel Gottes für eine Gleiche mit den Götzen? *Ihr* aber seid der Tempel des lebendigen Gottes, wie denn Gott spricht: Ich will in ihnen wohnen und wandeln und will ihr Gott sein und sie sollen mein Volk sein. Darum gehet aus von ihnen und sondert euch ab, spricht der Herr, und rühret kein Unreines an: so will ich euch annehmen.« 2. Korinther 6, 14 -17. »Wenn nun der Herr Jesus wird geoffenbart werden vom Himmel samt den Engeln seiner Kraft und mit Feuerflammen, Rache zu geben über die, so Gott nicht erkennen und über die so nicht gehorsam sind dem *Evangelio unsers Herrn Jesu Christi*, welche werden *Pein* leiden, das *ewige Verderben* von dem Angesicht des Herrn und von seiner herrlichen Macht, wenn er kommen wird, daß er herrlich erscheine mit seinen Heiligen und wunderbar mit *allen Gläubigen*.« 2. Thessalonicher 1, 7-10. »*Ohne Glauben* ist es unmöglich Gott so gefallen.« Hebräer 11, 6. »Also hat Gott die Welt geliebet, daß er seinen eingebornen Sohn gab, auf daß alle die *an ihn glauben*, nicht verloren werden, sondern das ewige Leben haben.« Johannes 3, 16. »Ein jeglicher Geist, der da bekennet, *daß Jesus Christus ist in das Fleisch gekommen*, der ist *von Gott*, und ein jeglicher Geist, der da nicht bekennet, daß Jesus Christus ist in das Fleisch gekommen, der ist *nicht von Gott*. Und das ist der Geist des *Widerchrists*.« 1. Johannes 4, 2. 3. »Wer ist ein *Lügner*, ohne der da leugnet, daß Jesus der Christ sei. Das ist der *Widerchrist*, der den Vater und den Sohn leugnet.« 1. Johannes 2, 22. »Wer übertritt und bleibet nicht in der Lehre Christi, der hat *keinen Gott*; wer in der Lehre Christi bleibet, der hat beide, den Vater und den Sohn. So jemand zu euch kommt und bringet diese Lehre nicht, den nehmet nicht zu Hause und grüßet ihn auch nicht. Denn wer ihn grüßet, macht sich teilhaftig seiner bösen Werke.« 2. Joh. 9-11. So spricht der Apostel der Liebe. Aber die Liebe, die er feiert, ist nur die *christliche Bruderliebe*. »Gott ist der Heiland aller Menschen, *sonderlich* aber der Gläubigen.« 1. Timoth. 4, 10. Ein verhängnisvolles Sonderlich! »Lasset uns Gutes tun an jedermann, *allermeist* aber an den *Glaubensgenossen*!« Galater 6, 10. Ein gleichfalls sehr verhängnisvolles Allermeist! »Einen ketzerischen Menschen meide, wenn er einmal und abermal ermahnet ist, und wisse, daß ein solcher verkehrt ist und sündigt, als der *sich selbst verurteilet hat*.«[214] Titus 3, 10. 11. »Hymenäus und Philetus haben etlicher Glauben verkehrt, welche ich habe dem Satan übergeben, daß sie gezüchtigt werden, nicht mehr zu lästern.« 1. Timoth. 1, 20. 2. Timoth. 2, 17. 18 - Stellen, auf die sich noch jetzt die Katholiken berufen, um die Unduldsamkeit der Kirche gegen die Ketzer als apostolisch nachzuweisen. »So jemand den Herrn Jesum Christum nicht lieb hat, der sei Anathema.« 1. Korinth. 16, 22. »Wer an den Sohn glaubet, der hat das ewige Leben. Wer dem Sohne nicht glaubet, der wird das Leben nicht sehen, sondern der *Zorn Gottes* bleibet über ihm.«[215] Johannes 3, 36. »Und wer der Kleinen einen ärgert, die *an mich glauben*, dem wäre es besser, daß ihm ein Mühlstein an seinen Hals gehängt würde und er in das Meer geworfen würde.« Markus 9, 42. Matthäi 18, 6. *»Wer da glaubet und getauft wird*, der *wird selig werden, wer aber nicht glaubet, der wird verdammet werden*.« Markus 16, 16. Der Unterschied zwischen dem Glauben, wie er sich in der Bibel bereits ausgesprochen, und dem Glauben, wie er sich in der spätern Zeit geltend gemacht, ist nur der Unterschied zwischen dem Keime und der Pflanze. Im Keime kann ich freilich nicht so deutlich sehen, was in der reifen Pflanze mir in die Augen fällt; und doch lag die Pflanze schon im Keime. Aber was in die Augen fällt, das natürlich wollen die Sophisten nicht mehr anerkennen; sie halten sich nur an den Unterschied zwischen der entwickelten und unentwickelten Existenz; die Einheit schlagen sie sich aus dem Sinne.

Der Glaube geht notwendig in *Haß*, der Haß in *Verfolgung* über, wo die Macht des Glaubens *keinen Widerstand* findet, sich nicht bricht an einer dem Glauben fremden Macht, an der Macht der Liebe, der Humanität, des Rechtsgefühls. Der Glaube für sich selbst erhebt sich notwendig über die *Gesetze der natürlichen* Moral. Die Glaubenslehre ist *die Lehre der Pflichten gegen Gott - die höchste Pflicht der Glaube*. Soviel höher Gott als der Mensch, soviel höher stehen die Pflichten gegen Gott als gegen den Menschen. Und notwendig treten die Pflichten gegen Gott in Kollision mit *den gemeinmenschlichen* Pflichten. Gott wird nicht nur geglaubt, vorgestellt als das gemeinsame Wesen, der Vater der Menschen, die Liebe - solcher Glaube ist Glaube der Liebe -, er wird auch vorgestellt als *persönliches* Wesen, als Wesen *für sich*. So gut sich daher Gott als ein Wesen *für sich* vom Wesen des Menschen *absondert*, so gut *sondern sich auch die Pflichten gegen Gott ab von den Pflichten gegen den Menschen* - sondert sich im Gemüte der Glaube von der Moral, der Liebe.[216] Erwidere man nicht, daß der Glaube an Gott der Glaube an die Liebe, das Gute selbst, der Glaube also schon ein Ausdruck des guten Gemüts ist. Im Begriffe der Persönlichkeit verschwinden die sittlichen Bestimmungen; sie werden zur *Nebensache*, zu bloßen Akzidenzen. Die *Hauptsache* ist das Subjekt, das göttliche Ich. Die Liebe zu Gott selbst ist, weil Liebe zu einem persönlichen Wesen, keine moralische, sondern *persönliche* Liebe. Unzählige fromme Lieder atmen nur Liebe zum Herrn, aber in dieser Liebe zeigt sich kein Funke einer erhabnen sittlichen Idee oder Gesinnung.

Der Glaube ist sich das Höchste, weil sein Gegenstand eine göttliche Persönlichkeit. Er macht daher *von sich* die ewige Seligkeit abhängig, nicht von der Erfüllung der *gemeinen* menschlichen Pflichten. Was aber die ewige Seligkeit zur Folge hat, das bestimmt sich im Sinne des Menschen notwendig zur *Hauptsache.* Wie daher innerlich dem Glauben die Moral untergeordnet wird, so kann, so muß sie auch äußerlich, praktisch ihm untergeordnet, ja aufgeopfert werden. Es ist notwendig, daß es Handlungen gibt, in denen *Glaube im Unterschiede* oder vielmehr *im Widerspruch mit der Moral* zur Erscheinung kommt -Handlungen, die *moralisch schlecht,* aber dem *Glauben nach löblich* sind, weil sie nur das Beste des Glaubens bezwecken. Alles Heil liegt am Glauben; alles daher wieder an *dem Heil des Glaubens.* Ist der Glaube gefährdet, so ist die ewige Seligkeit und die Ehre Gottes gefährdet. Alles privilegiert daher der Glaube, wenn es nur die Beförderung des Glaubens zum Zwecke hat; denn er ist ja, strenggenommen, das einzige Gute im Menschen, wie Gott selbst das einzige gute Wesen, *das erste, das höchste* Gebot daher: *Glaube!*[217]

Eben deswegen, weil kein natürlicher, innerer Zusammenhang zwischen dem Glauben und der moralischen Gesinnung stattfindet, es vielmehr *im Wesen des Glaubens an sich* liegt, daß er *gleichgültig* ist gegen die moralischen Pflichten,[218] daß er *die Liebe* des Menschen der *Ehre* Gottes aufopfert, *eben deswegen* wird gefordert, daß der Glaube gute Werke im Gefolge haben, daß er durch die Liebe sich betätigen soll. Der gegen die Liebe gleichgültige oder lieblose Glaube widerspricht der Vernunft, dem natürlichen Rechtssinn des Menschen, dem moralischen Gefühl, als welchem sich die Liebe unmittelbar als Gesetz und Wahrheit aufdringt. Der Glaube wird daher im Widerspruch mit seinem Wesen *an sich* durch die Moral beschränkt: ein Glaube, der nichts Gutes wirkt, sich nicht durch die Liebe betätigt, ist kein wahrer, kein lebendiger. Aber diese *Beschränkung* stammt *nicht aus dem Glauben selbst.* Es ist die vom Glauben unabhängige Macht der Liebe, die ihm Gesetze gibt; denn es wird hier die *moralische Beschaffenheit* zum Kennzeichen der Echtheit des Glaubens, die *Wahrheit des Glaubens* von *der Wahrheit der Moral abhängig* gemacht - ein Verhältnis, das aber dem Glauben widerspricht.

Wohl macht der Glaube den Menschen selig; aber soviel ist gewiß: er flößt ihm keine wirklich sittlichen Gesinnungen ein. Bessert er den Menschen, hat er moralische Gesinnungen zur Folge, so kommt das nur aus der innern, vom religiösen Glauben unabhängigen Überzeugung von der unumstößlichen Wahrheit der Moral. Nur die Moral ist es, die dem Gläubigen ins Gewissen ruft: Dein Glaube ist nichts, wenn er dich nicht gut macht, keineswegs aber der Glaube. Wohl kann, nicht ist es zu leugnen, die Gewißheit ewiger Seligkeit, der Vergebung der Sünden, der Begnadigung und Erlösung von allen Strafen den Menschen geneigt machen, Gutes zu tun. Der Mensch, der dieses Glaubens ist, hat alles; er ist selig;[219] er wird gleichgültig gegen die Güter dieser Welt; kein Neid, keine Habsucht, kein Ehrgeiz, kein sinnliches Verlangen kann ihn fesseln; alles Irdische schwindet im Hinblick auf die himmlische Gnade und die ewige überirdische Seligkeit. Aber die guten Werke kommen bei ihm nicht aus den Gesinnungen der Tugend selbst. Nicht die Liebe selbst, nicht der Gegenstand der Liebe, der *Mensch, die Basis aller Moral,* ist die Triebfeder seiner guten Handlungen. Nein! er tut Gutes nicht um des Guten, nicht um des Menschen, sondern um Gottes willen - aus Dankbarkeit gegen Gott, der alles für ihn getan und für den er daher auch seinerseits wieder alles tun muß, was nur immer in seinem Vermögen steht. Er unterläßt die Sünde, weil sie Gott, seinen Heiland, seinen Herrn und Wohltäter beleidigt.[220] Der Begriff der Tugend ist hier der Begriff des vergeltenden Opfers. Gott hat sich für den Menschen geopfert; dafür muß sich jetzt wieder der Mensch Gott opfern. Je größer das Opfer, desto besser die Handlung. Je mehr etwas dem Menschen, der Natur widerspricht, je größer die Selbstverleugnung, desto größer auch die Tugend. Diesen nur verneinenden Begriff des Guten hat besonders der Katholizismus verwirklicht und ausgebildet. Sein höchster moralischer Begriff ist der des Opfers - daher die hohe Bedeutung der Verneinung der Geschlechtsliebe -, der Virginität. Die Keuschheit oder vielmehr Virginität ist die charakteristische Tugend des katholischen Glaubens - deswegen, weil sie keine Basis in der Natur hat -, die überschwenglichste, transzendenteste, phantastischste Tugend, die Tugend des supranaturalistischen Glaubens -, dem Glauben die höchste Tugend, aber *an sich* keine Tugend. Der Glaube macht demnach zur Tugend, was an sich, seinem Inhalt nach, keine Tugend ist; er hat also keinen Tugendsinn; er muß notwendig die *wahre* Tugend herabsetzen, weil er eine bloße *Scheintugend* so erhöht, weil ihn kein andrer Begriff als der der Verneinung, des Widerspruchs mit der Natur des Menschen leitet.

Aber obgleich die der Liebe widersprechenden Handlungen der christlichen Religionsgeschichte dem Christentum *entsprechen* und daher die Gegner des Christentums recht haben, wenn sie demselben die dogmatischen Greueltaten der Christen schuld geben, so *widersprechen* sie doch auch zugleich wieder dem Christentum, weil das Christentum nicht nur eine Religion des Glaubens, sondern auch der *Liebe* ist, nicht nur zum Glauben, sondern auch zur Liebe uns verpflichtet. Die Handlungen der Lieblosigkeit, des Ketzerhasses entsprechen und widersprechen zugleich dem Christentum? Wie ist das möglich? Allerdings. Das Christentum sanktioniert zugleich *die* Handlungen, die *aus der Liebe,* und *die* Handlungen, die *aus dem Glauben ohne Liebe* kommen. Hätte das Christentum *nur die Liebe zum Gesetze gemacht,* so hätten die Anhänger desselben recht, man könnte ihm die Greueltaten der christlichen Religionsgeschichte nicht als Schuld anrechnen; hätte es *nur* den *Glauben* zum *Gesetz* gemacht, so wären die Vorwürfe der Ungläubigen *unbedingt, ohne Einschränkung* wahr. Das Christentum hat die Liebe *nicht frei* gegeben, sich nicht zu der Höhe erhoben, die *Liebe absolut zu fassen.* Und es hat diese Freiheit nicht gehabt, nicht haben können, weil es Religion ist - die Liebe daher der *Herrschaft des Glaubens* unterworfen. *Die Liebe* ist nur die *exoterische,* der *Glaube die esoterische Lehre des Christentums* - die *Liebe* nur die *Moral,* der *Glaube* aber die *Religion* der christlichen Religion.

Gott ist die Liebe. Dieser Satz ist der höchste des Christentums. Aber der *Widerspruch des Glaubens* und der *Liebe* ist schon in diesem Satze enthalten. Die Liebe ist nur ein Prädikat, Gott das Subjekt. Was ist aber dieses Subjekt *im Unterschiede* von der Liebe? Und ich muß doch *notwendig* so fragen, so unterscheiden. Die Notwendigkeit der Unterscheidung wäre nur aufgehoben, wenn es umgekehrt hieße: *Die Liebe ist Gott, die Liebe das absolute Wesen.* In dem Satze: »Gott ist die Liebe«, ist das Subjekt das *Dunkel,* hinter welches der Glaube sich versteckt; das Prädikat das *Licht,* das erst das an sich dunkle Subjekt erhellt. Im *Prädikat betätige ich die Liebe, im Subjekt den Glauben.* Die Liebe füllt nicht allein meinen Geist aus: ich lasse *einen Platz für meine Lieblosigkeit offen,* indem ich Gott als *Subjekt* denke *im Unterschied vom* Prädikat. Es ist daher notwendig, daß ich bald den Gedanken der Liebe verliere, bald wieder den Gedanken des Subjekts, bald der *Gottheit der Liebe die Persönlichkeit Gottes,* bald wieder der *Persönlichkeit Gottes* die *Liebe* aufopfere. Die Geschichte des Christentums hat diesen Widerspruch hinlänglich bestätigt. Der Katholizismus besonders feierte die Liebe als die wesentliche Gottheit so begeistert, daß ihm in dieser Liebe ganz die Persönlichkeit Gottes verschwand. Aber zugleich opferte er wieder in einer und derselben Seele der *Majestät des Glaubens* die Liebe auf. Der Glaube hält sich an die *Selbständigkeit* Gottes; die Liebe hebt sie auf. Gott ist die Liebe, heißt: Gott *ist nichts für sich;* wer liebt, gibt seine egoistische Selbständigkeit auf; er macht, was er liebt, zum Unentbehrlichen, Wesentlichen seiner Existenz. Aber zugleich taucht doch wieder, während ich in die Tiefe der Liebe das Selbst versenke, der Gedanke des Subjekts auf und stört die Harmonie des göttlichen und menschlichen Wesens, welche die Liebe gestiftet. Der Glaube tritt mit seinen Prätensionen auf und räumt der Liebe nur soviel ein, als überhaupt einem Prädikat im gewöhnlichen Sinne zukommt. Er läßt die Liebe sich nicht frei und selbständig entfalten; er macht *sich* zum *Wesen, zur Sache,* zum *Fundament.* Die Liebe des Glaubens ist nur eine rhetorische Figur, eine poetische Fiktion des Glaubens - der Glaube in der Ekstase. Kommt der Glaube wieder *zu sich,* so ist auch die Liebe dahin.

Notwendig mußte sich dieser *theoretische Widerspruch* auch *praktisch* betätigen. Notwendig; denn die Liebe ist im Christentum *befleckt* durch den Glauben, sie ist nicht frei, nicht wahrhaft erfaßt. Eine durch den *Glauben beschränkte* Liebe ist eine *unwahre* Liebe.[221] Die Liebe kennt kein Gesetz als sich selbst; sie ist göttlich *durch sich selbst;* sie bedarf nicht der Weihe des Glaubens; sie kann nur *durch sich selbst begründet* werden. Die Liebe, die durch den Glauben gebunden, ist eine *engherzige, falsche,* dem Begriffe der Liebe, d.h. *sich selbst widersprechende* Liebe, eine *scheinheilige* Liebe, denn sie birgt den Haß des Glaubens in sich; sie ist nur gut, solange der Glaube nicht verletzt wird. In *diesem Widerspruch mit sich selbst* verfällt sie daher, um *den Schein der Liebe* zu behalten, auf die teuflischsten Sophismen, wie Augustin in seiner Apologie der Ketzerverfolgungen. Die Liebe ist *beschränkt durch den Glauben;* sie findet daher auch die *Handlungen der Lieblosigkeit,* die der Glaube gestattet, *nicht im Widerspruch mit sich;* sie legt die *Handlungen des Hasses,* die um des Glaubens willen geschehen, als *Handlungen der Liebe* aus. Und sie verfällt *notwendig* auf solche Widersprüche, weil es schon *an und für sich ein Widerspruch* ist, daß die Liebe durch den Glauben beschränkt ist. Duldet sie *einmal diese Schranke,* so hat sie ihr *eignes Urteil, ihr eingebornes Maß und Kriterium,* ihre *Selbständigkeit* aufgegeben; sie ist den *Einflüsterungen des Glaubens* widerstandslos preisgegeben.

Hier haben wir wieder ein Exempel, daß vieles, was nicht dem Buchstaben nach in der Bibel steht, dem *Prinzip* nach doch in ihr liegt. Wir finden dieselben Widersprüche in der Bibel, die wir im Augustin, im Katholizismus überhaupt finden, nur daß sie hier bestimmt ausgesprochen werden, eine *augenfällige,* darum *empörende* Existenz bekommen. Die Bibel verdammt durch den Glauben, begnadigt durch die Liebe. Aber sie kennt nur eine auf den Glauben gegründete Liebe. Also auch hier schon eine Liebe, die verflucht, eine unzuverlässige Liebe, eine Liebe, die mir keine Garantie gibt, daß sie sich nicht *als Lieblosigkeit* bewähre; denn anerkenne ich nicht die Glaubensartikel, so bin ich *außer das Gebiet* und *Reich der Liebe* gefallen, ein Gegenstand des Fluchs, der Hölle, des *Zornes* Gottes, dem die Existenz der Ungläubigen ein Ärger, ein Dorn im Auge ist. Die christliche Liebe hat nicht *die Hölle überwunden,* weil *sie nicht den Glauben überwunden. Die Liebe ist an sich ungläubig, der Glaube aber lieblos.* Ungläubig aber ist deswegen die Liebe, weil sie nichts Göttlicheres kennt als *sich selbst,* weil sie nur *an sich selbst* als die absolute Wahrheit glaubt.

Die christliche Liebe ist schon dadurch eine *besondere,* daß sie *christliche* ist, sich christliche nennt. Aber *Universalität* liegt im *Wesen* der Liebe. Solange die christliche Liebe die Christlichkeit nicht aufgibt, nicht die Liebe schlechtweg zum obersten Gesetze macht, so lange ist sie eine Liebe, die den Wahrheitssinn beleidigt, denn die Liebe ist es eben, die den Unterschied zwischen Christentum und sogenanntem Heidentum aufhebt - eine Liebe, die durch ihre Besonderheit mit dem Wesen der Liebe in Widerspruch tritt, eine abnorme, lieblose Liebe, die daher längst auch mit Recht ein Gegenstand der Ironie geworden ist. Die wahre Liebe ist *sich selbst genug;* sie bedarf keiner besondern Titel, keiner Autorität. Die Liebe ist das *universale Gesetz* der *Intelligenz* und *Natur* - sie ist nichts andres als die Verwirklichung der Einheit der Gattung auf dem Wege der Gesinnung. Soll diese Liebe auf den Namen einer Person gegründet werden, so ist dies nur dadurch möglich, daß mit dieser Person *abergläubische* Vorstellungen verbunden werden, seien sie nun *religiöser* oder *spekulativer* Art. Aber mit dem Aberglauben ist immer Sektengeist, Partikularismus, mit dem Partikularismus Fanatismus verbunden. Die Liebe kann sich nur gründen auf die Einheit der Gattung, der Intelligenz, auf die Natur der Menschheit; nur dann ist sie eine *gründliche*, im Prinzip geschützte, *verbürgte*, *freie* Liebe, denn sie stützt sich auf den *Ursprung* der Liebe, aus dem selbst die Liebe Christi stammte. Die Liebe Christi war selbst eine *abgeleitete* Liebe. Er liebte uns nicht aus sich, kraft eigner Vollmacht, sondern kraft der Natur der Menschheit. Stützt sich die Liebe auf seine Person, so ist diese Liebe eine *besondere*, die *nur so weit geht, als die Anerkennung dieser Person* geht, eine Liebe, die sich nicht auf den eignen Grund und Boden der Liebe stützt. Sollen wir deswegen uns lieben, weil Christus uns geliebt? Solche Liebe wäre *affektierte*, nachgeäffte Liebe. Können wir nur wahrhaft lieben, wenn wir Christus lieben? Aber ist Christus die Ursache der Liebe? Oder ist er nicht vielmehr der Apostel der Liebe? Nicht der Grund seiner Liebe die Einheit der Menschennatur? Soll ich Christus mehr lieben als die Menschheit? Aber solche Liebe, ist sie nicht eine schimärische Liebe? Kann ich über das Wesen der Gattung hinaus? Höheres lieben als die Menschheit? Was Christus adelte, war die Liebe; was er war, hat er von ihr nur zu Lehen bekommen; er war nicht *Proprietär* der Liebe, wie er dies in allen abergläubischen Vorstellungen ist. Der Begriff der Liebe ist ein selbständiger Begriff, den ich nicht erst aus dem Leben Christi abstrahiere; im Gegenteil, ich anerkenne dieses Leben nur, *weil* und *wenn* ich es übereinstimmend finde mit dem Gesetze, dem Begriffe der Liebe.

Historisch ist dies schon dadurch erwiesen, daß die Idee der Liebe keineswegs *nur* mit dem Christentum und durch dasselbe in das Bewußtsein der Menschheit erst kam, keineswegs eine *nur* christliche ist. Sinnvoll gehen der Erscheinung dieser Idee die Greuel des römischen Reichs zur Seite. Das Reich der Politik, das die Menschheit auf eine ihrem Begriffe widersprechende Weise vereinte, mußte in sich zerfallen. Die politische Einheit ist eine *gewaltsame*. Roms Despotismus mußte sich nach innen wenden, sich selbst zerstören. Aber eben durch dieses Elend der Politik zog sich der Mensch ganz aus der herzzerdrückenden Schlinge der Politik heraus. An die Stelle Roms trat der Begriff der Menschheit, damit an die Stelle des Begriffs der Herrschaft der Begriff der Liebe. Selbst die Juden hatten in dem Humanitätsprinzip der griechischen Bildung ihren gehässigen religiösen Sektengeist gemildert. Philo feiert die Liebe als die höchste Tugend. Es lag im Begriffe der Menschheit selbst, daß die nationellen Differenzen gelöst wurden. Der denkende Geist hatte schon frühe die bürgerlichen und politischen Trennungen des Menschen überwunden. Aristoteles unterscheidet wohl den Menschen vom Sklaven und setzt den Sklaven als Menschen auf gleichen Fuß mit dem Herrn, indem er selbst Freundschaft zwischen beiden schließt Sklaven waren selbst Philosophen.

Epiktet, der Sklave, war Stoiker; Antonin, der Kaiser, war es auch. So einte die Philosophie die Menschen. Die Stoiker[222] lehrten, der Mensch sei nicht um seinetwillen, sondern um *der andern willen*, d.h. zur Liebe geboren - ein Ausspruch, der unendlich mehr sagt als das rühmlichst bekannte, die Feindesliebe gebietende Wort des Kaisers Antonin. Das praktische Prinzip der Stoiker ist insofern das Prinzip der Liebe. Die Welt ist ihnen eine gemeinsame Stadt, die Menschen Mitbürger. Seneca namentlich feiert in den erhabensten Aussprüchen die Liebe, die Clementia, die Humanität, besonders gegen die Sklaven. So war der politische Rigorismus, die patriotische Engherzigkeit und Borniertheit verschwunden.

Eine *besondere* Erscheinung dieser menschheitlichen Bestrebungen - die *volkstümliche*, populäre, darum religiöse, allerdings intensive Erscheinung dieses neuen Prinzips war das Christentum. Was anderwärts auf dem Wege der Bildung sich geltend machte, das sprach sich hier als religiöses Gemüt, als Glaubenssache aus. Darum machte das Christentum selbst wieder eine *allgemeine* Einheit zu einer *besondern*, die Liebe zur Sache des Glaubens, aber setzte sie eben dadurch in Widerspruch mit der allgemeinen Liebe. Die Einheit wurde nicht bis auf ihren Ursprung zurückgeführt. Die Nationaldifferenzen verschwanden; dafür tritt aber jetzt die *Glaubensdifferenz*, der *Gegensatz* von *christlich* und *unchristlich*, heftiger als ein nationeller Gegensatz, häßlicher auch, in der Geschichte auf.

Alle auf eine besondere Erscheinung gegründete Liebe widerspricht, wie gesagt, dem Wesen der Liebe, als welche keine Schranken duldet, jede Besonderheit überwindet. Wir sollen den Menschen um des Menschen willen lieben. Der Mensch ist dadurch Gegenstand der Liebe, daß er *Selbstzweck*, daß er ein *vernunft*– und *liebefähiges* Wesen ist. Dies ist das Gesetz der Gattung, das Gesetz der Intelligenz. Die Liebe soll eine *unmittelbare* Liebe sein, ja sie ist nur als *unmittelbare*, Liebe. Schiebe ich aber zwischen den Andern und mich, der ich eben in der *Liebe* die *Gattung verwirkliche*, die Vorstellung einer Individualität ein, in welcher die Gattung schon verwirklicht sein soll, so hebe ich das Wesen der Liebe auf, störe die Einheit durch die Vorstellung eines Dritten außer uns; denn der Andere ist mir dann nur um der Ähnlichkeit oder Gemeinschaft willen, die er mit diesem Urbild hat, *nicht um seinetwillen, d.h. um seines Wesens willen* Gegenstand der Liebe. Es kommen hier alle Widersprüche wieder zum Vorschein, die wir in der Persönlichkeit Gottes haben, wo der Begriff der Persönlichkeit notwendig *für sich selbst, ohne die Qualität*, welche sie zu einer liebens- und verehrungswürdigen Persönlichkeit macht, im Bewußtsein und Gemüt sich befestigt. Die Liebe ist die *subjektive* Existenz der Gattung, wie die Vernunft die *objektive* Existenz derselben. *In der Liebe, in der Vernunft* verschwindet das *Bedürfnis* einer *Mittelsperson*. Christus ist selbst nichts als ein Bild, unter welchem sich dem *Volksbewußtsein* die *Einheit der Gattung* aufdrang und darstellte. Christus liebte die Menschen: er wollte sie alle ohne Unterschied des Geschlechts, Alters, Standes, der Nationalität beglücken, vereinen. Christus ist die Liebe der Menschheit zu sich selbst als ein Bild - der entwickelten Natur der Religion zufolge - oder als eine Person -, eine Person, die aber -versteht sich, als *religiöser Gegenstand* - nur die Bedeutung eines Bildes hat, nur eine ideale ist. Darum wird als Kennzeichen der Jünger die Liebe ausgesprochen. Die Liebe ist aber, wie gesagt, nichts andres als die Betätigung, die Verwirklichung der Einheit der Gattung durch die Gesinnung. Die Gattung ist kein bloßer Gedanke; sie existiert im Gefühle, in der Gesinnung, in der Energie der Liebe. Die Gattung ist es, die mir Liebe einflößt. Ein liebevolles Herz ist das Herz der Gattung. Also ist Christus als das *Bewußtsein der Liebe* das *Bewußtsein der Gattung*. Alle sollen wir *eins* in Christus sein. Christus ist das Bewußtsein unserer Einheit. Wer also den Menschen um des Menschen willen liebt, wer sich zur Liebe der Gattung erhebt, zur universalen, dem Wesen der Gattung entsprechenden Liebe,[223] der ist Christ, der ist Christus selbst. Er tut, was Christus tat, was Christus zu Christus machte. Wo also das Bewußtsein der Gattung als Gattung entsteht, da verschwindet Christus, ohne daß sein wahres Wesen vergeht; denn er war ja der Stellvertreter, das Bild des Bewußtseins der Gattung. [Vgl. Anhang, Abschnitte XXII, XXIII]

ACHTUNDZWANZIGSTES KAPITEL
SCHLUßANWENDUNG

In dem entwickelten Widerspruch zwischen Glaube und Liebe haben wir den praktischen, handgreiflichen Nötigungsgrund, über das Christentum, über das eigentümliche Wesen der Religion überhaupt uns zu erheben. Wir haben bewiesen, daß der *Inhalt* und *Gegenstand* der Religion ein durchaus *menschlicher* ist, bewiesen, daß das *Geheimnis der Theologie* die *Anthropologie*, des göttlichen Wesens das menschliche Wesen ist. Aber die Religion hat nicht das Bewußtsein von der Menschlichkeit ihres Inhalts; sie setzt sich vielmehr dem Menschlichen entgegen, oder wenigstens, sie *gesteht nicht ein*, daß ihr Inhalt menschlicher ist. Der notwendige Wendepunkt der Geschichte ist daher dieses *offne Bekenntnis und Eingeständnis*, daß das Bewußtsein Gottes nichts andres ist als das Bewußtsein der Gattung, daß der Mensch sich nur über die Schranken seiner Individualität oder Persönlichkeit erheben kann und soll, aber nicht über die Gesetze, die *Wesensbestimmungen seiner Gattung*, daß der Mensch kein andres Wesen als *absolutes*, als *göttliches Wesen* denken, ahnden, vorstellen, fühlen, glauben, wollen, lieben und verehren kann als *das menschliche Wesen*.[224]

Unser Verhältnis zur Religion ist daher kein *nur verneinendes*, sondern ein *kritisches*; wir scheiden nur das *Wahre* vom *Falschen* - obgleich allerdings die von der Falschheit ausgeschiedne Wahrheit immer eine *neue*, von der alten *wesentlich unterschiedne* Wahrheit ist. Die Religion ist das erste Selbstbewußtsein des Menschen. Heilig sind die Religionen, eben weil sie die Überlieferungen des ersten Bewußtseins sind. Aber was der Religion das Erste ist, Gott, das ist, wie bewiesen, an sich, der Wahrheit nach das Zweite, denn er ist nur das sich *gegenständliche* Wesen des Menschen, und was ihr das Zweite ist, der Mensch, das muß daher *als das Erste gesetzt* und *ausgesprochen* werden. Die Liebe zum Menschen darf keine abgeleitete sein; sie muß zur *ursprünglichen* werden. Dann allein wird die Liebe eine *wahre, heilige, zuverlässige* Macht. Ist das Wesen des Menschen das *höchste Wesen* des Menschen, so muß auch praktisch das *höchste* und *erste Gesetz* die *Liebe des Menschen zum Menschen sein. Homo homini Deus est* — dies ist der oberste praktische Grundsatz , dies der Wendepunkt der Weltgeschichte. Die Verhältnisse des Kindes zu den Eltern, des Gatten zum Gatten, des Bruders zum Bruder, des Freundes zum Freunde, überhaupt des Menschen zum Menschen, kurz, die *moralischen* Verhältnisse sind an und für sich selbst *wahrhaft religiöse Verhältnisse. Das Leben ist* überhaupt in seinen *wesentlichen* Verhältnissen *durchaus göttlicher Natur*. Seine religiöse Weihe empfängt es nicht erst durch den Segen des Priesters. Die Religion will durch ihre *an sich* äußerliche Zutat einen Gegenstand heiligen, sie spricht dadurch *sich allein* als die heilige

Macht aus; sie kennt außer sich nur irdische, ungöttliche Verhältnisse; darum eben tritt sie hinzu, um sie erst zu heiligen, zu weihen.

Aber die Ehe - natürlich als freier Bund der Liebe[225] - ist *durch sich selbst*, durch die *Natur* der Verbindung, die hier geschlossen wird, *heilig*. Nur *die* Ehe ist eine *religiöse*, die eine *wahre* ist, die dem *Wesen* der Ehe, der Liebe entspricht. Und so ist es mit allen sittlichen Verhältnissen. Sie sind nur da *moralische*, sie werden nur da mit sittlichem Sinne gepflogen, wo sie *durch sich selbst als religiöse* gelten. Wahrhafte Freundschaft ist nur da, wo die *Grenzen* der Freundschaft mit religiöser Gewissenhaftigkeit bewahrt werden, mit derselben Gewissenhaftigkeit, mit welcher der Gläubige die Würde seines Gottes wahrt. *Heilig* ist und sei dir die Freundschaft, heilig das Eigentum, heilig die Ehe, heilig das Wohl jedes Menschen, aber heilig *an und für sich selbst*.

Im Christentum werden die moralischen Gesetze als Gebote Gottes gefaßt; es wird die Moralität selbst zum Kriterium der Religiosität gemacht; aber die Moral hat dennoch untergeordnete Bedeutung, hat nicht für sich selbst die Bedeutung der Religion. Diese fällt nur in den Glauben. Über der Moral schwebt Gott als ein vom Menschen unterschiedenes Wesen, dem das Beste angehört, während dem Menschen nur der Abfall zukommt. Alle Gesinnungen, die dem *Leben*, dem *Menschen* zugewendet werden sollen, alle seine besten Kräfte vergeudet der Mensch an das bedürfnislose Wesen. Die *wirkliche* Ursache wird zum selbstlosen Mittel, eine nur vorgestellte, eingebildete Ursache zur wahren, wirklichen Ursache. Der Mensch *dankt Gott* für die Wohltaten, die ihm der andere *selbst mit Opfern* dargebracht. Der Dank, den er seinem Wohltäter ausspricht, ist nur ein scheinbarer, er gilt nicht ihm, sondern Gott. Er ist dankbar gegen Gott, aber undankbar gegen den Menschen.[226] So geht die sittliche Gesinnung in der Religion unter! So opfert der Mensch den Menschen Gott auf! Das blutige Menschenopfer ist in der Tat nur ein rohsinnlicher Ausdruck von dem innersten Geheimnis der Religion. Wo blutige Menschenopfer Gott dargebracht werden, da gelten diese Opfer für die höchsten, das sinnliche Leben für das höchste Gut. Deswegen opfert man das Leben Gott auf, und zwar in außerordentlichen Fällen; man glaubt damit ihm die größte Ehre zu erweisen. Wenn das Christentum nicht mehr, *wenigstens in unsrer Zeit*, blutige Opfer seinem Gott darbringt, so kommt das, abgesehen von andern Gründen, nur daher, daß das sinnliche Leben nicht mehr für das höchste Gut gilt. Man opfert dafür Gott die *Seele*, die *Gesinnung*, weil diese für höher gilt. Aber das Gemeinsame ist, daß der Mensch in der Religion eine Verbindlichkeit gegen den Menschen wie die, das Leben des andern zu achten, dankbar zu sein -, einer religiösen Verbindlichkeit, das Verhältnis zum Menschen dem Verhältnis zu Gott aufopfert. Die Christen haben durch den Begriff der Bedürfnislosigkeit Gottes, die nur ein Gegenstand der reinen Anbetung sei, allerdings viele wüste Vorstellungen beseitigt. Aber diese Bedürfnislosigkeit ist nur ein abstrakter, metaphysischer Begriff, der keineswegs das eigentümliche Wesen der Religion begründet. Das Bedürfnis der Anbetung nur auf eine Seite, auf die subjektive verlegt, läßt, wie jede Einseitigkeit, das religiöse Gemüt kalt; es muß also, wenn auch nicht mit ausdrücklichen Worten, doch der Tat nach eine dem subjektiven Bedürfnis entsprechende Bestimmung in Gott gesetzt werden, um Gegenseitigkeit herzustellen. Alle wirklichen Bestimmungen der Religion beruhen auf Gegenseitigkeit.[227] Der religiöse Mensch denkt an Gott, weil Gott an ihn denkt, er liebt Gott, weil Gott ihn zuerst geliebt hat usw. Gott ist eifersüchtig auf den Menschen - *die Religion eifersüchtig auf die Moral;*[228] sie saugt ihr die besten Kräfte aus; sie gibt dem Menschen, was des Menschen ist, aber Gott, was Gottes ist. Und Gottes ist die wahre, *seelenvolle Gesinnung, das Herz.*

Wenn wir in Zeiten, wo die Religion heilig war, die Ehe, das Eigentum, die Staatsgesetze respektiert finden, so hat dies nicht in der Religion seinen Grund, sondern in dem ursprünglich, natürlich sittlichen und rechtlichen Bewußtsein, dem *die rechtlichen und sittlichen Verhältnisse* als solche für heilig gelten. Wem das Recht nicht *durch sich selbst* heilig ist, dem wird es nun und nimmermehr durch die Religion heilig. Das Eigentum ist nicht dadurch heilig geworden, daß es als ein göttliches Institut vorgestellt wurde, sondern weil es durch sich selbst, für sich selbst für heilig galt, wurde es als ein göttliches Institut betrachtet. Die Liebe ist nicht dadurch heilig, daß sie ein Prädikat Gottes, sondern sie ist ein Prädikat Gottes, weil sie durch und für sich selbst göttlich ist. Die Heiden verehren nicht das Licht, nicht die Quelle, weil sie eine Gabe Gottes ist, sondern weil sie sich durch sich selbst dem Menschen als etwas Wohltätiges erweist, weil sie den Leidenden erquickt; ob dieser trefflichen Qualität erweisen sie ihr göttliche Ehre.

Wo die *Moral* auf die *Theologie,* das *Recht* auf *göttliche Einsetzung* gegründet wird, da kann man die *unmoralischsten, unrechtlichsten, schändlichsten* Dinge *rechtfertigen* und *begründen.* Ich kann die Moral durch die Theologie nur begründen, wenn ich selbst schon *durch die Moral* das göttliche Wesen bestimme. Widrigenfalls habe ich kein *Kriterium* des Moralischen und Unmoralischen, sondern eine *unmoralische, willkürliche* Basis, woraus ich alles mögliche ableiten kann. Ich muß also die Moral, wenn ich sie durch Gott begründen will, schon *in Gott* setzen, d.h., ich kann die Moral, das Recht, kurz, alle wesentlichen Verhältnisse nur *durch sich selbst begründen* und begründe sie nur *wahrhaft,* so wie es die Wahrheit gebietet, wenn ich sie durch sich selbst begründe. Etwas in Gott setzen oder aus Gott ableiten, das heißt nichts weiter als etwas der prüfenden Vernunft entziehen, als unbezweifelbar, unverletzlich, heilig hinstellen, *ohne Rechenschaft* darüber abzulegen. Selbstverblendung, wo nicht selbst böse, hinterlistige Absicht, liegt darum allen Begründungen der Moral, des Rechts durch die Theologie zugrunde. Wo es *Ernst* mit dem Recht ist, bedürfen wir keiner Anfeuerung und Unterstützung von oben her. Wir brauchen kein *christliches* Staatsrecht; wir brauchen nur ein vernünftiges, ein rechtliches, ein menschliches Staatsrecht. Das Richtige, Wahre, Gute hat überall seinen *Heiligungsgrund in sich selbst, in seiner Qualität.* Wo es *Ernst* mit der Moral ist, da gilt sie eben an und für sich selbst für eine göttliche Macht. Hat die Moral keinen Grund in sich selbst, so gibt es auch keine innere Notwendigkeit zur Moral; die Moral ist dann der bodenlosen Willkür der Religion preisgegeben.

Es handelt sich also im Verhältnis der selbstbewußten Vernunft zur Religion nur um die Vernichtung einer *Illusion* - einer Illusion aber, die keineswegs gleichgültig ist, sondern vielmehr *grundverderblich* auf die Menschheit wirkt, den Menschen, wie um die Kraft des wirklichen Lebens, so um den Wahrheits- und Tugendsinn bringt; denn selbst die Liebe, an sich die innerste, wahrste Gesinnung, wird durch die Religiosität zu einer nur *scheinbaren, illusorischen,* indem die religiöse Liebe den Menschen nur um Gottes willen, also nur scheinbar den Menschen, in Wahrheit nur Gott liebt.

Und wir dürfen nur, wie gezeigt, die religiösen Verhältnisse umkehren, das, was die Religion als Mittel setzt, immer als Zweck fassen, was ihr das Untergeordnete, die Nebensache, die Bedingung ist, zur Hauptsache, zur Ursache erheben, so haben wir die Illusion zerstört und das ungetrübte Licht der Wahrheit vor unsern Augen. Die Sakramente der Taufe und des Abendmahls, die wesentlichen, charakteristischen Symbole der christlichen Religion, mögen uns diese Wahrheit bestätigen und veranschaulichen.

Das Wasser der Taufe ist der Religion nur das Mittel, durch welches sich der heilige Geist dem Menschen mitteilt. Durch diese Bestimmung setzt sie sich aber mit der Vernunft, mit der Wahrheit der Natur der Dinge in Widerspruch. Einerseits liegt etwas an der natürlichen Qualität des Wassers, andererseits wieder nichts, ist es ein bloßes willkürliches Mittel der göttlichen Gnade und Allmacht. Von diesen und andern unerträglichen Widersprüchen befreien wir uns, eine wahre Bedeutung geben wir der Taufe nur dadurch, daß wir sie betrachten als ein Zeichen von der *Bedeutung des Wassers* selbst. Die Taufe soll uns darstellen die wunderbare, aber natürliche Wirkung des Wassers auf den Menschen. Das Wasser hat in der Tat nicht nur physische, sondern eben deswegen auch moralische und intellektuelle Wirkungen auf den Menschen. Das Wasser reinigt den Menschen nicht nur vom Schmutze des Leibes, sondern im Wasser fallen ihm auch die Schuppen von den Augen: er sieht, er denkt klarer; er fühlt sich freier; das Wasser löscht die Glut der Begierde. Wie viele Heilige nahmen zu der natürlichen Qualität des Wassers ihre Zuflucht, um die Anfechtungen des Teufels zu überwinden! Was die Gnade versagte, gewährte die Natur. Das Wasser gehört nicht nur in die Diätetik, sondern auch in die Pädagogik. Sich zu reinigen, sich zu baden, das ist die erste, obwohl unterste Tugend.[229] Im Schauer des Wassers erlischt die Brunst der

Selbstsucht. Das Wasser ist das nächste und erste Mittel, sich mit der Natur zu befreunden. Das Wasserbad ist gleichsam ein chemischer Prozeß, in welchem sich unsre Ichheit in dem objektiven Wesen der Natur auflöst. Der aus dem Wasser emportauchende Mensch ist ein neuer, *wiedergeborner Mensch*. Die Lehre, daß die Moral nichts ohne Gnadenmittel vermöge, hat einen guten Sinn, wenn wir an die Stelle der eingebildeten übernatürlichen Gnadenmittel *natürliche Mittel* setzen. Die Moral vermag nichts ohne die Natur, sie muß sich an die einfachsten Naturmittel anknüpfen. Die *tiefsten Geheimnisse* liegen in dem *Gemeinen*, dem *Alltäglichen*, welches die supranaturalistische Religion und Spekulation ignorieren, die *wirklichen* Geheimnisse illusorischen Geheimnissen, so hier die wirkliche Wunderkraft des Wassers einer eingebildeten Wunderkraft aufopfernd. Das Wasser ist das einfachste Gnaden- oder Arzneimittel gegen die Krankheiten der Seele wie des Leibes. Aber das Wasser wirkt nur, wenn es oft, wenn es regelmäßig gebraucht wird. Die Taufe als ein einmaliger Akt ist entweder ein ganz nutzloses und bedeutungsloses oder, wenn mit ihr reale Wirkungen verknüpft werden, ein abergläubisches Institut. Ein vernünftiges, ehrwürdiges Institut ist sie dagegen, wenn in ihr die moralische und physische Heilkraft des Wassers, der Natur überhaupt, versinnlicht und gefeiert wird.

Aber das Sakrament des Wassers bedarf einer Ergänzung. Das Wasser als ein universales Lebenselement erinnert uns an unsern Ursprung aus der Natur, welchen wir mit den Pflanzen und Tieren gemein haben. In der Wassertaufe beugen wir uns unter die Macht der reinen Naturkraft; das Wasser ist der Stoff der natürlichen Gleichheit und Freiheit, der Spiegel des goldnen Zeitalters. Aber wir Menschen unterscheiden uns auch von der Pflanzen- und Tierwelt, die wir nebst dem unorganischen Reiche unter den gemeinsamen Namen der Natur befassen - unterscheiden uns von der Natur. Wir müssen daher auch *unsre Distinktion*, unsern wesentlichen Unterschied feiern. Die Symbole dieses unsers Unterschieds sind *Wein* und *Brot*. Wein und Brot sind ihrer Materie nach Natur-, ihrer Form nach Menschenprodukte. Wenn wir im Wasser erklären: Der Mensch vermag nichts ohne Natur, so erklären wir durch Wein und Brot: Die Natur vermag nichts, wenigstens Geistiges, ohne den Menschen; *die Natur bedarf des Menschen, wie der Mensch der Natur*. Im Wasser geht die menschliche, geistige Tätigkeit zugrunde; im Wein und Brot kommt sie zum Selbstgenuß. Wein und Brot sind *übernatürliche* Produkte - im allein gültigen und wahren, der Vernunft und Natur nicht widersprechenden Sinne. Wenn wir im Wasser die reine Naturkraft anbeten, so beten wir im Weine und Brote die *übernatürliche Kraft des Geistes*, des Bewußtseins, des Menschen an. Darum ist dieses Fest nur für den zum Bewußtsein gezeitigten Menschen; die Taufe wird auch schon den Kindern zuteil. Aber zugleich feiern wir hier das wahre Verhältnis des Geistes zur Natur: die Natur gibt den Stoff, der Geist die Form. Das Fest der Wassertaufe flößt uns Dankbarkeit gegen die Natur ein, das Fest des Brotes und Weines Dankbarkeit gegen den Menschen. Wein und Brot gehören zu den ältesten Erfindungen. Wein und Brot vergegenwärtigen, versinnlichen uns die Wahrheit, daß der Mensch des Menschen Gott und Heiland ist.

Essen und *Trinken* ist das Mysterium des Abendmahls - Essen und Trinken ist in der Tat an und für sich selbst ein *religiöser Akt, soll* es wenigstens sein.[230] Denke daher bei jedem Bissen Brot, der dich von der Qual des Hungers erlöst, bei jedem Schlucke Wein, der dein Herz erfreut, *an den Gott,* der dir diese wohltätigen Gaben gespendet - *an den Menschen!* Aber vergiß nicht über der Dankbarkeit gegen den Menschen die Dankbarkeit gegen die Natur! Vergiß nicht, daß der Wein das Blut der Pflanze und das Mehl das Fleisch der Pflanze ist, welches dem Wohle deiner Existenz geopfert wird! Vergiß nicht, daß die Pflanze dir das Wesen der Natur versinnbildlicht, die sich selbstlos dir zum Genusse hingibt! Vergiß also nicht den Dank, den du der *natürlichen Qualität* des Brotes und Weines schuldest! Und willst du darüber lächeln, daß ich das Essen und Trinken, weil sie gemeine, alltägliche Akte sind, deswegen von Unzähligen ohne Geist, ohne Gesinnung ausgeübt werden, religiöse Akte nenne, nun so denke daran, daß auch das Abendmahl ein gesinnungsloser, geistloser Akt bei Unzähligen ist, weil er oft geschieht, und versetze dich, um die religiöse Bedeutung des Genusses von Brot und Wein zu erfassen, in die Lage hinein, wo der sonst alltägliche Akt unnatürlich, gewaltsam unterbrochen wird. Hunger und Durst zerstören nicht nur die physische, sondern auch geistige und moralische Kraft des Menschen, sie berauben ihn der Menschheit, des Verstandes, des Bewußtseins. O wenn du je solchen Mangel, solches Unglück erlebtest, wie würdest du segnen und preisen die natürliche Qualität des Brotes und Weines, die dir wieder deine Menschheit, deinen Verstand gegeben! So braucht man nur den gewöhnlichen gemeinen Lauf der Dinge zu unterbrechen, um dem Gemeinen *ungemeine* Bedeutung, dem *Leben als solchem* überhaupt *religiöse Bedeutung* abzugewinnen. *Heilig* sei uns darum das Brot, *heilig* der Wein, aber auch *heilig* das Wasser! Amen. [Vgl. Anhang, Abschnitte XXIV, XXV]

ANHANG

ERLÄUTERUNGEN - BEMERKUNGEN - BELEGSTELLEN

[I]

Das Bewußtsein des unendlichen Wesens ist nichts andres als das Bewußtsein des Menschen von der Unendlichkeit seines Wesens, oder: in dem unendlichen Wesen, dem Gegenstande der Religion, ist dem Menschen nur sein eignes unendliches Wesen Gegenstand.

»Gott«, sagt der hl. Thomas Aquino, »ist kein Körper. Jeder Körper ist unendlich. Über jeden endlichen Körper können wir aber in der Vernunft und Einbildungskraft hinausgehen. Wenn also Gott ein Körper ist, so können unsre Vernunft und Einbildungskraft etwas über Gott denken, was sich widerspricht.« *(Summa contra gentiles, lib. I, c. 20.)* »Die Himmel und Engel haben endliche Kräfte, sie können also nicht die *unendliche Fassungskraft unsres Geistes ausfüllen, non poterunt mentis nostrae captum implere, qui ad recipiendum immensus est.« (J. L. Vivis, De verit. fidei christ., lib. I, De fine bom.)* »Die Seligkeit ist unser letztes, unser einziges Verlangen. Aber dieses Verlangen kann kein irdisches Gut stillen, denn alles Irdische ist *unter* dem menschlichen Geiste. Gott allein ist es, der des Menschen Verlangen stillen, den Menschen selig machen kann, denn der menschliche Geist erkennt durch seinen Verstand und verlangt durch seinen Willen das *allgemeine* (d.i. unendliche) Gut, aber nur in Gott wird das universelle Gut gefunden.« (Thomas A., *De princip. regim.*, *lib. I, c. 8.)* »Der Gegenstand des menschlichen Verstandes ist das allgemeine Wahre *(universale verum, d.h. das Wahre überhaupt oder das nicht auf eine bestimmte Art eingeschränkte Wahre); der Gegenstand des menschlichen Willens oder Verlangens aber das allgemeine Gut, welches nicht in irgendeinem erschaffnen (d.h. endlichen) Wesen, sondern nur in Gott sich findet. Gott allein kann also den menschlichen Willen ausfüllen.« (Ders., *Summa theol. sac., Prima Secundae., Qu. II, 8.)* Wenn nun aber nichts Körperliches, nichts Irdisches, d.h. nichts Bestimmtes, nichts Endliches, wenn nur das unendliche Wesen der dem menschlichen Geiste *entsprechende, angemeßne* Gegenstand ist, nur es allein den menschlichen Willen und Verstand *ausfüllen* kann, so ist doch offenbar in dem unendlichen Wesen dem Menschen *nur die Unendlichkeit des eignen Wesens* Gegenstand, das unendliche Wesen nichts andres als ein Ausdruck, eine Erscheinung, eine Offenbarung oder Vergegenständlichung von dem eignen unbeschränkten Wesen des Menschen.[231] »Ein sterbliches Wesen weiß nichts von einem unsterblichen Wesen« *(Sallustius bei H. Grotius, De verit. relig. christ., lib. I, § 24, Not. 1.)*, d.h., das, dem unsterblichen Wesen

Gegenstand ist, ist selbst unsterbliches Wesen. In dem unendlichen Wesen ist mir nur als Subjekt, *als Wesen* Gegenstand, was ein *Prädikat*, eine *Eigenschaft von mir selbst ist. Das unendliche Wesen ist nichts als die personifizierte Unendlichkeit des Menschen, Gott nichts als die personifizierte, als ein Wesen vorgestellte Gottheit oder Göttlichkeit des Menschen.*

[II]

»Die erkennenden Wesen unterscheiden sich darin von den nicht erkennenden, daß diese nur ihre eigne Form haben, jene aber auch die Form eines andern Wesens, denn die Form oder Gestalt des Erkannten ist in dem Erkennenden.« Hieraus erhellt, daß die Natur des nicht erkennenden Wesens mehr eingeschränkt und eingeengt ist, die Natur des erkennenden Wesens aber eine größere Ausdehnung und Weite hat. Daher der Philosoph (Aristoteles) sagt: »*Die Seele ist gewissermaßen Alles.* Die Einschränkung einer Form (eines Wesens) kommt aber von der Natur, der Materie her. Je mehr daher etwas *immateriell* ist, desto mehr nähert es sich der *Unendlichkeit.*« (Thomas Aq., *Summa, P. I, Qu. 14, Art. 2.*) »Alles, was eine *unendliche Kraft (virtutem infinitam)* hat, hat ein *unendliches Wesen;* aber der *Geist* oder *Verstand* hat eine *unendliche Kraft,* denn er erfaßt das Allgemeine, welches sich auf Unendliches erstrecken kann. Und dies, daß die Verstandeskraft sich gewissermaßen auf Unendliches erstrecken kann, kommt daher, daß sie keine materielle Kraft oder Form ist, denn die Verstandeskraft ist keine Tätigkeit irgendeines körperlichen Organs.« (Ebend., *Qu. 7, Art. 2.*) »Nicht unser Fleisch ist nach dem Bilde Gottes, sondern unsre Seele, welche frei ist und überallhin ungebunden schweift, welche an die entferntesten Orte uns versetzt, die Abwesenden sieht, in einem Nu das Universum überschaut.« *(Ambrosius[232], Hexaem., VI, c. 8.)* »Unumschriebenheit, Unbeschränktheit im wahren eigentlichen Sinne kommt nur Gott zu, aber ein Bild von ihr ist der menschliche Geist, welcher im Augenblick Morgen und Abend, Norden und Süden, Himmel und Erde nicht in der Tat, sondern in der Vorstellung allein durchmustert.« *(Theodoret, Quaest. in Genes., inter. 20.)* »Dürfen wir die Wahrheit unerschrocken aussprechen, so ist in der Tat der Mensch *über* den Göttern selbst, oder sie haben wenigstens gänzlich gleiche Kräfte. Wenn nämlich ein himmlischer Gott auf die Erde herabsteigt, so verläßt er die Grenze des Himmels. Der Mensch aber erhebt sich in den Himmel und mißt ihn aus und sieht die Beschaffenheiten seiner Höhen und Tiefen und nimmt alles Andre genau wahr, und doch, was das Wichtigste ist, verläßt er nicht die Erde, indem er sich in die Höhe schwingt. So sehr kann sich der Mensch *ausdehnen.* Daher können wir kühnlich sagen, daß der irdische Mensch ein sterblicher Gott, der himmlische Gott aber ein unsterblicher Mensch ist.« *(Hermes Trism., Poemander, c. 10, 24. 25.)* »Das Vermögen zu erkennen und handeln ist bei dem Menschen nicht wie bei den übrigen Tieren beschränkt, sondern *unerschöpflich* und *unendlich* und daher Gott ähnlich.« (Hugo Gr., a. a. O.) Die Unendlichkeit des menschlichen Wesens, die wir zuerst nur indirekt, durch Folgerung erkannten, haben wir in diesen Sätzen, die sich übrigens zahllos vermehren ließen, direkt unumwunden ausgesprochen. Die psychologische Unendlichkeit ist der *Grund* der theologischen oder metaphysischen Unendlichkeit. Die Unermeßlichkeit, die nicht auf Ort und Zeit eingeschränkte Existenz, die Allgegenwart Gottes ist die versinnlichte, vergegenständlichte Allgegenwart und Unermeßlichkeit der menschlichen Vorstellungs- und Einbildungskraft.

[III]

Das unendliche oder göttliche Wesen ist das geistige Wesen des Menschen, welches aber vom Menschen abgesondert und als ein selbständiges Wesen vorgestellt wird. Gott ist Geist, das heißt der Wahrheit nach: der Geist ist Gott. Wie das Subjekt, so das Objekt, wie der Sinn, so der Gegenstand. Gott - als abstraktes, d.i. abgezognes, unsinnliches Wesen - ist nicht den Sinnen oder der sinnlichen Einbildungskraft, sondern nur der Vernunft Gegenstand, also ist er nur das Vernunftwesen, nur die sich als göttliches Wesen gegenständliche Vernunft.

»Gott fehlt keine Vollkommenheit, welche in irgendeiner Wesensgattung gefunden wird. Unter den *Vollkommenheiten* der Wesen ist aber die *vorzüglichste* die *Intelligenz*, der *Verstand*, denn dadurch ist ein Wesen *gewissermaßen alles*, indem es die Vollkommenheiten aller Dinge in sich faßt: Gott ist also ein erkennendes, denkendes Wesen.« (Thomas A., *Summa c. gent., lib. I, c. 44, 5.*) »Weil die Alten jede abgesonderte Substanz Gott nannten, so folgte daraus, daß unsre Seele, d.i. der Verstand, durch den wir erkennen, *göttlicher Natur* sei, daher auch einige Christen unsrer Zeit, welche einen (*sc.* vom Menschen) abgesonderten tätigen Verstand in uns annehmen, ausdrücklich sagten, daß der *tätige Verstand Gott* ist. Diese Meinung konnte aber auch aus der Ähnlichkeit unsrer Seele mit Gott entspringen, denn da das *Erkennen* vor allem eine *charakteristische Eigenschaft Gottes* ist und keinem niederen Wesen zukommt außer dem Menschen wegen seiner Seele, so konnte es scheinen, daß die Seele zur göttlichen Natur gehöre.« (Ders. das., *lib. II, c. 85.*) »Der Weise ist mit Gott durch eine gewisse Verwandtschaft verbunden, weil er sich mit der Intelligenz beschäftigt, welche ist das *Wesen Gottes* selbst.« (Synesius in *Petavii Theol. dog., T. I, lib. IV, c. 1, § 1.*) »Der Verstand ist der Zusammenhang oder das Band zwischen uns und Gott.« (R. Moses, ebend., *T. IV, lib. IV, c. 13, § 8.*) »Eine weit *größere Einheit* findet zwischen *Gott* und dem *Menschen* statt als zwischen der Seele und dem Fleisch; denn eine größere Einheit ist zwischen geistigen Naturen als zwischen einer geistigen und körperlichen Natur. *Gott* aber ist eine *geistige Natur* und der *Mensch* ist eine *geistige Natur.*« (Hugo Victor, ebend., *§ 14.*) »Unter allen Kreaturen kann sich allein der vernünftige Geist zur Erforschung Gottes erheben, denn er nähert sich ihm am meisten durch die Ähnlichkeit seines Wesens. Je mehr sich daher der vernünftige Geist der *Selbsterkenntnis* befleißigt, desto tüchtiger wird er zur Erkenntnis Gottes.« (Anselmus, *Monolog., c. 66.*) »Der menschliche Geist ist mit nichts zu vergleichen als mit Gott selbst.« (Cicero, *Quaest. Tusc.*) »Gott selbst kann nicht anders gedacht werden, denn als freier und ungebundner, von aller sterblichen Zusammensetzung abgesonderter Geist.« (Ders., a. a. O.) Die Alten nannten überhaupt geradezu die Seele, den Geist, die Vernunft Gott, während die Christen direkt oder mit Worten die Nichtverschiedenheit Gottes vom menschlichen Geiste leugnen, indirekt aber oder in der Tat behaupten. Die Christen warfen daher den Heiden vor, daß sie die Vernunft vergöttert hätten; aber die Christen tun dasselbe. Der Unterschied ist nur dieser, daß die Christen mit dem Vernunft- oder Abstraktionsvermögen des Menschen zugleich das *Gegenteil* desselben, das Gefühlswesen, kurz, das *ganze* Wesen des Menschen vergötterten und dadurch - abgesehen von andern in dieser Schrift entwickelten Gründen - den vom Menschen abgeschiednen Geist, welcher bei den Alten den unverkennbaren Charakter einer subjektiven, menschlichen Abstraktion hatte, zu einem, wenigstens ihrer Einbildung nach, selber fühlbaren, materiellen Wesen machten. »Das beschauliche Leben«, sagt vortrefflich Thomas A. (In seiner *Exposit. in Cantica Cantic., Parisiis 1515, fol. 8.*) »hat bei den Theologen (d.i. Christen) und den Philosophen (d.i. Heiden) nicht dieselbe Bedeutung. Die Philosophen setzen die Glückseligkeit, den Zweck der Beschauung in die Weisheit, die Ausübung der Denkkraft; aber die Theologen setzen ihn mehr in das *Schmecken* als Denken, mehr in die *Liebe* und *Süßigkeit* als in die Beschauung. Wenn wir daher die Sinne zur Bezeichnung dieses Unterschieds wählen wollen, so können wir sagen: das beschauliche Leben der Philosophen erquicke *Augen* und *Ohren*– denn unter allen Sinnen tragen diese am meisten zur Erkenntnis und Wissenschaft bei -, die geistliche Beschauung aber erquicke den *Geschmack*, den *Geruch* und das *Gefühl*.« Bemerkt muß übrigens noch werden, daß die Christen deswegen hauptsächlich auch Gott vom Geiste, von der Seele des Menschen unterscheiden, weil sie den Geist, die Seele mit dem individuellen, d.i. wirklichen, sinnlichen, leiblichen Wesen identifizieren, während die Alten die Vernunft, den Geist *im* Menschen selbst als ein abgesondertes Wesen, als ein Wesen für sich dachten. Wenn und wo daher die Christen leugnen, daß Gott der Geist oder die Seele des Menschen sei, so bedeutet der Geist den denkenden *Menschen*, die Seele den empfindenden, begehrlichen Menschen oder die mit dem Leibe verbundne, die leiblich, sinnlich bestimmte Seele. So sagt z.B. Augustin *(Contra Fortunatum)*: »etwas Andres ist Gott, etwas Andres die Seele. Gott ist unverletzlich, unverderblich, undurchdringlich, unbefleckbar. Die Seele aber sündigt usw. Wenn also die Seele die Substanz Gottes ist, so irrt die Substanz Gottes, so wird die Substanz Gottes verdorben usw.« Und Thomas A. *(S. c. gent., lib. II, c. 25.)*:

»Gott ist ewig, die Seele aber war nicht vor ihrem Leibe. Gott ist unveränderlich, aber in der Seele Veränderung. Gott ist reine Tätigkeit, aber in der Seele ist Fähigkeit (Leiden) und Tätigkeit, also kann die Seele nicht etwas von der göttlichen Substanz sein.« Aber was ist diese Seele anders als der Mensch? Die Seele selbst ist ebenso unverderblich, undurchdringlich, unbefleckbar als Gott, denn sie ist nach den Christen selbst unteilbar, einfach, immateriell, unverwüstlich, unsterblich; kurz Alles, was sie der Seele in der *Moral* absprechen, das sprechen sie ihr in der *Metaphysik* zu. Die metaphysischen Bestimmungen, die *Wesensbestimmungen* der Gottheit und Seele sind dieselben. Dies zeigt sich besonders in der Unsterblichkeitslehre, wo sie, sei es nun ausdrücklich oder geistlich, die Bestimmungen der Gottheit der Seele zueignen. So sagt z.B. Grotius *(De verit. rel. chr., lib. I, c. 23.)*: »die Natur der Seele hängt von nichts ab; es gibt keinen *Gegensatz* der Seele«, d.h.: sie ist das absolute, das unendliche Wesen; denn auch Gott, »die allgemeine Ursache, die universale Natur«, hat nichts zu ihrem Gegensatz, wie es ausdrücklich z.B. bei Thomas Aq. in seinem Kommentar zum Dionysius heißt. Um daher die Existenz Gottes, d.h. eines von der Seele unterschiednen Wesens, zu beweisen, leugnen die Christen die Existenz der Seele als eines vom Leibe, vom Materiellen unterschiedenen Wesens, identifizieren sie die Seele mit dem leibhaften Menschen; um aber die Existenz der Unsterblichkeit zu beweisen, leugnen sie die Verschiedenheit der Seele von der Gottheit, machen sie die Seele zu einem vom Leibe unterschiednen und unabhängigen, göttlichen Wesen,[233] gestehen sie also ein, daß die Seele Gottes die Seele des Menschen ist, denn die Seele der Theologie ist einzig die *unsterbliche* Seele. »Wegen des *ewigen Lebens allein* sind wir *eigentlich* Christen.« Augustin. *(De civ. Dei, lib VI, c. 9.)*

[IV]

Gott ist nicht dieser oder jener, nicht dein oder mein Geist; er ist *der* Geist, der aber selbst wieder *als ein singulärer, einzelner, selbständiger Geist* gedacht oder vorgestellt wird. Gott ist überhaupt der und *zwar als Gattungsbegriff individualisierte oder personifizierte Gattungsbegriff, die als Gattung im Unterschiede von den Individuen existierend gedachte Gattung.* Gott ist der Inbegriff aller Realitäten, heißt: Gott ist der Inbegriff aller Gattungen oder Gattungsbegriffe. Der Unterschied zwischen dem Heidentum und Christentum ist in dieser Beziehung der, daß bei den Heiden die Gattung ein gedachtes Wesen ist, welches *nur in den sinnlichen, wirklichen Individuen Existenz* hat, bei den Christen die Gattung *als solche, als gedachtes Wesen für sich selbständige Existenz* hat. Die Heiden *unterschieden Denken und Sein*, die Christen *identifizierten beides.* Der *Polytheismus* beruht auf dem *Unterschied*, der *Monotheismus* auf der *Einheit* von *Denken* und *Sein, Gattung* und *Individuum.*

»Man sagt nicht, der Mensch oder das Tier ist die Weiße, weil die Weiße nicht für sich einzeln existiert, sondern durch das existierende Subjekt vereinzelt oder individualisiert wird. Ebenso sagt man nicht, daß Sokrates oder der Mensch die Menschheit ist, aber die göttliche Wesenheit ist für sich einzeln existierend und in sich selbst individualisiert. *(Divina essentia est per se singulariter existens et in se ipsa individuata.)* Die göttliche Wesenheit wird daher zum Prädikat Gottes gemacht, so daß man sagt: Gott ist seine Wesenheit, d.h. wie es richtig der Kommentator Francisc. Ferrariensis zu dieser Stelle erklärt: Gott ist die Gottheit.« (Thomas A., *S. c. gent., lib. I, c. 21.*) »Das *abstrakte Sein* kann nur eines sein, gleichwie die Weiße, wenn sie abstrakt existierte, nur *eine* wäre. Aber Gott ist selbst das abstrakte Sein *(Deus est ipsum esse abstractum*, d.h. das Sein als Sein, der Begriff des Seins, der aber als ein Seiendes zugleich gedacht wird), da er *sein* Sein ist. Es kann daher nur *ein* Gott sein.« (Ders., a. a. O., c. *42.*) »Bei den aus Form und Materie zusammengesetzten Wesen unterscheiden sich notwendig die Natur oder Wesenheit und das Subjekt oder Individuum *(suppositum)*, weil die Wesenheit oder Natur nur *das* in sich faßt, was in die Definition der Spezies oder Gattung fällt. So begreift die Menschheit *das* in sich, was in die Definition des Menschen fällt, denn *dieser* Mensch ist *Mensch*, und das bedeutet eben die Menschheit, das nämlich, wodurch der Mensch ist Mensch. Aber die individuelle Materie mit allen individualisierenden Akzidenzen geht nicht in die Definition der Gattung ein, denn in die Definition des Menschen kommt nicht dieses Fleisch und diese Knochen, die Weiße oder Schwärze oder sonst etwas dergleichen; diese Akzidenzen werden ausgeschlossen aus der *Menschheit* und nur eingeschlossen in dem, was *Mensch* (d.h. menschliches Individuum) ist, daher der Mensch Etwas in sich hat, was die Menschheit nicht hat, und folglich ist der *Mensch und die Menschheit nicht ganz dasselbe.* Da aber, wo keine Zusammensetzung ist aus Form und Materie (d.h. aus Geist und Fleisch, Gattung und Individuum), wo die Individualisierung nicht durch die individuelle Materie, d.h. durch *diese* Materie geschieht, sondern die Formen *durch* und *für sich selbst individualisiert* sind, da sind notwendig die Formen selbst die bestehenden Subjekte oder Individuen, so daß in ihnen kein Unterschied ist zwischen Individuum und Wesen oder Gattung *(non differt suppositum et natura).* Da nun aber Gott nicht zusammengesetzt ist aus Materie und Form, so ist notwendig Gott seine Gottheit (d.h. *die* Gottheit), sein Leben (d.h. *das* Leben) und alle sonstigen Prädikate.« (Ders., *Summ. sacrae theol., P. I, Qu.* 3, *Art. 3.*) D.h. aber: Gott ist ein bloßes Prädikat, das aber als Subjekt, ein bloßer Gattungsbegriff, der aber als Einzelwesen vorgestellt, und darum, obgleich ein nur abstraktes Wesen, als wirkliches, existierendes Wesen gedacht wird. »*Je weniger bestimmt* daher, je *allgemeiner* und unbedingter ein Name ist, desto mehr *eignet* er sich für Gott. Unter allen Namen ist darum der geeignetste für Gott der Name: ›Ich bin, der ich bin‹ *2. Mose 3, 14.*, der Name des Seins schlechtweg, denn er ist der universellste.« (Ders., *Qu. 13, Art. 11.*): »Je *spezieller* die Namen sind, desto mehr bestimmen sie eine der

Kreatur zukommende Weise.« (Ders., *Qu. 33, A. 1.* Siehe hierüber auch *Petavius, De trinit., lib. V, c. 6, § 10.*) »Wenn wir die Namen der *Erzeugung* und des *Sohnes* von den erschaffnen Dingen auf Gott übertragen, so sondern wir im Geiste alles Grobe (Materielle) und Vergängliche davon ab, wie z.B. die Teilung der Substanz, die Zeitordnung; nur dies Eine behalten wir: die Gemeinschaft oder Mitteilung des Wesens und der Natur. Ebenso, wenn wir Gott das *Wort* nennen, so lassen wir weg, was in dem Begriffe dieses Wortes liegt, inwiefern es den Kreaturen zukommt, wie z.B. das Unselbständige und Flüchtige.« (Isidorus Pelusiota bei Petavius, *De trinit., lib. VII, c. 14, § 6.*) Das heißt: der Sohn, wie er in Gott ist, der göttliche Sohn ist nichts andres als *der Sohn in abstracto, der Begriff des Sohns*; das Wort, wie es in Gott ist, das göttliche Wort ist nicht dieses oder jenes vom Menschen ausgesprochne, in der Luft verhallende, nicht ein deutsches oder griechisches, römisches oder hebräisches Wort, sondern das Wort an sich, das Wort überhaupt, der *Gattungsbegriff* des Wortes, welchem natürlich alle Bestimmungen der Gottheit: Un- und Übersinnlichkeit, Ewigkeit, Unwandelbarkeit, Einfachheit zukommen. Ganz entsprechend dem Grundbegriff oder Grundwesen der Gottheit ist es daher, daß in der Trinität die innern Eigenschaften der Gottheit *als Personen*, als Wesen individualisiert werden. Gott ist nichts andres als ein Inbegriff, eine Menge von Adjektiven, die als Substantive, von Prädikaten, von Abstraktionen, die als Subjekte, als Wesen vorgestellt werden. Mit demselben Rechte, mit dem in Geist, die Weisheit, die Vorsehung, die Güte, die Macht, kurz, allgemeine, vom Menschen und der Natur abgezogne Begriffe in Gott zu Wesen gemacht werden, mit demselben Rechte werden die abgezognen Eigenschaften der Vaterschaft, der Sohnschaft zu Personen verdichtet. »Die heilige Schrift schreibt Gott Hände, Augen, Herz und andere Organe zu, um damit eine gewisse Wirksamkeit oder Tätigkeit Gottes auszudrücken, so aber, daß, obgleich alles Plumpe, Unvollkommne und Körperliche abgezogen wird, dennoch die *eigentliche, wirkliche Tätigkeit* dieser Organe ihm zugeschrieben wird. Denn Gott *hört* und *sieht* und *will* und *denkt wirklich*, ob er gleich die Körperteile nicht hat und gebraucht, denen diese Begriffe oder Tätigkeiten entsprechen. *Eben so* sagt die Schrift, daß der Sohn aus der Gebärmutter vom Vater erzeugt sei, denn obgleich in Gott keine Gebärmutter, überhaupt nichts Körperliches ist, so ist doch in ihm *wahre* Erzeugung, wahre Geburt, die eben mit dem Worte: Gebärmutter angezeigt wird.«[234] *Petavius*. (Ebend., *lib. V, c. 7, § 4.*) In der Erkenntnis, daß Gott nichts andres ist als der als Gattungsbegriff personifizierte oder individualisierte Gattungsbegriff, haben wir den Schlüssel zu allen Geheimnissen der Theologie, die Erklärung aller ihrer Unerklärlichkeiten und Unbegreiflichkeiten, die Auflösung aller der verwirrenden Widersprüche und Schwierigkeiten, über die sich sonst die Theologen und Philosophen vergeblich den Kopf zerbrochen haben. Wir erkennen daraus, woher es kommt, daß man von Gott nur »*en general* und überhaupt reden kann«, bei allen speziellen Fragen aber, bei allen Fragen nach der Art und Weise die Antwort in der Theologie verneinend ausfällt, daher nämlich, daß bei dem Gattungsbegriff, wie übrigens schon früher bei dem Schöpfungsakt gezeigt wurde, alle speziellen und individuellen Bestimmungen wegfallen, Bestimmungen, die aber gleichwohl der Glaube oder die Theologie in Gott als an sich, nur nicht für unsre Erkenntnis vorhanden annimmt, weil sie diesen Gattungsbegriff als ein wirkliches, gegenständliches Wesen vorstellt. Wir erkennen daraus, welches der wahre Sinn der Unendlichkeit, der Ursächlichkeit, der Erhabenheit, der Vollkommenheit, der ebensowohl positiven als negativen Natur Gottes ist. Gott ist in demselben Sinne das Wesen, von dem Alles ebensowohl bejaht als verneint werden kann, in demselben Sinne Alles und Nichts, in welchem z.B. *die* Farbe *alle* Farben und *keine*, nämlich besondere und einzelne Farbe ist; in demselben Sinne unendlich, in welchem es die Gattung ist, welche nicht auf diesen Ort, diese Zeit, dieses Individuum, diese Art eingeschränkt ist, denn »die Allgemeinheiten, die Gattungen *(Universalia)* sind *überall* und *immer*« (Thomas A., *Summ. theol., P. I, Qu. 46, A. 2.*); in demselben Sinne *über* den Menschen, in welchem die Farbe über den Farben ist, denn »die Menschheit ist *über* den Menschen« (Ders., im Vorwort seiner *Exposit. in Dionysii A., divina nomina*[235]); in demselben Sinne das höchste Wesen und als dieses der Grund und die Ursache aller Wesen, in welchem es überhaupt die Gattung ist, wenn sie im Unterschiede von den Individuen als ein selbständiges Wesen vorgestellt wird; in demselben Sinne das vollkommene Wesen, in welchem es den Individuen gegenüber die Gattung ist, denn *die* Farbe ist *alle* Farben, während die wirkliche, individuelle Farbe immer nur *eine* mit Ausschluß aller andern ist, die Gattung daher der Inbegriff aller Vollkommenheiten, welche an die Individuen verteilt sind. »Gott ist das für sich bestehende Sein selbst *(ipsum esse per se subsistens)*. Darum begreift er alle Vollkommenheiten des Seins in sich, denn es ist offenbar, daß, wenn etwas Warmes nicht alle Vollkommenheit der Wärme in sich hat, dies nur darin seinen Grund hat, daß die Wärme nicht auf vollständige Weise partizipiert (d.i. verwirklicht) wird, daß aber, wenn die Wärme *für sich selbst* existierte, ihr auch nichts von der Vollkommenheit der Wärme fehlen könnte.« (Thomas A., a. a. O., *Qu. 4, A. 2.*) Wir erkennen hieraus, wie töricht es ist, wenn man sich Gott in einem Individuum dargestellt oder verwirklicht vorstellt, so töricht, als wenn man sich die Farbe, ein von den einzelnen und besondern Farben abgezogenes Gedankenwesen, in *einer* Farbe verwirklicht vorstellen wollte; wie richtig, wie notwendig dagegen es ist, wenn man in der Auflösung und Zurückführung des göttlichen Wesens auf die wirklichen Wesen, von welchen es abstrahiert ist, dasselbe sich in der Allheit der Individuen verwirklicht denkt, denn Gott wird ja ausdrücklich als das Wesen vorgestellt und bestimmt, welches alle Vollkommenheiten, alle

Tugenden, die in den wirklichen Wesen zerstreut und verteilt sind, vereint besitzt. »Obgleich Gott«, sagt z.B. Thomas A. in seinem Kommentar zu Dionysius A. *(cap. 11.),* »in sich selbst unteilbar bleibt, so werden doch seine Gaben, d.h. seine Vollkommenheiten und Kräfte von den Kreaturen zerteilt und teilweise je nach ihrer verschiedenen Empfänglichkeit aufgenommen.«

[V]
Gott ist kein physiologisches oder kosmisches, sondern ein psychologisches Wesen.
Wer keinen Gott in die Natur schon hineinlegt, der bringt auch keinen aus ihr heraus. Die Beweise von der Existenz Gottes aus der Natur sind nur Beweise von der *Unwissenheit* und *Arroganz* des Menschen, mit welcher er die Schranken seines Kopfes zu Schranken der Natur macht. Nimmt man auch Zwecke in der Natur an - der Zweck der Natur liegt *nicht außer* und *über der Natur,* so wenig als der Zweck des Auges, das Sehen außer und über dem Wesen, dem Bau, dem Organismus des Auges liegt, und führt daher auf kein Wesen außer und über der Natur. Der Zweck ist in der Natur nicht unterschieden und unabhängig vom Mittel, von der Beschaffenheit des Organs; die Natur hört nur durch das Ohr, sieht nur durch das Auge, denkt nur durch das Hirn, aber ein Gott hört *ohne* Ohren, sieht *ohne* Augen und denkt *ohne* Hirn. Woher ist der Zweck? ruft der Theist, indem er den Zweck von den Mitteln in Gedanken absondert und für sich selbst denkt, aber ich frage: Woher sind denn die Mittel? Wie kann aus einem Wesen, das *ohne Kopf* denkt, ein Wesen entspringen, das nur *in* und *mit* dem Kopf denkt? Wozu braucht denn ein immaterielles, ohne Mittel wirkendes, allmächtiges Wesen *materielle Mittel?* Der Schluß von der Natur auf einen Gott, d.h. ein von der Natur unterschiedenes, übernatürliches, geistliches Wesen als Ursache derselben ist daher nur da am Orte und gerechtfertigt, wo der Mensch glaubt, daß man auch ohne Augen sehen und ohne Ohren hören kann, wo das Band zwischen der Ursache und Wirkung, dem Mittel und Zweck, dem Organ und der Funktion einzig das *allmächtige,* göttliche Wesen ist. »Die natürlichen Dinge«, sagt z.B. *Calvin,* »sind nichts andres als Werkzeuge, die Gott beständig nur soviel wirken läßt, als er will, und nach Gefallen dreht und wendet, je nachdem er dieses oder jenes durch sie machen will. Kein Geschöpf hat eine so bewundernswürdige und auffallende Kraft als die Sonne. Sie beleuchtet den ganzen Erdball mit ihrem Glänze, sie erhält und erquickt alle Tiere mit ihrer Wärme, sie befruchtet die Erde mit ihren Strahlen... Und doch ließ der Herr, damit man *ihn allein* als den wahren Urheber priese, eher als er die Sonne schuf, das Licht hervorkommen und die Erde mit Kräutern und Früchten aller Art sich erfüllen. *1. Mose. 1, 3.11.* Kein Frommer wird also die Sonne zur *hauptsächlichen* oder *notwendigen* Ursache von Dingen machen, die schon vor Erschaffung der Sonne existierten, sondern nur zu einem Werkzeug, dessen sich Gott bedient, *weil er will,* denn er könnte ebensogut auch *ohne die Sonne*

durch sich selbst dasselbe bewirken.« *(Instit. chr. relig., lib. I, c. 16, sect. 2.)*
Allerdings wäre kein Gott, wenn keine Natur wäre, aber die Natur ist nur
die Bedingung, die Menschheit die Ursache der Gottheit. Die Natur gibt
nur den Stoff zur Gottheit, aber die Seele haucht ihr der Mensch ein. So
stammt nur die Macht aus der Natur, aber die Allmacht aus dem Menschen.
Die Existenz Gottes gründet sich wohl auf die Natur, aber das Wesen
Gottes nur auf den Menschen. »Zwei Bilder«, sagt *Hugo* im Prolog seines
Kommentars zum Dionysius A., »wurden dem Menschen vorgesetzt, um in
ihnen das Unsichtbare schauen zu können, das *Bild der Natur* und das der
Gnade. Jenes war die Gestalt dieser Welt, dieses die Menschheit des
Wortes. Die Natur konnte wohl demonstrieren, aber erleuchten konnte sie
nicht; die Menschheit des Erlösers aber erleuchtete erst, ehe sie
demonstrierte. Durch die Bilder der Natur wurde der Schöpfer nur
angedeutet, in den Bildern aber der Gnade wurde Gott als gegenwärtig
gezeigt, jene wirkte er nur, um uns die Einsicht, daß *er ist*, in diesen aber
wirkte er, um uns die Erkenntnis zu geben, daß er *gegenwärtig* ist.« Die Natur,
fügen wir diesen Worten Hugos bei, gibt nur Brot und Wein, aber den
religiösen oder theologischen Inhalt legt der Glaube, das Gemüt, die
Phantasie hinein. Der Natur eine theologische oder theistische Bedeutung
unterlegen, heißt dem Brote die Bedeutung des Fleisches, dem Weine die
Bedeutung des Blutes geben. Die Natur zum Werk und Ausdruck eines
Gottes machen, heißt ihr die *Substanz* nehmen und nur die *Akzidenzen*
lassen. »Aus dem Sinnlichen«, sagt *Thomas* A., »kann nicht das göttliche
Wesen als solches erkannt werden, denn die sinnlichen Geschöpfe sind
Wirkungen Gottes, die nicht die Kraft der Ursache auf eine ihr
entsprechende (adäquate) Weise darstellen. Weil jedoch die Wirkungen von
der Ursache abhängen, so können wir durch sie erkennen, ob Gott *ist* und
was ihm insofern zukommt, als er die erste Ursache aller Dinge ist« *(Summa,
P. I, Qu. 12, A. 12.)* Aber die bloße Ursächlichkeit, sei sie auch die erste und
allgemeinste, macht noch keine Gottheit. Die Ursache ist ein physischer
Begriff, wenngleich allerdings die Ursache, *wie sie* die Grundlage (die
Prämisse) der Gottheit bildet, schon ein durchaus abgezogner und
hyperphysischer Begriff ist, denn er ist nichts andres als der personifizierte
Gattungsbegriff der Ursache. »Die natürliche Erkenntnis (d.h. die nur auf
die Natur sich stützende) kann nicht zu Gott kommen, inwiefern er
Gegenstand der Seligkeit ist.« (Ders., ebend., *Sec. P., sec. Partis Qu. 4, 7.)* Aber
erst *der* Gott, welcher Gegenstand der Seligkeit, ist der religiöse, der
eigentliche, der dem Begriffe oder Namen der Gottheit entsprechende
Gott. »In der Natur«, sagt derselbe, »finden sich nur *Spuren*, aber *kein Bild*
der Gottheit. Die Spur zeigt nur an, daß jemand vorübergegangen ist, aber
nicht, wie er beschaffen ist. Das *Bild* Gottes findet sich nur in der
vernünftigen Kreatur, im Menschen.« (Ebend., *P. I., Qu. 45, A. 7.)* Der
Glaube an einen übernatürlichen Ursprung der Natur stützt sich daher nur

auf den Glauben an die Übernatürlichkeit des Menschen. Die Erklärung und Ableitung der Natur von einem von der Natur unterschiedenen Wesen hat zur Voraussetzung die Unerklärlichkeit und Unableitbarkeit des sich von der Natur unterscheidenden menschlichen Wesens aus der Natur. Gott ist Schöpfer der Natur, *weil* der Mensch (nämlich auf dem Standpunkt der Religion und Theologie) *kein* Geschöpf der Natur ist. Der Mensch ist (*scil.* seiner Vorstellung nach) nicht *aus* der Natur; aber gleichwohl hat der Mensch das Bewußtsein, daß er, wenigstens von vornherein, nicht ewig, daß er entsprungen, entstanden ist. Also, woher ist er? *Aus Gott*, d.h. aus einem Wesen seines Wesens, seinesgleichen, das sich aber dadurch von ihm unterscheidet, daß es *nicht* entstanden ist. Gott ist nur indirekt, nur mittelbar, nur deswegen Schöpfer der Natur, weil er der Schöpfer oder richtiger Vater des Menschen ist, weil er nicht Schöpfer des Menschen sein könnte, wenn er nicht auch Schöpfer der Natur wäre, in welche sich nun einmal der Mensch trotz seines supranaturalistischen Wesens verflochten sieht. Die Natur ist also nur darum von Gott, weil der Mensch *aus* Gott ist, und aus Gott, göttlichen Ursprungs ist der Mensch, weil er ein göttliches Wesen ist, welches er aber - abgesehen davon, daß er überhaupt in Gott sein Wesen als Gattung, in sich als Individuum, in Gott als unbeschränkt, als unleiblich, in sich als beschränkt, als leiblich denkt - als ein *anderes* nur deswegen vorstellt, weil das Bewußtsein seines Entstandenseins mit dem Bewußtsein oder der Vorstellung seines Gottseins im Widerspruch steht. Das Gottesbewußtsein, das Bewußtsein: ich bin Gottesgeschöpf, Gotteskind ist daher das *höchste Selbstbewußtsein* des Menschen. »Wenn dich«, sagt Epictet, »der Kaiser an Kindesstatt annähme, so würde man nicht deinen Hochmut ertragen können. Warum willst du also nicht stolz sein, wenn du weißt, daß du Gottes Sohn bist?« (Arrian., Epict., *lib. I, c. 3.*)

[VI]

Die Natur, die Welt hat keinen Wert, kein Interesse für den Christen. Der Christ denkt nur an sich, an sein Seelenheil, oder, was eins ist, an Gott.

»Dein erster und letzter Gedanke sei *du selbst*, dein einziger Gedanke dein Heil.« *De inter. domo.* (Pseudobernhard) »Wenn du dich aufmerksam betrachtest, so ist es zu verwundern, wenn du je an *etwas andres* denkst.« *Bernardus. (Tract. de XII. grad. hum. et sup.)* »Bist denn *du selbst* nicht das Köstlichste für dich?« *Boethius. (De consol. philos., lib. II, Prosa IV.)* »Ob die Sonne größer ist als die Erde oder nur einen Fuß in die Breite mißt? ob der Mond mit fremdem oder eignem Lichte strahlt? Das zu wissen, bringt keinen Nutzen, nicht zu wissen, keinen Schaden. Euer Wohl ist in Gefahr: das Heil nämlich eurer Seelen.« *Arnobius. (Adv. gentes, lib. II, c. 61.)* »Ich frage also: Was ist der Gegenstand der Wissenschaft? Die Ursachen der natürlichen Dinge? Welche Seligkeit habe ich davon zu erwarten, wenn ich den Ursprung des Nils oder die Faseleien der Physiker über den Himmel kenne?« *Lactantius. (Inst. div., lib. III, c. 8.)* »Auch wiß- und neugierig *(curiosi)* sollen wir nicht sein. Manche halten es für etwas Großes, wenn sie, ohne sich doch darum zu bekümmern, was Gott ist, diese gesamte Körpermasse, welche Welt genannt wird, aufs sorgfältigste erforschen. Die Seele unterdrücke diese eitle Wißbegierde, die den Menschen meistens zu dem Glauben verleitet, daß *nur Körperliches* existiere.« *Augustinus. (De mor. eccl. cath., lib. I, c. 21.)* »Das auferstehende und ohne Ende lebende Fleisch ist ein bei weitem wissenswürdigerer Gegenstand als alles, was nur immer die Ärzte durch Forschung (in demselben im menschlichen Körper) kennenlernten.« (Ders., *De anima et ejus orig., lib. IV, c. 10.*) »Laß natürliche Kunst fahren. Ist genug, daß du weißt, daß Feuer heiß, Wasser kalt und feucht ist. Wisse, wie du deinen Acker, Viehe, Haus und Kind üben sollst, das ist dir genug in natürlicher Kunst. Darnach denke, wie du nur allein Christum erlernest, der wird dir zeigen dich selbst wer du bist, was dein Vermögen ist. Also wirst du Gott und dich selbst erlernen, welches kein natürlicher Meister, noch natürliche Kunst je erfahren hat.« Luther. *(T. XIII, 264.)*

Aus diesen Belegstellen, die sich übrigens bis ins Unzählige vervielfältigen ließen, erhellt zur Genüge, daß das *wahre, religiöse* Christentum kein Prinzip, kein Motiv zu wissenschaftlicher und materieller Kultur in sich hat. Das *praktische* Ziel und Objekt des Christen ist einzig der *Himmel*, d.h. das realisierte Seelenheil. Das *theoretische* Ziel und Objekt des Christen aber ist einzig *Gott* als das mit dem Seelenheil identische Wesen. Wer aber Gott weiß, weiß alles. Ja, so unendlich mehr Gott ist als die Welt, so unendlich mehr ist auch die Theologie als die Erkenntnis der Welt. Die Theologie macht selig, denn ihr Objekt ist nichts andres als die personifizierte Seligkeit. »Unglücklich ist, wer alles kennt, aber dich nicht kennt, glücklich aber, der dich kennt, wenn er auch sonst nichts weiß.« *Augustin. (Confess., lib. V, c. 4.)* Wer möchte, wer könnte also das selige göttliche Wesen mit den unseligen nichtigen Dingen dieser Welt vertauschen? Wohl offenbart sich Gott in der Natur, aber nur nach seinen allgemeinsten, unbestimmtesten Eigenschaften; - sich selbst, sein wahres, sein persönliches Wesen offenbart er nur in der Religion, im Christentum. Die Erkenntnis Gottes aus der Natur ist *Heidentum*, die Erkenntnis Gottes *aus sich selbst*, aus Christus, in dem die Fülle der Gottheit leibhaftig wohnte, ist *Christentum*. Welches Interesse sollte daher für den Christen die Beschäftigung mit den materiellen, natürlichen Dingen haben? Die Beschäftigung mit der Natur, die Kultur überhaupt setzt voraus oder bewirkt wenigstens unfehlbar einen heidnischen, d.i. *weltlichen, antitheologischen, antisupranaturalistischen Sinn* und *Glauben*. Die Kultur der modernen christlichen Völker ist daher so wenig aus dem Christentum abzuleiten, daß sie vielmehr nur aus der *Negation* des Christentums, die freilich zunächst nur eine *praktische* war, begriffen werden kann. Wohl ist überhaupt zu unterscheiden zwischen dem, was die Christen als Christen, und dem, was sie als Heiden, als natürliche Menschen, zwischen dem also, was sie in *Übereinstimmung*, und dem, was sie im *Widerspruch* mit ihrem Glauben gesagt und getan haben.

Wie »*frivol*« sind daher die modernen Christen, wenn sie mit den Künsten und Wissenschaften der modernen Völker als Erzeugnissen des Christentums prahlen! Wie achtbar sind auch in dieser Beziehung den modernen Renommisten gegenüber die ältern Christen! Diese wußten von *keinem andern* Christentum als von *dem* Christentum, welches in dem *christlichen Glauben* enthalten ist; rechneten also nicht die Schätze und Reichtümer dieser Welt, nicht Künste und Wissenschaften zum Christentum. In allen diesen Stücken räumten sie vielmehr den alten Heiden, den Griechen und Römern den Vorzug vor den Christen ein. »Warum verwunderst du dich darüber nicht auch, Erasme, daß von Anbeginn der Welt her *unter den Heyden allezeit höhere, theurere Leute, größer, höher Verstand, viel trefflicher Fleiß, Übung aller Künste gewest, denn unter Christen oder Gottes Volk?* Wie auch Christus selbst sagt, daß die *Kinder dieser Welt klüger sind, denn die Kinder des Lichts*; welches ein *wichtig groß Wort* ist. Ja welchen unter den Christen (daß ich der Griechen, Demosthenis und andere geschweige) könnten wir mit Verstand oder Fleiß allein Ciceroni vergleichen?« *Luther. (T. XIX, S. 37.)* »Wodurch zeichnen wir uns also vor ihnen aus? Durch Geist, Gelehrsamkeit, sittliche Bildung? Keineswegs, sondern allein durch die wahre Erkenntnis, Anrufung und Verehrung Gottes.« *(Melanchthonis et alior. declam., T. III., de vera invocat. Dei.)*

[VII]

In der Religion bezweckt der Mensch sich selbst, oder ist er sich selbst als Gegenstand, als Zweck Gottes Gegenstand. Das Geheimnis der Inkarnation ist das Geheimnis der Liebe Gottes zum Menschen, das Geheimnis der Liebe Gottes aber das Geheimnis der Liebe des Menschen zu sich selbst. Gott leidet -leidet für mich - dies ist der höchste Selbstgenuß, die höchste Selbstgewißheit des menschlichen Gemüts . »Also hat Gott die Welt *geliebet*, daß er seinen *eingebornen Sohn* gab.« *Evangel. Joh. 3, 16.* »Ist Gott *für uns*, wer mag *wider uns sein*? welcher auch seines *eignen Sohnes* nicht hat verschonet, sondern hat ihn *für uns* alle dahingegeben.« *Römer 8, 31. 32.* »Preiset Gott seine Liebe gegen uns, daß Christus *für uns* gestorben ist.« *Ebend., 5, 8.* »Was ich jetzt lebe im Fleisch, das lebe ich in dem Glauben des Sohnes Gottes, der *mich geliebet* hat und sich selbst *für mich* dargegeben.« *Galater 2, 20.* Siehe auch Epistel an Titum *3, 4*; Hebräer *2, 11.* »Den Christen beweist das Dasein einer Vorsehung diese ganze Welt, *vor allem* aber das *göttlichste* und wegen der ausgezeichneten *Liebe* zu den Menschen unglaublichste Werk der Vorsehung, die *Menschwerdung* Gottes, welche unsretwegen geschehen ist.« *(Gregorii Nysseni Phil., lib. III, de provid. c., 1512. B. Rhenanus, Jo. Cono, interp.)* »Seht! Brüder, wie sehr sich Gott der Menschen wegen erniedrigte. Daher *verachte sich nicht der Mensch*, um dessen willen ja nur Gott dieser Schmach sich unterzog.« *Augustinus. (Serm. ad. pop., serm. 371, c.*

3.) »O Mensch, dessen wegen Gott Mensch wurde, du mußt dich für etwas *Großes* halten.« *(Serm. 380, c. 2.)* »Wie kann der *an sich verzweifeln*, für den der Sohn Gottes sich so erniedrigen wollte?« (Ders., *De agone chr., c. 11.)* »Wer kann den Menschen hassen, dessen Natur und Bild in der Menschheit Gottes angeschaut wird? Wahrlich, wer *den Menschen haßt, haßt Gott.*« (*Manuale, c. 26.* Pseudoaugustin.) »Was erhebt unsern Geist so sehr und befreit ihn so von der *Verzweiflung an der Unsterblichkeit* als der Gedanke, daß uns Gott so hoch geschätzt hat, daß der Sohn Gottes in Gemeinschaft mit uns trat und unsre Übel durch seinen Tod auf sich lud.« (Petrus L., *lib. III, dist. 20, c. 1.*) »Das Hauptwerk der göttlichen Vorsehung ist die Menschwerdung. Weder der Himmel, noch die Erde, noch das Meer, noch die Luft, noch die Sonne, noch der Mond, noch die Sterne beweisen eine solche unermeßliche Güte Gottes gegen uns als die Menschwerdung des eingebornen Sohnes Gottes. Gott sorgt also nicht bloß für uns, er sorgt selbst mit *Liebe* für uns.« *Theodoret. (De provident., orat. X, Opp. Parisiis 1642, T. IV, S. 442.)* »Nur dadurch, daß der Mensch die Würde seines Wesens verkennt, kann er an Dinge, die *unter* Gott sind, sich hängen (d.h. also Gott ist allein der des Menschen würdige, der Würde des Menschen entsprechende Gegenstand). Um daher dem Menschen seine Würde, daß nämlich in Gott allein die vollkommne Seligkeit des Menschen besteht, auf die angemessenste Weise zu zeigen, hat Gott unmittelbar die menschliche Natur angenommen.« *Thomas. A. (Summa c. gent., lib. IV, c. 54.)* »*Gott uns Menschen nicht entgegen* ist. Denn so Gott uns Menschen *entgegen* und *feind* wäre, so hätte er wahrlich die arme, elende, menschliche Natur nicht an sich genommen.« - »Wie hoch unser Herr Gott uns *geehret* hat, daß er seinen Sohn hat Mensch werden lassen! Wie hätte er sich näher zu uns thun können.« *Luther. (T. XVI, S. 533, 57. 4.)*

Deine *Monarchieen*
  Sind es wohl nicht eigentlich,
  Die die Herzen ziehen
  Wundervolles Herz an Dich,
  Sondern Dein *Menschwerden*
  In der Füll der Zeit,
  Und Dein Gang auf Erden
  Voll Mühseligkeit.
  Führst Du gleich das Steuerruder
  Der gestirnten Monarchie,
  Bist Du dennoch *unser Bruder;*
  Fleisch und Blut verkennt sich nie.

Das mächtigste Gereize,
Davon mein Herz zerfließt,
Ist, daß mein Herr am Kreuze
Für mich verschieden ist.

Das ist mein eigentlicher Trieb:
Ich liebe Dich für Deine Lieb,
Daß Du *Gott Schöpfer,* edler Fürst,
Für mich das Lämmlein Gottes wirst.

O wüßts und glaubts doch Jedermann
Daß unser Schöpfer Fleisch annahm
Und seiner armen Menschen Noth
Zu Liebe ging in bittern Tod
Und daß er wieder auferstund
Und *für uns* droben sitzt itztund
Als Herr der ganzen Creatur
In unsrer menschlichen Natur.

(Gesangbuch der evangel. Brüdergemeine, Gnadau 1824.)

[VIII]

Weil und wie Gott leidet, so und darum muß auch der Mensch hinwiederum leiden.
Die christliche Religion ist die Religion des Leidens.

»Wir natürlich folgen in den Theatern den Fußstapfen des Erlösers
nach. Ein solches Beispiel gab uns ja Christus, von dem wir lesen, daß er
geweint, aber nicht lesen, daß er *gelacht* hat.« *Salvianus.* (a. a. O., *lib. VI, § 181.*)
»Die Christen müssen Druck leiden in dieser Welt und trauern, denn ihrer
ist das ewige Leben.« *Origenes. (Explan. in Ep. Pauli ad Rom., lib. II, c. 2, interp.*
Hieronymo.) »Niemand kann das ewige, unverderbliche und unsterbliche
Leben verlangen, ohne daß ihn dieses zeitliche, verderbliche und sterbliche
Leben verdrießt. Was wünschen wir also, als *nicht so zu sein, wie wir sind?* Und
warum seufzen wir, als weil es uns verdrießt, daß wir so sind?« *Augustinus.*
(Serm. ad pop., serm. 351, c. 3) »Wenn etwas besser und dem Heile des
Menschen zuträglicher wäre als das *Leiden,* so würde es sicherlich Christus
durch Wort und Tat gezeigt haben. Wir müssen durch viele Trübsale in das
Reich Gottes eingehen.« (Thomas a Kempis, *De imit., lib. II, c. 12.)* Wenn
übrigens die christliche Religion als die Religion des Leidens bezeichnet
wird, so gilt dies natürlich nur von dem Christentum der alten verirrten
Christen. Schon der Protestantismus negierte das *Leiden* Christi als ein
Moralprinzip. Der Unterschied zwischen Katholizismus und Protestantismus
in dieser Beziehung besteht eben darin, daß dieser aus *Selbstgefühl* sich nur
ans *Verdienst,* jener aus *Mitgefühl* auch ans *Leiden* Christi, als Gebot und

Exempel des Lebens, hielt. »Vor Zeiten im Papstthum hat man des Herrn Leyden also predigt, daß man allein angezeigt hat, wie man seinem *Exempel nachfolgen soll.* Darnach hat man die Zeit zugebracht mit dem Leyden und Schmertzen Mariä, und mit dem *Mitleyden,* daß man Christum und seine Mutter hoch beklaget hat und allein darauf gesehen, wie mans kläglich machte und die Leute zum Mitleyden und Weinen bewegte, und wer solches wohl gekont, den hat man für den besten Passionsprediger gehalten. Aber wir predigen des Herrn Leyden also, wie uns die heilige Schrift lehret... Christus hat gelitten Gott zu Lob und Ehre... *mir aber und Dir und uns allen hat er gelitten zur Erlösung und Seligkeit... Causa et Finis,* Ursach und Ende des Leydens Christi heißt: *für uns gelitten.* Diese Ehre soll man keinem andern Leyden geben.« *Luther. (T. XVI, S. 182.)* »Lämmlein! ich wein nur *vor Freuden übers Leiden;* das war *Deine,* aber Dein *Verdienst* ist *meine!*« - »Ich weiß von keinen *Freuden,* als nur aus Deinem Leiden.« - »Es bleibt mir ewiglich im Sinn, daß Dich's *Dein Blut gekostet, daß ich erlöset bin.*« - »O mein Immanuel! *wie süß* ist's meiner Seel', wenn Du mich läßt *genießen* Dein theures Blutvergießen.« - »Sünder werden herzensfroh, daß sie einen Heiland haben,... ihnen ist es *wunderschön,* Jesum an dem Kreuz zu sehen.« *(Gesangbuch der evangel. Brüdergemeinde)* Nicht zu verwundern ist es daher, wenn die heutigen Christen nichts mehr vom Leiden Christi wissen wollen. Die haben ja erst herausgebracht, was das wahre Christentum ist - sie stützen sich ja allein auf das göttliche Wort der heiligen Schrift. Und die Bibel hat, wie männiglich bekannt, die köstliche Eigenschaft, daß man alles in ihr findet, was man nur immer *finden will.* Was *einst,* das steht natürlich *jetzt* nicht mehr drin. Das Prinzip der Stabilität ist längst auch aus der Bibel verschwunden; so veränderlich die menschliche Meinung, so veränderlich ist die göttliche Offenbarung. *Tempora mutantur.* Davon weiß auch die hl. Schrift ein Lied zu singen. Aber das ist eben der Vorzug der christlichen Religion, daß man ihr das Herz aus dem Leibe reißen und doch noch ein guter Christ sein kann. Nur darf nicht der *Name* angetastet werden. In diesem Punkte sind auch die heutigen Christen noch sehr empfindlich; ja der Name ist es, worin noch allein die modernen Christen mit den alten übereinstimmen. Wie einst der bloße Name Christi Wunder wirkte, so auch jetzt noch; aber freilich Wunder anderer, ja entgegengesetzter Art. Einst trieb nämlich der Name Christi den *Antichristen,* jetzt treibt er umgekehrt den *Christen* aus dem *Menschen* aus.

[IX]

Das Geheimnis der Trinität ist das Geheimnis des gesellschaftlichen, gemeinschaftlichen Lebens - das Geheimnis von Ich und Du.

»Wir bekennen, daß nur Ein Gott ist, daß er aber nicht so Einer ist, als wäre er *einsam.*« *Concil. Chalced. (Carranza. Summa 1559, S. 139.)* »Wenn einer behauptet, daß die Worte: ›Lasset uns Menschen machen‹ nicht der Vater zum Sohne, sondern zu sich selbst allein gesprochen habe, so sei er verflucht.« *Concil. Syrmi.* (Ebend., S. 68.) »Aus den Worten: ›Lasset uns Menschen machen‹ erhellt, daß Gott mit einem ihm Nächsten hierüber sich unterhielt. Es muß also jemand ihm beigewohnt haben, mit dem er bei der Schöpfung der Welt sich besprach.« *Athanasius. (Contra gentes orat., Opp. Parisiis 1627, T. l. S. 51.)* »Ein Einsamer kann nicht die Worte: ›Lasset uns machen‹ sagen.« *Petrus Lomb. (Lib. I, dist. 2, c. 3.)* Auch die Protestanten erklären noch diese Stelle so. »*Lasset uns machen* ist ein Wort eines bedachten Raths... Und aus den Worten erzwinget sichs abermal, daß in der Gottheit *mehr denn eine Person seyn müsse...* Denn das Wörtlein (*uns*) zeiget an, daß der, der da redet, *nicht alleine sey*, wiewohl die Juden den Text verspotten, damit, daß also eine Weise sey zu reden, auch wo nicht mehr denn eine Person sei.« *Luther. (T. I, S. 19.)* Aber nicht nur Beratschlagungen und Gespräche, sondern auch Verabredungen, ja *Verträge* finden, gerade wie in der menschlichen Gesellschaft, zwischen den Hauptpersonen der Trinität statt. »Es bleibt nichts andres übrig, als (in betreff nämlich der Erlösung des Menschen) auf ein gewisses Übereinkommen, also gleichsam auf einen gewissen Vertrag zwischen dem Vater und Sohn zu schließen.« *Buddeus. (Comp. inst. th. dog., lib. IV, c. 1, § 4, Not. 2.)* Da aber das wesentliche Band der göttlichen Personen die *Liebe* ist, so ist die Trinität das himmlische Vorbild des innigsten, des ehelichen Liebesbundes. »Bitten wir nun den Sohn Gottes, daß er durch seinen heiligen Geist, welcher ist der Zusammenhang und das Band der gegenseitigen Liebe zwischen dem ewigen Vater und Sohn, die Herzen der Braut und des Bräutigams zusammenbinde.« *Orat. de conjugio. (Declam. Melanchth., T. III, S. 453.)*

Die Unterschiede im göttlichen Wesen der Dreieinigkeit sind natürliche, physikalische Unterschiede. »Dem Vater allein ist es eigen, nicht daß er nicht geboren ist, sondern daß er einen Sohn gezeugt hat, und dem Sohne allein ist es eigen, nicht daß er nicht gezeugt, sondern daß er vom Wesen des Vaters geboren ist... Wir sind Söhne Gottes, aber so ist es nicht dieser Sohn. Dieser nämlich ist *wahrer* und *eigentlicher* Sohn durch seinen Ursprung, nicht durch Adoption, der Wahrheit, nicht dem Namen nach, von Geburt, nicht durch Schöpfung.« *Petrus L. (Lib. I, dist. 26, c. 2 u. 4.)* »Der Vater ist das Prinzip des Sohns und Zeuger; und der Vater ist Vater und Keines Sohn, und der Sohn ist Sohn und nicht Bruder.« *Athanasius. (Contra Arianos, orat. II, ed. cit., T. I, S. 320.)* »Wie ein leiblicher Sohn Fleisch und Blut und sein Wesen vom Vater hat: also hat auch der Sohn Gottes, vom Vater gebohren, sein göttlich Wesen und Natur vom Vater von Ewigkeit.« *Luther. (T. IX, S. 408.)* Siehe auch Melanchthon *(Loci praecip. theol., Witeb. 1595, S. 30)* u. Augustin *(Epist. 170, § 6, ed. Antw. 1700.)* Daß auch in der Bibel der Sohn Gottes einen wirklichen Sohn bedeutet, das geht unzweideutig aus der Stelle hervor: »*also hat Gott die Welt geliebt, daß er seinen eingebornen Sohn gab.*« Soll die Liebe Gottes, die uns diese Stelle vorhält, eine Wahrheit sein, so muß auch der Sohn eine, und zwar, deutsch gesagt, physikalische Wahrheit sein. Darauf liegt der Akzent, daß er *seinen Sohn* für uns dahingab - darin nur der Beweis von der Größe seiner Liebe. Richtig trifft daher den Sinn der Bibel das Gesangbuch der evangelischen Brüdergemeinde, wenn es darin »von dem Vater unsers Herrn Jesu Christi, der auch unser Vater ist« also heißt:

> Sein Sohn ist ihm nicht zu theuer.
> Nein! er giebt ihn für mich hin,
> Daß er mich vom ew'gen Feuer
> Durch sein theures Blut gewinn.

> Also hast Du die Welt geliebt,
> Daß sich Dein Herz drein ergiebt,
> Den Sohn, der *Deine Freud' und Leb'n*
> In Noth und Tod dahin zu geb'n.

Gott ist ein in sich dreifaches, dreipersönliches Wesen, heißt: Gott ist nicht nur ein metaphysisches, abstraktes, geistiges, sondern *physikalisches Wesen*. Der Zentralpunkt der Trinität ist der Sohn, denn der Vater ist Vater nur durch den Sohn, das Geheimnis der Zeugung aber das Geheimnis der Physik. *Der Sohn ist das in Gott befriedigte Bedürfnis der Sinnlichkeit oder des Herzens*, denn alle Herzenswünsche, selbst der Wunsch eines persönlichen Gottes und der Wunsch himmlischer Seligkeit sind sinnliche Wünsche - ja sinnliche Wünsche; denn das Herz ist wesentlich *materialistisch*, es befriedigt sich nur in einem Gegenstand, der *gesehen* und *gefühlt* wird. Dies erhellt besonders daraus, daß der Sohn auch inmitten der göttlichen Dreieinigkeit den *menschlichen Leib* zu einem wesentlichen, bleibenden Attribut hat. »*Ambrosius*: es steht geschrieben Epheser 1: dem Fleisch nach ist ihm alles unterworfen. *Chrysostomus*: der Vater befahl, daß Christus dem Fleisch nach vor allen Engeln angebetet werde. *Theodoretus*: der Körper des Herrn stand zwar von den Toten auf, in göttlicher Glorie verherrlicht... aber doch ist er ein Körper und hat dieselbe Form wie früher.« (S. Konkordienbuchs-Anhang: »Zeugnisse der hl. Schrift und Altväter von Christo« und Petrus L., *lib. III, dist. 10, c. 1. 2.* S. hierüber auch *Luther, T. XIX, S. 464-468.*) Übereinstimmend hiermit singt die evangelische Brüdergemeinde: »Will in Lieb' und Glauben Dich stets umfassen, bis ich, wenn einst mein Mund wird erblassen, *Dich leiblich seh.*« - »Wir danken Dir, Herr Jesu Christ, daß Du gen Himmel g'fahren bist. Dein Abschied und was da geschehn, zielt auf ein fröhlichs *Wiedersehn*: Die Reise, die das Haupt gethan, ist gleichfalls seiner Glieder Bahn.« - »Dein' Augen, Deinen Mund, den Leib für uns verwundt, drauf wir so fest vertrauen, *das werd ich alles schauen.*« Deswegen eben ist der Sohn Gottes der Lieblingssohn des menschlichen Herzens, der *Bräutigam* der Seele, der Gegenstand einer *förmlichen, persönlichen Liebe.* »Traure wegen der Liebe Jesu Christi, Deines Bräutigams, bis daß Du ihn *sehen* kannst.« *De modo bene vivendi, serm. X.* Siehe auch *Scala claust.* (Pseudobernhard.) »Daß wir Christus mit *körperlichen Augen* sehen werden, ist außer Zweifel.« (J. F. *Buddeus. Comp. inst. theol. dogm., lib. II, c. 3, § 10.*)

Der Unterschied zwischen dem sohnerfüllten oder sinnlichen und dem sohnlosen oder sinnlichkeitslosen Gott ist nichts weiter als der Unterschied zwischen dem mystischen und dem rationellen, vernünftigen Menschen. Der vernünftige Mensch *lebt* und *denkt*; er ergänzt den *Mangel des Denkens* durch das *Leben*, und den *Mangel des Lebens* durch das *Denken*, sowohl theoretisch, indem er aus der Vernunft selbst sich von der Realität der Sinnlichkeit überzeugt, als praktisch, indem er die Lebenstätigkeit mit der geistigen Tätigkeit verbindet. Was ich im Leben habe, brauche ich nicht im Geiste, nicht im metaphysischen Wesen, nicht in Gott zu setzen - Liebe, Freundschaft, Anschauung, die Welt überhaupt gibt mir, was mir das Denken nicht gibt, nicht geben kann, aber auch nicht geben *soll*. Aber eben deswegen lege ich im Denken die sinnlichen Herzensbedürfnisse beiseite, um die Vernunft nicht durch *Begierden* zu verdunkeln, in der *Sonderung* der Tätigkeiten besteht die *Weisheit* des Lebens und Denkens - ich brauche keinen Gott, der mir durch eine *mystische, imaginäre Physik* den Mangel der wirklichen ersetzt. Mein Herz ist befriedigt, wenn ich geistig tätig bin - ich denke daher dem ungebärdigen, seine Grenzen überspringenden, sich in die Angelegenheiten der Vernunft ungebührlich einmischenden Herzen gegenüber kalt, indifferent, *abstrakt, d.h. frei* - ich denke also nicht, um mein Herz zu befriedigen, sondern um meine *durch das Herz nicht befriedigte Vernunft* zu befriedigen; ich denke nur im Interesse der Vernunft, aus *reinem Erkenntnistriebe*, will von Gott nur den Genuß der *lautern, unvermischten* Intelligenz. Notwendig ist daher der Gott des rationellen Kopfes ein *andrer* als der Gott des *nur sich selbst* im Denken, in der Vernunft befriedigen wollenden Herzens. Und dies will eben der mystische Mensch, der nicht das läuternde Feuer der scheidenden und begrenzenden Kritik verträgt; denn sein Kopf ist stets umnebelt von den Dämpfen, die aus der ungelöschten Brunst seines begehrlichen Gemüts aufsteigen. Er kommt nie zum *abstrakten*, d.h. *interesselosen, freien* Denken, aber eben deswegen auch nie zur *Anschauung der Dinge* in *ihrer einfachen Natürlichkeit, Wahrheit* und *Wirklichkeit*; er identifiziert daher, ein geistiger Hermaphrodit, *unmittelbar, ohne Kritik* das männliche Prinzip des Denkens und das weibliche der sinnlichen Anschauung, d.h. er setzt sich einen Gott, in dem er in der *Befriedigung seines Erkenntnistriebes unmittelbar zugleich seinen Geschlechtstrieb*, d.h. den Trieb nach einem persönlichen Wesen, befriedigt. So ist auch nur aus der Unzucht eines mystischen Hermaphroditismus, aus einem wollüstigen Traume, aus einer krankhaften Metastase des Zeugungsstoffes in das Hirn das Monstrum der *Schelling*schen Natur in Gott entsprossen; denn diese Natur repräsentiert, wie gezeigt, nichts weiter als die das Licht der Intelligenz verfinsternden Begierden des Fleisches.

In betreff der Trinität noch diese Bemerkung. Die ältern Theologen sagten, daß die *wesentlichen Attribute* Gottes als Gottes schon aus dem Lichte der *natürlichen Vernunft* erhellten. Warum anders aber kann die Vernunft *aus sich selbst* das göttliche Wesen erkennen, als weil das göttliche Wesen nichts andres ist als das eigne objektive Wesen der Intelligenz? Von der Trinität aber sagten sie, daß sie nur aus der Offenbarung erkennbar sei. Warum nicht aus der Vernunft? Weil sie der Vernunft widerspricht, d.h. weil sie kein Vernunftbedürfnis, sondern ein sinnliches, gemütliches Bedürfnis ausdrückt. Übrigens heißt: Etwas stammt aus der Offenbarung, überhaupt nur soviel als: Etwas ist uns nur auf dem *Wege der Tradition* zugekommen. Die Dogmen der Religion sind entsprungen zu gewissen Zeiten, aus bestimmten Bedürfnissen, unter besimmten Verhältnissen und Vorstellungen; deswegen den Menschen einer spätern Zeit, in der diese Verhältnisse, Bedürfnisse, Vorstellungen verschwunden, etwas Unverständliches, Unbegreifliches, nur Überliefertes, d.h. Geoffenbartes. Der Gegensatz von Offenbarung und Vernunft reduziert sich nur auf den Gegensatz von Geschichte und Vernunft, nur darauf, daß die Menschheit zu einer gewissen Zeit nicht mehr *kann*, was sie zu einer *andern* Zeit recht gut vermochte, gleichwie auch der Mensch als Individuum nicht gleichgültig zu jeder Zeit, sondern nur in den Momenten besondrer Aufforderung von außen und Aufregung von innen sein Vermögen entfaltet. So entstehen die Werke des Genies immer nur unter ganz besondern, nur einmal so zusammentreffenden Innern und äußern Bedingungen; sie sind *hapax legomena*. »Einmal ist alles Wahre nur.« Daher dem Menschen in spätern Jahren oft die eignen Werke ganz fremd und unbegreiflich vorkommen. Er weiß jetzt nicht mehr, wie er sie erzeugte und erzeugen konnte, d.h. er kann sie sich jetzt nicht mehr *aus sich* erklären, noch weniger wieder hervorbringen. Das soll aber auch nicht sein. Solche Repetition wäre unnötig und, weil unnötig, geistlos. Wir wiederholen es: »Einmal ist alles Wahre nur.« Nur was *einmal*, geschieht *notwendig* und nur, was notwendig, ist *wahr*. Die *Not* ist das Geheimnis jeder wahren Schöpfung. Nur wo Not, da wirkt Natur, und nur wo Natur, da wirkt Genie, der Geist der unfehlbaren Wahrheit. So töricht es daher wäre, wenn wir in reifem Jahren die Werke unsrer Jugend, weil ihr Inhalt und Ursprung uns fremd und unbegreiflich geworden, aus einer besondern Inspiration von oben her ableiten wollten; so töricht ist es, den Lehren und Vorstellungen einer vergangnen Zeit deswegen, weil die nachgekommenen Menschen sie nicht mehr in ihrer Vernunft finden, einen die menschlichen Kräfte übersteigenden, einen über- und außermenschlichen, d.h. imaginären, illusorischen Ursprung zu vindizieren.

[X]

Die Schöpfung aus Nichts drückt die Ungöttlichkeit, Wesenlosigkeit, d.i. die Nichtigkeit der Welt, aus. Das Nichts, aus dem die Welt geschaffen, ist ihr eignes Nichts.

Erschaffen ist nämlich, was einst *nicht gewesen* ist, einst *nicht sein wird*, was folglich *nicht sein kann*, was wir denken können, als *nicht-seiend*, kurz, was den Grund seines Seins nicht in sich selbst hat, *nicht* notwendig ist. »Da die Dinge aus ihrem Nichtsein hervorgebracht werden, so können sie *absolut nicht sein*, und es ist folglich ein Widerspruch, daß sie *notwendig* sind.« *Duns Scotus*. (Bei Rixner, Geschichte der Philosophie, *B. II, S. 78.*) Aber nur *notwendige* Existenz ist *Existenz*. Wenn ich nicht notwendig bin, nicht als notwendig mich fühle, so fühle ich, daß es eins ist, ob ich bin oder nicht bin, daß also meine Existenz eine *wertlose, nichtige* ist. Ich bin Nichts und ich bin nicht notwendig - ist im Grunde einerlei. »Die Schöpfung ist ein Akt des bloßen göttlichen Willens, welcher das ins Sein ruft, was vorher Nichts war und an sich selbst auch sowohl Nichts ist, als aus Nichts ist.« *Albertus M. (De mirab. scient. Dei, P. II, Tr. 1, Qu. 4, Art. 5, memb. II.)* Aber dadurch, daß die Welt als nicht notwendig gesetzt wird, soll nur das außer-und überweltliche Wesen, d.i. das Wesen des Menschen, als das *allein notwendige, allein reale* Wesen bewährt werden. Indem das Eine als nichtig, als zeitlich, wird notwendig das Andere als das Wesenhafte, Seiende, Ewige gesetzt. Die Erschaffung ist der *Beweis*, daß Gott *ist, ausschließlich wahrhaft ist.* »Was angefangen hat vom Nichtsein und als nicht seiend gedacht werden kann und, wenn es nicht durch etwas Andres besteht, ins Nichtsein zurückfällt, und was hat ein vergangnes Sein, welches nicht mehr ist, und ein zukünftiges Sein, welches noch nicht ist, das hat kein eigentliches und absolutes Sein. Du aber, Gott, bist, was Du bist. Du nur *bist* eigentlich und schlechtweg, denn Du hast kein vergangnes und zukünftiges, sondern nur gegenwärtiges Sein und kannst nicht als einst nichtseiend gedacht werden.« S. *Anselmus* Cant. *(Proslogium, c. 22.)* »Heiliger Gott! Du hast Himmel und Erde nicht *aus Dir* gemacht, denn sonst wären sie *Dir gleich.* Aber es war sonst nichts außer Dir, woraus Du sie machen konntest. Also hast Du sie *aus Nichts* gemacht.« *Augustinus. (Confess., lib. XII, c. 7.)* »Wahrhaft ist nur Gott, weil er unveränderlich; denn alle Veränderung macht Sein zu Nichtsein. Wenn aber nur er allein unveränderlich, so ist Alles, was er gemacht hat, weil er es *aus Nichts*, d.h. aus dem, was gar nicht ist, gemacht hat, *veränderlich.*« Derselbe. *(De nat. boni adv. Manich., c. l u. 19.)* »Die Kreatur darf in nichts Gott gleich gesetzt werden, wenn sie aber keinen Anfang des Seins und der Dauer hätte, so würde sie hierin Gott gleichgesetzt.« *Albertus M. (L. c., Quaest. incidens I.)* Das Positive, Wesenhafte der Welt ist nicht das, was die Welt *zur Welt macht*, was sie von Gott unterscheidet - dieser Unterschied ist gerade ihre Endlichkeit und Nichtigkeit - sondern vielmehr das, was *nicht sie selbst*, was Gott in ihr ist. »Alle Creaturen seynd ein *lauter*

257

nicht... haben *kein Wesen*, dann ihr Wesen schwebt an der Gegenwärtigkeit Gottes. Abkehrte sich Gott einen Augenblick, sie würden zu nicht.« (Predigten vor und zu Tauleri Zeiten, *ed. c., S. 29*. S. auch *Augustin*, z.B. *Confess., lib. VII, c. 11*.) Ganz richtig vom Standpunkt der Religion aus, denn Gott ist das *Wesen der Welt*, das aber als ein von der Welt unterschiednes, persönliches Wesen vorgestellt wird. - *Die Welt ist und besteht, solange als Gott will. Die Welt ist vergänglich, aber der Mensch ewig.* »Solange er will, bleibt und besteht Alles durch seine Kraft, aber das Ende hängt von seinem Willen ab.« *Ambrosius. (Hexaem., lib. 1, c. 5.)* »Die von Gott geschaffnen Geister hören niemals zu existieren auf. Die himmlischen Körper aber werden so lange erhalten, als Gott ihre Existenz will.« *Buddeus. (L. c., lib. II, c. 2, § 47.)* »So schaffet der liebe Gott nicht alleine, sondern das er schaffet, das hält er auch bei seinem Wesen, so lange traun, *als er selbst will, daß es nicht mehr sein soll.* Wie denn auch die Zeit kommen wird, daß nicht mehr Sonne, Mond und Sternen seyn werden.« *Luther. (T. IX, S. 418.)* »Das Ende wird ehe kommen, denn wir denken.« Derselbe. *(T. XI, S. 536.) Vermittelst der Schöpfung der Welt aus Nichts gibt sich der Mensch die Gewißheit, daß die Welt nichts ist und vermag gegen den Menschen.* »Wir haben einen Herrn der *größer ist denn die ganze Welt,* wir haben einen so *mächtigen* Herrn, daß *wenn er nur spricht, alle Dinge* gebohren werden... Wofür sollten wir uns denn *fürchten,* weil uns der *günstig ist?*« Ders. *(T. VI, S. 293.)* Daher ist identisch mit dem Glauben an die Schöpfung aus Nichts der Glaube an das ewige Leben des Menschen, an den Sieg über den Tod, die letzte Naturschranke des Menschen - an die Auferstehung der Toten. »Vor 6000 Jahren war die gantze Welt Nichts; wer hat nun die Welt gemacht?... Derselbige Gott und Schöpfer kann Dich auch von den Todten erwecken; er *will* es thun und *kann* es thun.« *Luther. (T. XI, S. 426.* S. auch *421* etc.) »*Wir Christen größer und mehr sind, denn alle Creaturen,* nicht in oder von uns, sondern durch die Gabe von Gott in Christo, *gegen welchem die Welt nichts ist, noch vermag.*« Ders. *(T. XI, S. 377.)*

[XI]

Die Kreation hat nur einen egoistischen Zweck und Sinn. »*Der Zweck der Erschaffung der Welt war allein wegen Israels. Die Welt ist der Israeliten wegen erschaffen worden* und seynd dieselben die Frucht, die übrigen Völker aber *seynd* ihre Schalen.« »*Wann die Israeliten nicht wären, so käme kein Regen herunter in die Welt und ginge die Sonne nicht auf,* wofern es nicht ihrentwegen geschehe, wie (Jerem. *33, 25*) gesagt wird: Halt ich meinen Bund nicht mit Tag und Nacht.« »Er (Gott) ist unser Verwandter und wir seynd seine Verwandten... Wer einem Israeliten einen Backenstreich giebt, der thut so viel, als wann er der Göttlichen Majestät einen Backenstreich gäbe.« *Eisenmenger. (Entdecktes Judenthum, T. I, Kap. 14.)* Die Christen tadelten die Juden ob dieses Hochmuts, aber nur deswegen, weil das Reich Gottes von ihnen genommen und den Christen übertragen worden sei. Daher finden wir bei den Christen dieselbigen Gedanken und Gesinnungen als bei den Israeliten. »Wisse, wie sich Gott also Dein annimmt, daß *Deine Feinde seine Feinde sind.*« *Luther. (T. VI, S. 99.)* »Wer *mich* schmähet, schmähet *Gott.*« *(T. XI, S. 538.)* »Gott leydet und wird verachtet und verfolget in uns.« *(T. IV, S. 577.)* »*Die Christen sinds um welcher willen Gott der ganzen Welt verschonet...* Der Vater läßt seine Sonne aufgehen über die Bösen und Guten und lässet regnen über Gerechte und Ungerechte. Doch geschieht solches alles um der Frommen und Dankbarn willen.« *(T. XVI, S. 506.)* »Die ganze Natur ist zum Nutzen der Frommen und ihretwegen erschaffen.« *Melanchthon. (Epist. sel. a., C. Peucero ed., Witeb. 1565, S. 558.)* »Die christliche Kirche ist vor allen Dingen erschaffen, ihretwegen ist die Welt gemacht. *(Hermas in Pastore.)* Alles ist für den Menschen, der Mensch für Christus, Christus für Gott. Gott hat die Welt gemacht für die Auserwählten; Gott hat bei der Schöpfung keinen andern Zweck gehabt als die Gründung der Kirche.« *(Malebranche bei Mosheim, ad Cudworth; Syst. int., sect. V, c. 5, § 4.)* Daher auch der Glaube der Christen, daß sie nach göttlichem Rechte die Besitzer der ganzen Erde oder Welt, die Gottlosen und Ungläubigen aber unrechtmäßige Besitzer ihrer Länder seien. Ein Glaube, der sich übrigens auch bei den Muhamedanern findet. »*Le monde*«, sagten auch sie, »*est à nous avec tout ce qui paroit à la surface du globe.*« (Oelsner, *Effets de la Religion de Mohammed, Paris 1810, S. 52.*) So macht der Mensch Gott zum Schöpfer der Welt, um *sich* zum Zweck, zum *Herrn der Welt* zu machen. So bestätigt sich auch an diesem Beispiel, daß das Gottesbewußtsein nichts andres als das *Selbstbewußtsein* des Menschen, daß Gott nur *in abstracto,* d.h. in Gedanken ist, was der Mensch *in concreto,* d.h. in Wirklichkeit ist.

[XII]

Die Vorsehung ist das religiöse Bewußtsein des Menschen von seinem Unterschiede von den Tieren, von der Natur überhaupt.

»*»Sorget Gott für die Ochsen?*« (Paulus, 1. Kor. 9, 9.) Nein! *Auf uns* bezieht sich seine Sorge, nicht auf die Ochsen, Pferde, Esel, die zu unserm Nutzen erschaffen sind.« *J. L. Vivis Val. (De verit. rel. chr. Bas. 1544, S. 108.)* »Die Vorsehung Gottes hat in allen andern Kreaturen *den Menschen als ihr Ziel* im Auge. Matth. *10, 31: Ihr seid besser denn viele Sperlinge.* Rom. *8, 20: Der Sünde des Menschen wegen* ist die Natur der Eitelkeit unterworfen.« *M. Chemnitii. (Loci theol., Francof. 1608, P. I, S. 312.)* »Sorget Gott für die Ochsen? Ebensowenig als für die übrigen unvernünftigen Wesen. Gleichwohl sagt die Schrift (Weish. 6), daß er für alles sorgt. Eine allgemeine Vorsehung und Sorge hat er also für alles Erschaffne, aber eine *besondre* nur für die vernünftigen Wesen.« *Petrus L. (Lib. I, dist. 39, c. 3.)* Hier haben wir wieder ein Beispiel, wie die christliche Sophisik ein Produkt des christlichen Glaubens ist, insbesondre des Glaubens an die Bibel als das Wort Gottes. Gott kümmert sich nicht um die Ochsen; Gott kümmert sich um alles, also auch die

Ochsen. Das sind Widersprüche; aber das Wort Gottes darf sich nicht widersprechen. Wie kommt nun der Glaube aus diesem Widerspruch heraus? Nur dadurch, daß er zwischen die Position und Negation des Subjekts ein Prädikat einschiebt, welches selbst *zugleich eine Position und Negation*, d.h. selbst ein Widerspruch, eine theologische Illusion, ein Sophisma, eine Lüge ist. So hier das Prädikat: Allgemein. Eine *allgemeine* Vorsehung ist eine illusorische, in Wahrheit *keine*. Nur die *spezielle* Vorsehung ist *Vorsehung* - Vorsehung im Sinne der Religion. »Der fleischliche Sinn«, sagt ganz richtig *Calvin*, »bleibt nur bei einer allgemeinen Vorsehung stehen und glaubt, daß die im Anfang der Schöpfung den Dingen von Gott eingepflanzte Kraft zu ihrer Erhaltung hinreiche. Aber der religiöse Sinn, der Glaube dringt tiefer ein und erkennt, daß Gott nicht mit einer allgemeinen, sondern speziellen Vorsehung für alles, was er erschaffen, bis zum kleinsten Sperling herab sorgt, daß *kein Regentropfen ohne Gottes ausdrücklichen Willen fällt*, kein *Wind* entsteht oder sich erhebt ohne seinen *speziellen Befehl*.« *(Instit. christ. rel., lib. I, c. 16, sect. 1, 5, 7.)*[236]

Die allgemeine Vorsehung, die Vorsehung, welche sich ebensogut auf die unvernünftigen als vernünftigen Wesen erstreckt, welche den Menschen nicht von den Lilien auf dem Felde und von den Vögeln in der Luft unterscheidet, ist nichts andres als die Vorstellung der personifizierten, mit Verstand begabten *Natur* - eine Vorstellung, die man *ohne Religion* haben kann. Das religiöse Bewußtsein gesteht dies selbst dadurch ein, daß es sagt: Wer die Vorsehung leugnet, hebt die Religion auf, setzt den Menschen auf gleichen Fuß mit den Tieren - also erklärt, daß *die* Vorsehung, an der auch die Tiere Anteil haben, in Wahrheit keine Vorsehung ist. Wie der Gegenstand der Vorsehung, so ist auch die Vorsehung beschaffen, *die* Vorsehung daher, welche die Pflanzen und Tiere zu ihrem Objekt hat, selbst pflanzlicher und tierischer Art. Die Vorsehung ist nichts andres als die *innere Natur* eines Dings - diese innere Natur ist sein Genius, sein Schutzgeist -, die *Notwendigkeit, daß es ist*. Je höher, je wertvoller ein Wesen ist, desto mehr *Grund zu sein* hat es, desto *notwendiger* ist es, desto weniger dem Zufall preisgegeben. Jedes Wesen ist aber nur dadurch *notwendig*, wodurch es sich von andern Wesen *unterscheidet* - der Unterschied ist der Grund des Daseins. So ist der Mensch nur dadurch notwendig, wodurch er sich von den Tieren unterscheidet - die Vorsehung daher nichts andres als das Bewußtsein des Menschen von der *Notwendigkeit seiner Existenz*, von dem Unterschied seines Wesens von den übrigen natürlichen Wesen, folglich nur *die* Vorsehung erst, welche dem Menschen diesen seinen Unterschied vergegenständlicht, *Vorsehung*. Diese Vorsehung ist aber die *spezielle*, d.h. die Vorsehung der *Liebe*, denn nur die Liebe interessiert sich für das Spezielle eines Wesens. Vorsehung *ohne Liebe* ist eine Vorstellung *ohne Basis, ohne Realität*. Die Wahrheit der Vorsehung, die *wahre* Vorsehung ist die Liebe. Gott *liebt* die Menschen, nicht die Tiere, die Pflanzen; denn nur um der Menschen willen tut er außerordentliche Taten, Taten der Liebe - *Wunder*. Wo keine Gemeinschaft, ist keine Liebe. Welches Band sollte aber die Tiere, überhaupt die übrigen natürlichen Wesen, mit Gott verknüpfen? Gott erkennt sich nicht in ihnen; denn sie erkennen ihn nicht; worin ich mich aber nicht finde, wie kann ich das lieben? »Gott, der da verheißet, redet nicht mit Eseln und Ochsen, wie Paulus saget: Sorget Gott für die Ochsen? sondern mit der verständigen Creatur erschaffen nach seinem *Ebenbilde*, auf daß sie mit ihm ewig leben soll.« *Luther. (T. II, S. 156.)*[237] Erst im Menschen ist Gott bei sich; erst im Menschen beginnt die Religion, beginnt die Vorsehung; denn diese ist nicht etwas von jener Unterschiednes, sondern vielmehr die *Religion* ist *selbst die Vorsehung des Menschen*. Wer die Religion, d.h. den Glauben *an sich* verliert, den Glauben *an den Menschen*, den Glauben an die unendliche Bedeutung seines Wesens, an die Notwendigkeit seiner Existenz, der verliert die Vorsehung. Nur der ist *verlassen*, der *sich selbst verläßt*; nur der *verloren*, der *verzweifelt*; nur der *ohne Gott*, der *ohne Glauben*, d.i. *ohne Mut* ist. Worein setzt denn die Religion die *wahren Beweise* der Vorsehung? in die Erscheinungen der Natur, die und wie sie uns außer der Religion in der Astronomie, in der Physik, in der Naturgeschichte Gegenstand sind? Nein! in *die* Erscheinungen, welche nur *Gegenstand der Religion, Gegenstand des Glaubens* sind, welche nur den Glauben der Religion *an sich*, d.h. an die Wahrheit und Realität des Menschen ausdrücken - in die *religiösen Begebenheiten, Mittel und Institute*, die Gott ausschließlich zum *Heile des Menschen* geordnet, kurz, in die *Wunder*; denn auch die kirchlichen Gnadenmittel, die *Sakramente* gehören in die *Klasse der Wunder der Vorsehung.* »Obgleich die Betrachtung der ganzen Natur uns an Gott erinnert, so sollen wir doch *zuerst* unsern Sinn und Blick auf alle die Zeugnisse richten, in denen sich Gott der Kirche offenbarte, als auf die Ausführung aus Aegypten, auf die am Sinai ertönende Stimme, auf den die Toten erweckenden und erweckten Christus usw. Beständig mögen daher die Geister diese Zeugnisse in Erwägung ziehen und durch sie bestärkt den Artikel von der Schöpfung bedenken und *dann erst* die der Natur eingedrückten Spuren Gottes betrachten.« *Melanchthon. (Loci, de creat., S. 62*, Witeberg, 1595.) »Mögen Andere die Schöpfung bewundern; ich *bewundre mehr die Erlösung.* Wunderbar ist es, daß unser Fleisch und Gebein von Gott gebildet ist; aber *noch wunderbarer* ist es, daß Gott selbst Fleisch von unserm Fleisch und Bein von unserm Bein werden wollte.« *J. Gerhard. (Medit. sacrae, M. 15.)* »Die *Heyden* kennen Gott nicht weiter, denn daß er ein *Schöpfer* ist.« *Luther. (T. II, S. 327.)* Daß die Vorsehung zu ihrem wesentlichen Zweck und Gegenstand nur den Menschen hat, das geht am deutlichsten daraus hervor, daß dem religiösen Glauben alle Dinge und Wesen um des Menschen willen erschaffen sind. »Wir Herren sind nicht allein der Vögel, sondern aller lebendigen Creaturen und *alle Dinge uns zu Dienst gegeben* und *nur unsertwillen geschaffen sind.*« *Luther. (T. IX, S. 281.)* Sind aber die Dinge um des Menschen willen erschaffen, so werden sie auch nur um des Menschen willen erhalten. Und sind die Dinge *bloße Mittel* für den Menschen, so stehen sie nicht unter dem Schutze eines *Gesetzes*, sie sind dem Menschen gegenüber *rechtlos*. Diese Rechtlosigkeit der Dinge offenbart das Wunder.

[XIII]

Die Negation der Vorsehung ist die Negation Gottes. »Wer die Vorsehung aufhebt, hebt das ganze Wesen Gottes auf und sagt eigentlich nichts andres, als daß kein Gott ist... Wenn Gott sich nicht um Menschliches kümmert, sei es nun mit oder ohne Wissen, so gibt es keine Ursache zur Religion, denn es ist *kein Heil zu hoffen.*« *Joa. Trithemius. (Tract. de provid. Dei.)* »Wenn ein Gott ist, so ist er ja als Gott vorsehend, denn die Gottheit kann ihm nur zugeschrieben werden, wenn er das Vergangene behält, das Gegenwärtige weiß und das Zukünftige voraussieht.[238] Wenn er (Epikur) also die Vorsehung aufhob, so leugnete er auch, daß ein Gott ist. Wenn er aber die Existenz Gottes zugab, so hat er auch zugleich die Vorsehung zugegeben. Eines kann nicht ohne das andre sein und gedacht werden.« *Lactantius.* (Bei Petavius, *Theolog. dog., T. I, lib. VIII, c. 1, § 4.)* »Aristoteles geräth fast auf die Meinung, daß, ob er gleich Gott nicht ausdrücklich einen Narren nennt, er ihn doch für einen solchen halte, der von unsern Sachen nichts wisse, nichts von unsern Vorhaben erkenne, verstehe, sehe, nichts betrachte als sich selbst... Aber *was geht uns ein solcher Gott oder Herr an? was vor Nutzen haben wir davon?*« *Luther.* (In Walchs Philos. Lexikon, Art. Vorsehung) Die Vorsehung ist daher der unwidersprechlichste, augenfälligste Beweis, daß es sich in der Religion, im Wesen Gottes selbst um gar nichts andres handelt als um den *Menschen,* daß das Geheimnis der Theologie die Anthropologie, der Inhalt, der Gehalt des unendlichen Wesens das »endliche« Wesen ist. Gott sieht den Menschen, heißt: Der Mensch *sieht sich nur selbst* in Gott; Gott sorgt für den Menschen, heißt: Die Sorge des Menschen *für sich selbst* ist sein *höchstes Wesen.* Die Wirklichkeit Gottes wird abhängig gemacht von der Tätigkeit Gottes: ein nicht tätiger Gott ist kein wirklicher Gott. Aber keine Tätigkeit ohne Gegenstand: erst der Gegenstand macht die Tätigkeit aus einem bloßen Vermögen zu *wirklicher* Tätigkeit. Dieser Gegenstand ist der Mensch. Wäre nicht der Mensch, so hätte Gott keine Ursache zur Tätigkeit. Also ist der Mensch das Bewegungsprinzip, die Seele Gottes. Ein Gott, der nicht den Menschen sieht und hört, nicht den Menschen *in sich hat,* ist ein blinder und tauber, d.h. müßiger, leerer, inhaltsloser Gott. Also ist die Fülle des göttlichen Wesens die Fülle des menschlichen - also die *Gottheit* Gottes die Menschheit. *Ich für mich* - das ist das trostlose Geheimnis des Epikureismus, des Stoizismus, des Pantheismus; *Gott für mich* - dies ist das trostreiche Geheimnis der Religion, des Christianismus. Ist der Mensch um Gottes, oder Gott um des Menschen willen? Allerdings ist der Mensch in der

Religion um Gottes willen, aber nur weil Gott um des Menschen willen ist. *Ich für Gott, weil Gott für mich.*

Die Vorsehung ist identisch mit der Wundermacht, die supernaturalistische Freiheit von der Natur, die Herrschaft der Willkür über das Gesetz.

»Die berauben ebenso Gott seiner Ehre als den Menschen seiner Ruhe, welche die Vorsehung in so enge Grenzen einschließen, als wenn sie nach einem *ewigen Naturgesetz* alles in freiem Laufe gehen ließe, denn nichts wäre erbärmlicher als der Mensch, wenn er jeder Bewegung des Himmels, der Luft, der Erde, der Gewässer ausgesetzt wäre, wenn nicht alles, was dem Wohl des Menschen entgegen ist, von Gottes freiem Willen abhinge, wenn er also nicht die Kreaturen zu jedem beliebigen Zweck gebrauchen und verwenden könnte.« *Calvin.* (A. a. O., *lib. I, cap. 16, sect.* 3, 7.) »Die göttliche Vorsehung wirkt bald *durch* Mittel (d.h. die Naturursachen), bald *ohne* Mittel, bald *wider* alle Mittel.« (Ders., *cap. V, sect. 1.*) »Obgleich Gott die Natur erhält, so hat er doch einst *wider die Ordnung* der Natur die Sonne zurückgehen lassen usw. Er ist also *nicht* in seinen Wirkungen, wie die Stoiker faseln, *an die Naturursachen gebunden*, sondern regiert nach freistem Ratschluß die Natur. Gar vieles tut die erste Ursache ohne und wider die natürlichen Ursachen, weil sie ein freitätiges Wesen ist.« *Melanchthon. (Loci, de causa peccati, S. 82, 83, zit. Ausg.)* »Die heilige Schrift lehrt, daß Gott in der Tätigkeit der Vorsehung ein freies Wesen ist, daß er, so oft er auch die Ordnung seines Werks beobachtet, doch an diese *Ordnung nicht gebunden* ist, sondern vielmehr 1) alles, was er durch die natürlichen Ursachen *(causas secundas)* tut, auch *ohne sie durch sich selbst* tun kann, 2) aus den natürlichen Ursachen eine *andere* Wirkung hervorbringen kann, als ihre *Beschaffenheit und Natur mit sich bringt*, 3) wenn die natürlichen Ursachen in Tätigkeit sind, doch ihre *Wirkung verhindern, verändern*, mildern, verschärfen kann. In der Handlungsweise der göttlichen Vorsehung findet also keine *stoische Verkettung der Ursachen* statt.« M. *Chemnitius.* (A. a. O., *S. 316, 317.)* »Gott herrscht über die Natur mit unbeschränkter Freiheit. Wir müssen Gott schlechterdings diese Ehre lassen, daß er uns helfen kann und will, auch wenn wir *von der ganzen Natur verlassen sind, auch im Widerspruch* mit der Folgenreihe aller natürlichen Ursachen.« C. *Peucerus. (De praecip. divinat. gener., Servestae 1591, S. 44.)* »Wie reimet sich das? die Luft giebt Speise und Nahrung, und allhier die Steine oder Felse fließen mit Wasser; es ist eine wunderbare Gabe. Wie es denn auch seltsam und wunderbarlich ist, daß Körner aus der Erde wachsen. Wer kann diese Kunst und wer hat diese Gewalt? Gott hat sie, der kann solche *unnatürliche* Dinge thun, auf daß wir daraus uns einbilden mögen, was er *für ein Gott sei* und *was er für Gewalt* habe, auf daß wir an ihm nicht verzageten oder verzweifelten, sondern festiglich glaubeten und ihm vertraueten, daß er auch könne *das Leder an der Tasche zu Gold machen* und *aus Staub eitel Korn auf dem Boden machen und die Luft mir zum Keller voll Weins machen.* Das soll man ihm vertrauen, daß er eine solche große

Gewalt habe und wir wissen mögen, wir haben einen solchen Gott, der diese Kunst könne, und daß es um ihn alles *regene* und *schneye mit Wunderwerken.« Luther. (T. III, S. 594.)*

Die Allmacht der Vorsehung ist die Allmacht des von allen Determinationen und Naturgesetzen sich entbindenden menschlichen Gemüts. Diese Allmacht realisiert das Gebet. Das Gebet ist allmächtig.

»Das Gebet des Glaubens wird dem Kranken helfen... Des Gerechten Gebet vermag viel. Elias war ein Mensch, gleichwie wir, und er betete ein Gebet, daß es nicht regnen sollte, und es regnete nicht auf Erden drei Jahre und sechs Monate. Und er betete abermal, und der Himmel gab den Regen, und die Erde brachte ihre Frucht.« *Jacobi 5, 15-18.* »So ihr *Glauben* habt und nicht zweifelt, so werdet ihr nicht allein solches mit dem Feigenbaum tun, sondern so ihr werdet sagen zu diesem Berge: ›Hebe Dich auf und wirf Dich ins Meer‹, so wird es geschehen. Und *alles, was ihr bittet im Gebet,* so ihr glaubet, so werdet ihr es empfangen.« Matthäi *21, 21-22.* Daß unter diesen Bergen, die die Kraft des Gebets oder Glaubens überwindet, nicht nur so im allgemeinen *res difficillimae,* wie die Exegeten sagen, welche diese Stelle nur für eine sprichwörtliche, hyperbolische Redensart der Juden erklären, sondern vielmehr der *Natur und Vernunft nach unmögliche Dinge* zu verstehen sind, dies beweist eben das Exempel mit dem augenblicklich verdorrten Feigenbaum, auf den sich diese Stelle bezieht. Es ist hier unbezweifelbar ausgesprochen die Allmacht des Gebets, des Glaubens, vor welcher die Macht der Natur in Nichts verschwindet. »Es ändern sich auf *Gebete* die *Folgen natürlicher Ursachen,* wie es bei Hiskia, dem König von Juda, der Fall war, zu welchem, weil er nach dem Lauf der natürlichen Ursachen hätte sterben müssen, der Prophet Gottes sagte: ›Du wirst sterben und nicht leben bleiben‹; aber dieser *Lauf der Natur* wurde auf das Gebet des Königs abgeändert.« J. L. *Vives.* (A. a. O., *S. 732.)* »Die Natur weicht den Gebeten des Moses, Elias, Elisa, Jesaias und anderer Frommen, wie Christus sagt (Matth. *21):* ›*Alles, was ihr bittet, werdet ihr empfangen, so ihr glaubt.*‹« Melanchth. *(Loci, de creatione.)* Celsus fordert die Christen auf, dem Kaiser nicht den Kriegsdienst zu verweigern. Darauf erwidert Origenes, daß die Christen durch *ihre Gebete* die Teufel, die Friedensstörer und Urheber der Kriege, zu Boden werfen und daher den Königen mehr nützen als die, welche für den Staat mit den Waffen kämpfen. *Adv. Celsum, S. Gelenio interpr., lib. VIII.* »In England wurde die Geistlichkeit, weil das *Gebet der Kirche mehr vermöge als die Waffen,* durch Eduard den Bekenner von der Dänensteuer freigesprochen.« *Eichhorn.* (Allg. Gesch. der Kultur u. Literat. des neuen Europas, *1796, I. B., S. 397.)* Die *menschliche Not* ist die *Notwendigkeit des göttlichen Willens.* Der Mensch ist im Gebete das *Aktive,* das *Bestimmende,* Gott das *Passive,* das *Bestimmte. Gott tut den Willen* des Menschen. »*Gott thut den Willen derer,* die ihn fürchten und er giebet *seinen Willen in unsern Willen...* Nun saget aber der Text hier klar genug, daß Loth an keinem andern Orte in derselben ganzen

Grenze stehen sollte, ohne alleine auf dem Berge. Aber *solchen seinen Willen ändert Gott*, dieweil ihn Loth fürchtet und betet.« »Und haben wir solcher Zeugnisse in der Schrift mehr, die da beweisen, daß sich *Gott lenken läßt und seinen Willen unserm Willen unterwirft.*« »Also war dies die geordnete Gewalt Gottes, daß die Sonne ihren Umgang und gewöhnlichen Lauf behielte: da aber Josua in seiner *Noth* zu dem Herrn rief und der Sonnen gebot, sie sollte inne halten und stille stehen, stund sie stille auf Josuä Wort. Was nun dieses für ein groß Wunderwerk sei, darum frage die *Astronomos.« Luther. (T. II, S. 226.)* »Herr ich stecke hie und da in großer Noth und Fahr Leibes und der Seelen, darff derhalben deiner Hülfe und Trostes. Item: *ich muß das und jenes haben*; darum bitte ich, du wollest mirs geben.« »Wer so bettelt und unverschämt anhält, der thut recht und unser Herr Gott hats gern, denn er ist nicht so eckel als wir Menschen.« Ders. (T. XVI, S. 150.)

[XIV]

Der Glaube ist die Freiheit und Seligkeit des Gemüts in sich selbst. Das sich in dieser Freiheit betätigende, vergegenständlichende Gemüt, die Reaktion des Gemüts gegen die Natur ist die Willkür der Phantasie. Die Glaubensgegenstände widersprechen daher notwendig der Natur, notwendig der Vernunft, als welche die Natur der Dinge repräsentiert.

»Was ist mehr wider den Glauben als nicht glauben wollen, was man nicht mit der Vernunft begreifen kann? Der Glaube an Gott, sagt der selige Papst Gregorius, hat gar kein Verdienst, wenn ihm die menschliche Vernunft Beweise liefert.« *Bernardus. (Ad dom. Papam Innocentium.)* »Daß eine Jungfrau gebiert, das wird weder durch die Vernunft erschlossen noch durch die Erfahrung bewiesen. Würde es durch die Vernunft erschlossen, so wäre es nicht wunderbar.« *Concil. Toletan. XI, Art. IV. (Carranza Summa.)* »Warum ist es unglaublich, daß wider die gewöhnliche Entstehungsweise der Natur Maria gebar und Jungfrau blieb, wenn wider den gewöhnlichen Lauf der Natur das Meer sah und floh und in seine Quelle der Strom des Jordans zurückfloß? Nicht unglaublich ist es also, daß eine Jungfrau gebiert, wenn wir lesen, daß ein Fels Wasser von sich gab und die Meereswoge wie ein Berg feststand.« *Ambrosius. (Epist., Lib. X, Ep. 81.)* »Wunderbar, Brüder, ist, was von diesem Sakrament gesagt wird. Das fordert notwendig Glauben, das schließt alle Vernunft aus.« *Bernardus.* (De coena Dom.) »Warum verlangst du hier die *Ordnung der Natur* in dem Leib Christi, da er selbst *wider die Naturordnung* von einer Jungfrau geboren ist?« *Petrus L. (Lib. IV, dist. 10, c. 2.)* »Es gereicht dem Glauben zur Ehre, zu glauben, was über die Vernunft ist, denn hier verleugnet der Mensch seinen Verstand und alle seine Sinne.« (Ebend., *Addit. Henrici de Vurimaria, dist. 12, c. 5.)* »Alle Artikel in unserm Glauben *für der Vernunft närrisch* und *lächerlich* scheinen... Da seynd wir Christen große Narren für der Welt, daß wir gläuben, Maria sey dieses Kindes rechte Mutter und sey doch eine reine Jungfrau. Denn solches ist nicht allein *wider alle Vernunft*, sondern auch *wider Gottes Schöpfung*, der zu Adam und Eva gesagt hat: seyd fruchtbar und mehret euch.« »Darum soll man nicht darnach sehen, ob ein Ding möglich sey; sondern also soll man sagen: Gott hats gesagt; derhalben wird es geschehen, wenn es schon *unmöglich* wäre. Denn ob ichs gleich nicht sehen noch greiffen kann, so ist es doch der Herr, der aus einem *unmöglichen ein mögliches* und aus *nichts alles machen kann*.« *Luther.* (*T. XVI, S. 570, 148, 149.*) »Was ist *wunderbarer* als daß Gott und Mensch eine Person ist? daß er Gottes und Mariens Sohn und doch nur *ein* Sohn ist? Wer wird dieses Geheimniß jemals und in Ewigkeit begreifen, daß Gott Mensch ist, daß eine Creatur Schöpfer und der Schöpfer eine Creatur ist?« *Ders.* (*T. VII, S. 128.*) Der wesentliche Gegenstand des Glaubens ist daher das *Wunder* - aber nicht das gemeine sinnliche Wunder, das selbst den *frechen Augen der Neugierde* und des *Unglaubens* Gegenstand ist, überhaupt nicht die Erscheinung, sondern das *Wesen* des Wunders, nicht das Faktum, sondern die *Wundermacht, das* Wesen, welches die Wunder wirkt, im Wunder *sich beglaubigt* und *offenbart*. Und diese Wundermacht ist dem Glauben eine stets gegenwärtige; selbst der Protestantismus glaubt an die *ununterbrochne Fortdauer der Wunderkraft*, nur leugnet er die Notwendigkeit, daß sie sich jetzt noch zum Behufe dogmatischer Zwecke in besondern sinnlichen Zeichen äußere. »Etliche gesagt haben, daß die Zeichen sein gewesen Offenbarung des Geistes im Anfange der Christenheit und haben nun aufgehöret. Das ist nicht recht; denn *es ist noch itz und eben solche Kraft*, und *ob sie gleich nicht im Gebrauch gehet, liegt doch nicht daran*. Denn wir haben noch die *Macht, solche Zeichen zu thun*.« »Sintemal aber das Evangelium nun ausgebreitet und aller Welt kund worden ist, ist es nicht von nöthen, Zeichen zu thun, wie zu der Apostel Zeiten. Wenn es aber die Noth erfordern würde, und sie das Evangelium ängsten und dringen wollten, so müßten wir wahrlich dran und *müßten auch Zeichen thun*.« *Luther.* (*T. XIII, S. 642, 648.*) Das Wunder ist dem Glauben so wesentlich, so *natürlich*, daß ihm selbst die *natürlichen* Erscheinungen *Wunder* sind, und zwar Wunder nicht im physikalischen, sondern im *theologischen, supranaturalistischen* Sinne. »Gott hat im Anfang gesprochen: Es lasse die Erde aufgehen Graß und Kraut etc. *Dasselbe* Wort, das der Schöpfer gesprochen hat, bringet die Kirschen herfür aus dem dürren Reiß und den Kirschbaum aus dem kleinen Kern. - Gottes *Allmächtigkeit* ist es, so das *schaffet*, daß aus den Eyern junge Hüner und Gänse werden. - Also predigt uns Gott *täglich von der Todten Auferstehung* und hat uns so viel *Exempel* und *Erfahrung dieses Artikels* fürgestellt, *wie viel Creaturen sind*.« *Luther.* (*T. X, S. 432. S. auch T. III, S. 586, 592* und *Augustin*, z.B. *Enarr. in Ps. 90, serm. II, c. 6.*) Wenn daher der Glaube keine besondere Wunder verlangt und braucht, so kommt das nur daher, daß ihm im Grunde alles Wunder, alles Wirkung der göttlichen Wunderkraft ist. Der religiöse Glaube hat keine Anschauung von der Natur. Die Natur, die und wie sie für uns existiert, hat für ihn keine

Existenz. Der Wille Gottes ist ihm allein der Grund, das Band, die Notwendigkeit der Dinge: »Gott... könnte uns wohl zu Menschen schaffen, wie Adam und Eva, durch sich selbst, ohne Vater und Mutter; wie er wohl könnte regieren ohne Fürsten; wie er wohl könnte ohne Sonne und Sterne ein Licht, ohne Pflügen und Ackern und andre Arbeit uns Brot geben. Aber *er wills nicht thun*.« *Luther. (T. XVI, S. 614.)* Allerdings »gebrauchet also Gott gewisse Mittel und führet seine Wunderwerke also, daß er gleichwohl des Dienstes der Natur und Mittel darzu gebrauchet«. Daher sollen wir auch - freilich aus sehr natürlichen Gründen - »die Mittel und Werkzeuge der Natur nicht verwerfen.« »So mag man auch wohl Artzeney gebrauchen, ja, man soll sie gebrauchen, denn sie ist ein geschaffen Mittel, die Gesundheit dadurch zu erhalten.« *Luther. (T. I, S. 508.)* Aber - und das allein entscheidet - es ist *nicht notwendig*, daß ich ein natürliches Mittel gebrauche, um zu genesen; ich *kann* auch *unmittelbar* durch Gott gerettet werden. Was Gott gewöhnlich vermittelst der Natur tut, das *kann* er auch ohne, ja wider die Natur tun und tut er wirklich in außerordentlichen Fällen, wenn er *will*. »Gott hätte«, sagt ebendaselbst Luther, »wohl leichtlich Noah und die Thiere durch ein ganz Jahr *ohne Speisen* erhalten können, wie er Mosen, Eliam und Christum 40 Tage ohne alle Speise erhalten hat.« Ob er es *oft* oder *selten* tut, ist gleichgültig; es ist genug, wenn er es auch nur einmal tut; was einmal geschieht, *kann* unzählige Male geschehen. Das einzelne Wunder hat *allgemeine Bedeutung*, die *Bedeutung eines Exempels*. »Diese That, als der Durchgang durch das rothe Meer, ist zur Figur, zum Exempel und Beispiel geschehen, uns anzuzeigen, daß *es uns auch also gehen werde*.« *Luther. (T. III, S. 596.)* »Diese Wunder sind *vor uns*, die wir erwählet sind, geschrieben.« *Ders. (T. IX, S. 142.)* Die natürlichen Mittel, deren sich Gott bedient, wenn er *keine* Wunder tut, haben *nicht mehr Bedeutung* als *die* natürlichen Mittel, die er anwendet, wenn er *Wunder* tut. Wenn die Tiere, so es Gott will, *ebensogut ohne* Speisen leben können *als mit* Speisen, so ist die Speise an sich ebenso unnötig zur Erhaltung des Lebens, so gleichgültig, so wesenlos, so willkürlich als der Kot, mit dem Christus die Blinden heilte, als der Stab, mit dem Moses das Meer teilte, denn »Gott hätte es eben so gut ohne den Stab thun können«. »*Der Glaube ist stärker denn Himmel und Erde oder alle Creaturen.*« »Der Glaube machet aus Wässer eitel Steine, auch aus Feuer machet er Wasser und aus Wasser kann er Feuer zurichten.« *Luther. (T. III, S. 564, 565.)* Das heißt: für den Glauben existiert keine Schranke, kein Gesetz, keine Notwendigkeit, keine Natur, existiert nur der Wille Gottes, gegen den alle Kräfte und Dinge nichts sind. Wenn daher der Gläubige dennoch in Not und Elend zu natürlichen Mitteln seine Zuflucht nimmt, so folgt er nur der Stimme seiner *natürlichen Vernunft*. Das dem Glauben eingeborne, dem Glauben nicht widersprechende, nicht von außen, sei's nun mit oder ohne Wissen und Willen aufgedrungene Arzneimittel wider alles Übel und Elend ist einzig und allein das *Gebet*; denn

»*das Gebet ist allmächtig*«. *Luther. (T. IX, S. 27.)* Wozu also noch ein natürliches Mittel? Ist ja doch selbst im Falle der Anwendung eines solchen die Wirkung desselben keineswegs seine eigne, sondern die Wirkung des übernatürlichen Willens Gottes oder vielmehr die Wirkung der Glaubens-, der Gebetskraft; denn das Gebet, der Glaube bestimmt den Willen Gottes. »Dein Glaube hat Dir geholfen.« So macht der Glaube das natürliche Mittel, das er in der Praxis anerkennt, in der Theorie wieder zunichte, indem er die Wirkungen desselben zu einer Wirkung Gottes macht, d.h. zu einer Wirkung, die *ebensogut* auch *ohne* dieses Mittel hätte stattfinden können. Die natürliche Wirkung ist daher nichts andres als ein *umständliches*, ein *verblümtes*, *verstecktes* Wunder - ein Wunder, das aber nicht den *Schein* eines Wunders hat und eben deswegen nicht von den natürlichen Augen, sondern nur von den Augen des Glaubens als ein Wunder aufgenommen wird. Nur im Ausdruck, aber nicht in der Sache findet ein Unterschied statt zwischen einer unmittelbaren oder mittelbaren, wunderbaren oder natürlichen Wirkung Gottes. Bedient sich Gott oder der Glaube eines natürlichen Mittels, *so spricht er anders, als er denkt*; bedient er sich eines Wunders, *so spricht er, wie er denkt*, in beiden Fällen aber denkt er dasselbe. In der mittelbaren Wirkung Gottes ist der Glaube *mit sich im Zwiespalt*, denn die *Sinne verneinen* hier, was der *Glaube bejaht*; im Wunder dagegen ist er *mit sich einig*, denn da fällt die *Erscheinung* mit dem *Wesen*, der *Sinn* mit dem *Glauben*, der Ausdruck mit der Sache zusammen. Das Wunder ist der *Terminus technicus* des Glaubens.

[XV]
Die Auferstehung Christi ist die persönliche, d.i. fleischliche Unsterblichkeit als eine sinnliche, unbezweifelbare Tatsache.

»Christus ist auferstanden, es ist eine vollendete Tatsache. - Er zeigte sich selbst seinen Schülern und Gläubigen: betastet wurde die Festigkeit seines Körpers... Bestätigt ist der Glaube nicht nur in den Herzen, sondern auch in den *Augen* der Menschen.« *Augustinus. (Sermones ad pop., serm. 242, c. 1, serm. 361, c. 8. S.* hierüber auch Melanchthon, *Loci, de resurr. mort.)* »Die Philosophi, so unter andern haben die besten sein wollen, es dafür gehalten haben, daß durch den Todt die Seele vom Leib erlöst würde, nachdem sie also aus dem Leibe, als aus einen Gefängniß los wäre, käme sie in die Sammlung der Götter, und würde von allen leiblichen Beschwerungen erledigt. Von einer solchen Unsterblichkeit haben ihnen die Philosophi träumen lassen, wiewohl sie dieselbige nicht für gewiß genugsam haben halten, noch vertheidigen können. Die heil. Schrift aber lehret von der *Auferstehung* und *dem ewigen Leben anders*, und stellet uns die *Hoffnung* derselben so *gewiß für Augen, daß wir darüber nicht können zweifeln*.« *Luther. T. 1, S. 459.*

268

Das Christentum machte den Menschen zu einem außerweltlichen, übernatürlichen Wesen.

»Wir haben hier *keine bleibende Stadt,* sondern die *zukünftige* suchen wir.« *Hebräer 13, 14.* »Dieweil wir im *Leibe wohnen,* so wallen wir dem Herrn.« *Paulus 2. Kor. 5.* »So wir nun aber im Leibe, welcher ja eigentlich unser ist, wallen und frembde seyn und unser *Leben in diesem Leibe* nichts Andres ist, denn eine *Pilgerschaft,* wie viel mehr seyn die Güter, so wir um des Leibes willen haben, als Aecker, Häuser, Geld etc. nichts andres denn eitel frembde Dinge und Pilgerschaften.« - »Derohalben müssen wir auch *in diesem Leben gleich wie Fremdlinge leben,* bis daß wir das *rechte Vaterland* erreichen, und ein besser Leben überkommen mögen, welches ewig ist.« *Luther. (T. II, S. 240, 370 a.)* »Unser Wandel (nicht Wandel, sondern unser Heimatsrecht, *politeuma, civitas* aut *jus civitatis*) ist im Himmel, von dannen wir auch warten des Heilands Jesu Christi, des Herrn, welcher unsern nichtigen Leib verklären wird, daß er ähnlich werde seinem verklärten Leibe, nach der Wirkung damit er kann auch alle Dinge ihm unterwürfig machen.« *Philipper 3, 20. 27.* »Die Welt erzeugt weder den Menschen, noch ist der Mensch *ein Teil der Welt.*« *Lactantius. (Div. inst., lib. II, c. 6.)* »Der Himmel gehört zur Welt: *der Mensch aber ist über der Welt.*« *Ambrosius. (Epist., lib. VI, Ep. 38.)* »Erkenne, o Mensch, Deine Würde, erkenne die Herrlichkeit der menschlichen Natur. Du hast zwar den *Körper* mit der Welt gemein, aber Du hast auch etwas Erhabneres und bist schlechterdings nicht mit den übrigen Geschöpfen zu vergleichen.« *Bernardus. (Opp. Basil. 1552, S. 79.)* »Der Christ erhebt sich über die ganze Welt; er bleibt selbst nicht im Himmelsgewölbe stehen, sondern überfliegt auch die überhimmlischen Räume im Geiste und bringt so, von heiliger Begeisterung gleichsam außer die Welt versetzt, Gott seine Gebete dar.« *Origenes. (Contra Celsum, ed. Hoeschelio, S. 370.)* »Was tust Du, Bruder, in der Menschenwelt, der Du größer bist als Gotteswelt?« *Hieronymus. (Ad Heliod. de laude vitae solit.)* »Diese *ganze Welt hat nicht soviel Wert als eine einzige Seele,* denn Gott opferte sich *nicht* für *die ganze Welt,* sondern *für die menschliche Seele.* Höher ist also der Wert der Seele, die nur durch Christi Blut erlöst werden konnte.« *Medidat. devotiss., c. II.* (Pseudbernhard.) »Augustin sagt: Ein größeres Werk ist die Rechtfertigung des Sünders als die Schöpfung von Himmel und Erde, denn Himmel und Erde werden vergehen, aber das Heil und die Rechtfertigung der Vorherbestimmten werden bleiben. Augustin hat recht. Wohl ist das Gut des Ganzen ein größeres Gut als das besondere Gut eines Einzelnen, wenn beide der Gattung nach eins sind, aber das Gut der Gnade eines Einzigen ist größer als das natürliche Gut der ganzen Welt.« *Thomas Aq. (Summ., Prima Secundae Partis, Qu. 113, 9.)* »Wie viel besser ists, ich verliere die ganze Welt, denn daß ich *Gott* verliere, der die *Welt geschaffen* hat und *unzählige Welten schaffen kann, der besser* ist denn *hundert tausend und unzählige Welt.* Denn was ist doch für eine Vergleichung Zeitliches gegen Ewiges?... *Eine Seele ist besser denn die ganze Welt.« Luther. (T. XIX, S. 21.)*

[XVII]

Der Zölibat und das Mönchtum - natürlich nur in ihrer ursprünglichen, religiösen Bedeutung und Gestalt - *sind sinnliche Erscheinungen, notwendige Folgen von dem supernaturalistischen, extramundanen Wesen des Christentums.*

Allerdings widersprechen sie auch - der Grund davon ist selbst *implicite* in dieser Schrift ausgesprochen - dem Christentum; aber nur weil das Christentum selbst ein Widerspruch ist. Sie widersprechen dem exoterischen, praktischen, aber nicht dem esoterischen, theoretischen Christentum; sie widersprechen der christlichen Liebe, *inwiefern* diese sich auf den Menschen bezieht, aber nicht dem *christlichen Glauben*, nicht der christlichen Liebe, inwiefern sie nur um Gottes willen die Menschen liebt, sich auf Gott als das außerweltliche, übernatürliche Wesen bezieht. Vom Zölibat und Mönchtum steht nun freilich nichts in der Bibel. Und das ist sehr natürlich. Im Anfang des Christentums handelte es sich nur um die Anerkennung Jesu als des Christus, des Messias, nur um die Bekehrung der Heiden und Juden. Und diese Bekehrung war um so dringender, je näher man sich die Zeit des Gerichts und Weltuntergangs dachte - also *periculum in mora*. Es fehlte überhaupt Zeit und Gelegenheit zum Stilleben, zur Kontemplation des Mönchtums. Notwendig waltete daher damals eine mehr praktische und auch *liberalere* Gesinnung vor als in der spätern Zeit, wo das Christentum bereits zu weltlicher Herrschaft gelangt und damit der Bekehrungstrieb erloschen war. (Siehe hierüber *Carranza, Summa, ed. cit., S. 256.)* Sowie einmal das Christentum sich weltlich realisierte, so mußte sich auch notwendig die supernaturalistische, überweltliche Tendenz des Christentums zu einer selbst weltlichen Scheidung von der Welt ausbilden. Und diese Gesinnung der Absonderung vom Leben, vom Leibe, von der Welt, diese erst *hyper-*, dann *antikosmische* Tendenz ist echt biblischen Sinnes und Geistes. Außer den bereits angeführten und andern allgemein bekannten Stellen mögen noch folgende als Beispiele dastehen. »Wer sein Leben auf dieser Welt hasset, der wird es erhalten zum ewigen Leben.« Johannes *12, 25.* »Ich weiß, daß in mir, d.i. in meinem Fleische wohnet nichts Gutes.« Römer 7, 18, 14. *(»Veteres enim omnis vitiositatis in agendo origenes ad* **corpus** *referebant.« J. G. Rosenmüller, Scholia.)* »Weil nun Christus für uns im Fleisch gelitten hat, so wappnet euch auch mit demselbigen Sinne, denn wer *im Fleisch leidet*, der höret auf von Sünden.« 1. Petri *4, 1.* »Ich habe Lust *abzuscheiden und bei Christo zu sein.«* Philipper *1, 23.* »Wir sind aber getrost und haben viel mehr Lust, *außerdem Leibe* zu wallen und daheim zu sein bei dem Herrn.« 2. Korinth. *5, 8.* Die Scheidewand zwischen Gott und Mensch ist demnach der Leib (wenigstens der sinnliche, wirkliche Leib), der Leib also, als ein Hindernis der Vereinigung mit Gott, etwas Nichtiges, zu

Negierendes. Daß unter der Welt, welche im Christentum negiert wird, keineswegs nur das eitle Genußleben, sondern die wirkliche, objektive Welt zu verstehen ist, das geht auf eine populäre Weise schon aus dem Glauben hervor, daß bei der Ankunft des Herrn, d.h. der Vollendung der christlichen Religion, Himmel und Erde vergehen werden.

Nicht zu übersehen ist der Unterschied zwischen dem Glauben der Christen und dem Glauben der heidnischen Philosophen an den Untergang der Welt. Der *christliche Weltuntergang* ist nur eine *Krisis des Glaubens* - die Scheidung des Christlichen von allem Antichristlichen, der Triumph des Glaubens über die Welt, ein Gottesurteil, ein *antikosmischer, supernaturalistischer Akt.* »Der Himmel jetzund und die Erde werden durch sein Wort gesparet, daß sie zum Feuer behalten werden am *Tage des Gerichts* und *Verdammnis der gottlosen Menschen.«* 2. Petri 3, 7. *Der heidnische Weltuntergang* ist eine *Krisis des Kosmos selbst,* ein gesetzmäßiger, im Wesen der Natur begründeter Prozeß. »Der Ursprung der Welt enthält nicht minder Sonne und Mond und den Wechsel der Gestirne und die Ursprünge des Lebens als die Elemente der künftigen Veränderungen der Erde. Darunter befindet sich die Überschwemmung, welche ebensogut als der Winter, als der Sommer durch das *Weltgesetz* kommt.« *Seneca. (Nat. qu., lib. III, c. 29.)* Es ist das der Welt immanente Lebensprinzip, das Wesen der Welt selbst, welches diese Krisis *aus sich* erzeugt. »Wasser und Feuer sind die Herren der Erde. Von ihnen kommt ihr Ursprung, von ihnen ihr Untergang.« *(Ibid., c. 28.)* »Alles, was ist, wird einst nicht sein, aber nicht zugrunde gehen, sondern nur aufgelöst werden.« (Ders., *Epist. 71.) Die Christen schlossen sich von dem Weltuntergang aus.* »Und er wird senden Engel mit hellen Posaunen und sie werden sammeln seine *Auserwählten* von den vier Winden, von einem Ende des Himmels bis zu dem andern.« Matthäi *24, 31.* »Und ein Haar von eurem Haupt soll nicht umkommen. Und alsdann werden sie sehen des Menschen Sohn kommen in der Wolke, mit großer Kraft und Herrlichkeit. Wenn aber dieses anfähet zu geschehen, so sehet auf und hebet eure Häupter auf, darum daß sich *eure Erlösung* nahet.« Lucas *21, 18. 27-28.* »So seid nun wacker allezeit und betet, daß ihr würdig werden möget zu entfliehen diesem allen, das geschehen soll und zu stehen vor des Menschen Sohn.« Ebend., 36. *Die Heiden dagegen identifizierten ihr Schicksal mit dem Schicksal der Welt...* »Dieses Universum, welches alles Menschliche und Göttliche in sich faßt... wird einst ein Tag zerstreuen und in die alte Verwirrung und Finsternis versenken. Nun gehe einer hin und beklage einzelne Seelen. Wer ist so hochmütig und maßlos anmaßend, daß er von diesem allgemeinen Los der Vergänglichkeit eine Ausnahme *für sich* und die *Seinigen* allein in Anspruch nehmen möchte.« *(Cons. ad Polyb., c. 20 u. 21.)* »Also wird einst alles Menschliche ein Ende haben... Nicht Mauern, nicht Türme werden schützen. Nichts werden die Tempel den Flehenden helfen.« *(Nat. quaest., lib. III, c. 29.)* Hier haben wir also wieder den charakteristischen Unterschied des Heidentums und

271

Christentums. Der Heide vergaß sich *über der Welt*, der Christ *die Welt über sich*. Wie aber der Heide seinen Untergang mit dem Untergang der Welt, so identifizierte er auch seine Wiederkunft und Unsterblichkeit mit der Unsterblichkeit der Welt. Dem Heiden war der Mensch ein *gemeines*, dem Christen ein *auserlesnes* Wesen, diesem die Unsterblichkeit ein *Privilegium* des Menschen, jenem ein *Kommungut*, das er sich nur vindizierte, indem und wiefern er auch andere Wesen daran teilnehmen ließ. *Die Christen erwarteten demnächst den Weltuntergang*, weil die christliche Religion kein kosmisches Entwicklungsprinzip in sich hat - alles, was sich entwickelte im Christentum, entwickelte sich nur im Widerspruch mit seinem ursprünglichen Wesen -, weil mit der Existenz Gottes im Fleisch, d.h. mit der unmittelbaren Identität des Wesens der Gattung mit dem Individuum alles erreicht, der Lebensfaden der Geschichte abgeschnitten, kein andrer Gedanke der Zukunft übrig war als der Gedanke an eine Repetition, an die Wiederkunft des Herrn. *Die Heiden dagegen verlegten den Weltuntergang in die ferne Zukunft*,[239] weil sie, lebend in der Anschauung des Universums, nicht um ihretwillen Himmel und Erde in Bewegung setzten, weil sie ihr Selbstbewußtsein erweiterten und befreiten durch das *Bewußtsein der Gattung*, die Unsterblichkeit nur setzten in die Fortdauer der Gattung, die Zukunft also nicht sich reservierten, sondern den kommenden Generationen übrigließen. »Die Zeit wird kommen, wo sich unsre Nachkommen wundern, daß wir so offenbare Dinge nicht wußten.« *Seneca. (Nat. quae., lib. VII, c. 25.)* Wer die Unsterblichkeit *in sich setzt*, hebt das geschichtliche Entwicklungsprinzip auf. Die Christen warten zwar nach Petrus einer neuen Erde und eines neuen Himmels. Aber mit dieser christlichen, d.i. überirdischen Erde ist nun auch das Theater der Geschichte für immer geschlossen, das *Ende* der *wirklichen Welt* gekommen. Die Heiden dagegen setzen der Entwicklung des Kosmos keine Grenze, sie lassen die Welt nur untergehen, um wieder verjüngt als wirkliche Welt zu erstehen, gönnen ihr ewiges Leben. Der christliche Weltuntergang war eine *Gemütssache*, ein Objekt der Furcht und Sehnsucht, der heidnische eine Sache der Vernunft und Naturanschauung.

[XVIII]

Die unbefleckte Jungfräulichkeit ist das Prinzip des Heils, das Prinzip der neuen, christlichen Welt.

»Eine Jungfrau erzeugte das Heil der Welt, eine Jungfrau gebar das Leben aller... Eine Jungfrau trug den, welchen diese Welt nicht fassen kann... Durch den Mann und das Weib wurde das Fleisch aus dem Paradies verstoßen, durch die Jungfrau aber mit Gott verbunden.« *Ambrosius. (Epist., lib. X, Epist. 82; s. auch Epist. 81.)* »Die Keuschheit verbindet den Menschen mit dem Himmel. Gut ist die eheliche Keuschheit, aber besser die Enthaltsamkeit des Witwenstandes, das Beste aber die jungfräuliche

Unbescholtenheit.« *(De modo bene viv., S. 22. Pseudobernh.)* »Denke stets daran, daß das Weib den Bewohner des Paradieses aus seiner Besitzung vertrieben hat.« *Hieronymus. (Epist. Nepotiano.)* »Christus selbst bewies an sich, daß das jungfräuliche Leben das wahre und vollkommne ist. Daher er es uns zwar nicht zu einem ausdrücklichen Gesetze machte, denn nicht alle fassen dieses Wort, wie er selbst sagte, aber er belehrte uns durch die *Tat.*« *Joan. Damascenus. (Orthod. fidei. lib. IV, c. 25.)* »Welcher Herrlichkeit wird nicht mit Recht die Jungfrauschaft vorgezogen? Der Englischen? Der Engel hat die Jungfräulichkeit, aber nicht Fleisch; er ist hierin mehr glücklich als stark.« *Bernhardus. (Epist. 113, ad Sophiam Virginem.)*

Wenn nun aber die Enthaltung von der Befriedigung des Geschlechtstriebes, die Negation der Geschlechtsdifferenz und folglich der Geschlechtsliebe -denn was ist diese ohne jene? -, das Prinzip des christlichen Himmels und Heils ist, so ist notwendig die Befriedigung des Geschlechtstriebes, der Geschlechtsliebe, worauf sich die Ehe gründet, *die Quelle der Sünde und des Übels.* So ist es auch. Das Geheimnis der Erbsünde ist das Geheimnis der Geschlechtslust. Alle Menschen sind in Sünden empfangen, weil sie mit sinnlicher, d.i. *natürlicher* Freude und Lust empfangen wurden. Der Zeugungsakt ist, als ein genußreicher sinnlicher, ein sündiger Akt. Die Sünde pflanzt sich fort von Adam an bis auf uns herab, lediglich weil die Fortpflanzung der natürliche Erzeugungsakt ist. Dies also das Geheimnis der christlichen Erbsünde. »Wie fern der Wahrheit steht der, welcher behauptet, daß die Wollust *(voluptas)* ursprünglich von Gott dem Menschen anerschaffen sei... Wie kann die Wollust uns zum Paradies zurückführen, sie, die allein uns aus dem Paradies getrieben hat?« *Ambrosius. (Ep., lib. X, Epist. 82.)* »Die Wollust selbst kann schlechterdings nicht *ohne Schuld* sein.« *Petrus L. (Lib. IV, dist. 31, c. 5.)* »Wir alle sind in Sünden geboren und haben, aus Fleischeslust empfangen, die ursprüngliche Schuld mitgebracht.« *Gregorius. (Petrus L., lib. II, dist. 30, c. 2.)* »Fest halte und zweifle nicht daran, daß jeder Mensch, der durch den Beischlaf des Mannes und Weibes gezeugt wird, mit der Erbsünde geboren wird... Hieraus erhellt, was die Erbsünde ist, nämlich die *sündhafte Begierde,* welche in alle mit Begierde erzeugte Menschen durch Adam überging.« *(Ibid., c. 3. S. auch dist. 31, c. 1.)* »Die Ursache der Sünde stammt aus dem *Fleisch.*« *Ambrosius. (Ibid.)* »Christus ist ohne Sünde, ohne angeerbte und ohne eigene; er kam auf die Welt ohne Wollust fleischlicher Begierde; bei ihm fand keine geschlechtliche Vermischung statt... Jeder *Gezeugte* ist ein *Verdammter.*« *Augustinus. (Serm ad pop., S. 294, c. 10, 16)* »Der Mensch ist geboren vom Weibe und deswegen mit Schuld.« *Bernardus. (De consid., lib. II. S. auch desselben Epist. 174, edit. cit.)* »Alles was vom *Manne* und *Weibe* zur Welt gebohren wird, das ist *sündhaftig,* unter *Gottes Zorn* und *Fluch,* zum Tode verdammt.« »Alle Menschen von *Vater* und *Mutter* gebohren, sind *Kinder des Zorns von Natur,* wie *St. Paulus* Ephes. 2 zeuget.« »Wir haben von Natur eine unflätige, *sündliche* Empfängniß und Geburt.« *Luther. (T. XVI, S. 246, 573.)* Es erhellt aus diesen Beispielen zur Genüge, daß die »fleischliche Vermischung« - auch der Kuß ist eine fleischliche Vermischung, eine *Voluptas* - die Grundsünde, das Grundübel der Menschheit, und folglich die *Basis* der Ehe, der Geschlechtstrieb, ehrlich herausgesagt, ein Produkt des Teufels ist. Wohl ist die Kreatur als Geschöpf Gottes gut, aber so, wie sie erschaffen worden, so *existiert* sie ja längst schon nicht mehr. Der Teufel hat die Kreatur Gott abspenstig gemacht und bis in den Grund hinein verdorben. »Verflucht sei der Acker um deinetwillen.« Der Fall der Kreatur ist übrigens nur eine Hypothese, wodurch sich der Glaube den lästigen, beunruhigenden Widerspruch, daß die Natur ein Produkt Gottes ist und dennoch so, wie sie wirklich ist, sich nicht mit Gott, d.h. dem christlichen Gemüte, zusammenreimen läßt, aus dem Sinne schlägt.

Allerdings hat das Christentum nicht das Fleisch als Fleisch, die Materie als Materie für etwas Sündhaftes, Unreines erklärt, im Gegenteil aufs heftigste gegen die Ketzer, welche dieses aussprachen und die Ehe verwarfen, geeifert (Siehe z.B. Augustin, *Contra Faustum, lib. 29, c. 4, lib. 30, c. 6.*, Clemens Alex., *Stromata, lib. III.* und den h. Bernhard: *Super Cantica, serm. 66.)* - übrigens, auch ganz abgesehen von dem *Haß gegen die Ketzer*, der so häufig die heilige christliche Kirche inspirierte und so weltklug machte, aus Gründen, aus denen keineswegs die Anerkennung der Natur als solcher folgte, und *unter Beschränkungen, d.i. Negationen*, welche diese Anerkennung der Natur zu einer scheinbaren, illusorischen machen. Der Unterschied zwischen den Ketzern und Rechtgläubigen ist nur der, daß diese *indirekt*, verschlagen, heimlich sagten, was jene unumwunden, direkt, aber ebendeswegen auf eine *anstößige Weise* aussprachen. Von der Materie läßt sich die Lust nicht absondern. Die materielle *Lust* ist nichts weiter als sozusagen die *Freude der Materie an sich selbst, die sich selbst betätigende* Materie. Jede Freude ist Selbstbetätigung, jede Lust Kraftäußerung, Energie. Jede *organische Funktion* ist im normalen Zustande mit *Wollust* verbunden - selbst das Atmen ist ein wollüstiger Akt, der nur deswegen nicht *als solcher* empfunden wird, weil er ein ununterbrochener Prozeß ist. Wer daher nur die Zeugung, die fleischliche Vermischung als solche, überhaupt das Fleisch als solches für rein, aber das sich selbst *genießende* Fleisch, die mit *sinnlicher Lust* verknüpfte fleischliche Vermischung für Folge der *Erbsünde* und folglich selbst für *Sünde erklärt*, der anerkennt nur das *tote*, aber nicht *lebendige* Fleisch, der macht uns einen blauen Dunst vor, der *verdammt, verwirft den Zeugungsakt, die Materie überhaupt*, aber *unter dem Scheine*, daß er sie *nicht verwirft, daß er sie anerkennt. Die nicht heuchlerische, nicht* verstellte - die offenherzige, aufrichtige Anerkennung der Sinnlichkeit ist die Anerkennung des *sinnlichen Genusses.* Kurz, wer, wie die Bibel, wie die Kirche, nicht die *Fleischeslust* anerkennt -versteht sich die natürliche, normale, vom Leben unzertrennliche -, der *anerkennt nicht das Fleisch.* Was nicht als *Selbstzweck* -

keineswgs darum auch als *letzter* Zweck - anerkannt wird, das wird *nicht* anerkannt. Wer mir den Wein nur als Arznei erlaubt, verbietet mir den *Genuß* des Weines. Komme man nicht mit der freigebigen Spendung des Weines auf der Hochzeit zu Kana. Denn diese Szene versetzt uns ja unmittelbar durch die Verwandlung des Wassers in Wein über die Natur hinaus, auf das Gebiet des Supernaturalismus. Wo, wie im Christentum, als der *wahre*, ewige Leib ein supernaturalistischer, spiritualistischer Leib gesetzt wird, d.h. ein Leib, von dem alle *objektiven*, sinnlichen Triebe, alles Fleisch, alle Natur weggelassen ist, da wird die wirkliche, d.i. sinnliche, fleischliche Materie negiert, als nichtig gesetzt.

Allerdings hat das Christentum nicht die Ehelosigkeit - freilich später für die Priester - zu einem Gesetz gemacht. Aber eben deswegen, weil die Keuschheit oder vielmehr die Ehe-, die Geschlechtslosigkeit die höchste, überschwenglichste, supernaturalistischste, die *kat' exochén* himmlische Tugend ist, so kann und darf sie nicht zu einem *gemeinen Pflichtobjekt* erniedrigt werden, sie steht *über dem Gesetze*, sie ist die *Tugend der christlichen Gnade und Freiheit.* »Christus ermahnt die zur Ehelosigkeit Tauglichen, daß sie diese Gabe gehörig pflegen; derselbe Christus befiehlt aber denen, die die Keuschheit ausser der Ehe nicht behaupten können, daß sie in keuscher Ehe leben.« *Melanchthon. (Resp. ad Coloniens.)* »Die Jungferschaft ist nicht befohlen, sondern angeraten, weil sie gar zu erhaben ist.« *(De modo bene viv., S. 21.)* »Seine jungfräuliche Tochter verheiraten ist eine gute, aber sie nicht verheiraten ist eine bessere Handlung. Was also gut ist, das muß man nicht fliehen, was aber *besser* ist, erwählen. Daher wird die Jungferschaft nicht vorgeschrieben, sondern nur vorgeschlagen. Und deswegen sagt der Apostel sehr gut: In betreff der Jungfrauen habe ich keine Vorschrift, aber ich gebe meinen Rat. Wo *Vorschrift*, da ist *Gesetz*, wo *Rat*, da ist *Gnade*. Vorgeschrieben ist nämlich die Keuschheit, angeraten die Jungferschaft. Aber auch die Witwe hat kein Gebot, sondern nur einen Rat erhalten, jedoch einen nicht einmal gegebnen, sondern *oft wiederholten* Rat.« *Ambrosius. (Liber de viduis.)* Das heißt: die Ehelosigkeit ist kein Gesetz im gemeinen oder jüdischen, aber ein Gesetz im christlichen Sinne oder für den christlichen Sinn, welcher die christliche Tugend und Vollkommenheit sich zu Gewissen, zu Gemüte zieht, kein gebieterisches, sondern vertrauliches, kein offenbares, sondern ein heimliches, esoterisches Gesetz - ein bloßer Rat, d.h. ein Gesetz, das sich nicht als Gesetz auszusprechen wagt, ein Gesetz nur für den feiner Fühlenden, nicht für die große Masse. Du darfst heiraten; jawohl! ohne alle Furcht, eine Sünde zu begehen, d.h. eine offenbare, namhafte, plebejische Sünde; aber desto besser tust du, wenn du nicht dich verheiratest; indes das ist nur mein unmaßgeblicher, freundschaftlicher Rat. *Omnia licent, sed non omnia expediunt.* Was im Vordersätze zugegeben, das wird im Nachsatz widerrufen. *Licet*, sagt der Mensch, *non expedit*, sagt der Christ. Aber nur was für den Christen gut, ist für den Menschen, wofern er ein christlicher sein will, das Maß des Tuns und Lassens. *Quae non expediunt, nec licent* - so schließt das Gefühl des christlichen Adels. Die Ehe ist daher nur eine Indulgenz gegen die Schwachheit oder vielmehr Stärke des Fleisches, ein Naturnachlaß des Christentums, ein Abfall von dem wahrhaft, dem vollendet christlichen Sinn; aber insofern gut, löblich, heilig selbst, als sie das beste Arzneimittel gegen die *Fornicatio* ist. Um ihrer selbst willen, als Selbstgenuß der Geschlechtsliebe, wird sie nicht anerkannt, nicht geheiligt; - - also ist die Heiligkeit der Ehe im Christentum nur *Scheinheiligkeit*, nur Illusion, denn was man nicht um sein selbst willen anerkennt, wird *nicht anerkannt*, aber mit dem *trügerischen Scheine, daß es anerkannt wird*. Die Ehe ist sanktioniert, nicht um das Fleisch zu heiligen und befriedigen, sondern um das Fleisch zu beschränken, zu unterdrücken, zu töten - um durch den Teufel den Teufel auszutreiben. »Was bewegt alle Männer und Weiber zur Ehe und zur Unzucht? Die fleischliche Vermischung, deren Begierde der Herr der Unzucht gleichsetzte... Daher die vorzügliche Heiligkeit der Jungfrau, weil sie gar nichts mit der Unzucht Verwandtes an sich hat.« *Tertullianus. (De exhort. cast., c. 9.)* »In betreff der Ehe selbst hast Du etwas Besseres geraten, als Du gestattet hast.« *Augustinus. (Confess., lib. X, c. 30.)* »Es ist besser freien, denn Brunst leiden.« 1. Korinth. *7, 9.* »Aber wieviel besser ist«, sagt Tertullian, diesen Spruch entwickelnd, »weder freien noch Brunst leiden. Ich kann sagen, was erlaubt wird, ist nichts Gutes.« *(Ad uxorem, lib. I, c. 3.)* »Die Ehe ist ein untergeordnetes Gut, welches keinen Lohn verdient, sondern nur die Bedeutung eines *Arzneimittels* hat. Die erste Ehe, die Ehe im Paradiese, war vorgeschrieben, aber die zweite Ehe, die nach dem Paradies, ist nur aus Nachsicht erlaubt; denn wir haben von dem Apostel gehört, daß die Ehe dem Menschengeschlecht zur Vermeidung der Unzucht erlaubt ist.« *Petrus Lomb. (Lib. IV, dist. 26, c. 1 u. 2.)* »Magister Sententarium saget recht, der Ehestand sey im Paradiese geordnet zum Dienste, nach der Sünde aber zur *Artzeney.*« *Luther. (T. I, S. 349.)* »Wo man Ehe und Jungfrauschaft gegen einander hält, so ist freilich die *Keuschheit eine edlere Gabe denn die Ehe.*« Ders. *(T. X, S. 319.)* »Welche die *Schwachheit der Natur* nicht zum Ehestande zwinget, sondern sind solche Leute, daß sie des Ehestands entrathen können, die *thun recht*, daß sie sich vom Ehestande enthalten.« Ders. *(T. V, S. 538.)* Die christliche Sophistik wird dagegen erwidern, daß nur die nichtchristliche Ehe, nur die nicht vom Geiste des Christentums konsekrierte, d.h. mit frommen Bildern verblümte Natur unheilig sei. Allein wenn die Ehe, wenn die Natur erst durch die Beziehung auf Christus geheiligt wird, so ist eben damit nicht *ihre* Heiligkeit, sondern nur die Heiligkeit des Christentums ausgesprochen, so ist die Ehe, die Natur *an und für sich selbst* unheilig. Und was ist denn der Heiligenschein, womit das Christentum die Ehe umgibt, um den Verstand zu benebeln, anders als eine fromme Illusion? Kann der Christ seine ehelichen Pflichten erfüllen, ohne *nolens volens* der heidnischen Liebesgöttin zu opfern? Jawohl. Der Christ hat zum Zweck die Bevölkerung der christlichen Kirche, nicht die Befriedigung der Liebe. Der Zweck ist heilig, aber das Mittel *an sich selbst* unheilig. Und der Zweck heiligt, entschuldigt das Mittel. *Conjugalis concubitus generandi gratia non habet culpam.* Der Christ, wenigstens der wahre, negiert also, wenigstens soll er negieren die Natur, indem er sie befriedigt; er will nicht, er verschmäht vielmehr das Mittel *für sich selbst*, er will nur den Zweck *in abstracto*; er tut mit *religiösem, supranaturalistischem Abscheu*, was er, aber widerwillig, mit *natürlicher, sinnlicher Lust tut*. Der Christ gesteht sich nicht offenherzig seine Sinnlichkeit ein, er verleugnet vor seinem Glauben die Natur und hinwiederum vor der Natur seinen Glauben, d.h. er desavouiert öffentlich, was er im geheimen tut. O wie viel besser, wahrer, herzensreiner waren in dieser Beziehung die Heiden, die aus ihrer Sinnlichkeit kein Hehl machten, während die Christen leugnen, daß sie das Fleisch befriedigen, indem sie es befriedigen! Und noch heute halten die Christen theoretisch an ihrer himmlischen Ab- und Zukunft fest; noch heute verleugnen sie aus supranaturalistischer Affektation ihr Geschlecht und gebärden sich bei jedem derbsinnlichen Bilde, bei jeder nackten Statue, als wären sie Engel, noch heute unterdrücken sie, selbst mit polizeilicher Gewalt, jedes offenherzige, freimütige Selbstbekenntnis selbst auch der unverdorbensten Sinnlichkeit, aber nur um durch das öffentliche Verbot sich den geheimen Genuß der Sinnlichkeit zu würzen. Was ist also, kurz und gut gesagt, der Unterschied der Christen und Heiden in dieser delikaten Materie? Die Heiden *bestätigten*, die Christen *widerlegten* ihren Glauben durch ihr Leben. Die Heiden tun, was sie wollen, die Christen, was sie *nicht* wollen, jene sündigen mit, diese wider ihr Gewissen, jene einfach, diese doppelt, jene aus Hypertrophie, diese aus Atrophie des Fleisches. Das spezifische Laster der Heiden ist das ponderable, sinnliche Laster der Unzucht, der Christen das imponderable theologische Laster der Heuchelei - jener Heuchelei, wovon der Jesuitismus zwar die auffallendste, weltgeschichtlichste, aber gleichwohl nur eine *besondere* Erscheinung ist. »Die Theologie macht sündhafte Leute«, sagt Luther - Luther, dessen *positive* Eigenschaften einzig sein Herz und Verstand, so weit sie *natürlich*, nicht durch die *Theologie verdorben* waren. Und *Montesquieu* gibt den besten Kommentar zu diesem Ausspruch *Luthers*, wenn er sagt: »*La dévotion trouve, pour faire de mauvaises actions, des raisons, qu'un simple honnête homme ne saurait trouver.*« (*Pensées div.*)

[XIX]

Der christliche Himmel ist die christliche Wahrheit. Was vom Himmel, ist vom wahren Christentum ausgeschlossen. Im Himmel ist der Christ davon frei, wovon er hier frei zu sein wünscht, frei von dem Geschlechtstrieb, frei von der Materie, frei von der Natur überhaupt.

»In der Auferstehung werden sie weder freien, noch sich freien lassen; sondern sie sind gleich wie die Engel Gottes im Himmel.« Matthäi *22, 30.* »Die Speise dem Bauch und der Bauch der Speise, aber Gott wird diesen und jene hinrichten« (*katargêsei*: entbehrlich machen), *1.* Korinth. *6, 13.* »Davon sage ich aber, lieben Brüder, daß Fleisch und Blut nicht können das Reich Gottes ererben, auch wird das Verwesliche nicht erben das Unverwesliche.« (Ebend., *15, 50.*) »Sie wird nicht mehr hungern noch dürsten, es wird auch nicht auf sie fallen die Sonne oder irgendeine Hitze.« Offenb. Job. *7, 16.* »Und wird keine Nacht da sein und nicht bedürfen einer Leuchte oder des Lichts der Sonne.« Ebend. *22, 5.* »Essen, trinken, wachen, schlafen, ruhen, arbeiten und den übrigen Naturnotwendigkeiten unterworfen sein - das ist ein großes Elend und Betrübnis für den frommen Menschen, der gern vollkommen und frei von aller Sünde wäre. O wenn doch nicht diese Notwendigkeiten wären, sondern allein geistliche Gemütserquickungen, die wir ach! so selten kosten.« *Thomas* a. K. *(De imit., lib. I, c. 22 u. 25.* S. hierüber auch z.B. *S. Gregorii Nyss, De anima et resurr., Lipsiae 1837, S. 98, 144, 153.)* Wohl ist die christliche Unsterblichkeit im Unterschiede von der heidnischen nicht die Unsterblichkeit des Geistes, sondern die des *Fleisches*, d.h. des ganzen Menschen. »Den heidnischen Philosophen galt die Wissenschaft, die Intelligenz für etwas Unsterbliches und Unvergängliches. Wir aber, welche die göttliche Offenbarung erleuchtet hat, wissen, daß nicht nur der *Geist*, sondern auch die *gereinigten Affekte*, und nicht nur die Seele, sondern auch der *Körper* seinerzeit zur Unsterblichkeit gelangen wird.« *Baco de Verul. (De augm. scien., lib. I.)* Celsus warf deswegen den Christen ein *desiderium corporis*, ein Verlangen nach dem Körper, vor. Aber dieser unsterbliche Körper ist, wie schon bemerkt, ein immaterieller, d.h. durchaus gemütlicher, eingebildeter Leib -ein Leib, welcher die direkte Negation des wirklichen, natürlichen Leibes ist. Und es handelt sich daher in diesem Glauben nicht sowohl um die Anerkennung oder Verklärung der Natur, der Materie als solcher, als vielmehr nur um die Realität des Gemüts, um die Befriedigung des unbeschränkten, phantastischen, supranaturalistischen Glückseligkeitstriebes, welchem der wirkliche, objektive Leib eine Schranke ist.

Was die Engel eigentlich sind, denen die himmlischen Seelen gleichen werden, darüber gibt die Bibel ebensowenig, wie über andere wichtige Dinge, bestimmte Aufschlüsse, sie werden nur von ihr Geister, *pneumata*, genannt und als über dem Menschen stehende Wesen *(hominibus superiores)* bezeichnet. Die spätern Christen sprachen sich, und mit vollem Rechte, auch hierüber bestimmter aus, jedoch verschiedentlich. Die einen gaben ihnen Körper, die andern nicht -eine übrigens nur scheinbare Differenz, da der englische Leib nur ein phantastischer ist. Was jedoch den Körper der Auferstehung betrifft, so hatten sie hierüber nicht nur verschiedne, sondern auch sehr entgegengesetzte Vorstellungen - Widersprüche, die aber in der

278

Natur der Sache liegen, sich notwendig ergeben aus dem Grundwiderspruch des religiösen Bewußtseins, welcher sich in dieser Materie, wie gezeigt, darin offenbart, daß es im Wesen derselbe individuelle Leib, den wir vor der Auferstehung hatten, und doch wieder ein anderer - ein anderer und doch wieder derselbe sein soll. Und zwar derselbe Leib selbst bis auf die Haare, »da auch nicht ein Haar zugrunde gehen wird, wie der Herr sagt: ›kein Haar von euerm Haupte soll umkommen‹.« *Augustinus* und *Petrus L. (Lib. IV, dist. 44, c. 1.)* Jedoch zugleich wieder so derselbe, daß alles Lästige, alles dem naturentfremdeten Gemüte Widersprechende beseitigt wird. »Die Fehler werden, wie Augustin sagt, wegfallen, doch das Wesen wird bleiben. Das übermäßige Wachsen aber der Nägel und Haare gehört zu den Überflüssigkeiten und Fehlern der Natur; denn *wenn der Mensch nicht gesündigt hätte, so würden seine Nägel und Haare nur bis zu einer bestimmten Größe wachsen*, wie es bei den Löwen und Vögeln der Fall ist.« *(Addit. Henrici ab Vurimaria, ibid., edit. Basiliae 1513.)* Welch determinierter, naiver, treuherziger, zuversichtlicher, harmonischer Glaube! Der auferstandne Körper als derselbe und doch zugleich ein andrer, neuer Leib hat auch wieder Haare und Nägel - sonst wäre er ein verstümmelter, einer wesentlichen Zierde beraubter Körper, folglich die Auferstehung keine vollständige Wiederherstellung -, und zwar dieselben Nägel und Haare, aber zugleich jetzt so beschaffen, daß sie mit dem Wesen des Körpers im Einklang sind. Dort ist ihnen der Trieb des Wachstums genommen, dort überschreiten sie nicht das Maß der Schicklichkeit. Dort brauchen wir daher nicht mehr die Haare und Nägel abzuschneiden - ebensowenig als die beschwerlichen Triebe der übrigen Fleischesglieder, weil schon an und für sich der himmlische Leib ein abstrakter, verschnittener Leib ist. Warum gehen denn die gläubigen Theologen der neuern Zeit nicht mehr in derlei Spezialitäten ein wie die ältern Theologen? Warum? Weil ihr Glaube selbst nur ein allgemeiner, unbestimmter, d.h. nur geglaubter, vorgestellter, eingebildeter Glaube ist, weil sie aus Furcht vor ihrem mit dem Glauben längst zerfallenen Verstande, aus Furcht, ihren schwachsinnigen Glauben zu verlieren, wenn sie bei Lichte, d.h. im *detail*, die Dinge betrachten, die Konsequenzen, d.h. die notwendigen Bestimmungen ihres Glaubens, unterdrücken, vor dem Verstande verheimlichen.

[XX]

Was der Glaube im Diesseits der Erde verneint, bejaht er im Himmel des Jenseits; was er hier aufgibt, gewinnt er dort hundertfältig wieder. Im Diesseits handelt es sich um die Negation, im Jenseits um die Position des Leibes. Hier ist die Hauptsache die *Absonderung der Seele vom Leibe*, dort die Hauptsache die *Wiedervereinigung des Leibes mit der Seele.* »*Ich will nicht allein der Seele nach, sondern auch dem Leibe nach leben. Das Corpus will ich mithaben*; Ich will, *daß der Leib wieder zur Seele kommen* und *mit ihr vereinigt werden soll.*« *Luther. (T. VII, S. 90.)*

Im Sinnlichen ist der Christ übersinnlich, aber dafür im Übersinnlichen sinnlich. Die himmlische Seligkeit ist daher keineswegs nur eine spirituelle, geistige, sondern ebensosehr auch *leibliche, sinnliche* -ein Zustand, wo alle Wünsche erfüllt sind. »Woran Dein Hertz wird Lust und Freude suchen, das soll reichlich da sein. Denn es heißt: Gott soll selbst alles in allem seyn. Wo aber *Gott* ist, da müssen *alle Güter mit seyn, so man nur immer wünschen kann.*« »Willst Du scharf sehen und hören durch Wände und Mauren und so leicht seyn, daß Du in einem Nu mögest seyn wo Du willst, hier unten auf Erden oder droben an den Wolken, das soll alles ja seyn: und was Du mehr erdenken kannst, was Du haben wolltest an *Leib* und *Seele*, das sollst Du alles reichlich haben, wenn Du ihn hast.« *Luther. (T. X, S. 380, 381.)* Essen, Trinken, Freien findet freilich nicht im christlichen Himmel statt, wie im Himmel der Muhamedaner; aber nur deswegen, weil mit diesen Genüssen *Bedürfnis*, mit Bedürfnis aber *Materie*, d.i. *Not, Leidenschaft, Abhängigkeit, Unseligkeit* verbunden ist. »Dort wird die Bedürftigkeit selbst sterben. Dann wirst du wahrhaft reich sein, wann du nichts mehr bedürfen wirst.« *Augustin. (Serm. ad pop., serm. 77, c. 9.)* »Die Genüsse dieser Erde sind nur *Arzneimittel*«, sagt derselbe ebendas.; »*wahre Gesundheit* ist nur im unsterblichen Leben.« Das himmlische Leben, der himmlische Leib ist so frei und unbeschränkt wie der Wunsch, so allmächtig wie die Phantasie. »Der Körper der zukünftigen Auferstehung wäre unvollkommen selig, wenn er *nicht* Speisen zu sich nehmen *könnte*, unvollkommen selig, wenn er Speisen *bedürfte*.« *Augustin. (Epist. 102, § 6, edit. cit.)* Aber gleichwohl ist das Sein in einem Körper ohne Last, ohne Schwere, ohne Häßlichkeit, ohne Krankheit, ohne Sterblichkeit mit dem Gefühl des höchsten körperlichen Wohlseins verbunden. - Selbst die Erkenntnis Gottes im Himmel ist frei von der Anstrengung des Denkens und Glaubens, ist *sinnliche, unmittelbare* Erkenntnis - *Anschauung*. Zwar sind die Christen darüber uneinig, ob auch Gottes Wesen mit körperlichen Augen geschaut werden könne. (S. z.B. Augustin, *Serm. ad pop., serm. 277* u. Buddeus, *Comp. inst. th., lib. II, c. 3, § 4.)* Aber in dieser Differenz haben wir nur wieder den Widerspruch zwischen dem abstrakten und wirklichen Gott; jener ist freilich kein Gegenstand der Anschauung, wohl aber dieser. »Fleisch und Blut ist sonst die Mauer zwischen mir und Christo, die wird denn auch hinweggerissen werden... Dort wird alles *gewiß* sein. Denn die *Augen* werden es in jenem Leben *sehen*, der *Mund schmecken* und die *Nase riechen*, der Schatz wird leuchten an Seel und Leben... wird der Glaube aufhören und ich werde es für *meinen Augen sehen*.« *Luther. (T. IX, S. 595.)* Es erhellt hieraus auch zugleich wieder, daß das Wesen Gottes, wie er Gegenstand des religiösen Gemüts ist, nichts andres ist als das Wesen der Phantasie. Die himmlischen Wesen sind *übersinnlich-sinnliche, immateriell-materielle* Wesen, d.h. Wesen der Phantasie; aber sie sind Gott ähnliche, Gott gleiche, ja mit Gott identische Wesen;

folglich ist auch Gott ein übersinnlich-sinnliches, ein immateriell-materielles Wesen; denn wie das Nachbild, so das Vorbild!

[XXI]

Der Widerspruch in den Sakramenten ist der Widerspruch von Naturalismus und Supernaturalismus. Das erste in der Taufe ist die *Position des Wassers.* »Wenn einer behauptet, *wahres* und *natürliches* Wasser gehöre nicht notwendig zur Taufe und daher die Worte unsers Herrn Jesu Christi: ›wenn einer nicht wiedergeboren wird aus Wasser und heiligem Geiste‹ zu einer bloßen bildlichen Redensart verdreht, so sei er verflucht.« *Concil. Trident. (Sessio VII, can. II. de Bapt.)* »Zum *Wesen* dieses Sakraments gehört das *Wort* und das *Element.* Die Taufe kann daher mit *keiner andern* Flüssigkeit als mit *Wasser* vollzogen werden. *Petrus Lomb.« (Lib. IV, dist. 3, c. 1 u. 5.)* »Zur Gewißheit der Taufe wird mehr als *ein* Tropfen Wasser erfordert. Zur Gültigkeit der Taufe gehört notwendig, daß eine *physische Berührung* stattfindet zwischen dem Wasser und dem Körper des Getauften, so daß es also nicht genug ist, wenn nur die Kleider mit Wasser benetzt werden. Es muß ferner ein solcher Teil des Körpers abgewaschen werden, nach welchem der Mensch gewöhnlich gewaschen genannt wird, also z.B. der Hals, die Schultern, die Brust und *besonders der Kopf.« Theol. Schol. (P. Mezger, Aug. Vind. 1695, T. IV, S. 230-31.)* »Daß Wasser und zwar *wahres, natürliches* Wasser bei der Taufe angewendet werden muß, erhellt aus dem Beispiel des Johannes und der Apostel. Apostelgesch. 8, 36; 10, 47.« *F. Buddeus. (Comp. inst. theol. dogm., lib. IV, c. 1, § 5.)* Es kommt also wesentlich auf das Wasser an. Aber nun kommt die *Negation* des Wassers. Die Bedeutung der Taufe ist nicht die natürliche Kraft des Wassers, sondern vielmehr die übernatürliche, allmächtige Kraft des Wortes Gottes, welches das Wasser zu einem Sakrament eingesetzt und nun vermittelst dieses Stoffes auf eine übernatürliche, wunderbare Weise sich dem Menschen mitteilt, aber ebensogut auch irgendeinen andern beliebigen Stoff wählen könnte, um die nämliche Wirkung hervorzubringen. So sagt z.B. Luther: »Also fasse nun den Unterschied, daß viel ein ander Ding ist Taufe, denn alle andre Wasser, nicht des natürlichen Wesens halben, sondern daß hie etwas edleres darzu kömmt. Denn Gott selbst seine Ehre hinansetzet, seine Kraft und Macht daran legt... wie auch Sct. Augustin gelehret hat: *accedat verbum ad elementum et fit sacramentum.«* (Der große Katechismus.) »Täuffet sie im Namen des Vaters etc. Wasser *ohne diese Worte ist schlecht Wasser...* Wer will des Vaters, Sohnes und h. Geistes Taufte schlecht Wasser heißen? Sehen wir denn nicht, was für Gewürtz Gott in dieß Wasser wirft? Wenn man Zucker in Wasser wirft, so ists *nicht mehr Wasser,* sondern ein köstlich Klaret oder sonst etwas. Warum wollen wir denn hie so eben das Wort vom Wasser scheiden und sagen, es sey schlecht Wasser, gleich als wäre Gottes Wort, ja *Gott selbst* nicht *bey* und *in* solchem Wasser... Darum ist die Tauffe ein solch Wasser, das die Sünde, den Tod und alles Unglück hinweg nimmt, hilft uns in den Himmel und zum ewigen Leben. So ein köstlich Zuckerwasser, *Aromaticum* und Apothek ist daraus worden, da Gott sich selbst eingemenget hat.« *Luther. (T. XVI, S. 105.)*

Aber wie mit dem Wasser in der Taufe, die nichts ohne das Wasser ist, obgleich es an sich gleichgültig ist, ebenso ist es mit dem Wein und Brot in der Eucharistie, selbst bei den Katholiken, wo doch die Substanz von Brot und Wein durch die Gewalt der Allmacht destruiert wird. »Die Akzidenzen des Abendmahls enthalten so lange Christum, als sie jene Mischung behalten, bei welcher natürlicherweise die Substanz des Brotes und Weines bestehen würde; dagegen wann eine solche Verderbnis derselben stattfindet, daß die Substanz des Brotes und Weines natürlicherweise unter ihnen nicht mehr bestehen könnte, dann hören sie auch auf, Chritum zu enthalten.« *Theol. schol.* (Mezger, *l. c., S. 292.)* Das heißt also: solange das Brot Brot bleibt, solange bleibt das Brot Fleisch; ist das Brot weg, ist auch das Fleisch weg. Daher muß auch eine gehörige Portion Brot, wenigstens eine so große, daß das Brot als Brot erkennbar ist, zugegen sein, um konsekriert werden zu können. (Ebend., S. *284.)* Übrigens ist die katholische Transsubstantiation, die »wirkliche und physische Verwandlung des ganzen Brotes in den Leib Christi« nur eine konsequente Fortsetzung von den Wundern im A. und N. T. Aus der Verwandlung des Wassers in Wein, des Stabes in eine Schlange, der Steine in Wasserbrunnen (Psalm *114),* aus diesen biblischen Transsubstantiationen erklärten und begründeten die Katholiken die Verwandlung des Brotes in Fleisch. Wer einmal an jenen Verwandlungen keinen Anstoß nimmt, der hat kein Recht, keinen Grund, diese Verwandlung zu beanstanden. Die protestantische Abendmahlslehre widerspricht nicht weniger der Vernunft als die katholische. »Man kann Christus Leib nicht anders theilhaftig werden, denn auf die zwo Weise, geistlich oder leiblich. Wiederum diese *leibliche* Gemeinschaft kann nicht *sichtbarlich,* noch *empfindlich* seyn (d.h. keine leibliche sein) *sonst würde kein Brot da bleiben.* Wiederum kann es nicht schlecht Brot seyn; sonst wäre es nicht eine leibliche Gemeinschaft des Leibes Christi; sondern des Brotes. Darum muß, da das gebrochne Brot ist, auch *wahrhaftig* und *leiblich* seyn der Leib Christi, wiewohl unsichtbarlich« (d.h. unleiblich). *Luther. (T. XIX, S. 203.)* Der Protestant gibt nur keine Erklärung über die *Art* und *Weise,* wie Brot Fleisch, Wein Blut sein könne. »Darauf stehen, gläuben und lehren wir auch, daß man im Abendmahl wahrhaftig und leiblich Christus Leib zu sich nimmt und isset. *Wie aber das zugehe, oder wie er im Brod sey,* wissen wir nicht, sollens auch nicht wissen.« Ders. (Ebend., S. *393.)* »Wer ein Christ seyn will, der soll nicht thun, wie unsre Schwärmer und Rottengeister thun, *wie das seyn könne, daß Brodt Christus Leib und Wein Christus Blut sey.«* Ders. *(T. XVI, S. 220.)* »Da wir die Lehre von der Gegenwart des Leibes Christi beibehalten, was ist es nötig, nach der Art und Weise zu fragen?« *Melanchthon. (Vita Mel.,*

Camerarius, ed. Strobel., Halae 1777, S. 446.) Auch die Protestanten nahmen daher ebenso wie die Katholiken zur Allmacht, der Quelle aller vernunftwidersprechenden Vorstellungen, ihre Zuflucht. (Konkord., summ. Beg., Art 7, Aff. *3*, Negat. *13.* S. auch Luther z.B. *T. XIX, S. 400.)*

Ein köstliches, ja wahrhaft inkomparables und zugleich höchst lehrreiches Exempel von der theologischen Unbegreiflichkeit und Übernatürlichkeit liefert die in betreff des Abendmahls (Konkordienbuch, *summ. Beg., Art. 7)* gemachte Unterscheidung zwischen *mündlich* und *fleischlich* oder *natürlich.* »Wir gläuben, lehren und bekennen, daß der Leib und Blut Christi *nicht allein geistlich durch den Glauben,* sondern auch *mündlich,* doch nicht auf kapernaitische, sondern *übernatürliche, himmlische* Weise, um der sakramentlichen Vereinigung willen, mit dem Brote und Wein empfangen werden.« »Wohl zu unterscheiden ist zwischen dem *mündlichen* und *natürlichen* Essen. Ob wir gleich das mündliche Essen annehmen und verteidigen, so verwerfen wir doch das natürliche... Alles natürliche Essen ist zwar ein mündliches, aber nicht umgekehrt ist das *mündliche* Essen sogleich auch ein *natürliches...* Obgleich es daher ein und derselbe Akt und ein und dasselbe Organ ist, womit wir das Brot und den Leib Christi, den Wein und das Blut Christi empfangen, so ist doch in der Art und Weise ein sehr großer Unterschied, da wir Brot und Wein auf natürliche und sinnliche Weise, den Leib und das Blut Christi aber *zugleich zwar mit* dem Brot und Wein, doch auf *übernatürliche* und *unsinnliche* Weise - eine Weise, die daher von keinem Sterblichen (sicherlich auch von keinem Gotte) erklärt werden kann -, *gleichwohl* aber *wirklich* und mit dem *Munde des Körpers* empfangen.« J. F. *Buddeus. (L. c., lib. V, c 1, § 15.)* Welch eine Heuchelei! Mit demselben Munde, womit er seinen Gott zwischen die Lippen preßt und sein Blut in sich saugt, um sich seiner wirklichen, d.i. fleischlichen Existenz zu versichern, mit demselben Munde leugnet der Christ und zwar im heiligsten Moment seiner Religion die fleischliche Gegenwart, den fleischlichen Genuß Gottes. So leugnet er also auch hier, daß er das Fleisch befriedigt, während er es in der Tat befriedigt.

[XXII]

Dogmatik und Moral, Glaube und Liebe widersprechen sich im Christentum. Wohl ist Gott, der Gegenstand des Glaubens, an sich der mystische Gattungsbegriff der Menschheit - der gemeinsame Vater der Menschen -, die Liebe zu Gott insofern die mystische Liebe zum Menschen. Aber Gott ist nicht nur das gemeinsame, er ist auch ein besondres, persönliches, von der Liebe unterschiednes Wesen. Wo sich das Wesen von der Liebe scheidet, entspringt die *Willkür.* Die *Liebe* handelt aus *Notwendigkeit,* die *Persönlichkeit* aus *Willkür.* Die Persönlichkeit bewährt sich als *Persönlichkeit* nur durch Willkür; die Persönlichkeit ist herrschsüchtig, ehrgeizig; sie will *sich* nur geltend machen. Die höchste Feier Gottes als eines persönlichen Wesens ist daher die Feier Gottes als eines schlechthin unumschränkten, willkürlichen Wesens. Die Persönlichkeit als solche ist indifferent gegen alle substantiellen Bestimmungen; die innere Notwendigkeit, der Wesensdrang erscheint ihr als *Zwang*. Hier haben wir das Geheimnis der christlichen Liebe. Die Liebe Gottes als Prädikat eines *persönlichen* Wesens hat hier die Bedeutung der *Gnade*: Gott ist ein *gnädiger* Herr, wie er im Judentum ein *strenger* Herr war. Die Gnade ist die *beliebige* Liebe - die Liebe, die nicht aus innerem Wesensdrang handelt, sondern was sie tut, *auch nicht tun*, ihren Gegenstand, wenn sie wollte, auch verdammen könnte -, also die *grundlose*, die *unwesentliche*, die *willkürliche*, die *absolut subjektive*, die nur *persönliche* Liebe. »Wer kann seinem Willen widerstehen, *so er sich erbarmet über welchen er will* und *verstecket welchen er will?* Röm. *9. V. 18*... Der König thut was er will. Also auch Gottes Wille. - Er hat über uns und alle Creaturen gut Recht und vollkömmliche Macht *zu thun was er will*. Und uns geschieht nicht unrecht. - Wenn sein Wille ein *Maß* oder *Regel*, *Gesetz*, *Grund* oder *Ursache* hätte, so wäre es schon nimmer Gottes Wille. Denn *was er will* - ist *darum recht, daß er es so will*.- Wo der Glaube und heilige Geist ist... Die gläuben, daß Gott gut und gütig sey, wenn er *auch alle Menschen verdammt*. - Ist nicht Esau Jakobs Bruder? spricht der Herr. Doch habe ich Jakob lieb und hasse Esau.« *Luther*. *(T. XIX, S. 83, 87, 90, 91, 97.)* Wo die Liebe in diesem Sinne erfaßt wird, da wird daher eifersüchtig darüber gewacht, daß der Mensch sich nichts zum Verdienste anrechne, daß der göttlichen Persönlichkeit allein das Verdienst bleibe; da wird sorgfältigst jeder Gedanke an eine Notwendigkeit beseitigt, um auch subjektiv durch das Gefühl der Verbindlichkeit und Dankbarkeit ausschließlich die Persönlichkeit feiern und verherrlichen zu können. Die Juden vergöttern den Ahnenstolz; die Christen dagegen verklärten und verwandelten das jüdisch-aristokratische Prinzip des Geburtsadels in das demokratische Prinzip des Verdienstadels. Der Jude macht die Seligkeit von der Geburt, der Katholik vom *Verdienste* des *Werkes*, der Protestant vom *Verdienste* des *Glaubens* abhängig. Aber der Begriff der Verbindlichkeit und Verdienstlichkeit verbindet sich nur mit einer Handlung, einem Werke, das nicht von mir gefordert werden kann oder nicht notwendig aus meinem Wesen hervorgeht. Die Werke des Dichters, des Philosophen können nur äußerlich betrachtet unter den Gesichtspunkt der Verdienstlichkeit gestellt werden. Sie sind Werke des Genies - notgedrungne Werke: der Dichter mußte dichten, der Philosoph philosophieren. Die höchste Selbstbefriedigung lag für sie in der beziehungs- und rücksichtslosen Tätigkeit des Schaffens. Ebenso ist es mit einer wahrhaft edeln moralischen Handlung. Für den edeln Menschen ist die edle Handlung eine *natürliche*: er zweifelt nicht, ob er sie tun soll, er legt sie nicht auf die Waage der Wahlfreiheit; er *muß* sie tun. Nur wer so handelt, ist auch ein *zuverlässiger* Mensch. Die Verdienstlichkeit führt immer die Vorstellung mit sich, daß man etwas sozusagen nur aus *Luxus*, nicht aus Notwendigkeit tut. Die Christen feierten nun wohl die höchste Handlung in ihrer Religion, die

Menschwerdung Gottes als ein Werk der Liebe. Aber die christliche Liebe hat *insofern*, als sie sich auf den Glauben stützt, auf die Vorstellung Gottes als eines Herrn, eines *Dominus*, die Bedeutung eines Gnadenaktes, einer an sich Gott *überflüssigen, bedürfnislosen* Liebe. Ein gnädiger Herr ist ein solcher, der von seinem Rechte abläßt, ein Herr, der tut aus Gnade, was er als Herr zu tun nicht nötig hat, was über den strikten Begriff des Herrn hinausgeht. Gott hat als Herr nicht nur die Pflicht, dem Menschen wohlzutun; er hat sogar das Recht -denn er ist durch kein Gesetz gebundner Herr - den Menschen zu vernichten, wenn er will. Kurz, die Gnade ist die unnotwendige Liebe, die Liebe im Widerspruch mit dem Wesen der Liebe, *die* Liebe, die nicht Wesen, nicht Natur ausdrückt, *die* Liebe, welche der Herr, das Subjekt, die Person - Persönlichkeit ist nur ein abstrakter, moderner Ausdruck für Herrlichkeit - *von sich unterscheidet* als ein Prädikat, welches sie haben und *nicht haben* kann, ohne deswegen aufzuhören, *sie selbst* zu sein. Notwendig mußte sich daher auch im Leben, in der Praxis des Christentums dieser innere Widerspruch realisieren, das Subjekt vom Prädikat, der Glaube von der Liebe scheiden. Wie die Liebe Gottes zum Menschen nur ein Gnadenakt war, so wurde auch die Liebe des Menschen zum Menschen nur zu einem *Gnadenakt des Glaubens*. Die christliche Liebe ist der *gnädige* Glaube, wie die Liebe Gottes die *gnädige* Persönlichkeit oder Herrschaft. (Über die göttliche Willkür s. auch J. A. *Ernestis* schon oben zitierte Abhandlung: *Vindiciae arbitrii divini.)*

Der Glaube hat ein böses Wesen in sich. Der christliche Glaube, sonst nichts, ist der oberste Grund der christlichen Ketzerverfolgungen und Ketzerhinrichtungen. Der Glaube anerkennt den Menschen nur unter der Bedingung, daß er Gott, d.h. den Glauben anerkennt. Der Glaube ist die Ehre, die der Mensch Gott erweist. Und diese Ehre gebührt ihm unbedingt. Dem Glauben ist die Basis aller Pflichten der Glaube an Gott - der Glaube die absolute Pflicht, die Pflichten gegen die Menschen nur abgeleitete, untergeordnete Pflichten. Der Ungläubige ist also ein *rechtloses* - ein vertilgungswürdiges Subjekt. Was Gott negiert, muß selbst negiert werden. Das höchste Verbrechen ist das Verbrechen der *laesae majestatis Dei.* Gott ist dem Glauben ein persönliches und zwar das allerpersönlichste, unverletztlichste, berechtigtste Wesen. Die Spitze der Persönlichkeit ist die *Ehre* -eine Injurie gegen die höchste Persönlichkeit also notwendig das höchste Verbrechen. Die Ehre Gottes kann man nicht als eine zufällige, rohsinnliche, anthropomorphistische Vorstellung desavouieren. Ist denn nicht auch die Persönlichkeit, auch die Existenz Gottes eine sinnliche, anthropomorphistische Vorstellung? Wer die Ehre negiert, sei so ehrlich, auch die Persönlichkeit aufzuopfern. Aus der Vorstellung der Persönlichkeit ergibt sich die Vorstellung der Ehre, aus dieser die Vorstellung der religiösen Injurie. »Wer der Obrigkeit fluchet, der werde nach ihrem Gutdünken bestraft, wer aber des Herrn Namen lästert, der soll des Todes sterben, die ganze Gemeine soll ihn steinigen.« (3. *Mose* 24, 15. 16. Siehe auch *Deut. 8*, woraus die Katholiken das Recht, die Ketzer zu töten, ableiten. Boehmer, *l. c., lib. V, t. VII, § 44.)* »Daß diejenigen, welche von Gott nichts wissen, mit Recht als Gottlose, als Ungerechte bestraft werden, kann nur der Irreligiöse bezweifeln, denn es ist kein geringeres Verbrechen, den Vater von allem und den Herrn von allem *nicht zu kennen* als zu beleidigen.« *Minucii Fel. (Oct., c. 35.)* »Wo bleiben die Gebote des göttlichen Gesetzes, welche sagen: Ehre Vater und Mutter, wenn das Wort; Vater, welches wir im Menschen ehren sollen, in Gott ungestraft verletzt wird?« *Cyprianus. (Epist. 73, ed. Gersdorf.)* »Warum sollen denn, da dem Menschen von Gott freier Wille gegeben wurde, Ehebrüche durch die Gesetze bestraft, aber Irreligiositäten erlaubt werden? Ist die Treulosigkeit der Seele gegen Gott ein geringeres Vergehen als die Treulosigkeit des Weibs gegen den Mann?« *Augustinus. (De correct. Donatist. lib., Ad Bonif., c. 5.)* »Wenn die Falschmünzer mit dem Tode bestraft werden, wie sollen erst die bestraft werden, welche den Glauben verfälschen wollen?« *Paulus Cortesius. (In Sent. Petri. L., lib. III, dist. 7.)* »Wenn man einen hochgestellten und mächtigen Mann nicht beleidigen darf und wenn man ihn beleidigt hat, vor Gericht gestellt und als Injuriant mit Recht verurteilt wird - ein wieviel strafbareres Verbrechen ist es, wenn man Gott beleidigt? Immer wächst ja mit der Würde des Beleidigten die Schuld des Beleidigers.« *Salvanius. (De gubern. Dei., lib. VI, S. 218, ed. cit.)* Aber die Ketzerei, der Unglaube überhaupt - die Ketzerei ist nur ein bestimmter, beschränkter Unglaube -, ist eine Blasphemie, also das höchste, strafbarste Verbrechen. So schreibt, um von unzähligen Beispielen nur eines anzuführen, J. Oecolampadius an Servet: »Weil ich nicht die höchste Duldsamkeit an den Tag lege aus Unmut darüber, daß Jesus Christus, der Sohn Gottes, so entehrt wird, so scheine ich Dir nicht christlich zu handeln. In allem andern werde ich mild sein, nur nicht bei Blasphemien gegen Christus.« *(Historia Mich. Serveti, h. ab Allwoerden, Helmstadii 1727, S. 13.)* Denn was ist Blasphemie? Jede Verneinung einer Vorstellung, einer Bestimmung, wobei die Ehre Gottes, die Ehre des Glaubens beteiligt ist. Servetus fiel als ein Opfer des christlichen Glaubens. Calvin sagte noch zwei Stunden vor seinem Tode zu Servet: »Ich habe nie persönliche Beleidigungen geahndet« und schied von ihm mit bibelfester Gesinnung: *ab haeretico homine, qui autokatakritos peccabat,* **secundum Pauli praeceptum** *discessi. (Ibid., S. 120.)* Es war also keineswegs persönlicher Haß, wenn auch dieser mit im Spiel gewesen sein mag, es war der *religiöse Haß*, der S. auf den Scheiterhaufen brachte - *der* Haß, der aus dem Wesen des unbeschränkten Glaubens entspringt. Selber Melanchthon billigte bekanntlich Servets Hinrichtung. Die Schweizer Theologen, welche von den Genfern um ihre Meinung befragt wurden, erwähnten zwar in ihren Antworten schlangenklugerweise nichts von der Todesstrafe,[240] aber stimmten doch darin mit den Genfern überein, daß

Servet wegen seiner verabscheuungswürdigen Irrlehre strenge zu bestrafen sei. Also keine Differenz im Prinzip, nur in der Art und Weise der Bestrafung. Selbst Calvin war so *christlich*, daß er die grausame Todesart, wozu der Genfer Senat S. verurteilte, mildem wollte. Auch die spätern Christen und Theologen billigten noch die Hinrichtung Servets. (S. hierüber z.B. *M. Adami Vita Calvini, S. 90., Vita Bezae, S. 207. Vitae Theol. exter., Francof. 1618.)* Wir haben daher diese Hinrichtung als eine Handlung von allgemeiner Bedeutung - als ein Werk des Glaubens, und zwar nicht des römisch-katholischen, sondern des reformierten, des auf die Bibel reduzierten, des evangelischen Glaubens anzusehen. - Daß man die Ketzer nicht durch Gewalt zum Glauben zwingen müsse, dies allerdings behaupteten die meisten Kirchenlichter, aber gleichwohl lebte in ihnen doch der boshafteste Ketzerhaß. So sagt z.B. der heilige Bernhard *(Super Cantica, serm. 66)* in betreff der Ketzer: »Der Glaube ist anzuraten, aber nicht zu befehlen«; aber er setzt sogleich hinzu, daß es besser wäre, sie durch das Schwert der Obrigkeit zu unterdrücken, als die Verbreitung ihrer Irrtümer geschehen zu lassen. -Wenn der jetzige Glaube keine solchen eklatanten Greueltaten mehr hervorbringt, so kommt das, abgesehen von andern Gründen, nur daher, daß unser Glaube kein unbedingter, entschiedner, lebendiger, sondern vielmehr ein skeptischer, eklektischer, ungläubiger, durch die Macht der Kunst und Wissenschaft gebrochner und gelähmter Glaube ist. Wo keine Ketzer mehr verbrannt werden, sei's nun im jenseitigen oder im diesseitigen Feuer, da hat der Glaube selbst kein Feuer mehr im Leibe. Der Glaube, der erlaubt, anderes zu glauben, verzichtet auf seinen göttlichen Ursprung und Rang, degradiert sich selbst zu einer nur *subjektiven Meinung. Nicht dem christlichen Glauben, nicht der christlichen, d.h. der durch den Glauben beschränkten Liebe, nein! dem Zweifel an dem christlichen Glauben, dem Sieg der religiösen Skepsis, den Freigeistern, den Häretikern verdanken wir die Toleranz der Glaubensfreiheit.* Die von der christlichen Kirche verfolgten Ketzer nur verfochten die Glaubensfreiheit. Die *christliche* Freiheit ist *Freiheit nur im unwesentlichen,* die Grundartikel des Glaubens gibt sie nicht frei. - Wenn übrigens hier der christliche Glaube - der Glaube in seinem Unterschied von der Liebe betrachtet, denn der Glaube ist nicht eins mit der Liebe, »ihr könnt Glauben ohne Liebe haben« (Augustinus, *Serm. ad pop., serm. 90.)* - als das Prinzip, der letzte Grund der natürlich aus wirklichem Glaubenseifer entsprungenen Gewalttaten der Christen gegen die Ketzer bezeichnet wird, so versteht es sich zugleich von selbst, daß der Glaube nicht unmittelbar und ursprünglich, sondern erst in seiner historischen Entwickelung diese Konsequenzen haben konnte. Gleichwohl war auch schon den ersten Christen, und zwar notwendigerweise, der Ketzer ein *Antichrist - adversus Christum sunt haeretici.* Cyprianus. *(Epist. 76, § 14, ed. cit.)* -, ein *fluchwürdiges - apostoli... in epistolis haereticos exsecrati sunt.* Cyprianus. *(Ibid., § 6)* -, ein verlornes, von Gott in die Hölle verstoßnes, d.h. zum *ewigen Tode verurteiltes* Subjekt. »Da hörest Du, daß das Unkraut bereits *verdammt* und zum *Feuer verurtheilet* ist. Was willt Du denn einem Ketzer viel Marter anlegen? Hörest Du nicht, daß er bereit *allzuschwer zu seiner Strafe verurtheilet* ist? Wer bist Du, der Du zugreiffest und wilt den strafen, der schon in eines mächtigern Herrn Strafe gefallen ist? Was will ich *einem Dieb anhaben, der schon zum Galgen verurtheilt* ist?... *Gott* hat schon seine *Engel* verordnet, die sollen zu seiner Zeit *Henker* seyn über die *Ketzer.*« *Luther. (T. XVI, S. 132.)* Als daher der Staat, die Welt christlich, aber eben damit auch das Christentum weltlich, die christliche Religion Staatsreligion wurde, da war es eine notwendige Konsequenz, daß auch die *erst nur religiöse* oder *dogmatische* Vernichtung der Ketzer zu einer *politischen, wirklichen* Vernichtung wurde, die *ewigen Höllenstrafen* sich in *zeitliche* verwandelten. Wenn darum die Bestimmung und Behandlung der Ketzerei als eines strafbaren Verbrechens ein Widerspruch mit dem christlichen Glauben ist, so ist auch ein christlicher König, ein christlicher Staat ein Widerspruch mit demselben; denn ein christlicher Staat ist nur der, welcher das Gottesurteil des Glaubens mit dem Schwerte vollstreckt, den Gläubigen die Erde zum Himmel, den Ungläubigen zur Hölle macht. »Wir haben gezeigt,... daß es die Sache religiöser Könige ist, nicht nur Ehebruch oder Menschenmord oder andere derartige Verbrechen, sondern auch Religionsschänderei *(sacrilegia)* mit angemeßner Strenge zu bestrafen.« *Augustinus. (Epist. ad Dulcitium.)* »Die Könige sollen dem Herrn Christo also dienen, daß sie mit *Gesetzen* dazu helfen, daß seine *Ehre gefördert* werde. - Wo nun weltliche Obrigkeit schändliche Irrthümer befindet, dadurch des *Herrn Christi Ehre* gelästert und der Menschen *Seligkeit* gehindert wird und Spaltung unter dem Volke entsteht... wo solche irrige Lehrer sich nicht weisen lassen und vom Predigen nicht ablassen wollen: da soll weltliche Oberkeit getrost wehren und wissen, daß es ihr Amts halb anders nicht gebühren will, denn daß sie *Schwerdt* und *alle Gewalt* dahin wende, auf daß die Lehre rein und der Gottesdienst lauter und ungefälscht, auch Friede und Einigkeit erhalten werde.« *Luther. (T. XV, S. 110-111.)* Bemerkt werde hier noch, daß Augustin die Anwendung von Zwangsmaßregeln zur Erweckung des christlichen Glaubens damit rechtfertigt, daß auch der Apostel Paulus durch eine sinnliche Gewalttat - ein Wunder - zum Christentum bekehrt worden sei. *(De correct. Donat., c. 6.)* Der innige Zusammenhang zwischen den zeitlichen und ewigen, d.i. politischen und geistlichen Strafen erhellt schon daraus, daß *dieselben Gründe*, welche man gegen die weltliche Bestrafung der Ketzerei geltend gemacht hat, auch *gegen die Höllenstrafen sprechen.* Kann die Ketzerei oder der Unglaube deswegen nicht bestraft werden, weil er ein bloßer *Irrtum* ist, so kann er auch nicht von Gott in der Hölle bestraft werden. Widerspricht Zwang dem Wesen des Glaubens, so widerspricht auch die Hölle dem Wesen des Glaubens, denn die Furcht vor den schrecklichen Folgen des Unglaubens, den Qualen der Hölle zwingt wider

Wissen und Willen zum Glauben. Boehmer in seinem *Jus Eccl.* will die Ketzerei, den Unglauben aus der Klasse der Verbrechen gestrichen wissen, der Unglaube sei nur ein *Vitium theologicum*, ein *Peccatum in Deum*, d.h. eine Sünde gegen Gott. Allein Gott ist ja im Sinne des Glaubens nicht nur ein religiöses, sondern auch *politisches, juristisches* Wesen, der König der Könige, das eigentliche Staatsoberhaupt. »Es ist keine Obrigkeit ohne von Gott, sie ist Gottes Dienerin.« Römer *13, 1. 4.* Wenn daher der juristische Begriff der Majestät, der königlichen Würde und Ehre von Gott gilt, so muß auch konsequent von der Sünde gegen Gott, von dem Unglauben der Begriff des Verbrechens gelten. Und wie Gott, so der Glaube. Wo der Glaube noch eine *Wahrheit* ist, und zwar *öffentliche* Wahrheit, da zweifelt er nicht daran, daß er von jedem *gefordert* werden kann, daß jeder zum Glauben *verpflichtet* ist. - Bemerkt werde auch noch dieses, daß die christliche Kirche in ihrem Haß gegen die Ketzer so weit gegangen ist, daß nach dem kanonischen Recht sogar der *Verdacht* der Ketzerei ein *Verbrechen* ist, *ita ut de jure canonico revera* **crimen suspecti** *detur, cujus* **existentiam frustra in jure civili quaerimus. Boehmer.** *(L. c., V, tit. VII, § 23-42.)*

Das Gebot der Feindesliebe erstreckt sich nur auf persönliche Feinde, nicht auf die Feinde Gottes, die Feinde des Glaubens. »Gebeut nicht der Herr Christus, daß wir auch unsere Feinde lieben sollen? wie rühmet sich denn allhier David, daß er hasse die Versammlung derer Boshaftigen, und sitze nicht bey denen Gottlosen?... Der Person halber soll ich sie lieben; aber um der Lehre willen soll ich sie hassen. Und also muß ich sie hassen oder muß Gott hassen, der da gebeut und will, daß man allein seinem Wort soll anhangen... Was ich *mit Gott nicht lieben kann, das soll ich hassen*; wenn sie nur etwas predigen, das *wider Gott* ist, *so gehet alle Liebe und Freundschaft unter*: daselbst hasse ich Dich und thue Dir kein Gutes. Denn der *Glaube* soll *oben* liegen, und da *gehet der Haß an* und *ist die Liebe aus, wenn es das Wort Gottes angehet*... So will nun David sagen: ich hasse sie nicht darum, daß sie *mir* Leid und Uebels thäten und daß sie ein arges und böses Leben führeten, sondern daß sie Gottes Wort verachten, schänden, lästern, verfälschen und verfolgen.« »Glaube und Liebe sind zweierlei. Glaube leidet nichts, Liebe leidet Alles. Glaube flucht, Liebe seegnet; Glaube sucht Rache und Strafe; Liebe sucht Schonen und Vergeben.« »Ehe der Glaube ließe Gottes Wort untergehen und Ketzerey stehen, wünschte er eher, daß *alle Creaturen untergingen*; denn durch *Ketzerey verliert man Gott selbst*.« Luther. *(T. VI, S. 94, T. V, S. 624, 630.)* S. auch hierüber meine »Beleuchtung...« in den Deutschen Jahrb. und *Augustini Enarrat. in Psalm. 138 (139).* Wie Luther die Person, so unterscheidet auch Augustin hier den Menschen vom Feinde Gottes, vom Ungläubigen und sagt, wir sollen die Gottlosigkeit im Menschen hassen, die Menschheit in ihm lieben. Aber was ist denn in den Augen des Glaubens der Mensch im Unterschied vom Glauben, der Mensch ohne Glaube, d.h. ohne Gott? Nichts, denn der Inbegriff aller Realitäten, aller Liebenswürdigkeiten, alles

Guten und Wesenhaften ist der Glaube, als welcher allein Gott ergreift und besitzt. Wohl ist der Mensch als Mensch ein Bild Gottes, aber nur des natürlichen Gottes, Gottes als des *Schöpfers* der Natur. Der Schöpfer ist aber nur der Gott »von außen«; der wahre Gott, Gott wie er »in sich selbst« ist, das »inwendige Wesen Gottes« ist der dreieinige Gott, ist insbesondere Christus. (S. Luther, *T. XIV, S. 2 u. 3 und T. XVI, S. 581.*) Und das Bild dieses erst wahren, wesentlichen, christlichen Gottes ist auch nur der Gläubige, der Christ. Überdem ist ja der Mensch an und für sich schon nicht um seinetwillen, sondern um Gottes willen zu lieben. *Augustinus. (De doctrina chr., lib. I, c. 27 u. 22.)* Wie sollte also gar der ungläubige Mensch, der keine Ähnlichkeit, keine Gemeinschaft mit dem wahren Gott hat, ein Gegenstand der Liebe sein?

[XXIII]

Der Glaube scheidet den Menschen vom Menschen, setzt an die Stelle der naturbegründeten Einheit und Liebe eine übernatürliche - die Einheit des Glaubens. »Den Christen muß nicht nur der Glaube, sondern auch das *Leben* unterscheiden... Ziehet nicht, sagt der Apostel, am fremden Joche mit den Ungläubigen... Es bestehe also zwischen uns und ihnen die größte Trennung.« *Hieronymus. (Epist. Caelantiae matronae.)* »Wie kann das eine Ehe genannt werden, wo die Übereinstimmung des Glaubens fehlt? Wie viele sind aus Liebe zu ihren Weibern Verräter ihres Glaubens geworden!« *Ambrosius. (Epist. 70, lib. IX.)* »Denn Christen dürfen nicht Heiden oder Juden ehelichen.« *Petrus Lombard. (Lib. IV, dist. 39, c. 1.)* Auch diese Scheidung ist keineswegs *unbiblisch.* Wir sehen ja vielmehr, daß die Kirchenväter sich gerade auf die Bibel berufen. Die bekannte Stelle des Apostels in betreff der Ehen zwischen Heiden und Christen bezieht sich nur auf Ehen, die schon vor dem Glauben bestanden, nicht auf solche, die erst geschlossen werden sollen. Man sehe, was hierüber schon Petrus L. sagt in dem eben zitierten Buche. »Die ersten Christen haben alle ihre Verwandte, die sie von der *Hoffnung der himmlischen Belohnung* abwenden wollten, nicht erkannt, auch nicht einmal gehört. - Dies hielten sie vor die eigne Kraft des Evangelii, daß um dessen willen *alle Blutsfreundschaft verachtet* würde; indem... die *Brüderschaft Christi der natürlichen* weit vorginge. - Uns ist das Vaterland und der gemeine Name nicht lieb, als die wir selbst vor unsern Eltern einen Abscheu haben, wenn sie etwas wider den Herrn raten wollen.« *G. Arnold. (Wahre Abbild, der ersten Christen, B. IV, c. 2.)* »Wer Vater oder Mutter mehr liebet denn mich, der ist meiner nicht wert. Matth. 10, 37... Hierin erkenne ich euch nicht als Eltern, sondern als Feinde an... Was habe ich mit euch zu schaffen? Was habe ich von euch *außer Sünde* und *Elend?*« *Bernardus. (Epist. 111 ex pers. Heliae mon. ad parentes.)* »Höre Isidors Ausspruch: viele Geistliche, Mönche... verlieren über dem zeitlichen Wohl ihrer Eltern ihre Seelen... Die Diener Gottes, welche für das Wohl ihrer

Eltern sorgen, fallen von der Liebe Gottes ab.« *(De modo bene viv., serm. VII.)* »Jeden *gläubigen* Menschen halte für deinen Bruder.« *(Ibid., serm. XIII.)* »Ambrosius sagt, daß wir weit mehr lieben sollen die *Kinder, die wir aus der Taufe* heben, als die Kinder, die wir fleischlich zeugten.« *Petrus L. (Lib. IV, dist. 6, c. 5, addit. Henr. ab Vurim.)* »Die Kinder werden mit der Sünde geboren und erben nicht das ewige Leben ohne Erlassung der Sünde... Da es also nicht zweifelhaft ist, daß in den Kindern die Sünde ist, so muß *einiger Unterschied sein zwischen den Kindern der Heiden*, welche *schuldig* bleiben, und den *Kindern in der Kirche*, welche von Gott angenommen werden.« *Melanchthon. (Loci, De bapt. inf., Argum. II.* Vgl. hiezu auch die oben als ein Zeugnis von der Beschränktheit der christgläubigen Liebe aus Buddeus angeführte Stelle.) »Mit den Ketzern darf man weder beten noch singen.« *Concil. Carthag. VI, can. 72. (Carranza Summ.)* »Die Bischöfe oder Geistlichen sollen an die, welche keine katholischen Christen sind, auch wenn sie ihre Blutsverwandte sind, nichts von ihren Sachen verschenken.« *Concil. Carthag. III, can. 13. (Ibid.)*

Der Glaube hat die Bedeutung der Religion, die Liebe nur die der Moral. Dies hat besonders entschieden der Protestantismus ausgesprochen. Der Ausdruck, daß die Liebe nicht vor Gott gerecht mache, sondern nur der Glaube, sagt eben nichts weiter aus, als daß die Liebe keine religiöse Kraft und Bedeutung habe. (S. Apologia der Augsburgischen Konfess., Art. 3: Von der Liebe und Erfüllung des Gesetzes.) Zwar heißt es hier: »Darum was die Scholastici von der Liebe Gottes reden, ist ein Traum und ist unmöglich, Gott zu lieben, ehe wir durch den Glauben die Barmherzigkeit erkennen und ergreifen. Denn alsdann erst wird Gott *objectum amabile*, ein lieblich, selig Anblick.« Es wird also hier zum eigentlichen Objekt des Glaubens die Barmherzigkeit, die Liebe, gemacht. Allerdings unterscheidet sich zunächst der Glaube auch nur dadurch von der Liebe, daß er außer sich setzt, was die Liebe in sich setzt. »Wir gläuben unsere Gerechtigkeit, Heyl und Trost stehe *außer uns.« Luther. (T. XVI, S. 497.* S. auch *T. IX, S. 587.)* Allerdings ist der Glaube im protestantischen Sinne der Glaube an die Vergebung der Sünde, der Glaube an die Gnade, der Glaube an Christus als den für den Menschen sterbenden und leidenden Gott, so daß der Mensch, um die ewige Seligkeit zu erlangen, nichts weiter seinerseits zu tun hat, als diese Hingebung Gottes für ihn selbst wieder hingebend, d.i. gläubig, zuversichtlich anzunehmen. Aber Gott ist nicht allein als Liebe Gegenstand des Glaubens. Im Gegenteil, der charakteristische Gegenstand des Glaubens als Glaubens ist Gott als Subjekt. Oder ist etwa ein Gott, der dem Menschen kein Verdienst gönnt, der alles nur *sich* ausschließlich vindiziert, eifersüchtig über seiner Ehre wacht, ist ein solcher selbstsüchtiger Gott ein Gott der Liebe?

Die aus dem Glauben hervorgehende Moral hat zu ihrem Prinzip und Kriterium nur den Widerspruch mit der Natur, mit dem Menschen. Wie der höchste Gegenstand des Glaubens der ist, welcher der *Vernunft* am meisten widerspricht, die

Eucharistie, so ist notwendig die höchste Tugend der dem Glauben getreuen und gehorsamen Moral die, welche am meisten der *Natur* widerspricht. Die *dogmatischen* Wunder haben konsequent *moralische* Wunder in ihrem Gefolge. Die widernatürliche Moral ist die natürliche Schwester des übernatürlichen Glaubens. Wie der Glaube die Natur *außer* dem Menschen, so überwindet die Glaubensmoral die Natur im Menschen. Diesen praktischen Supernaturalismus, dessen epigrammatische Spitze die »Jungferschaft, die Schwester der Engel, die Königin der Tugenden, die Mutter alles Guten« ist (s. A. v. Buchers »*Geistliches Such verloren*«, *Sämtl. W., B. VI, 151.),* hat insbesondere der Katholizismus ausgebildet; denn der Protestantismus hat nur das Prinzip des Christentums festgehalten, aber die notwendigen Konsequenzen desselben willkürlich, eigenmächtig weggestrichen, hat sich nur den christlichen Glauben, aber nicht die christliche Moral zu Gemüte gezogen. Der Protestantismus hat den Menschen im Glauben auf den Standpunkt des ersten Christentums, aber im Leben, in der Praxis, in der Moral auf den vorchristlichen, auf den heidnischen oder alttestamentlichen, auf den adamitischen, den natürlichen Standpunkt zurückversetzt. Die Ehe hat Gott im Paradiese eingesetzt; darum gilt auch heute noch, auch den Christen noch, das Gebot: Mehret euch! Christus gibt nur denen den Rat, sich nicht zu verheiraten, die dazu geschickt sind. Die Keuschheit ist eine übernatürliche Gabe; sie kann also nicht jedem zugemutet werden. Aber ist denn nicht auch der Glaube eine übernatürliche Gabe, eine besondere Gnade Gottes, ein Wunderwerk, wie Luther unzählige Male sagt, und wird er nicht dennoch uns allen zum Gebote gemacht? Ergeht nicht deshalb das Gebot an uns, daß wir unsere natürliche Vernunft »töten, blenden und schänden« sollen? Ist nicht der Trieb, nichts zu glauben und anzunehmen, was der Vernunft widerspricht, ebenso natürlich, so stark, so notwendig in uns als der Geschlechtstrieb? Wenn wir Gott um Glauben bitten sollen, weil wir für uns selbst zu schwach sind, warum sollen wir nicht aus demselben Grund Gott um die Keuschheit anflehen? Wird er uns diese Gabe versagen, wenn wir ihn ernstlich darum anflehen? Nimmermehr; also können wir ebensogut die Keuschheit als den Glauben als ein allgemeines Gebot betrachten, denn was wir nicht durch uns selbst, das vermögen wir durch Gott. Was gegen die Keuschheit, das spricht auch gegen den Glauben, und was für den Glauben, das spricht auch für die Keuschheit. Eins steht und fällt mit dem andern; mit dem übernatürlichen Glauben ist eine übernatürliche Moral notwendig verbunden. Dieses Band zerriß der Protestantismus; im Glauben bejahte er das Christentum, im Leben, in der Praxis verneinte er es, anerkannte er die Autonomie der natürlichen Vernunft, des Menschen, setzte er den Menschen in seine ursprünglichen Rechte ein. Nicht weil sie der Bibel widerspricht - hier wird ihr vielmehr das Wort geredet -weil sie dem Menschen, der Natur widerspricht, deshalb verwarf er die Ehelosigkeit, die

Keuschheit. »Wer aber ja einsam seyn will, der thue den Namen ›Mensch‹ weg und beweise oder schaff's, daß er ein Engel oder Geist sei... Es ist zu erbarmen, daß ein Mensch so toll soll sein, daß sich wundert, daß ein Mann ein Weib nimmt oder daß sich jemand des schämen sollte, weil sich niemand wundert, daß Menschen zu essen und zu trinken pflegen. Und diese Nothdurft, da das menschliche Wesen herkommt, soll noch erst in Zweifel und Wunder stehen.« *Luther. (T. XIX, S. 368, 369.)* Unentbehrlich ist also dem Manne das Weib, so unentbehrlich wie Speise und Trank. Stimmt dieser Unglaube an die Möglichkeit und Realität der Keuschheit mit der Bibel überein, wo uns die Ehelosigkeit als ein löblicher und folglich möglicher, erreichbarer Stand angepriesen wird? Nein! sie widerspricht ihr geradezu. Der Protestantismus negierte auf dem Gebiete der Moral infolge seines praktischen Sinnes und Verstandes, also aus eigner Kraft und Macht den christlichen Supranaturalismus. Das Christentum existiert für ihn nur im Glauben - nicht im Rechte, nicht in der Moral, nicht im Staate. Wohl gehört wesentlich zum Christen auch die Liebe (der Inbegriff der Moral), so daß, wo keine Liebe, wo sich der Glaube nicht durch die Liebe betätigt, kein Glaube, kein Christentum ist. Aber gleichwohl ist die Liebe nur die Erscheinung des Glaubens nach außen, nur eine Folge und nur etwas Menschliches. »Der *Glaube* allein *handelt mit Gott*«, »der *Glaube* macht uns zu *Göttern*«, die Liebe zu Menschen, und, wie der Glaube nur für Gott, so ist auch Gott nur für den Glauben, d.h. der Glaube allein ist das Göttliche, das Christliche im Menschen. Dem *Glauben* gehört das *ewige*, der *Liebe* nur dies *zeitliche* Leben. »Gott hat dieses zeitliche irdische Leben lange *zuvor ehe Christus* gekommen ist, der ganzen Welt gegeben und gesagt: daß man ihn und den Nächsten lieben soll. Darnach hat er auch der Welt gegeben seinen Sohn Christum, auf daß wir durch ihn und in ihm auch das ewige Leben haben sollen... Moses und das Gesetz gehört zu diesem Leben, aber zu jenem Leben müssen wir den Herrn haben.« *Luther. (T. XVI, S. 459.)* Obwohl also die Liebe zum Christen gehört, so ist doch der Christ *nur dadurch Christ*, daß er *glaubt* an Christus. Wohl ist der Nächstendienst - in welcher Art, welchem Stande und Berufe er auch nur immer geschehe - Gottesdienst. Aber der Gott, dem ich diene, indem ich ein weltliches oder natürliches Amt verrichte, ist auch nur der *allgemeine, weltliche, natürliche, vorchristliche* Gott. Die Obrigkeit, der Staat, die Ehe existierte schon vor dem Christentum, war eine Einsetzung, eine Anordnung Gottes, in der er sich noch nicht als den *wahren* Gott, als Christus offenbarte. Christus hat mit allen diesen *weltlichen* Dingen nichts zu schaffen, sie sind ihm äußerlich, *gleichgültig*. Aber eben deswegen verträgt sich jeder weltliche Beruf und Stand mit dem Christentum; denn der wahre, christliche Gottesdienst ist allein der Glaube und diesen kann man überall ausüben. Der Protestantismus bindet den Menschen nur im Glauben, alles übrige gibt er frei, aber nur, weil es dem Glauben äußerlich ist. Wohl binden uns die Gebote der christlichen

Moral, wie z.B.: Ihr sollt euch nicht rächen usw., aber sie gelten nur für uns als Privatpersonen, nicht für uns als öffentliche Personen. Die Welt wird nach ihren eignen Gesetzen regiert. Der Katholizismus hat »das weltliche und geistliche Reich untereinandergemengt«, d.h., er wollte die Welt durch das Christentum beherrschen. Aber: »Christus ist nicht darum auf Erden kommen, daß er dem Kaiser Augusto in sein Regiment greife und ihn lehre, wie er regieren solle.« *Luther. (T. XVI, S. 49.)* Wo das Weltregiment anfängt, da hört das Christentum auf - da gilt die weltliche Gerechtigkeit, das Schwert, der Krieg, der Prozeß. *Als Christ* laß ich mir ohne Widerstand meinen Mantel stehlen, aber *als Bürger* verlange ich ihn von Rechts wegen wieder zurück. »Das Evangelium schafft nicht das Naturrecht ab.« *Melanchthon. (De vindicta, Loci.* S. über diesen Gegenstand auch *M. Chemnitii Loci theol., De vindicta.)* Kurz, der Protestantismus ist die praktische Negation des Christentums, die praktische Position des natürlichen Menschen. Wohl gebietet auch *er* die Tötung des Fleisches, die Negation des natürlichen Menschen; aber -abgesehen davon, daß sie *keine religiöse Bedeutung* und *Kraft* mehr für ihn hat, nicht gerecht, d.h. nicht gottwohlgefällig, nicht selig macht - die Negation des Fleisches im Protestantismus unterscheidet sich nicht von *der* Beschränkung des Fleisches, welche dem Menschen die natürliche Vernunft und Moral auferlegen. Die *notwendigen praktischen Folgen* des christlichen Glaubens hat der Protestantismus in das Jenseits, in den Himmel hinausgeschoben, d.h. eben **revera** *negiert.* Im Himmel erst hört der weltliche Standpunkt des Protestantismus auf - dort verheiraten wir uns nicht mehr, dort erst werden wir neue Kreaturen; aber hier bleibt alles beim alten »bis in jenes Leben, da wird das *äußerliche Leben geändert,* denn Christus ist nicht kommen, die Creatur zu ändern.« *Luther. (T. XV, S. 62.)* Hier sind wir zur Hälfte Heiden, zur Hälfte Christen, halb Bürger der Erde, halb Bürger des Himmels. Von dieser Teilung, diesem Zwiespalt, diesem Bruche weiß aber der Katholizismus nichts. Was er im Himmel, d.h. im Glauben, das negiert er auch, soviel als möglich, auf der Erde, d.h. in der Moral. »Es erfordert eine große Kraft und sorgfältige Achtsamkeit, zu *überwinden,* was *du von Geburt bist: im Fleische nicht fleischlich* zu leben, täglich mit dir zu kämpfen.« *Hieronymus. (Epist. Furiae Rom. nobilique viduae.)* »Je mehr du *die Natur bezwingst und unterdrückst,* desto größere Gnade wird dir eingeflößt.« *Thomas* a. K. *(Imit., lib. III, c. 54.)* »Fasse Mut und habe die Kraft, sowohl zu tun als zu leiden, was *der Natur widerspricht« (Ibid., c. 49.)* »O wie selig ist der Mensch, der deinetwegen, o Herr! allen Kreaturen den Abschied gibt, der der *Natur Gewalt* antut und die Begierden des Fleisches in der Glut des Geistes kreuzigt.« *(Ibid., c. 48.)* »Aber leider! lebt noch der alte Mensch in mir, er ist noch nicht ganz gekreuzigt.« *(Ibid., c. 34.)* Und diese Sätze sind keineswegs nur ein Abdruck der frommen Individualität des Verfassers der Schrift *de imitatione Christi;* sie drücken die echte Moral des Katholizismus aus - *die* Moral, welche die Heiligen mit ihrem Leben bestätigten und selbst das sonst so weltliche Oberhaupt der Kirche sanktionierte. (Siehe z.B. die *Canonizatio S. Bernhardi Abbatis per Alexandrum papam III. anno Ch. 1164.)* Aus diesem rein negativen Moralprinzip kommt es auch, daß sich innerhalb des Katholizismus selbst diese krasse Ansicht aussprechen konnte und durfte, daß das bloße Märtyrertum auch ohne die Triebfeder der Liebe zu Gott himmlische Seligkeit erwerbe.

Allerdings negierte auch der Katholizismus *in praxi* die supranaturalistische Moral des Christentums; aber seine Negation hat eine wesentlich andere Bedeutung als die des Protestantismus; sie ist nur eine Negation *de facto*, aber nicht *de jure*. Der Katholik verneinte im Leben, was er im Leben bejahen *sollte* -wie z.B. das Gelübde der Keuschheit -, bejahen *wollte*, wenn er wenigstens ein religiöser Katholik war, aber der Natur der Sache nach nicht bejahen *konnte*. Er machte also das Naturrecht geltend, er befriedigte die Sinnlichkeit - er war mit einem Worte: Mensch im Widerspruch mit seinem wahren Wesen, seinem religiösen Prinzip und Gewissen. »Leider! lebt noch in mir der alte (d.i. wirkliche) Mensch.« Der Katholizismus hat der Welt den Beweis gegeben, daß die übernatürlichen Glaubensprinzipien des Christentums, auf das Leben angewandt, zu Moralprinzipien gemacht, immoralische, grundverderbliche Folgen haben. Diese Erfahrung zog sich der Protestantismus zunutze, oder vielmehr, sie rief den Protestantismus hervor. Er machte daher die - im Sinne des wahren Katholizismus, allerdings nicht im Sinne der entarteten Kirche - *illegitime* praktische Negation des Christentums zum *Gesetz*, zur *Norm* des Lebens: Ihr *könnt* im Leben, wenigstens diesem Leben, keine Christen, keine besondere, übermenschliche Wesen sein, also *sollt* ihr auch keine sein. Und er legitimierte vor seinem im Christentum befangenen Gewissen sogar diese Negation des Christentums selbst wieder aus dem Christentum, erklärte sie für christlich - kein Wunder daher, daß nun endlich das moderne Christentum nicht nur die praktische, sondern selbst auch die theoretische, also die totale Negation des Christentums für Christentum ausgibt, Wenn übrigens der Protestantismus als der Widerspruch, der Katholizismus als die Einheit von Glauben und Leben bezeichnet wird, so versteht es sich von selbst, daß damit beiderseits nur das *Wesen*, das *Prinzip* bezeichnet werden soll.

Der Glaube opfert Gott den Menschen auf. Das Menschenopfer gehört selbst zum Begriffe der Religion. Die blutigen Menschenopfer dramatisieren nur diesen Begriff. »Durch den Glauben opferte Abraham den Isaak.« *Hebräer 11, 17.* »Wieviel größer ist Abraham, welcher seinen einzigen Sohn dem Willen nach tötete... Jephtha opferte seine jungfräuliche Tochter und wird deswegen von dem Apostel unter den Heiligen aufgezählt.« *Hieronymus. (Epist. Juliano.)* Auch in der christlichen Religion ist es nur das Blut, die Negation des Menschensohnes, wodurch der Zorn Gottes gestillt, Gott mit dem Menschen versöhnt wird. Darum mußte ein reiner, schuldloser

Mensch als Opfer fallen. Solches Blut nur ist kostbar, solches nur hat versöhnende Kraft. Und dieses am Kreuze zur Besänftigung des göttlichen Zorns vergoßne Blut genießen die Christen im Abendmahl zur Bestärkung und Besiegelung ihres Glaubens. Aber warum denn das Blut in der Gestalt des Weins, das Fleisch unter der Gestalt des Brotes? Damit es nicht den *Schein* hat, als äßen die Christen wirklich Menschenfleisch, als tränken sie wirklich Menschenblut, damit nicht der natürliche Mensch, d.i. der *homo verus*, beim Anblick von wirklichem Menschenfleisch und Blute vor den Mysterien des christlichen Glaubens zurückschaudert. »Damit nicht die menschliche Schwachheit vor dem Essen des Fleisches und dem Trinken des Blutes sich entsetzte, wollte Christus beides mit den Gestalten des Brots und Weins bedecken und bemänteln.« *Bernardus. (Edit. cit., S. 189-191.)* »Aus drei Gründen wird nach Christi Verordnung Fleisch und Blut unter einer andern Gestalt genossen. Erstlich deswegen, damit der Glaube, welcher sich auf die unsichtbaren Dinge bezieht, ein Verdienst hätte, denn der Glaube hat da kein Verdienst, wo die menschliche Vernunft einen Erfahrungsbeweis gewährt. Dann deswegen, damit nicht die Seele sich vor dem entsetzte, was das Auge erblickte, denn *wir sind es nicht gewohnt, rohes Fleisch zu, essen und Blut zu trinken.* Und endlich deswegen, damit die Ungläubigen nicht die christliche Religion insultierten... uns nämlich nicht darum verlachten, daß wir das Blut eines getöteten Menschen tränken.« *Petrus Lomb. (Lib. IV, dist. 11, c. 4.)*

Aber wie das blutige Menschenopfer in der höchsten Negation des Menschen zugleich die höchste Position desselben ausdrückt, denn nur deswegen, weil das Menschenleben für das Höchste gilt, weil also das Opfer desselben das *schmerzlichste* ist, *das* Opfer, welches die größte Überwindung kostet, wird es Gott dargebracht - ebenso ist auch der Widerspruch der Eucharistie mit der menschlichen Natur nur ein scheinbarer. Auch ganz abgesehen davon, daß Fleisch und Blut mit Wein und Brot, wie der heil. Bernhard sagt, bemäntelt werden, d.h. in Wahrheit nicht Fleisch, sondern Brot, nicht Blut, sondern Wein genossen wird - das Mysterium der Eucharistie löst sich auf in das Geheimnis des Essens und Trinkens. »... Alle alte christliche Lehrer... lehren, daß der Leib Christi nicht allein geistlich mit dem Glauben, welches auch *außerhalb* des Sakraments geschieht, sondern auch mündlich, nicht allein von gläubigen, frommen, sondern auch von unwürdigen, ungläubigen, falschen und bösen Christen empfangen werde.« »So ist nun *zweierlei* Essen des Fleisches Christi, eines geistlich... Solch geistlich Essen aber ist nichts andres als der Glaube... Das *andere* Essen des Leibes Christi ist *mündlich* oder sakramentlich.« (Konkordienb., Erkl., Art. 7.) »Der *Mund isset* den Leib Christi *leiblich.*« *Luther.* (Wider die Schwarmgeister, *T. XIX, S. 417.)* Was begründet also die *spezifische Differenz* der Eucharistie? Essen und Trinken. Außer dem Sakrament wird Gott geistig, im Sakrament sinnlich, mündlich genossen, d.h. getrunken und gegessen - leiblich angeeignet, assimiliert. Wie könntest du aber Gott in deinen Leib aufnehmen, wenn er dir für ein Gottes unwürdiges Organ gälte? Schüttest du den Wein in ein Wassergefäß? Ehrst du ihn nicht durch ein besondres Glas? Fassest du mit deinen Händen oder Lippen an, was dich ekelt? Erklärst du nicht dadurch das Schöne allein für das Berührungswürdige? Sprichst du nicht die Hände und Lippen heilig, wenn du mit ihnen das Heilige ergreifst und berührst? Wenn also Gott gegessen und getrunken wird, so wird Essen und Trinken als ein *göttlicher* Akt ausgesprochen. Und dies sagt die Eucharistie, aber auf eine sich selbst widersprechende, mystische, heimliche Weise. Unsere Aufgabe ist es jedoch, offen und ehrlich, deutlich und bestimmt das Mysterium der Religion auszusprechen. Das *Leben ist Gott, Lebensgenuß Gottesgenuß, wahre Lebensfreude wahre* Religion. Aber zum Lebensgenuß gehört *auch* der Genuß von Speise und Trank. Soll daher das Leben überhaupt heilig sein, so muß auch Essen und Trinken heilig sein. Ist diese Konfession Irreligion? Nun so bedenke man, daß diese Irreligion das analysierte, explizierte, das unumwunden ausgesprochene Geheimnis der Religion selbst ist. Alle Geheimnisse der Religion resolvieren sich zuletzt, wie gezeigt, in das Geheimnis der himmlischen Seligkeit. Aber die himmlische Seligkeit ist nur die von den Schranken der Wirklichkeit entblößte Glückseligkeit. Die Christen wollen so gut glückselig sein als die Heiden. Der Unterschied ist nur, daß die *Heiden den Himmel auf die Erde, die Christen die Erde in den Himmel versetzen.* Endlich ist, was *ist,* was wirklich genossen wird; aber unendlich, was *nicht ist,* was nur geglaubt und gehofft wird.

[XXIV]

Die christliche Religion ist ein Widerspruch. Sie ist die Versöhnung und zugleich der Zwiespalt, die Einheit zugleich und der Gegensatz von Gott und Mensch. Dieser personifizierte Widerspruch ist der Gottmensch - die Einheit der Gottheit und Menschheit in ihm Wahrheit und Unwahrheit.

Es ist schon oben behauptet worden, daß, wenn Christus zugleich Gott, Mensch und zugleich ein andres Wesen war, welches als ein des Leidens unfähiges Wesen vorgestellt wird, sein Leiden nur eine Illusion war. Denn sein Leiden für ihn *als Menschen* war kein Leiden *für ihn als Gott.* Nein! was er als Mensch bekannte, leugnete er als Gott. Er litt nur äußerlich, nicht innerlich, d.h., er litt nur *scheinbar, doketisch,* aber nicht wirklich, denn nur der Erscheinung, dem Ansehn, dem Äußern nach war er Mensch, in Wahrheit, im Wesen aber, welches eben deswegen nur den Gläubigen Gegenstand war, Gott. Ein wahres Leiden wäre es nur gewesen, wenn er zugleich *als Gott* gelitten hätte. Was nicht in Gott selbst aufgenommen, wird nicht in die Wahrheit, nicht in das Wesen, die Substanz aufgenommen. Unglaublich aber ist es, daß die Christen selbst, teils direkt, teils indirekt, eingestanden haben, daß ihr höchstes, heiligstes Mysterium nur eine Illusion, eine

Simulation ist. Eine Simulation, die übrigens schon dem durchaus unhistorischen[241], theatralischen, illusorischen Evangelium Johannis zugrunde liegt, wie dies *unter anderm* besonders aus der Auferweckung des Lazarus hervorgeht, indem hier der allmächtige Gebieter über Tod und Leben offenbar nur zur Ostentation seiner Menschlichkeit sogar Tränen vergießet und ausdrücklich sagt: »Vater, ich danke Dir, daß Du mich erhöret hast, doch ich weiß, daß Du mich allezeit hörest, sondern *um des Volks willen*, das umher stehet, sage ich es, daß sie glauben.« Diese evangelische Simulation hat nun die christliche Kirche bis zur offenbaren Verstellung ausgebildet. »Derselbe litt und litt nicht... Er litt seinem angenommenen Leibe nach, damit der angenommene Leib für ein wirklicher gehalten würde, aber er litt nicht der leidensunfähigen Gottheit des Worts nach... Er war also unsterblich im Tode, leidensunfähig im Leiden... Warum schreibst du der Gottheit die Leiden des Körpers zu und verbindest die Schwachheit des menschlichen Schmerzes mit der göttlichen Natur?« *Ambrosius. (De incarnat. dom. sac., c. 4 u. 5.)* »Der menschlichen Natur nach nahm er an Weisheit zu, nicht weil er selbst mit der Zeit weiser wurde..., sondern eben die Weisheit, von der er voll war, *zeigte* er den andern allmählich mit der Zeit.... für *andere* also, *nicht für sich*, nahm er an Weisheit und Gnade zu.« *Gregorius* (bei Petrus L., *lib. III, dist. 13, c. 1.*) »Er nahm also zu dem *Schein* und der *Meinung* andrer Menschen nach. So heißt es von ihm, daß er in seiner Kindheit Vater und Mutter nicht gekannt hätte, weil er sich so benahm und betrug, *als wenn er* sie nicht gekannt hätte.« *Petrus. L. (Ibid., c. 2.)* »Als Mensch bezweifelt er, als Mensch hat er gesprochen. (*Ambrosius.*) Mit diesen Worten scheint angedeutet zu werden, daß Christus nicht als Gott oder Gottes Sohn, sondern als Mensch mit menschlichem Affekt gezweifelt hat, was aber nicht so zu verstehen ist, als wenn *er selbst* gezweifelt hätte, sondern nur so, daß er sich wie ein Zweifelnder benahm und den Menschen zu zweifeln schien.« *Petrus L. (Ibid, dist. 17, c. 2.)* Wir haben im ersten Teil unsrer Schrift die Wahrheit, im zweiten die Unwahrheit der Religion oder vielmehr der Theologie dargestellt. Wahrheit ist nur die Identität Gottes und des Menschen - Wahrheit nur die Religion, wenn sie die menschlichen Bestimmungen als göttliche bejaht, Falschheit, wenn sie, als Theologie, dieselben negiert, Gott als ein andres Wesen sondern vom Menschen. So hatten wir im ersten Teil zu beweisen die Wahrheit des Leidens Gottes; hier haben wir den Beweis von der Unwahrheit dieses Leidens, und zwar nicht den subjektiven, sondern den objektiven - das Eingeständnis der Theologie selbst, daß ihr höchstes Mysterium, das Leiden Gottes nur eine Täuschung, Illusion ist. Habe ich also falsch geredet, wenn ich sagte, das oberste Prinzip der christlichen Theologie sei die Hypokrisie? Leugnet nicht auch der Theanthropos, daß er Mensch ist, während er Mensch ist? Oh, widerlegt mich doch!

Es ist daher die höchste Kritiklosigkeit, Unwahrhaftigkeit und Willkürlichkeit, die christliche Religion, wie es die spekulative Philosophie gemacht hat, *nur* als Religion der Versöhnung, nicht auch als *Religion des Zwiespalts* zu demonstrieren, in dem Gottmenschen nur die Einheit, *nicht auch den Widerspruch* des göttlichen und menschlichen Wesens zu finden. Christus hat nur *als Mensch*, nicht *als Gott* gelitten - Leidensfähigkeit ist aber das Zeichen wirklicher Menschheit -, nicht als Gott ist er geboren, gewachsen an Erkenntnis, gekreuzigt; d.h., alle menschlichen Bestimmungen sind von ihm als Gott *entfernt* geblieben. Das göttliche Wesen ist *in* der Menschwerdung, ungeachtet der Behauptung, daß Christus zugleich wahrer Gott und wahrer Mensch gewesen, ebensogut *entzweit* mit dem menschlichen Wesen als vor derselben, indem jedes Wesen die *Bestimmungen des andern von sich ausschließt*, obwohl beide, aber auf eine *unbegreifliche, mirakulöse, d.i. unwahre*, der *Natur* des Verhältnisses, indem sie zueinander stehen, *widersprechende* Weise zu einer Persönlichkeit verknüpft sein sollen. Auch die Lutheraner, ja Luther selbst, so derb er sich über die Gemeinschaft und Vereinigung der menschlichen und göttlichen Natur in Christo ausspricht, kommt doch nicht über ihren unversöhnlichen Zwiespalt hinaus. »Gott ist Mensch und Mensch ist Gott, dadurch doch weder die Naturen, noch derselben Eigenschaften miteinander vermischt werden, sondern es behält eine *jede Natur ihr Wesen und Eigenschaften*.« »Es hat der Sohn Gottes selbst wahrhaftig doch *nach der angenommenen menschlichen Natur* gelitten und ist wahrhaftig gestorben, wiewohl *die göttliche Natur weder leiden noch sterben kann*.« »Ist recht geredet: Gottes Sohn leidet. Denn obwohl *das eine Stück* (daß ich so rede) *als die Gottheit nicht leidet*, so leidet dennoch die Person, welche Gott ist, *am andern Stück als an der Menschheit*; denn in der Wahrheit ist Gottes Sohn für uns gekreuzigt, das ist *die Person*, die Gott ist; denn sie ist, *sie* (sage ich), die Person ist gekreuzigt *nach der Menschheit*.« - »Die Person ist's, die alles tut und leidet, *eines nach dieser Natur, das andre nach jener Natur*, wie das alles die Gelehrten wohl wissen.« *Konkordienbuch.* (*Erklär., Art.* 8.) »Es ist Gottes Sohn und Gott selbst ermordet und erwürget: denn Gott und Mensch ist eine Person. Darum ist der Gott gekreuzigt und gestorben, der Mensch worden; nicht der abgesonderte Gott, sondern der vereinigte Gott mit der Menschheit: *nicht nach der Gottheit*, sondern *nach der menschlichen Natur*, die er angenommen.« *Luther*. (*T. III, S. 502.*) So sind also nur in der Person, d.h. nur in einem *Nomen propium*, nur dem *Namen* nach, aber nicht im Wesen, nicht in der Wahrheit die beiden Naturen zur Einheit verbunden. »Wann gesagt wird: Gott ist Mensch oder der Mensch ist Gott, so heißt ein solcher Satz ein persönlicher, weil er eine persönliche Vereinigung in Christo voraussetzt, denn ohne eine solche Vereinigung der Naturen in Christo hätte ich niemals sagen können, daß Gott Mensch oder der Mensch Gott sei... Ganz klar aber ist, daß die Naturen im allgemeinen nicht miteinander verbunden werden können und man daher nicht sagen kann: die göttliche Natur ist die menschliche oder die Gottheit ist die Menschheit und umgekehrt.« J. F. *Buddeus. (L. c., lib. IV, c. II, § 11.)* So ist also die Einheit des göttlichen und menschlichen Wesens in der Inkarnation nur eine Täuschung, eine Illusion. Das alte Dissidium von Gott und Mensch liegt auch ihr noch zugrunde und wirkt um so verderblicher, ist um so häßlicher, als es sich hinter den Schein, hinter die Imagination der Einheit verbirgt. Darum war auch der Sozinianismus nichts weniger als flach, wenn er wie die Trinität, so auch das Kompositum des Gottmenschen negierte - er war nur konsequent, nur wahrhaft. Gott war ein dreipersönliches Wesen und doch sollte er zugleich schlechthin *einfach*, ein *ens simplicissimum* sein, so leugnete die Einfachheit die Trinität; Gott war Gott-Mensch, und doch sollte die Gottheit nicht von der Menschheit tangiert oder aufgehoben werden, d.h. *wesentlich* von ihr geschieden sein; so leugnete die Unvereinbarkeit der göttlichen und menschlichen Bestimmungen die Einheit der beiden Wesen. Wir haben demnach schon im Gott-Menschen selbst den Leugner, den Erzfeind des Gottmenschen, den *Rationalismus*, nur daß er hier zugleich noch mit seinem Gegensatze behaftet war. Der Sozinianismus negierte also nur, was der Glaube selbst negierte, zugleich aber im Widerspruch mit sich wieder behauptete; er negierte nur einen Widerspruch, nur eine Unwahrheit.

Gleichwohl haben aber doch auch wieder die Christen die Menschwerdung Gottes als ein Werk der Liebe gefeiert, als eine Selbstaufopferung Gottes, als eine Verleugnung seiner Majestät - *Amor triumphat de Deo* -, denn die Liebe Gottes ist ein leeres Wort, wenn sie nicht als wirkliche Aufhebung seines Unterschieds vom Menschen gefaßt wird. Wir haben daher im Mittelpunkt des Christentums den am Schluß entwickelten Widerspruch von Glaube und Liebe. Der Glaube macht das Leiden Gottes zu einem Scheine, die Liebe zu einer Wahrheit, denn nur auf der Wahrheit des Leidens beruht der wahre, positive Eindruck der Inkarnation. So sehr wir daher den Widerspruch und Zwiespalt zwischen der menschlichen und göttlichen Natur im Gottmenschen hervorgehoben haben, so sehr müssen wir hinwiederum die Gemeinschaft und Einheit derselben hervorheben, vermöge welcher Gott wirklich Mensch und der Mensch wirklich Gott ist. Hier haben wir darum den unwidersprechlichen, unumstößlichen und zugleich sinnfälligen Beweis, daß der Mittelpunkt, der höchste Gegenstand des Christentums nichts andres als der Mensch ist, daß die Christen das *menschliche Individuum als Gott* und *Gott als das menschliche Individuum* anbeten. »*Dieser Mensch* gebohren von Maria der Jungfrauen ist *Gott selbst*, der Himmel und Erde erschaffen hat.« *Luther. (T. II, S. 671.)* »*Ich zeige* auf *den Menschen* Christum und spreche: das *ist Gottes Sohn*.« Ders. *(T. XIX, S. 594.)* »Lebendig machen, alles Gericht und alle Gewalt haben im Himmel und auf Erden, alles in seinen Händen haben, alles unter seinen Füßen unterworfen haben, von Sünden reinigen usw. sind... *göttliche unendliche Eigenschaften,* welche doch nach Aussage der Schrift dem *Menschen Christo* gegeben und mitgeteilt sind.« »Daher gläuben, lehren und bekennen wir, daß des Menschen Sohn… jetzt nicht allein als Gott, sondern auch *als Mensch alles weiß, alles vermag, allen Kreaturen gegenwärtig* ist.« »Demnach *verwerfen* und *verdammen* wir… daß er (der Sohn Gottes) *nach der menschlichen Natur* der Allmächtigkeit und anderer Eigenschaften göttlicher Natur allerding *nicht fähig* sei.« (*Konkordienb.,* Summar. Begr. u. Erklär., Art. 8.) »Hieraus folgt von selbst, daß Christus *auch als Mensch* religiös verehrt werden soll.« *Buddeus. (L. c., lib. IV, c. II, § 17.)* Dasselbe lehren ausdrücklich die Kirchenväter und Katholiken. Z.B.: »Mit *derselben* Anbetung ist in Christo die Gottheit und *Menschheit* anzubeten… Die Gottheit ist mit der Menschheit durch persönliche Vereinigung innigst verbunden, also kann auch die Menschheit Christi oder Christus *als Mensch* Gegenstand göttlicher Verehrung sein.« *Theol. schol. (Sect. Thomam Aq., P. Metzger, T. IV, S. 124.)* Zwar heißt es: nicht der Mensch, nicht Fleisch und Blut *für sich selbst,* sondern das mit Gott verbundene Fleisch wird angebetet, so daß der Kultus nicht dem Fleische oder dem Menschen, sondern Gott gilt. Aber es ist hier wie mit dem Heiligen- und Bilderdienste. Wie der Heilige nur im Bilde, Gott nur im Heiligen verehrt wird, weil man das Bild, den Heiligen selbst verehrt, so wird Gott nur *im menschlichen Fleische* angebetet, weil das menschliche Fleisch selbst angebetet wird. Gott wird Fleisch, Mensch, weil schon im *Grunde* der Mensch Gott ist. Wie könnte es dir nur in den Sinn kommen, das menschliche Fleisch mit Gott in so innige Beziehung und Berührung zu bringen, wenn es dir etwas Unreines, Niedriges, Gottes Unwürdiges wäre? Wenn der *Wert,* die Würde des menschlichen Fleisches nicht *in ihm* selbst liegt, warum machst du nicht andres, nicht *tierisches* Fleisch zur Wohnstätte des göttlichen Geistes? Zwar heißt es: der Mensch ist nur das Organ, »*in, mit* und *durch*« welches die Gottheit wirket, »wie die Seele im Leibe«. Aber auch dieser Einwand ist durch das eben Gesagte schon widerlegt. Gott wählte den Menschen zu seinem Organ, seinem Leibe, weil er nur im Menschen ein seiner würdiges, ein ihm passendes, wohlgefälliges Organ fand. Wenn der Mensch gleichgültig ist, warum inkarnierte sich denn Gott nicht in einem Tiere? So kommt also Gott nur *aus* dem Menschen *in* den Menschen. Die Erscheinung Gottes im Menschen ist nur eine Erscheinung von der Göttlichkeit und Herrlichkeit des Menschen. *Noscitur ex alio, qui non cognoscitur ex se* (wen man nicht aus sich erkennt, den erkennt man aus einem andern) - dieser triviale Spruch gilt auch hier. Gott wird erkannt aus dem Menschen, den er mit seiner persönlichen Gegenwart und Einwohnung beehrt, und zwar *als ein menschliches Wesen,* denn was einer bevorzugt, auserwählt, liebt, das ist sein gegenständliches Wesen selbst; und der Mensch wird aus Gott erkannt, und zwar als *ein göttliches Wesen,* denn nur Gotteswürdiges, nur Göttliches kann Objekt, kann Organ und Wohnsitz Gottes sein. Zwar heißt es ferner: es ist *nur dieser Jesus Christus ausschließlich allein*, kein anderer Mensch sonst, der als Gott verehrt wird. Aber auch dieser Grund ist eitel und nichtig. Christus ist zwar Einer nur, aber *Einer für Alle*. Er ist Mensch wie wir, »unser Bruder und wir sind Fleisch von seinem Fleische und Bein von seinem Bein«. Jeder erkennt daher *sich in Christo*, jeder findet *sich* in ihm repräsentiert. »*Fleisch und Blut verkennt sich nicht.*« »In Jesu Christo unserm Herrn ist eines jeden unter uns Portion Fleisch und Blut. Darum wo mein Leib regiert, da *gläube ich, daß ich selbst regiere.* Wo mein Fleisch verkläret ist, da gläube ich, *daß ich selbst herrlich bin.* Wo *mein Blut herrschet*, da halte ich dafür, *daß ich selbst herrsche.*« *Luther. (T. XVI, S. 534.)* »Bedenkt, daß der *Leib des Sohnes Gottes die Idee unsrer Leiber* ist. Ehrt also euern Leib aus Verehrung seiner Idee!«[242] *Jacob Milichius. (Or. de pulmone*, in *Melanchth. Declam., T. II, S. 174.)* Und so ist es denn eine unleugbare, unumstößliche Tatsache: *die Christen beten das menschliche Individuum an als das höchste Wesen, als Gott.* Freilich nicht mit Bewußtsein; denn dies eben konstituiert die Illusion des religiösen Prinzips. Aber in diesem Sinne beteten auch die Heiden nicht die Götterstatue an; denn auch ihnen war die Statue keine Statue, sondern der Gott selbst. Aber dennoch beteten sie ebensogut die Statue an, als die Christen das menschliche Individuum, ob sie es gleich natürlich nicht Wort haben wollen.

[XXV]

Der Mensch ist der Gott des Christentums, die Anthropologie das Geheimnis der christlichen Theologie.

Die Geschichte des Christentums hat keine andere Aufgabe gehabt, als dieses Geheimnis zu enthüllen -die Theologie als Anthropologie zu verwirklichen und erkennen. Der Unterschied zwischen dem Protestantismus und Katholizismus - dem alten, nur noch in Büchern, nicht mehr in der Wirklichkeit existierenden Katholizismus - besteht nur darin, daß dieser *Theologie*, jener *Christologie*, d.h. (religiöse) *Anthropologie* ist. Der Katholizismus hat einen *supranaturalistischen, abstrakten* Gott, einen Gott, der ein *andres* als ein menschliches, ein *nicht-menschliches*; ein *übermenschliches* Wesen ist. Das Ziel der *katholischen Moral*, die *Gottähnlichkeit* besteht daher darin, *nicht* Mensch, *mehr* als Mensch - d.h. ein *himmlisches, abstraktes* Wesen, ein *Engel* zu sein. *Nur in der Moral* aber *realisiert, offenbart* sich das Wesen einer Religion; nur die Moral ist das *Kriterium*, ob ein religiöser Glaube *Wahrheit* oder *Schimäre* ist. Also ist ein *übermenschlicher, übernatürlicher Gott* nur da noch eine *Wahrheit*, wo er eine *übermenschliche, über-* oder vielmehr *widernatürliche Moral* zur Folge hat. Der Protestantismus dagegen hat *keine supranaturalistische*, sondern eine menschliche Moral, eine Moral *von und für Fleisch und Blut*, folglich ist auch sein Gott, sein *wahrer, wirklicher* Gott, wenigstens kein abstraktes, supranaturalistisches Wesen mehr, sondern ein Wesen *von Fleisch und Blut*. »Diesen Trotz höret der Teufel ungern, daß unser *Fleisch* und *Blut* Gottes Sohn, ja *Gott selbst* ist und regieret im Himmel über

302

Alles.« *Luther. (T. XVI, S. 573.)* »*Außer Christo kein Gott ist*, und wo Christus ist, da ist die Gottheit gantz und gar.« Ders. *(T. XIX, S. 403.)* Der Katholizismus hat sowohl in der Theorie als in der Praxis einen Gott, der ungeachtet des Prädikats der Liebe, der Menschheit noch ein Wesen *für sich selbst* ist, zu welchem der Mensch daher nur dadurch kommt, daß er *gegen sich selbst* ist, *sich selbst verneint*, sein *Für-sich-Sein* aufgibt; der Protestantismus dagegen hat einen Gott, der, wenigstens *in praxi*, im wesenlichen, nicht mehr ein *Für-sich-Sein*, der nur noch ein *Sein für den Menschen*, ein *Sein zum Besten des Menschen* ist; daher ist im Katholizismus der höchste Akt des Kultus, »die Messe Christi«, ein *Opfer des Menschen* - derselbe Christus, dasselbe Fleisch und Blut, das am Kreuze, wird in der Hostie Gott geopfert - im Protestantismus dagegen ein *Opfer*, eine »*Gabe Gottes*«; Gott opfert, gibt sich hin dem Menschen zum Genusse. (S. Luther, z.B. *T. XX, S. 259, T. XVII, S. 529.)* Im Katholizismus ist die *Menschheit die Eigenschaft*, das *Prädikat* der *Gottheit* (Christi) -: *Gott* Mensch; im Protestantismus dagegen ist die *Gottheit die Eigenschaft*, das *Prädikat* der *Menschheit* (Christi) -: der *Mensch* Gott. »Das haben vor Zeiten die höchsten *Theologi* gethan, daß sie *von der Menschheit* Christi *geflogen sind zu der Gottheit* und sich *alleine an dieselbige gehänget* und gedachten, man müßte die *Menschheit Christi nicht kennen*. Aber man muß so steigen zu der Gottheit Christi und daran sich halten, daß man die *Menschheit Christi nicht verlasse* und zur Gottheit Christi allein komme. - Du sollst von *keinem Gott*, noch Sohn Gottes etwas wissen, es sey denn der, so da heiße, geboren aus der Jungfrauen Marien und der da sey *Mensch* worden. - Wer seine *Menschheit* bekömmet, der hat auch seine *Gottheit*.« *Luther. (T. IX, S. 592, 598.)*[243] Oder kürzlich so: im Katholizismus ist der *Mensch für Gott*; im Protestantismus dagegen *Gott für den Menschen*.[244] »Jesus Christus unser Herr ist *Uns* empfangen, *Uns* gebohren, *Uns* gelitten, *Uns* gekreuzigt, *Uns* gestorben und begraben. Unser Herr ist *uns zu Trost* auferstanden von den Todten, sitzt *Uns zu gute* zur Rechten des allmächtigen Vaters, ist *Uns zu Trost* zukünftig zu richten die Lebendigen und die Todten. Das haben die heiligen Apostel und lieben Väter in ihrem Bekenntniß anzeigen wollen mit dem Wort: Uns und Unsern Herrn, nemlich, daß Jesus Christus *unser* sey, der uns helfen wolle und solle.« »Also daß wir die Worte nicht kalt über hin lesen oder sprechen und auf Christum allein deuten, sondern *auch auf* Uns.« *Luther. (T. XVI, S. 538.)* »Ich weiß von keinem Gotte, denn der *für mich gegeben ist*.« Ders. *(T. III, S. 589.)* »Ist das nicht großes Ding, daß Gott Mensch ist, daß Gott sich dem Menschen *zu eigen giebt* und *will sein* seyn, gleichwie der Mann sich dem Weibe giebt und sein ist? So aber Gott unser ist, so sind auch alle Dinge unser.« *(T. XII, S. 283.)* »Gott kann nicht ein Gott seyn der Todten, die nichts sind, sondern ein *Gott der Lebendigen*. Wo Gott wäre ein Gott der Todten, so wäre *er eben als der ein Ehemann* ist, der *kein Eheweib* hat, oder als der ein *Vater* ist, der *keinen Sohn* hat, oder als der *ein Herr* ist, der *keinen Knecht* hat. Denn ist er ein

Ehemann, so muß er ein Eheweib haben. Ist er Vater, so muß er einen Sohn haben. Ist er Herr, so muß er einen Knecht haben. Oder wird ein gemahlter Vater, ein gemahlter Herr, das ist, *nichts seyn.*« »Gott ist nicht ein Gott, wie der Heyden Götzen sind, ist auch nicht ein gemahlter Gott, *der allein für sich sey* und *niemand habe, der ihn anruffe und ihm diene.*« »Ein *Gott* heißt, von dem man *alles Guts gewarten und empfahen* soll... Wenn er *allein für sich im Himmel* Gott wäre, zu dem man sich nichts Guts zu versehen hätte, so wäre er ein *steinern oder ströhern Gott...* Wenn er *allein für sich säße* im Himmel, wie ein Klotz, *so wäre er nicht Gott.*« *(T. XVI, S. 465.)* »Gott spricht: Ich der allmächtige Schöpfer Himmels und der Erden bin *Dein* Gott... *Ein Gott aber seyn heißt so viel, als von allem Uebel* und *Unglück, so uns drücket, erlösen:* als da ist die Sünde, die Hölle, der Tod etc.« *(T. II, S. 327.)* »Alle Welt heißt das einen *Gott,* darauf der *Mensch trauet in Noth und Anfechtung, darauf er sich tröstet und verläßt, davon man alles Gute will haben und der helfen könne.* - So beschreibet die Vernunft *Gott,* daß er sey, was einem *Menschen Hülfe* thue, ihm *nütze und zu gute* gereiche. - Dieß siehest Du auch in diesem Texte: *Ich bin der Herr Dein Gott, der ich Dich aus Egypten geführet habe.* Da erzehlt er, *was Gott* sey, was seine *Natur* und *Eigenschaft* sey, nemlich, daß er *wohlthue, erlöse* aus *Gefährlichkeiten* und *helfe aus Nöthen* und *allerley Widerwärtigkeiten.*« *(T. IV, S. 236, 237.)* Wenn nun aber Gott nur dadurch ein lebendiger, d.i. *wirklicher* Gott, nur dadurch *überhaupt* Gott ist, daß er *ein Gott* des *Menschen,* ein dem *Menschen nützliches, gutes, wohltätiges* Wesen ist, so ist ja in *Wahrheit* der *Mensch das Kriterium,* das *Maß Gottes,* der Mensch das *absolute Wesen* - das *Wesen* Gottes. Ein Gott allein für sich ist kein Gott - das heißt eben nichts andres als: ein Gott *ohne den Menschen* ist *nicht* Gott; wo *kein Mensch,* ist *auch kein Gott;* nimmst du Gott das *Prädikat* der *Menschlichkeit,* so nimmst du ihm auch das *Prädikat* der *Gottheit;* fällt die *Beziehung auf den Menschen* weg, so fällt auch *sein Wesen* weg.

Aber gleichwohl hat doch zugleich wieder der Protestantismus, in der Theorie wenigstens, noch hinter diesem menschlichen Gotte den alten supranaturalistischen Gott festgehalten. Der Protestantismus ist der Widerspruch von Theorie und Praxis; er hat nur das *menschliche Fleisch,* aber nicht die *menschliche Vernunft* emanzipiert. Das Wesen des Christentums, d.h. das göttliche Wesen widerspricht ihm zufolge nicht den natürlichen Trieben des Menschen - »darum sollen wir nun wissen, daß Gott die *natürliche Neigung* in dem Menschen *nicht verwirft* oder *aufhebet,* welche in der Natur in der Schöpfung eingepflanzet, sondern daß er dieselbige erwecket und erhält.« *Luther. (T. III, S. 290.)* Aber es widerspricht der Vernunft, ist darum theoretisch nur ein Gegenstand des Glaubens. Das Wesen des Glaubens, das Wesen Gottes ist aber, wie bewiesen, selbst nichts andres als das *außer* den Menschen gesetzte, *außer dem Menschen* vorgestellte Wesen des Menschen. Die Reduktion des *außermenschlichen, übernatürlichen* und *widervernünftigen* Wesens Gottes auf das *natürliche, immanente, eingeborne Wesen*

304

des Menschen ist daher die Befreiung des Protestantismus, des Christentums überhaupt, von seinem Grundwiderspruch, die *Reduktion* desselben auf seine *Wahrheit* - das *Resultat,* das *notwendige, unabweisbare, ununterdrückbare, unumstößliche Resultat des Christentums.*

FUßNOTEN

1 Luther drückt sich hierüber auch also aus: »*Rund und rein, gantz und alles gegläubt oder nichts gegläubt.* Der Heilige Geist läßt sich nicht trennen, noch theilen, daß er ein Stück sollte wahrhaftig, und das andere falsch lehren oder glauben lassen... Wo die Glocke an einem Orte berstet, klingt sie auch nichts mehr und ist gantz untüchtig.« O wie wahr! Wie beleidigen den musikalischen Sinn die Glockentöne des modernen Glaubens! Aber freilich, wie ist auch die Glocke zerborsten!

2 Die urkundlichen Beweise von der Wahrheit dieses Bildes sind in Kapps kategorischer Schritt über Schelling in Hülle und Fülle zu finden.

3 Der *geistlose* Materialist sagt: »Der Mensch unterscheidet sich vom Tiere *nur* durch Bewußtsein, er ist ein Tier, aber mit Bewußtsein«, er bedenkt also nicht, daß in einem Wesen, das zum Bewußtsein erwacht, eine *qualitative Veränderung* des ganzen Wesens vor sich geht. Übrigens soll mit dem Gesagten keineswegs das Wesen der Tiere herabgesetzt werden. Hier ist der Ort nicht, tiefer einzugehen.

4 *Toute opinion est* **assez forte** *pour se faire exposer* **au prix de la vie**. *Montaigne.*

5 Ob diese Unterscheidung zwischen dem Individuum - ein, wie freilich alle abstrakten Wörter, höchst unbestimmtes, zweideutiges, irreführendes Wort - und der Liebe, der Vernunft, dem Willen eine in der Natur begründete ist oder nicht ist, das ist für das Thema dieser Schrift ganz gleichgültig. Die Religion zieht die Kräfte, Eigenschaften, Wesensbestimmungen des Menschen vom Menschen ab und vergöttert sie als selbständige Wesen - gleichgültig, ob sie nun, wie im Polytheismus, jede einzeln für sich zu einem Wesen macht oder, wie im Monotheismus, alle in *ein* Wesen zusammenfaßt -, also muß auch in der Erklärung und Zurückführung dieser göttlichen Wesen auf den Menschen dieser Unterschied gemacht werden, übrigens ist er nicht nur durch den Gegenstand geboten, er ist auch sprachlich und, was eins ist, logisch begründet, denn der Mensch unterscheidet *sich* von seinem Geiste, seinem Kopfe, seinem Herzen, als wäre er etwas ohne sie.

6 »Der Mensch ist das Schönste für den Menschen.« *(Cic., De nat. D., lib. I.)* Und dies ist kein Zeichen von Beschränktheit, denn er findet auch andere Wesen außer sich schön; er erfreut sich auch an der Schönheit der Tiergestalten, an der Schönheit der Pflanzenformen, an der Schönheit der Natur überhaupt. Aber nur die absolute, die vollkommene Gestalt kann sich neidlos an den Gestalten anderer Wesen erfreuen.

7 »Der Verstand ist allein für Verstand, und was daraus fließt, empfindlich.« *Reimarus. (Wahrh. der natürl. Religion, IV. Abt., § 8.)*

8 So sagt z.B. Christ. Huygens in seinem *Cosmotheoros, lib. I.* »Es ist wahrscheinlich, daß sich das Vergnügen der Musik und Mathematik nicht auf uns Menschen allein beschränkt, sondern auf noch *mehrere* Wesen sich erstreckt.« Das heißt eben: die Qualität ist gleich; derselbe Sinn für Musik, für Wissenschaft; nur die Zahl der Genießenden soll unbeschrankt sein.

9 *De Genesi ad litteram. lib. V, c. 16.*

10 »Ihr bedenkt nicht«, sagt Minucius Felix in seinem *Octavian, Kap. 24,* zu den Heiden, »daß man Gott eher *kennen* als *verehren* muß.«

11 »Die *Vollkommenheiten Gottes* sind die *Vollkommenheiten unsrer Seelen,* allein er besitzt sie unumschränkt... Wir besitzen einiges Vermögen, einige Erkenntnis, einige Güte, allein dieses alles ist in Gott vollkommen.« *Leibniz. (Theod., Préface.)* »Alles, wodurch sich die menschliche Seele auszeichnet, ist auch dem göttlichen Wesen eigen. Alles, was von *Gott ausgeschlossen* ist, gehört auch *nicht zur Wesensbestimmung der Seele.*« S. Gregorius *Nyss. (De anima, Lips. 1837, S. 42.)* »Unter allen Wissenschaften ist daher die herrlichste und wichtigste die *Selbsterkenntnis,* denn wenn einer *sich selbst kennt,* so wird er auch Gott erkennen.« Clemens *Alex. (Paedog. lib. III, c.1.)*

12 Im Jenseits hebt sich daher auch dieser Zwiespalt zwischen Gott und Mensch auf. Im Jenseits ist der Mensch nicht mehr Mensch. - höchstens nur der Einbildung nach -, er hat keinen eignen, vom göttlichen Willen unterschiednen Willen, folglich auch - denn was ist ein Wesen ohne Willen? - kein eignes Wesen mehr; er ist eins mit Gott; es verschwindet also im Jenseits der Unterschied und Gegensatz zwischen Gott und Mensch. Aber dort, wo *nur* Gott, ist *kein* Gott mehr. Wo kein Gegensatz der Majestät, ist auch keine Majestät.

13 Für den religiösen Glauben ist zwischen dem gegenwärtigen und zukünftigen Gott kein andrer Unterschied, als daß jener ein Objekt des Glaubens, der Vorstellung, der Phantasie, dieser ein Objekt der unmittelbaren, d.i. persönlichen sinnlichen Anschauung ist. Hier und dort ist er derselbe, aber hier undeutlich, dort deutlich.

14 »So groß auch die Ähnlichkeit zwischen dem Schöpfer und Geschöpf gedacht werden kann, die Unähnlichkeit zwischen ihnen muß doch noch größer gedacht werden.« *Later. Conc. can. 2. (Summa omn. Conc. Carranza, Antw. 1559, S. 526.)* - Der letzte Unterschied zwischen dem Menschen und Gott, dem endlichen und unendlichen Wesen überhaupt, zu welchem sich die religiös-spekulative Imagination emporschwingt, ist der Unterschied zwischen *Etwas* und *Nichts, Ens* und *Non-Ens;* denn nur im Nichts ist alle Gemeinschaft mit allen andern Wesen aufgehoben.

15 *Cibus Dei. 3. Mose 3, 11.*

16 »Wer nämlich«, sagt z.B. Anselmus, »sich verachtet, der ist bei Gott geachtet. Wer sich mißfällt, gefällt Gott. Sei also klein in deinen Augen, damit du groß seist in Gottes Augen; denn du wirst um so geschätzter bei

Gott sein, je verächtlicher du den Menschen bist.« *(Anselmi Opp., Parisiis 1721, S. 191.)*

17 »Gott kann *nur sich* lieben, nur *an sich* denken, *nur für sich selbst* arbeiten. Gott sucht, indem er den Menschen macht, *seinen* Nutzen, *seinen* Ruhm« usw. S. »P. Bayle. Ein Beitrag zur Geschichte der Philos. u. Menschh.«

18 Der Pelagianismus *negiert Gott*, die Religion - *isti tantam tribuunt potestatem voluntati, ut pietati auferant orationem (Augustin, De nat. et grat. cont. Pelagium, c. 58.)* -, er hat nur den Schöpfer, d.h. die Natur zur Basis, nicht den Erlöser, den erst religiösen Gott - kurz, er negiert Gott, aber dafür erhebt er den *Menschen zu Gott*, indem er ihn zu einem Gottes nicht bedürftigen, selbstgenugsamen, unabhängigen Wesen macht. (S. hierüber Luther gegen Erasmus und Augustin, *l. c., c. 33.)* Der Augustinianismus *negiert den Menschen*, aber dafür *erniedrigt er Gott zum Menschen* bis zur Schmach des Kreuzestodes *um des Menschen* willen. Jener setzt den Menschen an Gottes, dieser Gott an des Menschen Stelle; beide kommen auf das nämliche hinaus; der Unterschied ist nur ein Schein, eine fromme Illusion. Der Augustinianismus ist nur ein umgekehrter Pelagianismus, was dieser als Subjekt, setzt jener als Objekt.

19 Die religiöse, die ursprüngliche Selbstvergegenständlichung des Menschen ist übrigens, wie dies deutlich genug in dieser Schrift ausgesprochen ist, wohl zu unterscheiden von der Selbstvergegenständlichung der Reflexion und Spekulation, diese ist willkürlich, jene unwillkürlich, notwendig, so notwendig als die Kunst, als die Sprache. Mit der Zeit fällt freilich immer die Theologie mit der Religion zusammen.

20 5. Mose 23, 12. 13.

21 S. z.B. 1. Mose 35,2. 3. Mose 11,44; 20,26 und Clericus' Kommentar zu diesen Stellen.

22 Vgl. zu diesem Kapitel: Anhang. Erläuterungen -Bemerkungen - Belegstellen I - III. Im folgenden werden Verweisungen auf den Anhang am Ende des betr. Kapitels in Klammern mit bloßer Nennung der röm. Ziffern gegeben. - W. Sch.

23 In seiner Schrift *Contra Academicos*, die Augustin gewissermaßen noch als Heide geschrieben, sagt er *(lib. III, c. 12)*, daß im Geist oder in der Vernunft das höchste Gut des Menschen bestehe. Dagegen in seinen *Libr. retractationum*, die A. als distinguierender christlicher Theologe geschrieben, rezensiert er *(lib. I, c.1)* diese Äußerung also: »Richtiger hätte ich gesagt: *in Gott*; denn der Geist genießt, um selig zu sein, Gott als *sein höchstes Gut*.« Ist denn damit aber ein Unterschied gesetzt? Ist nicht da mein Wesen erst, wo mein höchstes Gut?

24 D.h., wie sich von selbst versteht, dem Verstande, wie er hier betrachtet wird, dem von der Sinnlichkeit abgesonderten, der Natur entfremdeten, theistischen Verstande.

25 *Kant*, Vorl. über d. philos. Religionsl., Leipzig *1817, S. 39.*

26 Dies gut selbst vom Denkakt als physiologischem Akt, denn die Hirntätigkeit ist, ob sie gleich den Respirationsakt und andere Prozesse voraussetzt, eine eigne, selbständige Tätigkeit.

27 *Malebranche.* Ebenso sagt der Astronom Chr. Hugenius in seinem schon oben angeführten *Cosmotheoros:* »Sollte woanders eine von der unsrigen verschiedne Vernunft existieren und auf dem Jupiter und Mars für ungerecht und verrucht gelten, was bei uns für gerecht und löblich gilt? Wahrlich, das ist nicht wahrscheinlich und auch gar nicht möglich.«

28 Die Vorstellung oder der Ausdruck von der Nichtigkeit des Menschen vor Gott *innerhalb* der Religion ist der *Zorn* Gottes; denn wie die Liebe Gottes die Bejahung, so ist sein Zorn die Verneinung des Menschen. Aber eben mit diesem Zorne ist es nicht ernst. »Gott.... nicht recht zornig ist. Es ist *sein rechter Ernst nicht,* wenn man gleich meynet, er zürne und strafe,« *Luther.* Sämtl. Schriften und Werke, Leipzig *1729, T. VIII, S. 208.* Diese Ausgabe ist es, nach welcher immer nur mit Angabe des Teils zitiert wird.

29 *Luther, T. III, S. 589.*

30 Predigten etzlicher Lehrer vor und zu Tauleri Zeiten. Hamburg *1621, S.81.*

31 Selbst Kant sagt schon in seinen bereits mehrmals angeführten, noch unter Friedrich II. gehaltenen Vorlesungen über philosoph. Religionslehre, *S. 135:* »*Gott ist gleichsam das moralische Gesetz selbst, aber personifiziert gedacht.*«

32 »Was nun unserm Eigendünkel in unserm eigenen Urteil Abbruch tut, das *demütigt.* Also *demütigt* das moralische Gesetz unvermeidlich jeden Menschen, indem dieser mit demselben den sinnlichen Hang seiner Natur vergleicht.« *Kant,* Kritik der prakt. Vernunft, 4. Aufl., *S. 132.*

33 »Wir alle haben gesündigt... Mit dem *Gesetz* begannen die Vatermörder.« *Seneca.* »Das Gesetz bringet uns um.« *Luther.* (*T. XVI. S. 320.*)

34 »Dieser mein Gott und Herr hat meine Natur, *Fleisch und Blut* an sich genommen, wie ich habe und alles versucht und gelitten gleich wie ich, doch ohne Sünde; *darum* kann er *Mitleiden* haben mit meiner *Schwachheit.* Hebr. 5.« *Luther. (T. XVI, S. 533.)* »Wie *tiefer* wir Christum bringen können *ins Fleisch,* je besser ist es.« (*Ebend., S. 565*) »Gott selbst, wenn man *außer Christo* mit ihm will handeln, ist er ein *schrecklicher* Gott. da man keinen Trost, sondern eitel Zorn und Ungnade an findet.« *(T. XV, S. 298.)*

35 »Solche Beschreibungen, wo die Schrift von Gott redet als von einem Menschen und ihm zueignen alles was menschlich ist, seyn sehr lieblich und tröstlich, nemlich daß er freundlich mit uns rede und von solchen Dingen,

davon Menschen pflegen mit einander zu reden, daß er sich *freue, betrübe* und *leyde wie ein Mensch, um des Geheimnisses willen der zukünftigen Menschheit Christi.« Luther. (T. II, S. 334.)*

36 »Gott wurde Mensch, damit der *Mensch Gott* würde.« *Augustinus. (Serm. ad pop.)* Bei Luther und mehreren Kirchenvätern finden sich jedoch Stellen, die das wahre Verhältnis andeuten. Damit, sagt Luther z.B. *(T. I, S. 334),* daß Moses »*Gottes Bild,* Gott gleich« *den Menschen* nennt, habe er dunkel andeuten wollen, daß »*Gott sollte Mensch werden*«. Hier ist also die Menschwerdung Gottes als eine Folge von der Gottheit des Menschen ziemlich deutlich ausgesprochen.

37 So, in diesem Sinne, feierte der alte unbedingte, begeisterungsvolle Glaube die Inkarnation. Die Liebe siegt über Gott. *Amor triumphat de Deo,* sagt z.B. der hl. Bernhard. Und nur in der Bedeutung einer wirklichen Selbstentäußerung, Selbstverleugnung der Gottheit liegt die Realität, die Kraft und Bedeutung der Inkarnation, wenngleich diese Selbstnegation *an sich* nur eine *Phantasievorstellung* ist, denn, bei Lichte betrachtet, negiert sich nicht Gott in der Inkarnation, sondern er zeigt sich nur als das, was er ist, als ein menschliches Wesen. Was die Lüge der spätern rationalistisch-orthodoxen und biblisch-pietistisch-rationalistischen Theologie gegen die wonnetrunknen Vorstellungen und Ausdrücke des alten Glaubens in betreff der Inkarnation vorgebracht, verdient keine Erwähnung, geschweige Widerlegung.

38 »Wir wissen, daß Gott vom *Mitleid* mit uns ergriffen wird und nicht nur unsre Thränen sieht, sondern auch unsre ›Thränichen‹ zählt, wie im Psalm 56 geschrieben steht.« - »Der Sohn Gottes wird wahrhaft ergriffen vom *Gefühle* unsrer Leiden,« *Melanchthonis et alorium Declamat. Argentor., T. III, S.* 286, 450. »Kein Thränchen«, sagt Luther über den eben zitierten 9. Vers des 56. Psalms, »muß umsonst geschehen, es wird angezeichnet mit großen mächtigen Buchstaben im Himmel,« Aber ein Wesen, das selbst die Tränchen des Menschen zählt und »sammelt«, das ist doch gewiß ein höchst sentimentales Wesen.

39 Der hl. Bernhard hilft sich mit einem köstlich sophistischen Wortspiel: **Impassibilis** *est Deus, sed non* **incompasibilis***, cui proprium est miserere semper et parcere. (Sup. Cant., serm. 26.)* Als wäre nicht Mitleiden Leiden, freilich Leiden der Liebe, Leiden des Herzens. Aber was leidet, wenn nicht das teilnehmende Herz? Ohne Liebe keine Leiden. Die Materie, die Quelle des Leidens, ist eben das allgemeine Herz, das allgemeine Band aller Wesen.

40 *1.* Johannis *4, 19.*

41 *Luther. T. XV, S. 44.*

42 Die Religion spricht durch Exempel. Das Exempel ist das Gesetz der Religion. Was Christus getan, ist Gesetz. Christus hat gelitten für andere, also sollen wir dasselbe tun. »Nur darum mußte sich der Herr so entleeren,

so erniedrigen, so verkleinern, damit Ihr es ebenso machtet.« *Bernardus. (In die nat. Domini.)* »Sollten wir das Exempel Christi fleißig ansehen... Solches würde uns bewegen und treiben, daß wir von Herzen auch würden andern Leuten gern helfen und dienen, ob es auch gleich sauer würde und wir auch drüber leiden müßten.« *Luther. (T. XV, S. 40.)*

43 »Die meisten«, sagt der hl. Ambrosius, »stoßen sich an dieser Stelle. Ich aber bewundre nirgends mehr Christi Demut und Majestät, denn er hätte mir weit weniger genützt, wenn er nicht *meinen Affekt* angenommen hätte.« *(Expos, in Lucae Ev., lib. X, c. 22.)* »Wie könnten wir es denn wagen, uns Gott zu nahen, wenn er *leidensunfähig (in sua impassibilitate)* bliebe,« *Bernardus. (Tract. de XII grad. humil. et superb.)* »Ob es gleich«, sagt der christliche Arzt J. Milichius, der Freund Melanchthons, »den Stoikern lächerlich erscheint, Gott Gefühle oder Gemütsbewegungen *(affectus)* zuzuschreiben, so sollen doch die Eltern, sooft sie die Wunden ihrer Liebe und Schmerzen über ein Unglück ihrer Kinder fühlen, denken, daß in Gott eine *ähnliche Liebe* zu seinem Sohne und uns stattfindet... Wahre, nicht kalte, nicht verstellte Liebe hat Gott.« *(Declam. Melanchth., T. II, S. 147.)*

44 »Mein Gott hängt am Kreuze, und ich soll der Wollust frönen?« *(Form. hon. vitae. Unter den unechten Schriften des hl. Bernhard.)* »Der Gedanke an den Gekreuzigten kreuzige in dir dein Fleisch,« *Joh. Gerhard. (Medit. sacrae, med. 37.)*

45 »*Uebles Leiden* weit besser ist, als *gutes thun.*« *Luther, (T. IV, S. 15.)*

46 »*Leiden* wollte er, um *mitleiden* zu lernen, erbärmlich werden, um Erbarmen zu lernen.« *Bernhard. (De grad.)* »*Erbarme* Dich unsrer, weil Du des *Fleisches Schwachheit* durch *eignes Leiden* erfahren hast.« *Clemens Alex. (Paedag., lib. I, c. 8.)*

47 »Gottes Wesen ist *außer* allen Kreaturen, gleichwie Gott von Ewigkeit in *sich selbst* war; von allen *Kreaturen ziehe daher deine Liebe ab.*« *Joh. Gerhard. (Medit. sacrae, med. 31.)* »Wiltu Du *haben den Schöpffer* der Creaturen, so mußt Du *entperen der Creaturen*... Als *viel minder Creaturen* als *viel mehr Gottes.* Darumb treibe und schlahe auß alle Creaturen, mit allem ihrem Trost.« *J. Tauler.* (Postilla, Hamburg *1621, S. 312.)* »Wenn der Mensch nicht in seinem Hertzen mit Wahrheit sagen kann: *Gott und ich sind allein* in der Welt, sonst nichts, so hat er noch keine Ruhe in sich.« *G. Arnold.* (Von Verschmähung der Welt. Wahre Abbild, der ersten Christen. *Lib. 4, c. 2, § 7.)*

48 Gleichwie das *weibliche Gemüt* des Katholizismus - im Unterschiede vom Protestantismus, dessen Prinzip der männliche Gott, das männliche Gemüt, das Herz ist im Unterschiede vom Katholizismus - die *Mutter* Gottes ist.

49 »Ergötzlich sind für die Betrachtung die Eigenschaften und Gemeinschaft des Vaters und Sohnes, aber das *Ergötzlichste* ist ihre *gegenseitige Liebe.*« *Anselmus.* (In Rixners Gesch. d. Phil., *II. B., Anh., S. 18.)*

50 »Vom Vater ist er immer, von der Mutter einmal geboren, vom Vater ohne Geschlecht, von der Mutter ohne Geschlechtsgebrauch. Bei dem *Vater* fehlte der *Schoß der Empfangenden*, bei der Mutter fehlte die *Umarmung des Zeugenden.« Augustinus. (Serm. ad pop., serm. 372, c. 1. Ed. Bened., Antw. 1701.)*

51 In der Jüdischen Mystik ist Gott nach einer Partei ein männliches, der heilige Geist ein weibliches Urwesen, aus deren geschlechtlicher Vermischung der Sohn und mit ihm die Welt entstanden. *Gfrörer*, Jahrh. d.H., *I. Abt., S. 332-34.* Auch die Herrnhuter nannten den heiligen Geist die Mutter des Heilands

52 »Denn es wäre Gott *nicht schwer* oder *unmöglich* gewesen, seinen Sohn *ohne eine Mutter* in die Welt zu bringen; er hat aber darzu das *weibliche Geschlecht* gebrauchen wollen.« *Luther. (T. II, S. 384.)*

53 In der Tat ist auch die Frauenliebe die Basis der allgemeinen Liebe. Wer das Weib nicht liebt, liebt den Menschen nicht.

54 Im Konkordienbuch, Erklär., Art. 8, und in der Apol. der Augsb. Konf. heißt jedoch noch Maria die »hochgelobte Jungfrau, die wahrhaftig *Gottes Mutter* und gleichwohl eine *Jungfrau* blieben ist,« »alles höchsten Lobes wert.«

55 »Der Mönch sei wie Melchisedech *ohne Vater, ohne Mutter, ohne Genealogie* und nenne niemand auf Erden seinen Vater. Vielmehr denke er so von sich, als wäre *nur er allein und Gott.« Specul. Monach.* (Pseudobernhard.) »Melchisedechs Beispiel zufolge soll der Priester gleichsam ohne Vater und Mutter sein.« *Ambrosius* (irgendwo).

56 »*Der Christ hat seinen Namen von Christus.* Wer daher nicht Christum als *seinen Herrn und Gott bekennt, der kann schlechterdings kein Christ* sein.« *Fulgentius. (Ad Donatum, lib. unus.)* Aus demselben Grunde bestand auch die lateinische Kirche so fest auf dem Dogma, daß der heil. Geist *nicht vom Vater allein*, wie die griechische Kirche behauptete, sondern zugleich *auch vom Sohne* ausgehe. S. hierüber *J. G.* **Walchii** *Hist. Contr. Gr. et Lat. de proc. spir. s., Jenae 1751.*

57 Dies ist besonders deutlich in der Menschwerdung ausgesprochen. Gott gibt auf, negiert seine Majestät, Macht und Unendlichkeit, um Mensch zu werden, d.h. der Mensch verneint den Gott, der nicht selbst Mensch ist, bejaht nur den Gott, welcher den Menschen bejaht. »*Exinanivit*«, sagt der hl. Bernhard, »*majestate et potentia, non bonitate et misericordia.*« Das Unveräußerliche, das nicht zu Negierende ist also die göttliche Güte und Barmherzigkeit, d.i. die Selbstbejahung des menschlichen Herzens.

58 Es versteht sich von selbst, daß das Ebenbild Gottes auch noch eine andere Bedeutung hat, nämlich die, daß der *persönliche, sichtbare Mensch Gott selbst ist.* Aber hier wird nur das Bild als Bild betrachtet.

59 »Der ewige Vater«, sagt Melanchthon in seinem Buch *De anima*, »erzeugt, sich selbst anschauend, sein Bild. Denn daß durch das *Denken Bilder erzeugt* werden, erfahren wir auch *in uns selbst.* Und da Gott unsrer

Worte sich bedient, so wollte er damit anzeigen, daß der Sohn durch das Denken erzeugt wird.« »Gott wollte«, sagt er ferner, »daß unsre Gedanken Bilder der Gegenstände sind, weil er wollte, daß in uns Gleichnisse von ihm selbst sind. Der Vater nämlich erzeugt, sich selbst anschauend, durch Denken den Sohn, welcher ist des ewigen Vaters Bild.« Was anders haben wir also in dem Sohn Gottes vergegenständlicht als die Einbildungskraft, die Phantasie?

60 »Wir verordnen, daß dem heiligen Bilde unseres Herrn Jesu Christi ebenso wie dem heiligen Evangelium die Ehre der Anbetung zuteil werde usw.« *Gener. Const. Concil. VIII, Act. 10, can. 3.*

61 Über die Bedeutung des Wortes *Logos* im N. T. ist viel geschrieben worden. Wir halten uns hier an das *Wort Gottes* als die im Christentum geheiligte Bedeutung, über den Logos bei Philo s. *Gfrörer.* Philo setzt statt Logos auch *rhêma theou.* S. auch Tertullian, *Adv. Praxeam,* c. 5, wo er zeigt, daß es auf eins hinauskommt, ob man Logos mit *Sermo* oder *Ratio* übersetzt. Daß übrigens das Wort der richtige Sinn des Logos ist, geht schon daraus hervor, daß die Schöpfung im A. T. von einem ausdrücklichen Befehl abhängig gemacht wird, und daß man von jeher in diesem schöpferischen Worte den Logos erblickt hat. Freilich hat der Logos auch den Sinn von *Virtus, Spiritus,* Kraft, Verstand usw., denn was ist das Wort ohne Sinn, ohne Verstand, d.i. ohne Kraft?

62 »So große Macht hat der *Name* Jesu über die Dämonen, daß er bisweilen, selbst von Bösen ausgesprochen, wirksam ist.« *Origenes adv. Celsum, lib. I. S. auch lib. III.*

63 »So offenbaret sich uns Gott, daß er sey der Sprecher, so bey sich hat ein ewiges ungeschaffnes Wort, dadurch er die Welt und alles geschaffen hat, mit einem leichten Werke, nemlich allein mit Sprechen, daß also Gott das geschaffene nicht schwerer ankommt, als uns das Nennen.« *Luther.* *(T. I, S. 302.)*

64 Schon in der zweiten Ausgabe suchte ich, wie viele andere fremde Worte, so auch besonders das mir unausstehliche Wort: Subjektivität aus meiner Schrift zu verbannen. Die entsprechenden deutschen Ausdrücke dafür sind bald Eigenheit, Selbstheit, Ichheit, bald Seele, Gemütlichkeit, bald Menschlichkeit, bald Geistigkeit, Unsinnlichkeit. Aber insofern es genau den Gegensatz zum Gegenständlichen ausdrückt, so haben wir für das Wort: Subjektivität oder Subjektiv kein deutsches, wenigstens gebräuchliches Wort. Dasselbe gilt von einigen andern Worten.

65 Es ist daher eine bloße Selbsttäuschung, wenn man glaubt, durch die Annahme eines Schöpfers sich das Dasein der Welt zu erklären.

66 Es liegt außer unserm Zwecke, diese kraß mystische Ansicht zu kritisieren. Es werde hier nur bemerkt, daß die Finsternis nur dann *erklärt* wird, wenn sie aus dem Lichte abgeleitet wird, daß aber nur dann die Ableitung des Dunkeln in der Natur *aus dem Lichte* als eine Unmöglichkeit

erscheint, wenn man so blind ist, daß man nicht auch in der Finsternis noch Licht erblickt, nicht bemerkt, daß das Dunkel der Natur kein absolutes, sondern gemäßigtes, durch das Licht temperiertes Dunkel ist.

67 *Schelling* über das Wesen der menschlichen Freiheit, 429, 432, 427. Denkmal Jacobis, S. 82, 97 - 89.

68 Kernhafter Auszug... J. Böhms, Amsterdam *1718*, S. *58*. Die folgenden Stellen stehen S. *480, 338, 340, 323.*

69 Nach *Swedenborg* haben die Engel im Himmel selbst *Kleider* und *Wohnungen.* »Ihre Wohnungen sind gänzlich so wie die *Wohnungen auf Erden,* so man Häuser nennt, aber *weit schöner;* es sind *Kammern, Zimmer* und *Schlafgemache* darin in großer Anzahl und *Vorhöfe* und ringsherum *Gärten, Blumenwiesen* und *Felder.*« (E. v. S. auserlesene Schriften, I. T., Frankf. a. M. *1776, S. 190* u. *96.)* So ist dem Mystiker das Diesseits das Jenseits, aber eben deswegen das Jenseits das Diesseits.

70 In der zit. Schrift. S. *339*. S. *69.*

71 »Was einer nur immer über alles andre setzt, das ist sein Gott.« *Origenes. (Explan. in epist. Pauli ad Rom., c. 1.)*

72 »*Ich bin* der Herr, der alles tut.« »*Ich bin* der Herr und ist keiner mehr. *Ich bin Gott* und *keiner mehr.*« »*Ich bin es, der Herr,* beides, der *Erste* und der *Letzte.*« *Jesaias 41-47.* Hieraus ergibt sich die erst später ausführlicher zu entwickelnde Bedeutung der Kreation.

73 Der tiefere Ursprung der Schöpfung aus Nichts liegt im Gemüt - was ebensowohl direkt als indirekt in dieser Schrift ausgesprochen und bewiesen wird. Die Willkür aber ist eben der *Wille des Gemüts,* die Kraftäußerung des Gemüts nach außen.

74 »Die zuverlässigsten Zeugnisse von einer göttlichen Vorsehung sind die *Wunder.*« H. *Grotius. (De verit. rel. christ., lib. I, § 13.)*

75 Der religiöse Naturalismus ist allerdings auch ein Moment der christlichen - mehr noch der mosaischen, so tierfreundlichen Religion. Aber er ist keineswegs das *charakteristische,* das *christliche* Moment der christlichen Religion. Die christliche, die religiöse Vorsehung ist eine ganz *andere* als die Vorsehung, welche die Lilien kleidet und die Raben speist. Die natürliche Vorsehung läßt den Menschen im Wasser untersinken, wenn er nicht schwimmen gelernt hat, aber die christliche, die religiöse Vorsehung führt ihn an der Hand der Allmacht unbeschädigt über das Wasser hinweg.

76 Der Verfasser hatte bei dieser Entgegensetzung der religiösen oder biblischen und natürlichen Vorsehung besonders die fade, bornierte Theologie der englischen Naturforscher vor Augen.

77 »Die, welche *Götter* leugnen, heben den *Adel* des Menschengeschlechts auf.« *Baco. (Verul., Serm. fidel., 16.)*

78 Bei *Clemens Alex. (Coh. ad gentes)* findet sich eine interessante Stelle. Sie lautet in der lateinischen Übersetzung (der schlechten Würzburger Ausgabe 1778): At **nos ante mundi constitutionem** *fuimus, ratione futurae nostrae*

productionis, in **ipso** *Deo quodammodo* **tum praeexistentes.** *Divini igitur Verbi sive Rationis, nos creaturas rationales sumus, et per eum* **primi** *esse dicimur, quoniam in principio erat Verbum.* Noch bestimmter hat aber die christliche Mystik das menschliche Wesen als das schöpferische Prinzip, als den Grund der Welt ausgesprochen. »Der *Mensch,* der vor der Zeit in der Ewigkeit ist, der wirket *mit Gott* alle die Werke, die Gott vor tausend Jahren und nach tausend Jahren noch je gewirket.« »Durch den *Menschen* seind *alle Creaturen ausgeflossen.*« Predigten vor und zu Tauleri Zeiten. *(Ed. c., S. 5, S. 119.)*

79 Hieraus erklärt es sich, warum alle Versuche der spekulativen Theologie und der ihr gleichgesinnten Philosophie, von Gott auf die Welt zu kommen oder aus Gott die Welt abzuleiten, mißglücken und mißglücken müssen. Nämlich darum, weil sie von Grund aus falsch und verkehrt sind, nicht wissen, worum es sich eigentlich in der Kreation handelt.

80 Man kann hiegegen auch nicht einwenden die Allgegenwart Gottes, das Sein Gottes in allen Dingen oder das Sein der Dinge in Gott. Denn abgesehen davon, daß durch den einstigen wirklichen Untergang der Welt das Außer-Gott-Sein der Welt, d.h. ihre Ungöttlichkeit deutlich genug ausgesprochen ist - Gott ist *nur im Menschen* auf *spezielle* Weise; aber nur da bin ich zu Hause, wo ich *speziell* zu Hause bin. »Nirgent ist Gott als *eigentlich Gott in der Seel.* In allen Creaturen ist etwas Gottes, aber in der Seel ist Gott göttlich, dann sie ist seine Ruhestätt.« Predigten etzlicher Lehrer etc., S. *19.* Und das Sein der Dinge in Gott ist, zumal da, wo es keine pantheistische Bedeutung hat, die aber hier wegfällt, ebenso nur eine Vorstellung ohne Realität, drückt nicht die speziellen Gesinnungen der Religion aus.

81 Hier ist auch der Punkt, wo die Kreation uns nicht nur die göttliche Macht, sondern auch die göttliche Liebe repräsentiert. »Wir *sind,* weil Gott gut ist.« *(Augustin.)* Anfangs, vor der Welt, war *Gott allein* für sich. »Vor allen Dingen war Gott allein, er selbst sich die Welt und der Ort und Alles. Allein aber war er, weil *Nichts außer* ihm war.« *(Tertullian.)* Aber kein höheres Glück gibt es, als andere zu beglücken, Seligkeit liegt im Actus der Mitteilung. Aber mitteilend ist nur die Freude, die Liebe. Der Mensch setzt daher die mitteilende Liebe als Prinzip des Seins. »Die Ekstase der Güte versetzt Gott außer sich.« (Dionysius A.) Alles Wesenhafte begründet *sich nur durch sich selbst. Die göttliche Liebe ist die sich selbst begründende, sich selbst bejahende Lebensfreude.* Das *höchste Selbstgefühl* des Lebens, die *höchste Lebensfreude* ist aber die *Liebe,* die beglückt, Gott als gütiges Wesen ist das personifizierte und vergegenständlichte Glück der Existenz.

82 Bei *Diogenes L., lib. II,* c. *III,* § *6* heißt es wörtlich: »Zur Anschauung der Sonne, des Mondes und des Himmels.« Ähnliche Gedanken bei andern Philosophen. So sagten auch die Stoiker: »Der Mensch ist geboren zur Betrachtung und Nachahmung der Welt.« *Cicero. (De nat.)*

83 »Die Hebräer sagen, daß die Gottheit alles durch das Wort bewirke, daß alles durch ihren *Befehl* gleichsam erschaffen sei, um damit anzuzeigen,

wie leicht sie ihren Willen ins Werk setze und wie groß ihre Allmacht sei. Psalm *33, 6: Der Himmel ist durch das Wort des Herrn gemacht.* Psalm *148, 5: Er gebietet, so wird es geschaffen.*« *J. Clericus. (Comment. in Mosem, Genes., I., 3.)*

84 2. Mose *16, 12.*

85 1. Mose *28, 20.*

86 2. Mose *24, 10. 11. Tantum abest, ut mortui sint, ut contra convivium hilares celebrarint.* (**Clericus**.)

87 1. Könige *4, 30-34.*

88 Übrigens dachten sie bekanntlich verschieden hierüber. (S. z, B. Aristoteles, *De coelo, lib. I, c. 10.*) Aber ihre Differenz ist eine untergeordnete, da das schaffende Wesen bei ihnen mehr oder weniger selbst ein kosmisches Wesen ist.

89 »Obgleich die Himmelskörper nicht Werke der Menschen sind so sind sie doch *der Menschen wegen* erschaffen. Keiner bete also die Sonne an, sondern erhebe sich zu dem *Schöpfer* der Sonne.« *Clemens Alex. (Coh. ad gentes.)*

90 Aber natürlich nur bei der absoluten Religion, denn bei den andern Religionen heben sie die uns fremden, ihrem ursprünglichen Sinn und Zweck nach unbekannten Vorstellungen und Gebräuche als sinnlos und lächerlich hervor, und doch ist in der Tat die Verehrung des Kuh-Urins, den der Parse und Indier trinkt, um Vergebung der Sünden zu erhalten, nicht lächerlicher, als die Verehrung des Haarkamms oder eines Fetzens vom Rocke der Mutter Gottes.

91 Weisheit *19, 6.*

92 Nach *Herder.*

93 Die Bemerkung stehe noch hier, daß allerdings die Bewunderung der Macht und Herrlichkeit Gottes überhaupt, so auch Jehovas *in der Natur* zwar nicht *im Bewußtsein* des Israeliten, aber doch in Wahrheit nur die Bewunderung der Macht und Herrlichkeit der Natur ist. (S. hierüber »*P. Bayle. Ein Beitrag*« etc.) Aber dies förmlich zu beweisen, liegt außer unserm Plan, da wir uns hier nur auf das Christentum, d.h. die Verehrung Gottes im *Menschen* beschränken. Gleichwohl ist jedoch das *Prinzip* dieses Beweises auch in dieser Schrift ausgesprochen.

94 »Der größte Teil der hebräischen Poesie, den man oft nur für *geistlich* hält, ist *politisch.*« *Herder.*

95 Das subjektiv menschliche, weil das menschliche Wesen, wie es das Wesen des Christentums, ein supranaturalistisches, die Natur, den Leib, die Sinnlichkeit, durch welche uns allein eine gegenständliche Welt gegeben ist, von sich ausschließendes Wesen ist.

96 »Es gibt nichts, was nicht der gute und rechtschaffene Mensch von der *göttlichen Güte* erwarten könnte; alle Güter deren nur das menschliche Wesen fähig ist, Dinge, die kein Auge sah und kein Ohr vernahm und kein menschlicher Verstand begriff, kann der sich versprechen, der einen Gott

glaubt; denn notwendig haben die *unendliche Hoffnungen*, welche glauben, daß ein Wesen von *unendlicher Güte und Macht* die Angelegenheiten der Menschen besorgt und daß unsre Seelen unsterblich sind. Und schlechterdings nichts kann diese Hoffnungen zunichte oder auch nur wankend machen, wenn man nur nicht dem Laster huldigt und ein gottloses Leben führt.« *Cudworth. (Syst. Intellect., cap. 5, sect. 5, § 27.)*

97 *Sebastian Franck von Wörd* in Zinkgrefs Apophthegmata deutscher Nation,

98 Es wäre ein schwachsinniger Einwand, zu sagen, Gott erfülle nur *die* Wünsche, *die* Bitten, welche in seinem Namen oder im Interesse der Kirche Christi geschehen, kurz, nur die Wünsche, welche mit seinem Willen übereinstimmen; denn der *Wille Gottes* ist eben der *Wille des Menschen*, oder vielmehr Gott hat die *Macht*, der Mensch den *Willen* : Gott *macht* den Menschen selig, aber der Mensch *will* selig sein. Ein einzelner, dieser oder jener Wunsch kann allerdings nicht erhört werden; aber darauf kommt es nicht an, wenn nur die Gattung, die wesentliche Tendenz genehmigt ist. Der Fromme, dem eine Bitte fehlschlägt, tröstet sich daher damit, daß die Erfüllung derselben ihm nicht heilsam gewesen wäre. S. z.B. *Oratio de precatione, in Declamat. Melanchthonis, T. III.*

99 Aus *subjektiven* Gründen vermag auch mehr das *gemeinschaftliche* als einzelne Gebet. Gemeinsamkeit erhöht die Gemütskraft, steigert das Selbstgefühl. Was man *allein* nicht vermag, vermag man *mit andern*. Alleingefühl ist Beschränktheitsgefühl; Gemeingefühl Freiheitsgefühl. Darum drängen sich die Menschen, von Naturgewalten bedroht, zusammen. »Es ist unmöglich, wie Ambrosius sagt, daß die Gebete vieler nichts erlangen... Der Einzelheit wird abgeschlagen, was der Liebe gewährt wird.« *P. Paul Mezger. (Sacra hist. de gentis hebr. ortu., Aug. V. 1700, S. 668 - 69)*

100 *Luther. (T. XV, S. 282; T. XVI, S. 491 - 493.)*

101 »Gott ist allmächtig; *der aber glaubt, der ist ein Gott.*« *Luther. (T. XIV, S. 320.)* An einer andern Stelle nennt Luther geradezu den *Glauben* den »*Schöpfer der Gottheit*«: freilich setzt er, auf seinem Standpunkt notwendig, sogleich die Einschränkung hinzu: »nicht daß er an dem göttlichen ewigen Wesen etwas schaffe, sondern in uns schaffet er es.« *(T. XI, S. 161.)*

102 Dieser Glaube ist der Bibel so wesentlich, daß sie *ohne ihn* gar *nicht begriffen werden kann.* Die Stelle *2. Petri 3, 8* spricht nicht, wie dies aus dem ganzen Kapitel hervorgeht, gegen einen nahen Untergang, denn wohl sind 1000 Jahre wie *ein* Tag vor dem Herrn, aber auch *ein* Tag wie 1000 Jahre, und die Welt kann daher schon morgen nicht mehr sein. Daß überhaupt in der Bibel ein *sehr nahes* Weltende erwartet und prophezeit, obgleich nicht Tag und Stunde bestimmt wird, kann nur ein *Lügner* oder ein *Blinder* leugnen. S. hierüber auch *Lützelbergers* Schriften. Die religiösen Christen glaubten daher auch fast zu allen Zeiten an die Nähe des Weltuntergangs - Luther z.B. sagt öfter, daß »der jüngste Tag nicht weit ist« (z.B. *T. XVI, S.*

26.) - oder sehnten sich wenigstens in ihrem Gemüte nach dem Ende der Welt, wenn sie gleich aus Klugheit es unbestimmt ließen, ob es nahe oder ferne sei. S. z.B. *Augustin, (De fine saeculi ad Hesychium, c. 13.)*

103 *1.* Mose *18 14.*

104 »Der ganzen Welt ist's unmöglich, einen Todten aufzuwecken, aber dem Herrn Christo ist's nicht allein nicht unmöglich, sondern es ist ihm *auch keine Mühe noch Arbeit*... Solches hat Christus gethan *zum Zeugniß und Zeichen,* daß er aus dem *Tode erretten könne und wolle.* Er thut's nicht allezeit und an jedermann... Es ist *gnug,* daß er's etliche Mal gethan hat, das andere sparet er bis auf den jüngsten Tag.« *Luther. (T. XVI, S. 518.)* Die positive, wesentliche Bedeutung des Wunders ist daher die, daß das göttliche Wesen kein andres als das menschliche ist. Die Wunder bestätigen, beglaubigen die Lehre. Welche Lehre? Die eben, daß Gott ein Heiland der Menschen, ein Retter aus aller Not, d.h. ein den Bedürfnissen und Wünschen des Menschen entsprechendes, also menschliches Wesen ist. Was der Gottmensch mit Worten ausspricht, das demonstriert mit Taten das Wunder *ad oculos.*

105 Freilich ist diese Befriedigung - eine Bemerkung, die sich übrigens von selbst versteht - insofern beschränkt, als sie an die Religion, den Glauben an Gott gebunden ist. Aber diese Beschränkung ist in Wahrheit *keine* Beschränkung, denn Gott selbst ist das unbeschränkte, das absolut befriedigte, in sich gesättigte Wesen des menschlichen Gemütes.

106 Die Legenden des Katholizismus - natürlich nur die bessern, wahrhaft gemütlichen - sind gleichsam nur das Echo von dem Grundton, der schon in dieser neutestamentlichen Erzählung herrscht. - Das Wunder könnte man füglich auch definieren als den *religiösen Humor.* Besonders hat der Katholizismus das Wunder von dieser seiner humoristischen Seite ausgebildet.

107 Höchst charakteristisch für das Christentum - ein populärer Beweis des Gesagten - ist es, daß nur die Sprache der Bibel, nicht die eines Sophokles oder Plato, also nur die *unbestimmte, gesetzlose* Sprache des Gemüts, nicht die Sprache der *Kunst* und *Philosophie* für die Sprache, die Offenbarung des göttlichen Geistes im Christentum galt und heute noch gilt.

108 Manchen Wundern mag wirklich ursprünglich eine physikalische oder physiologische Erscheinung zugrunde gelegen haben. Aber hier handelt es sich nur von der *religiösen Bedeutung* und Genesis des Wunders.

109 »Wo Adam in die Sünde nicht gefallen wäre, so würde man von der Wölfe, Löwen, Bären usw. Grausamkeit nichts wissen und wäre ganz und gar nichts in der ganzen Creatur dem *Menschen verdrießlich* oder *schädlich* gewesen... so wären keine Dörner, noch Disteln, noch Krankheiten... die Stirne wäre ihm nicht verruntzelt worden, so wäre kein Fuß, noch Hand, noch ein ander Glied des Leibes schwach, matt oder sich worden.« »Nun

aber nach dem Falle wissen und fühlen wir alle, was für ein Grimm in unserm Fleische stecket, welches nicht alleine grimmig und brünstig gelüstet und begehret, sondern auch eckelt, wenn es überkommen hat, darnach es gelüstet hat.« »Aber dieß ist der Erbsünde Schuld, davon die *ganze Creatur beschmutzet* worden ist, also, daß ich es dafür halte, es sey für dem Falle die *Sonne viel heller*, das *Wasser viel lauterer* und *reiner* und das Land von allen Gewächsen viel reicher und voller gewesen.« *Luther.* (T, I, S. 322 - 23, 329, 337.)

110 *Tantum denique abest incesti cupido, ut nonnullis* **rubori** *sit etiam pudica conjunctio. M. Felicis Oct., c. 31.* Der Pater Gil war so außerordentlich keusch, daß er kein Weib von Gesicht kannte, ja er fürchtete sich sogar, nur sich selbst anzufassen. Der Pater Coton hatte einen so feinen Geruch in diesem Punkte, daß er bei Annäherung von unkeuschen Personen einen unerträglichen Gestank wahrnahm. *Bayle. (Dict., Art. Mariana Rem. C.)* Aber das oberste, das göttliche Prinzip dieser hyperphysischen Delikatesse ist die Jungfrau Maria; daher sie bei den Katholiken heißt: *Virginum gloria, Virginitatis corona, Virginitatis typus et forma puritatis, Virginum vexillifera, Virginitatis magistra, Virginum prima, Virginitatis primiceria.*

111 S. z.B. *J. D. Winckler,* (*Philolog. Lactant. s. Brunsvigae 1754, S. 247 - 254.*)

112 Interessant ist in dieser Beziehung das Selbstbekenntnis *Augustins.* (*Confess., lib. X, c. 33.*)

113 *T. XVI, S. 490.*

114 »Weil uns Gott seinen Sohn gegeben, so hat er uns alles mit ihm geben, es heiße Teufel, Sünde, Tod, Hölle, Himmel, Gerechtigkeit, Leben; *Alles, alles muß es unser seyn,* weil der *Sohn,* als *ein Geschenk, unser ist,* in welchem *alles mit einander ist.*« *Luther.* (*T. XV, S. 311.*) »Das beste Stück an der Auferstehung ist *schon geschehen*; Christus, das Haupt der ganzen Christenheit, ist durch den Tod hindurch und von den Todten auferstanden. Zudem ist das fürnehmste Stück an mir, meine Seele, auch hindurch durch den Tod und mit Christo *im himmlischen Wesen.* Was kann mir denn das Grab und der Tod schaden.« *(T. XVI, S. 235.)* »Bin Christenmensch hat *gleiche Gewalt* mit Christo, ist eine Gemeine und sitzet mit ihm in gesammten Lehn.« (*T. XIII, S. 648.*) »Wer sich nun an Christum hängt und hält, *der hat so viel als er.*« *(T. XVI, S. 574.)*

115 Hieraus erhellt die Unwahrhaftigkeit und Eitelkeit der modernen Spekulation über die Persönlichkeit Gottes. Schämt ihr euch nicht eines persönlichen Gottes, so schämt euch auch nicht eines *fleischlichen Gottes.* Eine *abstrakte* farblose Persönlichkeit, eine Persönlichkeit *ohne Fleisch und Blut* ist ein hohles Gespenst.

116 *Konkordienb.,* Erklär., Art. 8.

117 Schon Faustus Socinus hat dies aufs trefflichste gezeigt. S. dessen *Defens. Animadv. in Assert. Theol. Coll. Posnan. de trino et uno Deo Irenopoli. 1656, c. 11.*

118 Man lese in dieser Beziehung besonders die Schriften der christlichen Orthodoxen gegen die Heterodoxen, z.B. gegen die Sozinianer. Neuere Theologen erklären bekanntlich auch die kirchliche Gottheit Christi für unbiblisch; aber gleichwohl ist diese unleugbar das charakteristische Prinzip des Christentums, und wenn sie auch nicht so in der Bibel schon steht, wie in der Dogmatik, dennoch eine notwendige Konsequenz der Bibel. Was kann ein Wesen, welches die leibhafte Fülle der Gottheit, welches allwissend (Joh. *16, 30.*) und allmächtig ist (Tote erweckt, Wunder wirkt), welches allen Dingen und Wesen der Zeit und dem Bange nach vorangeht, welches das Leben in sich selbst hat (wenn auch als gegeben), gleichwie der Vater das Leben in sich hat, was kann dieses Wesen, konsequent gefolgert, anders als Gott sein? »Christus ist dem Willen nach mit dem Vater eins«; aber Willenseinheit setzt Wesenseinheit voraus. »Christus ist der Abgesandte, der Stellvertreter Gottes«; aber Gott kann sich nur durch ein göttliches Wesen vertreten lassen. Nur den, in welchem ich gleiche oder doch ähnliche Eigenschaften wie in mir finde, kann ich zu meinem Stellvertreter oder Gesandten wählen, sonst blamiere ich mich selbst.

119 »Die Helden verspotteten daher deswegen die Christen, daß sie dem Himmel und den Gestirnen, die wir verlassen, wie wir sie gefunden haben, den Untergang androhten, uns selbst aber, den Menschen, die wir doch wie einen Anfang, so auch ein Ende hätten, nach dem Tode ewiges Leben versprächen.« *Minucii Felicis Octav., c. 11, § 2.*

120 Aristoteles sagt bekanntlich ausdrücklich in seiner Politik, daß der Einzelne, weil er für sich selbst nicht sich genüge, sich gerade so zum Staate verhalte wie der *Teil* zum Ganzen, daß daher der Staat der Natur nach früher sei als die Familie und das Individuum, denn das Ganze sei notwendig früher als der Teil. - Die Christen »opferten« wohl auch »das Individuum«, d.h. hier den Einzelnen als Teil dem Ganzen, der Gattung, dem Gemeinwesen auf. Der Teil, sagt der heilige Thomas Aquino, einer der größten christlichen Denker und Theologen, opfert sich selbst aus natürlichem Instinkt zur Erhaltung des Ganzen auf. »Jeder Teil liebt von Natur mehr das Ganze als sich selbst. Und jedes Einzelne liebt von Natur mehr das Gut seiner Gattung als sein einzelnes Gut oder Wohl. Jedes Wesen liebt daher auf seine Weise naturgemäß Gott, als das allgemeine Gut, mehr als sich selbst.« *(Summae P. I, Qu. 60, Art. V.)* Die Christen denken daher in dieser Beziehung wie die Alten. Thomas A. preist *(De regim. princip., lib. III, c. 4)* die Römer, daß sie ihr Vaterland über alles setzten, seinem Wohl ihr Wohl aufopferten . Aber alle diese Gedanken und Gesinnungen gelten im Christentum *nur auf der Erde, nicht im Himmel, in der Moral, nicht in der*

Dogmatik, in der Anthropologie, nicht in der Theologie. Als Gegenstand der Theologie ist das Individuum, der Einzelne übernatürliches, unsterbliches, selbstgenuges, absolutes, göttliches Wesen. Der heidnische Denker Aristoteles erklärt die Freundschaft (Ethik, 9. B., 9. K.) für notwendig zur Glückseligkeit, der christliche Denker Thomas A. aber nicht. »Nicht gehört *notwendig*«, sagt er, »Gesellschaft von Freunden zur Seligkeit, weil der Mensch die *ganze Fülle seiner Vollkommenheit in Gott* hat.« »Wenn daher auch eine Seele allein für sich im Genusse Gottes wäre, so wäre sie doch *selig*, wenn *sie gleich keinen Nächsten hätte, den sie liebte.*« *(Prima Secundae, Qu. 4, S.)* Der Heide weiß sich also auch in der Glückseligkeit als *Einzelnen*, als *Individuum* und deswegen als bedürftig eines *andern* Wesens *seinesgleichen, seiner Gattung*, der Christ aber bedarf keines andern ich, weil er als Individuum zugleich *nicht* Individuum, sondern Gattung, allgemeines Wesen ist, weil er »die ganze Fülle seiner Vollkommenheit in Gott«, d.h. *in sich selbst* hat.

121 Im Sinne der Religion und Theologie ist freilich auch die Gattung nicht unbeschränkt, nicht allwissend, nicht allmächtig, aber nur deswegen, weil alle göttlichen Eigenschaften nur in der Phantasie existieren, nur Prädikate, nur Ausdrücke des menschlichen Gemüts- und Vorstellungsvermögens sind, wie in dieser Schrift gezeigt wird.

122 Wohlweislich sagte ich: die unmittelbare, d.h. die supranaturalistische, phantastische, geschlechtlose, denn die mittelbare, vernünftige, naturhistorische Einheit der Gattung und des Individuums gründet sich nur auf das Geschlecht. Ich bin nur Mensch als Mann oder Weib. Entweder-Oder - entweder Licht oder Finsternis, entweder Mann oder Weib - ist das Schöpfungswort der Natur. Aber dem Christen ist der wirkliche, der *weibliche*, der *männliche* Mensch »der *Tiermensch*«; sein Ideal, sein Wesen ist der Kastrat, der geschlechtlose Gattungsmensch, denn der Gattungsmensch ist nichts andres als der im Unterschiede vom Mann und Weibe, weil beide Menschen sind, personifizierte, folglich geschlechtlose Mensch.

123 So sind z.B. bei den Siamern Verstellung und Lüge angeborne Laster, aber gleichwohl haben sie wieder Tugenden, die andern Völkern abgehen, welche diese Laster der Siamer nicht haben.

124 Bei den Indern (Menu Ges.) ist erst derjenige »ein vollständiger Mann, der aus drei vereinigten Personen, seinem Weibe, sich selbst und seinem Sohne besteht. Denn Mann und Weib und Vater und Sohn sind eins.« Auch der alttestamentliche Irdische Adam ist unvollständig ohne das Weib, sehnt sich nach ihm. Aber der neutestamentliche, der christliche, der himmlische, der auf den Untergang dieser Welt berechnete Adam hat keine geschlechtlichen Triebe und Funktionen mehr.

125 »Nur *sämtliche* Menschen«, sagt Goethe -Worte, die ich zwar schon woanders angeführt habe, aber mich nicht enthalten kann, hier zu

wiederholen -, »erkennen die Natur; nur *sämtliche* Menschen leben das Menschliche.«

126 »*Das Leben für Gott ist nicht dis natürliche Leben,* welches der *Verweßlichkeit* unterworfen ist... Sollten wir denn nicht seufftzen nach den zukünftigen Dingen und diesen *zeitlichen allen feindt seyn?*... Darum sollten wir *dieß Leben und diese Welt getrost verachten* und von Hertzen seuffzen und Verlangen haben zu der künfftigen Ehre und Herrlichkeit des ewigen Lebens.« *Luther. (T. I, S. 466, 467.)*

127 »Dahin ist der *Geist zu richten, wohin er einst gehen wird.« (Meditat, sacrae Joh. Gerhardi. med. 46.)*

128 »Wer das Himmlische begehrt, dem schmeckt nicht das Irdische. Wer nach dem Ewigen verlangt, dem ist das Vergängliche zum Ekel.« *Bernhardus. (Epist. ex persona Heliae monachi ad parentes.)* Die alten Christen feierten daher nicht, wie die modernen, den Geburtstag, sondern den *Todestag.* (Siehe die Anmerk. zu *Min. Felix, e rec. Gronovii, Lugd. Bat. 1719, S. 332.)* »Darum sollte man lieber einem Christen-Menschen rathen, daß sie die *Krankheit* mit Geduld tragen, ja auch *begehren, daß der Tod komme, je eher, je lieber.* Denn wie S. Cyprianus spricht, ist *nichts nützlicheres einem Christen, denn bald sterben.* Aber wir *hören lieber* den Heyden Juvenalem, der da spricht: *Orandum est ut sit mens sana in corpore sano.« Luther. (T. IV, S. 15.)*

129 »Der ist vollkommen, der geistig und *leiblich* von der Welt geschieden ist.« *De modo bene vivendi, ad sororem, serm. VII. (Unter den unechten Schriften Bernhards.)*

130 S. indes hierüber Hieronymus, *De vita Pauli primi eremitae.*

131 Natürlich hatte das Christentum nur solche Kraft als, wie *Hieronymus* an die Demetrias schreibt, das Blut unsers Herrn noch warm und der Glaube noch in frischer Glut war. Siehe über diesen Gegenstand auch *G. Arnold,* Von der ersten Christen Genügsamkeit und Verschmähung alles Eigennutzes. *(L. c., B. IV, c. 12, § 7 - 16.)*

132 Wie anders die alten Christen! »Es ist schwer, ja *unmöglich,* zugleich die gegenwärtigen und künftigen Güter zu genießen.« *Hieronymus. (Epist. Juliano.)* »Du bist gar zu delikat, mein Bruder, wenn Du Dich hier mit der Welt freuen und hernach mit Christus herrschen willst.« Derselbe. *(Epist. ad Heliodorum.)* »Ihr wollt *Gott und Creatur alles mit einander* haben und das ist *unmöglich. Lust Gottes und Lust der Creaturen* mag *nicht bei einander stehen.« Tauler. (Ed. c., S. 334.)* Aber freilich, sie waren *abstrakte* Christen. Und jetzt leben wir im Zeitalter der *Versöhnung!* Jawohl!

133 »Nicht vollkommen sein wollen heißt: sündigen,« *Hieronymus. (Epist. ad Heliodorum de laude vitae solit.)* Ich bemerke zugleich, daß ich die hier exponierte Bibelstelle über die Ehe in dem Sinne auslege, in welchem sie die Geschichte des Christentums exponiert hat.

134 »Der Ehestand ist *nichts neues* oder *ungewöhnliches*, und ist auch von *Heiden* nach dem *Urtheile der Vernunft* für gut angesehen und *gelobet* worden.« *Luther. (T. II., S. 337 a.)*

135 »Die in das Paradies aufgenommen werden wollen, müssen davon ablassen, wovon das Paradies frei ist.« *Tertullian. (De exhort. cast., c. 13)* »Der Zölibat ist die Nachahmung der Engel.« *Jo. Damascenus. (Orthod. fidei. lib. IV, c. 25.)*

136 »Die Unverheiratete beschäftigt sich nur mit Gott und hat nur einen Gedanken; die Verheiratete aber lebt zum Teil mit Gott, zum Teil mit dem Mann.« *Clemens Alex. (Paedag., lib. II, c. 10.)* »Wer ein einsames Leben erwählt, denkt nur an göttliche Dinge.« *Theodoret. (Haeretic. fabul., lib: V, 24.)*

137 *Thomas a Kempis. (De imit.. lib. II, c. 7, c. 8; lib. III, c. 5, c. 34, c. 53, c. 59.)* »O wie selig ist die Jungfrau, in deren Brust außer der Liebe Christi keine andere Liebe wohnt!« *Hieronymus. (Demetriadi, virgini **Deo consecratae**.)* Aber freilich, das ist wieder eine sehr abstrakte Liebe, die im Zeitalter der Versöhnung, wo Christus und Belial ein Herz und eine Seele sind, nicht mehr schmeckt. O wie bitter ist die Wahrheit!

138 »Unterschieden ist das Weib und die Jungfrau,« »Siehe, wie selig die ist, welche selbst den *Namen ihres Geschlechts* verloren hat. Die Jungfrau heißt nicht mehr Weib.« *Hieronymus. (Adv. Helvidium de perpet. virg.. S. 14, T. II. Erasmus.)*

139 Dies läßt sich auch, so ausdrücken: Die Ehe hat im Christentum nur eine *moralische*, aber keine *religiöse* Bedeutung, *kein religiöses Prinzip* und *Vorbild*. Anders bei den Griechen, wo z.B. »Zeus und Here das große Urbild jeder Ehe« *(Creuzer,* Symb.), bei den alten Parsen, wo die Zeugung als »die Vermehrung des Menschengeschlechts, die *Verminderung des Arhimanischen Reichs*«, also eine *religiöse* Pflicht und Handlung ist (Zend-Avesta), bei den Indern, wo der Sohn der *wiedergeborne* Vater ist.

So der Frau ihr Gemahl nahet, wird er *wiedergeboren* selbst von der, die Mutter durch ihn wird.

(Fr. Schlegel.)

Bei den Indern darf kein Wiedergeborner in den Stand eines Sanyassi, das ist eines in Gott versunkenen Einsiedlers, treten, wenn er nicht vorher drei Schulden bezahlt, unter andern die, daß er *rechtlicherweise einen Sohn gezeugt* hat. Bei den Christen dagegen, wenigstens den katholischen, war es ein wahres religiöses Freudenfest, wenn Verlobte oder schon Verheiratete - vorausgesetzt, daß es mit beiderseitiger Einwilligung geschah - den ehelichen Stand aufgaben, der religiösen Liebe die eheliche Liebe aufopferten.

140 Insofern das religiöse Bewußtsein alles zuletzt wieder setzt, was es anfangs aufhebt, das jenseitige Leben daher zuletzt nichts andres ist als das wiederhergestellte diesseitige Leben, so muß konsequent auch das Geschlecht wiederhergestellt werden. »Sie werden den Engeln ähnlich sein,

also nicht aufhören, Menschen zu sein, so daß der Apostel Apostel und die Maria Maria ist.« *Hieronymus.* (*Ad Theodoram viduam.*) Aber wie der jenseitige Körper ein *unkörperlicher*, scheinbarer Körper, so ist notwendig das dortige Geschlecht ein *geschlechtloses*, nur scheinbares Geschlecht.

141 »Schön sagt die Schrift (*1.* Johann. *3, 2.*), daß wir dann Gott sehen werden, wie er ist, wenn wir ihm *gleich sein*, d.h. das sein werden, *was er selbst ist*; denn welchen die Macht gegeben ist, Gottes Söhne zu werden, denen ist auch die Macht gegeben, daß sie zwar nicht Gott sind, aber doch sind, *was Gott ist*.« *De vita solit.* (Pseudobernhard.) »Der Zweck des guten Willens ist die Seligkeit: das *ewige Leben aber Gott selbst*.« *Augustinus.* (Bei *Petrus Lom., lib. II, dist. 38, c. 1)* »Die *Seligkeit* ist die *Gottheit selbst*, jeder Selige also ein Gott.« *Boethius.* (*De consol. phil., lib. III, Prosa 10.*) »*Seligkeit und Gott sind dasselbe.*« *Thomas Aq.* (*Summa cont. gentiles. lib. I, c. 101.*) »Der andere Mensch wird erneuert werden in das geistliche Leben, er wird *Gott gleich sein*, im Leben, in Gerechtigkeit, Herrlichkeit, Weisheit,« *Luther.* (*T. I, S. 324.*)

142 »Wenn ein unverwüstlicher Körper ein *Gut* für uns ist, warum wollen wir daran zweifeln, daß Gott einen solchen uns machen werde?« *Augustinus.* (*Opp., Antwerp. 1700, T. V., S. 698.*)

143 »Der himmlische Körper heißt ein geistiger Leib, weil er dem *Willen* des Geistes sich fügen wird. *Nichts wird dir* aus dir selbst *widersprechen*, nichts sich in dir gegen dich empören. Wo du sein *willst*, wirst du in demselben Moment sein.« *Augustinus.* (*L. c., S. 705, 703.*) »Nichts Garstiges wird dort sein, nichts Feindseliges, nichts Uneiniges, nichts Mißgestaltetes, nichts den Anblick Beleidigendes.« Ders. (*L. c., 707.*) »Nur der Selige lebt, *wie er will*.« Ders. (*De civit. Dei, lib. 10, c. 25.*)

144 Und ebenso verschiedenartig ihren Gott. So haben die frommen christlichen Deutschtümler einen »*deutschen Gott*«, notwendig also auch die frommen Spanier einen *spanischen* Gott, die Franzosen einen *französischen* Gott. Die Franzosen sagen wirklich sprichwörtlich: *Le bon Dieu est Français.* In der Tat existiert auch so lange *Vielgötterei*, solange es viele Völker gibt. Der *wirkliche Gott* eines Volks ist der *Point d'honneur* seiner Nationalität.

145 *Ibi nostra* **spes** *erit* **res.** *Augustin* (irgendwo). »Darum haben wir die Erstlinge des unsterblichen Lebens in der Hoffnung, bis die Vollkommenheit am jüngsten Tage herbeikommt, darinnen wir das *gegläubete und gehoffete Leben fühlen und sehen werden*.« *Luther.* (*T. I, S.459.*)

146 Ältern Reisebeschreibungen zufolge denken sich jedoch manche Völker das künftige Leben nicht identisch mit dem gegenwärtigen oder besser, sondern sogar noch elender. - Parny (*Oeuv. chois., T. I, Mélang.*) erzählt von einem sterbenden Negersklaven, der sich die Einweihung zur Unsterblichkeit durch die Taufe mit den Worten verbat: *Je ne veux point d'une autre vie, car peut-être y* **serais-je encore votre** *esclave.*

147 Dort wird daher *alles* wiederhergestellt; selbst »kein Zahn oder Nagel« wird verlorengehen. Siehe *Aurelius Prudent.* (*Apotheos. de resurr. carnis*

hum.) Und dieser in euren Augen rohe, fleischliche und deswegen von euch desavouierte Glaube ist der allein konsequente, der allein redliche, der allein wahre Glaube. Zur Identität der Person gehört die Identität des Leibes.

148 »Nach der Auferstehung wird die Zeit nicht mehr nach Tagen und Nächten gemessen. Es wird vielmehr *ein* Tag ohne Abend sein.« *Joa. Damascen. (Orth. fidei, lib. II, c. 1.)*

149 *Ipsum (corpus) erit et non ipsum erit. Augustinus.* (v. J. Ch. Doederlein, *Inst, theol. christ., Altorf 1781, § 280.)*

150 »Dein Heil sei dein einziger Gedanke, Gott deine einzige Sorge.« *Thomas* a K. *(De imit., lib. I. c. 23.)* »Denke nichts *wider* dein eignes Heil. Ich habe zu wenig gesagt; statt *wider* hätte ich *außer* sagen sollen.« *Bernhardus. (De consid. ad Eugenium, lib. II.)* »Wer *Gott sucht*, ist um *sein eignes Heil* bekümmert.« *Clemens Alex. (Coh. ad gentes.)*

151 Wer übrigens nur aus dem Unglück die Realität der Religion beweist, beweist auch die *Realität des Aberglaubens.*

152 Also in dem Sinne wird hier und an andern Orten dieser Schrift Theorie genommen, in welchem sie die Quelle der wahren objektiven Praxis ist, denn der Mensch vermag nur soviel, als er weiß: *tantum potest quantum scit.* Der Ausdruck: der *subjektive* Standpunkt sagt daher soviel als: Der Standpunkt der Unbildung und Unwissenheit ist der Standpunkt der Religion.

153 Über die biblischen Vorstellungen vom Satan, seiner Macht und Wirkung siehe *Lützelbergers* Grundzüge der Paulinischen Glaubenslehre und G. Ch. *Knapps* Vorles. über die christl. Glaubensl., *§. 62-65.* Hierher gehören auch die dämonischen Krankheiten, die Teufelsbesitzungen. Auch diese Krankheiten sind in der Bibel begründet. S. *Knapp.* (*§ 65, III, 2, 3.)*

154 Schelling erklärt in seiner Schrift über die Freiheit dieses Rätsel durch eine in der Ewigkeit, d.h. vor diesem Leben vollbrachte Selbstbestimmung. Welche phantastische, illusorische Annahme! Aber Phantastik, ja bodenlose, kindische Phantastik ist das innerste Geheimnis der sogenannten positiven Philosophen, dieser »tiefen«, jawohl sehr tiefen religiösen Spekulanten. Je schiefer, je tiefer.

155 Man wird diese Enthüllung des Mysteriums der Gnadenwahl zweifelsohne verrucht, gottlos, teuflisch nennen. Ich habe nichts dagegen: *ich bin lieber ein Teufel im Bunde mit der Wahrheit als ein Engel im Bunde mit der Lüge.*

156 Hierher gehört auch die geist- und wesenlose oder vielmehr sophistische Lehre vom *Concursus Dei*, wo Gott nicht nur den ersten Impuls gibt, sondern auch in der Handlung der *causa secunda* selbst mitwirkt. Übrigens ist diese Lehre nur eine besondere Erscheinung von dem widerspruchvollen Dualismus zwischen Gott und Natur, der sich durch die Geschichte des Christentums hindurchzieht, über den Gegenstand dieser

Anmerkung, wie überhaupt des ganzen Paragraphen, siehe auch *Strauß*: Die christliche Glaubenslehre, *II. B., § 75 u. 76.*

157 »Solange wir im Körper sind, sind wir von Gott entfernt.« *Bernard. (Epist. 18 in der Basler Ausgabe von 1552.)* Der Begriff des Jenseits ist daher nichts als der Begriff der wahren, vollendeten, von den diesseitigen Schranken und Hemmungen befreiten Religion, das Jenseits, wie schon oben gesagt, nichts als die wahre Meinung und Gesinnung, das offene Herz der Religion. Hier glauben wir; dort schauen wir: d.h., dort ist nichts außer Gott, nichts also zwischen Gott und der Seele, aber nur deswegen, weil nichts zwischen beiden *sein soll*, weil die unmittelbare Einheit Gottes und der Seele die wahre Meinung und Gesinnung der Religion ist. - »Wir haben noch immerdar mit Gott also zu schaffen, daß er uns verdeckt und verborgen ist, und ist nicht möglich, daß wir in diesem Leben von Angesicht zu Angesicht bloß mit ihm handeln können. - *Alle Creaturen* sind itzt nichts *anders denn eitel Larven*, darunter sich Gott verbirgt und dadurch mit uns handelt.« *Luther. (T. XI, S. 70.)* »Wärest Du allein ledig der Bilde der Creaturen, Du möchtest Gott ohne Unterlaß haben.« *Tauler. (L. c., S. 313.)*

158 Eigentlich auch aller negativen, bösen, schädlichen, menschenfeindlichen Wirkungen, denn auch diese geschehen, wie sich die sophistische Theologie ausdrückt, nur mit Erlaubnis Gottes; ja der Teufel, der Urheber alles Bösen und üblen. Ist eigentlich nichts als der *böse* Gott, der Zorn Gottes, personifiziert, vorgestellt als ein besonderes Wesen, der Zorn Gottes daher die Ursache alles Übels. »Die Greuelszenen der Geschichte (z.B. von Jerusalem, Utika) sollten uns an den *Zorn* Gottes erinnern und bewegen, durch wahre Buße und inbrünstige Anrufung Gott zu *erweichen*.« *Melancht. (Declam., T. III, S. 29.)*

159 Nur der Unglaube an das Gebet hat das Gebet schlauerweise nur auf Geistiges eingeschränkt.

160 In der rohsinnlichen Vorstellung ist daher das Gebet ein Zwangs- oder Zaubermittel. Diese Vorstellung ist aber eine unchristliche (obwohl sich auch bei vielen Christen die Behauptung findet, daß das Gebet Gott zwingt), denn im Christentum ist Gott an und für sich das selbstbefriedigte Gemüt, die nichts dem (natürlich religiösen) Gemüte abschlagende Allmacht der Gute. Der Vorstellung des Zwangs liegt aber ein gemütloser Gott zugrunde.

161 »Ohne die *göttliche Vorsehung* und *Macht* ist die Natur *Nichts*.« *Lactantius. (Div. inst., lib. 3, c. 28.)* »Alles Erschaffene ist, obgleich von Gott sehr gut gemacht, doch im Vergleich zum Schöpfer *nicht gut*, gleichwie es auch im Vergleich zu ihm *nicht ist*, denn er schreibt nur *sich* das Sein im höchsten und eigentlichsten Sinn zu, indem er sagt: *Ich bin, der ich bin.*« *Augustinus. (De perfect. iust. hom., c. 14.)*

162 »Schöne und mannigfaltige Formen, glänzende und anmutige Farben lieben die Augen. Nicht sollen aber diese Dinge meine Seele fesseln;

sie fesseln *nur Gott*, der *sie gemacht* hat; sie sind zwar sehr gut, weil von ihm gemacht, doch nur *er selbst* ist mein Gut, nicht diese Dinge.« *Augustin. (Confess., lib. X, c. 34.)* »Die Schrift verbietet uns, 2. Korinth. *4, 18* unsern Sinn auf das Sichtbare zu richten. *Gott allein* ist daher zu lieben, *diese ganze Welt aber, d.h. alles Sinnliche ist zu verachten.* Jedoch zur Notdurft dieses Lebens zu gebrauchen.« Ders. *(De moribus eccl. cathol., lib. I, c. 20.)*

163 Zugleich aber auch den Zweck, das Wesen des Menschen zu bewahrheiten. Die verschiedenen Beweise sind nichts andres als verschiedene, höchst interessante Selbstbejahungsformen des menschlichen Wesens. So ist z.B. der physikotheologische Beweis die Selbstbejahung des zwecktätigen Verstandes.

164 »Christus ist in die Höhe gefahren... Das ist, er sitzt nicht alleine da oben, sondern auch hienieden. Und ist eben darum dahin gefahren, daß er hienieden wäre, daß er alle Dinge erfüllete und *an allen Orten könnte sein*, welches er nicht *könnte thun auf Erden*, denn da könnten *ihn nicht alle leiblichen Augen sehen*. Darum ist er dahin gesessen, da ihn *jedermann sehen kann*, und er mit jedermann zu schaffen habe.« *Luther. (T. XIII, S. 643.)* Das heißt: Christus oder Gott ist ein Objekt, eine Existenz der Einbildungskraft; in der Einbildungskraft ist er auf keinen Ort beschränkt, ist er jedem gegenwärtig; und gegenständlich, Gott existiert im Himmel, ist aber eben deswegen allgegenwärtig; denn dieser Himmel ist die Phantasie, die Einbildungskraft.

165 »Du hast Dich nicht zu beklagen, daß Du weniger geübet seyest, als Abraham oder Isaak gewesen sind. Du hast auch *Erscheinungen*... Du hast die heilige Taufe, das Abendmahl des Herrn, da Brod und Wein die Gestalt, Figur und Formen sind, darinnen und unter welchen *Gott gegenwärtig* Dir in die Ohren, Augen und Hertze redet und wirket... *Er erscheinet Dir in der Taufe* und *ist selber*, der Dich täufet und anredet... Es ist alles voll *göttlicher Erscheinung* und Gespräche, so er mit Dir hält.« *Luther. (T. II, S. 466. S. über diesen Gegenstand auch T. XIX, S. 407.)*

166 Die Negation einer Tatsache hat keine unverfängliche, an sich indifferente, sondern eine schlimme moralische Bedeutung. Darin, daß das Christentum seine Glaubensartikel zu sinnlichen, d.h. *unleugbaren, unantastbaren* Tatsachen machte, durch *sinnliche Tatsachen* also die Vernunft *überwältigte*, den Geist gefangennahm, darin haben wir auch den wahren, den letzten, primitiven Erklärungsgrund, *warum* und *wie* sich im Christentum, und zwar nicht nur im katholischen, sondern auch protestantischen, in aller Förmlichkeit und Feierlichkeit der Grundsatz aussprechen und geltend machen konnte, daß die Ketzerei, d.h. die Negation einer Glaubensvorstellung oder Tatsache ein Strafobjekt der weltlichen Obrigkeit, d.h. ein *Verbrechen* sei. Die sinnliche Tatsache in der Theorie wird in der Praxis zur sinnlichen Gewalt. Das Christentum steht hierin weit unter dem Muhamedanismus, wenigstens dem Koran, welcher nicht das *Verbrechen* der Ketzerei kennt.

167 »Oft zeigen die Götter ihre Gegenwart an.« *Cicero. (De nat. d., lib. II.)* Ciceros Schriften *De nat. d.* und *De divinatione* sind besonders auch deswegen so interessant, weil hier für die Wahrheit der heidnischen Glaubensgegenstände im Grunde dieselben Argumente geltend gemacht werden, welche noch heute die Theologen und Positivisten überhaupt für die Wahrheit der christlichen Glaubensgegenstände anführen.

168 Was ist denn der wesentliche Inhalt der Offenbarung? Dies, daß Christus Gott, d.h. daß Gott ein menschliches Wesen ist. Die Heiden wandten sich an Gott mit ihren Bedürfnissen, aber sie zweifelten, ob Gott die Gebete der Menschen erhöre, ob er barmherzig, ob er menschlich sei. Aber die Christen sind der Liebe Gottes zum Menschen gewiß: Gott hat sich als Mensch geoffenbart. (S. hierüber z. B, *Or. de vera Dei invocat., Melanchth: Decl., T. III,* und *Luther,* z.B. *T. IX, S. 538, 539.)* D.h., eben die Offenbarung Gottes ist die Gewißheit des Menschen, daß Gott Mensch, der Mensch Gott ist. Gewißheit ist Tatsache.

169 »Was *grausam* ist, wenn es die Menschen *ohne Gottes Befehl* tun, das *mußten* die Hebräer tun, weil sie auf Befehl Gottes, des höchsten Herrn über Leben und Tod den Krieg führten.« J. *Clericus. (Comm. in Mos., Num., c. 31, 7.)* »Vieles tat Samson, was kaum entschuldigt werden könnte, wenn er nicht für ein Werkzeug Gottes, von dem die Menschen abhängen, gehalten würde.« Ders. *(Comment. in Judicum, c. 14, 19.)* S. hierüber auch Luther, z.B. *T. I, S. 339; T. XVI, S. 495.*

170 Sehr richtig bemerkten schon die Jansenisten gegen die Jesuiten: *Vouloir reconnoitre dans l'Ecriture quelque chose de la foiblesse et de l'esprit naturel de l'homme, c'est donner la liberté à chacun d'en faire le discernement et de rejetter ce qui lui plaira de l'Ecriture, comme venant plûtot de la foiblesse de l'homme que de l'esprit* de *Dieu. Bayle. (Dikt., Art. Adam [Jean], Rem. E.)*

171 »In der Heil. Schrift darf man keinen Widerspruch annehmen.« (Petrus L., *lib II, dist. II, c. I.)* Gleiche Gedanken bei den Kirchenvätern, bei den Reformatoren, so z.B. Luther. - Zu bemerken ist noch, daß, wie der *katholische Jesuitismus* hauptsächlich die *Moral,* so der *protestantische Jesuitismus,* der freilich, wenigstens meines Wissens, keine förmlich organisierte Korporation bildet, hauptsächlich die *Bibel,* die *Exegese* zum Tummelplatz seiner Sophistik hat.

172 Dies zeigt sich unter anderm besonders auch in dem Superlativ und in der Präposition: über, *hyper,* die den göttlichen Prädikaten vorgesetzt werden und von jeher - wie z.B. bei den Neuplatonikern, den Christen unter den heidnischen Philosophen - eine Hauptrolle in der Theologie spielten.

173 »Gott weiß also, wie groß die Anzahl der Flöhe, Schnaken, Mücken und Fische ist, er weiß, wie viele geboren werden und sterben, aber er weiß dies nicht einzeln nacheinander, sondern alles zugleich und auf einmal.« *Petrus Lomb. (Lib. I, dist. 39, c. 3.)*

174 »Welche den Alles Wissenden wissen, die können Nichts nicht wissen.« *Liber Meditat., c. 26* (Pseudoaugustin).

175 J. Tauler, *l. c., S. 312.*

176 In neuerer Zeit hat man daher auch wirklich die Tätigkeit des Genies zur weltschöpferischen Tätigkeit gemacht und dadurch der religionsphilosophischen Imagination eine neues Feld geöffnet. - Ein interessanter Gegenstand der Kritik wäre die Weise, wie von jeher die religiöse Spekulation die Freiheit oder vielmehr Willkürlichkeit, d.i. Unnotwendigkeit der Schöpfung, die dem Verstande widerspricht, mit der Notwendigkeit derselben, d.h. mit dem Verstande zu vermitteln suchte. Aber diese Kritik liegt außer unserm Zwecke. Wir kritisieren die Spekulation nur durch die Kritik der Religion, beschränken uns nur auf das Ursprüngliche, Fundamentale. Die Kritik der Spekulation ergibt sich durch bloße Folgerung.

177 »Die größte Einigung, die Christus besessen hat mit dem Vater, die ist mir möglich zu gewinnen, ob ich könnte ablegen, das da ist von diesem oder von dem und könnte mich genemen (annehmen) *Menschheit*. Alles das denn Gott je seinem eingebornen Sohn gab, das hat er *mir* gegeben so vollkommenlich als ihm.« (Predigten etzlicher Lehrer vor und zu Tauleri zeiten. Hamburg *1621, S. 14.*) »Zwischen dem *eingebornen Sohn und der Seele ist kein Unterschied.«(Ebend., S. 68.)*

178 »*Gott mag unser als wenig entbehren als wir sein.*« Predigten etzlicher Lehrer *etc., S. 16.* S. über diesen Gegenstand auch Strauß, Christi. Glaubensl., I. B., § 47 und die deutsche Theologia, c. 49.

179 »Dieß *zeitliche vergängliche Leben in dieser* Welt (d.i. natürliches Leben) haben wir *durch Gott*, der da ist *allmächtiger Schöpfer Himmels und der Erden.* Aber das ewige unvergängliche Leben haben wir durch unsers Herrn Jesu Christi Leiden und Auferstehung... Jesus Christus ein Herr über *jenes Leben.*« *Luther. (T. XVI, S. 459.)*

180 Es ist sonderbar, wie die spekulative Religionsphilosophie gegen den gottlosen Verstand die Trinität in Schutz nimmt und doch mit der Beseitigung der persönlichen Substanzen und mit der Erklärung, daß das Verhältnis von Vater und Sohn nur ein dem organischen Leben entnommenes, unangemessenes *Bild* sei, der Trinität die *Seele*, das *Herz* aus dem Leibe reißt. Wahrlich, wenn man die Kunstgriffe *kabbalistischer Willkür*, welche die spekulativen Religionsphilosophen zugunsten der »absoluten« Religion anwenden, auch den »endlichen« Religionen zugute lassen kommen dürfte oder wollte, so wäre es nicht schwierig, auch schon aus den *Hörnern des ägyptischen Apis die Pandorabüchse der christlichen Dogmatik herauszudrechseln.* Man bedürfte hierzu nichts weiter als die ominöse, zur Rechtfertigung jedes Unsinns geschickte Trennung von Verstand und spekulativer Vernunft.

181 Die Einheit hat nicht die Bedeutung des Genus, nicht des *Unum*, sondern des *Unus*. (s. Augustin und Petrus Lomb., *lib. I, dist. 19. c. 7, 8, 9.*) **Hi ergo tres**, *qui unum sunt propter ineffabilem conjunctionem deitatis, qua ineffabiliter copulantur,* **unus Deus est**. (Petrus L., *l. c., c. 6.*) »Wie kann sich die Vernunft darin schicken oder das gläuben, das *drey eines* und *eines drey* sey.« *Luther. (T. XIV, S. 13.)*

182 »Wenn der Vater Gott und der Sohn Gott und der hell. Geist Gott ist, warum heißen sie denn *nicht drei Götter*? Höre, was Augustin auf diese Frage antwortet: Wenn ich sagte drei Götter, so widerspräche die Schrift, welche sagt: Höre Israel: Dein Gott ist *ein einiger Gott.* Deswegen sagen wir also lieber *drei Personen als drei Götter*, weil diesem nicht die heilige Schrift widerspricht.« *(Petrus* L., *lib. I, dist. 23, c. 3.)* Wie sehr stützte sich doch auch der Katholizismus auf die heilige Schrift!

183 Eine meisterhafte Darstellung von den zerstörenden Widersprüchen, in welche das Mysterium der Trinität ein unverfälschtes religiöses Gemüt versetzt, findet man in der Schrift meines Bruders *Friedrich*: »Theantropos«, *Zürich 1838.*

184 »Das Sakrament hat *Ähnlichkeit* mit dem Gegenstande, dessen *Zeichen* es ist.« (Petrus L., *lib. IV, dist. 1, c. 1.)*

185 In Beziehung auf den Wundertäter ist allerdings der Glaube (die Zuversicht zu Gottes Beistand) die Ursache, die *causa efficiens* des Wunders (s. z.B. Matth. *17, 20*, Apostelgesch. *6, 8*). Aber in Beziehung auf den Zuschauer des Wunders - und davon handelt es sich hier - ist das Wunder die *causa efficiens* des Glaubens.

186 »Hie siehet man ein Wunderwerk über alle Wunder, so Christus gethan hat, daß er seinen höchsten Feind so gnädiglich bekehret.« *Luther. (T. XVI, S. 560.)*

187 Es macht daher dem Verstande und Wahrheitssinne Luthers große Ehre, daß er, so insbesondre in seiner Schrift gegen Erasmus, der göttlichen Gnade gegenüber den freien Willen des Menschen unbedingt negierte. »Der Nahme *freyer Wille*«, sagt ganz richtig Luther vom Standpunkte der Religion aus, »ist ein *göttlicher Titel* und Nahme, den Niemand führen soll noch mag, denn allein die hohe göttliche Majestät.« *(T. XIX, S. 28.)*

188 Freilich trotzte auch schon den altern, unbedingt gläubigen Theologen die Erfahrung das Geständnis ab, daß die Wirkungen der Taufe wenigstens in diesem Leben sehr beschränkt seien. *Baptismus non aufert omnes poenalitates hujus vitae.* (Mezger., *Theol. schol.,* T. *IV,* S. *251.* S. auch Petrus Lomb., *lib. IV, dist. 4, c. 4, lib. II, dist. 32, c. 1.)*

189 Selbst in der absurden Fiktion der Lutheraner, daß »die Kinder in der Taufe selbst glauben«, reduziert sich das Moment der Subjektivität wieder auf den Glauben anderer, indem den Glauben der Kinder »Gott würcket durch das Fürbitten und Herzubringen der Paten im Glauben der christlichen Kirchen«. *Luther. (T. XIII, S. 360, 361.)* »Also hilft der *fremde*

Glaube, daß ich auch einen eignen Glauben kriege.« Derselbe. (*T. XVI, S. 347 a.*)

190 »Dis, sagt *Luther*, ist in *Summa* unsre Meinung, daß wahrhaftig in und mit dem Brote der *Leib Christi geessen* wird, also, daß alles, was das Brot würcket und leidet, der *Leib Christi leide* und *würcke*, daß er ausgeteilt, geessen und *mit den Zähnen zerbissen* werde *propter unionem sacramentalem.*« (Planks Geschichte der Entst. des protest. Lehrbeg., *VIII. B., S. 369.*) Anderwärts leugnet freilich wieder Luther, daß der Leib Christi, ob er gleich leiblich genossen wird, mit den Zähnen »zerbißen und zerrißen und mit dem Bauch verdäuet werde wie ein Stück Rindfleisch«. (*T. XIX, S. 429.*) Kein Wunder, denn was genossen wird, ist ein Gegenstand *ohne Gegenständlichkeit*, ein Leib *ohne Leiblichkeit*, ein Fleisch *ohne Fleischlichkeit*, ein »*Geistfleisch* ists«, wie *Luther* (ebend.) sagt, d.h. ein imaginäres Fleisch. - Bemerkt werde noch: Auch die Protestanten genießen das Abendmahl nüchtern, aber dies ist bei ihnen nur Brauch, nicht Gesetz. (S. Luther, *T. XVIII, S. 200, 201.*)

191 1. Korinther 11, 29.

192 »Wir *sehen* die Gestalt des Weins und Brotes, aber *glauben* nicht an das Dasein der Substanz des Brotes und Weines. Wir glauben dagegen, daß die Substanz des Leibes und Blutes Christi da ist, und doch *sehen wir nicht* seine Gestalt.« *Divus Bernardus. (Ed. Basil. 1552, S. 189-191.)*

193 Auch noch in anderer, hier nicht entwickelter, aber anmerkungsweise zu erwähnender Beziehung, nämlich folgender: In der Religion, im Glauben ist der Mensch sich als das *Objekt*, d.i. der *Zweck* Gottes Gegenstand. Der Mensch bezweckt sich selbst in und durch Gott. Gott ist das Mittel der menschlichen Existenz und Seligkeit. Diese religiöse Wahrheit, gesetzt als Gegenstand des Kultus, als sinnliches Objekt, ist das Abendmahl. Im Abendmahl ißt, verzehrt der Mensch Gott - den Schöpfer des Himmels und der Erde - als eine leibliche Speise, erklärt er durch die Tat des »mündlichen Essens und Trinkens« Gott für ein bloßes Lebensmittel des Menschen. Hier ist der Mensch als der *Gott* Gottes gesetzt - das Abendmahl daher der höchste Selbstgenuß der menschlichen Subjektivität. Auch der Protestant verwandelt hier, zwar nicht mit dem Worte, aber der Wahrheit nach, Gott in ein äußerliches Ding, indem er ihn sich als ein Objekt des sinnlichen Genusses unterwirft.

194 »Wende nicht ein, daß Christus diese Worte: ›Dies ist mein Leib‹, gesprochen habe, ehe seine Schüler aßen, und also das Brot schon *vor dem Genuß (ante usum)* der Leib Christi gewesen sei.« *Buddeus. (L. c., lib. V, c. 1, §13. § 17.)* Siehe dagegen das *Concil. Trident., Sessio 13, c. 3, c. 8, can. 4.*

195 Apologie Melanchthons, Strobel, Nürnb. *1783, S. 127.*

196 »Nu aber die Schwärmer *gläuben*, es sey *eitel Brodt* und *Wein* da, so ists *gewißlich also, wie sie gläuben, so haben sie es* und essen also eitel Brod und Wein.« *Luther. (T. XIX, S. 432.)* D.h., glaubst du, stellst du dir vor, bildest

dir ein, daß das Brot nicht Brot, sondern der Leib ist, so ist es auch nicht Brot; glaubst du es nicht, so ist es auch nicht. Was es *für dich* ist, das ist es.

197 Selbst auch die Katholiken. »Die *Wirkung* dieses Sakraments, wenn es *würdig* genossen wird, ist die Vereinigung des Menschen mit Christus.« *Concil. Florent. de S. Euchar.*[57]

198 »Ist der Leib im Brodt und wird mit Glauben leiblich gegessen, *so stärket er die Seele,* damit (dadurch), *daß sie gläubt,* es sey Christi Leib, das der Mund isset.« *Luther. (T. XIX, S. 433;* s. auch *S. 205.)* »Denn was wir *gläuben* zu empfahen, das *empfahen* wir auch in Wahrheit.« Ders. *(T. XVII, S. 557.)*

199 »Will ich ein Christ seyn, so muß ich glauben und thun, was andere Leute nicht *gläuben,* noch thun.« *Luther. (T. XVI, S. 569.)*

200 *Celsus* macht den Christen den Vorwurf, daß sie sich rühmten, nach Gott die Ersten zu sein. *Est Deus et post illum nos. (Origenes adv. Cels.., ed. Hoeschelius., Aug. Vind. 1605, S. 182.)*

201 »Ich bin *stolz* und *hoffärtig* von wegen meiner *Seeligkeit* und *Vergebung* der Sünde, aber wodurch? Durch eine *fremde Ehre* und *Hoffarth,* nemlich des Herrn Christi.« *Luther. (T. II, S. 344.)* »Wer sich rühmet, rühme sich des Herrn,« *(1. Kor. 1, 31.)*

202 Ein ehemaliger Adjutant des russischen Generals Münnich sagte: *»Da ich sein Adjutant war, fühlte ich mich größer als nun, wo ich kommandiere.«*

203 »Die Menschen sind durch das göttliche Gesetz zum rechten Glauben verpflichtet. Vor allen andern Geboten des Gesetzes wird der rechte Glaube von Gott festgesetzt, indem es heißt: ›Höre Israel, der Herr, unser Gott, ist ein einiger Herr.‹ Dadurch wird der Irrtum derjenigen ausgeschlossen, welche behaupten, es sei gleichgültig für das Heil des Menschen, mit welchem Glauben er Gott diene.« *Thomas Aquino. (Summa cont. gentiles, lib. III, c. 118, § 3.)*

204 Dem Glauben, wo er noch *Feuer im Leibe, Charakter* hat, ist immer der *Anders*gläubige gleich dem Ungläubigen, dem Atheisten.

205 Schon im N. T. ist mit dem *Unglauben* der Begriff des *Ungehorsams* verknüpft. »Die *Hauptbosheit* ist der *Unglaube.*« *Luther. (T. XIII, S. 647.)*

206 Auch Gott selbst sparet keineswegs immer die Bestrafung der Gotteslästerer, der Ungläubigen, der Ketzer für die Zukunft auf, sondern er bestraft sie oft auch schon in diesem Leben, »seiner Christenheit zu gute und zur Stärkung des Glaubens«, so z.B. den Ketzer Cerinthum, den Ketzer Arium. S. *Luther. (T. XIV, S. 13.)*

207 »Wer den Geist Gottes hat, erinnere sich an den Vers (Psalm *139, 21):* ›Ich *hasse ja, Herr, die dich hassen.*‹« *Bernardus. (Epist. 193 ad magist. Yvonem card.)*

208 »Wer Christus verleugnet, wird von Christus verleugnet.« *Cyprian. (Epist., E. 73, § 18, edit. Gersdorf.)*

209 »*Il y a,* sagt Jurieux, *T. 4, Papisme, c. 11, un principe* **dangereux***, que les* **Esprits forts** *de ce Siècle essayent d'établir, c'est que les* **Erreurs de créance** *de*

*quelque nature qu'elles soyent ne **damnent pas**;* denn es ist unmöglich, daß einer der da gläubet, daß nur ein (seligmachender) Glaube, Ephes. *4, 5.*, und der da weiß, welches der seligmachende und rechte Glaube sei, nicht auch sollte wissen, welches der unrechte und welche Ketzer sind oder nicht.« Das Ebenbild Christ. Thomasii durch S. Bentzen, *Pastorn. 1692, S. 57.* »Wir *richten* und *urtheilen*«, sagt Luther in seinen Tischreden in betreff der Wiedertäufer, »*nach dem Evangelio,* wer nicht glaubt, der ist schon gerichtet. Darum müssen wir *gewiß* sein, daß sie *irren* und *verdammt* sind!«

210 »Den zartesten Teil des menschlichen Körpers hat er genannt, damit wir aufs deutlichste einsähen, daß Gott ebenso durch die kleinste Beleidigung seiner Heiligen verletzt wird, als der Mensch durch die geringste Berührung seines Augapfels verletzt wird.« *Salvianus. (Lib. VIII, De gubern. Dei.)* »So sorgfältig bewacht der Herr die Wege der Heiligen, damit sie nicht einmal an einen Stein anstoßen.« *Calvin. (Inst. rel. chr., lib. I, c. 17, sect. 6.)*

211 Philipper *2, 10. 11.* »Wenn man den Namen Jesu Christi höret, so soll *erschrecken* Alles, was im Himmel und auf Erden ungläubig und gottlos ist.« *Luther. (T. XVI, S. 322.)* »Der Christ rühmt sich des Todes des Heiden, weil er Christum verherrlicht.« *Divus Bernardus. (Sermo exhort., ad Milites Templi.)*

212 Petrus L., *lib. IV, dist. 50, c. 4.* Dieser Satz ist aber keineswegs ein Ausspruch des Petrus L., selbst. Petrus L. ist viel zu bescheiden, schüchtern und abhängig von den Autoritäten des Christentums, als daß er so eine Behauptung auf seine eigne Faust hin wagte. Nein! Dieser Satz ist ein allgemeiner Ausspruch, ein charakteristischer Ausdruck der *christlichen*, der *gläubigen* Liebe. - Die Lehre einiger Kirchenväter, wie z.B. des Origenes, des Gregor von Nyssa, daß die Strafen der Verdammten einst enden würden, stammt nicht aus der *christlichen* oder *kirchlichen* Lehre, sondern aus dem Platonismus. Ausdrücklich wurde daher auch die Lehre von der Endlichkeit der Höllenstrafen nicht nur von der katholischen, sondern auch protestantischen Kirche (Augsb, - Konfess., Art. 17) verworfen. - Ein köstliches Exempel von der exklusiven, menschenfeindlichen Borniertheit der christlichen Liebe ist auch die von *Strauß* (Christi. Glaubensl., *II. B., S. 547)* aus *Buddeus* zitierte Stelle, nach welcher nicht die Kinder der Menschen überhaupt, sondern ausschließlich nur die Kinder der Christen der göttlichen Gnade und Seligkeit teilhaftig werden, wenn sie ungetauft sterben.

213 »*Fugite, abhorrete hunc doctorem.*« Aber warum soll ich ihn fliehen? Weil der Zorn, d.h. der Fluch Gottes auf seinem Haupte ruht.

214 Notwendig ergibt sich hieraus eine Gesinnung, wie sie z.B. *Cyprian* ausspricht. »Wenn die Ketzer überall nur *Feinde* und *Antichristen* heißen, wenn sie als *zu Meldende* und *Verkehrte und von sich selbst Verdammte* bezeichnet werden, warum sollten die, welche nach dem Zeugnis der

Apostel *von sich selbst verdammt* sind, nicht auch *von uns verdammt werden* ?«
Epist. 74. (Edit. cit.)

215 Die Stelle bei Lukas *9, 56*, als deren Parallele Joh. *3, 17* zitiert wird, erhält daher ihre Ergänzung und Berichtigung in dem sogleich folgenden Vers *18:* »Wer an ihn glaubet, der wird nicht gerichtet, wer aber nicht glaubet, der ist schon gerichtet.«

216 Der Glaube ist zwar nicht »ohne gute Werke«, ja es ist so unmöglich nach Luthers Ausspruch, Werke vom Glauben zu scheiden, als unmöglich, Brennen und Leuchten vom Feuer zu scheiden. Aber gleichwohl - und das ist die Hauptsache - gehören die *guten Werke nicht in den Artikel von der Rechtfertigung vor Gott*, d.h. man wird gerecht vor Gott und »selig ohne die Werke, allein durch *den Glauben*.« Der Glaube wird also doch *ausdrücklich* von den guten Werken *unterschieden*: nur der Glaube *gilt vor* Gott, nicht das gute Werk; nur der Glaube ursachet die Seligkeit, nicht die Tugend; nur der Glaube hat also *substantielle*, die Tugend nur *akzidentielle* Bedeutung, d.h., nur der Glaube *hat religiöse Bedeutung, göttliche Autorität*, nicht die Moral. - Bekanntlich behaupten einige sogar, daß die guten Werke nicht nur nicht nötig, sondern auch sogar »*schädlich zur Seligkeit*« seien. Ganz richtig.

217 Siehe hierüber z.B. *J. H. Boehmeri., Jus Eccles., lib. V, Tit. VII, § 32, § 44.*

218 »*Placetta de Fide* sagt: Man muß nicht in *der Natur der Dinge selbst* die wahrhafte Ursache von der Unzertrennlichkeit des Glaubens und der Frömmigkeit suchen. Man muß sie, wenn ich mich nicht irre, einzig in dem Willen Gottes suchen. Er hat recht und denkt wie wir, wenn er jene Verbindung (nämlich der Heiligkeit oder frommen, tugendhaften Gesinnung mit dem Glauben) von der gnädigen Willensverfügung Gottes ableitet. Auch ist dieser Gedanke kein neuer, sondern mit unsern ältern Theologen übereinstimmender.« J. A. *Ernesti. (Vindiciae arbitrii div. Opusc. Theol., S. 297.)* »Wenn jemand behauptet, daß der *kein Christ* sei, welcher *Glauben ohne Liebe* hat, so sei er verflucht.« *Concil. Trid. (Sess. VI, De justif., can 28.)*

219 S. hierüber *Luther*, z.B. *T. XIV, S. 286.*

220 »Darum sollen gute Werke dem Glauben folgen als *Danksagungen gegen Gott*.« (Apol. der Augsb. Konf., Art. 3.) »Wie kann ich Dir dann deine Liebesthaten im Werk erstatten? doch ist noch etwas, das Dir angenehme, wenn ich des Fleisches Lüste dämpf und zähme, daß sie aufs neu mein Herz nicht entzünden mit neuen Sünden.« »Will sich die Sünde regen, so bin ich nicht verlegen, der Blick auf Jesu Kreuze ertödtet ihre Reize.« *(Gesangbuch der evangel. Brüdergmeinen.)*

221 Die einzige dem Wesen der Liebe nicht widersprechende Beschränkung ist die Selbstbeschränkung der Liebe durch die *Vernunft*, die *Intelligenz*. Liebe, die die Strenge, das *Gesetz* der Intelligenz verschmäht, ist theoretisch eine falsche, praktisch eine verderbliche Liebe.

222 Auch die Peripatetiker; aber sie gründeten die Liebe, auch die gegen alle Menschen, nicht auf ein *besonderes, religiöses*, sondern ein *natürliches*, d.h. allgemeines, vernünftiges Prinzip.

223 Die *handelnde* Liebe ist und muß natürlich immer *eine besondere, beschränkte*, d.h. auf das Nächste gerichtete sein. Aber sie ist doch ihrer *Natur nach* eine *universale*, indem sie den Menschen um des Menschen willen, den Menschen im Namen der Gattung liebt. Die christliche Liebe dagegen ist als christliche *ihrer Natur* nach exklusiv.

224 Mit Einschluß der *Natur*, denn wie der Mensch *zum Wesen der Natur* - dies gilt gegen den *gemeinen Materialismus* - , so gehört auch die Natur zum *Wesen* des Menschen - dies gilt gegen *den subjektiven Idealismus*, der auch das Geheimnis unsrer »absoluten« Philosophie, wenigstens in Beziehung auf die Natur ist. Nur durch die Verbindung des Menschen mit der Natur können wir den supranaturalistischen Egoismus des Christentums überwinden.

225 Ja, nur als freier Bund der Liebe; denn eine Ehe, deren Band nur eine äußerliche Schranke, nicht die freiwillige, in sich befriedigte Selbstbeschränkung der Liebe ist, kurz, eine nicht selbstbeschloßne, selbstgewollte, selbstgenuge Ehe ist keine wahre und folglich keine wahrhaft sittliche.

226 »Dieweil Gott wohlthut durch Obrigkeit, Herrn und die Creaturen, so platzet das Volk zu, henget an den Creaturen und nicht an den Schöpfer, sie gehen nicht durch sie zum Schöpfer. Dabei ist es gekommen, daß die Heyden aus den Königen haben Götter gemacht... Denn man kann und will es nicht merken, wie das Werk oder die Wohlthat *von Gott* komme, und nicht schlecht von der Creatur, ob die wohl ein *Mittel* ist, dadurch Gott wirket, uns hilft und giebet:« *Luther, (T. IV, S. 237.)*

227 »*Wer mich ehrt, den will ich auch ehren*, wer aber mich verachtet, der soll wieder verachtet werden.« *1. Samuel 2, 30.* »Schon hat, o guter Vater! der niedrigste und ewigen Hasses würdigste Wurm das Vertrauen, von Dir geliebt zu werden, weil er fühlt, daß er liebt, oder vielmehr, weil er vorausfühlt, daß er geliebt wird, scheut er sich nicht, wieder zu lieben. Niemand also, der *bereits liebt*, zweifle daran, *geliebt zu werden*.« *Bernardus, Ad Thomam. (Epist. 107.)* Ein sehr schöner und wichtiger Ausspruch. Wenn ich nicht für Gott bin. Ist Gott nicht für mich; wenn ich nicht liebe, bin ich nicht geliebt. Das Passivum ist das seiner selbst gewisse Aktivum, das Objekt das seiner selbst gewisse Subjekt. Lieben heißt Mensch sein, Geliebtwerden heißt Gott sein. Ich bin geliebt, sagt Gott, ich liebe, der Mensch. Erst später kehrt sich dies um und verwandelt sich das Passivum in das Aktivum und umgekehrt.

228 »Der Herr sprach zu Gideon: Des Volks ist zuviel, das mit dir ist, daß ich sollte Midian in ihre Hände geben; Israel möchte sich *rühmen wider mich* und sagen: Meine Hand hat mich erlöset«, d.h. *ne Israel **sibi** tribuat, quae mihi debentur. Richter 7, 2.* »So spricht der Herr: *Verflucht ist der Mann, der sich*

auf Menschen verläßt. Gesegnet aber ist der Mann, der sich auf den Herrn verläßt und der Herr seine Zuversicht ist.« *Jeremia 17, 5.* »Gott will nicht unser Geld, Leib und Gut haben, sondern hat dasselbe dem Kayser (d.h. dem Repräsentanten der Welt, des Staates) gegeben und uns durch den Kayser. Aber das *Hertz*, welches *das größte und beste* ist am Menschen, hat *er ihm fürbehalten, dasselbe soll man Gott geben*, daß wir an ihn gläuben.« *Luther. (T. XVI, S. 505.)*

229 Offenbar ist auch die christliche Wassertaufe nur ein Überbleibsel der alten Naturreligionen, wo, wie in der parsischen, das Wasser ein religiöses Reinigungsmittel war. (S. *Rhode*, Die heilige Sage etc., *S. 305, 426 u. f.*) Hier hatte jedoch die Wassertaufe einen viel wahreren und folglich tieferen Sinn als bei den Christen, weil sie sich auf die natürliche Kraft und Bedeutung des Wassers stützte. Aber freilich, für diese einfachen Naturanschauungen der alten Religionen hat unser spekulativer wie theologischer Supranaturalismus keinen Sinn und Verstand. - Wenn daher die Perser, die Inder, die Ägyptier, die Hebräer *körperliche Reinlichkeit* zu einer *religiösen Pflicht* machten, so waren sie hierin weit vernünftiger als die christlichen Heiligen, welche in der *körperlichen Unreinlichkeit* das supranaturalistische Prinzip ihrer Religion veranschaulichten und bewährten. Die Übernatürlichkeit in der Theorie wird in der Praxis zur Widernatürlichkeit. *Die Übernatürlichkeit* ist nur ein *Euphemismus für Widernatürlichkeit.*

230 »Essen und Trinken ist das *allerleichteste* Werk, da die Menschen nichts liebers thun: Ja das *allerfröhlichste* Werk in der gantzen Welt ist Essen und Trinken, wie man pfleget zu sagen: Vor Essen wird kein Tantz. It. Auf einem vollen Bauch stehet ein fröhlich Haupt. Summa Essen und Trinken ist ein lieblich nöthig Werk, das hat man bald gelernet und die Leute dahin geweiset. Dasselbe liebliche nöthige Werk nimmt unser lieber Herr Christus und spricht: Ich habe eine fröhliche süße und liebliche Mahlzeit zubereitet, euch will ich kein hart, schwehr Werk auflegen... ein Abendmahl setze ich ein« usw. *Luther. (T. XVI, S. 222.)*

231 Und wenn Gott als die personifizierte Seligkeit der Endzweck des Menschen ist, so ist doch offenbar Gott als das Wesen des Menschen ausgesprochen; denn wie kann der Endzweck eines Wesens außer seinem Wesen liegen? *Nam qui movetur a* **Deo** *tanquam* **fine***, non movetur ab extrinseco, sed a* **seipso***, quandoquidem movetur ab eo, quod est* **esse** *suum laudabile et intimius intimissimo nostro. Theoph. Galeus, Philos. gener., lib. III, c. 3, sect. 3, § 3, N. 11.*

232 Der Raum- und Zeitersparung wegen gebe ich öfter nur den Sinn, nicht die Worte einer Stelle, so auch hier.

233 So leugnen sie auch, um zu beweisen, daß ein Gott, ein schlechthin vollkommnes Wesen existiert und Schöpfer der Welt ist, die Übel der Welt, sind Optimisten; aber um zu beweisen, daß ein anderes, unsterbliches Leben ist, leugnen sie die Güter der Welt, sind sie Pessimisten.

234 Diese Stelle ist eine wahrhaft klassische; sie veranschaulicht aufs klarste, ja handgreiflichste das Wesen der Theologie. Gott ist der *Actus purus*, die bloße reine Tätigkeit ohne Leiden, d.h. ohne Körper, die *Tätigkeit des Auges*, aber *ohne Augen*, die *Tätigkeit des Kopfes, das Denken*, aber *ohne Kopf*. Die Frage: »*Gibt es einen Gott?*« Ist daher die Frage: Gibt es *ein Sehen ohne Augen, ein Denken ohne Kopf, eine Liebe ohne Herz, eine Zeugung ohne Zeugungsorgan, ein Gebären ohne Gebärmutter?* Ich glaube an Gott heißt: Ich glaube an eine Kraft *ohne* Organ, an einen Geist *ohne* Natur oder Leib, an ein Abstraktum *ohne* Konkretum, an eine Wesenheit *ohne Wesen*, d.h. ich glaube an *Wunder*.

235 So sagt er auch ausdrücklich in diesem Kommentar, *c. 12*: **sicut** *participationes excedunt participantia, ut* **sanctitas sanctum, ita** *collocatur super omnia existentia ille qui superior est omnibus existentibus*, d.h. das Abstrakte ist höher als das Konkrete.

236 Dieses und das folgende Kapitel sind - wie freilich Calvin überhaupt - sehr lesenswürdige, interessante Dokumente von dem häßlichen, heuchlerischen Egoismus und Obskurantismus des theologischen Geistes.

237 »Ich glaube«, sagt Moses Maimonides (In *H. Grotii Philosoph. sententiae de fato, Amst. 1648, S. 311-325)*, »daß die Vorsehung Gottes unter den Wesen unter dem Monde allein *für die Individuen der menschlichen Gattung* sorgt. Die Meinung, welche die göttliche Vorsehung auf gleiche Weise für die Tiere und Menschen sorgen läßt, ist eine verderbliche. Der Prophet Habakuk *(1, 14)* sagt: ›Und lässet die *Menschen gehen wie Fische im Meere, wie Gewürm, das keinen Herrn hat*‹, und zeigt damit deutlich an, daß die Individuen der Tiergeschlechter keine Gegenstände der göttlichen Vorsehung sind (extra curam Dei posita). Die Vorsehung hängt vom Verstande ab und richtet sich nach dem Verstand. *Soviel Teil am Verstande ein Wesen hat, soviel Teil hat es* auch an der *göttlichen Vorsehung*. Selbst in betreff der Menschen ist daher die Vorsehung *nicht gleich*, sondern *so verschieden, als die Geister der Menschen verschieden sind*. Die Vorsehung richtet sich bei jedem Menschen nach seinen geistigen und moralischen Eigenschaften. *Je mehr Geist, desto mehr Vorsehung*.« Das heißt: die Vorsehung drückt nichts aus als den Wert des Menschen, sie ist nichts von seiner Qualität, seiner Natur Verschiedenes; es ist daher der Sache nach ganz eins, ob eine Vorsehung ist oder nicht ist; denn *wie* der Mensch, *so* die Vorsehung. Die Vorsehung ist eine fromme Vorstellung - sehr häufig indes auch eine *bloße Phrase* -, die, wie alle religiösen Vorstellungen, bei Lichte besehen, sich in das Wesen der Natur oder des Menschen auflöst.

238 Auch hieraus erhellt, daß der *Inhalt*, das Wesen Gottes die Welt ist, aber *als* Gegenstand der menschlichen Denk- und Einbildungskraft, die Vergangenes, Gegenwärtiges und Zukünftiges verknüpft.

239 Übrigens stellten sich auch der Epikureer *(Lucret., lib. V. u. II.)* den Weltuntergang nahe vor, aber dadurch wird doch nicht der angegebne

Unterschied zwischen dem heidnischen und christlichen Weltuntergang aufgehoben.

240 Die Todesstrafe verwarfen überhaupt sehr viele Christen, aber andere kriminalistische Strafen der Ketzer wie Landesverweisung, Konfiskation - Strafen, durch die man einen Indirekt ums Leben bringt -, fanden sie nicht im Widerspruch mit ihrem christlichen Glauben. Siehe hierüber *J. H.* **Boehmeri** *Jus Eccl. Protest., lib. V, tit. VII, z.B. § 155, 157, 162, 163.*

241 Wegen dieser Behauptung verweise ich auf *Lützelbergers* Schrift: »Die kirchliche Tradition über den Apostel Johannes und seine Schriften in ihrer Grundlosigkeit nachgewiesen« und *Bruno Bauers* »Kritik der evangelischen Geschichte der Synoptiker und des Johannes« *(III. B.).*

242 In diesen wenigen, bereits im Jahr 1557 ausgesprochenen Worten ist eigentlich schon das Geheimnis der christlichen Religion und Theologie aufgelöst. Ist der *Leib* Gottes die Idee unsres Leibes, so ist notwendig auch das *Wesen* Gottes überhaupt die Idee unsers Wesens, d.h. unser Wesen, aber nicht als wirkliches oder mit uns, den wirklichen Individuen identisches, sondern als ein vermittelst des Denkens von uns abgezognes, vermittelst der Phantasie in dieser Abgezogenheit verselbständigtes, personifiziertes Wesen.

243 An einer andern Stelle lobt daher Luther den heil. Bernhard und Bonaventura deswegen, daß sie die Menschheit Christi so hervorgehoben hätten.

244 Allerdings ist auch im Katholizismus, im Christentum überhaupt, Gott ein Wesen für den Menschen; aber der Protestantismus erst hat aus dieser Relativität Gottes das wahre Resultat - die Absolutheit des Menschen - gezogen.

*** ENDE ***

www.ingramcontent.com/pod-product-compliance
Lightning Source LLC
LaVergne TN
LVHW051541080426
835510LV00020B/2799